실전

풍수지리

양택편

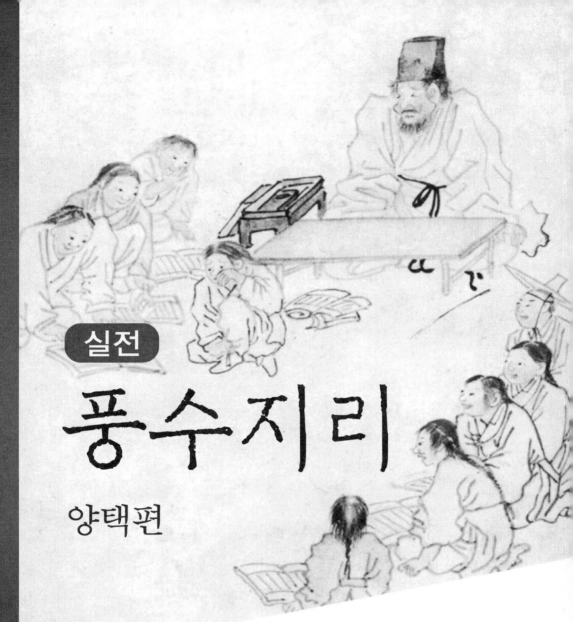

실전
풍수지리
양택편

김갑진 편저

보고사
BOGOSA

序文

東洋五術(命·相·占·醫·山)의 하나이며 天命을 다루는 학문인 四柱命理學에 관심이 많아, 그동안 틈나는 대로 깊이 있게 궁구하고 또한 한편으론 후학들을 지도하며 가르쳐 온지도 많은 세월이 흘렀다. 그동안 심오한 이 학문을 탐구하며 실전에서 看命해보는 과정을 거치고, 후에 검증을 해본 결과로서는, 사주명리학이 天命을 다루는 학문으로서는 여타 학문의 추종을 불허한다는 옛 성현들의 말씀이 틀림없음을 깨달은 것이다.

그러나 한편으론 타고난 天命은 결코 바꿀 수 없는 것인가? 주어진 숙명대로만 살아야 하는가? 라는 여러 의구심을 마음 한구석에 품은 채 명리학 공부를 이어왔던 것이다.

그동안 "실전 사주비결1·2·3권"과 "실전 기문둔갑", "실전 육임신과" 책을 출판하였고, 또한 예전 젊은 시절에 암자에서 생활할 시 배워두었던 風水地理에 대한 이론과 이제까지의 실전경험들을 정리하여 책으로 엮어야겠다는 생각을 늘 상 해오면서도 실천에 옮기기까지는 또한 많은 시간이 흘렀던 것이다. 다행히 미흡하지만 여러 여건이 부합되어 風水地理(양택편)에 대한 책을 저술하는 동안, 사람의 타고난 天命을 바꿀 수 있는 학문이 東洋五術 중에서 "風水地理"와 "奇門遁甲"이라는 것을 확실히 깨달은 것이다.

風水地理學은 "陰宅"과 "陽宅"으로 대분류되는데, 그동안은 陰宅風水에 대한 공부가 주를 이루었지만 근래에는 陽宅風水에 대한 탐구와 분석이 활발히 이루어지고 것이 현 추세이다. 그러나 陽宅과 陰宅 중 후손들의 운명에 미치는 영향력에 대해 어느 것이 더 비중이 클 것인가 하는 문제로 여러 이론들과 학설들이 분분한 것이 현 실정이다. 논자들은 陽宅보다는 陰宅이 사람의 운명에 절대적인 비중을 차지한다고 주장하는 반면, 또 어떤 논자들은 陰宅과 陽宅의 비중을 50대 50의 비중으로 판단해야 한다는 주장들도 있다. 필자의 경우는 주역의 "體"와 "用"의 이론을 빌어, 陰宅은 "體"요 陽宅은 "用"이라 조심스럽게 주장해본다. 陰宅인 體는 후손들의 운명에 영향을 미치는데 있어서, 결정적으로 작용하는 모태요 근본이며 원천적인 기틀이며 실체인 것이고, 陽宅인 用은 변화와 응용과 변통의 分身인 것이다. 현대의 우리사회는 복잡하고 다변화되고 핵가족화 되면서 점차적으로 陰宅보다는 陽宅에 더 관심을 많이 갖게 되는 것도 필연적인 추세라고 생각해 본다.

풍수지리는 본래 중국에서 창안된 학문이니 중국에서 발간된 陽宅風水의 이론서들과 우리나라에서 발간된 책들을 깊이 있게 궁구하며, 이론에만 치우친 사항들은 없애고 다시 체계화하여, 우리들 실생활에 유용하게 활용할 수 있는 내용들을 검증해보고 정리해 놓은 것이니, 陽宅風水學을 공부하려는 후학들에게 다소라고 도움이 될 것이라 생각해 보며, 舊韓末 水雲선생의 시 한편이 마음의 일면을 잘 대변하는 것 같아 적어본다.

<small>고 대 춘 소 식</small>
苦待春消息

오랫동안 봄소식을 기다렸는데

<small>춘 광 종 불 래</small>
春光終不來

봄은 끝내 오지 않는 구나

<small>비 무 춘 광 호</small>
非無春光好

봄인체했던 계절이 없었던 것이 아니라

<small>불 래 즉 비 시</small>
不來卽非是

때가 아닌 즉 봄이 와도 온 것 같지가 않다.

동양오술과 연관하여 그동안 여러 권의 책을 출판해 왔지만, 내용의 깊이와 깨달음 없이 공연히 마음만 앞섰던 것이 오히려 후학 여러분들에게 누가 되지 않을까 하는 반성도 많이 했던 것이다. 그러나 누군가는 나서서 우리나라 역술학의 중흥을 위한 가교역할을 반드시 해야만 한다는 소신이 있었기에, 얕은 내공임에도 불구하고 스스로 길잡이 역할을 자처했던 것이다.

금번 6번째 책인 "실전풍수지리(양택편)"의 출판에 대해, 예전과 같이 변함없이 흔쾌히 출판을 허락해주신 보고사출판사 김흥국 사장님과 출판까지의 과정을 세세하게 배려해주신 여러 직원 분들께 심심한 감사의 말씀을 전해드리며, 아울러 인생사 유난히 苦樂과 浮沈이 많았던 長男의 집필과정을 묵묵히 바라보시며 응원해주신, 연로하신 어머님과 형제자매 그리고 가족들에게도 감사의 말씀을 전해드리며 글을 마친다.

- 庚子年 寅月 -

帝釋 拜上

목차

제1편

입문入門

제1장
음양오행 陰陽五行

1. 생성원리 生成原理

五行이란 목(木), 화(火), 토(土), 금(金), 수(水) 다섯 가지를 말한다. 동양의 전통적 우주관은 우주는 陰陽과 五行으로 구성되어졌으며, 지구에 살고 있는 우리 사람들도 음양오행의 영향을 받아 태어났고 또 살아가고 있으며, 고대에 성현들께서 사람이 태어난 生年, 月, 日, 時를 조합하여 하늘을 상징하는 十干과 땅을 상징하는 十二支로 분류 적용하고, 이를 다시 음양오행으로 구분 상호간의 生化剋制의 연관관계속에서 사람의 운명을 예지했던 것이다.

사주명리학의 조종이라 할 수 있는 淵海子平(연해자평)에 五行의 기원에 설하였는데 이를 보완하여 부연설명하면 다음과 같다. 과거 오랜 세월 전에 우주가 대폭발을 한 이후로 무한한 팽창의 과정을 거치면서, 天地가 아직 開判(개판)되지 않았음을 혼돈(混沌)이라 이름하고, 乾坤(건곤)이 始分(시분)되기 이전을 胚運(배운)이라 하니 日月星辰(일월성신)이 생기지 않았고, 陰陽寒暑(음양한서)가 존재하지 않았다. 上虛에는 비와 이슬이 없으며 바람과 구름이 없으며, 우뢰와 천동이 없어서 香香(향향=깊고 어두운 모양)하고 冥冥(명명=고요하고 허령하며 어두움)할 따름이었고, 下에는 초목이 없으며 서천이 없으며, 금수가 없으며, 인민이 없었으니, 昧昧(매매=날이 새기 전의 어두운 모양)하고 昏暗(혼암=날이 어둘 때의 어둡고 질서없는 모양)할 뿐이었다. 이때에 홀연히 動함이 있고 엉기는 힘이 생기었으니 이를 "太易(태역)"이라 한다.

太易의 시기에는 氣라는 것도 없고, 물질(원자. 분자)이라는 것도 없었으며, 따라서 자연히 형태라는 것도 존재하지 않았던 것이다. 이 太易의 시기에 水가 생성되었던 것이다. 그후 이제 氣라는 것이 존재하게 되었으나, 아직 물질과 형태는 이루어지지 않은 시점을 "太初(태초)"라 하는데 이 시기에 火를 생하였던 것이다. 다음으론 氣는 이미 존재하고, 다시 물질이라는 것이 존재하게 되었으나, 아직 형태가 존재하지 않은 시기를 "太始(태시)"라 한다. 이 太始의 시기에 木이 생성되었던 것이다. 다음에는 氣와 물질이 이미 존재했고, 이제는 형태가 존재하게 된 시기를 "太素(태소)"라 하는데, 이 太素의 시기에 金이 생성되었던 것이다. 다시 氣와 물질과 형태가 존재하게 된 연후에, 中央이라는 구심점이 있어 이로써 상하와 전후 좌우 등의 방향과 높낮이와 거리 등이 존재하게 되었으니 이 시기를 "太極(태극)" 이라 한다. 이 太極(삼라만상 일체의 본존)의 시기에 土가 생성되었던 것이다.

그리하여 水의 數는 1이 되고, 火의 數는 2가 되고, 木의 數는 3이 되고, 金의 數는 4가 되고, 土의 數는 5가 된 것이며, 이를 "生水"라 하고, 天地人 三元의 極9 극)을 이루었으며, 혼돈은 열리었으며, 배운이 시성되어서 가볍고 맑은 것은 하늘이 되고, 무겁고 흐리며 탁한 것은 땅이 되었으니 이에 2기(天地)가 성립된 것이며 兩儀(양의=陰·陽)가 생출된 것이므로 우주는 바야흐로 전개되기에 이른 것이다. 요약하면 아래와 같다.

우주의 대폭발
↓

	生成	生數		中央數	成數
太易(氣× 質× 形×) →	水	1	+	⑤	6
↓					
太初(氣○ 質× 形×) →	火	2	+	⑤	7
↓					
太始(氣○ 質○ 形×) →	木	3	+	⑤	8
↓					
太素(氣○ 質○ 形○) →	金	4	+	⑤	9
↓					
太極(氣○ 質○ 形○)+方位 →	土	5	+	⑤	10
↓					

太極에서 가벼운 것은 위로 올라가 하늘이 되고, 무거운 것은 아래로 내려와 땅이 되어 천지가 開判(개판)되고 兩儀(양의=陰.陽)를 생하였으니, 生數 1, 2, 3, 4, 5에 中央數 5를 더하여 成數인 6, 7, 8, 9, 10이 되고, 이로써 음양의 배합이 이루어졌고 우주의 數는 10이라는 완성수가 있어 균형과 조화를 이루며 전개되게 된 것이다.

木은 靑色을 띠고 東方을 차지하고, 火는 赤色을 띠고 南方을 차지하고, 土는 黃色을 띠고 中央을 차지하고, 金은 白色을 띠고 西方을 차지하고, 水는 黑色을 띠고 北方을 차지하고 있다.

陽數는 1, 3, 5, 7, 9이고 陰數는 2, 4, 6, 8, 10이다. 陽의 數의 합은 25인데, 우주의 본체인 天元인 1을 빼면 24로써 1년 동안의 24節氣(절기)를 상징하고, 陰의 數의 합은 30인데, 이는 每月의 日數가 이에 해당하는 것이다. 또한 상기의 시기는 先天運의 시기라 하는데, 數가 1부터 10까지 陰과 陽이 짝을 이루어 어느 한쪽으로 치우치지 않으며 균형을 이루니, 상기의 시대는 화평하며 시기질투가 없고, 전쟁과 탐욕이 없었으며, 또한 나눔과 베풀음이 있었으며, 상호 상부상조를 이루어 相生의 시대였던 것이다. 아래표의 오행상생도와 같다.

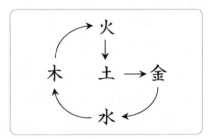

木의 數는 3.8
火의 數는 2.7
土의 數는 5.10
金의 數는 4.9
水의 數는 1.6이다.

상기의 오행상생도에 숫자를 대입하고 陰.陽(●.○)으로 표시하면 아래의 도표와 같은데 이것이 河圖(하도)이다.

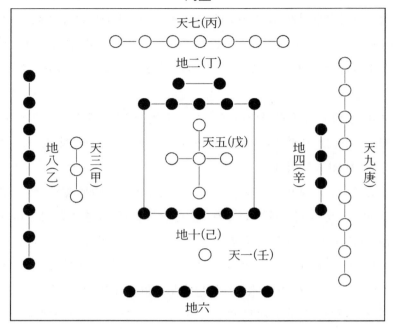

河圖

天七(丙)

地二(丁)

天五(戊)

地八(乙)　天三(甲)

地四(辛)　天九(庚)

地十(己)

天一(壬)

地六

　이후 오랜 시간이 지나 우주의 氣가 혼탁해지고, 天地의 법도가 제대로 세워지지 않았고, 대자연의 운행질서가 定軌(정궤)대로 움직임이 없어 온갖 재앙이 빈번하게 발생하고, 人倫(인륜)의 기강이 제대로 정립되지 않고, 시비다툼과 전쟁과 사악한 기운이 창궐하니 창생은 도탄에 빠졌고, 간사함과, 요괴스러움과, 황폭함과 무질서가 極(극)에 이르게 된 것이다. 先天의 相生의 시대에는 5.10 土가 있어 중앙에 위치하며 가장 완벽하게 힘의 균형을 이루고 각기 定位에 자리매김하였지만, 後天 相剋의 시대는 우주의 氣는 왜곡되고 뒤틀려지게 운행하게 되었으니 가장 완성된 숫자 10이 隱伏(은복)하게 된 것이다. 이를 後天의 相剋의 시대라 하는 것이다.

　그 중 1, 3, 5, 7, 9는 陽의 數로써 그래도 기세가 있고 柔弱(유약)하지 않으니 東西南北 4正方과 중앙을 차지할 수 있었으나, 陰의 數인 2, 4, 6, 8은 기세가 약하고 柔하므로 자기 자리를 고수하지 못하고 이동하게 된 것이다. 陽의 기운은 左旋(左에서 右로 旋=시계바늘 진행방향)하고, 陰의 기운은 右旋(右에서 左로 旋=시계바늘 진행 반대방향)하는 것이다. 먼저 木은 東方의 靑色에 해당하고 數는 3.8인데

陽數 3은 그대로 동방에 남아있고 陰數 8은 右旋하니, 東方과 北方의 사이 隅方(우방)인 艮方(간방)으로 이동한 것이다. 이어 木剋土하니 土의 數는 5.10인데 中央의 陽數 5는 그대로 남아있으나 陰數 10이 隱伏(은복)되게 된 것이고, 이어 土剋水하니 水의 數는 1.6으로 陽數 1은 그대로 北方을 차지하고 있으나 陰數 6이 右旋하여 西方과 北方 사이 隅方(우방)인 乾方(건방)으로 이동하게 된 것이다. 이어 水剋火하니 火의 數는 2.7인데 陽數 7은 그대로 西方에 남아있고 陰數 2는 右旋하여 西方과 南方의 사이 隅方(우방)인 坤方(곤방)으로 이동하게 된 것이다. 이어 火剋金하니 金의 數는 4.9인데 陽數 9는 그대로 자신의 자리인 南方을 지키고, 陰數인 4는 右旋하여 南方과 東方 사이 隅方(우방)인 巽方(손방)으로 이동하게 된 것이다. 아래표의 五行相剋圖(오행상극도)와 같고 이를 洛書(낙서)의 九宮圖(구궁도)라 한다.

相剋 : 木 → 土 → 水 → 火 → 金

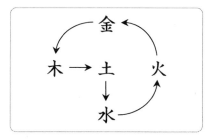

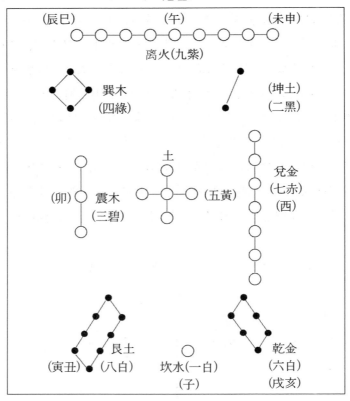

洛書

2. 오행五行의 정의正義

五行正義

		木	火	土	金	水
干	陽	甲	丙	戊	庚	壬
	陰	乙	丁	己	辛	癸
支	陽	寅	午	辰戌	申	子
	陰	卯	巳	丑未	酉	亥
方角		東	南	中央	西	北
季節		春	夏	中季節	秋	冬

時刻	아침	점심	대낮	저녁	밤
氣	生氣	旺氣	鈍氣	肅殺之氣	死氣
色	靑色	赤色	黃色	白色	黑色
性質	仁	禮	信	義	智
맛	신맛	쓴맛	단맛	매운맛	짠맛
氣象	바람	청명	흐림	뇌성	비
感情	노여움	즐거움	편안함	서러움	두려움
部類	기는 종류	나는 종류	걷는 종류	껍질 종류	비늘 종류
形態	길고 뻣뻣	활발 돌출	무겁고 투박	단단하고 네모진것	부드럽고 수려함
性質	仁	禮	信	義	智
氣運	양육 밀어줌 나아감 낮은것	활력 들어올림 올라감 마른것	중후함 받아들임 머무름 평탄한것	엄숙함 잡아담김 버팀 높은것	감춤 내맡김 내려감 습한것
身體	다리.코	어깨.눈	머리.얼굴	등.귀	꼬리.혀
五臟	간장	심장	비장	폐장	신장
數	3 . 8	2 . 7	5 . 10	4 . 9	1 . 6
事物	나무	불	흙	금	물

3. 오행五行의 성상性狀 및 왕상휴수사旺相休囚死

五行의 性狀

天干	甲	乙	丙	丁	戊	己	庚	辛	壬	癸	
五行	木	木	火	火	土	土	金	金	水	水	
陰陽	+	−	+	−	+	−	+	−	+	−	
性狀	巨木	花草 灌木 벼 芝蘭 蒿草	太陽 大火	燈燭 火爐불	大土 山 제방토	小土 庭園土 담장토	미가공 금속 도끼	가공 금속 수술칼 차바퀴	大海水 먹구름 大雪	甘露水 澗溪水 이슬비 안개	

地支	子	丑	寅	卯	辰	巳	午	未	申	酉	戌	亥
五行	水	土	木	木	土	火	火	土	金	金	土	水
陰陽	+	－	+	－	+	－	+	－	+	－	+	－
性狀	大海水 강 호수	진흙	巨木	花草 灌木 벼 芝蘭 蒿草	濕土	燈燭 火爐불	大火	모래	미가공 금속 도끼	귀금속 차바퀴 수술칼	大土 山	작은물 산골물 도랑물

木(목)

木의 성질은 위로 솟아오를 생각만 하고 그침이 없다. 氣가 너무 솟으면 剪伐(전벌)하여 줌이 좋다. 고로 木은 어떤 형태로든 金을 떠나 생각할 수 없다.

木이 있고 또한 金이 있으면 오직 높이 거두어 줌이 있다. 土의 重함이 필요하니 두터우면 뿌리가 깊이 뻗어 단단해진다. 土가 적고 가지만 무성하면 뿌리가 위태로울 근심이 있다. 木은 水를 의지하여 살고 물이 적으면 滋潤(자윤)하여 주고 너무 많으면 떠내려간다.

火(화)

火는 불길이 있고 따뜻함이 있는 것이 眞火다. 南方을 차지하고 있으므로 밝지 않을 이유가 없고, 輝光(휘광)은 오래가지 못하니 伏藏(복장)됨을 요한다. 이리되면 찬란하지는 않으나 밝음은 오래간다. 火는 木에 의지하는데 많으면 빛을 가리게 되니 흉하고 成格을 이루기 위해서는 金의 쪼개줌이 필요하다. 또한 물이 필요하고 물이 없으면 너무 燥熱(조열)해져 오래가지 못한다. 가을인 金旺節과 四季인 土旺節엔 死囚가 되므로 미약해지고 겨울엔 감추어지고 隱匿(은익)되어 있으나 또한 水生木하여 旺相함을 감추고 있다.

土(토)

土는 네 모퉁이에 흩어져 있으므로 木火金水가 이것을 의지하여 또한 만물이 성장하게 된다. 土는 四季節에 고루 旺하다. 대개 土는 火運을 의지하게 되니 火死하면 土囚하게 된다. 水가 있으면 만물의 생장의 터가 되나 너무 많으면 씻겨 떠내려간다. 土가 너무 많으면 묻히고 滯(체)하게 되나 흩어지면 輕(경)하게 된다.

金(금)

金은 至陰으로 형성된 것이나 그 가운데는 至陽의 精을 가지고 있어 堅剛(견강)하므로 다른 사물과 특이하다. 만일 金이 陰으로만 되어 있으면 단단하지 못하니 火를 만나면 소멸되나 金이 火의 鍛鍊(단련)이 없으면 貴器(귀기)를 만들지 못한다. 金은 土를 의지하나 重하면 파묻히게 되고, 輕하면 단단해지지 못한다. 또한 물로 씻어 眞價를 나타냄이 필요하다.

水(수)

水는 炎炎(염염)하여 건조함을 大忌(대기)하고, 金의 근원이 있어 물이 마르지 않음을 요한다. 너무 많으면 土의 제방이 필요하고 水火가 고르게 있으면 旣濟(기제)의 功이 있다. 水土가 혼잡되면 탁하게 되니 貴하지 못하고, 土重하면 물길을 막으니 흉하게 된다.

五行의 旺相休囚死

陰曆	旺	相	休	囚	死
春(木)	木	水	火	土	金
	寅卯	亥子	巳午	辰戌丑未	申酉
夏(火)	火	木	土	金	水
	午巳	寅卯	辰戌丑未	申酉	亥子
四季(土) 辰戌丑未	土	火	金	水	木
	辰戌丑未	巳午	申酉	亥子	寅卯
秋(金)	金	土	水	木	火
	申酉	辰戌丑未	亥子	寅卯	巳午
冬(水)	水	金	木	火	土
	子亥	申酉	寅卯	巳午	辰戌丑未

木

木은 봄에 가장 왕성하고, 여름에는 木生火로 여름에 기운을 빼앗기어 쇠약해져 休 즉 쉬게 되고, 가을엔 金의 肅殺氣運(숙살기운)에 꺾이게 되어 가장 쇠약해지게 되어 死가 되고, 四季인 土旺季節엔 木이 土에 갇히게 되므로 囚가 되고, 겨울엔 봄에 나무를 생장시킬 水氣가 있어 水生木하여 相生의 기운을 띄게 되므로 相이라 한다.

火

火는 여름에 가장 왕성하고, 四季엔 休가 되고, 겨울엔 死가 되고, 가을엔 囚가 되고, 봄엔 相이 된다.

土

土는 四季에 가장 왕성하고, 가을에 休가 되고, 봄에 死가 되고, 겨울에 囚가 되고, 여름에 相이 된다.

金

金은 가을에 가장 왕성하고, 겨울에 休가 되고, 봄에 水가 되고, 여름에 死가 되고, 四季에 相이 된다.

水

水는 겨울에 가장 왕성하고, 봄에 休가 되고, 四季에 死가 되고, 여름에 囚가 되고, 가을에 相이 된다.

4. 오행五行의 상생相生 · 상극相剋

오행의 상생순서도
원을 그리며 진행되지 않고,
화→토→금에서 땅속으로 한번 꺾여
들어갔다가 나오는 형태를 취한다.

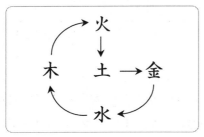

오행의 상극순서도

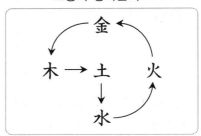

相生 : 木→火→土→金→水

相剋 : 木→土→水→火→金

5. 수리오행數理五行

先天數(선천수)											
天干	甲	乙	丙	丁	戊	己	庚	辛	壬	癸		
數	9	8	7	6	5	9	8	7	6	5		
地支	子	丑	寅	卯	辰	巳	午	未	申	酉	戌	亥
數	9	8	7	6	5	4	9	8	7	6	5	4
後天數(후천수)											
天干	甲	乙	丙	丁	戊	己	庚	辛	壬	癸		
數	3	8	7	2	5	10	9	4	1	6		
地支	子	丑	寅	卯	辰	巳	午	未	申	酉	戌	亥
數	1	10	3	8	5	2	7	10	9	4	5	6

陰・陽水					
五行	木	火	土	金	水
陽數	3	7	5	9	1
陰數	8	2	10	4	6

제2장
주역팔괘론 요약周易八卦論 要約

1. 태극太極

우주만물이 생성되기 전의 공허하고 혼돈된 상태를 말한다.

无極(무극)의 상태에서 일점 변화가 태동하여 太極이 되고, 太極의 상태에서 일점 변화가 태동하여 皇極(황극)이 된다.

무극과 태극

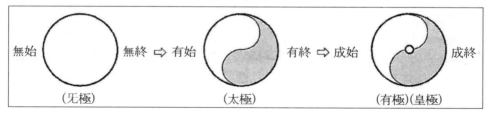

太極에 대한 이론

⊙ 太極圖說(태극도설) : 끝이 없는 것이 태극이다. 주렴계

⊙ 易傳序(역전서) : 나타난 것이나 보이는 것에 틈이 없다. 정자

⊙ 易序(역서) : 멀리로는 상하와 사방의 밖에까지 미치고, 가까이로는 한 몸의 가운데에 있다.

⊙ 法性偈(법성게) : 하나가 일체이고 모든 것이 하나이며, 하나의 티끌 속에 상하 팔방을 머금고 있는 것. 불교

⊙ 天符經(천부경) : 하나가 신묘하여 만 가지로 오고가는 것. 우리나라

兩儀(양의)

兩儀는 '둘 兩''거동 儀'라는 뜻으로 두 가지 모습이라는 것이다. 太極에서 변화
되어 나오는 陽과 陰의 두 모습을 陽儀(양의:━)와 陰儀(음의:╍)라고 한다. 이는
하늘과 땅이 되고, 男과 女가 되고, 낮과 밤이 되고, 動과 靜, 해와 달… 등이 되는
것이다.

일음일양지위도(一陰一陽之謂道)

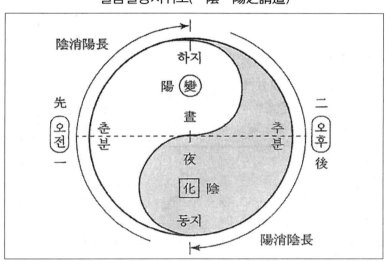

四象(사상)

四象은 네 가지의 형상이란 말로 太陽, 少陰, 少陽, 太陰을 말한다. 陽이 陽으로
진화한 것이 太陽이고, 陽이 陰으로 분화한 것이 少陰이고, 陰이 陰으로 진화한
것이 太陰이고, 陰이 陽으로 분화한 것이 少陽이다. 이 네 가지의 象이 우주삼라만
상을 구성하고 있는 것이다.

예로 한의학에서 사람의 체질을 四象體質(사상체질)로 구분하는데 太陽人, 少陽
人, 太陰人, 少陰人으로 구별하는 것도 같은 맥락이다.

先天八卦 次序圖(선천팔괘 차서도)

八坤地	七艮山	六坎水	五巽風	四震雷	三離火	二兌澤	一乾天	卦名
☷	☶	☵	☴	☳	☲	☱	☰	八卦
⚏		⚎		⚍		⚌		四象
--				—				兩儀
☯								太極

2. 팔괘표八卦表

八卦表(팔괘표)

卦名	八卦	形象	數	陰陽	五行	人	方位	地支	卦象	卦德	신체/동물	季節
乾	☰	天	1	+	金	老父	西北	戌.亥	乾三連	健(굳건)	머리/말	暮秋~初冬
兌	☱	澤	2	−	金	少女	西	酉	兌上絶	說(기쁨)	입/양	仲秋
離	☲	火	3	−	火	仲女	南	午	離中絶	麗(걸림)	눈/꿩	仲夏
震	☳	雷	4	+	木	長男	東	卯	震下連	動(움직임)	발/용	仲春
巽	☴	風	5	−	木	長女	東南	巳.辰	巽下絶	入(들어감)	넓적다리/닭	暮春~初夏
坎	☵	水	6	+	水	仲男	北	子	坎中連	陷(빠질함)	귀/돼지	仲冬
艮	☶	山	7	+	土	少男	東北	寅.丑	艮上連	止(그침)	손/개	暮冬~初春
坤	☷	地	8	−	土	老母	西南	申.未	坤三絶	順(유순함)	배/소	暮夏~初秋

〈八卦의 卦名 해석〉

1. 乾(건) ☰
◆ 十+日+十+人+乙(새 을)
◆ 햇볕을 받아 밝은 생명이 싹터 위로 자라는 모습.
◆ 乾은 天地人 三才를 대표하는 주체이며, 하늘의 굳건한 운행법도가 十千千으로 처음과 끝이 연결되어 끊임없이 운행함을 뜻한다.

2. 兌(태) ☱
◆ 八+口+儿(사람 인)
◆ 물위에 수증기가 피어오르듯이 사람의 입김이 토해져 흩어지는 모습으로 음의 기운이 밖으로 발산된다는 뜻이다.
◆ 兌는 陰이 陽들 보다 위에 있어 맏이 노릇을 하며 기뻐하는 象이다.

3. 離(이) ☲
◆ 离(흩어질 리)+隹(새 추)
◆ 새떼가 흩어지고 불꽃이 타올라 흩어짐을 형상화한 것이다. 또는 그물에 걸린 짐승을 형상하여 걸려 붙는다는 뜻이기도 하다.
◆ 離는 陰이 陽 사이에 걸려 붙어 있으며, 불과 같이 환히 아름다운 문체를 드러내는 형상이다.

4. 震(진) ☳
◆ 雨(비 우)+辰(별 진. 다섯째지지 진. 때 신)
◆ 봄철에 비가 내리며 우레가 울리듯 만물이 힘차게 활동한다는 뜻이다.
◆ 震은 비록 陰 밑에 陽이 있으나 밖의 陰이 유순한데다 열려있으니 밝은 생명이 생동하여 진출하는 卦象이다.

5. 巽(손) ☴
◆ 己(몸 기)+己(몸 기)+共(함께 공)
◆ 두 몸이 하나로 합치어 더불어 안듯이 지극히 공손함의 상이다. 원래 바람은 매

우 겸손하여 위에서 아래로 내려 불고 밖에서 안으로 파고드는 습성이 있다.

◆ 巽은 陰이 강한 陽들 아래에 처하여 공손히 따르는 象이다.

6. 坎(감) ☵

◆ 土(흙 토)+欠(하품 흠. 빠질 흠)

◆ 흙이 패여 웅덩이를 이룬 상. 물이 흐르다 보면 자연 흙이 패여 물 웅덩이를 이루게 마련이다.

◆ 坎은 밝은 陽이 어두운 陰 사이에 빠져들어 험난함을 겪는 卦象이지만, 가운데가 陽이므로 건실하여 물 흐르듯이 잘 이겨낸다는 象이다.

7. 艮(간) ☶

◆ 日(날 일)+氏(각시 씨. 성 씨. 나라이름 씨)

◆ 해가 동트는 뿌리(씨). 곧 새벽이 동트는 곳인 동북방을 말한다. 뿌리를 뽑으면 초목이 죽게 되므로 근본 이치는 산과 같이 옮길 수 없다.

◆ 艮은 밝은 陽이 아래의 어린 陰을 보호하고 지켜서 그릇되지 않도록 굳건히 지키는 象이다.

8. 坤(곤) ☷

◆ 土(흙 토)+申(납 신. 아홉째지지 신)

◆ 땅이 초목의 줄기와 가지를 튼튼히 뻗고 자라게 하여 化育하고 伸張함.

◆ 坤은 종자인 하늘의 甲을 받아들여 만물을 發芽(발아) 숙성시킨다. 초가을에 (음력 7월) 해당하는 지지이며 햇곡식을 절구와 공이로 찧음을 뜻하기도 한다.

3. 육십사괘 조견표六十四卦 早見表

六十四卦 早見表(육십사괘 조견표)

上卦 ＼ 下卦	一乾天 ☰	二兌澤 ☱	三離火 ☲	四震雷 ☳	五巽風 ☴	六坎水 ☵	七艮山 ☶	八坤地 ☷
一乾天 ☰	重天乾 一 一 六乾金	澤天夬 二 一 五坤土	火天大有 三 一 三乾金	雷天大壯 四 一 四坤土	風天小畜 五 一 初巽木	水天需 六 一 四坤土	山天大畜 七 一 二艮土	地天泰 八 一 三坤土
二兌澤 ☱	天澤履 一 二 五艮土	重澤兌 二 二 六兌金	火澤睽 三 二 四艮土	雷澤歸妹 四 二 三兌金	風澤中孚 五 二 四艮土	水澤節 六 二 初坎水	山澤損 七 二 三艮土	地澤臨 八 二 二坤土
三離火 ☲	天火同人 一 三 三離火	澤火革 二 三 四坎水	重火離 三 三 六離火	雷火豐 四 三 五坎水	風火家人 五 三 二巽木	水火既濟 六 三 三坎水	山火賁 七 三 初艮土	地火明夷 八 三 四坎水
四震雷 ☳	天雷无妄 一 四 四巽木	澤雷隨 二 四 三巽木	火雷噬嗑 三 四 五巽木	重雷震 四 四 六震木	風雷益 五 四 三巽木	水雷屯 六 四 二坎水	山雷頤 七 四 四巽木	地雷復 八 四 初坤土
五巽風 ☴	天風姤 一 五 初乾金	澤風大過 二 五 四震木	火風鼎 三 五 二離火	雷風恒 四 五 三震木	重風巽 五 五 六巽木	水風井 六 五 五震木	山風蠱 七 五 三巽木	地風升 八 五 四震木
六坎水 ☵	天水訟 一 六 四離火	澤水困 二 六 初兌金	火水未濟 三 六 三離火	雷水解 四 六 二震木	風水渙 五 六 五離火	重水坎 六 六 六坎水	山水蒙 七 六 四離火	地水師 八 六 三坎水
七艮山 ☶	天山遯 一 七 二乾金	澤山咸 二 七 三兌金	火山旅 三 七 初離火	雷山小過 四 七 四兌金	風山漸 五 七 三艮土	水山蹇 六 七 四兌金	重山艮 七 七 六艮土	地山謙 八 七 五兌金
八坤地 ☷	天地否 一 八 三乾金	澤地萃 二 八 二兌金	火地晋 三 八 四乾金	雷地豫 四 八 初震木	風地觀 五 八 四乾金	水地比 六 八 三坤土	山地剝 七 八 五乾金	重地坤 八 八 六坤土

4. 팔괘八卦의 속성屬性

乾卦 ☰	
卦象	하늘. 動的. 天體. 宇宙. 天意. 剛健(강건)
社會	名人. 公門人. 宦官
家庭	尊長人. 老人. 大人. 父親
事業	금융업계통. 정밀 과학기술 생산품
地位	최고위층. 영도자
職業	관리자. CEO. 전문경영인
人	領導者(영도자). 금융가. 官吏. 노인
性格	1) 장점 : 정치적 자질. 유력가. 판단력 및 조직능력이 강함. 두뇌총명 및 민첩. 임기응변에 능함. 강의적 기질. 자제력 강함 2) 단점 : 독단적 행동. 무리와 불화. 엄숙. 金氣가 太重. 성격이 강하고 괴팍. 高自我感覺. 淸高. 죄를 범하여 官과 어긋남.
場所	形勝地(형승지). 高亢地(고항지). 京都(경도). 大都市
方位	西北方. 上方. 高處
天象	氷(빙). 雹(박). 霰(산)
時間	暮秋~初冬. 음력9.10월. 戌.亥年
數	一(先天八卦數). 六(後天八卦數). 四.九(河洛數)
物象	圓物. 寶石(보석). 冠. 鏡(경). 剛物(강물). 木果. 鐘錶(종표). 古董(고동). 文物. 帽子(모자). 금속제품. 식물표시 소단위. 水果. 瓜(과)
人體	頭. 骨格. 右腿(우퇴). 肺. 男性生殖器(남성생식기)
動物	馬. 天鵝(천아). 獅子(사자). 象
五色	白色. 玄色. 大赤色
五味	辛. 辣(랄)
企業 形象	企業文化關聯 形象 1) 主題 : 天. 動. 强. 高大. 寬廣(관광). 明亮(명량). 純淨(순정) 2) 象意 : 眞. 善. 喜. 嚴肅(엄숙). 崇高(숭고) 3) 顏色 : 白色. 赤色. 金黃. 藍色(남색) 4) 形狀 : 圓. 環狀物(환상물)

兌卦 ☱
卦象	澤(택). 魚. 喜悅(희열). 言辭(언사)
社會	강사. 교수. 연설가. 번역가. 무당. 역술가. 매파. 가수, 음악가. 성악인. 오락실사람. 娼妓(창기). 치과생. 외과생. 공관보조원.
家庭	소녀. 여아. 키 작은 사람
事業	교직. 역술. 예체능. 의료계통. 遊技場業(유기장업).
地位	교육직공무원. 평민
職業	요식업. 금속가공. 교육. 금융. 신문관련업. 소식관련업. 상담가
人	소녀. 교원.
性格	1) 장점 : 낙관주의. 두뇌우수. 독립성향. 자제력. 친교우. 환경적응. 판단능력 우수. 언어표현능력. 외국어실력 2) 단점 : 구설시비 빈번. 지나친 외향성.
場所	沼澤地(소택지). 窪地(와지). 湖泊(호박). 池塘(지당). 溜冰場(유빙장). 娛樂室(오락실). 會議室(회의실). 音樂室(음악실). 茶室(다실). 판매점. 廢墟(폐허). 舊屋(구옥). 洞穴(동혈). 井(정)
方位	西方. 東南方(先天八卦)
天象	低氣壓(저기압). 露水(노수). 陰雨持續(음우지속). 潮濕天氣(조습천기)
時間	秋月. 幼年(유년).
數	二(先天數). 七(九宮數). 四.九(五行金數)
物象	석류. 호도. 음식기구. 주둥이 있는 기물. 도검류. 완구류. 파손물. 연찬도구. 금속제품
人體	口. 舌. 齒牙(치아). 咽喉(인후). 肺(폐). 肛門(항문). 右肋(우륵)
動物	羊(양). 豹(표). 豺(시). 猿猴(원후). 水鳥. 소택지동물. 鷄(계). 鴨(압)
五色	白色. 赤色
五味	辛. 辣(랄)
企業形象	1) 主題 : 澤(택). 歡樂(환락). 柔(유). 單純(단순). 淸亮(청량) 2) 象意 : 친밀. 매력. 경쾌 3) 顔色 : 白色. 赤色 4) 形狀 : 凹. 小. 矮(왜). 긴밀. 上柔下强(상유하강). 短

離卦 ☲	
卦象	火. 日. 光明. 麗(려). 閃光(섬광)
社會	중간계층인. 미인. 미용사. 문인. 작가. 예술가. 연출가. 명성. 혁명가. 화가. 편집인. 정찰원. 검침원. 지식인. 오락관련인.
家庭	중녀. 중년부녀. 허약. 다소 비만형.
事業	전자. 電器(전기). 통신. 조명기구. 광고. 촬영 관련. 미용업. 화장품 관련. 재무관리. 복장설계. 裝潢(장황). 창의방면 자문역. 兵器 제조. 사법관련 대행업. 약품가공.
地位	중간관리자
職業	사상가. 철학가. 문예 관련업. 연출가.
人	중년 여인. 미인. 완숙한 여자. 처녀. 학자. 문인. 인기직업인. 무기든 병사. 사교적인 사람. 다재다능한 사람. 여애중인 사람.
性格	1) 장점 : 밝아짐. 명쾌. 역동적. 반응 신속. 열심 2) 단점 : 유시무종. 허영심. 내면 부실. 겉치레가 심함. 의지 不堅.
場所	명승고적. 성지. 예배당. 화려한 街道. 촬영실. 畵室(화실). 도서관. 인쇄소. 간판. 방사실. 治鍊(치련)관련. 밝은 곳.
方位	南方. 東方(先天八卦方位)
天象	晴(청). 熱(열). 酷暑(혹서). 건한(건한). 무지개. 노을
時間	夏. 五月
數	三(先天八卦數). 九(九宮數). 二.七(五行火數)
物象	字畵(자화). 미술품. 보도자료. 발행물. 도서. 잡지. 계약. 문서. 서신. 촬영실. 전광판. 조명기구. 火 관련제품. 주방용품. 의원. 화장품. 乾燥室(건조실)
人體	眼(안). 頭部(두부). 心臟(심장). 小腸(소장)
動物	꿩. 공작. 봉황. 貝類(패류). 甲殼類(갑각류). 반딧불이.
五色	紅色(홍색). 赤色(적색). 紫色(자색)
五味	苦味(쓴맛)
企業 形象	1) 主題 : 火. 열정. 광명. 향상. 盛大. 분발. 전파력 강 2) 象意 : 美麗(미려). 장식. 문명. 향상성. 3) 顔色 : 紅色(홍색). 花色(화색) 4) 形狀 : 外實內虛(외실내허). 친화적. 飛翔(비상). 향상발전. 망상. 원형. 다소 柔함.

震卦 ☳	
卦象	雷. 振動(진동). 奮起的(분기적) 성질이나 상태
社會	경찰. 법관. 군인. 비행승무원. 열차원. 사회활동가. 무도연출가. 축구동호인. 광인. 장사. 운동원. 사법기관관련. 음향기기관련. 장남. 좌우
家庭	장남
事業	蔬菜(채소)가공. 氣車有關사업. 오락관련업
地位	정부부처 소속의 기관장.
職業	법조인. 사회활동가. 武科관련. 운송관련 종사원
人	장남. 큰형. 무인. 정력가. 군자. 바쁜 사람. 협력자. 스포츠맨. 기술자. 쾌활한 사람. 화약 관련자. 전기계통 관련자.
性格	장점 : 담대. 조작능력우수. 반응빠름. 친교성 탁월. 성격상 豪快(호쾌). 일처리 수완이 뛰어남 단점 : 변덕이 심함. 武斷(무단). 일을 떠벌리고 은연자중함이 적음.
場所	공장. 오락실. 發射場(발사장). 전장, 삼림. 舞蹈所(무도소). 車站(차참). 초목이 무성한 곳. 대형전광판.
方位	東方. 東北方(先天八卦圖)
天象	雷雨(뇌우). 지진. 화산폭발
時間	春
數	四(先天八卦數). 三(後天八卦數). 八(河洛數)
物象	木. 竹. 草廬(초려). 악기. 채소. 생화. 수목. 전화. 비행기. 열차. 火箭. 통구이 통. 화초무성. 蹄(제:짐승의 발굽). 육. 목제가구.
人體	足. 肝膽(간담). 左肋(좌륵)
動物	龍(용). 蛇(사). 百蟲(백충). 잉어.
五色	靑(청). 綠(녹). 碧色(벽색)
五味	酸(산)
企業 形象	1) 主題 : 雷. 快. 激烈(격렬). 奮進(분진). 적극적. 창조 2) 象意 : 健壯(건장). 정복. 용기 3) 顔色 : 靑(청). 綠(녹) 4) 形狀 : 向上. 外虛內實(외허내실). 上實下虛(상실하허). 역삼각형

巽卦 ☴	
卦象	風. 泊. 自由. 渗透(삼투). 자라나는 성질 및 상태
社會	과학기술원. 교사. 僧尼. 仙道人. 기공사. 연공수련자. 상인. 영업사원. 목재경영. 수예인. 직공인. 자유업. 작은 음성. 유화. 이마가 넓고 모발이 길고 곧은 사람. 신체가 큰 사람
家庭	長女. 寡婦之人(과부지인).
事業	건재. 목재. 채소가공.
地位	하급관리원.
職業	교육관련. 저술가. 광고업관련. 기술관련. 점원. 연예관련.
人	교육자. 기술자. 광고업자. 연예인
性格	장점 : 사물에 대한 반응이 민첩. 심성이 세밀함. 순종적이고 화평함. 단점 : 권모술수를 좋아함. 억압. 독단적. 신경긴장. 자아주의. 편향된 성격. 침묵비관. 다정다감. 進退不果. 피동적. 사심이 많음. 우유부단하며 욕심이 많음.
場所	우편국. 管道(관도). 線路(선로). 隘路(애로). 過道(과도). 長廊(장랑). 寺觀(사관). 초원. 승강기. 초목류의 흔들림. 전송관련
方位	東南方. 西南方(先天八卦圖)
天象	바람. 태풍
時間	暮春~初夏
數	五(先天八卦數) 四(九宮數). 三.八(河洛數)
物象	樹木. 목재. 麻(마). 섬유제품. 건조기. 비행기. 氣球. 범선. 모기향. 초목. 한약. 허리띠. 枝葉(지엽). 냉열설비. 화장품
人體	넓적다리. 팔뚝. 담. 기혈관. 신경. 왼쪽어깨. 氣功
動物	꿩. 오리. 거위. 나비. 뱀. 뱀장어. 잠자리. 지렁이. 얼룩말
五色	綠色(녹색). 藍色(남색)
五味	酸(산)
企業 形象	1) 主題 : 바람. 가벼움. 세밀. 유화. 중복. 지연 2) 象意 : 유동적. 浮遊(부유). 敎. 巧(교) 3) 顔色 : 綠色(녹색). 藍色(남색) 4) 形狀 : 긴 형태. 外實內虛(외실내허). 上實下虛(상실하허). 가지형태

坎卦 ⚎	
卦象	水. 艱難(간난). 함몰되고 막히고 험난한 상태
社會	江湖人. 어민. 도적. 비적. 수학가. 의학생. 律師(율사). 도망자. 사기범. 노동자. 娼婦(창부). 작업공. 酒鬼(주귀)
家庭	中男
事業	무역관련. 냉동관련. 선박, 기차 등 운송관련. 인쇄관련. 수산관련사업
地位	정부부처 주무원. 보통 평민. 서비스 관련원.
職業	의료관련. 법률관련. 교육관련. 노무원. 하천관리원.
人	중년남자. 법률가. 외과의사. 교육자. 철학자. 노동자
性格	장점 : 정교. 심지가 굳음. 시세 판단이 뛰어남. 총명하고 모사에 능함. 고통을 감수하며 인내심이 있음. 단점 : 내성적. 의뭉스러움.
場所	江河. 우물. 하수도, 주점. 욕실. 암실. 음식점. 기생집
方位	北方. 西方(先天八卦方位)
天象	雨(우). 露(로). 霜(상)
時間	冬
數	一(先天八卦數) 六(後天八卦數)
物象	물. 기름. 음료. 약품. 水車. 刑具. 냉장설비. 잠수정. 촬영기기
人體	신장. 방광. 비뇨계통. 생식계통. 혈액. 내분기계통. 귀. 항문
動物	돼지. 쥐. 이리. 수중동물. 水鳥.
五色	黑色(흑색). 紫色(자색). 白色(백색)
五味	鹹味(함미=짠맛)
企業 形象	1) 主題 : 수. 流暢(유창). 곡. 근심. 2) 象意 : 노동. 엄숙 3) 顔色 : 흑색. 쥐색. 백색 4) 形狀 : 유동적. 彎曲(만곡)

艮卦 ☶	
卦象	山. 土. 靜止(정지). 안정적 상태
社會	소년. 아동. 토건인. 종교인. 관료. 귀족. 순경. 繼承人(계승인). 守門人. 獄吏(옥리). 기술인. 匠人. 石工
家庭	少男. 청소년
事業	토목, 건축업. 광산 관련. 기술자.
地位	정부관료. 귀족. 경찰.
職業	기술 관련업. 가정교사. 석공. 경비직
人	소남. 종교인. 은행원. 은둔인.
性格	장점 : 조리분명. 고적응성. 자주독립. 화순, 충성, 중립. 불호쟁투. 신뢰분발. 곤란극복. 단점 : 소극. 보수. 극단적 성격. 편고. 고집.
場所	산. 구릉. 휴게실. 분묘장소. 閣樓(각루). 감옥. 공안기관. 파출소. 城牆. 창고. 宗廟(종묘). 사당. 돌산. 은행. 저장실. 채석장
方位	東北方. 西北方(後天八卦方位)
天象	雲(운). 霧(무). 언덕
時間	暮冬~初春
數	七(先天八卦數). 八(九宮數). 五.十(五行土數)
物象	암석. 山坡(산파). 분묘. 장벽. 사다리. 석비. 土坑. 樓臺. 탁자. 상
人體	코. 등. 손가락. 관절. 왼쪽넓적다리. 脚趾(각자:다리.발). 유방. 脾. 위. 결장
動物	개. 호랑이. 쥐. 이리. 곰. 곤충. 파충류
五色	黃色(황색). 白色(백색)
五味	甘味(감미=단맛)
企業 形象	1) 主題 : 山. 高. 거칠고 웅장. 냉정. 침저. 독특한 성격 2) 象意 : 광명. 개성 강함. 보수. 독립. 표준. 주관 3) 顔色 : 黃色(황색). 白色(백색) 4) 形狀 : 堅硬不動(견경부동). 향상발전. 上硬下軟(상경하연). 정삼각형

坤卦 ☷	
卦象	大地. 靜. 유순. 잠재의식
社會	大衆. 향촌인. 유약인. 大腹人(대복인). 소인
家庭	조모. 노모. 계모. 노부인. 모친
事業	土性. 房地産(방지산). 건축. 방직. 도살장. 육류가공. 모피생산. 농작물. 농산물. 부녀지사. 출판업. 전선망 관련업.
地位	여성 각료. 여성관련 정부부처의 수장. 여성 경호원
職業	농업. 원예업. 토목, 건축업. 축산업. 육아관련업. 관계수로관련업.
人	모친. 황후. 대중. 보통사람. 노부인. 신체비만. 비서. 시어머니. 농부
性格	장점 : 성실. 유순. 仁讓(인양). 온유. 후덕. 환희. 靜 단점 : 지나친 보수적. 인색. 음기 많음. 新文物에 민감
場所	대지. 평지. 鄕村(향촌). 田畓
方位	西南方. 北方(先天八卦方)
天象	陰雲(음운). 霧氣(무기). 冰霜(빙상)
時間	暮夏~初秋
數	二(後天八卦水). 八(先天八卦數). 五.十(五行土數)
物象	진흙. 기와. 오곡. 면포. 부드러운 물품. 쇠고기. 식품. 대차. 부녀용품. 書. 놋쇠로 만든 솥.
人體	배. 우측어깨. 脾(비). 胃(위). 여성생식기. 살가죽
動物	소. 고양이. 암말
五色	黃色(황색). 黑色(흑색)
五味	甘味(감미=단맛)
企業形象	1) 主題 : 땅. 靜. 후덕. 유화. 優美(우미) 2) 象意 : 균형. 養. 정직. 근로. 느림. 절선 3) 顔色 : 黃色(황색). 黑色(흑색) 4) 形狀 : 方形

5. 팔괘八卦의 오행배속五行配屬

		火		
	巽 ☴ 風 辰.巳 陰 東南 ❹	離 ☲ 火 午 陰 南 ❾	坤 ☷ 地 未.申 陰 西南 ❷	土
木	震 ☳ 雷 卯 陽 東 ❸	❺	兌 ☱ 澤 酉 陰 西 ❼	
土	艮 ☶ 山 丑.寅 陽 東北 ❽	坎 ☵ 水 子 陽 北 ❶	乾 ☰ 天 戌.亥 陽 西北 ❻	金
		水		

제3장
구궁론九宮論

1. 낙서구궁洛書九宮

洛書

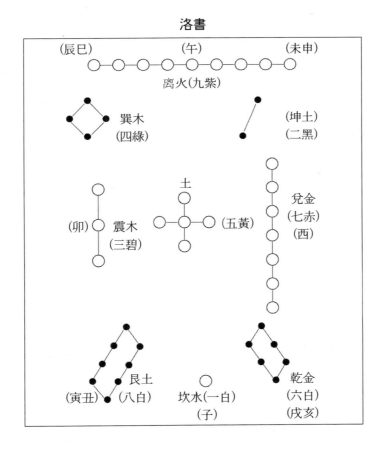

◆ 상기 洛書의 圖式을 9개의 宮으로 나누어 陰陽의 數를 대입하여 정리하면 아래표
의 구궁도와 같다.

九宮圖

4	9	2
3	5	7
8	1	6

◆ 가로, 세로, 대각선 의 합은 각각 15가 되는데, 이는 節과 氣 사이의 日數 15日과 같으며 각각 5일씩인 天地人 三元으로 구성되어 15日이 되는 것이다. 현재의 시대는 투쟁과 전쟁이 빈번한 後天 相剋의 시대이므로 洛書 九宮圖를 활용하여 미래사를 판단하는 근본으로 삼는 것이다.

2. 구궁배속九宮配屬

九宮方位圖

東南	南	西南
東		西
東北	北	西北

九宮定位圖

4	9	2
3	5.10	7
8	1	6

九宮月別圖

3.4月	5月	6.7月
2月		8月
1.12月	11月	9.10月

九宮十二支定位圖

辰.巳	午	未.申
卯		酉
寅.丑	子	戌.亥

九宮名稱圖

巽	離	坤
震		兌
艮	坎	乾

天蓬九星定位圖

四 天輔	九 天英	二 天芮
三 天沖	5 天禽	七 天柱
八 天任	一 天蓬	六 天心

九宮五行圖

木	火	土
木	土	金
土	水	今

九宮四季圖

晚春~ 初夏	夏	晚夏~ 初秋
春		秋
晚冬~ 初春	冬	晚秋~ 初冬

紫白九星定位圖

綠	紫	黑
碧	黃	赤
白	白	白

제4장
하도河圖 · 낙서洛書와
선先 · 후천팔괘도後天八卦圖

1. 하도河圖

1) 河圖의 原理

河圖

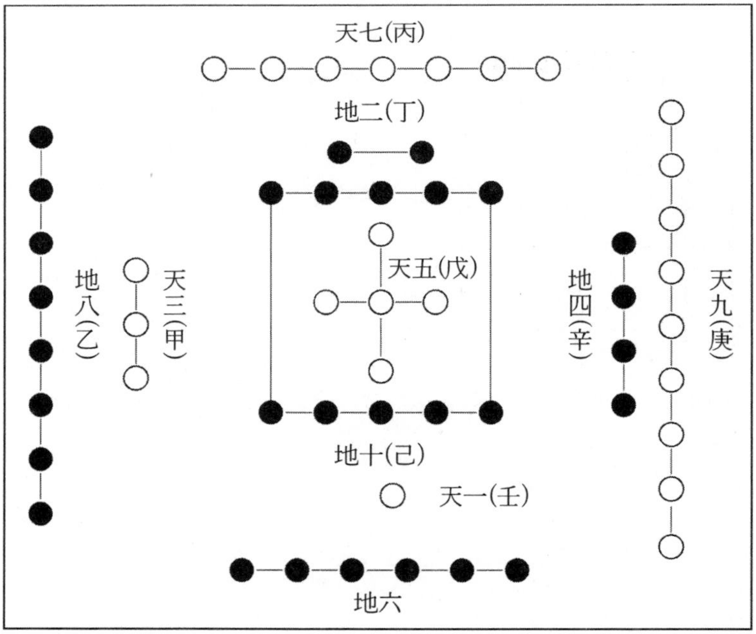

天七(丙)

地二(丁)

地八(乙) 天三(甲) 天五(戊) 地四(辛) 天九(庚)

地十(己)

天一(壬)

地六

先天八卦圖

兌二 (澤)	乾一 (天)	巽五 (風)
離三 (火)		坎六 (水)
辰四 (雷)	坤八 (地)	艮七 (山)

복희 선천팔괘 방위도(伏羲 先天八卦 方位圖)

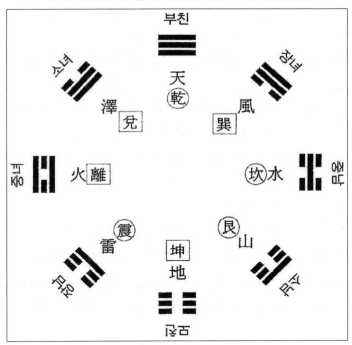

◆ 중국의 三皇五帝 중 伏羲氏가 黃河의 물속에서 나오는 龍馬의 등에 그려진 것을
보고 만들었다는 河圖는 天干五行의 相生原理를 나타낸 것이다.
◆ 陽數 1. 3. 5. 7. 9 - 하늘   陰數 2. 4. 6. 8. 10 - 땅

◆ 陽數의 合은 25인데 우주본체인 1을 빼면 24로 24節候와 같다.

陰數의 合은 30인데 이는 매달의 日數와 같다.

◆ 陽數, 陰數를 合하면 55로 先天數이다. 55는 5+5로 분리되어 중앙의 5陽土로 되고, 합하면 10으로 중앙의 陰10土로 된다.

2) 數의 生成과 參天兩地(삼천양지)

우주안의 모든 數는 1에서 10까지로 구성되어졌다. 상기 河圖의 안에 있는 1에서 5까지의 數를 生하는 數라 하여 生數라고 하고, 밖에 있는 6에서 10까지의 數를 이루는 數라 하여 成數라고 한다. 生數 1~5는 內的이며 體가 되고, 成數 6~10은 外的이며 用이 된다. 즉 內體外用이 되는 것이다.

본체가 되는 生數 중에서 홀수는 陽으로서 하늘의 數가 되고, 짝수는 陰으로서 땅의 數인데, 홀수는 1,3,5의 세자리이고, 짝수는 2,4의 두자리가 있다. 이를 參天兩地(삼천양지)라 한다. 이 삼천양지는 易의 數에서 가장 기본적인 원리가 되는 것이다.

1~5까지의 生數 중 홀수인 1,3,5를 합하면 9가 되어 陽을 대표하는 老陽(太陽)이 되고, 짝수인 2,4를 합하면 6이 되어 老陰(太陰)이 된다.

따라서 周易은 陰陽學인 동시에 九六學이 되는 것이다. 즉 陰陽은 體가 되고, 九六은 用이 되는 것이다. 陽을 9라는 숫자로 하고, 陰을 6이라는 숫자로 한 이유는 늙은 陽과 늙은 陰은 변하기 때문이다.

9는 하늘이고 아버지이고, 6은 땅이고 어머니로써 천지자연의 조화에 의해 그 사이에 자식이 나오는데 아들에 해당하는 것을 少陽, 딸에 해당하는 것을 少陰이라 한다. 아들에 해당하는 陽卦는 7이고, 딸에 해당하는 陰卦는 8이다. 少陽에는 震卦, 坎卦, 艮卦가 있고 少陰에는 巽卦, 離卦, 兌卦가 있다.

3) 四象(사상)의 자리수

사상의 위수(位數)

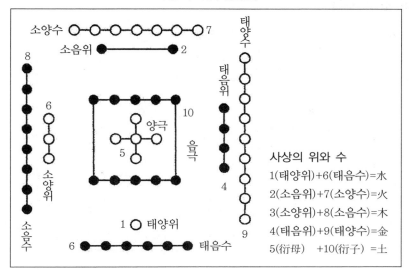

사상의 위와 수

1(태양위)+6(태음수)=水
2(소음위)+7(소양수)=火
3(소양위)+8(소음수)=木
4(태음위)+9(태양수)=金
5(衍母) +10(衍子) =土

◆ 四象에서 사방의 生數인 1,2,3,4는 四象位라 하고 사방의 成數인 6,7,8,9는 四象
數라 한다.
  1은 太陽位, 2는 少陰位, 3은 少陽位, 4는 太陰位, 5는 (중앙.양극), 6은 (太陰數),
  7은 (少陽數), 8은 (少陰數), 9는 (太陽數)
◆ 生數인 1,2,3,4(四象位)는 中央 5의 도움으로 成數인 6,7,8,9(四象數)를 낳는다.

2. 낙서洛書

1) 洛書의 原理

洛書

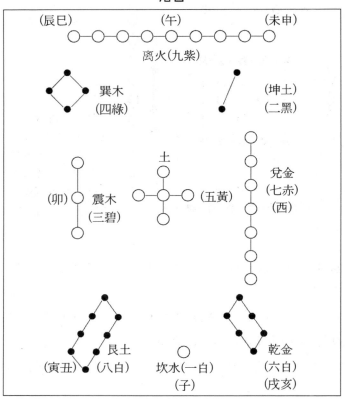

後天八卦圖

巽四 (風)	離九 (火)	坤二 (地)
震三 (雷)		兌七 (澤)
艮八 (山)	坎一 (水)	乾六 (天)

◆ 상기 낙서구궁팔괘도는 동양오술의 하나인 奇門遁甲(기문둔갑) 학문의 근간이
되는 바, 현재 後天 相剋의 시대를 적용한 상기 洛書九宮의 數理가 기문학설의
근본이 되는 것이다.

◆ 奇門遁甲(기문둔갑)은 術數豫測學(술수예측학)으로 그 구성요소들은 각 宮의 排
盤(배반)과정에서 상기 九宮數理의 法理를 적용하여 造式(조식)되는 것이다.

2) 文王 後天八卦圖(문왕 후천팔괘도)

문왕 후천팔괘도

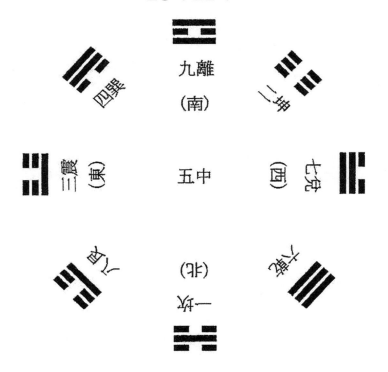

◆ 河圖 이후 禹임금이 황하강 상류의 洛水에서 거북등에 그려진 것 문양을 보고
洛書를 창안했다.

◆ 河圖는 천지만물의 본질인 體가 되고, 洛書는 변화와 用事의 근간이 되는 用이
된다.

◆ 河圖는 천지만물의 완성인 10에서 그치고, 洛書는 1이 부족한 9에 그쳐 완성의

단계로 가고자 하는 相剋과 用事의 원리가 된다.

◆ 가로, 세로, 대각선 각 合하면 15인데 이는 24節候의 해당 日數인 15일이다.

◆ 洛書의 數는 총 45인데 이는 팔괘방향의 한 宮마다 머무는 日數인 것이다.

◆ 陽數는 해가 뜨기 시작하여 生氣가 돋는 동쪽 震方의 3木에서 시작되어, 3의 배수로 左旋하고, 陰數는 해가 지기 시작하여 陰氣가 돋는 坤方의 2火에 시작되어 2의 배수로 右旋한다.

제5장
현공풍수 개략玄空風水 槪略

풍수지리는 형태상의 분류로는 "陽宅(양택)"과 "陰宅(음택)"으로 분류된다. 양택은 사람이 살고 있는 집터를 비롯하여, 공장, 창고, 상점, 사무실 등을 의미하고, 음택은 묘를 말하며 죽은 사람의 체백이 묻혀있는 곳을 말하는 것이다. 그리고 이론상으로는 "形氣風水(형기풍수)"와 "理氣風水(이기풍수)"로 분류된다. 형기풍수는 풍수지리학에서 근본이 되는 골격이라 하여 주역의 체용이론에서 "體"가 되는 것이며 "靜"이 되는 것이고, 이기풍수는 변화와 활용이 위주인 "用"이 되는 것이며 "動"이 되는 것이다. 그리고 이기풍수는 다시 "三合風水(삼합풍수)"와 "三元風水(삼원풍수)"로 분류된다. 삼합풍수는 12胞胎運星(12포태운성)을 활용하는 소위 胞胎風水(포태풍수)를 지칭하는 것이며, 삼원풍수는 소위 玄空風水(현공풍수)를 지칭하는 것이다.

⊙ 풍수지리   ◆ 형태 – 양택
                – 음택
         ◆ 이론 – 형기풍수
                – 이기풍수   • 삼합풍수(포태풍수)
                                  • 삼원풍수(현공풍수)

삼합풍수는 建宅造葬(건택조장)의 경우에 시간의 개념을 도외시하고 어느 시기이건 동일한 이론을 적용하지만, 삼원풍수인 현공풍수는 건택조장의 경우에 선천 "河圖(하도)"와 후천 "洛書(낙서)"의 기본 원리에 九宮八卦를 배합하고, 시간과 공간의 개념을 도입하여 시기에 따라 변화되는 운의 흐름을 판단하고자 하는 풍수 이기론이다.

1. 현공풍수玄空風水 3원元 9운運 표表

上元 (60년)	1運 (20년)	甲子~癸未 年	1324~1343	1504~1523	1684~1703	1864~1883
	2運 (20년)	甲申~癸卯 年	1344~1363	1524~1543	1704~1723	1884~1903
	3運 (20년)	甲辰~癸亥 年	1364~1383	1544~1563	1724~1743	1904~1923
中元 (60년)	4運 (20년)	甲子~癸未 年	1384~1403	1564~1583	1744~1763	1924~1943
	5運 (20년)	甲申~癸卯 年	1404~1423	1584~1603	1764~1783	1944~1963
	6運 (20년)	甲辰~癸亥 年	1424~1443	1604~1623	1784~1803	1964~1983
下元 (60년)	7運 (20년)	甲子~癸未 年	1444~1463	1624~1643	1804~1823	1984~2003
	8運 (20년)	甲申~癸卯 年	1464~1483	1644~1663	1824~1843	2004~2023
	9運 (20년)	甲辰~癸亥 年	1484~1503	1664~1683	1844~1863	2024~2043

2. 3원元 24좌坐 음양陰陽 분류표分類表

三元 24坐 陰陽 分類表

三元龍	陰	陽
地元龍	－ 辰 － 戌 － 丑 － 未	＋ 甲 ＋ 庚 ＋ 丙 ＋ 壬
天元龍	－ 子 － 午 － 卯 － 酉	＋ 乾 ＋ 坤 ＋ 艮 ＋ 巽
人元龍	－ 乙 － 辛 － 丁 － 癸	＋ 寅 ＋ 申 ＋ 巳 ＋ 亥

3. 24좌산坐山의 음양陰陽과 순역順逆

	八卦	羅經方位	三元	陰陽	九宮順.逆	方位	360주천도 우변← 중앙 →좌변
1	坎(감)	壬	地	+	順		337.5← 345 →352.5
		子	天	−	逆	正北	352.5← 360 →007.5
		癸	人	−	逆		007.5← 015 →022.5
2	艮(간)	丑	地	−	逆		022.5← 030 →037.5
		艮	天	+	順	東北	037.5← 045 →052.5
		寅	人	+	順		052.5← 060 →067.5
3	震(진)	甲	地	+	順		067.5← 075 →082.5
		卯	天	−	逆	東	082.5← 090 →097.5
		乙	人	−	逆		097.5← 105 →112.5
4	巽(손)	辰	地	−	逆		112.5← 120 →127.5
		巽	天	+	順	東南	127.5← 135 →142.5
		巳	人	+	順		142.5← 150 →157.5
5	離(이)	丙	地	+	順		157.5← 165 →172.5
		午	天	−	逆	南	172.5← 180 →187.5
		丁	人	−	逆		187.5← 195 →202.5
6	坤(곤)	未	地	−	逆		202.5← 210 →217.5
		坤	天	+	順	西南	217.5← 225 →232.5
		申	人	+	順		232.5← 240 →247.5
7	兌(태)	庚	地	+	順		247.5← 255 →262.5
		酉	天	−	逆	西	262.5← 270 →277.5
		辛	人	−	逆		277.5← 285 →292.5
8	乾(건)	戌	地	−	逆		292.5← 300 →307.5
		乾	天	+	順	西北	307.5← 315 →322.5
		亥	人	+	順		322.5← 330 →337.5

4. 3원元 9운運 24좌향坐向 음양도陰陽圖

1) 洛書九宮 24坐向 陰陽圖(낙서구궁 24좌향 음양도)

洛書9宮 24坐向 陰陽圖

+巽	+巳	+丙	-午	-丁	-未	+坤
-辰	❹巽		❾離		❷坤	+申
-乙						+庚
-卯	❸震		❺		❼兌	-酉
+甲						-辛
+寅	❽艮		❶坎		❻乾	-戌
+艮	-丑	-癸	-子	+壬	+亥	+乾

2) 下元 8運 24坐向 陰陽圖(하원 8운 24좌향 음양도)

下元 8運(2004~2023년) 24坐向 陰陽圖

+巽		+巳	+丙	-午	-丁	-未		+坤
	-酉	-辛	+甲	-卯	-乙	-己	+戊	
-辰	+庚	❹巽	❾離		❷坤	+戊		+申
-乙	+亥					+壬		+庚
-卯	+乾	❸震	❺		❼兌	-子		-酉
+甲	-戊					-癸		-辛
+寅	+申	❽艮	❶坎		❻乾	+丙		-戌
	+坤	-未	+巳	+巽	-辰	-丁	-午	
+艮		-丑	-癸	-子	+壬	+亥		+乾

3) 下元 9運 24坐向 陰陽圖(하원 9운 24좌향 음양도)

下元 9運(2024~2043년) 24坐向 陰陽圖

+巽		+巳	+丙	-午	-丁	-未		+坤
	+艮	+寅	-辰	+巽	+巳	-戌	+乾	
-辰	-丑	❹巽	❾離		❷坤	+亥	+申	
-乙	-辛					-未	+庚	
-卯	-酉	❸震		❺	❼兌	+坤	-酉	
+甲	+庚					+申	-辛	
+寅	-乙	❽艮	❶坎		❻乾	+壬	-戌	
	-卯	+甲	-己	-己	+戊	-癸	-子	
+艮		-丑	-癸	-子	+壬	+亥		+乾

5. 하괘下卦와 체괘替卦

　현공풍수는 羅經圖(나경도)에서 4층의 地盤正針(지반정침)만 사용하며, 지반정침의 24개 坐를 下卦(하괘)와 替卦(체괘)로 구분하여 사용한다. 각 坐는 15도인데 3도씩 모두 5개 칸으로 구성되었다. 중앙의 3칸은 下卦에 해당되며 총 9도이고, 이를 제외한 좌변, 우변의 각 1칸은 替卦에 해당하며 각 3도씩 총 6도로 구성된 것이다.

　4층은 지반정침이라 하는데 磁針(자침)이 남북을 가리키고 있고, 5층은 分金(분금)이라 하여 1개좌가 5칸으로 나누어져 있다. 이 5칸을 5格이라 하며 아래와 같다.

<표1> (예)子坐午向. 子坐(15도)

壬 子	庚 子	戊 子	丙 子	甲 子
替卦	下卦	下卦	下卦	替卦

기존의 삼합풍수에서는 현공풍수와는 달리 子坐午向인 경우에 상기 〈표1〉 중 旺氣脈(왕기맥)인 丙子旬과 相氣脈(상기맥)인 庚子旬 두 개만 사용한다. 아래 〈표2〉와 같다.

<표2> (예)子坐午向. 子坐(15도)

	庚 子		丙 子	
孤(고)	旺(왕)	空亡(공망)	旺(왕)	孤(고)
사용불가 ×	사용가능 ○	사용불가 ×	사용가능 ○	사용불가 ×

현공풍수에서는 分金 5格을 下卦와 替卦로 구분하여 모두 사용한다. 아래 〈표3〉과 같다.

<표3> (예)子坐午向. 子坐(15도)

壬 子	庚 子	戊 子	丙 子	甲 子
替卦(태괘)	下卦(하괘)			替卦(체괘)
사용가능 ○	사용가능 ○	사용가능 ○	사용가능 ○	사용가능 ○

6. 하괘下卦 산출법

현공풍수에서는 洛書九宮(낙서구궁)의 숫자를 고정시키지 않고, 3元에 따른 運

의 변화에 따라 九宮의 숫자가 변화되며 또한 음양이 다르게 나타나며, 길흉이 이에 따라 변화되어 나타난다는 것이 핵심이론이다. 3元은 上元(1運. 2運. 3運), 中元(4運. 5運. 6運), 下元(7運. 8運. 9運)이며 각 運에 따른 음양의 변화는 3元(1運~9運)坐向 陰陽順逆圖를 이용한다.

洛書九宮 定位圖

巽4	離9	坤2
震3	中5	兌7
艮8	坎1	乾6

順布 : 中5 - 乾6 - 兌7 - 艮8 - 離9 - 坎1 - 坤2 - 震3 - 巽4로 이동.

逆布 : 中5 - 巽4 - 震3 - 坤2 - 坎1 - 離9 - 艮8 - 兌7 - 乾6으로 이동.

7. 하괘下卦의 택명반宅命盤 포국법布局法

下元 8運에서 子坐午向(자좌오향)으로 造宅時(조택시)의 宅命盤(택명반)은 아래 표1과 같다.

1) 8運이므로 ❽을 中宮에 넣고 기타의 宮은 順布하여 布局한다. 그리고 中宮에는 "運盤(운반)"이라 포국한다.

표1

巽	巳	離 丙 午向 丁	未	坤
辰	❼ ___	❸ ___	❺ ___	申
乙 震卯 甲	❻ ___	❽ 중궁 ___	❶ ___	庚 酉兌 辛
寅	❷ ___	❹ ___	❾ ___	戌
艮	丑	癸 子坐 壬 坎	亥	乾

2) 午向이니 午向에 있는 숫자 ❸을 中宮의 상단에 부법하는데, 구별이 용이하게 ③이라 표시하고, 다음은 子坐이니 子坐에 있는 숫자 ❹를 부법하는데 구별이 용이하게 中宮의 하단에 ④로 표시한다. 아래 표2와 같다.

中宮에 있는 상단의 숫자 ③을 "向星(향성)"이라 칭하며, 하단의 숫자 ④를 "山星 (산성)"이라 칭한다. 읽을 때에는 向星을 먼저 읽고 山星을 나중에 읽는다.

표2

巽	巳	離 丙 午向 丁	未	坤
辰	❼ ___	❸ ___	❺ ___	申
乙 震卯 甲	❻ ___	❽ 중궁 ③ 向星 ④ 山星	❶ ___	庚 酉兌 辛
寅	❷ ___	❹ ___	❾ ___	戌
艮	丑	癸 子坐 壬 坎	亥	乾

3) 이번에는 中宮 상단의 向星③과 하단의 山星4의 陰陽을 알아보도록 한다. 아래 도표에서 "下元8運 24坐向 陰陽圖"표를 보면 向宮인 離宮의 +丙.-午.- 丁은 8運에는 3震(+甲, -卯, -乙)으로 변화되었다. 따라서 子坐午向은 天元에 해당되니 +甲, -卯, -乙 중에서 天元에 해당되는 것은 -卯인데 -卯는 陰이기 때문에 中宮 상단의 向星은 陰이 되어 "-③"이 되는 것이다.

다음 山星의 경우는 中宮 하단의 숫자 4는 "下元8運 24坐向 陰陽圖"표를 보면 坐宮인 坎宮의 +壬.-子.-癸는 4巽(-辰, +巽, +巳)로 변화되었다. 子坐午向은 天元이므로 -辰, +巽, +巳 중에서 天元에 해당하는 것은 +巽인데 +巽은 陽이기 때문에 中宮 하단의 山星은 "+4"가 되는 것이다. 아래 표3과 같다.

下元 8運(2004~2023년) 24坐向 陰陽圖

+巽		+巳	+丙	-午	-丁	-未		+坤
	-酉	-辛	+甲	-卯	-乙	-己	+戊	
-辰	+庚	❹巽		❾離		❷坤	+戊	+申
-乙	+亥						+壬	+庚
-卯	+乾	❸震		❺		❼兌	-子	-酉
+甲	-戊						-癸	-辛
+寅	+申	❽艮		❶坎		❻乾	+丙	-戊
	+坤	-未	+巳	+巽	-辰	-丁	-午	
+艮		-丑	-癸	-子	+壬	+亥		+乾

표3

巽	巳	離 丙 午(向) 丁	未	坤
辰	❼ ─	❸ ─	❺ ─	申
乙 震卯 甲	❻ ─	❽ 중궁 -③ 向星 +④ 山星	❶ ─	庚 酉兌 辛
寅	❷ ─	❹ ─	❾ ─	戌
艮	丑	癸 子(坐) 壬 坎	亥	乾

4) 다음은 中宮 상단의 向星은 -③은 陰이므로 구궁정위도상에 逆行布局하고, 하단의 山星은 +④는 陽이므로 구궁정위도상에 順行布局하여 宅命盤(택명반)을 완성한다. 아래 표4와 같다.

표4

巽	巳	離 午向	未	坤
辰	❼ ④ ③	❸ ⑧ ⑧	❺ ⑥ ①	申
震 卯	❻ ⑤ ②	❽ -③ 向星 +④ 山星	❶ ① ⑥	兌 酉
寅	❷ ⑨ ⑦	❹ ⑦ ⑨	❾ ② ⑤	戌
艮	丑	坎 子坐	亥	乾

5) 下卦의 中宮數 조견표는 아래와 같다.

下卦 中宮數(向星/山星) 早見表

	1運	2運	3運	4運	5運	6運	7運	8運	9運
壬	+5 −6	−6 +7	+7 −8	−8 +9	+9 +1	+1 −2	−2 +3	+3 −4	−4 +5
子	−5 +6	+6 −7	−7 +8	+8 −9	−9 −1	−1 +2	+2 −3	−3 +4	+4 −5
癸									
丑	+7 −4	−8 −5	+9 −6	+1 +7	−2 −8	+3 +9	−4 +1	−5 −2	−6 +3
艮	−7 +4	+8 +5	−9 +6	−1 −7	+2 +8	−3 −9	+4 −1	+5 +2	+6 −3
寅									
甲	+3 −8	−4 +9	+5 +1	−6 −2	+7 +3	−8 −4	+9 +5	+1 −6	−2 +7
卯	−3 +8	+4 −9	−5 −1	+6 +2	−7 −3	+8 +4	−9 −5	−1 +6	+2 −7
乙									
辰	−2 +9	+3 +1	−4 −2	−5 +3	−6 −4	+7 −5	−8 −6	+9 +7	+1 −8
巽	+2 −9	−3 −1	+4 +2	+5 −3	+6 +4	−7 +5	+8 +6	−9 −7	−1 +8
巳									
丙	−6 +5	+7 −6	−8 +7	+9 −8	+1 +9	−2 +1	+3 −2	−4 +3	+5 −4
午	+6 −5	−7 +6	+8 −7	+9 +8	−1 −9	+2 −1	−3 +2	+4 −3	−5 +4
丁									
未	−4 +7	−5 −8	−6 +9	+7 +1	−8 −2	+9 +3	+1 −4	−2 −5	+3 −6
坤	+4 −7	+5 +8	+6 −9	−7 +1	+8 +2	−9 −3	−1 +4	+2 +5	−3 +6
申									
庚	−8 +3	+9 −4	+1 +5	−2 −6	+3 +7	−4 −8	+5 +9	−6 +1	+7 −2

酉	+8 -3	-9 +4	-1 -5	+2 +6	-3 -7	+4 +8	-5 -9	+6 -1	-7 +2
辛									
戌	+9 -2	+1 +3	-2 -4	+3 -5	-4 -6	-5 +7	-6 -8	+7 +9	-8 +1
乾	-9 +2	-1 -3	+2 +4	-3 +5	+4 +6	+5 -7	+6 +8	-9 -7	+8 -1
亥									

6) 4局으로 분류하는 현공풍수에서는 같은 運이나 坐向이라도 下卦와 替卦의 宅命
盤(택명반)은 상호 같은 경우도 있고 다른 경우도 있다. 下卦는 택명반에 따라
4局으로 분류된다.

- ◆ 旺山旺向(왕산왕향) : 中宮이 −向星과 −山星으로 구성된 경우
- ◆ 上山下水(상산하수) : 中宮이 +向星과 +山星으로 구성된 경우
- ◆ 雙星回向(쌍성회향) : 中宮이 −向星과 +山星으로 구성된 경우
- ◆ 雙星會坐(쌍성회좌) : 中宮이 +向星과 −山星으로 구성된 경우

해당 運에 따라 山이 제자리에 위치하고 또한 水가 제자리에 위치하면 "合局(합
국)"이 되어 吉하고 그렇지 않으면 "不合局(불합국)"이 되어 凶하다. 이것은 근본적
으로 建宅造葬(건택조장)할 경우에 背山臨水(배산임수 = 山을 등지고 水를 바라보
는 형국)를 기본 여건으로 전제한 경우이다.

예) 旺山旺向(왕산왕향)

8運 下卦 乾坐巽向

巽	巳	離	未	坤
辰	❼ ⑧ ①	❸ ③ ⑤	❺ ① ③	申
震 卯	❻ ⑨ ②	❽ -⑦ 向星 -⑨ 山星	❶ ⑤ ⑦	兌 酉
寅	❷ ④ ⑥	❹ ② ④	❾ ⑥ ⑧	戌
艮	丑	坎	亥	乾

❖ 中宮 상단의 向星⑦과 하단의 山星⑨의 陰陽을 알아보도록 한다. "下元8運 24 坐向 陰陽圖"표를 보면 向宮인 巽宮의 -辰.+巽.+巳는 8運에는 7兌(+庚, -酉, -辛)로 변화되었다. 따라서 乾坐巽向은 乾巽이 天元에 해당하니 +庚, -酉, -辛 중에서 天元에 해당되는 것은 -酉인데 -酉는 陰이기 때문에 中宮상단의 向星은 陰이 되어 "-⑦"이 되는 것이다.

다음 山星의 경우는 中宮 하단의 숫자 ⑨는 "下元8運 24坐向 陰陽圖"표를 보면 坐宮인 乾宮의 -戌.+乾.+亥는 9離(+丙, -午, -丁)로 변화되었다. 乾坐巽 향은 天元이므로 +丙, -午, -丁 중에서 天元에 해당하는 것은 -午인데 -午는 陰이기 때문에 中宮 하단의 山星은 "-⑨"가 되는 것이다.

❖ 상기의 圖는 8運 下卦 乾坐巽向으로 建宅造葬(건택조장)한 경우인데 背山臨水 (배산임수)가 기본 여건이다. 8運의 건택조장이므로 向星8과 山星8의 비중이 크기 때문에 (⑧ ⑧) 위주로 판단한다. 만약 9運이라면 (⑨ ⑨)위주로 판단한다.

❖ 向宮은 巽宮인데 向星⑧이 向宮 제자리에 있기 때문에 "旺向(왕향)" 또는 "到向(도향)"이라 하여 吉格이 되는 것이다.

坐宮은 乾宮인데 山星⑧이 좌궁 제자리에 있기 때문에 "旺山(왕산)" 또는 "到山(도산)"이라 하여 吉格이 되는 것이다.

이것은 배산임수가 건택조장의 기본 환경요건이기 때문에, 巽宮에 있는 向星 ⑧의 의미는 巽宮 방위에 물이 있어야 된다는 뜻이고, 乾宮에 있는 山星⑧의 의미는 乾宮 방위에 산이 있어야 吉格이라는 뜻이다. 상기의 예와 같은 경우를 "旺山旺向"또는 "到山到向"의 합국이라 하는 것이다.

◆ 8運에서 乾坐巽向으로 건택조장한 경우에는 뒤에 山이 있고 앞에 水가 있으면 人丁과 財가 旺하다 판단하는 것이다. 만약 8運에 乾坐巽向으로 建宅造葬한 경우라도 반대로 앞에 山이 있고 뒤에 水가 있는 경우라면, 불합국이 되어 人丁과 財가 衰해지는 것이다.

◆ 向星은 水星이라고도 하며 財와 연관되고, 山星은 丁星이라 하여 人丁과 貴와 연관된다.

◆ 旺山旺向의 合局은 三元9運 중 1運과 9運에는 없음을 참고하기 바란다.

8. 체괘론替卦論

현공풍수에서는 기존의 삼합풍수와는 달리 지반정침 24좌마다 下卦와 替卦로 나누게 되는데, 1개 좌 5칸의 총 15도 범주 안에서, 중앙의 3개 칸 9도를 제외하고, 양변의 각 1칸 3도씩 총 6도의 범위 안에서 坐向을 놓으면 替卦를 활용하는 것이다. 8運의 예를 들면, 下卦 辰坐戌向으로 건택조장하면 上山下水가 되어 人丁과 財가 모두 쇠하게 된다. 이런 경우 替卦로 坐向을 조금만 돌려놓으면 旺山旺向이나 聯珠三盤卦(연주삼반괘)와 같은 吉格을 만들 수 있는 것이다. 아래의 替卦 中宮數 조견표를 활용하기 바란다.

1) 替卦數와 下卦數(체괘수와 하괘수)

下卦數와 替卦數

坐	下卦	替卦	備考	坐	下卦	替卦	備考
壬	+1	+2	0	丙	+9	+7	0
子	−1	−1		午	−9	−9	
癸	−1	−1		丁	−9	−9	

丑	−8	−7	0	未	−2	−2	
艮	+8	+7	0	坤	+2	+2	
寅	+8	+9	0	申	+2	+1	0
甲	+3	−1	0	庚	+7	+9	0
卯	−3	−2		酉	−7	−7	
乙	−3	−2		辛	−7	−7	
辰	−4	−6		戌	−6	−6	
巽	+4	+6		乾	+6	+6	
巳	+4	+6		亥	+6	+6	

2) 替卦의 中宮數 早見表(체괘의 중궁수 조견표)

替卦 中宮數(向星/山星) 早見表

	1運	2運	3運	4運	5運	6運	7運	8運	9運
壬	+5 −6	−6 +9	+9 −7	−7 +7	+7 +2	+2 −2	−2 +1	+1 −6	−6 +5
子	−5 +6	+6 −7	−7 +7	+7 −9	−9 −1	−1 +2	+2 −2	−2 +6	+6 −5
癸			−7 +9	+9 −9		−1 +1	+1 −2		
丑	+9 −6	−7 −5	+7 −6	+2 +9	−2 −7	+1 +7	−6 +2	−5 −2	−6 +1
艮	−7 +6	+7 +5	−9 +6	−1 −7	+2 +7	−2 −9	+6 −1	+5 +2	+6 −2
寅		+9 +5			+1 +9			+5 +1	
甲	+1 −7	−6 +7	+5 +2	−6 −2	+9 +1	−7 −6	+7 +5	+2 −6	−2 +9
卯	−2 +7	+6 −9	−5 −1	+6 +2	−7 −2	+7 +6	−9 −5	−1 +6	+2 −7
乙	+9 −2			+6 +1		+9 +6			+1 −7
辰	−2 +7	+1 +2	−6 −2	−5 +1	−6 −6	+9 −5	−7 −6	+7 +9	+2 −7

巽	+2 −9	−2 −1	+6 +2	+5 −2	+6 +6	−7 +5	+7 +6	−9 −7	−1 +7
巳	+1 −9		+6 +1				+9 +6		−1 +9
丙	−6 +5	+9 −6	−7 +9	+7 −7	+2 +7	−2 +2	+1 −2	−6 +1	+5 −6
午	+6 −5	−7 +6	+7 −7	−9 +7	−1 −9	+2 −1	−2 +2	+6 −2	−5 +6
丁			+9 −7	−9 +9		+1 −1	−2 +1		
未	−6 +9	−5 −7	−6 +7	+9 +2	−7 −2	+7 +1	+2 −6	−2 −5	+1 −6
坤	+6 −7	+5 +7	+6 −9	−7 −1	+7 +2	−9 −2	−1 +6	+2 +5	−2 +6
申		+5 +9			+9 +1			+1 +5	
庚	−7 +1	+7 −6	+2 +5	−2 −6	+1 +9	−6 −7	+5 +7	−6 +2	+9 −2
酉	+7 −2	−9 +6	−1 −5	+2 +6	−2 −7	+6 +7	−5 −9	+6 −1	−7 +2
辛	+9 −5			+1 +6		+6 +9			−7 +1
戌	+7 −2	+2 +1	−2 −6	+1 −5	−6 −6	−5 +9	−6 −7	+9 +7	−7 +2
乾	−9 +2	−1 −2	+2 +6	−2 +5	+6 +6	+5 −7	+6 +7	−7 −9	+7 −1
亥	−9 +1		+1 +6				+6 +9		+9 −1

제6장

양택구성론陽宅九星論 개략概略

1. 양택구성陽宅九星 정위도定位圖

巽 東南		離 南	西南 坤	
❹ 伏位 복위		❾ 五鬼 오귀	❷ 禍害 화해	
震 東	❸ 生氣 생기	❺⑩	❼ 絶命 절명	兌 西
	❽ 天醫 천의	❶ 六殺 육살	❻ 延年 연년	
艮 東北		坎 北	西北 乾	

2. 구성九星의 특성特性 요약要約

◆ 生氣(생기)

生氣는 三吉星의 하나로 木의 성질을 띠며, 坎宮에 있으면 居生되니 吉하다. 가업이 번창하고 관직이 오른다.

◆ 天醫(천의)

天醫는 三吉星의 하나로 土의 성질을 띠며, 離宮에 있으면 居生되니 재물이 흥성하고, 자손이 富貴한다.

◆延年(연년)

延年은 三吉星의 하나로 金의 성질을 띠며, 坤宮에 있으면 居生되니 가업이 흥왕하고 長壽한다.

◆ 五鬼(오귀)

凶星으로 火의 성질을 띠고, 어느 宮에 臨하든 가족에게 질병이 발생하고, 흉화가 잇따른다.

◆ 六殺(육살)

凶星으로 水의 성질을 띠며, 六畜이 손상되고, 驚惶(경황)되고 괴이한 일이 발생하고, 자녀, 며느리, 부인 등의 불량한 행동과 언사로 잡음과 災禍가 그치질 않는다.

◆ 絕命(절명)

凶星으로 金의 성질을 띠며, 가택에 사도, 질병 등의 災厄(재액)이 있고, 凶 예기치 않은 禍(흉화)가 잇따른다.

◆ 禍害(화해)

小凶星으로 土의 성질을 띠며, 가족에게 凶禍(흉화)가 따른다.

◆ 伏位 (복위)

小吉星으로 木의 성질을 띠며, 家主의 운명에 따라 吉凶이 좌우된다.

吉星은 落宮處의 生助를 받으면 더욱 吉하고, 凶星은 落宮處의 극제를 받으면 흉화가 減衰되니 害가 적다고 판단하는 것이다.

3. 양택구성陽宅九星 작괘법作卦法

東四宅(동사택)과 西四宅(서사택)은 垈地(대지)가 포함된 가택이나, 혹은 아파트, 가게, 사무실, 공장, 식당 같은 곳의 정 중앙에 羅經(나경)을 놓고, 가택의 3요소인 ①出入門(출입문), ②主人房(주인방), ③廚房(주방)이 동사택이나 서사택에 합치되는 것을 吉하다고 논하는 것이다. 그러나 이외에도 출입문을 기준하여 주인방이나 주방이 상기 九星의 어느 곳에 위치하느냐에 따라 가택의 吉凶禍福(길흉화복)에 막대한 영향을 미치는 것이다. 이를 살피는데 적용하는 것이 상기 陽宅九星作卦法(양택구성작괘법)이다.

예를 들어 아래 도표 1과 같은 아파트의 구조를 분석해 보자.

도표 1

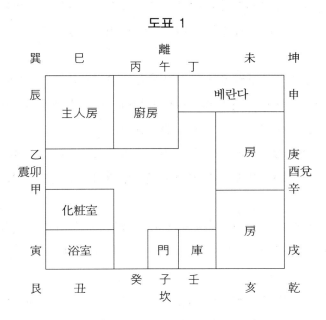

⊙ 상기 아파트의 구조는 가택의 3대 요소인 ①出入門(출입문)과 ②主人房(주인방)
과 ③廚房(주방)이 각각 坎方, 震方, 巽方에 있으니 東四宅에 부합된다. 이번에
는 출입문을 기준하여(출입문 밖의 왼쪽) 주인방과 주방의 위치를 九星作卦(구
성작괘)하여 길흉을 판단한다.

출입문이 坎方에 있으니 이를 "坎門" 라 한다. 따라서 坎門은 八卦上 坎卦(☵)에
해당하므로 이것이 本卦이다.

本 卦 (坎 卦)	
▬▬	上爻
▬	中爻
▬▬	下爻

◆ 첫 번째는 상기 본괘(☵)에서 上變하여 生氣를 붙이니, 상효 ▬▬(음효)가 ▬(양
효)로 바뀌니 坎卦(☵)가 巽卦(☴)로 바뀌는 것이다. 따라서 巽方에 生氣가 떨

어지니 巽方에 있는 주인방은 吉方에 위치한 것이다.

◆ 두 번째는 상기 巽卦(☴)에서 中變하여 五鬼를 붙이니, 巽卦(☴)에서 中爻━(양효)가 ┅(음효)로 바뀌어 艮卦(☶)가 된다. 따라서 艮方이 五鬼方이 되는 것이다.

◆ 세 번째는 상기 艮卦(☶)에서 下變하여 延年을 붙이니, 艮卦(☶)에서 下爻┅(음효)가 ━(양효)로 바뀌어 離卦(☲)가 된다. 따라서 離方이 延年方이 되니, 離方에 있는 廚房(주방)은 吉方에 위치한 것이다.

◆ 네 번째는 상기 離卦(☲)에서 中變하여 六殺을 붙이니, 離卦(☲)에서 中爻┅(음효)가 ━(양효)로 바뀌어 乾卦(☰)가 된다. 따라서 乾方이 六殺方이 되는 것이다.

◆ 다섯 번째는 상기 乾卦(☰)에서 上變하여 禍害를 붙이니, 乾卦(☰)에서 上爻━(양효)가 ┅(음효)로 바뀌어 兌卦(☱)가 된다. 따라서 兌方이 禍害方이 되는 것이다.

◆ 여섯 번째는 상기 兌卦(☱)에서 中變하여 天醫를 붙이니, 兌卦(☱)에서 中爻━(양효)가 ┅(음효)로 바뀌니 震卦(☳)가 된다. 따라서 震方이 天醫方이 되는 것이다.

◆ 일곱 번째는 상기 震卦(☳)에서 下變하여 絕命이니, 震卦(☳)에서 下爻 ━(양효)가 ┅(음효)로 바뀌는 것이니 坤卦(☷)가 된다. 따라서 坤方이 絕命方이 되는 것이다.

◆ 여덟 번째는 상기 坤卦(☷)에서 中變하여 伏位를 붙이니, 坤卦(☷)에서 中爻┅(음효)가 ━(양효)로 바뀌니 坎卦(☵)가 된다. 따라서 坎方이 伏位方이 되는 것이다.

◉ 상기 도표1의 아파트의 경우는 출입문이 坎方에 있으니 "坎門"이라 하며 東四宅에 합치된다.

◉ 주인방은 巽方에 자리하여 生氣方이니 吉하고, 廚房은 離方에 자리하여 延年方이 되니 역시 吉한 것이다. 아래 도표2와 같다.

도표 2

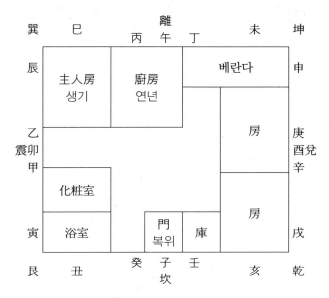

제7장
개문開門 길흉吉凶 요약要約

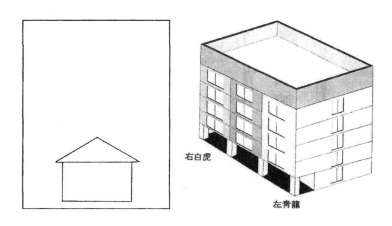

右白虎

左靑龍

◎ 상기 좌측의 그림은 일반적인 동양의 전통가옥의 구조로 子山午向으로 자리하고 있으니 坎宅에 해당된다. 坎方은 24坐山에서 壬.子.癸方을 의미하니 坎宅에는 壬山丙向, 子山午向, 癸山丁向이 포함되는 것이다.

◆ 靑龍은 奇門遁甲(기문둔갑)에서 12天將을 논할시 甲.寅木에 속하는 吉將이니, 24坐山에서 甲.卯.乙方을 의미하며 이 방위에 출입문이 있으면 "龍門(용문)"이라 한다.

白虎는 庚.申金에 속하는 凶將으로 24坐山에서 庚.酉.辛方을 의미하며 이 방위에 출입문이 있으면 "虎門(호문)"이라 한다.

中門은 丙.午.丁方에 출입문이 있는 경우를 의미하는 것이다.

◆ 전통적인 가옥을 예로 들면, 龍門이라 함은 震方에 출입문이 있는 것을 말하며 "震門"이 되는 것이고, 虎門이라 함은 兌方에 출입문이 있는 것을 말하며 "兌門"이 되는 것이다.

◎ 상기 우측의 그림은 3間으로 이루어진 다층의 다가구주택이다. 각각의 間(간)마

다 1층에 출입문이 있는데, 건물 棟을 바라볼 때, 맨 우측은 左靑龍(좌청룡)에 해당하니 이곳에 출입문이 있으면 "龍門"이라 하고, 맨 좌측은 右白虎(우백호)에 해당하니 이 곳에 출입문이 있으면 "虎門"이라 한다. 中央 間에 출입문이 있는 경우는 "中門"이라 하는 것이다.

1. 팔택八宅 개문開門 길흉표吉凶表

宅坐	龍門	中門	虎門
坎宅	吉	吉	凶
坤宅	凶	吉	凶
震宅	凶	凶	凶
巽宅	凶	凶	吉
乾宅	凶	凶	凶
兌宅	吉	凶	凶
艮宅	凶	吉	吉
離宅	凶	吉	凶

◆ 우리나라 전통가옥의 경우 家宅, 大門의 길흉관계를 논한다면, 坎宅의 경우에는 坎卦가 本 卦가 되니 陽宅九星을 附法(부법)하면 다음과 같다.

〈本 卦 ☵〉

一. 上變 生氣 ☴ 巽方
二. 中變 五鬼 ☶ 艮方
三. 下變 延年 ☲ 離方 中門 → 吉
四. 中變 六殺 ☰ 乾方
五. 上變 禍害 ☱ 兌方 虎門 → 凶
六. 中變 天醫 ☳ 震方 龍門 → 吉
七. 下變 絶命 ☷ 坤方
八. 中變 伏位 ☵ 坎方

震方의 龍門과 離方의 中門은 吉하고 西方의 虎門은 凶하다. 여타 宅坐의 경우
도 같은 맥락으로 판단한다.

2. 애성挨星 개문開門 길흉표吉凶表

挨星法(애성법)은 현공풍수에서 三元紫白九星法(삼원자백구성법)을 활용하여
음택과 양택의 吉凶을 판단하는 방법이다. 아래 도표는 현공풍수 挨星法(애성법)
을 적용하여 출입문의 吉凶方을 요약한 것이다.

	龍門	中門	虎門
壬山丙向	大凶	凶	吉
子山午向 癸山丁向	平	吉	小吉
丑山未向	小吉	吉	凶
艮山坤向 寅山申向	吉	大凶	凶
甲山庚向	凶	凶	大凶
卯山酉向 乙山辛向	平	吉	吉
辰山戌向	大凶	小吉	大凶
巽山乾向 巳山亥向	凶	吉	平
丙山壬向	凶	吉	小吉
午山子向 丁山癸向	大凶	吉	凶
未山丑向	小吉	吉	平
坤山艮向 申山寅向	凶	大凶	吉
庚山甲向	凶	吉	凶

酉山卯向 辛山乙向	吉	平	大凶
戌山辰向	大凶	小吉	大凶
乾山巽向 亥山巳向	吉	吉	凶

제8장
득기법得氣法

得氣法이라 함은 가택이 자리하고 있는 주변환경에 따른 氣의 흐름을 잘 파악한 후, 이를 근거로 引入되는 氣의 利와 不利를 판단하여, 좀 더 이로운 氣인 生氣를 得하고자 하는 양택풍수상 하나의 理氣法을 말하는 것이다. 이에는 山澤通氣之法(산택통기지법)과 開門引氣之法(개문인기지법), 水氣之法(수기지법), 山氣之法(산기지법), 陽宅九星法(양택구성법), 玄空挨星法(현공애성법) 등이 있는데, 가택의 구조 및 해당운의 길흉을 판단하는 데는, 後天洛書의 卦宮數理(후천낙서의 괘궁수리) 약칭하여 "洛書元運(낙서원운)"과 연관하여, 洛書九宮의 3元 9運法, 陽宅九星法(양택구성법)과 玄空風水挨星法(현공풍수애성법)에 비중을 두고 활용하는 것이다.

1. 산택통기지법山澤通氣之法

山澤通氣之法(산택통기지법)은 가택의 주변 환경이 山으로 둘러 쌓여있는 경우에 일부 開口되어있는 부분으로 氣가 引入(인입)되는바, 이렇게 인입되는 氣의 旺衰와 吉凶을 논하는 것으로, 後天洛書(후천낙서)의 卦宮數理(괘궁수리) 약칭하여 "洛書元運(낙서원운)"에 따른 3元 9運法을 적용하는 것이다. 아래 표를 참조한다.

(1) 後天洛書九宮의 卦宮數理와 3元 9運(후천낙서구궁의 괘궁수리와 3원 9운)

洛書九宮圖와 3元 9運

巽 巳	離 丙午丁	未 坤
辰 ❹ 中元 4運	❾ 下元 9運	❷ 上元 2運 申
乙 震卯 甲 ❸ 上元 3運	❺ 中元 5運	❼ 下元 7運 庚 酉兌 申
寅 ❽ 下元 8運	❶ 上元 1運	❻ 中元 6運 戌
艮 丑	癸子壬 坎	亥 乾

(2) 山澤通氣法(산택통기법) 예

아래의 가택과 같이 사면이 山으로 둘러 쌓여있고 震3方이 開口되어 있는 경우라면, 이곳으로 氣가 引入되니 上元 3運에 吉하고 이때 發財하는 것이라 판단하는 것이다.

2. 개문인기지법開門引氣之法

平洋之宅(평양지택)이나 井邑之宅(정읍지택)에서의 氣의 흐름은 담장이 둘러져 있는 가택의 경우에는 大門을 통해 氣가 引入되고, 담장이 없는 아파트 등은 출입문을 통해 氣가 引入되는바, 氣가 引入되는 곳으로 가택의 길흉을 판단하는 것이다. 이는 洛書九宮(낙서구궁)의 卦宮數理(괘궁수리)에 따른 3元 9運法을 적용하는 것이다.

(1) 後天洛書九宮의 卦宮數理와 3元 9運(후천낙서구궁의 괘궁수리와 3원9운)

洛書九宮圖와 3元 9運

巽　　巳	離 丙午丁	未　　坤
辰　❹ 中元 4運	❾ 下元 9運	❷ 上元 2運　申
乙 震卯 甲　❸ 上元 3運	❺ 中元 5運	❼ 下元 7運　庚 酉兌 申
寅　❽ 下元 8運	❶ 上元 1運	❻ 中元 6運　戌
艮　　丑	癸子壬 坎	亥　　乾

(2) 開門引氣之法(개문인기지법)

아래 가택의 경우는 담장이 둘러져 있고 離方(丙.午.丁)에 大門이 있어 이 곳으로 氣가 引入되는 경우이다. 離方의 大門은 後天洛書九宮의 離9宮이니 下元9運에 發福(발복)하게 되는 것이다. 아래 그림에서 가택이 坎方(壬.子.癸)을 등지고 離方을 바라보는 형국이니 이를 "坎宅(감택)"이라 한다.

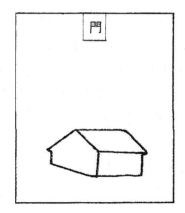

3. 수기지법 水氣之法

水氣之法은 가택의 주변환경과 연관하여 水가 자리한 방위와 가택과의 길흉을 논하는 것으로 四水方位로 분류하여 길흉을 판단하는 것이다. 四水는 零水(영수= 零神水), 正水(정수=正神水), 催水(최수=催官水), 照水(조수=照望水)를 의미한다.

(1) 四水

〈正法〉

⊙ 零水(영수=零神水)
* 洛書九宮圖에서 해당운의 宮과 대칭방에 있는 水를 의미한다.
* 예로 8運의 경우라면 艮8宮에 해당되는바 이의 대칭방인 坤方에 水가 있는 경우를 말한다.
* 發財와 催官(최관) 등의 吉한 작용을 한다.

⊙ 正水(정수=正神水)
* 洛書九宮圖에서 해당운의 方에 있는 水를 의미한다.
* 예로 8運의 경우라면 艮8宮에 해당되는바 艮8方에 水가 있는 경우를 말한다.
* 人丁의 衰함과 破財(파재) 등의 不吉한 작용을 한다.

⊙ 催水(최수=催官水)
* 洛書九宮圖에서 해당운의 오행과 同道의 오행의 方에 있는 水를 의미한다.

◆ 예로 8運의 경우라면, 河圖에서 오행 木은 3.8木이므로, 3은 震3宮인데 이곳의 방위인 震方에 水가 있는 경우를 말한다.

◆ 일설로는 1, 2, 3, 4運에 6, 7, 8, 9方의 水를 얻은 경우와 6, 7, 8, 9運에 1, 2, 3, 4方의 水를 얻은 경우에도 催吉照水(최길조수)라 한다.

◆ 催官과 得貴 등의 吉한 작용을 한다.

⊙ 照水(조수=照望水)

◆ 洛書九宮圖에서 零水(零神水)가 있는 方의 五行과 同道의 五行에 해당하는 곳에 있는 水를 의미한다.

◆ 예로 8運의 경우라면, 8運은 艮8宮이니 대칭궁인 坤2宮의 방위에 있는 坤方의 水를 零水(零神水)라 하는데, 坤2宮의 數理는 2이며 2는 火로 河圖에서 2.7火는 同道이고, 7은 낙서구궁에서 兌7宮이므로 이곳의 방위인 兌方에 있는 水를 의미한다.

〈便法〉

◆ 일설로는 1, 2, 3, 4運에 6, 7, 8, 9方의 水를 얻은 경우와 6, 7, 8, 9運에 1, 2, 3, 4方의 水를 얻은 경우를 吉照水(길조수)라 하기도 한다.

◆ 發財의 吉한 작용을 한다.

(2) 四水方位 길흉 분석 예

예) 8運에 艮方에 水가 있는 경우

洛書九宮圖

巽　　　巳	離 丙午丁	未　　　坤
辰 ❹ (照水)	❾	❷ 零水 申
乙 震卯 ❸ 甲 催水	❺	❼ 照水 庚 酉兌 申
寅 ❽ 正水	❶ (照水)	❻ 戌
艮　　　丑	癸子壬 坎	亥　　　乾

◆ 8運은 후천낙서구궁의 艮8宮에 해당되는데 이곳 艮方에 水가 있는 경우는 正水(正神水)라 하여 흉하다.

◆ 8運에 正水(正神水)가 있는 艮8方의 대칭궁인 坤2方에 있는 水는 零水(零神水)라 하여 길하고 發財하게 된다.

◆ 8運은 河圖에서 3.8木은 同道이다. 후천낙서구궁에서 3運은 震3宮에 해당되므로 이곳 震方에 水가 있으면 催水(催官水)라 하여 吉하고 得貴하게 된다.

◆ 8運에 零水(零神水)가 있는 坤2方은 卦宮數理가 2이다. 河圖에서 2.7火는 同道이며 7數는 洛書九宮에서 兌7宮에 속하니 이곳 兌方에 있는 水는 照水(照望水)라 하여 吉하다.

(3) 四水 方位 早見表

四水 方位 早見表

3元	9運	零水 (零神水)	正水 (正神水)	催水 (催官水)	照水(便法) (照望水)
上元	1運	9	1	6	8艮 7兌
	2運	8	2	7	9離 6乾
	3運	7	3	8	9離 6乾
中元	4運	6	4	9	8艮 7兌
	5運	2	上 10년		
		8	下 10년		
	6運	4	6	1	2坤 3震
下元	7運	3	7	2	1坎 4巽
	8運	2	8	3	1坎 4巽
	9運	1	9	4	2坤 3震
吉凶		吉	凶殺	吉	吉

(4) 水氣之法(수기지법) 例

아래 가택은 남쪽 離方에 자리하고 있으니 "離宅(이택)"이라 한다. 주변 환경은 艮方으로 小池가 있는데 활시위를 당긴 것 같은 彎弓(만궁)의 형태로 넓게 형성되어 坎方에까지 다다르고 있어 이는 聚氣(취기)할 수 있는 형국이다.

1運에는 巽4方의 水가 照望水가 되니 吉하다.
2運에는 艮8方의 水가 零神水가 되니 吉하다.
3運에는 艮8方의 水가 催官水가 되어 發福되어 得官할 수 있어 吉하다.
9運에는 坎1方의 水가 零神水가 되니 吉하다.
6運에는 坎1方의 水가 催官水가 되니 吉하다.
4運에는 離9方의 水가 催官水가 되니 吉하다.

먼저는 人丁과 財가 旺하게 되고 다음에는 貴를 얻게 되는 吉宅의 입지이다.

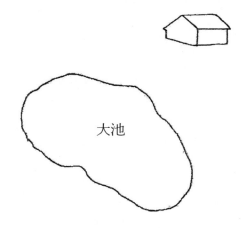

大池

4. 산기지법山氣之法

山氣之法은 가택의 주변환경과 연관하여 山이 자리한 위치와 가택과의 길흉을 논하는 것으로, 가택이 山氣를 得하였나 得하지 못하였는가를 분석하여 가택의 吉凶을 판단하는 방법이다. 이에는 가택과 인접한 山의 高低(고저), 山과 가택과의

遠近(원근), 山의 端正(단정)과 險惡(험악), 山이 위치한 方位 등을 종합적으로 분석, 판단하여 산과 인접한 가택의 山氣의 得氣 여부로 길흉을 판단하는 방법이다.

(1) 山의 高低(산의 고저)

高山 : 가택과 인접한 山이 높고 웅장하면 山이 내뿜는 山氣도 旺하며 웅장하고
　또한 氣의 흐름도 빠르다.

低山 : 가택과 인접한 山이 낮고 왜소하면 山이 내뿜는 山氣도 衰하며 저급하고
　또한 氣의 흐름도 완만하다.

(2) 山의 遠近(산의 원근)

遠 : 山이 높고 웅장한 高山인 경우에는 氣가 旺하고 氣의 흐름도 빨라 일종의 "高
　壓殺(고압살)"이 작동하여 가택과 가까이 있으면 凶함이 많으니, 비교적 高山과
　거리를 두고 가택이 위치함이 吉하다.
　산이 낮고 왜소한 低山인 경우에는 氣도 衰하고 氣의 흐름도 더디다. 이런 경우
　에는 가택이 低山과 멀리 떨어져 위치함은 山의 吉氣가 오히려 멀리서 진행되어
　오니 오히려 殺氣로 작동하는 경우가 있어 凶한 경우가 많다.

近 : 高山인 경우에는 가택이 가까이 위치하면 孤山의 旺氣가 制殺되지 못하고 殺
　氣로 작동하게 되니 凶하다.
　低山인 경우에는 인접하여 가택이 위치함도 무방하다.

(3) 山의 端正과 險惡(산의 단정과 험악)

端正 : 산이 단정하다 함은, 산세가 급한 경사면이 적고 비교적 굴곡이 완만하며
　산의 氣色이 밝고 청명함을 의미한다. 이런 경우에는 인접하여 가택이 자리함도
　可하다.

險惡 : 산이 험악하다 함은, 산세가 급경사면이 많고 굴곡이 심하며 돌과 바위 등이
　많고 또한 산을 깎아 내리거나 훼손함이 많으며 山의 氣色이 어둡고 둔탁함을
　의미한다. 이런 경우에는 山에서 내뿜는 氣가 일종의 殺로 작동하니, 가택이 인
　접하여 위치함은 不可하고 특히 山과 대칭방에 가택이 자리함은 기피해야 한다.

(4) 山이 위치한 方位

山氣法에 의거하여 山이 위치한 방위에 따른 가택의 發福(발복)과 그 시기 여부
는, 기본적으로 가택과 인접한 山의 산세가 웅장하면서도 端正溫厚(단정온후)하
며, 山의 氣色이 밝고 淸明(청명)함을 전제로 하며, 또한 後天洛書九宮(후천낙서구
궁)의 卦宮數理(괘궁수리)와 연관한 3元 9運法을 적용하는 것이다.

山·宅의 方位	洛書九宮의 3元 9運
坎山 艮宅 ◆ 坎方의 山 ◆ 離方의 宅	上元 1運에 旺하고 發福된다.
坤山 艮宅 ◆ 坤方의 山 ◆ 艮方의 宅	上元 2運에 旺하고 發福된다.
震山 兌宅 ◆ 震方의 山 ◆ 兌方의 宅	上元 3運에 旺하고 發福된다.
巽山 乾宅 ◆ 巽方의 山 ◆ 乾方의 宅	中元 4運에 旺하고 發福된다. 中元 5運에 旺하고 發福된다. ◆ 上 10년은 4運 적용 ◆ 下 10년은 6運 적용
乾山 巽宅 ◆ 乾方의 山 ◆ 巽方의 宅	中元 6運에 旺하고 發福된다.
兌山 震宅 ◆ 兌方의 山 ◆ 震方의 宅	下元 7運에 旺하고 發福된다.
艮山 坤宅 ◆ 艮方의 山 ◆ 坤方의 宅	下元 8運에 旺하고 發福된다.
離山 坎宅 ◆ 離方의 山 ◆ 坎方의 宅	下元 9運에 旺하고 發福된다.

(5) 山氣之法 例(산기지법 예)

아래의 圖는 坤方에 高山이 위치하고 가택은 艮方에 자리하고 있다. 坤山艮宅이니 洛書元運(낙서원운)의 3元 9運法에 의거 上元 2運에 山氣를 得하여 가택이 旺하고 發福하게 되는 것이다.

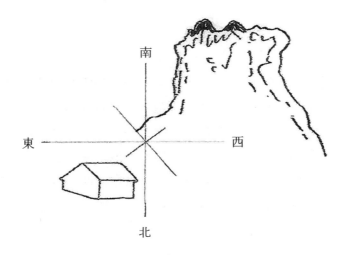

제9장
중심선中心線

 가택이 자리한 宅地와 주변 환경에서 氣의 흐름과를 연계하여 길흉을 논하는 방법은, 山宅通氣之法(산택통기지법), 水氣之法(수기지법), 山氣之法(산기지법), 開門引氣之法(개문인기지법), 陽宅九星法(양택구성법), 玄空挨星法(현공애성법) 등을 활용하는데, 이는 後天洛書九宮의 卦宮數理(후천낙서구궁의 괘궁수리) 약칭하여 "洛書元運(낙서원운)"과 연계한 3元 9運法으로 판단하는 것이다.

 3元9運 中 해당운의 길흉을 판단하기 위해서는 가택이 위치한 자리가 九宮八卦 중 어느 방위인가를 정확히 알아야 하는데, 이는 택지와 주변환경과 결부시켜 그 중심선을 제대로 잡아야 九宮八卦 중 어느 방위인가를 정확히 판단할 수 있는 것이다. 아래와 같이 예를 들어본다.

1. 택지宅地

(1) 方形(방형)과 長方形(장방형)

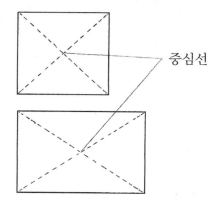

중심선

(2) "ㄱ"자나 "ㄴ"자 형태

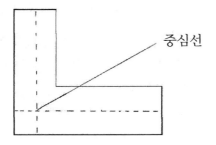

중심선

(3) 마름모꼴 형태

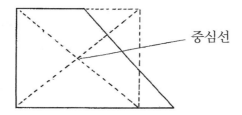

중심선

(4) 장방형에서 결여된 부분이 전체 크기와 비교하여 1/3 미만으로 작은 경우

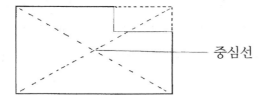

중심선

(5) 우측에 缺如(결여)된 부분이 있는 方形

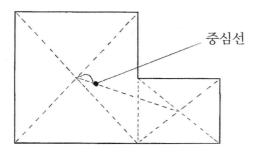

중심선

우측에서 결여된 부분과 남아있는 부분을 方形이나 長方形으로 이은 상태에서, 결여된 부분을 제외하고 남아있는 부분이 결여된 부분을 포함한 전체 크기와 비교하여 1/3을 초과하여 비교적 큰 경우에는 아래와 같이 각각의 중심선을 연결하여 결여되어 남아있는 부분의 중심선 쪽으로 일정 거리를 이동시켜 중심선을 잡는다. 이동시키는 거리는 각각의 중심선이 있는 방형이나 장방형의 크기에 비례하여 이동시킨다.

(6) 우측에 缺如(결여)된 부분이 있는 方形

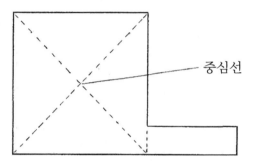

우측에서 결여된 부분과 남아있는 부분을 方形이나 長方形으로 이은 상태에서, 결여된 부분을 제외하고 남아있는 부분이 결여된 부분을 포함한 전체 크기와 비교하여 1/5인 미만인 경우에는 아래 그림과 같이 남아 있는 부분을 절삭하여 중심선 파악에서 제외시킨다.

(7) 원추형의 花盆(화분)과 같은 형태

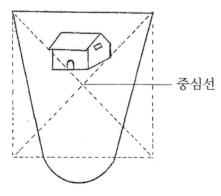

원추형의 花盆(화분)과 같은 형태는, 아래의 둥근 부분을 절삭한 후 좌우를 이어서 방형이나 장방형으로 만든 후 중심선을 찾는다.

(8) 上下나 左右가 둥글게 패여 있는 경우

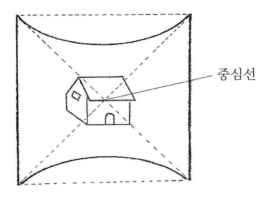

위 그림과 같이 上下나 左右가 둥글게 패여 있는 경우에는 직선으로 이어서 방형이나 장방형의 상태에서 중심선을 잡는다.

2. 가택과 주변환경

(1) 가택과 인접하여 小池가 있는 경우

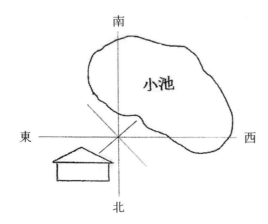

(2) 가택과 산이 다소 떨어져 있는 경우

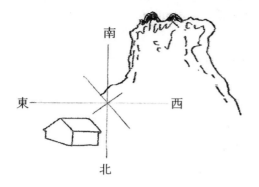

(3) 가택과 인접하여 도로가 지나는 경우

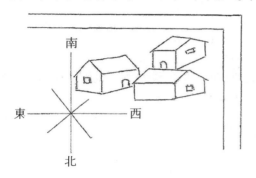

(4) 가택과 인접하여 물이 흐르는 경우

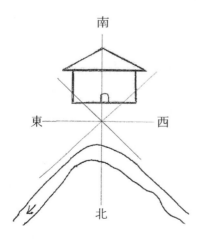

제2편

가택환경 家宅環境

가택환경이라 함은 가택과 가택이 자리한 주변의 여러 요소들을 총칭하는 것으로, 가택주변에 천연적 혹은 인위적으로 만들어진 여러 事物들과 또한 유.무형적이며 직·간접적으로 가택의 길흉화복에 영향을 미치는 모든 요소들을 포함하여 가택환경이라 말한다. 古書(고서)에서는 이를 유형별로 山谷之宅(산곡지택), 平洋之宅(평양지택), 井邑之宅(정읍지택)으로 대분류하여 살펴보고 있다.

①山谷之宅 : 산과 계곡 등에 둘러싸인 곳에 자리한 가택
②平洋之宅 : 강과 하천, 혹은 바닷물과 인접하여 자리하거나 넓은 평야지대에 자리한 가택
③井邑之宅 : 마을의 공동우물이 있는 곳과 같이 공동생활체적으로 연관되어 있으며, 가택이 상호 밀집하여 형성된 주변환경으로 현대의 읍, 면, 동, 시 등의 밀집지역에 자리한 가택의 개념이다.

그러나 현대의 주거환경은 복잡다단한 것이어서 상기의 3가지 분류 외에도, 좀 더 세분하여 路邊之宅(노변지택), 水邊之宅(수변지택), 多層之宅(다층지택), 公共機關(공공기관) 등으로 더욱 세분하여 살펴보기도 한다.

④路邊之宅 : 사통팔달로 이어진 도로망과 연관되어 형성된 가택환경
⑤水邊之宅 : 강과 바다, 하천, 지호 등과 인접하여 형성된 가택환경
⑥多層之宅 : 다층의 다세대주택과 연관된 가택환경
⑦公共機關 : 공공기관의 사무실이나 공공물품제조공정과 연관된 입지환경

제1장
가택환경家宅環境의 길흉吉凶

1. 산곡지택山谷之宅의 길흉吉凶

(01) 아래의 가택환경은 사면이 山으로 둘러 쌓여있고 坎方에 家宅(가택)이 있고 離方의 입구가 트인 형국이다. "山澤通氣之法(산택통기지법)"에 의거 離方(이방)은 後天洛書九宮 卦宮數理(후천낙서구궁 괘궁수리) 약칭하여 "洛書元運(낙서원운)"의 離9宮(이9궁)이니 下元 9運(하원 9운)에 吉하다.

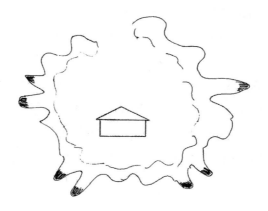

상기와 같은 가택환경인 경우 陽宅九星法(양택구성법)을 적용하여 가택의 길흉을 판단해 본다. 離方(이방)이 開口(개구)되었으니 離門(이문)으로 논하고, 陽宅九星(양택구성)을 附法(부법)하면 坎方의 가택은 延年方(연년방)에 해당되어 吉하다. 財를 發하고 福祿(복록)이 있는 吉宅인 것이다.

離門인 경우에는 아래 표와 같이 離卦(☲)가 本 卦가 되며, 陽宅九星을 附法(부법)하여 吉凶을 논하면 아래와 같다.

本卦	
―	上爻
--	中爻
―	下爻

- 一 上爻變 生氣(생기)하니 ☳(震)宮에 生氣(생기)를 附法(부법)한다.
- 二 中爻變 五鬼(오귀)하니 ☱(兌)宮에 五鬼(오귀)를 附法(부법)한다.
- 三 下爻變 延年(연년)하니 ☵(坎)宮에 延年(연년)을 附法(부법)한다.
- 四 中爻變 六殺(육살)하니 ☷(坤)宮에 六殺(육살)을 附法(부법)한다.
- 五 上爻變 禍害(화해)하니 ☶(艮)宮에 禍害(화해)를 附法(부법)한다.
- 六 中爻變 天醫(천의)하니 ☴(巽)宮에 天醫(천의)를 附法(부법)한다.
- 七 下爻變 絶命(절명)하니 ☰(乾)宮에 絶命(절명)을 附法(부법)한다.
- 八 中爻變 伏位(복위)하니 ☲(離)宮에 伏位(복위)를 附法(부법)한다.

아래의 구궁도와 같이 포국된다.

巽4 天醫 (천의)	離9 伏位 (복위)	坤2 六殺 (육살)
震3 生氣 (생기)	中5	兌7 五鬼 (오귀)
艮8 禍害 (화해)	坎1 延年 (연년)	乾6 絶命 (절명)

(02) 가택의 전면 가까이에 高峰(고봉)이 우뚝 서있으니 凶함은 不問可知(불문가지)이고, 후면에는 墳墓(분묘)들이 즐비하니 吉한 가택의 입지 조건이 되지 못한다. 만약 이곳에 가택을 짓게 된다면 家門(가문)이 滅亡(멸망)되는 것이 틀림없는 매우 凶한 凶宅이다.

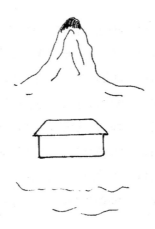

(03) 사면이 山으로 둘러 쌓여있고 巽方의 入口가 트여 있는 형국이다. 巽方이 開口되었으니 이 곳으로 氣를 받아들이게 되어 後天洛書九宮(후천낙서구궁)의 卦宮數理(괘궁수리)에 의거 中元(4.5.6運)에 吉하며, 下元에는 운세가 쇠퇴하게 되는 것이다. 中元(4.5.6運)의 吉運이 다 지난 후에는, 아래의 그림과 같이 巽方에 小池(소지)를 築造(축조)하면, 乾, 艮方의 山의 氣를 받아들이게 되니 下元에도 평온하게 가택의 安寧(안녕)을 기할 수 있는 것이다.

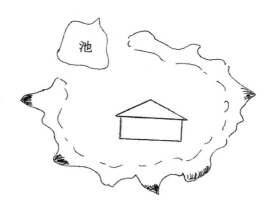

(04) 사면이 山인데 乾方이 開口되어 있고 가택은 巽方에 있는 형국이다. 乾方으로부터 氣를 받아들이게 되며 氣가 淸하니 後天洛書九宮(후천낙서구궁)의 卦宮數理(괘궁수리)에 의거 中元(4.5.6運)에 發財(발재)하게 된다.

(05) 사면이 山으로 둘러 쌓여있는데, 兌方에 높은 봉우리들이 있고, 震方이 트여 있으며 이 곳에 가택이 있는 형국이다. 上元 3運에 吉하다. 藏風得水(장풍득수)할 수 있으니 吉한 것인데, 먼저는 富를 이루고 나중에는 공직자의 길로 高官大爵(고관대작)을 지내게 된다.

(06) 사면이 山으로 들러 쌓여있는데 震方과 離方에 高峰(고봉)이 있고, 兌方이 트여있으며 震方에 가택이 있는 형국이다. 下元에 吉하며 富貴(부귀)가 기약되며, 家門이 번창하는 吉宅이다.

(07) 사면이 山으로 둘러 쌓여있고 巽方이 트여있는 형국으로 中元에 吉하다. 巽方은 生氣方인데 氣가 이곳을 통해 引入(인입)되니 吉하다. 가택의 배치가 東·西四宅에 符合(부합)되면 가택이 평안하고 發財(발재)를 기약할 수 있게 된다.

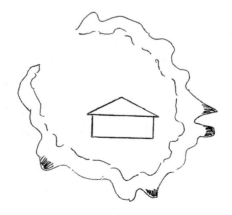

(08) 사면이 山으로 들러 쌓여있는데 離方에 高峰(고봉)이 있고, 坎方이 트여있는 형국이다. 上元에 發福(발복)되어 富貴兼全(부귀겸전)의 吉宅이다. 가택의 구

조가 東·西四宅에 합치되면 錦上添花(금상첨화)이다.

(09) 사면이 山으로 들러 쌓여있고 山의 자태가 雄壯(웅장)한데, 坤方에 高峰(고봉)이 있고 艮方이 트여있는 형국이다. 下元에 吉하다. 山이 크고 웅장하면 내뿜는 氣 또한 高大하고, 山이 작고 소박하면 내뿜는 氣 또한 低小(저소)하다. 艮方이 開口되었으니 下元에 財를 發하고 貴를 得하게 되는 吉宅이다.

(10) 사면이 山으로 둘러싸여 있고 離方이 트여 있는데, 離方은 낮은 山으로 인해 물이 모여들어 水池(수지)가 형상된 형국이다. 兌方과 坎方에 가택이 있는데, 兌方의 가택이 水池와 더 가까우니 下元에 吉하여 發財(발재)하고, 坎方의 가택은 上元에 吉하여 發財는 하나 離方의 水池와는 다소 거리가 있으니 小財를 得하게 된다.

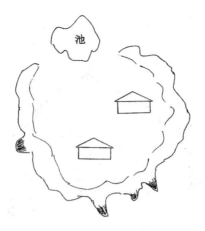

    (11) 사면이 山으로 둘러싸여 있고 離方이 開口되었으며 水池(수지)가 있는 형국이다. 兌方의 가택은 右白虎(우백호)가 길게 뻗어내려 離方의 水池를 가리게 되어 水를 볼 수 없으니 發財(발재)를 기약할 수 없는 것이다. 좌측 坎方의 가택은 下元에 吉한데, 水池를 볼 수 있으니 人丁이 旺하게 되고 發財하게 되는 것이다.

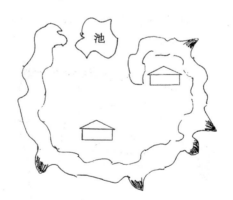

    (12) 아래의 가택환경은 사면이 山으로 둘러싸여 있고 坎方이 開口되어 있는 형국이다. 이런 경우는 트여있는 곳으로 氣의 入·出이 있어 이 이곳으로 吉凶을 논하게 되는데, 坎方이 트여있어 이 곳으로 氣를 받아들이니 上元에 吉하다. 만약 가택이 陽宅九星法(양택구성법)에 의거 氣를 모으고 오래 蓄積(축적)할 수 있다면 三元(상.중.하원)에 모두 吉한 것이다.

(13) 사면이 山으로 둘러 쌓여있는데 巽方이 開口되어 있는 형국이다. 따라서 이 곳 巽方으로부터 氣가 引入(인입)되는 것이다.

後天洛書九宮의 3元 9運法으로는 巽4宮이 開口되었으면 4運과 5運은 吉하고 7運과 6運은 흉하다. 離9宮이 開口되었으면 9運에 길하고, 坤二宮이 開口되었으면 上元은 吉하고 下元은 不利하다. 兌7宮이 開口되었으면 7運이 길한데 6運 역시 發福(발복)함이 있으나 6運은 7運만큼은 못하다. 巽方의 開口는 대체로 中元의 運은 吉하여 인간세의 福을 다 누릴 수 있는 것이다.

(14) 사면이 山으로 둘러 쌓여있는데, 艮方이 開口되어 있고 이 곳에 小池가 있는 있으며, 가택은 坤方에 자리하고 형국이다. 艮方의 水와 坤方의 氣를 兼(겸)하여 받아들일 수 있는데, 下元에 吉하고 發財(발재)하게 된다. 또한 上元 2運에는 艮8方의 小池가 零神水(영신수)가 되므로 發財하게 되고, 上元 3運에는 艮8方의 小池가 催官水(최관수)가 되니 역시 吉한 것이다.

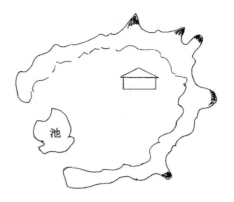

(15) 사면이 山으로 둘러 쌓여있는데, 巽方이 開口되어 있고 이곳에 小池가 있으며 가택은 乾方에 자리잡은 형국이다. 이러한 형국은 乾方의 山의 氣와 巽方의 水를 함께 거둘 수 있는 吉宅이다. 中元運에 발달하여 人丁이 旺하고 財를 發하게 된다. 山澤通氣法(산택통기법)으로 논하여 吉한 형국인 것이다. 中元 6運에는 巽方의 小池가 零神水(영신수)가 되어 發財(발재)하게 되는 것이다. 下元 9運에는 巽方의 小池(소지)가 催官水(최관수)가 되니 得官(득관)할 수 있는 것이다.

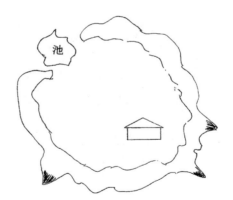

(16) 사면이 山으로 둘러 쌓여있는데, 離方이 트여있으며 이곳에 山谷水의 경계로 인하여 小池가 형성된 것이다. 가택은 坎方에 자리하고 있다. 이러한 형국은 변화가 다단한데 氣와 水의 흐름을 잘 살펴보면 吉凶禍福(길흉화복)이 분명하게 드러난다. 坎方의 가택은 전면에서 得水하고 후면에서 得氣(득기)하니 天地定位之格으로 매우 吉한 가택인데, 下元運에 大吉하다.

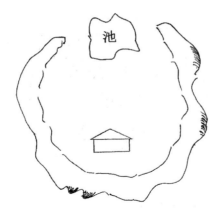

(17) 사면이 山으로 들러 쌓여있는데, 震方이 트여있고 이곳에 小池가 형성되었으며 가택은 兌方에 자리하고 있다. 이러한 가택은 山水二氣(산수이기)를 거둘 수 있으며 坎離相持(감이상지)하고 있는 형국이라 水火가 相爭(상쟁)하지 않는 吉宅이다. 上元에 發財하게 된다.

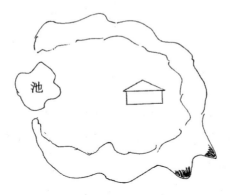

(18) 山谷之宅(산곡지택)은 바람을 가장 중요시한다. 아래 산곡지택에서 왼쪽의 가택은 乾方의 氣를 많이 받게 되고, 오른쪽의 가택은 艮方의 氣를 많이 받게 되며, 중앙의 가택은 양쪽에서 氣를 받게 된다. 세간에선 중앙에 가택이 자리함을 正坐 (정좌)라 말하는데 이는 편벽된 판단이다. 도시건 향촌이건 正坐인 경우에 오히려 흉악범죄가 많이 발생하는 것을 알 수 있다. 따라서 가택의 길흉은 正坐나 偏坐(편좌)냐의 차이에 있는 것이 아니고 오직 陽宅九星法(양택구성법)과 玄空風水挨星法 (현공풍수 애성법)의 이치에 합치되느냐 불합치 되느냐에 있는 것이다.

(19) 아래 형국은 坤方에 高峰(고봉)이 있고 艮方에 가택이 자리하고 있다. 이러한 경우의 길흉 판단은, 가택이 高峰에 가까이 있으면 下元에 吉하고 멀리 떨어져 있으면 上元에 吉하다.

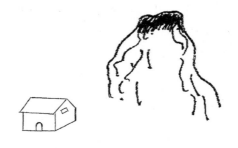

(20) 澗溪水(간계수)가 艮方에서 흘러들어와 離方을 거쳐 乾方으로 빠져나가는 九曲水(구곡수)의 형태이다. 가택은 비스듬히 언덕에 자리 잡고 있다. 언덕의 氣를 得한 경우인데 이는 山溪(산계)가 氣를 가두어둔 결과이다. 吉凶은 山溪(산계)와 가택의 위치를 비교하여 양택구성법에 合致(합치)되는가? 不合致(불합치)되는가? 로 판단한다.

(21) 아래의 그림은 離方과 乾方과 艮方에 가택이 있고, 사면이 山으로 둘러쌓여 있으며, 巽方과 坤方의 일부가 트여있는 형국이다. 따라서 艮方의 가택은 坤方의 氣를 받게 되니 上元에 吉하고, 乾方의 가택은 巽方의 氣를 받게 되니 中元에 吉하여 120년간 發福(발복)이 있게 되는 것이다.

離方의 가택은 巽, 坤方의 양쪽의 氣를 모두 받게 되나, 巽方과 坤方의 直射(직사)하여 흘러들어오는 氣의 일부분을 받게 되는 것이라 氣를 받음이 旺하지 못하니 發福(발복)이 半減(반감)되는 것이다.

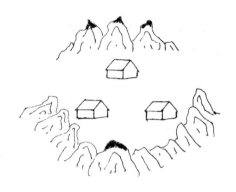

(22) 아래의 그림은 離方에 高峰(고봉)이 있고 가택이 坎方 쪽으로 원거리에 있는 형태이다. 立局聚氣(입국취기)함은 山氣之法(산기지법)에 의거하는데, 山谷之宅(산곡지택)에서 가택입지의 吉凶과 聚氣(취기) 여부는, 가택과 산의 거리의 遠近에 영향을 많이 받게 되며 아울러 禍福吉凶(화복길흉)과도 밀접한 관계가 있다. 아래 그림과 같은 山과 가택이 상호 遠(원)거리에 있는 형태는 聚氣(취기)를 할 수 없는 형국이므로, 가택이 자리할 수 없는 凶한 위치이다.

(23) 아래 산곡지택의 구조는 坤方에 高峰(고봉)이 있고 가택과는 다소 거리가 떨어져 있는 형국이다. 따라서 가택이 坤方의 氣를 聚氣(취기)하여 받아들임이 적으니, 上元에 人丁과 財가 흥왕함을 기약할 수 있으나 得貴(득귀)하기는 어려운 것이다.

上元에 發財(발재)한다는 것은 坤方은 後天洛書九宮 卦宮數理(후천낙서구궁 괘궁수리)의 坤2宮이라 上元 2運에 해당하기 때문이다. 만약 가택과 주변의 환경이 양택구성법과 불합치 된다면 人丁과 財를 크게 기대할 수 없는 것이다.

(24) 아래의 그림은 巽方으로 가택이 위치하고, 兌方에 山이 있는 형국이다. 가택과 山이 바짝 붙어 있으면 凶하나, 다소 근접해 있는 경우라면 兌方의 氣를 받아들이게 되니 下元에 吉하게 된다.

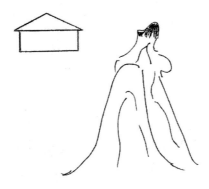

(25) 아래 가택의 그림은 離方에 가택이 자리하고 坎方에 山이 있는 형태이다. 가택과 山이 근접해 있으면 高峰(고봉)의 氣가 근접한 가택의 氣를 위압하니 凶하나, 다소 거리가 있으면 坎方의 氣를 받아들일 수 있으니 上元에 吉하다.

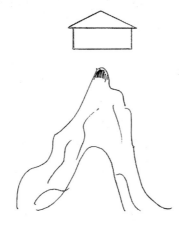

(26) 坤方에 小池가 있고, 乾方에는 丘陵(구릉)이 있는데 氣勢(기세)가 있으나 가택과 호응하고 있고, 艮方에는 중첩된 山들이 있는 형국으로 富貴가 기약되는 吉宅이다. 자손들이 공직에 들어 高官大爵(고관대작)을 지내게 되는 매우 吉한 吉宅이다.

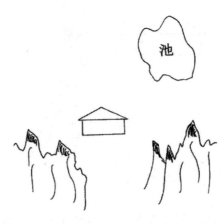

(27) 아래 가택의 환경은 동쪽에 낮은 丘陵(구릉)이 있고 그 아래쪽으로 내려가며 가택이 비스듬히 위치하고 있는 형국이다. 동쪽으로 부터 낮은 산줄기가 이어져 내려온 형국이니 家坐는 卯坐酉向이 되는 것이다. 또한 卯方인 震方의 氣를 받게 되는 것이니 上元에 吉한 것이다.

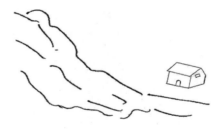

(28) 아래의 그림은 巽方과 離方에 낮은 丘陵(구릉)이 있고, 艮方에서 兌方을 거쳐 坤方에 이르기 까지 구릉이 연결되어 에워싸고 있으며, 그 밖은 小池가 있는 형국이다. 따라서 丘陵(구릉)의 山氣와 水의 水氣, 두개의 氣를 받아들이는 것이다. 아래 그림에서 우측의 水와 경계를 이루는 丘陵(구릉)은 氣가 旺하다 판단하는 것이다. 이런 가택은 대체로 上, 中, 下元 모두 吉하다.

(29) 아래 그림은 巽方에 작고 낮은 山이 있으며 가택은 乾方에 자리하고 있다. 巽方의 山은 비록 작고 낮으나 가택의 吉凶에 직접적으로 연관되어 있는 것이다. 中元에 吉하다.

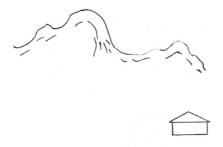

(30) 아래 가택은 癸坐丁向이고 丁方에 山이 있는 형국이다. 山이 기택과 근접해 있으면 上元에 吉하고, 다소 멀리 떨어져 있으면 下元에 吉하다.

(31) 아래 그림은 乾方으로부터 시작하여 巽方에 까지 丘陵(구릉)이 이어지고 있으며, 가택은 乾方에 위치하고, 가택 전면의 巽方에 小池가 있는 형국이다. 乾方의 氣를 받아들이니 中元 6運에 吉하고 또한 巽方에 있는 小池의 水氣를 받아들이는데, 6運에는 巽4方의 小池가 零神水(영신수)가 되어 역시 吉하고, 下元 9運에는 巽4方의 小池가 催官水(최관수)가 되니 역시 吉한 것이다.

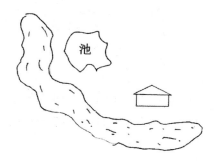

(32) 아래의 형국은 巽方에 山이 있고, 가택 전면에는 震方에서 시작된 물과 坤方에서 시작된 물이 만나 兌方으로 빠져나가는 형국이다. 이는 소위 山水相兼之局(산수상겸지국)이라 하며 얻기 어려운 吉宅의 환경이다.

(33) 아래 가택의 좌우는 다소 낮고 뒷부분은 다소 높은 형국으로 마치 丘陵(구릉)에 집을 지은 형태이고 후면에 高峰(고봉)이 있다. 이러한 가택은 주변 보다 높아 氣가 蓄氣(축기)되지 못하고 散氣(산기)되니 남자들이 夭折(요절)하게 되어 과부가 나오게 되고, 부녀자가 살림을 꾸려나가게 되며, 종국에는 養子(양자)를 들이게 되는 凶한 凶宅이다.

(34) 전면의 乾方과 艮方 그리고 후면의 巽方과 離方과 坤方에 높은 봉우리가 있고, 가택의 전면은 다소 낮은 구릉을 형성하고 있는데 그 안에 위치한 가택이다. 이러한 가택은 人丁이 旺하고 재물이 흥성하고, 자손은 출세하여 영웅호걸 소리를 듣는 吉宅이다.

(35) 가택의 앞뒤로 高山이 있어 상응하고, 좌우로는 小池(소지)가 있는 형태이다. 이러한 가택은 吉宅으로 누대에 걸쳐 富貴를 누리게 되고, 수명도 長壽(장수)를 누리게 되는 가택이다.

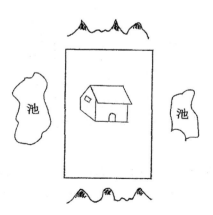

(36) 가택의 전후에는 산들이 있고, 좌우에는 긴 도랑이 있는 형태이다. 이러한 가옥은 吉宅으로 자손들이 장구하게 복록을 누리고, 금은재백이 창고에 가득 쌓이어 부귀를 누리게 되며, 자손들이 총명하고 영준하여 家門의 창달을 기할 수 있다.

(37) 가택의 중앙부분과 정면이 구릉에 자리하고 있어 다소 높고, 동서남북 사면도 구릉이 있어 다소 높은 형태의 가택이다. 이러한 가옥은 가택의 중앙을 주변과 상응토록 다소 높여놓았으니 복록이 여의한 吉한 吉宅이다. 六畜과 人丁이 旺하게 되고, 가문도 창달하게 되며, 자손 중에서 영웅적 기질의 인물이 출현하게 된다.

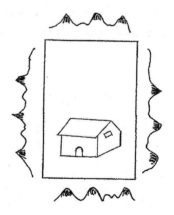

(38) 坤方에는 白虎에 해당하는 山이 있고, 巽方에는 靑龍에 해당하는 池가 彎曲(만곡)의 형태로 가택을 옹호한다. 그리고 가택의 뒤로는 乾方과 坎方과 艮方으로

둥근 고리모양으로 낮은 山이 이어져 가택을 호위하고 있는 형국이다. 이러한 곳에 자리한 가택은 地靈(지령)을 얻어 人傑(인걸)들이 출하여 卿相(경상)의 위치에 오르고, 文武를 겸전한 뛰어난 인물들이 多出하게 되는 최고의 吉宅이다.

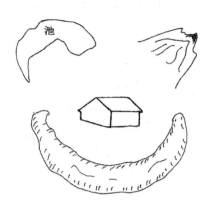

2. 평양지택平洋之宅의 길흉吉凶

(01) 아래 가택은, 전면에 층층이 田(밭)이 형성되어 있으며 지대가 약간 높고, 가택의 자리는 약간 낮은 형태이다. 가택이 전면의 田(밭)보다는 지대가 약간 낮으니 비가 오면 田(밭)에 물이 충만해지고 이어서 門前까지 물이 이르는 형국이다. 이를 "倉板水(창판수)"라 하는데 이런 곳에 위치한 가택은 人丁과 財가 漸增(점증)하고, 가업도 흥왕해지는 매우 길한 吉宅이다. 그러나 만약 가택의 자리가 너무 낮으면 비가 오는 경우에는 陷沒(함몰)되게 되니 오히려 凶宅이 되는 것이다.

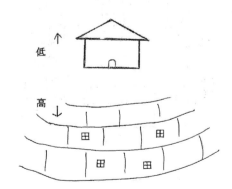

(02) 아래의 구조는 가택은 좀 높은 곳에 위치하고, 가택 전면의 田(밭)은 층층이 점차 낮아지는 곳에 자리하고 있는 형국이다. 이러한 가택은 "倉板水(창판수)"와는 상반되는 개념으로 凶宅이다. 이러한 가택에 거주하게 되면, 재물이 모아지지 않고, 예기치 않은 손재수가 발생하고, 가업이 漸衰(점쇠)하게 된다.

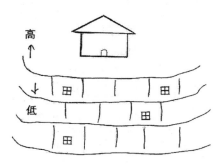

(03) 離方의 도로로부터 오는 離氣를 가택 안에까지 引氣하니 下元 9運에 吉하다. 또한 가택의 후면에 空地가 없어야 하고, 그리고 水가 없어야 하고, 그리고 坎의 氣가 당도하지 않게 되면 더욱 吉한 것이다.

아울러 전면 주택은 離方에 출입문이 있는데 그 좌우 도로로 離氣가 引入되니 그 氣가 深(심)하고 長한 것이라, 양택구성법에 적법하게 門을 改修(개수)한다면 三元에 모두 吉하게 되는 것이다.

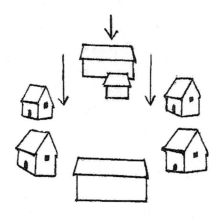

(04) 아래의 가택구조는 午方에 大門이 있고, 巽方으로 便門(편문)이 있는 형태이다. 비록 離方의 門은 巽方의 氣를 받아들여 中元에 旺하나 부녀자들에게 질병이 多發하게 되는 구조이다. 이는 離方의 門이 부녀자들의 질병과 연관되기 때문이다.

주역팔괘에서 離方은 仲女이고 巽方은 長女이다. 아래 가택의 구조는 巽方의 風이 引入되어 離門을 沖하는 형국이라 陰陽差錯殺(음양차착살)로 논하여 凶한데, 後天八卦로 논하면 長女가 仲女를 따르는 이치이며, 부녀자가 情夫와 바람나서 밖으로 도주하는 형국으로 中元에는 덜하나 下元에는 더욱 심해진다. 先天八卦로 논하면 少女가 老父를 求하는 것이니 淫亂(음란)함이 지나쳐 凶한 것이다.

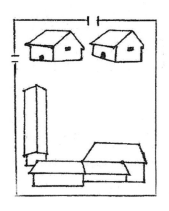

(05) 출입문이 남쪽을 향해 있고 앞쪽으로 坤方에서 震方으로 물이 흐르는 형국이다. 喜事가 집안에 가득하고 富貴를 發하게 되는 吉宅이다.

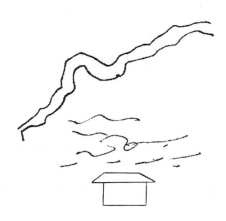

(06) 출입문 앞쪽으로 담장이 있어 가택의 氣의 출입을 막고 있는 형국이다. 每事가 不成이고, 圖謀之事(도모지사)는 閉塞(폐색)되는 凶宅이다.

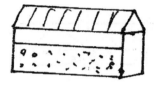

(07) 아래의 가택은 서남방인 坤方이 결여되어 있는 형국이다. 이러한 가택은 비록 官祿은 있으나 老父가 여러 번 결혼하게 되며, 六畜이 왕성하고 재물은 小財를 得하게 된다. 일찍 喪妻(상처)하게 되니 어린아이가 계모를 모시게 되어 심사는 늘 상 편안치 못하게 되는 가택이다.

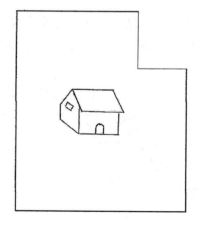

(08) 가택의 전면과 후면에 낮은 丘陵(구릉)이 있는데 상호 상응하지는 못하고 있다. 가택의 修造(수조)를 여러번 했는데도 불구하고 凶事와 吉事가 다반사로 반

복되고 있다. 이러한 가택은 시작은 吉하나 종국에는 凶한 象으로 많이 알려지지는 않았지만 凶宅인 것이다.

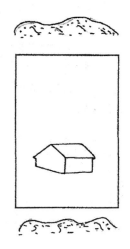

(09) 전면에는 낮은 丘陵(구릉)이 있고, 후면에는 나지막한 山들이 있으며, 서쪽에는 池湖가 있어 은은히 가택을 가까이에서 眺陽하고 있으며, 동쪽에는 道路가 있는 형국이다. 이러한 가택은 安居하기 매우 길한 吉宅이다.

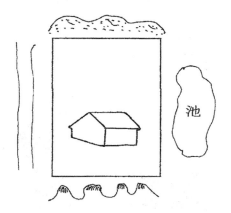

(10) 가택의 전면에 나무가 있고, 좌측으로 側屋(측옥)이 있는 형국이다. 전면 출입구에 있는 나무는 陰氣를 생하고 陽氣를 차단하여, 출입문을 통해 陽氣가 유입되는 것을 막고 있으며, 좌측의 側屋(측옥)은 一字형태로 가택의 좌측을 直射하

니 가택의 정면을 沖하지는 않지만 凶한 기운이 가택을 침범하는 형국의 凶宅이다. 이러한 가옥의 형태는 주거하는 부녀자가 도둑질을 일삼게 되고, 성품이 바르지 못하니, 종국에는 家破人亡(가파인망)하게 된다.

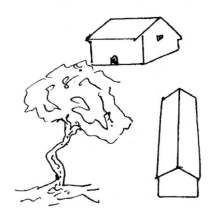

(11) 가택이 離方에 자리하고, 坎方에 寺廟(사묘)가 있으며, 兌方에는 丘陵(구릉)과 封墳(봉분)들이 혼잡되고 산재되어 있어 방향구별이 되지 않는 형국이다. 寺廟(사묘)와 가택과는 일백보도 되지 않는 가까운 거리이다. 이러한 곳에 위치한 가택은 人丁이 衰하게 되고 재물이 疏散(소산)되는 凶宅이다.

(12) 아래의 형태는 坎方에 있는 다른 가택이 일직선으로 출입문 우측을 沖射하여 오는 형국이다. 이러한 가택은 시비구설이 자주발생하고 매사 어긋나며 가업이 疲弊(피폐)되는 凶宅이다.

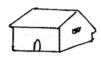

(13) 가택의 후면에서 부터 화살형태의 물줄기가 가택의 중심을 直射하는 형국이다. 이러한 가택은 가솔들에게 예기치 않은 사고와 질병이 자주 발생하고, 官災口舌(관재구설)과 損財 등의 大禍를 초래하는 凶宅이다.

(14) 가택의 앞에 무성한 나무가 있어 가택의 출입문을 정면으로 沖射하고 있는 형국으로 凶宅이다. 나무와 출입구가 상호 대립되어 있고, 가택에 木直輩(목직배)

가 있으며, 또한 家率들에게 陰疾 등의 질병이 발생치 않도록 조심해야 한다.

(15) 가택 정면의 출입문 앞에 인접하여 잎이 무성한 두 구루의 나무가 있어 가택의 전망과 햇빛을 차단하고 있는 형국이다. 이러한 가택은 凶宅으로 家率 중에 盲人(맹인)이 태어날 수 있으므로 기피해야 한다.

(16) 가택의 전면에는 坤方에서 발원한 물이 가택을 에워싸며 艮方으로 흘러가고, 후면에는 높고 낮은 丘陵(구릉)이 있는 형국이다. 비록 家主가 여러 번 결혼하게 되나 妻妾(처첩)과는 이별이나 사별은 없고, 家主와 자손들이 높은 관직에 올라 군왕을 측근에서 모시게 되는 매우 복된 吉宅이다.

上元 1運에는 離方의 水가 零神水(영신수)가 되고, 6運과 7運, 8運은 각각 巽方과 震方, 坤方의 水가 영신수가 되니 財를 發하게 되는 것이다. 9運에는 가택 뒤편의 山氣를 받아들이고 巽宮의 水가 催官水(최관수)가 되니 역시 吉하다.

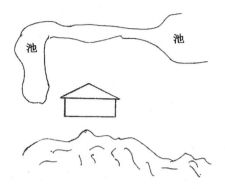

(17) 아래는 離方과 震方에 池가 있고, 兌方에 도로가 있고 坎方에 山이 있으니, 朱雀, 靑龍, 白虎, 玄武가 모두 구비된 형국이다. 남자는 富貴를 得하고 여자는 賢母良妻(현모양처)이며, 굳이 官祿(관록)을 탐하지 않더라도 관직의 運이 저절로 따르게 되며, 후대에도 자손들의 功名이 면면하게 이어지는 최상의 吉宅이다.

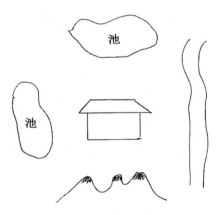

(18) 가택의 전면에서 볼 때 우측으로 나란히 두 개의 낮은 丘陵(구릉)이 있는 형국이다. 이러한 가옥은 凶宅으로, 며느리가 가택의 사람들을 요사스런 말과 행동으로 미혹시키고, 家主는 바람기가 動하게 되어 밖으로 돌고, 며느리가 시어머니를 오히려 꾸짖는 悖逆(패역)을 저지르는 凶宅이다.

(19) 가택의 전면에 두 개의 池가 있는 형국이다. 이러한 가옥은 吉宅으로 총명한 자손이 出하며 學德(학덕)과 才藝(재예)가 출중하여 衆人을 초월한다.

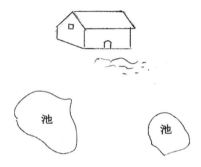

(20) 아래의 가택환경은 가택의 전면으로 흙의 퇴적물이 쌓여 낮은 丘陵(구릉)을 형성하고 형국이다. 이러한 가옥은 凶宅으로, 임산부가 流産되거나, 目疾(목질) 등의 질병이 발생하고, 孤寡之人이 多出하며 어린아이들을 키우기 어렵다. 盲人(맹인)이나 聾啞(농아) 등의 선천적 질병을 지닌 자손들이 또한 출생하게 되고, 여러 흉한 災禍(재화)의 발생이 끊이지 않는다.

(21) 가택의 전면에 구덩이와 우물과 썩은 나무가 혼잡되어 섞여 퇴적물과 같은 형태를 형성하고 있다. 이러한 가옥은 凶宅으로 家率들이 점점 줄게 된다. 만약 출입문을 들어서서 나무가 또다시 보인다면, 가택에 거주하는 과부가 淫亂(음란)하여 마을에 온갖 醜聞(추문)이 떠돌게 된다.

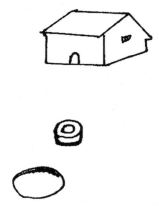

(22) 가택 앞의 도로나 낮은 丘陵(구릉)이 마치 여인네의 치마가 번쩍 들쳐진 것처럼 생긴 형국이다. 이러한 가택은 부녀자가 도둑질을 일삼고 또한 淫蕩(음탕)하며, 孤寡之人(고과지인)이 多出하고 어린아이들을 키우기 어려운 것이다. 가솔들에게 瘟病(온병=염병)과 痲痘(임두=임질과 천연두) 등의 질환이 다발하게 되는 凶宅이다.

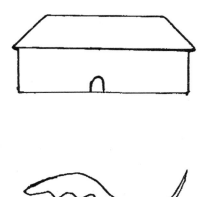

(23) 가택 출입문 전면에 두 개의 花瓶(화병)처럼 생긴 물체가 있는 형국이다. 이러한 형태는 吉宅으로, 花草(화초)가 芳香(방향)을 내뿜는 것처럼 가택에 富貴가 따르고, 자손들은 벼슬길에 올라 朝廷(조정)에서 일하게 된다.

(24) 가택의 문 앞에 盆路(분로)가 있고 또한 두 개 池가 있어 마치 "哭(곡)"자와 같은 형국을 이루고 있는 매우 흉한 凶宅이다. 이러한 가택은 盆路(분로)가 門을 沖하니 家率들이 손상당하고, 질병과 재앙이 끊이지 않는다.

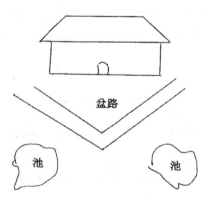

(25) 가택의 전면에 文曲星(문곡성) 형태의 池나 坵(구)가 있어 反背(반배)하고 있는 형국이다. 이러한 가택은 吉하지 못하다. 남녀 모두 바람기가 있으며, 남자가 적고 여자가 많이 출생하니 代를 잇기 위해 養子를 들이나 종국에는 絶孫(절손)되게 되는 凶宅이다.

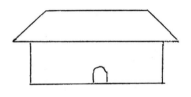

(26) 가택의 전면에 彎曲(만곡)의 형태로 물이 모여서 坑(갱)을 이루고 있다. 이러한 가옥은 吉宅으로, 재물이 늘고 가업이 흥왕하며, 자손도 많고 六畜(육축)도 왕성하다. 福祿千鍾(복록천종)을 득하는 매우 좋은 吉宅이다.

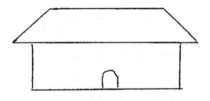

(27) 가택의 뒤쪽에 한 개의 小池가 있는 형국이다. 이를 일명 金櫃脫底形(금궤탈저형)이라 한다. 이러한 형태는 매사 순조롭고 人丁과 財物이 旺하게 되고, 한번 몰락하더라도 다시 가업을 일으키는 매우 길한 吉宅이다.

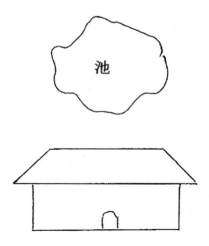

(28) 가택 전면에 거북모양의 坑(갱)이 있는 형국이다. 가택에는 반드시 長壽(장수)하는 老翁(노옹)이 있고, 자손이 출세하여 兵符(병부)를 쥐고 南征北伐(남정북벌)하여 威名(위명)을 떨치게 되는 매우 좋은 吉宅이다.

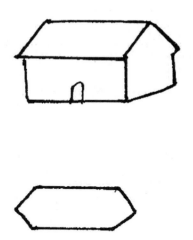

(29) 가택의 전면에 삼각형의 池塘(지당)이 있어 가택을 沖射(충사)하여 오는 형국이다. 이러한 가옥은 凶宅으로, 어린아이들에게 驚惶(경황)된 일들과 目疾(목질)로 인해 失明의 위험이 따르게 되고, 부녀자들은 각종 질환에 시달리게 되니 속히 이사해야 하는 凶宅이다.

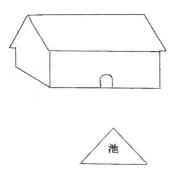

(30) 가택의 전면에 작은 池가 세 개 있는 형태로 이러한 가택은 가솔들에게 대대로 癆疾(노질)과 각 종 질환이 발생하고 건강문제가 대두되는 매우 흉한 凶宅이다. 한 개의 池에 家率 중 1인이 喪을 당한다고 古書(고서)에서 전하고 있다. 凶宅이니 거주함을 기피해야 한다.

(31) 가택의 전면에 작은 가옥이 보이는데 가택의 출입문을 沖射(충사)하는 형국이다. 이러한 가택은 즉시 관재구설과 시비다툼이 당도하게 된다. 어느 해에 凶禍(흉화)가 발생할 것인가는 家坐와 當年太歲와의 길흉을 논하여 판단할 수 있다.

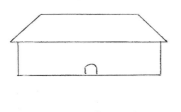

(32) 가택의 후면에 큰 나무가 있어 가택 전체를 덮고 있는 형국이다. 이러한 가옥은 凶宅으로 孤寡之人(고과지인)이 多出하게 되고 人丁이 斷薄(단박)하게 된다. 종국에는 養子를 들여 代를 있게 된다. 1년 내내 寒氣(한기)만 더할 뿐이니 매우 흉한 凶宅이다.

(33) 가택의 전면에 두 개의 池가 芒槌(망퇴)와 같은 형태로 있다. 이러한 가택은 少男이 억울하게 죽음을 당하는 일이 발생하게 되고, 吐血(토혈)과 사람을 傷하게 하는 凶事가 다발하게 되는 凶宅이다.

만약 가택 전면의 두 개의 芒槌(망퇴)와 같은 池가 하나로 합해져 있다면 그 가택은 오히려 富貴를 얻을 수 있음이 틀림없다.

(34) 가택 후면에 또 다른 가택이 있어, 일직선으로 가택을 沖射(충사)하는 형국이다. 이러한 가택은 家內에 暗凶(암흉)이 존재하고, 필히 橫禍(횡화)를 초래하게 되고, 鬼神들의 作祟(작수)가 있는 흉택이다.

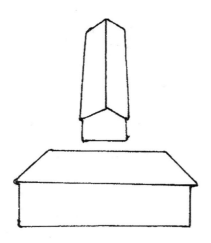

(35) 가택의 정면에 城樓(성루)나 높이 지은 古宅 등이 있는 형국이다. 이러한 가옥은 驚惶(경황)된 일과 예기치 않은 여러 凶禍(흉화)를 초래하게 되는 凶宅이다.

(36) 가택의 전면과 후면에 두 개의 池가 相照(상조)하고 있는 형국이다. 양택구성법과 玄空挨星法(현공애성법)의 이론에 합치되면 富貴가 速發(속발)이고, 그렇

지 못하면 흉한 池를 메워야 한다. 만일 늦추게 된다면 자손에게 凶禍(흉화)가 連發
(연발)하게 된다.

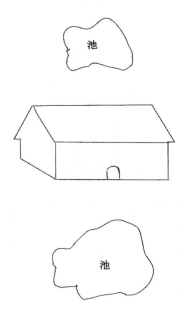

(37) 가택의 전면에 하천이나 도로가 環帶(환대)와 같은 형태로 흐르고 있는 형
국이다. 자손들이 官職(관직)에 들어 公卿(공경)의 위치에 오름이 기약되는 매우
길한 吉宅이다.

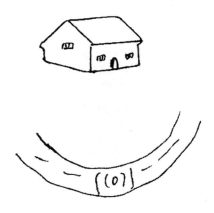

(38) 坤方에서 시작된 물줄기가 離方과 巽方을 거쳐 震方으로 흐르는데, 九曲水 (구곡수)의 형태를 띠며 흐르고, 또한 후면에는 山들이 있는 형국이다. 이러한 가옥은 자손들이 대대로 威名(위명)을 떨치게 되고 가업이 흥왕하고 田畓(전답)도 풍성하게 되는 매우 길한 吉宅이다.

(39) 가택의 후면 艮方 쪽으로 또 다른 가옥이 있어 이 가옥이 일직선으로 전면의 가택을 沖擊(충격)하는 형국이다. 이를 일명 白虎頭(백호두)라 하는데, 이러한 가택은 자식이 적고 의식주에 곤란을 겪는 凶宅이다. 白虎頭(백호두)의 머리부분이 災殃(재앙)을 일으키는 원인이 되는 것으로, 속히 凶禍(흉화)의 근원인 이 곳을 이사하여야만 가택의 安寧(안녕)을 기약할 수 있는 것이다.

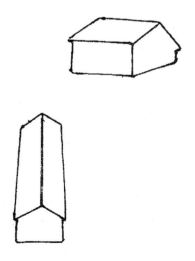

(40) 아래는 가택의 구조가 龜形(귀형)을 이루었다. 마치 거북이가 움직이는 행동을 나타내는 象이니 가택이 불안해지는 흉택이다.

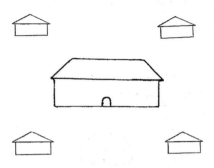

(41) 아래의 구조는 중앙 전면에 本 宅이 있고 그 좌우에 행랑채가 있는데, 그 행랑채 앞쪽으로 작은 가옥이 각각 있으며, 작은 가옥은 각각 다소 안쪽으로 치우쳐 자리하고 있는 형국이다. 이는 마치 좌청룡과 우백호의 역할을 한다고 하나 本 宅의 정면을 막아서고 있는 형국이라 吉하지 못하다. 일종의 桃花殺(도화살)로 논하며 가택의 거주자들에게 色情(색정)으로 인한 시비구설이 多發(다발)하게 된다.

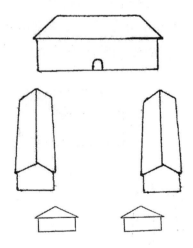

(42) 중앙 정면에 本 宅이 있고, 그 전면 좌우에 행랑채가 있으며, 다시 각각 그 앞으로 작은 가옥이 있는데, 작은 가옥은 행랑채 끝부분에서 다소 밖으로 자리하고 있는 형국이다. 이는 좌우 龍虎의 꼬리가 가택을 沖射(충사)하는 형국으로 역시

吉하지 못하다. 재물의 손실이 다발하고, 시비구설과 女難(여난)이 다발하게 된다.

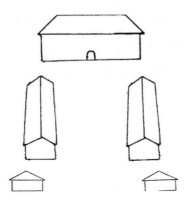

(43) 아래 구조는 전면과 중앙 그리고 후면에 각각 한 채씩의 가옥이 있는데, 좌측 부분에 행랑채가 있어 이를 연결하고 있는 형국이다. 마치 "川(천)"字와 같아 일명 "川字屋(천자옥)"이라 하는데, 左건 右건 어느 한쪽이 연결되어 있지 못하고 비어있는 형국을 의미한다. 이러한 구조는 凶宅으로, 거주자들에게는 예기치 않은 재물의 손실이 따르고, 가족 간 不和함이 많고, 자녀들은 일찍 부모 곁을 떠나 타향 살이를 하게 되고, 형제자매간도 和睦(화목)함이 적다.

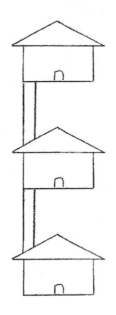

(44) 아래는 전면과 후면에 각 한 채의 가옥이 있고, 그 중앙에서 兌方으로 한 채의 가옥이 있어 마치 삼각형이나 火形 형태의 구조를 이루고 있다. 이러한 형태는 凶한 것으로, 거주자들에게 手足과 腰腿(요퇴)와 연관된 질병이 다발하고, 長男이 손상되며, 眼疾(안질)에 자주 걸리게 된다. 이는 좌측이 결여되어 좌측으로부터 우측으로 氣가 沖射(충사)해오는 형국이라 凶한 것이다.

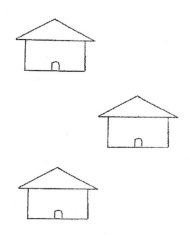

(45) 아래는 전면과 후면에 각 한 채의 가옥이 있고, 그 중앙에서 震方으로 한 채의 가옥이 있어 마치 삼각형이나 火形 형태의 구조를 이루고 있다. 이러한 형태는 흉택이다. 거주자들에게 聾啞(농아)와 火病이 따르게 되고, 도적으로 인한 失脫(실탈)은 없으나 암암리에 失財(실재)가 발생하게 되고, 부녀자들에게 여러 凶禍(흉화)가 자주 발생하며, 次男은 妻子를 剋하게 된다.

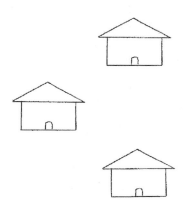

(46) 아래 가택은 "丁(정)"字 형태의 구조로 일명 "丁字屋(정자옥)"이라 한다. 이러한 구조는 凶宅으로 人丁이 손상되고, 가족 간 忤逆(오역)됨이 많으며, 放蕩(방탕)하여 재산을 모두 날리게 되는 凶宅이다.

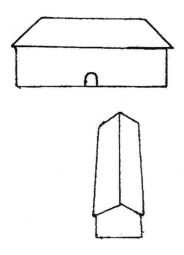

(47) 아래 가택의 구조는 離方과 坎方에 가옥이 각각 한 채씩 있어 마주하고 있으며, 震方으로 행랑채로 연결되어 있는 형태이다. 이러한 구조는 "亡(망)"字 형태로써 일명 "亡字屋(망자옥)"이라 하는 凶宅이다. 가택에 老父나 남자들에게 短命數(단명수)가 있으니 孤寡之人(고과지인)이 多出하게 된다.

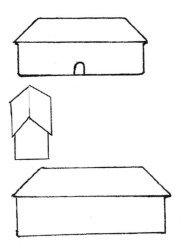

(48) 아래 가택의 구조는 배에 노가 있어 노를 저어가는 형태이다. 이러한 구조는 凶宅으로, 家率들이 사회에 적응하지 못하고, 가업이 退敗(퇴패)하고, 色情(색정)과 賭博(도박)에 빠져 종국에는 破財(파재), 破家(파가)하게 되는 凶禍(흉화)를 겪게 된다.

(49) 아래는 가옥 4채가 전후로 연이어 자리한 형국이다. 이는 마치 기러기가 떼를 지어 날아가는 형태를 연상하니, 이런 곳에 거주하게 되면 이사를 자주하게 되고, 가족 간 상호 떨어져 지내게 되고, 사업도 敗退(패퇴)하게 된다.

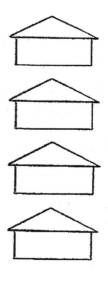

(50) 아래는 중앙에 다소 높은 가택이 자리하고, 좌우에 그보다 다소 낮은 가옥이 1채씩 있는 형국이다. 이는 중앙의 다소 높은 가옥이 좌우의 가옥을 위협하며 거느리는 형태로 일종의 "高壓殺(고압살)"또는 "塞肩殺(색견살)"로 논하는 것으로 여러 흉화를 초래하는 凶宅인 것이다. 이러한 가옥에 거주하게 되면 예기치 않은 사고와 질병이

다발하게 되고, 家率(가솔) 간 不和가 심해지고, 사업도 순리대로 풀려나가지 못하게 된다. 중앙의 가옥이 높으면 높을수록 그 흉함은 증가하는 것으로 판단한다.

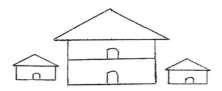

(51) 아래는 중앙에 다소 높은 가택이 있고, 그 좌측이나 우측에 다소 낮은 1채의 小屋이 있는 형국이다. 이런 형태도 흉한 구조로 高壓殺(고압살) 혹은 接脚殺(접각살)로 논하는데, 예기치 않은 사고와 질병이 다발하고 家業도 쇠퇴해지는 凶宅이다.

(52) 아래의 구조는 전후좌우에 가택이 있고, 그 중앙에 1채의 가택이 있어 사방의 가옥들에 갇혀 있는 형국으로 凶宅인 것이다. 이러한 가옥에 거주하게 되면 사업이 순탄하게 풀리지 못하고, 家率들 간 不和가 심하고, 남들의 잦은 陰害(음해)에 시달리고, 시비다툼과 官災口舌(관재구설)에 시달리게 되어, 종국에는 破財, 破家하게 되는 것이다.

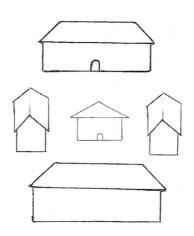

(53) 아래는 가옥 3채가 凹凸의 형태로 자리하고 있는 형국이다. 전면의 가옥과 측면의 가옥이 가까이 붙어 있으면 凶함이 매우 심하고, 다소 떨어져 있으면 氣의 유통이 가능하니 흉함은 다소 덜하다. 이러한 구조는 凶宅으로 氣의 순환이 원활하지 못하니 家率들이 각종 질환에 시달리게 되며, 사업도 부진하게 되고, 가업의 興旺(흥왕)도 기대하기 힘든 것이다.

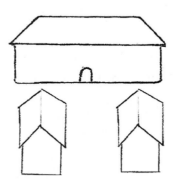

(54) 아래는 전면에 本宅이 있고 그 전면의 우측으로 小屋이 있는 형국이다. 이는 마치 기우뚱 거리는 밥상의 형태가 연상되어 안정된 느낌이 들지 못하고, 또한 小屋이 本宅을 沖하는 형국이라 凶한 구조인 것이다. 이러한 가옥에 거주하게 되면 喪服(상복)입고 哭泣(곡읍)하는 일이 자주 발생하며, 예기치 않은 事故(사고)와 凶厄(흉액)이 多發하게 된다.

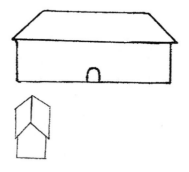

(55) 아래 구조는 전면에 큰 家屋(가옥)이 있고, 그 뒤쪽의 왼쪽 측면에 작은 가옥이 있는 형태이다. 이는 마치 "曲尺(곡척)"의 모양을 하고 있는 구조로 凶宅으로

논한다. 뒤쪽의 曲尺形(곡척형)의 가옥에 거주하게 되면 부녀자들에게 다리관련 질환이 자주발생하게 되며, 사업도 순탄하게 풀려나가지 못하고, 가축의 손상과 財物의 損耗(손모)가 따르고, 自縊者(자액자)나 投河者(투하자)가 발생하기도 한다. 만약 本宅 후면 우측에 작은 가옥이 있는 경우라면 反曲尺形(반곡척형)이라 하는데 曲尺形과 같은 맥락으로 풀이한다.

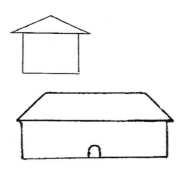

(56) 아래 구조는 윗부분에 本宅이 있고, 그 좌우에 크고 작은 행랑채가 있으며, 앞쪽으로 門이 있는데 本宅의 출입문과 對沖(대충)을 이루고 있는 형태이다. 이러한 가옥은 門이 本宅의 출입문을 沖射(충사)하는 형국의 凶宅으로, 부녀자에게 難産(난산)이 따르고, 孤寡之人(고과지인)이 多出하고, 家率(가솔)들에게 自縊(자액)이나 投河(투하) 등의 凶厄이 있게 되는 凶宅이다.

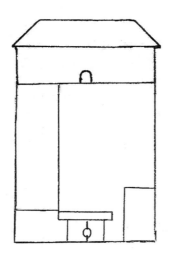

(57) 아래의 구조는 정면에 本 宅이 있고 그 후면의 좌우에 행랑채가 자리하고 있는 형국이다. 이는 마치 양손을 앞으로 뻗은 후 손을 뒤집은 형태로 凶宅에 해당된다. 암암리에 損財數(손재수)가 따르고, 남녀노소 불문하고 가솔들에게 殘疾(잔질)이 다발하게 된다.

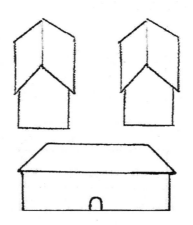

(58) 아래 구조는 정면에 本宅이 있고 그 앞의 좌우로 행랑채가 2채씩 있어 상호 마주보고 자리한 형국이다. 이는 사람의 형체가 折腰(절요)와 折脊(절척)된 것과 같아 매우 凶한 가택의 구조이다. 거주자들에게 예상치 않은 사고와 질병이 따르게 되고, 남의 시비구설과 陰害(음해)에 자주 시달리게 되며, 남자들에게 短命數(단명수)가 따르게 되니 종국에는 破財, 破家하게 되는 凶宅이다.

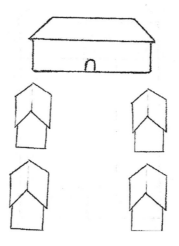

(59) 아래 가택의 구조는 정면에 本 宅이 있고 그 후면에 작은 가옥이 좌우에 한 채씩 있으며, 그리고 本 宅 전면의 좌측에 있는 작은 가옥은 본채와 행랑채로 연결되어 있는 구조이다. 이는 마치 "風車(풍차)"를 연상케 하는 구조이다. 이러한 가옥은 凶宅으로 거주하게 되면, 어린아이들을 양육하기 힘들고, 가업이 退敗(퇴패)하며, 風病(풍병)과 각종 殘疾(잔질)에 시달리게 된다.

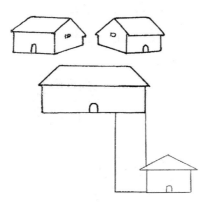

(60) 아래 구조는 아랫부분에 가옥이 한 채 있으며 그 우측으로 작은 가옥이 있는데 土形으로 자리하고 있고, 그 후면에도 가옥이 한 채 있는데 그 우측으로 역시 작은 가옥이 있으며 木形으로 자리하고 있는 형국이다. 이런 형태의 구조는 凶宅으로, 거주하게 되면 家率들에게 目疾(목질)이 자주 걸리게 되고, 投河(투하)나 自縊(자액) 등의 凶禍가 발생하게 되는 凶宅이다.

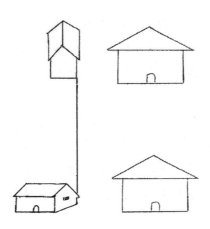

(61) 정면에서 보아 맨 아래쪽의 가택은 우측으로 기울어져 있고, 중간의 가택도 약간 비스듬히 자리하고 있으며, 맨 윗 쪽의 가택만 정면을 마주하고 있는 형태이다. 이러한 3채의 가택들은 전후좌우가 모두 悖逆(패역)의 象(상)으로 거주하게 되면 禍厄(흉화)을 초래하는 凶宅이다.

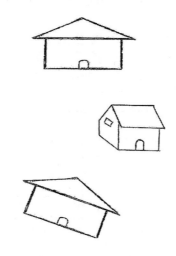

(62) 아래 가택은 堂屋(당옥) 전면에 天井(천정)에 해당하는 다소 낮은 지대가 있다. 堂屋의 왼편 앞쪽이며 天井(천정) 옆쪽으로 2채의 小屋이 나란히 붙어있고, 또한 堂屋 전면에서 오른쪽으로 또 한 채의 小屋이 있는 형태이다. 이러한 구조는 凶宅으로 堂屋의 오른쪽 부분은 自縊殺(자액살)을 胎動(태동)시키고, 다시 그 앞쪽의 한 채의 가옥 앞부분은 投河殺(투하살)을 태동시키고, 堂屋의 전면 天井(천정) 앞쪽으로는 다시 投河殺(투하살)을 태동시키는 매우 흉한 凶宅인 것이다. 이러한 家宅과 宅地의 象(상)은 破財, 破格의 象으로 婢子(비자)의 自縊(자액)과 가솔들에게 投河(투하)의 凶禍(흉화)가 발생하는 凶宅이다.

* 天井(천정)은 중국 남부지역의 가택구조의 하나로, 주로 堂屋(당옥)이나 大廳(대청)의 앞에 위치하거나 또는 대청 좌우에 행랑채가 있는 경우 그 중간 부분에 위치하는 方形의 작은 宅地를 말하는 것으로, 양택에서는 채광이나 통풍과 연계하여 가택의 內氣를 골고루 순화시키는데 도움이 되는 宅地 內의 가장 낮은 지대를 말한다.

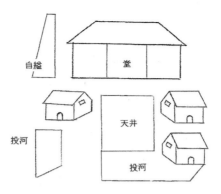

(63) 아래 가택 환경은 정면을 보아 아래쪽에 가택이 한 채 있고, 그 후면 왼쪽으로 조카들이 살고 있는 가옥이 한 채 있으며, 다시 그 전면의 왼쪽으로 비스듬히 또 한 채의 가옥이 자리하고 있다. 이러한 가택의 구조는 일명 "精怪屋(정괴옥)"이라는 凶宅으로, 가택에 妖邪(요사)스러운 일들과 남녀의 醜聞(추문)이 발생하고, 火病으로 죽는 家率들이 발생하는 凶宅이다.

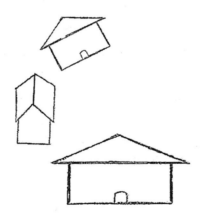

(64) 아래 가택의 환경은 윗부분과 아랫부분에 大屋이 있고 그 중간부분의 좌우로 小屋이 있는 형태이며, 다시 아랫부분에 위치한 大屋의 전면 좌측으로 또 하나의 小屋이 있는 형태이다. 아랫부분에 위치한 大屋의 宅地는 그림과 같이 不整(부정)하고 尖角(첨각)을 이루니 이를 제거하여 方正한 형태의 宅地를 만들어야 吉하다. 만약 그대로 방치한다면 가택의 家率들이 손상당하고 여러 질병에 시달리게 되는 凶宅이 되는 것이다.

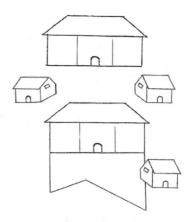

(65) 아래 가택은 정면에서 보아 윗부분에 주로 여자들의 생활공간에 해당하는 堂屋(당옥)이 있고, 다시 그 앞의 중간부분의 宅地는 중앙 부분이 다소 낮은 天井(천정)의 형태이고 좌우는 낮은 형태의 宅地로 되어 있다. 또한 그 앞으로는 가택의 출입문이 있는 형태이다. 이러한 가택의 형태는 凶宅이다. 출입문으로 引入되는 氣가 중간부분의 낮은 지대에 함몰되어 氣가 堂屋에 까지 도달하지 못하며, 氣가 가택 전체로 골고루 순환되지 못하게 되어 凶宅이 되는 것이다. 이 곳에 거주하게 되면 妻(처)의 건강문제가 발생하고 難産(난산)으로 인해 妻가 사망하는 경우도 발생한다. 또한 養子(양자)를 들이는 등의 문제가 발생하여 二姓이 同住(동주)하게 된다. 財物은 있다 하나, 어린 아이들이 사망하게 되는 凶宅인 것이다.

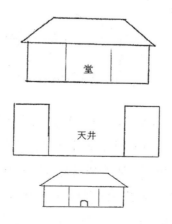

(66) 아래 가택은 정면에서 보아 윗부분에 大屋이 있고, 그 전면으로 좌우에 小屋이 한 채씩 있으며 그리고 大屋의 오른쪽에 또 한 채의 小屋이 있다. 또한 아랫부분에도 大屋이 있고 그 오른쪽에 小屋이 한 채 있는 형태이다. 이런 형태는 大屋 두 채와 비교하면 小屋들이 전후좌우 분산되어 흩어져 있는 형태이니 이러한 가택에 거주하게 되면 妻(처)의 難産(난산)이 우려되며, 각종 疾患(질환)이 발생하게 되는 凶宅인 것이다.

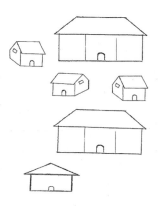

(67) 아래 가택은 중앙에 堂屋(당옥)이 있고, 그 전면과 후면의 좌우에 행랑채가 각 한 채씩 인접하여 있는 형태이다. 이는 마치 가마를 사람들이 마주 들고 가는 형태라 일명 "扛轎屋(강교옥)"이라 한다. 이러한 가택은 凶宅으로 破財가 따르고, 식구수가 줄게 되어 孤苦(고고)하며, 예기치 않은 시비다툼과 官災口舌(관재구설)이 多發하게 된다.

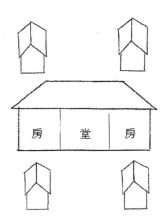

(68) 아래 가택은 윗부분에 부녀자들이 주거하는 堂屋(당옥)이 있고 아랫부분에 주로 남자들의 생활공간인 廳屋(청옥)이 있으며, 그 중간부분에는 堂(당)과 廳(청)을 이어 흐르는 작은 川(천)이 있으며, 다시 川(천)의 좌우로 다소 지대가 낮은 天井(천정)이 있는 구조이다. 堂과 廳 그리고 川을 살펴보면 마치 "工(공)"字와 같아 "工字屋(공자옥)"이라 한다. 이러한 가택은 凶宅으로 家率들의 哭泣(곡읍)소리가 자주 들리고, 겉으로는 가업은 흥성한 것 같으나 항시 쪼들리고 빈궁한 삶을 살아가게 되는 凶宅이다.

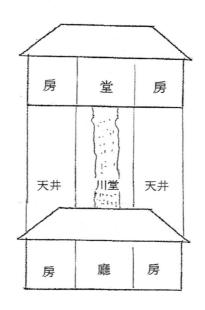

(69) 아래 가택은 堂屋(당옥)과 廳屋(청옥)이 마주하고 있고 그 중간부분에 지대가 다소 낮은 方形의 土地인 天井이 있으며, 다시 그 좌우로 두 채의 小屋이 상호 산만하게 어긋난 상태로 자리하고 있는 형태이다. 이는 일명 "散氣屋(산기옥)"이라 하는 凶宅이다. 이러한 환경은 가택들이 산만하게 흩어져있는 형태로 거주하게 되면 財物이 疏散(소산)되고, 가솔들이 悖逆(패역)하는 凶宅인 것이다.

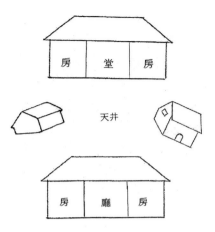

(70) 아래 가택의 구조는 윗부분에 窓屋(총옥)이 있고 아랫부분에는 傍屋이 있는 형태이다. "窓(총)"은 부엌의 굴뚝이나 부엌에 딸린 小門을 말하는 것으로, 아랫부분 傍屋의 門과 정면으로 相沖하니 凶한 것이다. 가솔들 간 不睦(불목)하고 예기치 않은 사고, 질병, 시비다툼, 官災 건이 多發하는 凶宅이다.

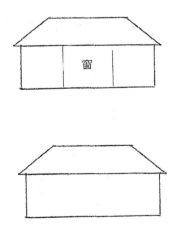

(71) 아래 가택의 구조는 아랫부분에 주로 부녀자들의 생활공간인 堂屋(당옥)이 있고, 그 후면으로 좌우에 각각 한 채씩의 小屋이 있는 형태이다. 이는 마치 닫혀있는 關門(관문)을 밀어서 열고 들어가는 형태라 吉하지 못한 凶宅이다. 이러한 가옥은 堂屋의 정면이 꽉 막힌 상태이니, 財物이 全無하게 되고, 剋妻(극처)하게 되고, 色情(색정)으로 인한 醜聞(추문)으로 고향을 떠나게 되는 凶宅이다.

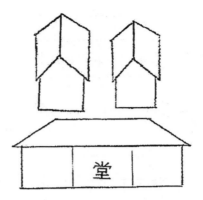

(72) 가택의 전면에 높은 돌층계가 있는 형태이다. 이러한 가옥의 형태는 古書 (고서)에서 논한 凶宅으로, 마치 애꾸눈을 하고 절름발이인 사람이 책상다리를 하고 앉아있는 형태이다. 玄空挨星法(현공애성법)으로 논하여 卦(괘)가 運과 不合되고, 形勢(형세)가 역시 不配合되면, 고향을 떠나 타향에서 살다 죽게 되는 것이다.

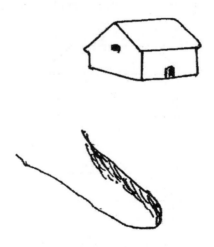

(73) 가택의 전면에 祿存(녹존)형태에 해당하는 坑(갱)이 있는 형국이다. 이러한 가택은 3년이 지나 家率(가솔)들에게 각종 질환이 발생하게 되고, 뱀과 소가 상처 입고 다툰다는 흉한 風聞(풍문)을 듣게 되며, 등이 굽은 꼽추가 태어나거나, 聾啞 人(농아인)이 태어나게 되는 凶宅이다.

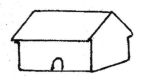

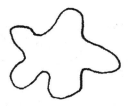

(74) 가택의 전면에 담장의 모서리나 담장위의 썩은 나무가 출입문과 庭園(정원)을 沖射(충사)해 오는 형국이다. 이러한 가옥은 집안의 老翁(노옹)이 손상됨이 틀림없으며, 寡婦(과부)의 방 앞에 자식들이 대기하며 哭(곡)소리가 들리며 또한 빈궁함을 면치 못하게 되는 凶宅이다.

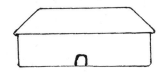

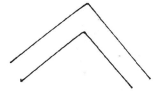

(75) 가택 전면에 하천이나 도로의 형태가 소의 멍에와 같은 형국이다. 이러한 가택은 자손들의 삶이 勞碌(노록)하고 身苦(신고)가 따르게 된다. 瘟瘴(온황=염병과 황달)등의 질환이 多發하고, 人丁이 衰하고 어린아이들이 죽게 되니, 곡소리가 끊이지 않는 凶宅이다.

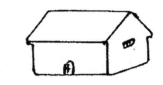

(76) 가택의 전면에 큰 나무가 있고, 나무 몸통의 가운데 부분에 구멍이 있는 형태이다. 이러한 가옥은 집안의 부녀자가 癆病(노병=중독증. 폐결핵)을 앓다 죽게 된다. 백방으로 약을 써도 효험이 없게 된다. 가택의 禍根(화근)을 없애려면 나무를 제거해야 한다.

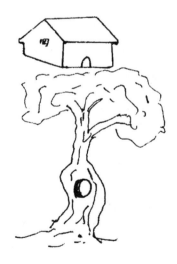

(77) 가택의 전면에 나무가 있고, 이것을 등나무가 휘감고 올라가고 있는 형국이다. 이러한 가택은 관재구설이 끊임없이 발생하여 상호간 다툼으로 인해 法廷을 자주 방문하게 되고, 또한 가택에 淫事(음사)로 인한 醜聞(추문)과 도적으로 인한 損財(손재)가 多發하게 되는 凶宅이다.

(78) 가택의 전면에 큰 나무가 있어 가택과 마주하며 마치 대치하고 있는 듯한 형국이다. 이러한 가택은 凶宅으로 孤寡之人(고과지인)이 出하고, 또한 이들의 곡성과 비통의 소리를 초래하게 되고, 養子(양자)를 들이는 문제도 발생하고, 血光(혈광)과 損財(손재)에 이어 瘋病(풍병)이 발생하는 凶宅이다.

(79) 가택의 전면에 갈래진 나무가 하늘을 향해 서있는 형국이다. 이러한 가택은 官訟(관송)이 多發하게 되고, 憂患(우환)이 끊이지 않는 凶宅이다. 다른 곳으로 이사하거나 가택을 吉하게 改修(개수)해야 한다.

(80) 가택의 전면에 옮겨 심은 나무가 있는데, 머리를 바깥으로 향하고 있는 형태이다. 이러한 가택에 거주하게 되면, 물에 빠져죽거나 죄를 지어 귀양을 가게 되거나, 家率(가솔) 중에 애꾸눈이나 등이 굽은 꼽추가 태어나거나, 小鬼(소귀)가 집에 들어와 驚惶(경황)된 일이나 害를 입히는 일이 발생되는 凶宅이다.

(81) 가택의 전면에 크기가 비슷한 두 나무가 있는 형국이다. 이러한 가택은 두 개의 姓氏가 한집에 살게 되고, 부잣집이라면 二妾(이첩)을 두게 된다. 늙은 홀아비와 홀어미가 신세를 한탄하며 울게 되는 凶宅이다.

(82) 가택의 전면에 호랑이가 엎드려있는 형국의 丘陵(구릉)이나 담장이 있는 형태이다. 이러한 가택의 형태는 매우 흉한 凶宅으로 집주인은 남에게 상해를 당하게 된다. 담장이나 구릉을 改修(개수)하거나 遮蔽(차폐)하여 凶厄을 예방해야 한다. 늦을 시에는 자손에게 凶厄(흉액)이 당도하게 된다.

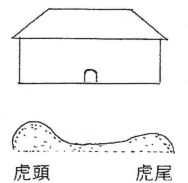

虎頭   虎尾

(83) 가택의 전면에 도로가 있는데, 左와 右는 낮으며 그 가운데 부분이 높은데 가택의 정문을 沖射(충사)하고 있는 형국이다. 이러한 형태를 "分心水(분심수)"라

하는데, 가택에 不和가 심하고, 上下가 없이 함부로 떠들고, 방자한 행동을 일삼게
되는 凶宅이다.

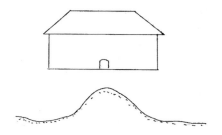

(84) 아래 그림처럼 宅地의 兌方이 折去(절거)되어 있는 형국으로 마치 옛날 가
택에서 활용하던 궤짝에 달린 자물통과 같은 형태이다. 이러한 가택은 凶宅으로
집안의 젊은 여자와 젊은 며느리가 재앙을 겪게 된다. 결여된 부분을 보완하여 온
전한 형태를 이루도록 해야 한다. 그렇지 않으면 집안에 憂患(우환)이 그치지 않
고, 世代가 斷絶(단절)되어 여러 세대가 한 가택에 같이 살 수 없게 된다.

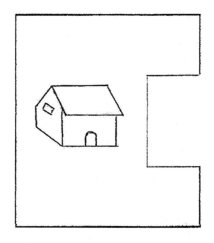

(85) 아래 가옥의 구조는 가택의 長男에게 鬼神의 憑依(빙의)됨이 있다고 예로
부터 전해져오고 있다. 가택의 長男의 命이 일찍 꺾이게 되니, 東南方의 결여된
부분을 각각 유용하게 활용하던지, 결여된 부분을 보완토록 가택의 구조를 改修
(개수)해야 한다.

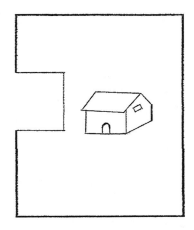

(86) 아래 가택의 구조는 乾方인 西北方이 결여되어 있다. 이러한 가옥은 凶宅으로 人丁이 衰(쇠)하고 家長에게 短命數(단명수)가 있는 것이다. 비록 小貴하고 家畜(가축)과 財物은 풍성할지라도, 哭(곡)소리를 전하는 悲報(비보)를 면할 수 없는 것이다.

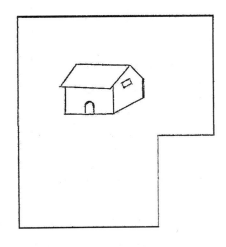

(87) 아래의 가택은 少男에 해당하는 東北方인 艮方이 결여되어 있다. 이러한 가택은 비록 大害는 없다나 凶하다 판단하며 자손이 絕孫(절손)될 우려가 있다. 비록 財物은 많을지언정 슬하에 자식이 없으니 養子(양자)를 들이거나 他姓이 代를 잇게 되는 凶宅이다.

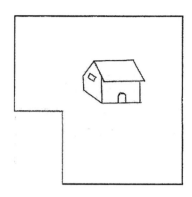

(88) 아래 가옥의 구조는 辰, 巳方인 巽方이 결여되어있는 형태이다. 거주하게 되면 人丁은 旺하나 재물은 적고, 장녀나 큰며느리에게 불리하다. 그러나 결여된 부분을 長方形으로 改修(개수)하게 되면 發福(발복)하게 되고, 자손이 번창하고 가업도 興旺(흥왕)해지는 吉宅이 된다.

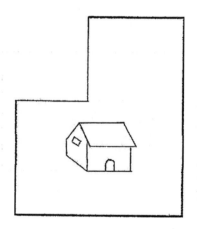

(89) 아래 가택의 구조는 未, 申方인 坤方이 折去(절거)되어 있는 형태이다. 이러한 형태는 吉格으로 거주자는 官祿(관록)을 얻게 되고 家業도 興旺(흥왕)하는 吉宅인 것이다. 다만 老母에게는 불리하다.

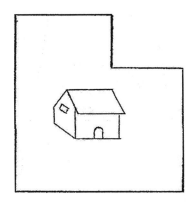

(90) 아래 가택의 구조는 全面이 다소 좁고 後面은 다소 넓은 사다리꼴 형태다. 이러한 형태의 가택은 吉宅으로, 家業이 興旺(흥왕)하고 자손들이 富貴를 누리며 자손도 暢達(창달)한다. 또한 人丁이 旺하고 창고에 財物과 금은보화가 가득하게 되는 大吉宅이다.

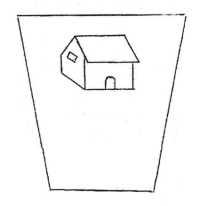

(91) 아래 가택의 구조는 全面이 다소 길고 後面은 다소 짧은 형태로 흡사 관곽의 형태와 같아 보이는 것이다. 이러한 가택은 凶宅으로, 가택의 주거인들은 심신이 불안정하고, 破財(파재)가 따르고 人丁이 衰하게 되며. 비탄과 통곡의 소리가 끊이지 않는 凶宅이다.

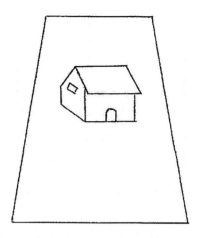

(92) 아래 가택의 형태는 後面은 직선이며 다소 길고, 全面은 둥글게 돌출되어 다소 짧은 형태로 前後가 평형을 이루지 못하고 있어, 흡사 火形을 이루고 있는 것이다. 이러한 가택은 흉하여 남녀 家率(가솔) 중에서 목매달아 자살하는 사람이 多發하고, 밤낮을 막론하고 驚惶(경황)되고 怪異(괴이)한 일이 자주 발생하는 凶宅 이다.

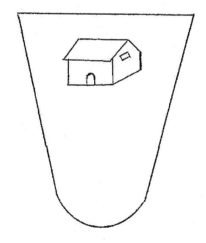

(93) 아래 가택의 형태는 좌측이 다소 짧고 우측이 다소 긴 형태이다. 이러한 형태는 凶한 것으로 人丁이 衰(쇠)하고, 孤寡之人(고과지인)이 多出하며 養子(양 자)가 代를 잇는 경우가 많은 凶宅이다.

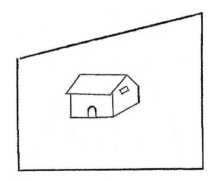

(94) 아래의 가택의 형태는 좌측이 다소 길고 우측이 다소 짧은 형태이다. 이러한 형태는 凶한 것으로, 妻妾(처첩)이 손상되고, 어린아이 키우기가 어려우니 人丁이 衰하게 되고, 종국에는 破家하게 되는 凶宅이다.

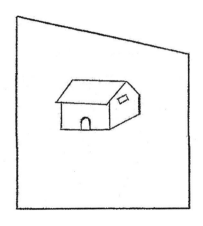

(95) 아래 가택의 구조는 全面이 넓고 後面이 뾰족한 삼각형의 구조이다. 이는 일명 "火星拖尾(화성타미)"라 하여 흉하다. 家主는 自縊(자액)이나 刀傷(도상)의 禍(화)를 당하고, 癆瘵(노채=폐결핵) 등의 질병과, 가택의 어린아이나 젊은 사람들에게 凶厄(흉액)이 당도하게 된다.

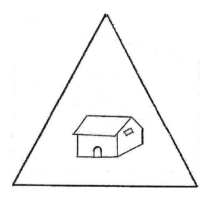

(96) 아래 가택의 구조는 全面이 뾰족하고 後面이 넓은 역삼각형의 구조이다. 이는 일명 "退田筆(퇴전필)"이라 하여 凶하다. 家主는 재물이 漸退(점퇴)하고 부녀자들에게는 短命數(단명수)가 있거나 각종 질환에 시달리게 되어 어린아이를 양육하기가 힘든 凶宅이다.

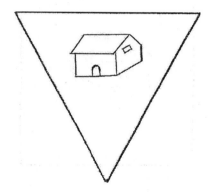

(97) 아래 가택의 구조는 正南方인 離方이 결여되어 凹凸(요철)의 형태를 띤 가옥으로 일명 "推車形(추차형)"라 한다. 이러한 가옥은 흉택으로 먼저는 가난하고 나중에는 絕孫(절손)되게 된다. 凹凸(요철)의 형태를 折角(절각)하여 다른 용도로 사용하고 方形의 형태로 가택을 改修(개수)하면 人丁이 旺하게 되고 재물을 모을 수 있게 된다.

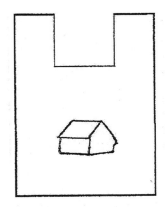

(98) 아래 가옥의 구조는 正北쪽인 坎方이 결여되어 일명 "燕尾形(연미형)"이라 한다. 이러한 가옥은 人丁이 衰하고 종국에는 絶孫(절손)되는 凶宅이다. 後面 양쪽의 돌출된 부분을 折角(절각)하여 가택을 方形으로 改·補修(개·보수)하여야 한다. 그리되면 人丁이 旺하게 되고 재물도 모으게 된다.

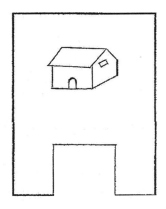

(99) 아래 가택의 구조는 동쪽과 서쪽부분이 다소 길고 평평하며, 남쪽과 북쪽 부분은 다소 짧게 둥글게 파인 형태이다. 이러한 가택의 구조는 凶宅으로 처음 짧은 기간은 人丁과 재물이 旺하나 시간이 흐르면 六畜(육축)이 손상되고 재물과 人丁이 敗絶(패절)하게 된다. 또한 매사 어그러지고 착오가 생기는 凶宅이다.

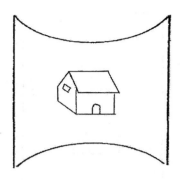

(100) 아래 가택의 구조는 남쪽과 북쪽은 다소 길고 평평하며, 동쪽과 서쪽은 다소 짧으며 둥글게 파인 형태이다. 이러한 가택은 吉宅으로, 거주하게 되면 富貴하고 人丁과 財가 旺하게 된다. 六畜(육축)도 무성하고 자손도 榮達(영달)하며, 하늘로부터 복록이 내려와 家門이 暢達(창달)하게 되는 매우 吉한 吉宅이다.

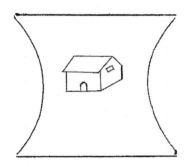

(101) 아래 가택의 구조는 후면인 丑, 寅方인 艮方이 결여되어 있는 형태이다. 이러한 가택은 富貴가 오래 지속되는 吉宅으로, 神의 경지에 오르지 않고서는 판단할 수 없는 매우 좋은 吉宅이다.

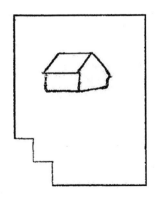

(102) 아래 가택의 구조는 離方은 둥글게 다소 튀어나온 원형이고, 坎方은 평편한 형태로 바닷게의 형태와 같아 일명 "蟹穴形(해혈형)"이라한다. 이러한 가옥은 吉宅으로 人丁과 財物이 旺하고 六畜(육축)이 盛하는 가택이며, 자손 중에 貴하게 되어 이름을 宣揚(선양)하는 자손이 나오게 되는 吉宅이다.

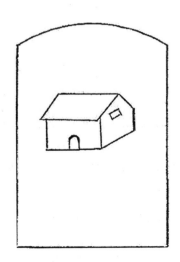

(103) 아래 가택은 동쪽과 서쪽이 折去(절거)되어 있는 형태이다. 거주자들에게 크게 흉화는 없으나 발전도 기대하기 힘든 가택의 구조이다. 折去(절거)된 부분을 改修(개수)하여 長方形으로 만들면 發福(발복)이 기약된다.

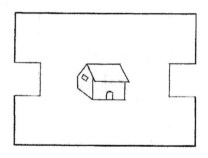

　(104) 아래 가택의 구조는 坎, 離方의 택지가 折去(절거)되어 있는 형태로 매우 흉한 구조이다. 이런 곳에 거주하게 되면 예상치 않은 시비다툼과 관재구설이 발생하게 되고, 질병에 자주 시달리게 되고, 사업이 부진하게 되며, 또한 예기치 않은 損財數(손재수)가 자주 발생한다.

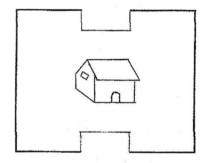

　(105) 아래 가택의 구조는 四隅方(사우방=乾.坤.艮.巽)의 宅地가 折去(절거)되어 있는 형태이다. 이러한 곳에 주거하게 되면 각종 질병이 多發하게 되고, 人丁이 衰하게 되고, 사업부진으로 破財, 破家하게 된다.

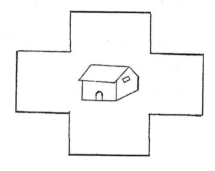

(106) 아래 가택의 구조는 四正方(사정방=震.離.兌.坎)이 折去(절거)되어 있는 형태이다. 이러한 형태는 오히려 吉하여 人丁과 財가 旺하게 되고 가업도 순탄하게 풀려나가게 된다.

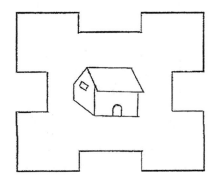

(107) 가택의 가까이에 동쪽으로 한 基의 무덤이 있는 형국이다. 이러한 가옥의 형태는 매우 흉한 凶宅으로, 각종 질환이 家率들을 떠나지 않으며, 鬼神들의 作祟(작수)와 도적의 침탈이 끊이지 않게 된다.

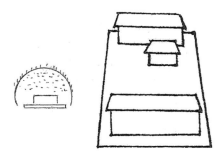

(108) 가택의 四隅方(사우방)인 乾, 坤, 艮, 巽方에 뽕나무 수풀이 있는 형국이다. 이러한 구조는 禍厄(화액)이 발생하게 되는 凶宅이다. 地師(지사)를 초빙하여 잘못된 부분을 改修(개수)하면 후손들에게 발생할 수 있는 驚惶(경황)된 일과 凶厄을 예방할 수 있을 것이다.

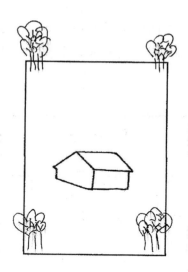

　　(109) 가택의 前後에 무덤이 있고, 乾, 坤, 艮, 巽方엔 뽕나무 수풀이 있는 형국
이다. 이러한 가옥은 凶宅으로 凡事不成(범사불성)이고, 항시 家率들의 마음이 안
녕치 못한 것이다. 종국에는 破財, 破家하게 된다. 災厄(재액)이 항시 발생하는 것
은 아니나 후에 凶禍(흉화)의 침범이 있게 된다.

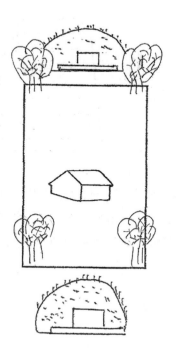

(110) 가택의 서쪽으로 小池가 있는 형태이다. 이러한 곳에 거주하면 매우 凶하다. 六畜(육축)과 人丁이 不旺하고, 先富後貧(선부후빈)하게 되는 凶宅이다.

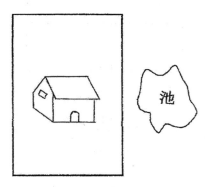

(111) 가택의 西北方인 乾方으로 小池가 있는 형국이다. 이러한 가택은 凶宅으로 심신의 安寧(안녕)을 기할 수 없고, 좋은 일은 적고 비통한 일만 자주 발생하게 된다. 처음에는 富裕(부유)함이 있으나 나중은 卑賤(비천)하고 殘疾(잔질)이 많이 발생하는 凶宅이다.

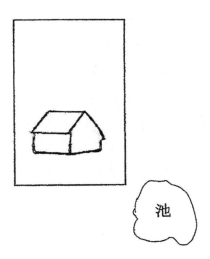

(112) 가택의 全面에 맷돌의 형태와 비슷한 물체가 있는 형국이다. 이는 매우 흉한 凶宅으로, 어린아이들에게 災厄(재액)과 損傷(손상)이 따르고, 人丁도 衰하게 된다. 속히 맷돌형태의 물체를 제거하고 안정적인 곳으로 이사하면, 家業의 興旺

(흥왕)과 가택의 安寧(안녕)을 기약할 수 있는 것이다.

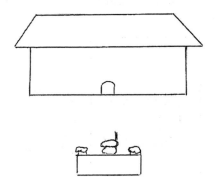

    (113) 가택 전면의 좌측에는 벽돌이 쌓여있고, 우측에는 糞土(분토)가 쌓여 있으며, 그 중간에는 이들의 堆積土(퇴적토)가 있어, 가택의 正門을 沖射(충사)하고 있는 형태이다. 이러한 가택은 凶宅으로 家率들에게 眼疾(안질)과 落胎(낙태)가 따르게 된다. 급히 門前의 汚物(오물)들을 제거하지 않으면 언청이와 聾啞人(농아인), 孤寡之人(고과지인)이 多出하게 된다.

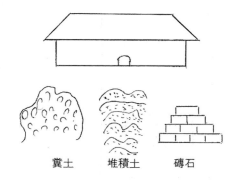

糞土   堆積土   磚石

3. 정읍지택井邑之宅의 길흉吉凶

    (01) 아래는 다세대주택으로 正門은 離方에 있고, 便門(편문)은 卯方에 있다. "開門引氣之法(개문인기지법)"을 적용하면 離方의 正門은 離9宮에 속하니 9運에 吉하고, 震方의 便門은 震3宮에 속하니 3運에 吉하고, 艮宮의 便門은 艮8宮에 속하니

8運에 吉한 것이다.

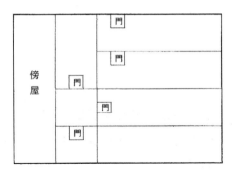

(02) 아래 가택은 巽 – 乾 방향으로 長方形이니 氣의 흐름이 있게 된다. 巽氣를 得하게 되어 中元에 吉하고, 비록 離方에 출입문이 있으나 門이 偏向(편향)되었으니 下元은 旺하지 못한 것이다. 門에서 좌측변의 坤方과 兌方은 巽 – 乾 방향으로 이어지는 氣를 받아들이게 되어 吉하나, 우측변의 震方과 艮方의 氣는 巽 – 乾方의 氣를 받아들일 수 없으니 凶한 것이다.

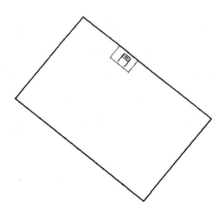

(03) 아래 가택의 구조는 長方形으로 兌方에 출입문이 있어 이 곳으로 引氣(인기)하니 下元에 吉하다. 또한 東西의 長方形이라 兌方의 氣가 震方으로 이어지니 上元 3運도 凶하지 않다.

(04) 아래 가택의 구조는 가장 이상적인 가택의 형태로, 長方形으로 단정하며 기가 純淸(순청)하고 不亂(불란)하지 않다. 震方에 출입문이 있으니 上元에 吉한데, 下元에는 不發됨이 많다.

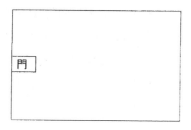

(05) 아래 가택의 구조는 艮方에 출입문이 있으니 下元之格이고 家坐는 坤坐艮向이다. 가택이 坤坐이니 坤卦를 本 卦로 하여 陽宅九星을 附法(부법)하면 艮方의 출입문은 生氣方에 해당하니 吉하다. 그러나 본시 양택법에서 艮方은 鬼門方이라 開門함을 기피하니, 기타 가택의 3대 주요 요소인, 출입문, 廚房(주방)과 主人房이 양택구성법에 합치되지 않으면 吉變凶의 凶宅이 되는 것이다.

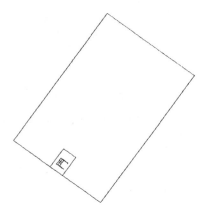

(06) 아래 가택의 구조는 巽方에 출입문이 있는 구조이다. 가택이 長方形이고 巽方의 生氣를 받아들이니 氣가 純淸(순청)하며 中元에 吉하다. 이러한 가택은 吉宅으로 재물이 풍족하게 된다.

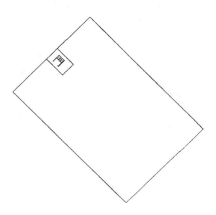

(07) 아래 가택의 구조는 離方에 출입문이 있고 兌方의 모퉁이가 折去(절거)되어 있다. 이런 경우에는 下元에 吉하다. 만약 坎方의 모퉁이가 折去(절거)되고 震方에 출입문이 있다면 震方의 氣를 받아들이게 되니 上元에 吉하게 된다.

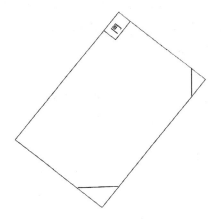

(08) 아래 가옥의 구조는 가택의 위치가 乾方에서 巽方으로 향해 자리하고 있어 家坐는 乾坐巽向이다. 離方에 출입문이 있는 경우는 "開門引氣法(개문인기법)"에 의해 7運과 9運에 吉하다. 만약 출입문이 卯方에 있다면, 乾坐巽向의 경우 양택구

성법을 적용하면 禍害(화해)方에 해당되니 매우 흉한 凶宅이 된다.

　외부 倉庫(창고)의 氣가 厚德(후덕)하나 가택이 正方形으로 네모형태이면 氣의 흐름이 불변인데, 만약 외부 氣가 厚德(후덕)한데 가택이 長方形으로 길쭉하면 氣의 흐름이 있게 되어 가택에 氣의 변화가 발생한다.

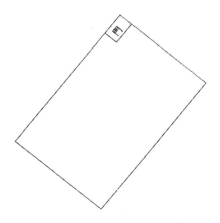

　(09) 아래 가택의 구조는 乾山巽向이고 출입문은 두 곳인데 모두 震方에 위치하고 있다. 그리고 출입문의 후방 쪽에 傍屋(방옥)이 있는 형태이다. 따라서 震方의 氣가 流入되나 乾方의 氣는 차단된 상태이다. 이러한 가택의 구조는 官職(관직)으로 진출하게 되는 "催官之格(최관지격)"이다. 고서에 傍屋이 乾.坤.艮.巽에 위치하면 官貴(관귀)를 得한다고 했다.

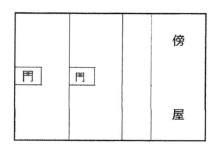

　(10) 아래 가택의 구조는 長方形으로 坤坐艮向이고 출입문은 坎方에 있다. 長方形이라 艮方에서~坤方까지의 氣의 흐름이 있으니 艮方의 氣도 받아들일 수 있고,

출입문이 坎方에 있으니 坎方의 氣가 유입되는 것이다. 坎門이니 坎卦를 本 卦로 하여 양택구성법을 적용하면 坤方의 가택은 絕命(절명)方이 되니 吉하지 못하다. 만약 艮方에 출입문이 있다면 艮門이라 하는데, 艮卦를 本 卦로 하여 양택구성법을 적용하면 坤方의 가택은 生氣方이 되니 吉하게 되는 것이다.

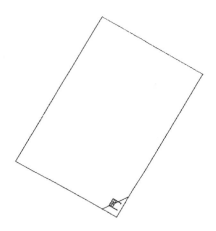

(11) 아래 가택의 구조는 兌方에 출입문이 있고 家坐는 艮坐坤向이다. 가택이 艮~坤의 長方形이니 氣의 흐름이 발생하게 되니 坤方의 氣를 받아들일 수 있는 것이다. 만약 坤方이 遮蔽(차폐)되었다면 兌方의 氣를 받아들이게 되니 下元에 吉한 것이다. 가택 주변의 도로를 논한다면 좌변에 도로가 있음은 可하나 우변에 도로가 있음은 不可하다.

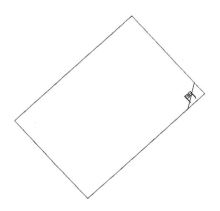

(12) 아래 가택의 구조는 출입문이 巽方에 있으며 家坐는 乾坐巽向의 구조이다. 巽方의 출입문은 양택구성법에 부합되며 中元에 發財(발재)하게 된다. 그러나 氣가 雜亂(잡란)하여 成格되지 못하다면 이렇게 논하지 않는다. 또한 만약 乾, 巽方의 水를 得할 수 있다면 中元에 財를 發하고 人丁이 旺하며 富貴를 누리고 大發하게 된다.

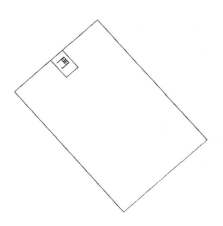

(13) 아래 가택의 구조는 午方에 출입문이 있고 端正(단정)하고 長方形의 형태이며, 家坐는 子坐午向이다. 下元에 吉하다. 만약 家坐가 동쪽이나 서쪽으로 偏向(편향)돼있다면 氣도 역시 변하게 되니 정확한 판단을 내리기가 어렵게 되는 것이다. 만약 丁向으로 편향돼있다면 家坐는 癸坐丁向이 되니 下元에 大旺, 大發하게 되는 것이다.

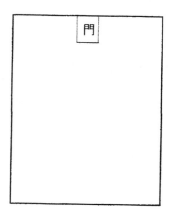

(14) 아래 가택의 구조는 長方形의 형태로 출입문이 子, 午方에 두 개가 있다. 얼핏 보아서는 子方과 午方의 氣가 상통하는 것으로 판단하나, 分房(분방)된 두 개의 門으로 인해 각 傍屋(방옥)의 氣가 不同하며, 또한 이로 인하여 오히려 四隅方(사우방)의 氣가 內實(내실)있다 판단하는 것이다. 양택구성법의 판단으로는 두 개의 출입문이 일직선으로 마주보고 있는 경우는 氣가 직선으로 빠져나가고 내부가 골고루 순환이 되지 않으니 흉하다 판단하는데, 아래 가택의 구조에서 전면의 傍屋은 午方의 출입문의 영향을 많이 받고, 후면의 傍屋(방옥)은 子方의 출입문의 영향을 많이 받는 것이다. 따라서 內氣를 잘 살펴보아 길흉을 판단해야 하며 어느 한 부분만 보고 단정 지어서는 안 된다.

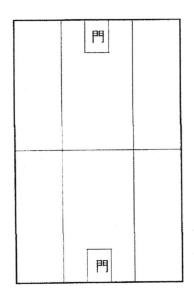

(15) 아래 가택의 구조는 長方形으로 전면은 午方에 출입문이 있고, 후면은 艮方에 출입문이 있다. 전면의 傍屋(방옥)은 午方 출입문의 氣를 많이 받게 되고, 후면 우측인 乾方의 傍屋은 艮方의 氣를 많이 받게 되는데, 이곳에 주거하게 되면 乾, 艮 모두 陽에 속하니 生男하게 되는 것이다.

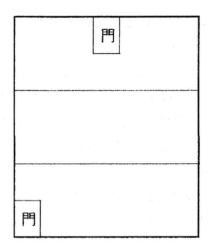

(16) 아래 가택의 구조는 坤方과 坎方에 출입문이 있어 門이 두 개 있는 구조이며, 家坐는 午坐子向으로 북쪽을 바라보고 있는 형태이다. 坤과 坎은 上元에 속하며 또한 坤과 坎方 두 곳의 氣를 모두 거둘 수 있는 것이다. 다라서 上元과 中元은 吉하고 下元은 半吉이다.

中元에 이롭다는 것은, 中宮은 五黃土宮(오황토궁)에 해당되며, 坎宮은 先天八卦에서 坤土宮인 까닭이다. 또한 乾과 巽의 두 곳의 氣를 거둘 수 있으므로 下元보다 吉하다 판단하는 것이다.

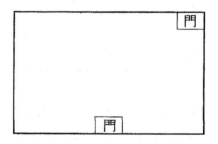

(17) 아래 가택의 구조는 離方과 乾方에 출입문이 있는 구조이다. 따라서 下元 6運과 9運이 吉하다. 만약 출입문이 巽方으로 치우쳐 있다면 中元도 吉하다고 판단한다. 이러한 구조는 離方과 兌方의 兩氣(양기)를 받아들일 수 있으니 下元에 發財(발재)함이 틀림없다.

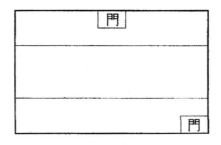

(18) 아래 가택의 구조는 震方과 艮方에 걸쳐 切去(절거)되어 있으며, 離方과 兌方에 출입문이 있는 형국이다. 長方形으로 氣의 흐름이 있으니 左角(좌각)인 艮方 부분은 坤方의 氣를 得하게 되고, 右角(우각)인 乾方 부분은 巽方의 氣를 得하게 되어 上元에 吉하다 판단하는 것이다.

만약 午方에 가택이 坐하고 兌方에 출입문이 있는 경우라면 上元에는 兌方의 氣를 얻게 되어 大凶한 것이다. 兌方에 출입문이 있는 일련의 구조는 中元에 不利하다. 동쪽의 震方과 艮方에 걸쳐 길게 割去(할거)되어있는 부분으로는 乾方의 氣를 받아들이게 되니 6運에 吉하다 판단한다.

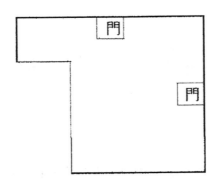

(19) 아래 가택의 구조는 坤方과 艮方에 출입문이 있는 단정한 長方形의 구조이다. 이런 구조는 子午方과 卯酉方의 氣를 받아들일 수 있는 것이다. 만약 分房(분방)하게 된다면 午酉方의 傍屋(방옥)은 上元에 吉하고, 子卯方의 傍屋은 下元에 吉하다.

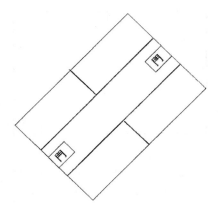

(20) 아래 가택의 구조는 전후인 卯方과 酉方에 출입문이 있는 형태이다. 만약 分房(분방)을 하게 된다면, 四隅方(사우방=乾.坤.艮.巽)의 氣는 三元에 따라 旺衰(왕쇠)와 吉凶에 차이점이 있으니 양택구성법을 적용하여 세밀하게 길흉을 분석해야 하는 것이다. 巽方과 艮方의 傍屋(방옥)은 卯方의 출입문의 영향을 많이 받고, 坤方과 乾方의 傍屋은 酉方 출입문의 영향을 많이 받는다.

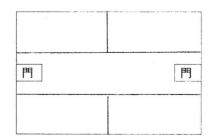

(21) 家坐는 艮坐이고 坤方에 출입문이 있어 본시 上元에 吉하다. 그러나 兌方의 일부가 折去(절거)되어 艮坐로 배치하면 兌方의 氣를 받아들이게 되므로 오히려 上元에는 凶한 것이다.

이 가택은 본시 離方에 출입문이 있었고 兌方이 折去(절거)된 상태이었다. 따라서 장차 坤方의 氣는 化盡(화진)되고 兌方의 氣를 받아들이게 되니 본시 凶한 것인데, 다행히도 兌方이 折去(절거)되어 허약한 氣가 오게 되므로 오히려 吉하게 된 것이다. 離方의 門이라면 下元 9運에 吉하나, 실제로는 坤方에 門이 있으니 上元에 吉한 것이다. 兌方의 일부가 折去(절거)되어 있는데 만약 兌方에 출입문을 배치한다면 7運에 吉하게 되는 것이다.

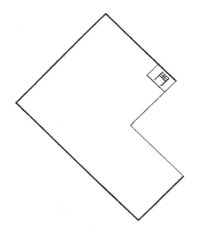

(22) 아래 가택의 구조는 家坐가 子坐午向이고 兌方에 출입문이 있는 형태로 下元에 吉한 배치이다. 가택의 구조에서 좌측으로 배치되어 있는 부분은 坤方의 氣를 받아들이게 되고, 후면의 좌측부분 역시 坤方의 氣를 받아들이게 되는 것이다. 또한 우측 부분은 巽方의 氣를 받아들이게 되므로 下元에는 불리한 것이다. 중앙 부분은 離方의 氣를 받아들이니 吉하고, 좌측 행랑 부분 역시 兌方의 氣를 받아들이니 吉하다.

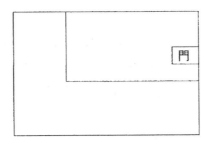

(23) 아래 가택의 구조는 家坐가 震坐兌向이고 兌方에 출입문이 있는 형태이다. 兌方의 氣는 순수하고 淸(청)하니 大發하게 되는 것이다. 가택의 3요소 중 主人房(주인방) 역시 震方으로 배치하면 純淸(순청)한 兌方의 氣를 받을 수 있으니 가택의 榮達(영달)을 기약할 수 있는 것이다.

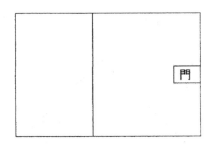

(24) 아래 가택의 구조는 東西가 다소 긴 長方形이다. 艮方에 출입문이 있으니 下元에 吉하다. 서쪽에서 진입해오는 旺氣(왕기)는 가택까지는 거리가 있어 오히려 殺氣(살기)로 바뀌어 당도하게 된다. 그리고 동쪽의 산이 뾰족하며 층층으로 형성되어 있다면, 자연 동쪽의 氣는 멀리 돌아오게 되는 형세를 이루게 되며, 또한 백여 보 거리의 空地가 있으니, 결국 동쪽에서 들어오는 氣는 멀리 돌아 가택에 이르게 되는 형국이라 吉氣(길기)가 殺氣(살기)로 변하게 되는 이치이다.

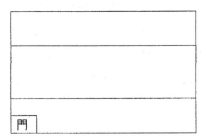

(25) 앞의 (20)과 흡사하나 長方形의 가택으로 震方과 兌方에 출입문이 있는 형국이다. 分房(분방)의 형태로 "分房納氣之法(분방납기지법)"을 논한다면 三元에 모두 吉하다 판단한다. 巽方과 艮方의 傍屋(방옥)은 震方의 氣를 받고, 坤方과 艮方의 傍屋은 兌方의 氣를 받게 되는 것이다.

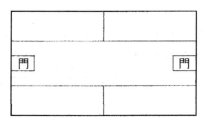

(26) 아래는 方形의 가택으로 家坐는 酉坐卯向이고 출입문은 巽方에 있다. 玄空挨星法(현공애성법)에 적합하다면 中元에 吉하고 女人의 得財(득재)가 있다. 上元과 下元에는 桃色(도색)과 연관하여 是非口舌(시비구설)이 따르게 된다.

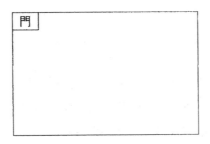

(27) 아래는 方形의 가택으로 兌方에 출입문이 있다. 兌方은 24坐 중 庚.酉.辛에 해당되므로 左나 右로 偏向(편향)됨에 따라 運의 吉凶에 分辨(분변)이 있게 되는데, 정밀하게 분석하여야만 人丁과 財와 연관되어 나타나는 吉凶을 판단할 수 있는것이다. 兌門이므로 下元에 吉하다 판단한다.

(28) 아래 가택은 家坐가 壬坐丙向이다. 출입문은 離方에서 巽方으로 약간 치우쳐 있는데 中元과 下元에 吉한 것이다. 離方은 丙.午.丁이 이에 해당되며 이런 경우는 偏向(편향)된 방향에 따라 人丁과 財에 分辨(분변)이 나타나는데, 세밀한 분석을 통하여 판단함에 오류가 없도록 해야 한다.

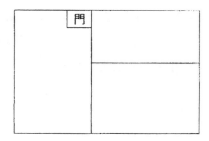

(29) 아래 가택은 家坐가 子坐午向이고 출입문은 離方에 있다. 上元에 凶한 것이다. 만약 출입문이 坤方으로 치우치면 上元에 發財하고, 만약 출입문이 巽方으로 치우치면 中元에 發財하게 되는 것이다. 아래와 같이 分房이 있는 경우라면, 巽方과 坤方의 傍屋(방옥)은 離方의 氣를 받아들이게 되어 吉하나, 후면의 坎方의 傍屋의 경우라면 출입문과 멀리 떨어져있어 吉氣가 멀리서부터 층층이 傍屋을 거치어오니 오히려 殺氣로 바뀌어 오게 되어 凶한 것이다.

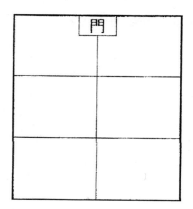

(30) 아래 가택의 구조는 坤山艮向으로 출입문은 坎方에 있다. 만약 玄空挨星法(현공애성법)에 합치되면 中元에 大發하는데, 불합치 되는 경우에는 차 사고나 간질환계통의 災厄(재액)이 발생하게 된다.

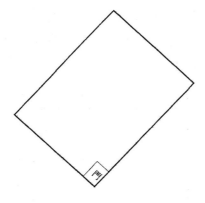

(31) 아래 구조는 卯山酉向이고 출입문이 坤方에 있다. 뒤쪽의 傍屋(방옥)은 玄空挨星法(현공애성법)에 합치되면 上元과 中元에 吉하다. 앞쪽의 傍屋은 玄空挨星法(현공애성법)에 합치되면 下元 6, 7運에 發財하게 된다.

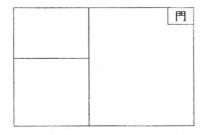

(32) 아래 가택의 구조는 子坐午向이고 午方에 출입문이 있다. 坤方의 일부가 折去(절거)되어 있는 형태이다. 午方의 출입문 기준하여 좌측으로 偏向(편향)되어 있으면 上元에 吉하고, 우측으로 偏向(편향)되어 있으면 下元에 吉하다.

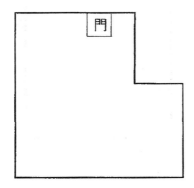

(33) 아래 가택의 구조는 丁坐癸向이고 출입문은 癸方에 있으며, 艮方의 일부가 折去되어 있는 형태이다. 출입문이 坐로 偏向(편향)되면 上元에 吉하고, 우측으로 偏向(편향)되면 下元에 吉하다.

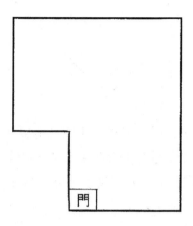

(34) 아래 가옥의 구조는 子坐午向이고 출입문은 坤方에 있으며 離方에 傍屋(방옥)이 있는 형태이다. 이 가택은 中元에 크게 富貴를 發했다. 下元에는 위장질환이 발생하여 치료에 큰 어려움을 겪게 될 것이다.

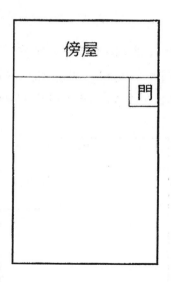

(35) 아래가택의 구조는 巽山乾向이고 출입문은 子方에 있다. 1運과 6運에 크게 財와 官을 불러들일 수 있는 것이다. 이는 巽宅이니 生氣를 끌어들이기 때문이다. 그러나 下元에는 가택의 부녀자들에게 子宮疾患(자궁질환)이 발생하는데 치료가 難望(난망)하다.

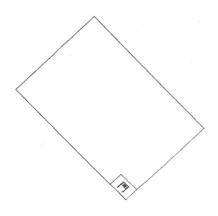

(36) 아래 가택의 구조는 方形으로 家坐는 癸山丁向이고 출입문은 丁方에 있는 형태이다. 가택의 3요소인 主人房(주인방), 廚房(주방), 出入門(출입문)이 玄空挨星法(현공애성법)에 합치되면 財官에 있어서 비약적인 발전을 이루고, 만약 불합치 되면 失職(실직)과 退職(퇴직)이 따르게 된다.

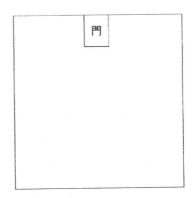

(37) 아래 가택의 구조는 分房(분방)이 되어 있고 출입문은 丁方에 있으니 下元에 吉하다. 출입문이 좌측으로 偏向(편향)되어 있으면 上元에 發財하고, 우측으로

偏向(편향)되어 있으면 下元에 發財한다. 우측으로 偏向(편향)되어 있는 경우, 巳와 丙 사이에 출입문이 있는 경우라면 中元에 半吉半凶이다.

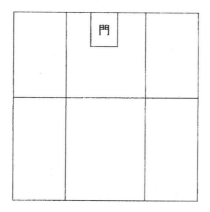

(39) 아래 가택의 구조는 東西가 다소 긴 長方形이며, 家坐는 丁山癸向이고, 출입문은 癸方에 있다. 下元에 吉하고 上元에 不吉하다. 출입문이 艮方으로 다소 치우쳐져 있으니 下元에 吉하고 上元에는 不吉한 것이다.

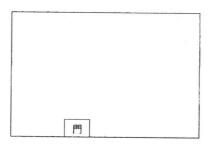

(40) 아래 가택의 구조는 亥山巳向이고 巽方에 출입문이 있으니 中元에 人丁과 財를 發하게 된다. 가택의 배치가 玄空挨星法(현공애성법)에 합치되면 人丁의 旺함과 더불어 催官(최관)이 따르게 되고, 불합치인 경우에는 喪事(상사)가 따르고, 桃色(도색)과 賭博(도박), 음식물로 인한 질병이 多發하게 된다.

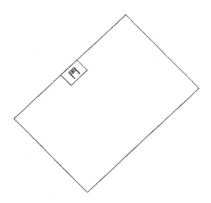

4. 노변지택路邊之宅의 길흉吉凶

(01) 巽方의 路邊(노변)이 彎曲(만곡)되어 있고 노변 가까이에 가택이 있는 형태이다. 이러한 가택은 乾方의 氣를 받아들이니 吉한데, 다시 巽方의 만곡된 부분이 가택을 감싸고도니 中元에 吉한 것이다. 비록 巽方의 만곡된 부분이 가택과 근접해 있으나, 乾方의 氣가 들어와 가택을 감싸며 돌아가니 吉한 것이다.

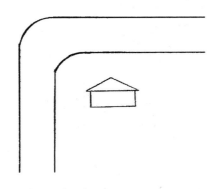

(02) 가택의 정면에 火炒(화초)가 있고, 또한 도로가 아래 그림처럼 "x"자 형태로 갈래져 있다. 이러한 형태의 가옥은 凶宅이다. 좌측의 火炒가 가택을 沖하면 兄이 죽게 되고, 우측의 火炒가 가택을 沖하면 본인과 弟(제=아우)가 죽게 되는 것이다. 또한 정면의 火炒가 가택의 출입문을 沖하게 되면 가솔들에게 短命數(단명수)가 따르고 여러 凶厄이 多發하게 된다.

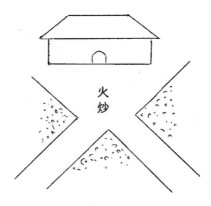

    (03) 가택의 전면에 두 갈래의 도로가 있고, 다시 그 앞으로 낮은 山과 낮은 丘陵 (구릉)이 있는 형국이다. 이러한 가옥은 吉宅으로 자손들이 출세하여 군대의 요직 에 오르게 된다.

    (04) 전면의 大道가 가택을 비스듬히 沖射(충사)해오고 있는 형국이다. 이러한 가택은 盜賊(도적)으로 인한 破財(파재)가 잇따르고, 貧窮(빈궁)하며, 만사가 어긋 나는 매우 凶한 凶宅이다.

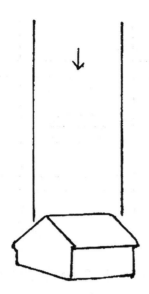

(05) 가택의 후면으로 2개의 도로가 交叉(교차)하고 있는 형국이다. 처음에는 가업이 순탄하게 풀려나가나, 나중에는 빈궁해지는 凶宅이다.

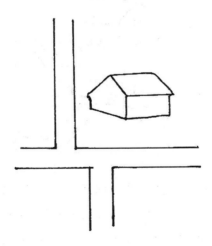

(06) 가택의 前, 後, 左, 右 4方으로 도로가 교차되어 지나는 형국으로 吉하지 못하다. 가택의 형국이 물위에 뜬 부평초와 같으니 어찌 안락함을 얻겠는가? 人丁이 衰(쇠)하고 破財(파재)가 따르며, 自縊(자액)이나 投河(투하) 등으로 사람이 죽어나가니 거주하기 힘든 곳이다.

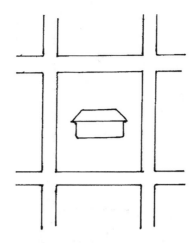

(07) 가택 앞에 도로가 지나가는데, 출입문 정면에서 보아 다시 출입문과 반대되는 방향으로 또 한 갈래의 도로가 내달리고 있는 형국이다. 이러한 가택은 凶宅으로 거주함을 기피해야 한다.

(08) 가택 전면의 도로가 "元(원)"자 형태로 되었다면, 그 가옥은 재물이 수량을 셀 수 없을 만큼 많게 된다. 그러나 만약 그 모양이 蚯蚓(구인=지렁이)의 형태라면, 가택의 家率(가솔)들에게 오히려 癆疾(노질)과 身苦(신고)가 따를 것임이 틀림없는 것이다.

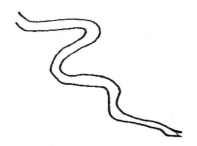

(09) 가택 앞에 칼날 끝 모양의 도로가 있어 가택의 正門을 沖射(충사)해오는 형국으로 일명 "刀斬殺(도참살)"이라 하며 凶宅이다. 의외의 災厄(재액)이 따르고, 人丁이 損傷(손상)되고, 破財(파재)가 따르게 된다.

(10) 아래의 가택은 坎方의 路邊(노변)이 굽어있으며 마치 火形의 형태를 띠고 있다. 비록 離方의 氣를 받아들이게 되어있는 형태이나, 이러한 가택은 坎方의 氣가 단절되니 吉하지 못한 가택이다. 비록 下元에 財를 發하게 되나 人丁이 불안한 것이다.

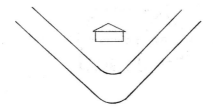

(11) 아래의 가택은 乾方에 굽어있는 路邊(노변)이 있고 가택은 巽方에 자리하고 있다. 비록 가택이 巽方에 가까이 자리했다 하더라고 乾方의 氣를 받아들임에 거리낌이 없으니 매우 길한 吉宅이다. 中元에 大發하게 된다. 만약 乾方의 氣를 받아들임이 온전치 못하더라도 양택구성법에 합치되게 建宅(건택)한다면 또한 福祿(복록)을 얻을 수 있는 것이다.

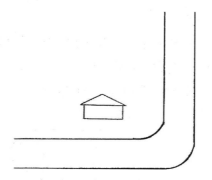

(12) 아래 가택의 구조는 坤方으로 도로가 彎曲(만곡)된 부분이 있고, 도로의 구조가 花盆(화분)의 형태이며, 艮方에 가택이 자리하고 있다. 艮方의 氣를 끌어들임에 거리낌이 없으니 下元에 吉하다.

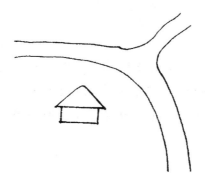

(13) 평양지택에서는 1寸이라도 높으면 山이고 1寸이라도 낮으면 水라 논한다. 도로가 하나는 坤方에 있고 또 하나는 巽方에 있으며 상호 교차하고, 가택은 坎方에 자리하고 있다. 따라서 下元과 中元에 旺한 것이다.

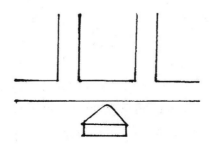

(14) 아래 가택의 구조는 가택이 離方에 있고, 도로가 하나는 乾方에 있고 또 하나는 艮方에 자리하며 상호 교차하고 있다. 이러한 구조는 下元에 吉하다.

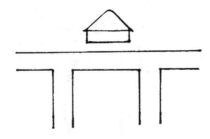

(15) 가택이 丁方을 향하고 있고, 乾, 坎, 艮方으로 環帶(환대) 형태의 도로가 지나고 있다. 도로가 가택을 감싸고도니 吉하다, 下元에 發福(발복)이 있다.

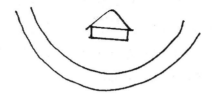

(16) 坎方에 가택이 있고 巽, 離, 坤方으로 環帶(환대) 형태의 도로가 지나가고 있는 형국이다. 坎方의 氣를 받아들이니 上元에 吉하다. 離方의 도로가 生氣와 延年

의 吉氣를 대동하여 彎曲(만곡)으로 가택을 감싸고 지나니 下元에도 吉한 것이다.

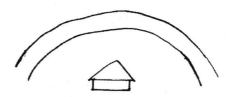

(17) 가택 앞의 도로가 뱀의 형태로 이어져 가택의 정문을 探(탐)하고 있는 형국이다. 이러한 가옥은 父子가 反目(반목)하게 되고, 妻子(처자)는 고향을 떠나 타향살이를 전전하게 되며, 자손들은 凶厄을 당하게 되고 종국에는 家破人亡(가파인망)하게 되는 凶宅이다.

(18) 가택의 전면에 도로가 "川(천)"자 형태로 가택을 沖射(충사)하고 있는 형국이다. 이러한 가택은 破財(파재)와 官災(관재)가 따르게 된다. 만약 川字 형태의 도로가 출입문을 直射(직사)해오는 경우라면, 이는 마치 3개의 화살로 각각 3명의 남자를 矢殺(시살)하는 형국이라 大凶하다.

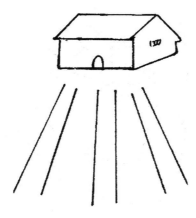

(19) 가택의 전면에 아래의 그림과 같은 형태의 도로가 있는 형국이다. 이러한 가옥은 집안에 自縊(자액)이나 타인에 의해 목을 졸리어 죽음을 당하는 일이 연이어 발생하고, 가택의 안부를 묻고자 하나 물을 사람조차 없게 되는 매우 凶한 凶宅이다.

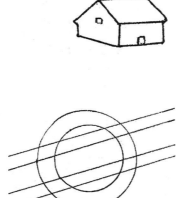

(20) 가택의 출입문과 도로가 사람이 꿇어앉은 형태를 형성하여 아름답지 못한 형국이다. 이러한 가택에 거주하게 되면 손에 든 富를 가볍게 여겨 다 탕진하기도 하고 때론 다시 모으기도 하는데, 이런 연유로 哭(소)와 死의 일이 뒤섞이어 근심을 초래하게 된다. 또한 家率들에게 다리의 질병이 자주 발생하게 되니 침상을 떠나 걸을 수가 없는 凶宅이다.

　(21) 八字 형태의 도로가 가택의 정면을 沖射(충사)하는 형국이다. 이는 凶宅으로 가솔 중에 감옥에 갇히거나 범죄에 연루된 사람이 나오고, 官災口舌(관재구설)이 자주 발생하게 된다. 또한 가택에서 西方에 거주하는 사람에게는 질병이 자주 발생하게 된다.

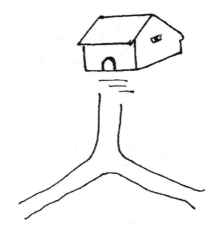

　(22) 가택 전면의 세 갈레 도로가 "七(칠)"자 형태이고 그 중 가운데 도로가 가택의 출입문을 沖射(충사)하는 형태이다. 이러한 가택은 凶宅으로 凶運이 있게 되고 凶事가 발생하게 된다. 그러나 만약 가택에 生旺한 氣가 있어 이를 沖하는 경우에는 오히려 가택에 財物(재물)이 있는 老父가 거주하게 된다.

(23) 가택 전면의 도로가 "刀(인)"자 형태로 가택의 출입문을 충격하는 형국이다. 이러한 가택은 凶宅으로, 여러 驚惶(경황)스러운 일이 多發(다발)하고, 가택에 惡殺(악살)의 기운이 창궐하게 된다.

(24) 坤方에 "ㄱ'자 형태의 도로가 있으며 가택들 역시 坤方으로 도로에 인접하여 자리하고 있는 형국이다. 艮方의 氣를 거둘 수 있는 것으로 7, 8運에 길하다. 만약 坤方의 "ㄱ"자 부분이 角이 지지 않고 둥글게 모서리를 형성했거나, 갈림길이 되어 열려있는 경우에는 坤方의 氣도 거둘 수 있고 艮方의 氣도 거두어 머무르게 하는 吉宅이 되는 것이다.

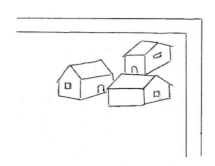

(25) 가택의 전면에 "丁"자 모양의 도로가 있는데, 가운데 부분의 도로가 가택의 전면을 沖하고 들어오며, 좌측 부분은 屈折(곡절)되어 있는 형국이다. 이러한 가택은 남자들은 刑傷(형상)을 당하고, 자손들은 놀랍고 두려운 일들을 겪게 되고, 두통에 자주 시달린다. 종국에는 代를 잇기 어려우니 養子(양자)를 들이게 되는데, 三代가 거주하게 되면 네 개의 他 姓이 代를 잇게 되는 凶宅이다.

(26) 離方으로 부터 큰 도로가 가택의 전면 출입문을 정면으로 沖射(충사)하는 형국이다. 매우 凶하다. 담장을 쳐서 直射(직사)해오는 凶殺을 遮蔽(차폐)해야 하는데, 근본적인 해결책이 되지 못하니 종국에는 吉한 곳으로 이사해야 한다, 그렇지 않으면 어린아이들의 傷害(상해)가 자주 발생하게 되는 凶宅이다.

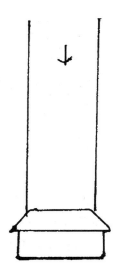

(27) 가택의 북쪽 坎方으로부터 도로의 돌출된 부분이 가택을 沖射(충사)하는 형국이다. 이런 형태의 가옥은 凶宅으로 가택의 老母에게 凶厄(흉액)이 따르고, 어린아이들에게도 傷害(상해) 등이 자주 발생하고, 官災口舌(관재구설)과 損財數(손재수)가 다발하게 되는 凶宅이다.

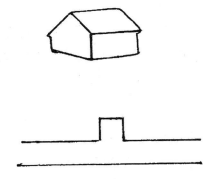

(28) 가택 앞에 세 갈래의 도로가 있는데, 중간 부분의 도로가 가택의 정면을 沖射(충사)해오며, 다시 가택의 좌우로 두 갈래로 갈라지며 지나가는 형태이다. 이는 일명 "剪刀殺(전도살)"이라 하며 凶宅이다. 예기치 않은 凶厄(흉액)으로 人丁이 손상되고 破財(파재)가 따르고, 시비다툼과 官災口舌(관재구설)이 多發(다발)하게 된다.

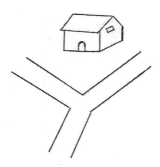

(29) 가택의 전면에 도로가 지나가고 있고, 다시 가택의 우측 전면으로부터 또 하나의 도로가 가택의 정문을 沖射(충사)해오며 합쳐지고 있는 형국이다. 이러한 가택은 凶宅으로 意外之禍(의외지화)가 발생하고 破財가 따르게 된다.

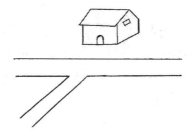

(30) 아래는 가택의 전면에 도로가 있고 그 건너편에 전신주가 있어 가택의 정문을 沖射(충사)하고 있는 형태이다. 이런 형태를 일명 "穿心殺(천심살)"이라 칭하는데 意外之禍(의외지화)와 破財(파재), 시비다툼, 官災口舌(관재구설)이 多發(다발)하게 되는 凶宅이다.

(31) 아래의 구조는 정면에서 보아 후면에 고층의 아파트 棟이 있고, 그 전면에 도로가 지나가고 있으며, 다시 그 건너편에 2棟의 고층 아파트가 있는데, 그 사이에 가로수가 있어 후면에 있는 고층건물의 正門을 沖射(충사)하고 있는 형태이다. 이는 마치 사람이 총을 쏘는 형태로 일명 "彈射殺(탄사살)" 또는 "天斬殺(천참살)"이라 하는 凶宅이다. 이러한 곳에 주거하게 되면 血光之厄(혈광지액)과 破財 등의 흉화가 多發하게 된다.

(32) 아래는 후면에 다소 낮으면서 다층의 다세대주택이 있고, 그 전면에 도로가 지나가고 있으며, 다시 그 앞에 고층의 아파트 棟이 있어 일직선으로 후면의 다세대주택의 중심부를 沖射(충사)하고 있는 형태이다. 이러한 구조는 일명 "飛刃殺(비인살)"이라 하여 凶宅이며, 意外之禍(의외지화)와 破財, 官災口舌(관재구설)이 多發(다발)하게 된다.

(33) 아래 가택의 구조는 乾方과 坤方이 閉塞(폐색)되어 있고 兌方이 출입문이 있는 형태로 下元 7運에 吉하다. 陽宅九星法에서 兌方의 출입문이 凶方이라면 乾方과 坤方의 두 개의 空虛(공허)한 氣가 유입되게 되므로 거주자는 빈궁해지고 질

병이 多發하게 된다.

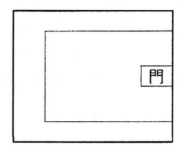

(34) 아래 구조는 가택이 坎方에 자리하고 출입문도 역시 坎方에 있는 경우이다. 上元 1運에 吉하게 된다. 만약 출입문이 艮方으로 偏向(편향)되어 있다면 下元 역시 吉하게 된다.

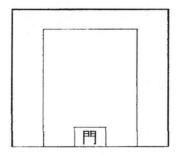

(35) 아래 가택은 家坐가 艮坐坤向이며 坤方에 출입문이 있는 형태로 上元에 吉한 吉宅이다. 만약 출입문이 좌측으로 偏向(편향)되어 離宮에 가까이 있다면 下元에도 吉하게 된다.

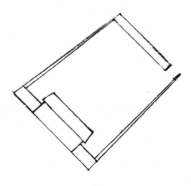

(36) 아래 가택의 구조는, 가택의 출입문 앞의 도로가 출입문을 직접적으로 沖射(충사)하여 오는 형태이다. 양택구성법에서 沖射하여 오는 도로가 凶하지 않다면 이 가택의 發福(발복)은 신속히 진행되고, 만약 沖射(충사)하는 도로가 凶한 경우에는 그 흉함 역시 신속히 진행된다. 따라서 도로가 출입문을 정면에서 沖射(충사)해 오는 경우에도 가택의 구조와 주변 환경에 따라 吉凶이 나타남이 다르니 어느 한가지로 吉凶을 단언하는 것은 不可하다.

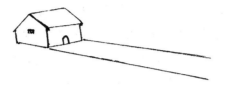

(37) 아래의 형태는, 여러 가택들이 둥글게 포진하고 있는데 坤方 한군데만 트여 있는 형국이다. 坤方의 氣를 받아들이게 되니 上元 2運에 吉하다. 坤方에서 유입되는 氣는 가택들 안에 있는 濁(탁)한 內氣를 몰아내어 순환시키는데, 가택 중에서 艮方의 가택이 트여있는 坤方의 氣를 많이 받아들이니 가장 吉하다 판단한다.

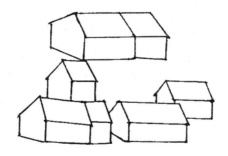

(38) 우측으로는 가택들이 연이어 담장이 연결된 것처럼 자리하여 震方의 큰 가택을 照向(조향)하고 있다. 이 연결된 가택들 중 맨 앞 坤方의 가택은 巽方의 氣를 받아들이게 되어 吉하며, 맨 뒤쪽 乾方의 가택은 艮方의 氣를 받아들이게 되어 吉하다. 4運과 8運에 吉한 것이다. 단, 坤方과 乾方의 가택은 뒤쪽이 遮蔽(차폐)되어 氣가 빠져나감을 차단시켜야 하고, 또한 氣가 引入되는 통로에 이를 방해하는 事物(사물)이 없어야 한다.

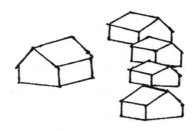

(39) 아래 가택의 구조는 대로가 지나가고 그 양쪽으로 가택들이 자리하고 있는 형태이다. 大路가 直去(작거)하니 가택의 吉凶禍福(길흉화복)에 영향을 미치지 못하는 것이다. 가택 길흉의 판단의 주안점은, 주변환경의 山水가 動했나? 動하지 않았나? 로 판단하는데, 아래와 같이 대로가 直去하여 動하지 않은 경우라면 가택의 吉凶에 영향이 없는 것으로 판단하는 것이다.

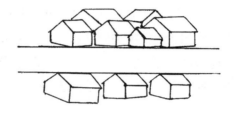

(40) 아래는 長方形의 가택으로, 家坐는 子坐午向이고, 전면의 房屋과 후면의 房屋에는 각각 門이 있어 두 개의 門이 對沖(대충)하고 있는 형국이다. 三元에 따라 旺衰(왕쇠)의 변화가 있는데, 전면의 房에 居하면 上元과 中元에 吉하고, 후면의 房에 居하면 下元에 吉利가 있다. 三元에 따른 길흉을 파악하여 이동하며 居하면 이로움이 있는 것이다.

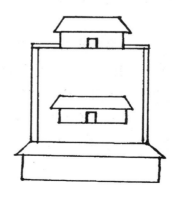

(41) 아래 가택의 구조는 전면에 大, 小宅이 있고, 후면에 大宅이 있는 형태이다. 출입문은 離方에 있으며 다소 넓고 큰 편이며, 이에 비해 가택은 작은 편이다. 즉, 坎, 離에 가택이 있고 震, 兌는 넓은 구조이다. 傍屋(방옥)의 좌측은 坤氣를 받아들이고, 傍屋(방옥)의 우측은 巽氣를 받아들이게 되어 吉하다. 下元도 평온하다. 우측에 居하면 中元 4運에 吉하고, 좌측에 居하면 上元 2運에 吉하다.

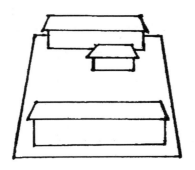

(42) 아래 가택의 환경은 離方에 인접하여 도로가 지나고 있다. 또한 離方에 출입문이 있어 離方의 氣를 받아들이니 下元 9運에 길하다. 가택의 후면이 공허하지 않아야 하고 혹은 小池가 있으면 吉宅의 조건이다.

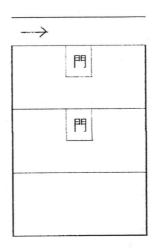

(43) 아래의 가택 구조는 離方의 傍屋(방옥)이 약간 돌출되어 있고, 양 옆으로 두 개의 傍屋이 더 있으며, 후면에 다소 큰 傍屋이 있는 형태이다. 離方의 출입문

좌우의 도로가 離方의 氣를 받아들이니 下元 9運에 길하다. 이러한 가옥은 三元에 따라 開門의 위치를 정한다면 上, 中, 下元 모두 不敗(불패)의 吉宅 요건이 된다.

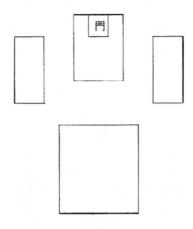

(44) 아래의 가택의 구조는 전면 離方에 傍屋(방옥)이 있고 또한 출입문이 있으며, 후면에는 艮方과 坎方, 乾方에 역시 傍屋이 있는 형태이다. 巽方이 다소 낮으니 午方의 門은 巽方의 氣를 받아들이게 되어 中元에 吉하나 부녀자들에게 질병이 多發하게 된다. 이는 午方은 주역팔괘에서 仲女에 해당하는데 이 곳에 門이 있으니 부녀자들에게 發病함이 있는 것이고, 巽方의 氣가 들어와 離方의 氣를 沖하니, 부녀자가 바람나서 情夫(정부)와 가출하는 형국이다. 비록 가택의 주인은 財를 得하게 되나 가택에 여러 醜聞(추문)이 끊이지 않게 되는 것이다.

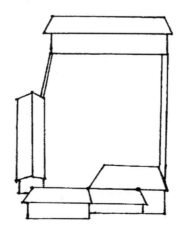

(45) 아래 가택의 구조는 艮坐坤向이고 출입문이 離方에 있으니 離方의 氣를 받아들이게 되어 下元에 吉한 것이고, 兌方의 일부가 折去(절거)되었고 局을 이룬 경우라면, 역시 이곳으로부터 氣를 받아들이니 下元 7運 역시 吉한 것이다. 만약 坎方이 折去(절거)되어 있고 또한 門이 있으며, 震方이 角이 진 경우에는 上元에 發福(발복)하게 된다.

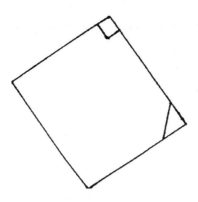

(46) 아래 두개의 가택 구조는 離方과 艮方에 출입문이 있고 長方形의 형태이다. 下元 8運과 9運에 吉하다.

5. 수변지택水邊之宅의 길흉吉凶

(01) 震方에 가택이 있고 乾方, 兌方으로 흐르는 九曲水(구곡수)와 가까이 자리한 형국으로 中元에 吉하다. 富貴를 얻고 家門이 영화로우며 福祿(복록)이 3代를 간다. 下元 8運에는 坤方의 零神水(영신수)를 得하니 發財(발재)하고, 3運에는 兌7方의 水가 역시 零神水(영신수)가 되어 吉하고, 4運에는 離9方의 水가 催官水(최관수)가 되니 得官(득관)하게 된다. 1運에는 離9方의 水가 零神水(영신수)가 되어 吉한 것이다.

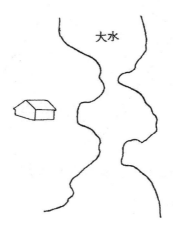

(02) 가택의 전면에 葫蘆(호로) 모양의 水池가 있다. 이러한 가택은 當代(당대)에 名醫(명의)가 出하게 되는데, 만약 失令(실령)한 경우라면 집안에 災禍(재화)가 다다르게 된다. 때때로 老師(노사)를 초빙하여 祭(제)를 올려 在家神과 鬼를 달래 주어야 한다.

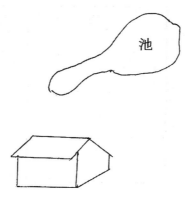

(03) 가택의 전면에 흐르는 물이 反跳(반도)의 형태로 흐르는 凶宅이다. 가택은 萬事가 空虛(공허)하고, 人丁이 衰하고 忠孝子(충효자)도 없으며, 여자는 花柳(화류), 桃花(도화)와 연계되는 凶宅이다.

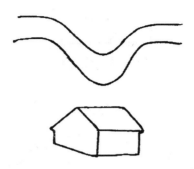

(04) 가택 전면에 水가 흐르는데, 乾方으로 부터 또 하나의 물줄기가 가택의 중앙을 비스듬히 沖하고 들어오며 전면의 물줄기와 합치되는 형국이다. 가택의 후면의 경우라면 오히려 凶厄(흉액)을 堪耐(감내)하기 어려운데, 전면에서 비스듬히 沖하여 오는 형국은 오히려 凶함을 감내할 수 있다. 정 중앙을 沖하고 들어오면 가택의 老母에게 驚惶(경황)스런 일이 발생하게 된다.

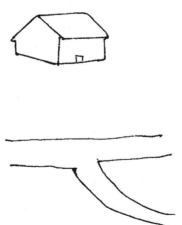

(05) 가택의 전면에 艮方으로부터 흘러들어오는 물이 가택을 감싸고돌지 않고 反背(반배)하여 乾方으로 흘러나가는 형국이다. 이러한 형국의 가택은 凶宅으로

淫亂事(음란사)가 끊이지 않고, 孤寡之人(고과지인)이 多出하고 어린아이들을 키우기 어려우니 養子(양자)를 들이게 되며, 每事不成(매사불성)이며 破財(파재)가 따르게 된다. 또한 가택에 火와 연관된 여러 질병 등이 발생하게 된다.

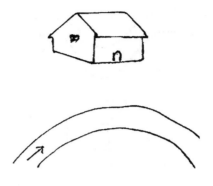

(06) 가택 앞의 물이 彎曲(만곡)의 형태로 有情하게 흐르는데 흡사 玉帶(옥대)와 같은 형국을 이루고 있다. 이러한 가택은 吉宅으로, 富貴를 得하게 되고, 자손들은 영웅적 기질과 學德(학덕)과 才藝(재예)가 뛰어나 朝廷(조정)에서 이름을 날리게 된다.

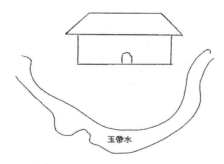

玉帶水

(07) 가택의 전면에 두 갈래의 물줄기가 나뉘어져 八字형태로 反跳(반도)하여 흐르는 형국이다. 이러한 형태는 凶宅으로 조상으로부터 물려받은 전답을 모두 탕진하게 되고 고향을 떠나게 된다. 家率(가솔)들은 淫亂(음란)하여 동네에 醜聞(추문)을 일으키고, 長子나 少子 불문하고 고향을 등지게 되는 凶宅이다.

(08) 가택 전면에 하천이 흐르고, 하천 가까이에 두 개의 바위가 있는 형국이다. 이러한 가택은 부녀자가 情夫(정부)와 눈이 맞아 달아나는 흉택이다. 그러나 裨補策(비보책)으로 六丁六甲(육정육갑)의 부적을 몸에 지닌다면 지체가 높은 집안으로 시집가게 된다.

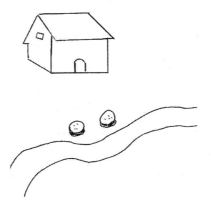

(09) 巽方으로부터 乾方에 걸쳐 小池가 형성되어 있어 水가 雜(잡)되다. 이런 형국은 일종의 遍夜桃花(편야도화)로 논하며, 남녀 공히 色情(색정)과 風流(풍류)로 인한 풍파가 많다.

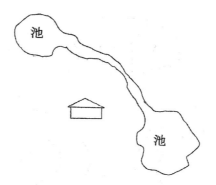

(10) 가택의 뒤편 坎方에 小池가 있고 입구는 막힌 상태의 형국이다. 坎方의 小池는 艮方과 乾方에 걸쳐 다소 넓게 형성되어 있는 상태다. 中元 4運, 5運에 크게 발달한다.

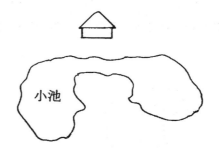

(11) 離方으로 들어오는 물이 巽方, 坤方으로 갈라져 흐르며 그 안에 가택이 여럿 형성된 형국이다. 八方에서 水는 離方의 水가 으뜸이고, 八方에서 氣는 坎方의 氣가 매우 강하다. 離方으로 흘러 들어오는 물이 巽方과 坤方으로 갈라져, 艮方, 坎方, 乾方의 氣를 받아들여 거두어두니 上, 中, 下元 모두 吉하고 發財하게 된다.

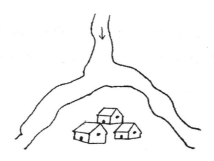

(12) 아래 가택은 乾方에서 九曲水(구곡수)로 흘러들어오는 물이 乙辰, 巽.巳方으로 가택을 감싸 안고 흐르며 離方으로 빠져나가는 형국이다. 이러한 형태는 吉宅으로 人丁과 財가 旺하고 가업이 흥왕해진다. 만약 들어오는 물이 넓고 大水인데 나가는 물이 좁고 小水이면 大吉한데 이를 일명 "天門開 地戶閉(천문개 지호폐)"格이라 한다.

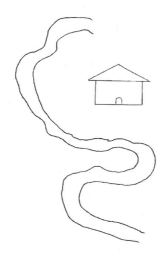

(13) 아래는 가택 전면에 네 갈래의 水가 유입되는데, 艮方에서 하나로 뭉치고 다시 震方과 巽方을 거쳐 離方으로 흐르는데, 가택을 감싸 안고 흐르는 형태이다. 빠져나가는 물은 넓이가 협소하며 물의 양도 小水인 경우이다. 이러한 가옥은 大吉宅으로 大富格(대부격)을 이루게 된다. 그러나 만약 합쳐진 물이 가택을 沖射(충사)하는 경우라면 반대로 매우 凶한 凶宅이 된다.

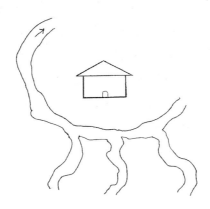

(14) 坤方에서 시작된 水가 乾方과 艮方을 거쳐 巽方으로 方形을 이루며, 가택을 감싸 안으며 흘러나가는 형국으로 매우 吉한 吉宅이다. 離方의 氣를 받아 가두어 두니 특히 下元에 吉한데, 三元에 모두 不敗의 大吉格이다.

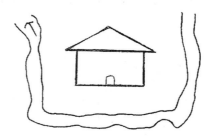

(15) 艮方에서 시작된 水가 巽方, 離方, 坤方, 兌方을 거쳐 彎曲(만곡)의 형태를 이루며 가택을 감싸 안고 乾方으로 빠져나가는 형국이다. 물이 直去하지 않고, 또한 출입문 앞에서 물이 보이지 않으면 大吉하다. 三元不敗之格(삼원불패지격)이다.

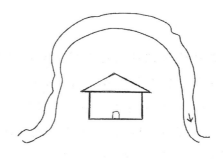

(16) 艮方에서 시작된 水가 가택의 四周圍(사주위)를 環抱(환포)하며 흘러 坤方으로 빠져나가는 형국이다. 이런 형태는 水로 인해 財氣(재기)가 聚合(취합)되니 大富格(대부격)을 이루는 것이다. 가택을 감싸 안으며 水가 흐르는 경우에는 가택과 水와의 거리가 너무 가까우면 水氣가 가택을 압박하니 오히려 흉한 것이다. 최소한 水가 가택 크기의 3배 거리를 유지하며 흐름이 좋은 것이다. 너무 떨어져 있으면 財를 發함이 늦어지는 것이다.

 (17) 아래는 가택의 전면에 兌方, 乾方, 坎方, 艮方으로부터 네 갈래의 물줄기가 유입되어 方形의 池湖(지호)를 이룬 다음, 다시 한 갈래의 물줄기가 巽方으로 빠져 나가는 형태이다. 물의 양은 풍부해야 하고, 물의 흐름은 빠르지 않고 완만해야 해야 吉宅인 것이다. 方形이 아니더라도 圓形(원형)의 池湖(지호)를 이룬 것도 吉한 것이며, 아울러 물이 흘러 나가지 않고 停留(정류)하여 있는 것도 역시 吉한 것이다.

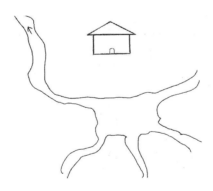

 (18) 아래는 가택의 전면 坎方으로부터 水가 출입문을 향해 直射(직사)해오다, 艮方으로 방향을 틀면서 巽方으로 빠져나가는 형국이다. 이는 일명 "穿心殺(천심 살)"과 같은 맥락으로 논하며 凶宅에 속한다. 이런 곳에 거주하게 되면 盲人(맹인) 이나, 眼疾患(안질환), 심장병, 두통 및 혈관계질환 등의 凶禍가 多發하게 된다. 속히 이사해야 하는 凶宅이다.

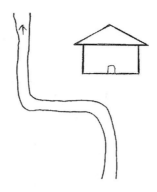

(19) 아래는 가택의 전면에 艮方으로부터 유입되는 물이 兌方으로 비스듬히 흘러가는데, 다시 坎方에서 들어오는 또 하나의 물줄기와 합쳐져서 흐르는 형국이다. 坎方으로부터 유입되는 물이 가택의 우측을 沖射(충사)하면 女命에게 불리하고, 좌측을 沖射(충사)하면 男命에게 불리하다. 또한 아래 가택의 구조와 같이 가택 전면에 흐르는 물이 艮方에서 兌方으로 흐르게 되면 女命에게 불리하고, 이와 반대로 兌方에서 艮方으로 흐르게 되면 男命에게 불리하다. 어느 방향으로 물이 흐르건 이와 같은 형태의 가택에 살게 되면 모두 不利한 것이다.

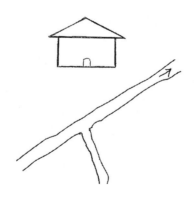

(20) 아래는 가택 후면의 坤方에서 물이 유입되어 흐르다, 가택 정면에서 방향을 틀어 乾方으로 달아나는 형국이다. 이는 일명 "反跳背逆水(반도배역수)"라 하며 이러한 곳에 자리한 가택은 凶하다. 無情하며, 朋友(붕우)를 배신함을 일삼고, 悖逆(패역)하며, 가업이 敗退(패퇴)하게 된다. 물의 방향을 틀거나, 吉方으로 改修(개수)하면 凶함이 감쇠된다.

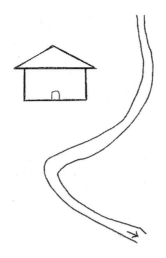

(21) 아래는 乾方에서 물이 유입되는데 가택의 정면에서 방향을 틀어 艮方으로 빠져나가는데 물의 흐름이 삼각형이나 火形의 형태를 띠고 있다. 이는 乾方의 물이 가택의 중심을 沖射(충사)하는 형태로 매우 凶하다. 眼疾患(안질환), 예기치 않은 사고나 질병으로 인한 수술, 관재구설, 火災 등이 다발하며, 가업이 敗退(패퇴)되는 凶宅이다. 담장을 치거나, 물의 방향을 틀도록 改修(개수)해야 한다.

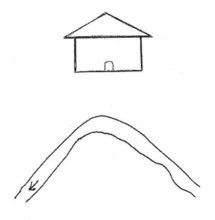

(22) 아래는 巽方에서 유입되는 물이 가택의 중앙부에 다다라 방향을 틀어 정면으로 直去(직거)하는 형태이다. 이러한 가택은 凶宅으로, 水氣가 洩氣(설기)되어 財物(재물)의 損財(손재)가 따르고, 盜賊(도적)의 侵奪(침탈)이 발생하고, 殘疾(잔

질)이 多發(다발)하고, 가업이 疲弊(피폐)되어 고향을 떠나게 된다. 이러한 형태는 女命에게 각종 凶禍(흉화)가 더 많이 발생하게 되는데, 만약 이와 대조되어 坤方에서 유입되는 물이 가택의 중앙부에 다다라 방향을 틀어 정면으로 直去하는 형태라면 男命에게 각종 凶禍가 더 많이 발생하게 된다.

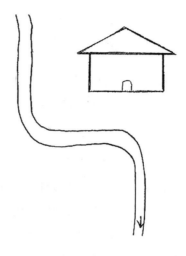

(23) 아래는 가택의 전면에 두 갈래의 물줄기가 剪枝(전지)가위처럼 "x" 형태로 교차하여 각각 乾方과 艮方으로 빠져나가는 형국이다. 이러한 가택은 凶宅으로, 人丁이 손상되고, 損財數(손재수)가 多發하고, 가업이 敗退(패퇴)되고, 癡情(치정) 관계로 인한 自殺(자살) 등의 凶禍(흉화)가 多發(다발)하게 된다.

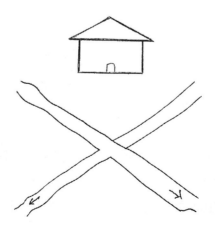

(24) 아래는 兌方과 震方에서 유입되는 물이 가택의 전면에서 합쳐서 정면으로 直去(직거)하는 형태로, 마치 물을 붓는데 쓰는 깔때기와 같은 형태이다. 이러한 가옥은 凶宅으로, 水氣가 洩氣(설기) 되니 財物(재물)이 疏散(소산)되고, 自殺, 차사고, 火災 등의 凶禍(흉화)가 빈번하게 발생하는 凶宅이다.

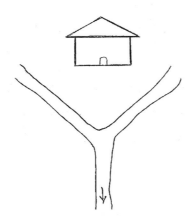

(25) 아래는 가택의 좌측 兌方에서 유입되는 물이 정면 坎方을 거쳐 우측 震方으로 빠져나가는데 마치 역삼각형의 형태를 이루고 있다. 이러한 가택은 凶宅으로 시비다툼, 관재구설, 화재, 두통, 차사고 등이 多發하게 된다.

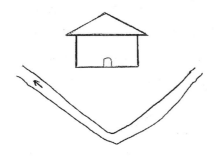

(26) 아래는 가택 후면의 높은 丘陵(구릉)으로부터 가택을 沖射하며 떨어지는 물이 가택 바로 뒤에 있는 바위 등에 의해 좌우로 갈라져 빠져나가는 형국이다. 이러한 가택은 凶宅으로, 難産(난산), 流産(유산), 頭痛(두통), 痔瘡(치창), 배설기관과 연관된 질병을 앓게 된다.

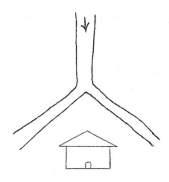

(27) 아래는 乾方에서 가택을 향해 유입되는 물이 가택의 전면에서 급히 방향을 틀어 직각의 형태로 震方으로 빠져나가는 형국이다. 이러한 가택은 凶宅으로, 中風(중풍), 風濕(풍습), 手足癱瘓(수족탄탄) 등의 질병이 多發하게 된다.

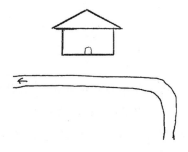

(28) 아래는 坤方으로부터 유입되는 물이 마치 뱀이 기어가는 듯한 형태로 가택 앞을 비스듬히 지나 艮方으로 흐르고 있다. 이러한 가택은 凶宅으로, 자손들이 고향을 떠나 타향에서 살게 되고, 放蕩(방탕)한 자손으로 인해 가업이 疲弊(피폐)되고, 예기치 않은 損財數(손재수)가 발생하며, 신체가 허약한 家率들이 多出하게 된다.

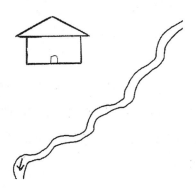

(29) 아래는 巽方과 坤方에서 유입되는 물이, 가택의 전면 중앙부로 향하다 다시 방향을 틀어 反背(반배)하여 艮方과 乾方으로 빠져나가는 형국이다. 이러한 가택은 凶宅으로 자녀들이 悖逆(패역)하고, 朋友(붕우)를 背信(배신)하며, 欺瞞(기만)과 詐欺(사기)를 일삼는 자손들이 多出하여 종국에는 패가망신하게 된다.

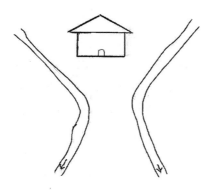

(30) 兌方의 물이 艮方의 물과 연결되며 두 개의 小池를 이룬 형태이다. 가택이 안정되고 평온하며 財를 發하는 형국의 吉宅으로, 上元 2運, 3運에 발달하게 된다.

(31) 巽方의 물이 乾方으로 흐르며 池湖(지호)를 이룬 형국이다. 巽方과 乾方은 四隅方(사우방)에 속하는데 이 곳에 池湖가 있게 되면 中元에 吉하고 發財(발재)하게 된다. 巽, 乾方의 池湖가 가택의 뒤에 있건, 가택의 앞에 있건 모두 吉한데, 朝歌暮舞(조가모부)라 하여 생활이 여유롭고 가택이 평온 무탈하며 평화로운 吉宅이다.

大池

(32) 震方의 물이 坤方으로 흘러가는 형국으로 下元 7運에 大發하게 된다. 7運에는 震方의 水氣와 坤方의 水氣를 모두 得하니, 자손 중에 문장가가 나오고 또한 兵權(병권)을 장악한 불세출의 영웅이 나오는 文武兼全(문무겸전)의 吉宅이다.

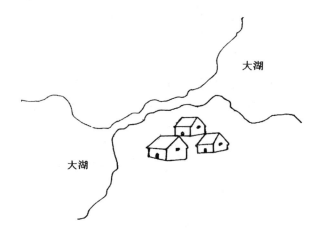

大湖

大湖

(33) 震方에서 유입되는 물이 가택의 앞인 巽方, 離方, 坤方, 兌方을 휘감고 돌아 坎方에 모여드는 형국이다. 卯方의 水는 折된 상태로 맞은편인 兌方의 氣를 받아들이니 7運에 吉하고, 巽方의 水는 曲折(곡절)되어 맞은편인 乾方의 氣를 받아들이니 6運에 吉하고, 坎方의 水는 大水니 맞은편인 離方의 氣를 받아들이니 9運에 吉한 것이다. 또한 卯는 震3宮이니 河圖(하도)에서 3.8木은 同道(동도)라 8艮인 8運에 催官(최관)하고, 巽은 巽4宮이니 河圖에서 4.9金은 同道라 9離인 9運에 催官(최관)하고, 坎은 坎1宮이니 河圖에서 1.6은 同道라 6乾인 6運에 催官(최관)하니 6運, 8運, 9運은 貴를 得하게 되는 것이다.

大池

(34) 震方에서 흘러들어오는 물이 가택을 한 바퀴 빙 둘러 감싸고 있는 형국이다. 震方으로 부터 水氣를 받아들이니 上元에 吉하다. 奇緣(기연)으로 福祿(복록)과 財德(재덕)을 얻게 되는 吉宅이다.

小池

(35) 앞에 있는 가택은 작은 물줄기가 문 앞까지 바짝 닿아있고, 뒤 쪽의 가택은 넓은 湖水가 바라보이는 위치인데, 離方의 大湖의 물줄기가 震方과 兌方으로 갈라져 가택들을 감싸는 형국으로, 三元에 모두 吉하고 財를 發하게 되는 吉宅이다. 아울러 가택의 구조가 양택구성법에 적법하다면 財를 바탕으로 貴도 얻을 수 있다.

(36) 丁, 未方의 물이 섞여 혼잡된 형국이며 가택은 艮方에 자리하고 있다. 下元에 財를 發하게 되나 부녀자들은 暗疾(암질)에 걸리기 쉬우니, 가택의 구조를 양택 구성의 이치에 맞게 배치하면 凶함을 피할 수 있다. 8運에는 坤2方의 水가 零神水(영신수)가 되니 發財(발재)하게 되는 것이고, 또한 坤2方의 水는 河圖(하도)에서 2.7이 同道(동도)라 7運에는 催官水(최관수)가 되니 貴를 得하게 되는 것이다.

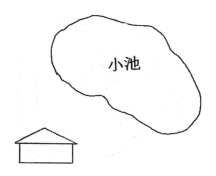

(37) 乾, 坤, 艮, 巽 四隅方(사우방)에 물이 모여 있는 형국이다. 이런 형태는 三元에 모두 吉하다. 四隅方은 본시 土局으로 土는 財를 상징하니, 가택의 주거인들이 得財(득재)하게 되어 富村(부촌)을 이루게 되는 촌락의 형태이다.

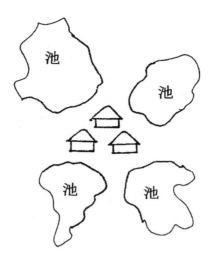

(38) 巽方의 물이 흘러들어 兌方에 모이는 형국으로 中元에 大發하는데 上元 1運도 역시 發財한다. 물 가까이에 가택이 있으면 應(응)함이 빠르고, 물에서 먼 곳의 가택은 應(응)함이 다소 더디다.

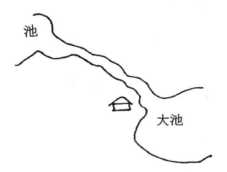

(39) 兌7方에 小池와 大池가 중첩되어 가택을 眺望(조망)하는 형국이다. 氣가 純淸(순청)하니 3運에는 대칭궁인 兌7宮의 水가 零神水(영신수)가 되니 發財(발재)하고, 2運에는 兌7宮의 水가 催官水(최관수)가 되니 得貴(득귀)하게 되어 형제가 국가고시에 합격하고 富貴(부귀)를 누리는 吉宅이다.

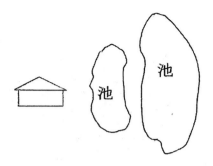

　(40) 艮方에 大湖가 있고 坤方으로 가택이 3채가 있는 형국이다. 大湖와 가까이 있는 앞의 가택은 水氣는 받으나 뒤쪽의 가택으로 인해 山의 氣를 받지 못하고, 大湖와 멀리 떨어진 뒤쪽의 가택은 水氣는 받지 못하나 山의 氣를 받게 된다. 중앙의 가택은 水氣와 山의 氣를 모두 받을 수 있어 吉한 것이다.

　아래 3채의 가택은 2運에는 艮8方의 水가 零神水(영신수)가 되니 發財(발재)하게 되고, 또한 3運에는 艮8方의 水가 催官水(최관수)가 되니 得貴(득귀)하는 자손이 있게 된다.

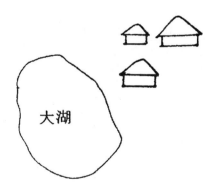

　(41) 정면에서 보아 가택의 좌측인 巽方과 우측인 坤方에 池가 있는 형국이다. 이는 先·後天의 配合인 것이라 發福이 빠르고, 그 규모도 크며, 福祿(복록)이 長久(장구)한 형국이다. 後天八卦의 巽4方은 先天八卦로는 兌(澤)이고, 坤2方은 先天八卦로는 巽(風)이니 先·後天의 配合이라 한 것이다.

(42) 巽方에서 들어오는 물이 四隅方(사우방=乾.坤.艮.巽)을 휘감으며 乾方으로 빠져나가는 형국이다. 안쪽의 大地는 가택 數가 많아야 하고, 농경지도 크게 확보하여 경작해야 하는데 中元에 吉하여 財를 발하고 貴를 得하게 된다. 만약 가택 數가 적고 경작지도 작으면 陰盛陽衰(음성양쇠)하니 桃花殺(도화살)이 태동하여 女難(여난)이 발생하고 남자들은 酒色放蕩(주색방탕)을 일삼게 된다.

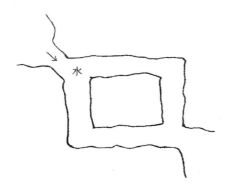

(43) 坤方과 乾方에서 흘러들어오는 물이 兌方에서 合流하고 다시 巽方과 艮方으로 흘러나가는 형국이다. 上元에는 坤方의 大水가 유입되며 가택을 眺望(조망)하니 人丁과 財를 發하게 되며 다시 得官(득관)하게 되어 길하다. 中元은 巽, 中, 乾인데, 巳方의 水가 乾, 離 兩方을 催官(최관)하게 되어 9運과 6運이 吉하며 높은 官職(관직)이 기약된다. 下元은 兌, 艮, 離方인데 地氣가 물에 의해 遮蔽(차폐)되니 백가지 凶厄이 당도하여 매우 凶한데, 이는 午水가 陰陽差錯殺(음양차착살)을 帶(대)하므로 9運인 下元이 특히 凶하다는 것이다.

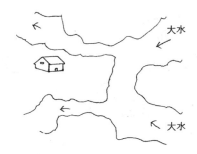

(44) 가택 앞에 巽方에서 離方을 거쳐 坤方으로 흘러가는 물이 蟠龍(반룡)의 형태를 띠고 있는 형국이다. 1運에는 離方의 水가 零神水(영신수)가 되니 人丁과 財를 發하고, 4運에는 4.9金이 河圖(하도)에서 同道(동도)라 催官水(최관수)가 되니 大貴(대귀)하게 된다. 이는 일명 "上天龍(상천룡)"의 형국이라 하는데, 富貴(부귀)가 大發(대발)하고 福祿(복록)도 長久(장구)하다. 그리고 총명한 자손이 多出한다.

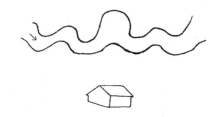

(45) 艮方의 小池가 활시위를 당긴 것 같은 彎弓(만궁)의 형태로 넓게 형성되어 坎方에까지 이르는데 이는 聚氣(취기)할 수 있는 형국이다. 2運에는 艮8方의 水인 零神水(영신수)를 得하니 크게 發財(발재)하고, 3運에는 艮8方의 水가 催官水(최관수)가 되니 得貴(득귀)하게 된다. 먼저는 人丁과 財가 旺하게 되고 다음에는 貴를 얻게 되는 吉宅의 입지이다.

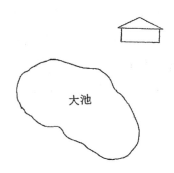

大池

(46) 가옥 3채가 있고 大湖가 甲, 卯, 乙方에 있는 형국이다. 震方의 가택은 大池와 가까우니 水氣를 얻어 財를 發함이 빠르고, 坎方의 가택은 大池와 다소 떨어져 있으니 財를 發함이 더디다. 坤方의 가택은 震方의 가택이 大池를 가리니 水氣를 얻지 못해 財를 發함이 적다.

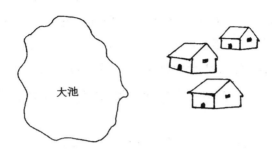

(47) 丑, 艮, 寅方에 大湖가 있고 坤方에 가택 3채가 있는 형국이다. 정면에서 보아 뒤쪽의 가택은 地氣를 거둘 수 있으나 앞에 가택에 의해 막혀 있어 水氣를 거둘 수 없고, 앞쪽의 가택은 앞이 트여있어 능히 水氣를 거두나 뒤쪽의 가택에 막혀 있으니 地氣를 거둘 수 없는 것이다. 중앙의 가택은 坤方과 艮方이 트여 있으니 地氣와 水氣를 모두 거둘 수 있으니 길하다.

부연설명하면 大湖와 가까운 가택은 2, 3運에 大吉하고, 大湖와 멀리 떨어진 가택은 전면의 水氣는 거두지 못하나 후면의 地氣를 거두게 되어 中元 이후에 吉하다. 중앙에 있는 가택은 地氣와 水氣를 모두 거두니 三元運에 모두 吉한 가택이다.

(48) 離方에 大池가 있고 坎方에 가택이 있는 형국이다. 가택이 坎方의 地氣를 받아들이니 上元에 發福(발복)하게 되고 4運도 역시 吉하여 得貴(득귀)하게 된다. 離方의 水와 坎方의 가택은 매우 吉한 組合(조합)이다.

1運에는 離9方의 水가 零神水(영신수)가 되니 吉하여 發財하게 된다.
4運에는 離9方의 水가 催官水(최관수)가 되니 吉하여 得貴하게 된다.
8運에는 坤2方의 水가 零神水(영신수)가 되니 吉하다.
6運에는 巽4方의 水가 零神水(영신수)가 되어 吉하고, 4의 數는 金으로 河圖(하도)에서 4.9金은 同道(동도)라 9에 해당하는 離9宮의 水는 照望水(조망수)가 되어 吉하다.
7運에는 坤2宮의 水가 催官水(최관수)가 되니 역시 吉하다.
3運에는 震3方의 生氣를 득하니 역시 吉하다.

우측의 未, 坤方의 水가 雜되고, 좌측의 巽, 巳方의 水가 잡된 것은 별도로 세밀히 논해야 한다.

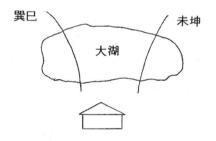

(49) 艮方과 離方에 小池가 있는 형국이다. 이런 가택은 2, 5運에 貴를 得하게 되나 小貴(소귀)에 그친다. 만약 大貴(대귀)를 얻고자 하면 身厄(신액)이 따르게 된다. 3, 4運은 艮8宮의 池와 離9宮의 池가 催官水(최관수)가 되니 得貴(득귀)하게 되는데, 가택환경에 있어서 손상됨이 없는 경우라면 拔擢昇官(발탁승관)하게 된다.

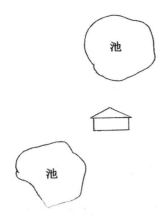

(50) 아래 가택의 주변환경은 上, 中, 下元 모두 吉한 환경이다. 離方에 大池가 있고, 震方과 兌方에 小池가 고 그 중심에 가옥 3채가 있는 형국이다. 坎方에서 내려오는 氣를 三面에 물이 있어 가두어 두니 富貴兼全(부귀겸전)이고 家門의 榮華 (영화)가 따르는 吉宅이다. 그러나 福祿(복록)의 크고 작음은 양택구성법에 따라 차이가 있다. 震方의 가택은 巽方의 氣와 震方의 水는 거두나, 坤方의 氣는 離方의 가택에 가려 거둘 수 없고, 兌方의 가택은 坤方의 氣와 兌方의 水는 거둘 수 있으나 巽方의 氣는 離方의 가택에 가려 거둘 수 없다. 가운데 離方의 가택은 巽氣와 坤氣 그리고 離方의 水를 모두 거두니, 3채 중 가장 吉하며, 三元 不敗의 最吉宅인 것이다.

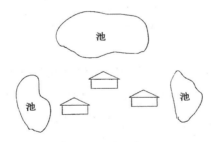

(51) 艮方과 坤方에서 들어오는 물줄기가 乾方으로 모여드는 형국이다. 세 방향 의 물이 巽方의 生氣를 오래도록 거두어두니 富貴(부귀)를 得하는 吉宅인 것이다. 上元運에 가택을 玄空挨星法(현공애성법)에 의거하여 改修(개수)하면 三元(上.中. 下元)에 모두 吉한 吉宅이다.

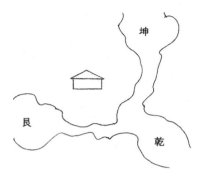

(52) 巽方에서 물이 흘러들어와 해자의 형태를 유지하며 離, 兌, 坎, 震의 四方을 감싸고 있는 형국이다. 中元 6運에 大貴하게 된다. 乾方이 막히고 巽方이 트여 있어, 水氣는 巽方에서 유입되어 乾方으로 흐르게 된다. 四面(사면)이 막혀있으니 트여있는 한 곳으로 가택의 吉凶을 논하는 것이다. 巽方의 트여있어 이곳으로 生氣가 引入(인입)된 후 사면의 물에 갇히어 오래 머물게 되니 吉宅인 것이다.

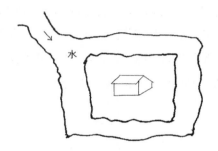

(53) 사방이 물로 둘러 쌓여있고 子方만 트여있어 이곳으로 春光(춘광)이 노출되어 있는 형국이다. 子方의 開口되어 있는 부분의 크기와, 玄空挨星法(현공애성법)의 합치 여부에 따라 吉凶을 판단할 수 있다. 子方으로 生氣가 유입되어 四面의 물에 의해 갇히어 오래 머물게 되니 吉宅인 것이다.

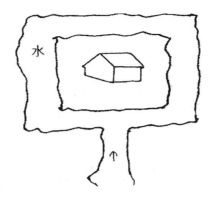

(55) 四方이 모두 막혀있는 형국의 內地이다. 여러 가구가 생활하며 농경지가 커서 크게 경작하면 內地에 통풍이 가능하니 財를 發하게 되나, 거주하는 가구수가 적고 농경지도 적어 적게 경작하면 陰盛陽衰(음성양쇠)하니 吉하지 못한 것이다. 또한 이런 가택환경의 길흉여부 판단은 어느 곳이 曲折(곡절)되어 있고, 또한 어느 것이 寬廠(관창)되어 있는가를 살펴보아, 氣가 流動(유동)하게 되면 蓄氣(축기)할 수 있는 것이니 이러한 곳을 찾아 玄空挨星法(현공애성법)을 적용하면 길흉을 판단할 수 있는 것이다.

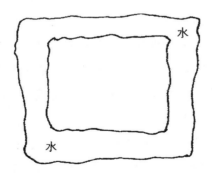

(56) 巽方의 물이 흘러 들어와 乾方으로 모여드는 형국이다. 그 중앙에 가택이 居하게 되면 眞氣(진기)를 거둘 수 있으니, 中元 4, 5, 6運에 發福(발복)되어 과거에 급제하여 벼슬길에 오르게 되고 卿相(경상)의 지위에 다다른다. 乾은 天門(천문)의 자리이고, 巽은 地戶(지호)의 자리이니 天地가 연결된 것이라 高官大爵(고관대작)을 기약할 수 있는 것이다.

(57) 午方의 水가 우측으로 坤池를 형성하여 7, 8運에 吉하고, 좌측으로 巽池를 형성하여 6, 9運에 吉하다. 9運에 이르러서는 左輔星(좌보성)과 右弼星(우필성)의 兩 星을 取(취)하게 되니 雙龍(쌍용)을 得하는 吉함이 있는 것이다.

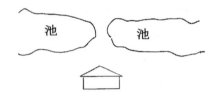

(58) 艮方의 물이 흘러들어와 巽, 離方에 小池를 형성하고, 坤方의 물이 흘러들어와 乾, 坎方에 역시 小池를 형성하고 있으며 그 안에 가택이 있는 형국이다. 이는 일명 天地風雷之格(천지풍뢰지격)이라 하여 아버지와 아들이 공히 과거에 급제하는 格이다. 만약 물이 맑고 깨끗하며 수량이 풍부하고, 또한 땅이 넓고 비옥하면 가택은 크고 웅장해야 水와 氣를 모두 거둘 수 있는 것이다. 만약 물이 맑고 眺望(조망)이 좋으면 역시 吉함이 있는 것이다.

離方은 先天八卦(선천팔괘)로는 乾(天)이고, 坎方은 先天八卦로는 坤(地)이며, 坤方은 先天八卦로는 巽(風)이고, 艮方은 先天八卦로는 震(雷)이니, 이를 "天地風雷之格(천지풍뢰지격)"이라 칭하는 것이다.

乾은 老父이고 震은 長男이니 老父와 長男이 같이 과거에 급제하는 격이다. 1, 2, 8, 9運은 비록 水氣를 得한다 하나, 만약 氣가 雜(잡)되고 衰(쇠)하다면 吉한 中 일말의 부족함이 있는 것이고, 만약 그렇지 않다면 3, 7, 4, 6運에 이르면 催官水(최관수)를 得하고 또한 水의 照(조)를 득하게 되니 純淸(순청)한 것이라, 家運이 昌盛(창성)하고 人丁이 旺하며 富貴(부귀)가 기약되는 吉宅이다.

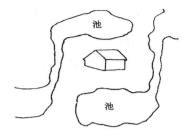

(59) 巽方과 乾方에 小池가 형성되어 있는 형국이다. 巽方과 乾方의 물줄기가 끊어진 형태이다. 中元에 發福(발복)이 있게 된다. 理氣와 형세로써 가택의 吉凶을 논해야 되는데, 앞쪽의 가택은 巽方인 生氣方의 영향으로 凶함보다 吉함이 다소 많고, 뒤쪽의 가택은 乾方인 六殺方의 영향으로 吉함보다 凶함이 다소 많은 것이다.

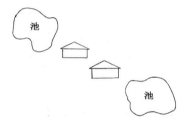

(60) 未, 坤方의 물이 흘러들어와 震方에 大池를 형성한 형국이다. 아래 그림의 池湖는 자연 상태로 형성된 것이지 인위적으로 조성한 것은 아니다. 富를 發하고 人丁이 旺하게 되고, 난관을 물리치고 催官(최관)할 수 있는 吉宅이다. 정신력이 예사롭지 않으며, 물이 彎曲水(만곡수)로 흐르며 가택을 감싸고도니 大吉하여 官運도 좋은 것이며 구애될 것이 없는 것이다. 下元에 貴를 得하게 되는데 中元에도 福祿(복록)이 있다.

(61) 震, 巽方의 水와 坤, 兌方의 水가 흘러들어와 공히 坎方에 小池를 형성하고 있는 형국이다. 下元에 發福(발복)되어 형제가 나란히 국가고시에 합격한다.

艮方이 막히지 않았으니 富貴(부귀)를 얻되 人丁은 衰(쇠)하게 되며, 兌方이 막히지 않았으니 家主는 命(명)이 길지 못하다.

모름지기 水의 근원을 얻고 2, 3곳의 水가 一方으로 同流(동류)하거나, 2, 3곳이 屈曲(굴곡)하여 흘러 一方에 이르면, 형제가 같이 국가고시에 합격하는 것은 정한 이치이며, 6運과 9運이 이에 해당된다.

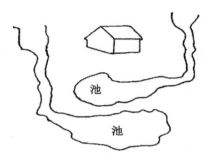

(62) 離方에서 흘러들어오는 大水가 震方과 兌方으로 나뉘어져 가택을 감싸며 흐르는 형국이다. 가옥의 數가 적은 곳으로, 먼저는 財를 發하게 되고 나중에는 貴를 얻게 되는 吉宅이다. 丁, 未方으로 흘러들어오는 水로 인해 下元에 富貴를 누리고, 丙, 巳方으로 흘러들어오는 水로 인해서는 中元에 貴를 發하게 된다. 또한 大水가 흘러들어와 좌우로 작은 물줄기가 되어 갈라져 흐르니 吉하지 못하여 下元 40년은 衰하게 된다.

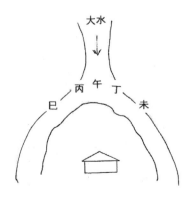

(63) 아래 가택들의 주변 환경은 대체로 三元에 모두 吉하나 각 가택들의 주거 위치에 따라 길함에 다소 차이가 있다. 上元에는 뒤쪽의 가택들이 吉한데 乾方과 艮方의 두 개 湖의 水氣를 받아들이니 크게 富貴를 發하게 되는 것이다. 下元에는 午方으로 大水가 흘러들어오니 吉하다.

午方으로 흘러들어오는 水가 巽方과 坤方으로 나뉘어져 흐르는데, 만약 離方을 閉(폐)하고 巽方으로 들어오는 水氣를 遮蔽(차폐)하는 事物(사물)을 제거하면 乾方의 零神氣(영신기)를 받아들이게 되어 吉하고, 또한 坤方으로 들어오는 水氣를 遮蔽(차폐)하는 事物을 제거하면 艮方의 零神氣(영신기)를 받아들이게 되어 길하니 三元에 모두 吉하다 하는 것이다.

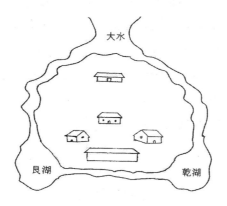

6. 다층지택多層之宅의 길흉吉凶

(01) 아래는 3개의 棟(동)이 붙여진 형태로 이루어진 다층의 다세대주택이다. 가운데 間(간=칸)을 중심하여 좌측은 左靑龍(좌청룡)에 해당되고, 우측은 右白虎(우백호)에 해당된다. 좌청룡은 남성으로 논하고 우백호는 여성으로 논하는데, 좌우의 청룡과 백호가 가운데 間을 호위하니, 가운데 間에 거주하는 사람들은 吉한 것이다. 또한 가운데 間의 거주자들은 좌우의 청룡과 백호가 바깥의 寒暑(한서)를 차단하니 外氣에 따른 온도차가 심하지 않아 보온의 효과도 있는 것이다. 다만 1층의 전면부는 통행과 주차장으로 활용하게 되어 空缺(공결)되어 있으니 전면부의 2층에 사는 거주자들은 아래층이 비어있어 氣가 空虛(공허)해지니 吉하지 못한 것이다.

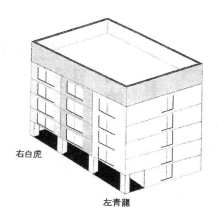

右白虎

左靑龍

　(02) 아래의 구조는 2개의 棟이 붙여진 형태로 이루어진 다층주택이다. 건물 본
체에서 우측간의 거주자들 경우에는 왼쪽 통로가 左靑龍(좌청룡)에 해당되어 좌청
룡의 호위를 받으니 남성들의 助力(조력)이 강세인 반면 여성들의 조력은 비교하
여 약세인 것이다. 좌측 間의 거주자 경우에는 우측 間이 右白虎(우백호)에 해당되
어 우백호의 호위를 받으니 여성들의 조력이 강세인 반면 남성들의 조력은 비교하
여 약세인 것이다. 또한 전면부 2층의 거주자들은 1층이 통행과 주차장으로 활용되
어 空缺(공결)되어 있으니 吉하지 못한 것이다.

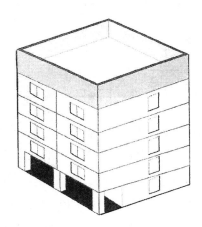

　(03) 아래 가옥의 구조는 1개 棟으로 이루어진 다층주택이다. 左靑龍(좌청룡)과
右白虎(우백호)에 해당하는 호위하는 傍屋(방옥)들이 없으니 이 곳에 거주하는 사람
들은 남성이건 여성이건 외부 조력자의 도움을 받기 어려우며, 또한 외부의 氣와

내부의 氣가 직접 맞닿게 되어 있으니, 바람 등 외적 영향으로 인해 가택 내부의 氣가 온전하게 보존되기 어려운 것이라 이 곳의 거주자들에게 불리한 구조인 것이다.

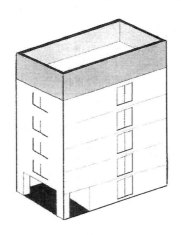

(04) 아래 가옥의 구조는 3개의 棟이 서로 붙어있고 높이가 다른 다층주택이다. 건물 본체의 중앙間의 거주자들은 좌우에 間이 있어 左靑龍(좌청룡)과 右白虎(우백호)의 호위가 있다 판단할 수 있으나 중앙간의 房屋(방옥)의 층수가 낮다는 것이 缺格(결격)이다. 즉 좌우의 호위 주택들이 오히려 중앙간의 주택을 壓殺(압살)하는 형국이다. 이러한 경우 중앙간의 거주자들은 뇌신경질환, 사업부진, 가정불화 및 기타 여러 가지 災厄(재액)들이 多發(다발)하게 되는 것이며 운세 역시 호전되지 못하여 흉한 것이다.

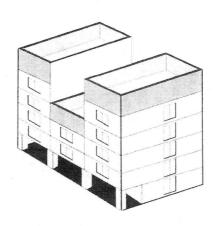

(05) 아래 가옥의 구조는 2개의 棟이 붙어있고 높이가 각각 다른 다층주택이다. 건물에서 왼쪽 낮은 층을 기준하여 논하면, 右白虎(우백호)는 있으나 左靑龍(좌청룡)이 없는 형국이다. 따라서 이곳 낮은 층의 거주자들에게는 남성에 해당하는 조력자가 없는 격이니 거주자 들 중 남성들의 운세가 여성들에 비해 약세이며, 사업도 부진하게 되며, 친구나 도와주는 貴人들도 적은 것이다. 그리고 우백호는 존재하니 가택 중 여성들의 운세는 비교적 강세이나, 다소 높은 층으로 이루어져 있어, 좌측 낮은 층의 주택을 역시 壓殺(압살)하는 형국이다. 이런 경우는 가택의 여성들의 지위가 상대적으로 높아지게 되어, 부녀자들이 家權(가권)을 장악하게 되며, 매사 남자들을 조종하게 되어 꼭두각시로 만들고, 남자들의 성격이 의기소침해지는 것이다. 또한 백호의 성질인 험악함과 매사 신중치 못하고 과격하여 失敗數(실패수)가 多發(다발)하게 되는 것이다.

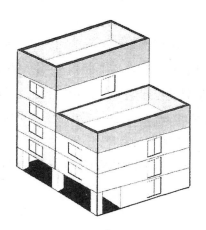

(06) 아래 가옥의 구조는 2개의 棟(동)이 붙어있고 높이가 각각 다른 다층주택이다. 건물에서 오른쪽 낮은 층을 기준하여 논하면, 좌청룡은 있으나 우백호가 없는 형태이다. 따라서 이곳 낮은 층의 거주자들에게는 여성에 해당하는 조력자가 없는 격이니 거주자 들 중 여성들의 운세가 남성들에 비해 약세이며, 사업도 부진하게 되며, 친구나 도와주는 귀인들도 적은 것이다. 그리고 좌청룡에 해당하는 棟이 있으니 가택 중 남성들의 운세는 여성들에 비해 비교적 강세이나, 왼쪽 좌청룡 쪽이 다소 높은 층으로 이루어져 있어, 우측 낮은 층의 주택을 역시 壓殺(압살)하는 형국이다. 이런 경우는 가택의 남성들에게 사업적인 면에서는 순리이나 다소의 沮滯

(저체) 됨이 있고, 운세도 좋은 편이다. 다만 이것은 오른쪽의 낮은 층에 거주시 왼쪽 좌청룡 쪽의 높이가 1~2층 정도로 약간 높은 것을 말하며, 이런 경우 貴人들의 도움이 많을 것이라 판단하는 것이고, 만약 높이가 3~4층 정도로 차이가 많이 나면 吉함 보다는 凶함이 많다 판단하는 것이다.

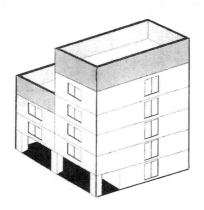

(07) 아래의 구조는 일개 棟마다 3개의 間으로 이루어진 다층의 다세대주택인데, 2개의 棟이 서로 등을 마주하고 있는 형국이다. 만약 앞 棟의 가운데 間에 거주하는 경우라면, 좌와 우에 있는 주택이 자연 좌청룡과 우백호의 역할을 하며, 가운데 間의 거주자를 호위해주고, 후면의 또 하나의 棟은 북방의 玄武(현무) 역할을 하여 역시 호위해주니, 다층의 다세대의 건물을 논할 시 양택법상 최상의 요건이 되는 것이다. 따라서 貴人이나 年長者의 陽的, 陰的 도움을 기대할 수 있으니, 가택이 평탄하고 순리대로 풀려나가고, 흉함을 만나도 吉하게 변화되고, 萬事皆吉(만사개길)한 吉宅이다.

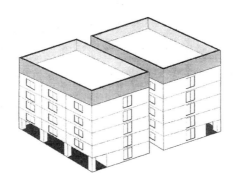

(08) 아래의 그림은 한 개의 棟이 2개의 間으로 이루어진 다층의 다세대 주택이 있고, 그 후면에 웅장하고 높은 건물이 자리하고 있다. 통상 후면의 건물은 玄武 (현무)의 역할을 하여 앞 棟을 호위하니 年長者(연장자)나 貴人(귀인)의 助力(조력)을 얻을 수 있으나, 아래와 같이 높이가 매우 높고 건물자체의 규모가 웅장하면 오히려 앞 동의 주택을 壓殺(압살)하는 형국이 되는 것이라, 반대로 年長者나 貴人과 연관된 사안에서 오히려 凶함이 발생하는 것이다. 이와 같은 형태는 도시의 구도심에 해당되는 경우가 많은데 후면의 건물 형태는 밀집된 아파트나, 상가동이나, 아파트형 공장 등이 이에 해당하는 것이다.

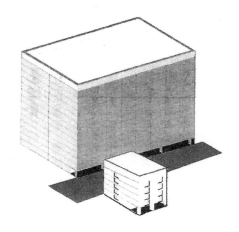

(09) 아래의 그림은 전면부에 2間으로 이루어진 낮은 층의 다세대주택 1棟과, 후면에는 3間으로 이루어진 다소 높은 층의 다세대주택 1棟이 있다, 후면 棟에서 거주하는 경우라면 앞 棟은 陰宅에서의 案山(안산) 역할을 하고 있다. 案山은 貴人을 맞이하는 탁자 역할을 하니, 자연 貴氣(귀기)를 띠게 되어 貴人의 조력을 얻게 되고, 가택이 흥왕해지고, 사업도 잘 풀리며, 官職者(관직자)라면 昇官(승관)도 용이하며 높은 관직을 얻게 되는 것이다. 그런데 만약 案山에 해당하는 전면의 棟이 나지막하지 않고 후면 棟보다는 낮지만 그래도 다소 높은 편이라 판단되면 이런 흉함은 기대할 수 없는 것이다. 그리고 후면 棟에 거주하는 경우라도 左右의 間보다는 중앙 間이 좋은데 2, 3층을 제외하고 4층이나 5층에 거주함이 吉한 것이다.

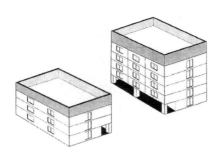

(10) 아래의 그림은 뒷부분에 3間으로 이루어진 1棟의 다층의 다세대주택이 있고, 앞쪽에는 2間으로 이루어진 1棟의 다층의 다세대주택이 상호 대면하고 있는 형태이다. 후면의 棟에서 볼 때 앞쪽의 棟은 자연 案山의 역할을 하지만, 가까이 있고 높으니 案山의 역할로서는 양호하지 못한 것이며, 오히려 일종의 壓殺(압살)의 형국을 띠고 있는 것이다. 따라서 案山의 역할인 貴人을 맞이함으로써 얻는 貴氣(귀기)가 감쇠하게 되어 무애무덕하다 판단할 수 있다. 만약 전면과 후면의 棟이 다소 넓게 떨어져 있는 경우라면, 案山이 吉相이 되어 貴氣와 財를 받아들일 수 있는 것이라, 가택이 흥왕하고 사업 역시 순탄하며, 매사 순리대로 잘 풀려 나가게 된다.

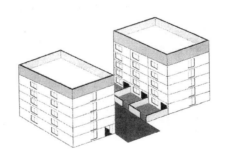

(11) 아래의 그림의 구조는 후면에 3間으로 이루어진 1棟과 전면에 역시 3間으로 이루어진 1棟이 있는데, 후면의 棟이 전면의 棟보다 층수가 3개 층이 낮은 형국이다. 후면 棟의 거주자를 중심하여 판단하면 전면의 棟은 陰宅에서의 案山의 역할을 하는 것이지만 층수가 높으니 오히려 案山으로서 貴氣를 받아들이지 못하게 되고 오히려 일종의 壓殺(압살) 형국을 띠고 있어 阻隔(조격)된 氣를 받아들이는 형국이다. 이런 경우는 외부와의 연계관계가 차단되고, 재물의 손실과, 사업부진, 시비다툼과 관재구설, 각종질환에 시달리게 되니 양택법상 삼가해야 할 형국이다.

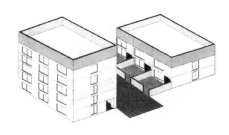

(12) 아래의 그림의 구조는 전면부의 좌우에 각각 3개의 間으로 이루어진 棟이 있고, 그 후면에 2間으로 이루어진 1개 棟이 있는 형국이다. 전면부의 좌우 棟 사이에는 도로가 있어, 사람과 차가 왕래하는데 이 도로가 후면의 棟을 沖하고 있는 형국이다. 이런 경우는 매우 凶한데, 후면 棟의 거주자에게는 血光, 不測之禍(불측지화), 사업부진, 시비다툼, 官災口舌(관재구설), 각종질환 등이 多發하게 되는 것이다. 그리고 전면부의 2개의 棟과 棟 사이가 협소하고, 후면부의 棟이 가까이 붙어있는 형국이라면, 이는 화살촉에 비유하여 沖射(충사)하는 강도가 더욱 강해지므로 그 凶함이 더욱 가중되는 것이다. 기피해야할 가택의 구조인 것이다.

만약 전면부의 2개 棟의 棟과 棟 사이가 넓고 또한 전면부의 棟과 후면부의 棟과의 거리가 다소 길다면, 도로에서 후면부의 棟을 沖射(충사)함이 다소 완화되니 凶함이 다소 감쇠될 것이라 판단한다.

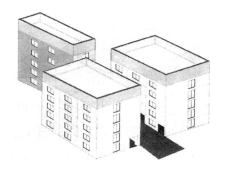

(13) 아래는 3個 間으로 이루어진 다층의 다세대 주택 1棟과 그 중앙간의 정면에 나무가 서있는 형국이다. 이런 경우는 나무가 棟의 중앙간의 통로를 沖射(충사)하는 형국이니 일종의 殺氣가 작동하는 것으로 논하여 凶하다. 정면에 나무가 있거나, 가로등이 있거나, 전신주가 있거나, 바위로 만든 조형물이 있거나, 혹은 세모

나 네모 형태의 과적물이 있거나 모두 한가지로 판단하는 것이다.

특히 棟과 가로수와의 거리가 가까울수록 그 殺氣로 인한 凶함이 크고, 비교적 거리가 떨어진 경우라면 殺氣로 인한 凶함은 다소 덜한 것이다. 아래와 같이 가로수가 棟의 중앙부를 沖射(충사)하는 경우에는 不測之災(불측지재), 血光(혈광), 損財數(손재수), 官災口舌(관재구설) 등이 多發(다발)하게 된다.

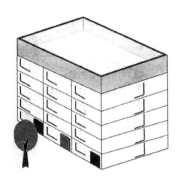

(14) 아래는 1개의 間으로 이루어진 독립된 棟이다. 좌우 間이 空缺(공결)되었으니 좌청룡과 우백호의 호위가 없는 것이고, 뒷부분의 玄武에 해당하는 곳이 공결되었으니 역시 玄武(현무)의 호위도 기대할 수 없는 것이다. 좌우의 공결은 거주인들에게 平年輩(평년배)나 年少者 및 小貴人의 助力(조력)이 적은 것이고, 후면부의 공결은 거주인들에게 年長者나 大貴人의 조력이 적을 것이라 판단하는 것이다. 이런 독립된 가택의 棟은 가택의 內氣가 외부에 쉽게 노출되고 또한 洩氣(설기)되기 때문에 가택의 평안함을 기대할 수 없는 형국이라 凶한 것이다.

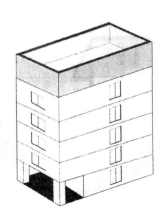

(15) 아래 그림의 구조는 전면에 3개의 間으로 이루어진 棟이 하나 있고, 후면에 역시 3개의 間으로 이루어진 棟이 있는데 높이는 같으나 각각 등을 맞대고 있는 형국이다. 전면의 가운데 間은 좌우의 間보다 다소 높이가 낮은 형태이다. 가운데 間의 거주자를 위주로 판단한다면 좌우의 間이 좌청룡과 우백호에 해당하는 호위가 있고, 후면에는 玄武에 해당하는 棟의 호위가 있어 吉할 것 같지만 높이가 낮은 것이 缺格이다. 즉 좌우와 후면에서 전면의 가운데 間을 衝擊(충격)하는 형국이니 吉하지 못한 것이다. 이런 경우는 곤혹한 형태의 주거지가 된 것으로, 이런 곳에 거주하게 되면 不測之災(불측지재)가 多發(다발)하게 되고, 매사 순탄하게 풀려나가지 못하는 경우가 많다.

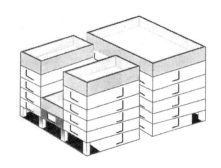

(16) 아래의 구조는 1개 間으로 이루어진 1개의 棟인데, 뒤쪽의 山에 건물동의 후면이 일부 매몰되어 있고 전면에는 도로가 있는 형국이다. 이런 환경은 비가 내리는 경우에는 土砂가 흘러내려 棟의 일부가 매몰될 수 있어 凶하고, 또한 뒷면의 산과 맞닿아 있으니 가택 내부의 氣와 외부의 氣가 순환되지 않아 運勢(운세)가 停滯(정체)되고 건강상의 문제가 발생할 수 있어 기피해야 하는 구조이다.

(17) 아래의 그림은 3개의 間으로 이루어진 독립된 棟인데, 앞쪽으로는 자동차 전용도로가 있으며 다소 지면에서 높이 설계되어 있는 도로이다. 그리고 棟의 정면 과 자동차전용도로를 잇는 부분은 경사지게 깎여있는 형국이다. 이것은 일종의 刑 殺(형살)로 작용하는 것이니 凶하고, 자동차전용도로이니 만큼 차량의 속도가 빠 른데 이는 陰宅에서 계곡의 물이 빨리 흐르는 것과 같은 맥락이다. 彎曲水(만곡수) 로 흐르면 재물이 모아지고 오래 재물을 지닐 수 있지만 물이 급속히 흐르면 재물 의 빨리 탕진되는 것과 같은 이치이다. 따라서 이 棟에 거주하는 사람들은 재물이 모아지지 않고, 각종 소음에 시달리게 되어 건강상의 문제가 발생하고, 不測之災 (불측지재)와 官災口舌(관재구설)이 多發(다발)하게 되는 凶한 구조이다.

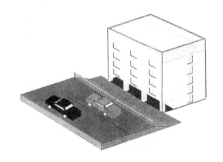

(18) 아래의 구조는 2개의 棟이 상호 마주하고 있는 형태인데, 棟과 棟 사이로 도로가 있어 彎曲(만곡)의 형태로 지나는 형국이다. 후면의 棟에 거주시는 앞의 도로가 玉帶環腰(옥대환요)와 같은 형태로 지나가니 이는 음택에서 "彎曲水(만곡 수)"와 같은 맥락으로 논하여 貴氣(귀기)를 띠게 되는 것이라, 거주자들은 가택이 安寧(안녕)하고, 사업이 순리대로 풀리고, 관직자의 경우라면 승진도 여의한 것이다.

반면 전면의 棟에 거주하는 경우라면 앞을 지나는 도로가 이제 "反弓(반궁)"의 형태를 띠게 되니 "反弓殺(반궁살)"을 맞게 되는 것이다. 따라서 凶하게 작동하니, 가택의 內氣와 外氣의 순환이 끊어지게 되고, 가택 내부의 氣가 밖으로 洩氣(설기) 되니 氣가 평온치 못하고, 매사 침체되고, 건강상의 문제가 따르고, 성격이 背逆 (배역)되어 타인들과 화합하지 못하고, 시비다툼과 관재구설이 多發하게 되는 것 이다.

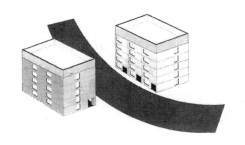

(19) 아래는 3間으로 이루어진 1개 棟이 있고 그 전면에 "Y"자 형태의 도로가 지나는 형태이다. 이 "Y"자는 일종의 火形이나 剪枝(전지)가위와 같은 형태를 말하는 것으로, 도로가 전면의 棟을 沖射(충사)하니 凶殺의 작용을 하는데 이를 일명 "火形殺(화형살)" 또는 "剪刀殺(전인살)"이라 한다. 이런 구조의 가택에서 살게 되면, 운세가 풀려나가지 못하고, 각종 질환에 시달리게 되고, 남과 쟁투함을 좋아하고, 사업도 순리대로 풀리지 못하는 凶宅의 구조인 것이다. 특히 중앙 間에 거주하는 사람들은 도로에서 沖射(충사)해오는 殺氣를 직접 받으니 凶함이 더욱 심하다.

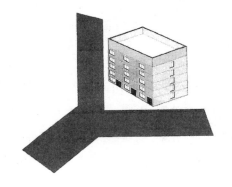

(20) 아래의 구조는 두 개의 棟이 각각 대면하고 있고, 후면의 棟은 도로가 棟의 전후좌우를 둘러쌓으며 지나는 형국으로, 이는 陰宅에 비유하면 土星局을 형성한 것이라 논할 수 있다. 따라서 일종의 富格(부격)을 형성한 것이라, 發財하게 되고 사업도 순탄하게 풀려나가는 것이다. 반면 전면의 棟은 일종의 土星仰外(토성앙외)와 같은 局을 형성한 것이라 凶하다. 가택의 氣가 洩氣(설기)되고, 損財(손재)가 따르고, 사업도 순탄치 못한 것이라 移徙(이사)를 서둘러야 한다.

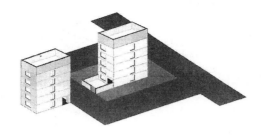

(21) 아래는 각각 1개 間으로 이루어진 2개의 棟이 상호 미주하고 있으며 높이도 같은 형태이다. 이런 구조도 일종의 殺氣가 태동하게 되는데 子平命理(자평명리)의 여러 神殺 중에 隔脚殺(격각살)이 있는 것처럼, 棟과 棟이 높이도 같고 상호 가까이 있게 되면 바람으로 인해 殺氣가 작동하게 되는데 이를 일명 "壁角殺(벽각살)"이라 한다. 이 殺은 거주자들에게 血光, 不測之災(불측지재), 殺傷(살상), 官災口舌(관재구설) 등의 凶禍를 유발하게 되는 것이다. 비방책으로는 安宅符籍(안택부적)을 써서 가택 안에 붙이거나, 化殺하는 용품 등을 가택 안에 비치해야 한다.

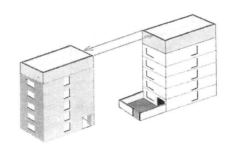

(22) 아래는 1間으로 이루어진 1개의 棟이 있고 그 앞에는 지하철의 출입구가 있는 형태이다. 이것도 일종의 물체의 형태로 인해 유발되는 形殺로 논한다. 氣라는 것은 높은 곳에서 낮은 곳으로 流動하려는 성질이 있으니, 건물 棟 전면에 지하철 입구가 있으면 氣가 지하철 입구로 진입하려는 성질이 있으니 후면에 있는 건물 棟은 기의 순환이 정지되게 되어 凶한 것이다. 이러한 형국의 가택에 주거하게 되면 운세가 침체되고, 매사 잘 풀려나가지 못하게 되는 凶宅이다. 비단 지하철 입구 뿐만 아니라 사람이 통행하는 지하도도 같은 맥락으로 판단한다. 비방책으로는 安宅符籍(안택부적)을 써서 가택 안에 붙이거나 化殺하는 용품 등을 가택 안에 비치해야 한다.

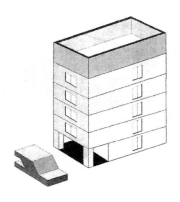

(23) 아래의 그림은 후면에 1間으로 이루어진 5층 높이의 2개 棟이 있고, 중앙에는 3間으로 이루어진 2층 높이의 낮은 棟이 있고, 전면에는 5층 높이의 1개 棟이 있는 형태이다. 후면 棟의 거주자를 중심하여 살펴본다면 중앙의 棟이 낮으니 맨 전면 棟의 꼭대기 부분이 엿보는 것처럼 일부가 보이는 형국이다. 이는 陰宅에서 일종의 "窺峰(규봉)"으로 논하는 것과 같은 맥락으로 凶한 것이다. 이런 경우에는 맨 후면의 2개 棟에는 대체로 도적이 많이 거주하게 되니, 타 棟에 거주하는 사람들은 도적의 침탈을 예방해야 한다. 비보책으로는 맨 우측棟의 가택 안 정면에 "鎭宅平安符籍(진택평안부적)"을 써서 붙이거나, 化殺하는 용품 등을 비치해야 한다.

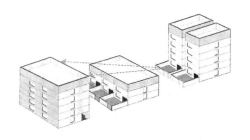

(24) 아래는 1間으로 이루어진 다층 주택인데, 출입구 쪽 전면부는 폭이 좁고, 후면부는 폭이 넓은 마름모꼴의 형태이다. 이런 구조는 吉宅으로, 가택의 內氣가 進氣하는 勢를 형성하고, 또한 藏風蓄氣(장풍축기)할 수 있으니 양택풍수법에 부합되는 좋은 吉宅이다. 이런 곳에 거주하게 되면, 운세가 점진적으로 호전되며 증가하고, 發財(발재)하게 되며, 家業 또한 흥왕하게 된다.

만약 주택의 구조가 이와 반대로 전면부가 넓고 후면부가 좁은 형태라면, 가택의 內氣가 退氣(퇴기)하게 되고, 재물도 退財(퇴재)하게 되며, 家業도 敗退(패퇴)하게 된다.

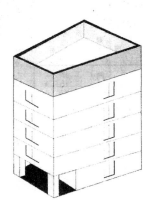

(25) 아래 그림은 전면에 2間으로 된 다층주택이 있고, 그 후면에는 높고 웅장한 관공서 등의 건물이 있는 형태이다. 대개 공공건물은 사면이 유리로 되어 있는 경우가 많아 태양빛을 반사하게 되니, 앞면 주택의 거주자들은 반사되어 오는 빛을 받음으로 인해 太陽光으로 인해 흉함이 발생하는 것이니 일종의 "光殺(광살)"이 되는 것으로 凶하다.

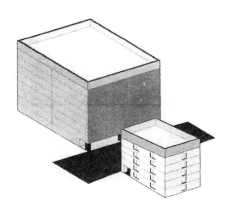

(26) 아래 주택 棟은 옥상에 태양광발전을 위한 採光板(채광판)이 있는 형태이다. 채광판은 태양빛을 흡수하여 전기를 만들어내는데 중심적 역할을 하는데, 이런 가옥에 거주하게 되는 경우에는 태양빛이 직접 照射(조사)하여 오니 일종의 凶

한 殺氣와 같아 "光殺(광살)"로 논하여 凶한 것이다. 이밖에도 옥상에 빌보드간판이나, 휴대폰 전파기지국, 대형 조형물, 대형 전광판, 높이 쌓인 적재물 등이 있는 것은 모두 凶한 주택으로 논한다.

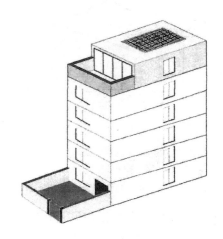

(27) 아래는 원룸형의 다가구주택으로 전면에 도로가 있다. 주택을 기준하면 우측이 우백호에 해당되고 출입문이 있는 좌측은 좌청룡에 해당되며. 도로는 우측에서 좌측으로 약간 경사져 있다. 陽宅에서는 도로를 陰宅의 물과 같은 맥락으로 판단한다. 출입문이 건물棟의 규모와 비교시 다소 넓게 설계되어 있고, 도로에 인접하여 있어 도로의 氣를 직접 받아들일 수 있는 형국이다. 경사져 내려오는 도로의 氣를 좌청룡 쪽의 출입문이 끌어들이니 이런 형태의 구조는 吉하다 판단한다. 이를 일명 "逆水局(역수국)"이라 한다. 거주자들의 운세가 점진적으로 호전되고, 건강상태도 양호하며, 사업도 점차 순리대로 풀려나가는 吉宅이다.

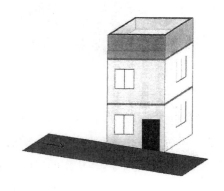

(28) 아래 가택환경은 상기 逆水局(역수국)과는 정반대의 형국으로 일명 "順水局 (순수국)"이라 한다. 주택에서 보면 좌에서 우로 도로가 경사져 있다. 출입문이 있는 좌측이 좌청룡에 해당되는데, 좌측에서 오는 氣를 우측의 우백호가 逆關(역관)하지 못하고 흘려보내니, 이런 구조의 주택에 거주하는 사람들은 운세가 점차 하락하고, 건강문제도 발생하게 되고, 사업도 순리대로 풀려나가지 못하는 凶한 凶宅이다.

(29) 아래는 원룸형의 다가구주택으로, 전면에 큰 河川(하천)이 흐르고 있고, 하천에 비하면 하천 양쪽 뚝방의 도로는 협소한 편이다. 이런 환경의 주택에 거주하게 되면 운세의 기복이 심하고, 흥하고 쇠함이 빈번하다. 만약 하천에 흐르는 물의 물살이 급하다면, 이런 현상이 더욱 강하게 나타나는 凶宅인 것이다.

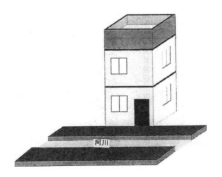

(30) 아래 주택환경은 원룸형태의 다가구주택으로 주택의 구조가 사각형이 되지 못하고 삼각형으로 이루어진 구조이다. 삼각형은 火形의 형태를 떠올리게 되므로 이런 주택에 거주하는 경우는 여러 凶함이 多發하게 되는데, 우선 거주자들의 운세가

좋지 못하고, 火氣가 강해지니 시비다툼과 관재구설 등이 多發(다발)하고, 화재 발생의 빈도가 높아지는 등의 凶禍(흉화)가 多發(다발)하니 기피해야하는 凶宅이다.

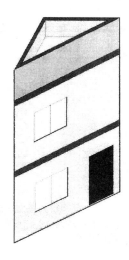

　(31) 아래는 공공주택으로 우측인 우백호 쪽 1층에 차량과 사람이 다니는 도로가 통과하고 있는 형태이다. 이런 주택은 1층의 人道와 車道로 인해 가택의 氣가 洩氣(설기)되는 것이라, 거주하게 되면 운세가 하락하고, 사업도 衰하게 되는 凶宅인 것이다.

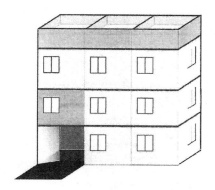

　(32) 아래 주택환경은 원룸형태의 3間으로 이루어진 다세대주택이다. 출입문은 중앙의 間에 1개 설치되어 있는데 비교적 넓은 편이다. 이런 구조는 세대수는 많으나 출입문이 하나이니 외부의 氣를 받아들임이 부족하여, 가택안의 氣가 순환됨이 난이한 것이라, 거주자들은 운세가 점차 衰하게 되고, 건강문제가 발생하게 되고,

사업도 부진해지는 凶宅이다.

(33) 아래는 1間의 주택 1棟과 3間의 주택 1棟이 있는데, 3間의 주택 우측 아래로 지하차도의 출입구가 있는 형태이다. 왼쪽 1間의 주택에서 보면 출입문 정면의 맞은편 棟에 아래로 내려가는 출입구가 있으니, 땅의 地氣를 얻지 못하고 맞은편 지하차도 아래로 흘려보내는 형국인 것이다. 따라서 이곳의 거주자들은 운세가 쇠락해지고, 정신건강 면에서도 문제가 발생하고, 사업도 부진해지는 凶宅인 것이다.

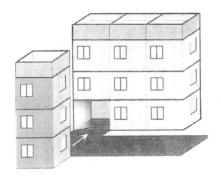

(34) 아래는 원룸 형태로 1間의 다층 다세대주택이다. 1층 전면부는 비어 있어 손님을 맞는 응접실로 사용하거나, 오토바이나 자전거 등을 세워두거나, 기타 잡자재들을 쌓아 놓는 공간으로 활용하기도 한다. 2층의 전면부의 房屋에 거주하는 경우라면 바로 아래층인 1층이 空虛(공허)하니 氣가 疏散(소산)되어 地氣를 얻을 수 없는 것이다. 이런 경우에는 운세도 好運을 기대하기 어렵고, 재물운도 쇠퇴하게 되는 凶宅인 것이다.

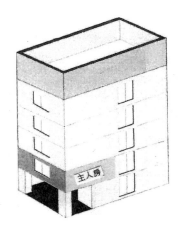

(35) 아래는 1間의 1개 棟의 다층 다세대주택이다. 좌측의 후반부에서부터 大河川이 비스듬히 우측 전면부로 直流(직류)하고 있다. 주택은 자연 大河川의 영향을 많이 받게 되는 것이다. 첫 번째는 平洋之宅(평양지택)에서 하천의 경우는 玉帶環腰(옥대환요)의 형태로 흐름이 有情하고 吉한데, 직선으로 沖流(충류)함은 無情하여 거주자들의 성격이 유순하지 못하고, 두 번째는 하천이 우측 전반부로 直去하니 氣가 洩氣(설기)되는 것이고, 세 번째는 좌측 후반부에서 비스듬히 直流(직류)하니 가택의 남자들에게 色情(색정), 桃花(도화)로 인한 손재수와 구설수가 따르며, 종국에는 破財, 破家하게 되는 凶宅이다.

만약 大河川이 棟의 우측에서부터 비스듬히 흘러 좌측의 전면부를 지나 直去한다면 이번에는 가택의 여자들에게 상기와 같은 凶禍가 나타나는 것이다.

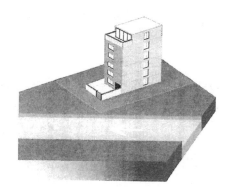

(36) 아래 주택의 환경은, 원룸 형태의 다층 다세대주택으로 전면부에 도로가 지나고 있고, 다시 좌측 전면부에서 부터 또 하나의 도로가 주택의 출입문을 비스듬히 충사해오고 있는 형태이다. 이를 일명 "斜路沖(사로충)"이라 하며 殺氣를 뜻하는데 "直沖(직충)"보다는 덜하나 장차 흉함이 가중되는 경향이 있다. 이런 환경의 주택은 凶宅으로 가택의 거주자들에게 차사고, 시비다툼, 傷害, 不測之禍(불측지화) 등이 발생하는 것이다. 비보책으로는 가택안에다 도로에서 충사해오는 방향으로 八卦형태의 거울을 달아 놓거나, 化殺하는 용품 등을 비치해 놓는 것이다.

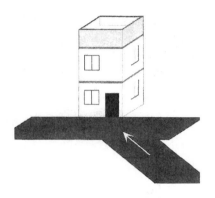

(37) 아래는 1間의 1개 棟의 원룸형의 다세대주택이 있는데 낮고 경사진 구릉위에 세워진 형국이다. 따라서 棟의 후면은 다소 높고 棟의 전면부는 다소 낮은 형태이다. 출입문 전면부는 역시 낮은 경사로 이루어진 형태이다. 이런 형태의 구조는 주택안의 氣가 오래 머물지 못하고 밖으로 洩氣(설기)되니 吉하지 못한 것이다. 거주자들의 운세는 점차 침체되고, 재물도 退財(퇴재)하게 되고, 사업운도 점차 쇠퇴해지는 凶宅이다.

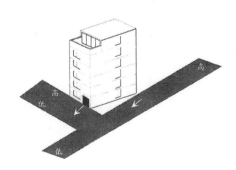

(38) 아래 그림의 구조는 1間으로 이루어진 6층의 원룸형의 다세대 주택이다. 6층의 전면부는 일부가 折去(절거)되어 있는 옥탑방의 형태이다. 5층에 거주하며 전면부에 주인방이 있다고 하면, 5층 전면부의 윗부분은 空虛(공허)하니 일종의 殺氣가 무방비상태로 5층 가택의 주인방을 침범하고 있는 형국이라 흉한 것이다. 이런 곳에 거주하게 되면 不測之禍(불측지화)를 당하게 되고, 수면장애와 건강문제가 대두되는 凶宅인 것이다.

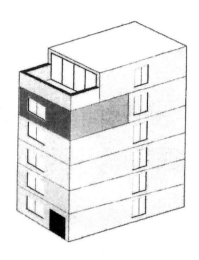

(39) 아래 그림은 후면부에 1間으로 이루어진 1개 棟이 있고, 전면부에는 "L"자 형태의 2間으로 이루어진 棟이 있는데 상호 정면을 대면하고 있는 형국이다. 전면의 棟을 기준한다면, 전면부의 우측간은 우백호에 해당하는데, 그 뒷부분이 空缺(공결)되어 있는 형국이다. 이 공결된 부분 정면으로 후면의 1개棟이 沖射(충사)해 오고 있는 형국이다. 전면 棟의 우측에서 보면 그 후방의 棟이 우측방을 沖射(충사)해 오고 있으니 白虎가 回頭(회두)하여 호시탐탐 먹이를 노리고 있는 형태의 구조가 되어 매우 凶하다. 이런 가택에 주거하면 운세가 길하지 못하고, 성격이 흉폭한 小人輩(소인배)가 多出하고, 건강문제가 대두되고, 시비다툼과 官災口舌(관재구설)이 빈번하게 발생되는 凶宅인 것이다.

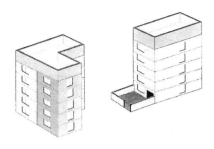

(40) 아래 그림은 각각 1間으로 이루어진 2개의 棟이 상호 정면을 마주하며 자리하고 있다. 전면의 棟은 정면 부분이 둥그렇게 돌출된 형태이고, 후면의 棟은 돌출된 부분이 없이 方形으로 이루어져 있다. 전면의 棟에 거주하면 貴氣를 얻게 되니 吉한 것이고, 후면의 棟은 전면 棟의 둥글게 돌출된 부분이 沖射(충사)해 오는 형국이니 일종의 殺氣를 맞게 되는 형국이라 凶한 것이다. 후면의 棟에 거주하는 사람에게는 운세가 점차 쇠퇴하게 되고, 건강문제가 대두되게 되고, 사업운도 저체되는 凶宅인 것이다. 裨補策(비보책)으로는 八卦형태의 거울을 沖射해 오는 방향을 향하여 정면에 걸어두거나, 化殺하는 용품 등을 가택 안에 비치해두어야 한다.

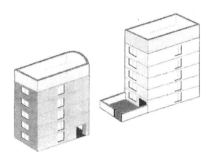

(41) 아래 그림은 1間으로 이루어진 각각의 棟이 전후에 1棟씩 있는데 상호 정면을 마주하고 있다. 그 사이에 도로가 있고 전면의 棟 우측으로 또 하나의 도로가 있어 후면의 棟 좌측을 沖射(충사)하고 있는 형국이다. 이는 일명 "曜殺(요살)"혹은 "路沖殺(노충살)"이라 하여 凶殺이 되는 것이다. 노충살은 상호 상극되는 殺로, 坎宅-辰山, 坤宅-卯山, 震宅-申山 등이 이에 해당된다. 이런 경우 후면 棟의 거주자들에게는 人丁이 손상됨이 있고, 退財(퇴재)하게 되며, 사업도 불리해지는 것이다. 裨補策(비보책)으로는 化殺하는 용품 등을 沖射(충사)해오는 노변 쪽을 향해

비치해두는 것이 좋다.

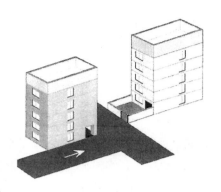

(43) 아래 그림은 1間으로 이루어진 1棟의 원룸형의 다세대주택이 있고, 그 앞으로 大河川이 마치 玉帶環腰(옥대환요)와 같은 형태로 흐르고 있는 형국이다. 이런 형태는 聚氣(취기)할 수 있는 형태로 자연 貴氣를 띠게 되며, 旺氣가 가택에 오래 머무를 수 있으니 吉한 것이다. 이곳에 거주하게 되면 人丁과 財가 旺하게 되고, 사업도 순탄하며, 貴人의 도움을 얻게 되니, 자신과 家門의 영달함을 얻을 수 있는 것이다.

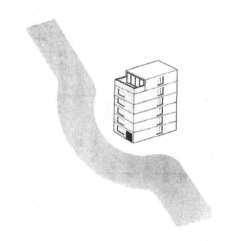

(44) 아래 그림은 1間으로 이루어진 원룸형태의 다세대주택이 1棟이 있고, 그 후면부에서부터 大河川이 흘러 棟의 좌측인 좌청룡 쪽을 감싸고돌아 棟의 전면부 쪽으로 흘러나가고 있는 형국이다. 대하천의 흐름이 彎曲(만곡)의 형태로 棟을 감싸고 흐르니 陰宅에서 논하는 彎曲水(만곡수)와 같은 맥락으로 판단한다. 이런 경

우는 聚氣(취기)하게 되니 貴氣를 띠게 되는 것이고, 財와 人丁이 旺하게 되고, 貴人의 도움을 받게 되니, 매사 순탄하며, 富貴雙全(부귀겸전)의 吉宅이다.

(45) 아래는 3間으로 이루어진 1개 棟이 있고, 그 전면에 3개로의 지하차도가 있는 형국이다. 중앙의 보다 넓고 깊이 있어 보이는 차도는 기차가 다니는 곳이고, 그 양쪽은 일반 차량이 다니는 지하차도이다. 이런 경우의 지하차도는 河川의 물살로 치면 流速(유속)이 빠른 것과 같으니 일종의 殺氣가 태동하게 되는 것으로 凶한 것이다. 이런 환경의 주택에 거주하게 되면 건강문제가 발생하는데, 脾臟疾患(비장질환)이나, 심장이나 혈액계통 등의 질환이 발생하게 되고, 자녀들을 키우기 어려우며, 사업운도 순탄하게 풀려나가지 못하는 凶宅이다.

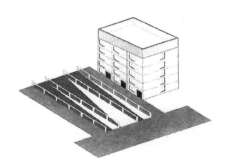

(46) 아래는 원룸형태의 다층의 다세대주택이다. 본래는 "一"자 형태의 長方形으로 午坐子向의 離宅이었는데 후에 거주자를 더욱 많이 받아들이기 위해 우측부분을 증축하여 "ㄱ"자 형태의 주택으로 바뀌게 되어 乾方이 空缺(공결)된 형태를 이룬 것이다. 이런 경우도 空缺(공결)된 부분으로 인하여 殺氣를 띠게 되어 凶한 것이다. 주역팔괘에서 乾位는 父의 宮이니, 부친의 사업이 부진하게 되고, 小人輩

(소인배)들의 陰害(음해)를 많이 받게 되고, 財와 人丁이 敗退(패퇴)하고, 건강문제가 자주 발생하게 되는 凶宅인 것이다.

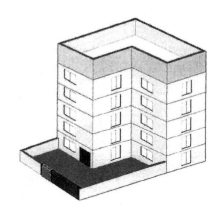

(47) 아래는 원룸형태의 3間으로 이루어진 다가구주택으로, 좌우間은 2층으로 낮고, 중앙間은 5층으로 높다. 5층의 중앙間이 좌우의 2층인 낮은 間을 위에서 내려다보며 위협하는 형태이다. 이를 일명 "高壓殺(고압살)"이라 한다. 좌우의 낮은 間의 거주자들은 위에서부터 壓殺(압살)해오는 殺氣로 인해 운세가 불길하고, 재물운도 좋지 못하다. 또한 중앙間 3층 이상의 거주자들은 좌우가 空缺(공결)되어, 좌청룡과 우백호의 호위가 없는 격이니 聚氣(취기)하지 못하여 역시 흉하다.

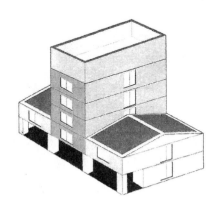

(48) 아래는 두 개의 棟으로 다층의 다세대주택이다. 좌측에서 보면 각각 계단의 형태를 띠고 있는데, 좌측은 2단계로 구성되었고, 우측은 3단계로 구성된 것이다.

정면에서 보면 斷層(단층)의 형태를 띠고 있는 것이다. 이런 경우는 바람의 영향으로 인해 氣의 흐름이 원만치 못하고 일종의 殺氣를 띠게 되는데 이를 "漸層殺(점층살)" 혹은 "斷層殺(단층살)"이라 한다. 각각의 棟의 가장 좌측은 바람의 영향을 직접 받으니 이제 殺氣로 작동하게 되어 매사불성하게 되고, 각각의 棟의 가장 우측은 좌측보다는 흉하지 않으나 본시 長方形의 주택의 벽이 단절된 것과 같아 절벽의 형태이니, 이 또한 殺氣로 작용하게 되어 "切壁殺(절벽살)"이라 하며 역시 吉하지 못한 것이다.

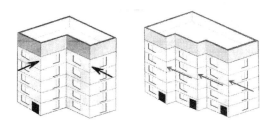

(49) 아래는 1間으로 이루어진 1개의 棟인데 지면으로부터 5계단 위에 세워져 있다. 吉宅이라 함은 生氣를 받아들임이 용이해야 하고, 또한 받아들인 生氣가 오래 가택 안에 머물러야 되는 것인데, 아래의 같은 형태의 주택은 높이 세워져 있으니 氣를 聚氣(취기)하지 못하게 되는 것이다. 이런 경우는 財와 人丁이 쇠퇴하게 되고, 운세도 衰하게 되며. 만약 1층에 상점이 있는 경우라면 경영난을 겪게 되는 凶宅인 것이다.

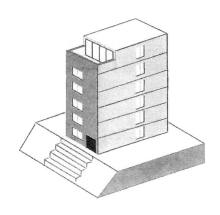

(50) 아래는 각각 1間으로 이루어진 다층의 다세대주택으로 독립된 棟이다. 전면에서 보아 좌측 棟은 출입구 정면에 삼각형의 火形과 같은 구조물이 있고, 우측 棟은 정면 앞에 날카로운 칼날과 같은 예술적 조향물이 있다.

좌측의 구조물은 일종의 "火形殺(화형살)"로 흉하게 작동하여 거주자들에게 소인배의 침탈이나, 不測之災(불측지재), 血光(혈광), 損財數(손재수) 등의 凶禍(흉화)가 따르게 된다.

우측의 조형물은 칼날과 같은 부분들이 역시 火形과 같은 형태를 띠어 "火形殺(화형살)"과 같은 凶한 작용을 하게 되는 것이다. 血光(혈광), 官災口舌(관재구설), 損財(손재), 사업부진 등의 凶禍(흉화)가 多發(다발)하게 되는 것이다.

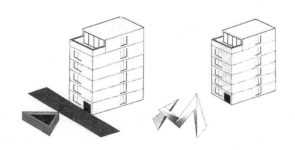

(51) 아래는 1間으로 된 다세대주택 棟이 있고, 그 정면으로 비스듬히 경사진 도로가 있으며, 다시 그 위로 계단이 있고, 또 그 계단위에는 또 도로가 있는 형태이다. 아래 그림의 계단과 같이 凹凸(요철)과 같은 형태의 구조물이 정면에 있는 경우는 이 역시 일종의 殺氣가 태동하는 것으로 판단하며, 앞에 있는 주택을 沖射(충사)하는 것이라 凶事가 多發하게 되는 것이다. 이런 경우는 財와 人丁이 敗退(패퇴)하게 되고, 損財數(손재수)가 발생하며, 사업도 부진하게 되는 것이다. 裨補策(비보책)으로는 八卦鏡(팔괘경)과 같은 化殺하는 용품을 비치해야 한다.

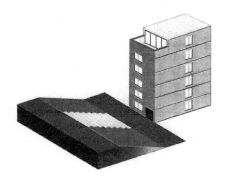

(52) 아래는 1間으로 이루어진 원룸형태의 다세대주택이 있고, 그 전면에 도로가 있으며, 다시 그 앞으로 토목공사가 시행되고 있다. 家坐가 癸坐丁向인 경우 丁亥年에 토목공사를 시행한다면, 丁火가 太歲(태세)에 해당되어 "太歲殺(태세살)"이 태동하는 것이라 凶한 것이다. 이런 경우에는 거주자들에게 不測之災(불측지재)와 예기치 않은 사고와 질병이 발생하게 되는데, 裨補策(비보책)으로는 "太歲符(태세부)"와 "安宅符(안택부)"를 집안에 부착하거나, 化殺하는 용품 등을 집안에 비치해두어야 한다.

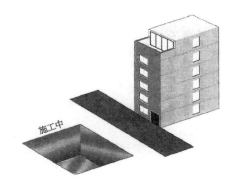

(53) 아래는 원룸형태의 3개 棟이 있다. 전면에서 보아 왼쪽 棟은 출입문 정면의 담장의 높이가 작고, 중앙의 棟은 출입문 정면의 담장에 차양막이 설치되어 있고, 우측의 棟은 출입문 정면의 담장의 높이가 높다.

왼쪽의 담장이 낮은 棟은 生氣를 오래 가두어 두지 못하고 洩氣(설기)되니 凶하고, 중앙의 棟은 遮陽幕(차양막)으로 인해 通氣(통기)가 잘 되지 못하니 凶하고, 우측의 棟은 담장이 너무 높으니 사람들이 드나들 때 높은 담장으로 인해 위압감을 느끼게 되니 역시 凶한 것이다. 이 모두 氣를 가택이 받아들임에 있어 일종의 殺氣로 작용하는 것이다. 이런 곳에 거주하게 되면, 운세가 점차 쇠퇴해가고, 損財數(손재수)가 있고, 人丁이 衰하게 되며 각종 질환과 不測之災(불측지재)가 多發하게 되는 凶宅들이다.

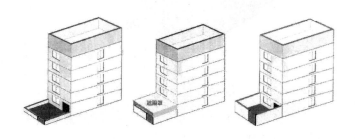

(54) 아래는 1間으로 이루어진 원룸형태의 다층의 다가구주택이다. 출입문 전면에 담장이 높게 설치되어 있고 그 앞부분이 화살표 형태로 뾰족하게 돌출되어 있는 형태다. 이러한 구조도 일종의 火形殺로 보아 주택이 흉한 殺氣를 띠는 형태로, 이 곳에 거주하게 되면 소인배들의 陰害(음해)와, 시비다툼, 관재구설 등이 多發(다발)하는 凶宅이다. 담장을 長方形으로 改修(개수)해야 한다. 그렇지 않으면 尖形(첨형)의 담장 후방에 사는 사람들의 자녀들은 특히 不孝(불효)를 일삼게 된다.

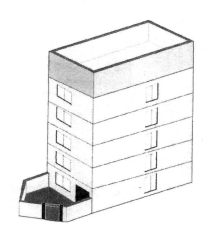

(55) 아래는 1間으로 이루어진 다층의 다가구주택이다. 家坐는 坤坐艮向이고, 東北方인 艮方에 小池가 있는데 이는 흐르는 물인 活水이다. 艮方은 본시 "鬼門方

(귀문방)"이라 하여 吉하지 못하다 판단하는데, 이 곳에 小池가 있으면 이를 "正神水(정신수)"라 하여 끊임없는 災難(재난)을 초래하게 되고, 坤方의 주택에 거주하는 사람들에게는 직접적으로 不測之災(불측지재), 血光(혈광), 官災口舌(관재구설), 건강문제 등의 凶厄(흉액)이 닥쳐오는 것이다. 재난을 피하기 위해서는 艮方에 있는 小池를 震方인 東方으로 이전시키거나, 가택 안에 八卦鏡(팔괘경)을 정면에 부착하여 小池로부터 沖射(충사)해오는 凶한 殺氣를 反射(반사)시키거나, 化殺하는 용품 등을 가택 안에 비치해두어야 한다.

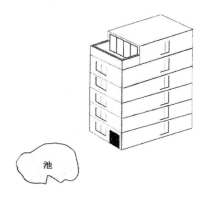

(56) 아래는 1間으로 된 원룸형태의 4개의 棟이다. 출입문의 크기와 연관하여 길흉을 판단해 보면 다음과 같다.

(1)번과 같은 형태의 출입문의 구조는 矮小門(왜소문)이라 한다. 門이 작고 적으니 가택에서 氣를 받아들임이 부족한 것이다. 이런 경우는 운세가 점차 쇠퇴해가고, 貴人들의 도움 받기가 어려워지고, 사업도 원활히 풀려나가지 못한다. 門의 높이를 改修(개수)하되 가택의 높이를 기준하여 2/3까지 높여야 한다.

(2)번과 같은 형태의 출입문의 구조는 高大門(고대문)이라 한다. 門이 크니 氣의 출납이 너무 왕성해져서 凶한 것이다. 氣는 적당한 양이 들어와서 가택안을 머물며 순환하다 나가야 하는데, 門이 크면 많은 양의 氣가 한꺼번에 들어왔다 나가게 되어 마치 와자지껄 떠들어 대는 난장판과 같으니 凶하다. 역시 좋은 운세를 기대하기 어렵다. 門의 높이와 크기를 改修(개수)하면 운세가 호전될 것이다.

(3)번과 같은 형태의 출입문의 구조는 狹窄門(협착문)이라 한다. 출입문이 너무 협소하면 들어오는 氣가 적어 기존의 가택에 있던 묵은 氣를 몰아냄이 부족하여

신선한 氣를 받아들이기 어려우니 凶한 것이다.

(4)번과 같은 형태의 출입문의 구조는 寬大門(관대문)이라 한다. 출입문이 너무 크게 되면 전통 풍수의 개념인 藏風蓄氣(장풍축기)가 어려워지는 것이라 凶하다. 이런 경우는 수입보다 지출이 많으니 경제적인 면에서 압박이 오고, 家運이 점차 쇠퇴해지게 된다.

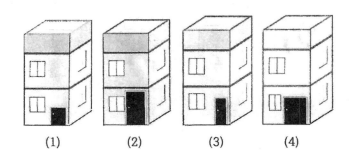

(1)   (2)   (3)   (4)

(57) 아래는 1間으로 이루어진 원룸형태의 주택이며, 출입문이 밖에서 안으로 밀고 들어가는 형태로 되어 있어 이를 "內推門(내추문)"이라 한다. 내추문의 경우는 밖에서 안으로 들어가게 되니 밖의 生氣가 가택 안으로 많이 유입되는 경우로, 가택 안의 묵은 氣를 밖으로 내몰고 밖의 生氣를 유입시켜 가택 전체를 순환시키니 가택 안이 항상 신선함을 유지하게 되어 가택의 운세가 좋아지는 것이다.

이와는 반대로 밖에서 출입문을 열고 안으로 들어가는 구조를 "外推門(외추문)"이라 한다. 외추문의 경우는 門을 열 경우 가택 안의 묵은 氣가 밖으로 쏟아져 나오게 되어, 밖의 신선한 氣를 안으로 유입함을 막게 되니 吉하지 못한 것이다. 가택의 운세가 점차 쇠퇴해지는 것이다.

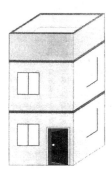

7. 공공기관公共機關의 길흉吉凶

(01) 아래는 공공기관의 물품 제조공장이다. 굴뚝이 乾方에 있고, 건물 棟은 坎坐離向이고, 사무실은 震坐兌向으로 자리하고 있으며, 大門은 巽方에 자리하고 있다. 大門이 巽方이니 後天洛書九宮 卦宮數理의 3元 9運法 약칭하여 "洛書元運法(낙서원운법)"에 의거 4運에 吉하고, 離方쪽으로 약간 偏向(편향)하여 大門을 改修(개수)한다면 9運도 吉하다. 사무실이 있는 震方은 生氣方이 되어 陽宅九星法에 적합하여 吉하며 직원들의 업무능력도 향상될 것이며 이에 따른 실적도 향상되리라 판단한다.

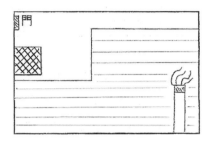

(02) 아래는 공공기관의 물품 제조공장이다. 大門은 艮方에 있고, 사무실은 震方에 있으며, 건물은 離坐坎向으로 넓고 크게 자리하고 있다. 艮門이니 下元 8運에 吉한데, 사무실은 震方이니 陽宅九星法을 적용하면 六殺方이라 凶하다. 사무실을 옮기거나 離方으로 大門을 改修(개수)함이 좋다.

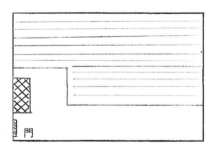

(03) 아래는 공공기관의 구조이다. 大門은 乾方에 있고, 사무실은 子坐午向이고, 건물은 북에서 남으로 길게 지어져 있으며, 震方에 小池가 있다. 大門이 乾方

과 兌方에 걸쳐있으니 "開門引氣之法(개문인기지법)"을 적용하면 中元과 下元에 發財(발재)하게 된다. 乾門을 기준하여 陽宅九星을 附法(부법)하면 坎方은 六殺方이니 사무실은 이전함이 좋겠다.

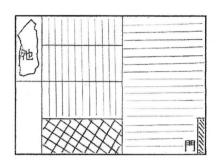

(04) 아래 공공기관의 제조공장이다. 大門은 坎方에 있고, 離方에 굴뚝이 있으며, 乾方에 사무실이 있다. 坎門이니 上元에 發財(발재)하게 된다. 坎門을 기준하여 陽宅九星을 附法(부법)하면 사무실이 있는 乾方은 六殺方이니 이전함이 좋겠다.

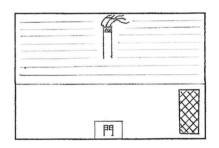

(05) 아래는 공공기관의 구조이다. 大門은 兌方에 있고, 小池가 坤方에 있으며, 震方에 多層(다층)의 사무실이 있는 형태이다. 下元 8運에는 坤方의 小池가 零神水(영신수)가 되니 下元에 大發하고, 兌門에서 坤方의 小池는 天醫方(천의방)이며 催官格(최관격)이니 貴氣(귀기)를 받아들일 수 있는 것이라 높은 官職(관직)이 기약된다. 兌方 7運에는 坤2方의 小池가 催官水(최관수)가 되니 得官할 것이라 판단하는 것이다.

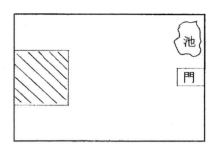

(06) 아래는 공공기관의 구조이다. 大門은 乾方에 있고, 사무실은 坎方으로 치우쳐 있으며, 巽方에 小池가 있는 형태이다. 乾門이니 中元 6運에 吉하다. 中元 6運에는 巽方의 小池가 零神水(영신수)가 되니 發財(발재)하는 것이고, 下元 9運에는 巽4方의 小池는 催官水(최관수)가 되니 吉氣를 받아들여 貴도 기약된다.

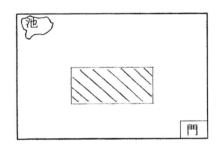

(07) 아래는 공공기관의 구조이다. 大門은 丁方에 있고, 사무실은 辛方에 있으며, 乙方에 小池가 있고, 癸方으로 넓게 공장이 자리하고 있다. 離門이니 下元 9運에 吉하다. 四方位에 해당하는 乙辛丁癸가 全位하니 운세가 旺하다.

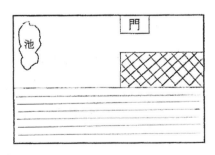

(8) 아래는 공공기관의 구조이다. 大門은 乾方에 있고, 사무실은 癸方에 있고, 공장은 乾, 震, 巽, 離, 坤方에 넓게 자리하고 있다. 上元과 中元에 吉하고, 陽宅九星法(양택구성법)에 적합하게 배치한다면 下元 역시 吉하다.

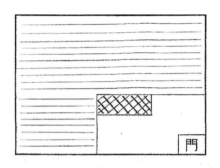

(09) 아래는 공공기관의 구조이다. 大門은 震方이고, 공장은 兌坐震向으로 자리하고 있다. 大門은 震方에 자리하여 震方의 氣를 얻을 수 있는 것이다. 上元에 吉하다. 震門이니 震方의 사무실은 陽宅九星法(양택구성법)에서 伏位方(복위방)이라 역시 吉하다.

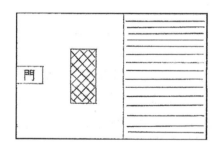

(10) 아래는 공공기관의 제조공장이다. 大門은 坎方에 자리하고, 공장과 굴뚝은 離方에 자리하고 있고, 사무실은 離坐坎向이다. 坎門이니 上元에 吉하다.

離方의 굴뚝은 坎門 기준하여 延年方이고, 사무실은 坎方이라 伏位方이니 역시 吉한 것이다. 사업의 번창이 기약되는 吉한 배치이다.

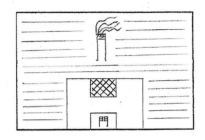

(11) 아래는 공공기관이다. 大門은 兌方에 있고, 巽方과 坤方에 小池가 있으며, 사무실은 震方에 자리하고 있다. 이런 구조는 巽方과 坤方의 水氣를 받아들이고 또한 大門이 兌方이니 兌方의 氣 또한 받아들일 수 있는 것이다. 下元에 發財하고 福祿(복록)이 長久(장구)하다.

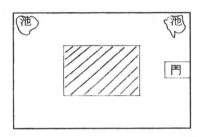

(12) 아래는 공공기관의 구조이다. 大門은 離方에 있고, 巽方과 坤方에 小池가 있으며, 사무실은 坎方에 자리하고 있다. 離門이니 下元 9運에 吉하다.

中元 6運에는 巽方의 小池가 零神水(영신수)가 되니 發財하고, 下元 8運에는 坤方의 小池가 零神水(영신수)가 되니 역시 發財한다. 또한 巽方과 坤方의 水氣를 받아들이게 되니 上元 2運과 中元 4運도 역시 吉하다. 下元에는 양택구성법에 맞게 改修(개수)한다면 또한 발전이 기약된다.

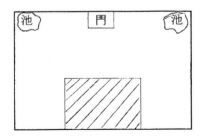

(13) 아래는 공공기관의 구조이다. 大門은 坤方에 있고, 사무실은 震方에 있으며, 공장은 乾, 坎, 艮方에 걸쳐 넓게 자리하고 있다. 上元에 吉하고, 양택구성법에 맞게 구조를 改修(개수)한다면 下元에도 吉하다.

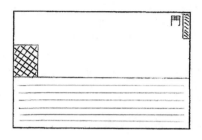

(14) 아래 공공기관의 구조이다. 大門은 兌方에 있고, 사무실은 艮方에 있으며, 공장은 離方에 자리하고, 巽方에 小池가 있다. 大門을 기준하여 양택구성을 부법하면, 艮方은 延年方(연년방)이고, 巽方은 六殺方이다. 巽方 六殺方의 小池의 위치를 바꾼다면 크게 發財(발재)할 수 있는 것이다.

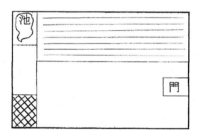

(15) 아래는 공공기관의 구조이다. 大門은 坤方이고, 乾方에 小池가 있고, 사무실은 坎方에 자리하고 있다. 坤門이니 上元에 吉하고, 乾方의 水氣를 받아들이니 中元에도 역시 吉하다.

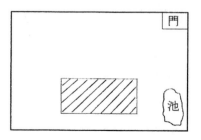

(16) 아래는 공공기관의 구조이다. 大門은 離方에 있고, 巽方과 坤方의 공장은 左輔(좌보), 右弼(우필)에 해당되며, 帝座(제좌)인 坎方에 사무실이 자리하고, 그 뒤쪽에 小池가 있다. 이는 일종의 君臣奉朝(군신봉조)의 형태로 吉格이다. 下元에 大發한다.

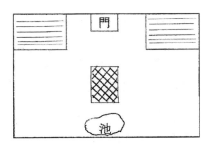

(17) 아래는 공공기관이다. 大門은 艮方에 있고, 坤方에 小池가 있으며, 사무실은 坎方과 艮方에 걸쳐있고, 공장은 震, 巽, 離, 坤, 兌方에 넓게 자리하고 있다. 艮門이니 下元에 吉하다. 大門 기준하여 양택구성을 부법시 坤方은 生氣方이니 小池의 水氣를 받아들일 수 있어 上元도 吉하다.

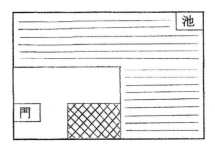

(18) 大門이 巽方에 있고, 사무실은 離方에 있으며, 공장은 坤, 兌, 乾, 坎, 艮方에 걸쳐 넓게 자리하고 있다. 巽門 기준하면 離方은 天醫方(천의방)이라 吉하다. 공장은 넓게 자리하고 있으나 坎方이 중심되니 坎方은 生氣方이라 吉하다. 上元과 中元에 모두 吉하다.

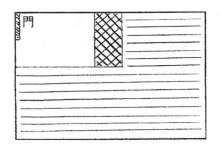

(19) 아래는 공공기관의 구조이다. 大門은 兌方에 있고, 乾方에 小池가 있으며, 사무실은 坤方에 있고, 공장은 坎方과 震方, 巽方, 離方으로 넓게 자리하고 있는 형태이다. 兌門이니 下元에 吉하고, 小池가 있는 乾方은 大門 기준하여 양택구성을 부법하면 生氣方이니 水氣를 받아들일 수 있어 中元에도 吉하다.

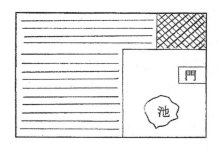

(20) 아래는 공공기관의 구조이다. 大門은 坤方에 있고, 사무실은 離方에 자리하고 있으며, 공장은 坤方을 제외한 三隅方(삼우방)에 넓게 자리하고 있다. 坤門이니 上元에 吉하다. 사무실은 六殺方이라 吉하지 못하니 이전함이 좋겠다.

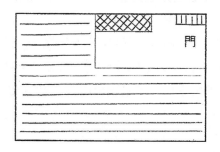

(21) 아래는 공공기관의 구조이다. 大門은 震方에 있고, 사무실은 離方에 있으며, 공장은 巽方을 제외한 三隅方(삼우방)에 넓게 자리하고 있다. 震門이니 上元에 吉하고, 震門 기준하면 離方은 生氣方이니 사무실의 위치 역시 吉하다.

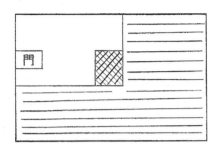

(22) 아래는 공공기관이다. 帝座(제좌)인 坎方에 大門이 있고, 사무실은 酉坐卯向이고, 공장은 巽, 離, 坤方에 걸쳐 넓게 자리하고 있다. 坎門이니 上元에 吉하다. 坎門 기준하면 兌方의 사무실은 禍害方(화해방)이니 凶하여 이전함이 좋은 것이다.

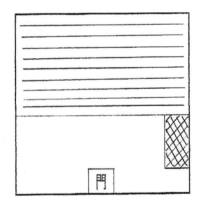

(23) 아래는 공공기관의 물품제조공장이다. 大門은 離方에서 약간 坤方으로 치우쳐져 있고, 굴뚝은 震方에 있으며, 사무실은 離方에 있으며, 공장은 乾, 坎, 艮方으로 넓게 자리하고 있다. 離門이면 굴뚝은 震方으로 生氣方이며 上元에 發財(발재)하고, 사무실은 공장의 중심 기준하여 伏位方(복위방)이니 역시 吉하다. 대문이 離門이니 또한 下元에 吉하다.

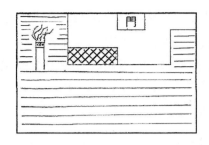

(24) 아래는 공공기관의 물품제조공장이다. 大門은 離方에 있고, 巽方에 小池가 있으며, 사무실은 兌方에 자리하고, 공장은 震, 艮, 坎, 乾方으로 넓게 자리하고 있다. 離門에 巽方은 天醫方(천의방)이니 吉하여 水氣를 받아들이게 되니 中元에 吉하고, 또한 離門이니 下元에 역시 吉하다.

(25) 아래는 공공기관이다. 大門은 乾方에 있고, 사무실은 兌方에 있으며, 震方에 小池가 있다. 乾門이니 中元에 吉하고, 乾門 기준하여 兌方의 사무실은 生氣方이니 下元 역시 吉하다.

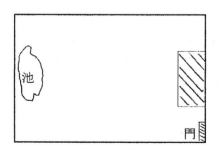

(26) 아래는 공공기관이다. 大門은 震方에 있고, 사무실 역시 震方에 있으며, 兌方에 小池가 있다. 이는 "震兌相交(진태상교)"의 格으로 吉하다. 震方에 大門이 있으니 上元에 大吉하다.

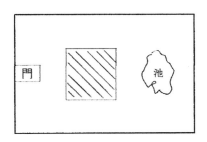

(27) 아래는 공공기관의 물품제조공장이다. 大門은 兌方에 있고, 공장은 中央과 坎方, 艮方을 차지하며 넓게 자리하고 있다. 震方의 小池가 彎曲(만곡)의 형태로 離方을 거쳐 坤方에 이어지니 大吉한 구조이다. 下元 7運에 크게 大發하는 格이다.

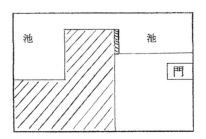

(28) 아래는 공공기관의 물품제조공장이다. 大門은 帝座(제좌)인 坎方에 있고, 공장은 巽, 離, 坤方으로 넓게 자리하고 있으며, 艮方에 小池가 있다. 坎門이니 上元에 吉하다. 離方의 공장은 延年方(연년방)이니 역시 吉하다.

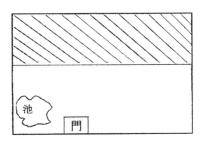

이론 理論

제1장
가택家宅의 상相

1. 택지宅地의 길흉吉凶

◉ 정원의 가운데 연못은 기온을 차게 하고, 생기의 흐름을 차단하므로 凶하고, 또한 바위와 같이 서 있는 돌은 陰氣를 유발한다 하여 역시 凶하다고 한다. 그러나 가옥의 구조상 타 방향에서 凶殺이 들어와 가택을 침범하여 흉운이 태동되는 경우는 연못을 파서 흉화를 제압하는 방법도 있다.

◉ 宅地는 뒤가 높고 앞이 낮으면 吉하다고 한다. 가업이 흥왕하고 家産이 점증하는 吉宅이다.

◉ 宅地가 艮方(동북방)이나 坤方(서남방)에 凹凸(요철)이 있는 것은 凶한 것이고, 乾方(서북방)이나 巽方(동남방)이 약간 나온듯한 것은 吉하다.

◉ 삼각형의 宅地는 형태가 첨예하므로 火災나, 刀傷, 官災口舌을 發하는 형상이므로 凶하다.

◉ 시냇물을 宅地 안으로 끌어들이는 것은 凶하다.

◉ 도로의 폭 보다 宅地가 안쪽으로 길면 財福(재복)이 있다고 판단한다.

◉ 宅地가 수목이 울창했던 경우라면 뿌리가 남지 않도록 완벽하게 제거해줌이 吉하다.

◉ 집의 규모는 큰데 식구수가 적으면 凶하다.

◉ 집의 규모는 작은데 식구가 많으면 吉하고 흥성해진다.

◉ 가택의 담장이나 울타리가 반듯하고 정돈되어 있으면 길하고, 기울거나 금이 가 있으면 凶하다.

◉ 大門에 인접하여 전면이나 좌우에 높은 나무나 전신주가 있으면 凶하다.

◉ 大門에 인접하여 전면에 바위가 있는 것은 흉하다. 人丁과 재물의 손실이 따르게

된다.

⊙ 대문 앞에 오래 묵은 古木이나 큰 바위가 있으면 가솔들에게 여러 흉액이 발생한다.

⊙ 가택 안에 나무나 화초가 잘 자라고 六畜도 번성하면 가택이 吉한 것이고, 그렇지 못하면 凶하다.

⊙ 집은 작은데 마당이나 정원이 너무 넓으면 凶하다.

⊙ 막다른 골목에 있는 집은 凶하다.

⊙ 주변의 땅보다 낮은 곳에 위치한 가택은 凶하다.

⊙ 두개의 가택이 인접하여 붙어있는데, 어느 한쪽이 다른 쪽의 가택보다 낮게 위치하면, 낮은 곳의 가택은 점차 가세가 기울게 되어 凶하다.

⊙ 가택과 인접하여 주유소와 같은 위험물을 다루는 건물이 있으면 凶하다.

⊙ 가택의 정원에 가택의 지붕보다 높은 정원수를 심어 가꾸는 것은 凶하다.

⊙ 가파른 산 아래의 집

가파른 산 아래의 경우는 산위에서부터 내려오는 용의 움직임이 갑자기 멈춰선 것이다. 이처럼 산세의 흐름이 갑자기 단절된 경우에는 산을 타고 흘러내리는 氣 또한 끊어졌다고 판단하는 것이니 吉하다고 판단하지 못하는 것이다.

⊙ 산기슭에 있는 가택

풍수에서 말하는 산의 氣는 높은 곳에서부터 낮은 곳으로 완만히 흘러 이동하는 것을 吉하다 하는데, 이는 마치 물이 천천히 구불구불 흘러가는 彎曲水(만곡수)와 같은 형태를 吉하다 하는 것과 같은 맥락이다. 그러나 산기슭이라면 氣의 흐름이 급경사를 이루고 내려오는 형태이니, 가택에서 山의 氣를 받아들여 가택에 오래 머물게 할 수 없는 형국이라 凶하다 판단하는 것이다. 우선 홍수가 나는 경우 土砂가 흘러내릴 수 있고, 겨울에는 바람의 영향을 많이 받으니 吉하지 못한 것이다.

또한 이런 곳에 거주하게 되면 山의 氣를 聚氣蓄積(취기축적)할 수 없으니 재물이 退財하게 되고 人丁도 衰하게 되며 예기치 않은 사고와 질병이 多發하는 凶宅인 것이다.

⊙ 산의 절개지 밑에 있는 가택

요즈음 전원주택의 경우에 대지를 넓게 확보하기 위해 뒤쪽의 산을 절개하여 담장을 축조하는 경우를 종종 볼 수 있다. 이러한 가택은 산의 절개로 인해 斷層(단층)이 생기니 우선 氣의 흐름이 단절되어 凶한 것이고 두 번째는 단층의 형태가 되어 일종의 殺氣가 태동하니 이를 "斷層殺(단층살)"이라 하며 매우 凶한 것이다. 이러한 곳에 거주하게 되면 식구들에게 단명수가 따르게 되고, 손재수가 다발하고 예기치 않은 사고와 질병이 발생하게 되는 凶宅이다.

◉ 계곡입구의 가택

계곡입구의 경우도 역시 흉하다. 우선 큰 비가 올 경우 물이 넘쳐 집안으로 들어올 염려가 있고, 또한 풍수학에서는 물을 재물로 보는데, 계곡입구의 경우는 산 위에서 내려오는 물이 계곡 밑으로 빠져나가니 재물이 모아지지 않고 흩어져 분산된다고 판단하는 것이다. 따라서 가택이 흥성해지지 못하니 좋은 환경이 못되는 것이다. 한편으론 물은 사람의 氣를 빼앗아간다고 풍수학에서 논한다. 따라서 물 가까이에서 집을 짓고 산다면 氣를 빼앗기게 되니 건강문제와 정서불안 등의 문제가 발생할 수 있는 것이다.

◉ 황량한 벌판 위에 홀로 있는 집

좋은 집이라는 것은 좋은 기운이 항시 가택을 감싸고, 生氣가 순환유통되며, 바람과 물의 영향을 적게 받는 집이 좋은 집이다. 황량한 벌판의 경우는 당연히 바람의 세기가 강해서 좋은 기운을 머물지 못하게 하고 흩뜨려 놓으니 가운이 흥성해질 수 없는 것이다. 또한 이런 곳은 부부간의 불화가 잦고, 아이들도 정서적으로 불안정하여 올바르게 자라지 못하는 경우가 많고, 부모형제자 매간에 돈독치 못하고, 잦은 질병과 예기치 않은 사고가 자주 발생하고, 재물이 모아지지 않고 흩어지는 凶宅에 속하는 것이다.

◉ 막다른 길에 자리 잡은 집

여기서는 도로의 끝 부분에 자리한 집과 정자 도로의 끝에 해당하는 집을 말한다. 이러한 곳은 풍수의 개념을 굳이 도입하지 않더라도, 화재나 사고 등의 긴급한 사항이 발생할 경우 적시에 대처하기가 어렵고, 또한 출입시 남의 집 앞을 지나야 하니 여러 가지 불편 사항이 따른다.

특히 정자 도로의 끝 집은 도로교통상 사고의 위험이 빈번할 수 있고, 생기가 잘 유통되지 못하니 家運이 번창하기를 기대하기 힘들다.

◉ 출입문 입구에 큰 나무가 서 있는 집

출입문은 집안의 기운과 밖의 기운이 서로 유통되고 순환되는 중요한 장소이다.

그런데 출입문 앞의 큰 나무는 그늘을 만들어 陰氣를 생성하니 陽氣가 집안으로 들어옴을 저해하는 것이니 가운이 침체되는 요소가 되는 것이다. 일반적으로 宅經(택경)에서는 집안의 정원에 많은 樹木(수목)이 있는 것을 기피하지만 대나무가 있는 집은 풍수상 吉하다고 본다. 그러나 이때에도 대나무의 높이가 집 울타리를 넘을 정도로 큰 것은 凶하다고 판단한다.

⊙ 서쪽에 도로가 있는 집

양택풍수에서는 가택의 자리가 북을 등지고 남쪽을 바라보게 집을 짓는 것을 吉하다고 판단한다. 북쪽은 팔괘상 坎卦에 속하고 오행으로는 水에 속한다. 우리나라는 지리적으로 겨울에 북풍이 강하다. 좋은 집이라는 것은 바람의 영향을 적게 받고, 집안에 좋은 기운을 머물게 하고, 맑은 기운이 순환 유통됨을 최고로 길하다고 판단하는 것이다. 이러한 이치를 감안하면 家坐가 북쪽을 등지고 남쪽을 향해야만 좋은 요소를 모두 갖추는 것이다. 또한 이렇게 해야 햇볕이 잘 들고, 햇볕을 많이 받는 남쪽을 향하여 텃밭이나 정원을 가꿀 수 있으니 식물이 잘 자라게 되고, 이웃집과의 공간도 넓게 확보할 수 있으니 여러모로 좋은 점이 많은 것이다. 가택이 坎坐라면 서쪽은 兌方으로 양택구성에서 禍害方(화해방)에 속하니, 서쪽에 도로가 있으면 禍害의 흉살을 막아주니 吉하다 판단하는 것이다.

⊙ 서북쪽에 큰 나무가 있는 집

양택에서는 서북쪽에 있는 큰 나무는, 집을 지켜주며 행복을 가져오는 나무로 여기고 이를 베거나 손상시키면 그 집에 흉운이 닥쳐온다고 믿어왔다. 이는 우리나라뿐만 아니라 동양의 전통적인 사고방식으로, 옛날부터 겨울에는 계절풍의 영향으로 북쪽의 시베리아와 몽골지방에서 시작된 북풍이 황사를 동반하여 우리나라와 중국지방에 불어왔던 것이다. 따라서 서북쪽의 나무는 이러한 것들을 막는 방풍림의 역할을 하였고, 가옥을 보호하는 역할을 하여주었던 것이다. 그것이 지금까지 이어져오고 있는 것이다.

또한 家相學(가상학)에서는 우리나라의 전통가옥은 대체로 子坐午向이 많은데, 子水는 坎方에 속한다. 따라서 양택풍수에서 九星을 붙이면 坎宮의 坎卦를 本卦로 시작하여 一上變 生氣, 二中變 五鬼, 三下變 延年, 四中變 六殺하여 九星을 부법해 나가면, 四中變에 가서는 乾卦로 乾方이 六殺方이 되는 것이다. 이는 失財, 桃色(도색), 破家(파가)의 凶方이니 나무를 심어 六殺의 흉운을 막고자 했던 조상들의 지혜가 엿보이는 것이다. 九星을 붙이는 방법은 제2편에서 상세히 다루기로 한다.

⊙ 주위의 집보다 높은 집

양택풍수에서는 주위의 집보다 한집만이 유독 높이 자리하고 있으면 凶한 家相으로 본다. 이러한 주택은 재물을 모을 수가 없다. 우선은 전체적인 조화를 깨뜨리게 되므로 凶하고, 두 번째는 계절에 따라 부는 바람의 영향에서 집이 높으면 주위의 집들로 인해 바람이 감쇠되는 防風의 혜택을 받지 못하고, 세번째는 풍수에서의 氣의 흐름은 높은 곳에서 낮은 곳으로 흐르는데, 이는 역시 양택풍수에도 적용되어 주위의 집보다 높으면 가택의 기운이 낮은 집 쪽으로 흘러가니 生氣가 머물 수 없다고 판단하기 때문이다.

⊙ 자식이나 형제의 집을 한 울타리에 짓는 것은 어느 한쪽이 衰하게 되므로 凶하다고 판단한다.

⊙ 임신 중에 집을 짓거나 수리하는 것은 凶하다.

⊙ 빗물이나 하수구가 艮方(동북방)이나 坤方(서남방)으로 흘러가게 되어 있으면 凶하고, 이곳에 쓰레기나 폐기물 등이 쌓여 있어도 凶하다. 후천낙서구궁의 艮8宮과 坤2宮은 土局이며 鬼神이 왕래하는 "鬼門方(귀문방)"이라 하는데, 艮方은 "表鬼門(표귀문)" 坤方은 "裏鬼門(이귀문)"이라 하여 이 곳에 흉물이 있는 것은 기피하는 것이다.

⊙ 가택의 뒤쪽에 작은 便門(편문)이 있으면 吉하다.

⊙ 정원에 큰 나무가 있는 것은 災害(재해)의 근원이 되므로 凶하다고 한다.

⊙ 가택과 담장과의 거리가 너무 좁으면 凶하다.

2. 가택내부의家宅內部의 길흉吉凶

〈家宅構造(가택구조)〉

⊙ 1間(간=칸)은 吉하고, 2間은 무애무덕하고, 3-4間은 凶하고, 5-6-7間은 吉하고, 8間은 凶하고, 9間은 吉하다고 본다.

⊙ 뒤 창문이 없는 집은 부부 중 한쪽이 凶禍(흉화)를 겪는다.

⊙ 전통가옥에서 대문이 크고 집이 작으면, 旺하게 引入되는 氣가 작은 집을 압도하여 일종의 殺氣로 작동하게 되니 凶하다.

⊙ 집안의 방문들은 큰데 방이 작으면 가운이 점차 쇠퇴해가므로 凶하다.

⊙ 북쪽의 화장실은 大凶하고, 현관문과 마주보면 식구 중에 殘疾(잔질)이 많고, 재물이 빠져나가며 惡瘡(악창)을 많이 앓는다.

⊙ 계단을 중앙에 배치하면 凶하다.

⊙ 창문은 동향이 좋고, 북향의 창문은 부인에게 해롭다.

⊙ 본 택의 서편에 별당이 있으면 부부에게 吉하다.

⊙ 통행하는 길 위의 房은 大凶하다.

⊙ 기둥을 잇거나 땜질해서 사용함은 大凶하다.

⊙ 처마나 차양에 구멍을 내어 나무를 살리는 것은 大凶하다. 굴뚝도 마찬가지다.

⊙ 마루나 방을 층이 되게 꾸민 집은 大凶하다.

⊙ 정면에서 보아 집의 구조가 凹凸形이 되거나, 申字形이 되거나, 火字形이 되는 가옥은 대흉하다.

⊙ 집을 지을 때 목재를 거꾸로 세워 쓰는 것은 大凶하다.

⊙ 집안의 문짝이 문틀과 잘 맞지 않고 뒤틀려 있으면 가정불화가 잦다.

⊙ 건강이 좋지 않은 老父母와 같이 거주할 시는, 양택구성의 延年方으로 老父母를 居하게 함이 좋다. 延年方은 건강, 長壽, 활력 등과 연관되는 吉方이기 때문이다.

〈出入門. 玄關門(현관문)〉
⊙ 대문과 현관이 일직선상에 배치되면 凶하다.

⊙ 출입문에서 화장실문이 마주 보이면 凶하다. 재물의 손실이 있게 된다.

⊙ 현관문과 침실이 일직선상에 있으면 凶하다.

⊙ 가택에 출입문이 두 곳인데 전면의 출입문보다 후면의 출입문이 크면 손재수가 있게 된다.

⊙ 출입문이 있는 현관과 화장실, 욕실은 밝게 함이 좋다. 화장실과 욕실은 陰氣가 旺한데 밝게 하여 陽의 기운과 중화를 이롭도록 해야 길한 것이다. 그리고 대체로 현관에 배치하는 신발장은 항시 밝고 청결하게 하고, 오랫동안 신지않는 신발 등은 별도의 창고에다 보관하거나 버리도록 한다. 또한 신발장 주변에는 작은

관상용 화분 등을 두어 항시 살아있는 氣의 생동감을 통해 신발장의 어둡고 습한 陰氣를 밝은 陽氣로 순환토록 해줌이 좋다.

◎ 현관문과 베란다창이 마주하고 있으면, 현관으로 들어온 신선한 氣가 순환되지 못하고 베란다 창으로 모두 빠져나가니 재물운도 역시 빠져나가게 되는 凶한 구조이다.

◎ 고층아파트의 경우라면 현관문과 엘리베이터의 문이 마주해서는 좋지 않다. 엘리베이터는 1층에서부터 生氣를 끌어오기도 하지만, 반대로 門을 통해 집안으로 들어와야 할 生氣를 반대로 끌고 내려가기도 하기 때문이다.

◎ 내 집의 현관문과 다른 집 현관문이 마주하면 일종의 "對沖殺(대충살)"이 작동하는 것으로 논하며 凶하다.

◎ 현관문을 열고 들어가면 좁은 복도가 이어지는 구조는 凶하다. 현대식 다소 넓은 평형의 아파트를 보면 현관문과 좁은 복도가 이어지며 양 쪽으로 방이 있고 다시 그 안쪽으로 거실과 주방이 위치한 구조를 종종 볼 수 있다. 이러한 구조는 흉한 것으로, 방이 복도의 좌우에 있어 양쪽으로 분리되니 거주자간 의견충돌과 불화가 잦고, 좁은 복도로 인해 引入되는 氣가 凶殺로 작동하게 되니 예기치 않은 사고와 질병이 자주 발생하게 되는 것이다.

◎ 복층식의 아파트나 빌라인 경우에 현관문과 집안에 있는 계단이 마주하고 있으면 재물이 疏散(소산)되니 凶하다.

〈居室(거실)〉

◎ 집의 중앙에 거실을 배치하고. 거실을 중심으로 방을 양택론에 의거 배치하면 吉하다.

◎ 가택의 거실에 60cm 이상 되는 화분의 나무가 있는 것은 凶하다.

◎ 가택의 거실이나 방에 사람 키 보다 높은 선반이나 조형물이 있는 것은 일종의 "高壓殺(고압살)"이 작동한다 하여 凶하다.

◎ 대체로 거실에 많이 있는 텔레비젼이나 오디오, 노트북 등의 가전제품 등은 전자파로 인한 氣의 손상을 초래할 수 있음으로, 가까이에 작은 관상용 화분을 한두 개 두어 생기의 파동으로 인해 전자파의 위해 요소를 소산시키도록 함이 건강에 좋다.

⊙ 집안의 거실은 항시 청결하게 유지하고 가구나 생활용품들은 정리정돈이 잘되어 있어야 한다.

⊙ 거실의 소파는 현관문과 등지게 해서는 흉하다. 현관문을 통해 들어오려는 신선한 기가 소파의 등받이에 의해 차단되기 때문이다.

⊙ 집안 거실에서 후천낙서구궁의 艮8方은 鬼門方으로 鬼神이 왕래하는 방위이다. 이곳에 화장실이 있으면 凶하다.

⊙ 집안 거실의 가구는 네모난 것 보다는 둥글둥글한 원형을 사용하면 좋다.

⊙ 집안 거실에서 방바닥은 따듯하게 하고, 노란색이나 황색계통의 장판을 깔아두면 재물운을 불러오니 좋다.

⊙ 집 한가운데에 화장실이 있으면 재물이 소산되고, 집주인이 병약해지거나 각종 질환에 시달리게 되므로 凶하다.

⊙ 가택 실내의 가구 배치는 벽과 10cm 정도 띠어놓아 공기의 흐름이 구석구석 통과하며 순환되게 함이 吉하다.

⊙ 집안의 내부공간에 비해 화분이나 장식용 사물들, 운동기구 등을 많이 매치해 놓으면 凶하다.

⊙ 집안 거실에서 창문은 동쪽으로 내어 생기를 듬뿍 받아들이게 함이 좋다.

⊙ 집안 거실에서 동쪽 방향에 양택구성의 4凶星이 위치하면 식구들에게 간과 담, 신경계통에 질환이 발생하기 쉽다.

서쪽 방향에 4凶星이 위치하면 식구들에게 폐와 대장, 피부 등에 질환이 발생하기 쉽다.

남쪽 방향에 4凶星이 위치하면 식구들에게 심장과 소장, 혈관계질환이 발생하기 쉽다.

북쪽 방향에 4凶星이 위치하면 식구들에게 신장, 방광, 허리, 척추, 순환기계 질환이 발생하기 쉽다.

〈主人房. 寢室(침실)〉

⊙ 침실과 침대가 일직선상에 있는 것도 吉하지 못하다.

⊙ 침실의 침대 뒤에 가택의 내부구조상 빈 공간이 있는 것은 凶하다. 빈 공간이 있다는 것은 나의 조력자가 없는 것과 같이 논하니 연장자나 귀인의 도움을 받기

어렵고 사업운이나 출세운도 막히게 되는 것이다.

⊙ 침실의 문이 두개인 경우도 凶하다.

⊙ 침실 침대의 머리 부분에는 잡다한 사물을 놓지 않고 깨끗이 정리정돈 해둠이 좋다.

⊙ 방문을 열고 들어갈 때 거울이 마주하고 있으면 흉한 꿈을 자주 꾸게 되어 흉하다. 이는 방문을 통해 들어오는 신선한 氣를 다시 반사시켜 되돌려 놓아, 방안의 氣를 순환시키지 못하게 하니 凶한 것이다.

⊙ 현대의 복층식 빌라나 전원주택의 경우에 간혹 주방 위에 침실을 배치하는 경우도 있는데 흉하다. 주방은 空缺(공결)되고 트여있는 부분으로 氣의 흐름이 위층까지 전달되지 않으므로 이러한 침실에 거하게 되면 잔병치레를 많이 하게 되고, 흉몽을 자주 꾸게 된다.

⊙ 방의 양쪽에 창문이 있어 방문 외에 창이 2개있는 경우이다. 이러한 구조는 흉한 것으로 방문을 통해 들어온 신선한 기는 방안을 골고루 순환한 후 천천히 빠져나가야 하는데, 창문이 두 개이면 순환을 하지 못하고 그대로 빠져나가기 때문이다.

⊙ 전원주택이나 복층식 빌라의 경우 위층으로 올라가는 계단 옆에 침실이 있는 구조가 간혹 있는데 이는 매우 凶하다. 계단은 층이 진 형태이니 일종의 殺로 작동하게 되어 이를 양택풍수에서는 "壁角殺(벽각살)"이라 하는데, 예기치 않은 질병과 사고를 유발하며, 재물운도 敗退(패퇴)하게 만드는 凶한 구조이다.

⊙ 주방과 화장실이 마주 보이는 구조도 凶하다.

〈廚房(주방)〉

⊙ 주방의 가스대손잡이(火口)가 밖에서 보이면 大凶하다.

⊙ 주방의 가스대손잡이(火口)와 냉장고의 門이 마주하면 음양오행상 水火相爭하는 것이니 凶하다.

⊙ 주방과 식사하는 식당의 장소는 분리되어 있는 것이 좋다. 주방은 건강운 및 재물운과 연관된 중요 장소이나, 조리과정을 통해 여러 혼탁한 氣가 혼합되어 인체에 흡입되기도 한다, 따라서 조리는 주방에서 음식섭취는 분리된 장소에서 함이 좋은 것이다. 또한 작은 관상용 화분을 두어 항시 시선한 氣를 느끼도록 함도 좋다.

⊙ 아궁이(火口)가 우물을 향해 있으면 凶하다. 현대식 아파트의 경우라면 가스대의 손잡이가 주방의 씽크대나 냉장고의 문과 마주해서는 좋지 않다.

⊙ 주방은 집안 식구들의 섭생과 건강을 책임지는 중요한 장소이다. 따라서 生氣가 가장 왕성한 동쪽으로 배치함이 좋다.

⊙ 가택 내부가 복층식의 구조인 경우에는 주방이나 가스레인지가 1층에 있도록 함이 좋고, 2층에 있게 되면 사업과 家運이 침체되고 결국 破財하게 된다.

〈化粧室(화장실)〉

⊙ 화장실은 가택의 구조에서 하나의 흉물인 장소이며, 물을 많이 사용하는 곳이라 水와 연관이 많고 자연 陰氣가 旺한 장소중의 하나이다. 八卦方에서 水가 旺한 곳은 북쪽의 坎方인데 이곳에 화장실이 있게 되면, 陰加陰이 되어 陰氣가 太旺해지게 되어, 家率들에게 신경쇠약, 예기치 않은 사고, 桃花와 연관된 추문, 생식기계통 및 허리관련 질병에 걸리기 쉬운 것이다.

비보책으로는 사철나무 花盆(화분)을 화장실 출입문 양쪽에 두어 水生木하여 旺한 水氣를 洩氣시키는 방법을 쓰거나, 화장실 안의 조명을 밝게 하여 화장실의 旺한 陰氣를 밝은 조명의 陽氣로 中和시키는 방법을 쓰면 좋다.

⊙ 九宮八卦에서 土宮인 艮宮(동북방)과 坤宮(서남방)에 화장실을 배치하면 土剋水의 상극관계로 인해 예기치 않은 사고와 질병이 多發하게 된다. 이런 경우에는 금속류의 장식품을 이용하여 土生金, 金生水의 이치로 화장실의 凶한 水氣를 中和시키는 방법이 있다. 金을 이용하는 방법에는 작은 종을 화장실 문에 걸어두거나, 화장실 문을 열고 닫을 때 마다 "딩동" 등과 같은 금속성의 울림을 만들어내는 장식품을 이용하는 방법도 좋은 것이다.

3. 우물의 길흉

子方의 우물 : 도적의 침탈과 失物로 인한 損財數가 따른다.

丑方의 우물 : 음란한 자손이 多出한다.

寅方의 우물 : 生氣方이라 吉하다. 官祿은 小貴이고 문장가가 나온다.

卯方의 우물 : 生氣方이라 吉하다. 부귀겸전의 吉方이다.

辰方의 우물 : 생기방이라 吉하다. 六畜이 번성하고 家産도 풍족하다.

巳方의 우물 : 半吉半凶이다.

午方의 우물 : 六畜이 번성하고 家産이 늘어난다.

未方의 우물 : 의식이 풍족하고 부모형제자매간 和睦함이 많다.

申方의 우물 : 가업이 피폐되고 家産은 退財하게 된다.

酉方의 우물 : 음란한 자손이 多出한다.

戌方의 우물 : 형제간 不和하고 식구수가 줄게 된다.

亥方의 우물 : 자손들이 대체로 건강하고 장수한다.

◆ 우물이 뒷문과 통하는 위치에 있어 보이게 되면 흉하다. 남녀 공히 家率들에게 醜聞(추문)이 자주 발생하게 된다.

4. 생기복덕生氣福德 구궁법九宮法

(1) 擇日(택일)

택일은 글자 그대로 날을 선택하는 것이다. 우리는 일생을 살아가면서 인륜지대사라는 결혼문제와 환갑 및 칠순잔치, 이사, 각종 제사나 행사관련 등의 크고 작은 문제를 겪으며 1년 24節氣(절기)를 살아가고 있다. 따라서 일상생활을 영위함에 기왕이면 損(손)이 없고, 凶함이 없는 날짜를 선택하고자 하는 마음은 人之常情(인지상정)인 것이다. 이처럼 택일은 예로부터 우리 일상생활과 밀접하게 활용되어온 학문이며, 현재에도 다방면에서 다각적으로 유용하게 사용되는 학문이다. 양택풍수와 연관하여 吉한 날짜를 선택하는 방법인 생기복덕구궁법(生氣福德九宮法)에 대해 공부해 본다.

後天洛書 九宮定位圖
(후천낙서 구궁정위도)

❹ 巽(손) ☴ 辰.巳 3월.4월	❾ 離(이) ☲ 午月 5월	❷ 坤(곤) ☷ 未.申 6월.7월
❸ 震(진) ☳ 卯月 2월	❺ 中宮 중궁	❼ 兌(태) ☱ (10세) 酉月 8월
❽ 艮(간) ☶ 寅.丑 1월.12월	❶ 坎(감) ☵ 子月 11월	❻ 乾(건) ☰ 戌.亥 9월.10월

(2) 法(부법) 방법

〈男命〉

離宮(이궁)에서 1세를 시작하여 시계방향으로 순행(順行)시키되, 坤宮(곤궁)을 건너뛰고, 兌宮(태궁) 2세, 乾宮(건궁) 3세, 坎宮(감궁) 4세, 艮宮(간궁) 5세, 震宮(진궁) 6세, 巽宮(손궁) 7세, 離宮(이궁) 8세, 坤宮(곤궁) 9세, 兌宮(태궁) 10세로 順行하되, 兌宮(태궁)의 10세 이후는 건너뛰는 것은 없다. 따라서 乾宮(건궁) 11세, 坎宮(감궁) 12세, 艮宮(간궁) 13세…… 등으로 부기(附記)한다.

〈女命〉

坎宮(감궁)에서 1세를 시작하여 시계반대 방향으로 역행(逆行)시키되, 乾宮(건궁) 2세, 兌宮(태궁) 3세, 坤宮(곤궁) 4세, 離宮(이궁) 5세, 巽宮(손궁) 6세, 震宮(진궁) 7세, 艮宮(간궁)은 건너뛰고, 坎宮(감궁) 8세, 乾宮(건궁) 9세, 兌宮(태궁) 10세로 역행(逆行)하는데, 兌宮(태궁)의 10세 이후는 건너뛰는 것은 없다. 따라서 坤宮(곤궁) 11세, 離宮(이궁) 12세, 巽宮(손궁) 13세…… 등으로 부기하며, 남녀 공히 兌宮(태궁)에서 10세부터 시작하되 男順女逆(남순여역)한다.

이렇게 하여 당년의 나이 수만큼 진행하여 떨어지는 宮의 卦(괘)가 本 卦이다. 本 卦의 맨 위의 爻(효)를 上爻, 가운데를 中爻, 맨 아래를 下爻라 하여 아래의 부법 순서대로 八卦生氣(팔괘생기)를 각 宮에 附記(부기)하는 것이다.

(3) 附法(부법) 순서

◎ 예로, 당년 43세 男命의 경우라면, 兌宮(태궁)에서 10세를 시작하여 순행하니 乾宮(건궁)에 해당되고, 乾宮(건궁)은 乾三連(건삼련)이라 ☰로 표시한다. 즉 乾卦가 本 卦이다.

本卦	
―	上爻
―	中爻
―	下爻

◆ 一上變(일상변) 生氣(생기)이니, 현재 乾(건)卦 ☰ 에서 上爻(상효) 즉 맨위 爻가 ―陽에서 ――陰으로 변한 것이므로 결국 ☱괘가 되어 兌(태)卦로 변한 것이다. 따라서 兌宮(태궁)에 生氣(생기)를 附記(부기)하는 것이다.

◆ 다음 二中變(이중변) 天宜(천의)이니, 현재 ☱ 兌(태)卦에서 二中變(이중변) 즉 위에서 두 번째 ―陽爻가 ――陰爻로 변한 것이니 결국 ☳卦로 변하여 震(진)卦가 되므로 震宮(진궁)에 天宜(천의)를 부기하는 것이다.

◆ 다음 三下變(삼하변) 絕體(절체)이니, 현재 震宮(진궁)인 ☳ 震(진)卦에서 三下變(삼하변) 즉 위에서 부터 맨 아래쪽 爻가 ―陽爻에서 ―― 陰爻로 바뀌는 것이니 결국 ☷ 로 되어 坤(곤)卦로 바뀌는 것이니 坤宮(곤궁)에 絕體(절체)를 부기하는 것이다.

◆ 다음 四中變(사중변) 遊魂(유혼)이니, 현재 坤宮(곤궁)인 ☷ 坤(곤)卦에서 四中變(사중변) 즉 가운데 ――陰爻가 ―陽爻로 바뀌는 것이니 결국 ☵卦로 되어 坎(감)卦로 바뀌는 것이니 坎宮(감궁)에 遊魂(유혼)을 부기하는 것이다.

◆ 다음 五上變(오상변) 禍害(화해)이니, 현재 坎宮(감궁)인 ☵ 坎(감)卦에서 五上變(오상변) 즉 맨 위의 ――陰爻가 ―陽爻로 바뀌는 것이니 결국 ☴로 되어 巽

(巽)卦로 바뀌는 것이니 巽宮(손궁)에 禍害(화해)를 부기하는 것이다.

◆ 다음은 六中變(육중변) 福德(복덕)이니, 상기 巽卦(손괘)에서 가운데 爻가 ▬ 陽爻에서 ▬▬陰爻로 바뀌니 ☶ 艮卦(간괘)가 되어 艮宮(간궁)에 福德(복덕)을 부기하는 것이다.

◆ 다음은 七下變(칠하변) 絶命(절명)이니, 상기 艮卦(간괘)에서 아래 爻가 ▬▬陰 爻에서 ▬陽爻로 바뀌니 ☲ 離卦(이괘)가 되어 離宮(이궁)에 絶命(절명)을 부기하는 것이다.

◆ 다음은 八中變(팔중변) 歸魂(귀혼)이니, 상기 離卦(이괘)에서 가운데 爻가 ▬▬ 陰爻에서 ▬陽爻로 바뀌니 乾卦(건괘)가 되어 乾宮(건궁)에 歸魂(귀혼)을 부기하는 것이다. 아래 도표1과 같다.

生氣福德 附法(생기복덕 부법) 도표1

❹ 巽(손) ☴ 辰.巳 3월.4월 禍害(화해)	❾ 離(이) ☲ 午月 5월 絶命(절명)	❷ 坤(곤) ☷ 未.申 6월.7월 絶體(절체)
❸ 震(진) ☳ 卯月 2월 天宜(천의)	❺ 中宮	❼ 兌(태) ☱(10세) 酉月 8월 生氣(생기)
❽ 艮(간) ☶ 寅.丑 1월.12월 福德(복덕)	❶ 坎(감) ☵ 子月 11월 遊魂(유혼)	❻ 乾(건) ☰ 戌.亥 10월.9월 鬼魂(귀혼)

(4) 八卦生氣(팔괘생기) 풀이

擇日(택일)은 생기복덕구궁법을 위주로 판단하는데, 이는 周易(주역)의 八卦(팔괘)를 적용하여 길흉을 판단하는 것이며 奇門遁甲(기문둔갑)에서 주로 논의되는 학문이다. 다소 생소하겠으나 우리가 일상생활을 영위함에 음으로 양으로 택일이 중요한 비중을 차지하고 있으니, 기문둔갑의 "八卦生氣(팔괘생기)"와 "八門神將(팔문신장)"을 연계하여 길흉을 정리해 보고, 양택풍수와 연계하여 실생활에 응용해 보면 많은 도움이 되리라 판단한다.

순서	八卦(八門) 팔괘(팔문)	풀이
1	生氣(生門) 생기(생문)	吉慶事(길경사). 昇進運(승진운). 孕胎(잉태). 疾病回復(질병회복). 開業(개업). 土木建築工事 增改築(토목건축공사 증개축).
2	天宜(開門) 천의(개문)	酒食과 慶事(주식과 경사). 昇進(승진). 親睦之事(친목지사). 結婚運 (결혼운). 回甲宴(회갑연).
3	絕體(驚門) 절체(경문)	절상(折傷). 疾病(질병). 災厄(재액). 車事故(차사고). 損財數(손재 수). 罷職(파직).
4	遊魂(杜門) 유혼(두문)	出行(출행). 變業(변업). 移動(이동). 移徙(이사). 海外留學(해외유학)
5	禍害(傷門) 화해(상문)	各種災厄(각종재액). 官災口舌(관재구설). 損財數(손재수). 六親間 離別(육친간 이별). 破婚(파혼).
6	福德(景門) 복덕(경문)	吉慶事(길경사). 昇進(승진). 財物運(재물운). 事業始作(사업시작). 建物(건물) 등의 增改築(증개축)
7	絕命(死門) 절명(사문)	破軍(파군). 凶事(흉사). 疾病(질병). 災厄(재액). 車事故(차사고). 罷職(파직).
8	歸魂(休門) 귀혼(휴문)	墓地(묘지), 宅地(택지), 土地(토지) 등의 변동. 職業(직업)과 職責(직책) 및 勤務地(근무지) 등의 변동.

(5) 예제

상기 부법 순서에서 당년 43세의 男命은 乾宮(건궁)에 해당되니 乾三連(乾三連)하여 乾卦(☰)가 本 卦가 되는 것이다.

本卦	
―	上爻
―	中爻
―	下爻

- 一上變(일상변) 生氣(생기)이니, 맨 위의 ━(陽爻)가 ╌(陰爻)로 바뀌어 兌(태)卦(☱)로 변하니 兌宮(태궁)으로 옮기면, 이곳이 生氣(생기)가 떨어지므로 兌宮(태궁) 즉 酉月(8월)에 生氣宮(생기궁)이 되어 길한 일이 많이 생기는 달이다.
- 다음에 二中變(이중변) 天宜(천의)이니, 兌(태)(☱)에서 가운데 ━(陽爻)이 ╌(陰爻)으로 변하니 ☳되어 결국 震(진)卦(☳)가 되고 震宮(진궁)으로 옮겨서 이곳에 天宜(천의)가 떨어지므로 吉慶事(길경사)가 많이 생기는 달이다.
- 다음에 三下變(삼하변) 絕體(절체)이니, 震(진)(☳)에서 맨 아래 爻인 ━(陽爻)이 ╌(陰爻)으로 변하니 ☷卦가 되어 坤(곤)卦(☷)가 되고 坤宮(곤궁)으로 옮겨서 이곳에 絕體(절체)가 떨어지므로 절상, 질병, 재액, 손재수 등이 발생할 염려가 많은 달이다.
- 月運뿐 아니라 日辰도 마찬가지로 酉日 즉 辛酉日이나 癸酉日등은 生氣(생기)가 酉宮 즉 兌宮(태궁)에 닿게 되어 이날 日辰은 吉한 일이 많다는 것이다.
- 女命도 같은 이치로 풀어보면 된다.

5. 이사방위移徙方位 구궁법九宮法

이사방위의 길흉은 단지 집을 사거나 전세, 월세 등과 연관하여, 이사하는데 길한 방위를 논하는 것뿐만 아니라, 토지나 임야 등의 매매에 관한 吉凶方, 공장터나 가게터, 집터나 묘지터 등의 매매에 관한 길흉방, 시험이나 승진과 연관된 길흉방, 求財(구재)나 請託(청탁), 謁見(알현) 등의 길흉방 등을 종합적으로 검토하고 유익하게 활용하기 위한 학문이다. 이는 본시 奇門遁甲(기문둔갑)에서 많이 활용되는 학문이나, 양택풍수 실전 鑑定(감정)에서도 많은 사람들이 문의하는 것이므로 이에 상세하게 기술하니 폭넓게 활용하기를 바란다.

移徙方位 九宮定位圖
(이사방위 구궁정위도)

❹ 東南方 巽(손) ☴ 辰.巳 4.甑破(증파)	❾ 南方 離(이) ☲ 午 9.退食(퇴식)	❷ 西南方 坤(곤) ☷ 未.申 2.眼損(안손)
❸ 東方 震(진) ☳ 卯 3.食神(식신)	❺ 無移動 中宮 5.五鬼(오귀)	❼ 西方 兌(태) ☱ 酉 7.進鬼(진귀)
❽ 東北方 艮(간) ☶ 寅.丑 8.官印(관인)	❶ 北方 坎(감) ☵ 子 1.天祿(천록)	❻ 西北方 乾(건) ☰ 亥.戌 6.合食(합식)

(1) 布局(포국) 순서

⊙ 구궁정위도의 순서를 따라 이동한다.

⊙ 男命은 1세를 震宮(진궁)에서 시작하여 구궁정위도를 따라 해당 나이만큼 순행 이동시키셔 해당 나이에 해당하는 宮의 吉凶方을 中宮에 入시키고 나머지 길흉방은 구궁정위도상으로 순행 이동시켜 附記한다.

⊙ 女命은 坤宮(곤궁)에서 1세를 일으키어 구궁정위도상으로 순행 이동시키고, 해당 나이에 해당하는 宮의 길흉방을 中宮에 入시키고 나머지 길흉방은 구궁정위도상으로 순행 이동시켜 부기한다.

⊙ 男命은 1세, 10세가 震宮(진궁)이고, 20세가 巽宮(손궁), 30세가 中宮(중궁), 40세가 乾宮(건궁), 50세가 兌宮(태궁)…… 등으로 이동 부기한다.

⊙ 女命은 1세, 10세가 坤宮(곤궁), 20세가 震宮(진궁), 30세가 巽宮(손궁), 40세가 中宮(중궁), 50세가 乾宮(건궁)…… 등으로 이동 부기한다.

(2) 이사방위 부법 순서

1. 天祿(천록)
2. 眼損(안손)
3. 食神(식신)
4. 甑破(증파)
5. 五鬼(오귀)
6. 合食(합식)
7. 進鬼(진귀)
8. 官印(관인)
9. 退食(퇴식)

(3) 이사방위 해설

1. 天祿方(천록방) : 재물과 관록. 승진운. 창업. 개업 등의 吉方.
2. 眼損方(안손방) : 손재와 眼疾. 구설수. 낙상 등의 흉화가 발생하는 凶方.
3. 食神方(식신방) : 재물풍족. 사업번창. 가정화목. 취업. 승진 등의 吉方.
4. 甑破方(증파방) : 손재와 사업실패, 동업관계 불리. 파혼 등의 凶方.
5. 五鬼方(오귀방) : 재앙과 질병. 독수공방. 관재구설수. 사별 등의 凶方.
6. 合食方(합식방) : 재물과 의식 풍족, 동업관계 가능, 식구와 종업원 수가 증가하는 등의 吉方.
7. 進鬼方(진귀방) : 질병과 우환. 차사고. 등의 凶方이다.
   鬼門關殺(귀문관살)과 喪門殺(상문살) 있는 사람은 피해야 하는 凶方이다.
8. 官印方(관인방) : 명예와 관록. 승진운. 귀한자손 잉태. 사업시작 등에 좋은 吉方.
9. 退食方(퇴식방) : 사업실패. 재물손실. 사업확장 不可 등의 凶方.

(4) 이사방위 부법 예

◉ 43세의 남자가 이사하는데 좋은 방향을 물었을 때, 43세의 나이는 離宮(이궁)인 9번 退食方(퇴식방)에 해당한다. 고로 9번 退食(퇴식)을 中宮(중궁)에 入시키고,

나머지 길흉방은 구궁정위도상으로 순차적으로 이동시키는데, 中宮(중궁)에서 乾宮(건궁)으로 나가므로 9번 退食(퇴식) 다음의 부기 순서는 아래와 같다.

◆ 1번 天祿(천록)은 乾宮(乾宮)으로 이동한다. 따라서 乾宮(건궁)이 天祿方(천록방)에 해당된다.
◆ 2번 眼損은 건궁 다음인 태궁으로 이동하고 태궁이 眼損方이 된다.
◆ 3번 食神은 태궁 다음인 간궁으로 이동하고 간궁이 食神方이 된다.
◆ 4번 甑破는 간궁 다음인 이궁으로 이동하고 이궁이 甑破方이 된다.
◆ 5번 五鬼는 이궁 다음인 감궁으로 이동하고 감궁이 五鬼方이 된다.
◆ 6번 合食은 감궁 다음인 곤궁으로 이동하여 곤궁이 合食方이 된다.
◆ 7번 進鬼는 곤궁 다음인 진궁으로 이동하여 진궁이 進鬼方이 된다.
◆ 8번 官印은 진궁 다음인 손궁으로 이동하여 손궁이 官印方이 된다.
◆ 9번 退食은 손궁 다음인 중궁으로 이동하여 이곳 중궁이 退食方이 된다.

◎ 그러므로 이사할 때에는 天祿, 食神, 官印, 合食方 등이 좋으므로 그 방향으로 이동한다.
◎ 상기의 43세의 남자는 天祿方(천록방)인 乾宮(건궁)에 해당되고 건궁은 서북방이므로 서북쪽으로 이동하면 좋다는 것이다. 아울러 해당 방위의 여러 神殺들을 참작하여 이사함에 신중을 기하도록 한다.
◎ 여자도 상기와 같은 방법으로 이사방위를 정하도록 한다.

6. 생기복덕生氣福德과 이사방위移徙方位 구궁법九宮法 실례實例

2009年度 결혼하기로 약정한 男命 1980年 2月 13日 巳時生과, 女命 1981年 8月 9日 未時生의 結婚(결혼) 擇日(택일)과 入宅(입택)의 吉한 방향을 알아보기로 한다.

(1) 먼저 남녀의 사주를 看命(간명)하고 용신을 정한다.

(男命)			
辛	庚	己	庚
劫財		正印	比肩
巳	子	卯	申
偏官	傷官	正財	比肩

73	63	53	43	33	23	13	3
丁	丙	乙	甲	癸	壬	辛	庚
亥	戌	酉	申	未	午	巳	辰
78	68	58	48	38	28	18	8

庚金 日干이 卯月에 生하여 失氣했지만, 사주에 比劫과 印星이 있으니 신강하다. 억부법을 적용하여 丁火가 용신이다. 사주에 丁火가 없으니 時支 巳中의 丙火를 용신으로 잡는다.

用神 : 丙火

喜神 : 木

忌神 : 水

閑神 : 土

仇神 : 金

(女命)			
丁	丁	丙	辛
比肩		劫財	偏財
未	亥	申	酉
食神	正官	正財	偏財

71	61	51	41	31	21	11	1
甲	癸	壬	辛	庚	己	戊	丁
辰	卯	寅	丑	子	亥	戌	酉
76	66	56	46	36	26	16	6

사주에 丙丁火의 比劫이 있다 하나, 財와 官이 왕하니 신약사주이다. 따라서 丁

火 日干을 생조하는 印星이 용신이다. 日支 亥中의 甲木을 용신으로 잡는다.

用神 : 甲木

喜神 :   水

忌神 :   金

閑神 :   火

仇神 :   土

(2) 생기복덕구궁법을 적용하여 결혼택일의 吉月, 吉日을 알아본다.

> 2009년도는 남명은 30세
> 여명은 29세이다.

남녀 공히 兌宮(태궁)에서 1세를 시작하여 男命은 순행하여 30세 까지 세고, 女命은 역행하여 29세 까지 세어나간다.

男命. 도표1

손(巽) ☴	이(離) ☲	곤(坤) ☷
辰.巳 3월.4월 絶體(절체)	午月 5월 生氣(생기)	未.申 6월.7월 禍害(화해)
辰 ☳ 卯月 2월 歸魂(귀혼)	中宮	兌 ☱(10세) 酉月 8월 絶命(절명)
艮 ☶ 寅.丑 1월.12월 遊魂(유혼)	坎 ☵ 子月 11월 福德(복덕)	乾 ☰ 戌.亥 10월.9월 天宜(천의)

女命. 도표2

손(巽) ☴	이(離) ☲	곤(坤) ☷
辰.巳 3월.4월 歸魂(귀혼)	午月 5월 福德(복덕)	未.申 6월.7월 天宜(천의)
辰 ☳ 卯月 2월 絶體(절체)	中宮	兌 ☱(10세) 酉月 8월 遊魂(유혼)
艮 ☶ 寅.丑 1월.12월 絶命(절명)	坎 ☵ 子月 11월 生氣(생기)	乾 ☰ 戌.亥 10월.9월 禍害(화해)

男命은 30세니 兌宮에서 10세를 시작하여 順行하니 震宮에 30세가 落宮한다.

◆ 震卦(진괘) ☳가 本 卦가 된다.

◆ 일상변 生氣(생기)하니 ☲ 離卦이다. 이궁에 생기를 부기한다.
◆ 이중변 天宜(천의)하니 ☰ 乾卦이다. 건궁에 천의를 부기한다.
◆ 삼하변 絕體(절체)하니 ☴ 巽卦이다. 손궁에 절체를 부기한다.
◆ 사중변 遊魂(유혼)하니 ☶ 艮卦이다. 간궁에 유혼을 부기한다.
◆ 오상변 禍害(화해)하니 ☷ 坤卦이다. 곤궁에 화해를 부기한다.
◆ 육중변 福德(복덕)하니 ☵ 坎卦이다. 감궁에 복덕을 부기한다.
◆ 칠하변 絕命(절명)하니 ☱ 兌卦이다. 태궁에 절명을 부기한다.
◆ 팔중변 歸魂(귀혼)하니 ☳ 辰卦이다. 진궁에 귀혼을 부기한다.

도표1과 같다.

女命은 29세니 兌宮에서 10세를 시작하여 역행하니 巽宮에 29세가 落宮한다.
◆ 巽卦(손괘) ☴가 本 卦가 된다.
◆ 일상변 生氣(생기)하니 ☵ 坎卦이다. 감궁에 생기를 부기한다.
◆ 이중변 天宜(천의)하니 ☷ 坤卦이다. 곤궁에 천의를 부기한다.
◆ 삼하변 絕體(절체)하니 ☳ 震卦이다. 진궁에 절체를 부기한다.
◆ 사중변 遊魂(유혼)하니 ☱ 兌卦이다. 태궁에 유혼을 부기한다.
◆ 오상변 禍害(화해)하니 ☰ 乾卦이다. 건궁에 화해를 부기한다.
◆ 육중변 福德(복덕)하니 ☲ 離卦이다. 이궁에 복덕을 부기한다.
◆ 칠하변 絕命(절명)하니 ☶ 艮卦이다. 간궁에 절명을 부기한다.
◆ 팔중변 歸魂(歸魂)하니 ☴ 巽卦이다. 손궁에 귀혼을 부기한다.
도표2와 같다.

(3) 判斷(판단)

擇日(택일)은 生氣(생기), 福德(복덕), 天宜(천의)가 吉한데, 상기의 경우 남녀 공히 음력 5月과 음력 11月에 生氣(생기)와 福德(복덕)이 떨어진다. 만약 5月에 결혼하기로 양가 집안이 합의했다면, 5月은 地支가 午火니 日支가 午火에 해당하는 日辰을 만세력에서 찾아본다.

음력 5月에는 5/2일 庚午日, 5/14일 壬午日, 5/26일 甲午日이 있다. 이 중 남녀

의 사주원국의 용신과 상생되는 日支를 찾으면 5/26일 甲午日이 적합하다. 요즈음은 주말에 결혼식을 많이 하니, 擇日(택일)한 날짜가 주말에 해당되지 않으면 남녀의 용신, 희신일이나 또는 용신과 합이 되는 日辰을 택한다. 만약 이렇게 택한 日辰이 여럿일 경우에는, 사주의 年支와 비교하여 흉살이 비교적 적은 日辰을 택하는 것이다. 이렇게 하여 정한 吉月. 吉日은 음력 5月 26日 甲午日인 것이다.

(4) 移徙(이사) 방위

◉ 男命은 1세를 震宮(진궁)에서 시작하여, 구궁정위도에 따라 2009년도 當年太歲(당년태세)인 30세 까지 순행시키면 中宮(중궁) 五鬼方(오귀방)에 떨어진다. 따라서 乾宮(건궁)은 合食(합식), 兌宮(태궁)은 進鬼(진귀), 艮宮(간궁)은 官印(관인), 離宮(이궁)은 退食(퇴식), 坎宮(감궁)은 天祿(천록), 坤宮(곤궁)은 眼損(안손), 震宮(진궁)은 食神(식신), 巽宮(손궁)은 甑破(증파)가 떨어지는 것이다. 도표1과 같다.

도표1

❹ 東南方 손(巽) ☴ 辰巳 4.甑破(증파)	❾ 南方 이(離) ☲ 午 9.退食(퇴식)	❷ 西南方 곤(坤) ☷ 未申 2.眼損(안손)
❸ 東方 진(震) ☳ 卯 3.食神(식신)	❺ 無移動 중궁(中宮) 5.五鬼(오귀)	❼ 西方 태(兌) ☱ 酉 7.進鬼(진귀)
❽ 東北方 간(艮) ☶ 丑寅 8.官印(관인)	❶ 北方 감(坎) ☵ 子 1.天祿(천록)	❻ 西北方 건(乾) ☰ 戌亥 6.合食(합식)

⊙ 女命은 1세를 坤宮(곤궁)에서 시작하여 구궁정위도에 따라 2009년도 당년태세인 29세 까지 순행시키면 震宮(진궁) 食神方(식신방)에 떨어진다.

食神方(식신방)을 中宮(중궁)에 다시 入 시키어 구궁정위도에 따라 순행시키면 乾宮(건궁)에 甑破(증파), 兌宮(태궁)에 五鬼(오귀), 艮宮(간궁)에 合食(합식), 離宮(이궁)에 進鬼(진귀), 坎宮(감궁)에 官印(관인), 坤宮(곤궁)에 退食(퇴식), 震宮(진궁)에 天祿(천록), 巽宮(손궁)에 眼損(안손)이 떨어지는 것이다. 도표2와 같다.

도표2

② 東南方 巽(손) ☰ 辰巳 2.眼損(안손)	⑦ 南方 離(이) ☰ 午 7.進鬼(진귀)	⑨ 西南方 坤(곤) ☷ 未申 9.退食(퇴식)
①⑩ 東方 震(진) ☳ 卯 1.天祿(천록)	③ 無移動 中宮(중궁) 3.食神(식신)	⑤ 西方 兌(태) 酉 5.五鬼(오귀)
⑥ 東北方 艮(간) ☶ 丑寅 6.合食(합식)	⑧ 北方 坎(감) ☵ 子 8.官印(관인)	④ 西北方 乾(건) ☰ 戌亥 4.甑破(증파)

⊙ 남녀 공히 吉한 방향은 북방에 남자 天祿(천록)과 여자 官印(관인)이 떨어지므로 吉하고, 다음은 동북방으로 官印(관인)과 合食(합식)이 떨어지므로 吉하고, 다음은 동방으로 食神(식신)과 天祿(천록)이 떨어지므로 吉한 것이다. 이 세가지 방향 중에서 移徙(이사)나 入宅(입택)을 결정하면 되는 것이다. 여기서 유의할 점은 남자나 여자 중 어느 누구를 기준하여 이사방향을 정하느냐는 것이다. 대체로 계약당사자를 기준하여 정한다. 계약자가 남명인 경우는 현재 남자가 거주하고 있는 곳을 기준하여 이사 및 入宅 방향을 정하는 것이다.

제2장

동東 · 서西 사택론四宅論

1. 동사택東四宅 · 서사택西四宅

◎ 양택구성법에서 가택의 3대 要素는 ①出入門(출입문), ②主人房(주인방=頭房), ③廚房(주방=부엌)을 말한다. 이 3가지 요소의 배합이 東四宅은 東四宅끼리, 西四宅은 西四宅끼리 배합되어야 家運이 吉하고 또한 번창해진다는 것이다. 동사택과 서사택의 구분은 가택 출입문과 家坐의 위치에 따른 것인데, 가좌보다는 출입문에 비중을 두고 활용하는 추세이다.

- ◆ 東四宅 : 坎(壬.子.癸). 離(丙.午.丁). 震(甲.卯.乙). 巽(辰.巽.巳)
- ◆ 西四宅 : 乾(戊.乾.亥). 坤(未.坤.申). 艮(丑.艮.寅). 兌(庚.酉.辛)

◎ 예를 들어 출입문이 離方이면 동사택에 해당된다. 그리고 主人房(주인방=頭房)이 坎方이면 廚房(주방=부엌)은 震方이나 巽方에 있어야 동사택에 합당하므로 吉하다는 것이다. 어느 하나라도 이를 어기면 災厄(재액)과 가택에 風波(풍파)가 그치질 않게 된다.

◎ 이러한 이치는 八卦의 人 配屬(배속)에서 동사택에 해당하는 坎(중남)과 離(중녀), 震(장남)과 巽(장녀)의 방위는, 각각 중년 남녀와 장년 남녀의 배합이므로, 陰陽에 합치되고, 夫婦正配合(부부정배합)에 해당하기 때문이다.

◎ 西四宅에 해당하는 乾(老父)과 坤(老母), 艮(少男)과 兌(少女)의 방위는 각각 노년 남녀와, 젊은 남녀의 배합이므로 이 역시 陰陽에 합치되고, 夫婦正配合(부부정배합)에도 합치되기 때문이다.

2. 동사택東四宅과 서사택西四宅의 구조構造

東四宅(도표1)

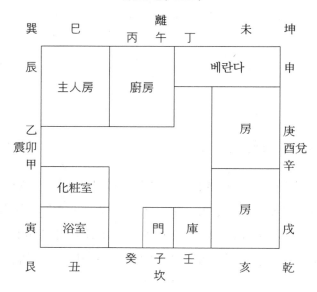

- ◆ 출입문이 坎方에 있으니 東四宅에 해당된다.
- ◆ 巽方의 주인방과 離方의 주방은 坎方의 출입문을 기준하여 양택구성을 부법하면 生氣方과 延年方이 되어 吉하다. 상기 도표1은 東四宅에 부합되는 가택의 구조로 吉하다.

西四宅(도표2)

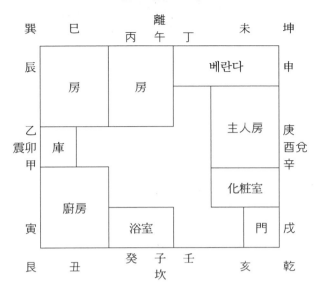

◆ 출입문이 乾方에 있으니 西四宅에 해당된다.

◆ 兌方의 주인방과 艮方의 주방은 乾方의 출입문을 기준하여 양택구성을 부법하면 生氣方과 天醫方이 되어 吉하다. 상기 도표2는 西四宅에 부합되는 가택의 구조로 吉하다.

제3장
양택구성론陽宅九星論

1. 양택구성陽宅九星 정위도定位圖

巽 東南	離 南	西南 坤
❹ 伏位 복위	❾ 五鬼 오귀	❷ 禍害 화해
震 ❸ 生氣 생기	❺⑩ 	❼ 絶命 절명 兌 西
❽ 天醫 천의	❶ 六殺 육살	❻ 延年 연년
艮 西北	坎 北	東北 乾

2. 구성九星 속성屬性

生氣(생기)	
星屬(성속)	貪狼星(탐랑성)
吉.凶星 (길.흉성)	吉星
五行屬宮 (오행속궁)	震宮 陽木

五性(오성)	仁
含意(함의)	活力(활력). 生命(생명). 健康(건강). 創意(창의)
顯象(현상)	人丁旺盛(인정왕성). 大富貴(대부귀). 健康長壽(건강장수). 生殖力 旺盛(생식력 왕성)
槪要(개요)	◆生氣(생기) 貪狼星(탐랑성)이라 생식력이 왕성하니 자손이 많다. ◆형제자매와 자손들은 개개인이 모두 건강하고 자질이 우수하며 총명하다. ◆生氣는 思義(사의)를 내포하며, 총명함과 人品이 있다. ◆貪狼星은 木星에 속하여 文昌(문창)의 의미도 있어, 학업성적이 뛰어나고, 財와 官을 得함에 旺吉함이 있다. ◆生氣가 震·巽宮에 落宮時(낙궁시)는 居旺하다 논하니, 사안에 있어서 적극성과 폭발성을 함유하고 있다. 따라서 得財(득재)와 官의 昇遷(승천)에 있어서 사안이 速發(속발)하는 성향이 있는 것이다. ◆木星은 仁에 속하니 형제자매간 우애와 화목함이 있고, 상호 상부상조함이 있다. ◆生氣는 건강함을 의미하니 長壽之命(장수지명)이다. ◆생기는 탐랑성으로 人丁이 왕성함을 내포하니 자연 家運이 흥성해지는 것이다. ◆人丁이 旺하며 기 性情은 領導之才(영도지재)이며 人品이 훌륭하고 傑出(걸출)하다. ◆得財에 進力하니 형제자매나 朋友의 助力으로 인해 재물이 왕성하고 巨富가 될 수 있는 것이다. ◆應期(응기)는 甲.乙이나 亥.卯.未에 해당하는 年이나 月이다.

五鬼(오귀)	
星屬(성속)	廉貞星(염정성)
吉.凶星 (길.흉성)	凶星
五行屬宮 (오행속궁)	離宮 陰火
五性(오성)	禮
含意(함의)	衝動(충동). 暴力(폭력). 飄動(표동)

顯象(현상)	疾病. 破財. 破家. 폭력. 官災口舌. 血光. 시비다툼
槪要(개요)	◆ 五鬼(오귀)는 廉貞星(염정성)이라 시비다툼, 紛糾(분규), 邪惡(사악), 官災口舌(관재구설), 暴力(폭력), 破財(파재), 刑傷(형상), 飄動(표동)이 따르고 家率(가솔)들에게 火災의 禍(화)가 따른다. ◆ 염정성은 火星인데 火星은 본시 폭렬함이 있으니 폭력적 성향을 띄게 된다. ◆ 염정성은 邪惡(사악)함과 悖戾之神(패려지신)이니 윗사람에게 不孝(불효)와 不忠(불충)을 일삼고, 아래 사람에게는 오만방자함이 있다. 또한 사기성과 범법행위 등이 있다. ◆ 五鬼는 邪崇(사수)이니 陰邪(음사)에 빠지거나, 妖魔(요마), 鬼怪(괴괴)의 흉함이 있다. ◆ 火星은 본시 無形이라, 구속받는 것을 기피하고 스스로 법도를 지키지 아니하며, 도박과 주색방탕에 빠지어 사회와 점점 괴리되고 멀어지게 되고, 부녀자는 고향을 떠나게 된다. 또한 남자는 從軍(종군)한다 하더라도 곧 脫營(탈영)하게 된다. ◆ 火星은 無形이니 取한다 한들 보존하기 어려우니, 破財되고 종국에는 破家하게 되는 것이다. ◆ 五鬼는 火星이니 火災나, 血管系疾病(혈관계질병), 瘋癲(풍전), 血光이나 차사고 등과 연관된다. ◆ 五鬼는 독수공방살이니 결혼의 연이 적거나 부부간 이별 혹은 사별이 따르는 경향이 있다. ◆ 人丁은 薄單(박단)이나 絕嗣(절사)에 이르지는 않는다. ◆ 人品은 경박하고, 충동질과 폭력적 성향이 있고, 도박과 주색방탕에 빠지게 된다. ◆ 破財는 주로 長子에 해당되고, 應期(응기)는 丙.丁과 寅.午.戌에 해당하는 年이나 月이다.

延年(연년)	
星屬(성속)	武曲星(무곡성)
吉.凶星 (길.흉성)	吉星
五行屬宮 (오행속궁)	乾宮 陽金

五性(오성)	義
含意(함의)	壽命의 延長(수명의 연장). 夫婦간 正配合. 財帛(재백). 意氣投合(의기투합)
顯象(현상)	婚姻佳緣(혼인가연). 人丁旺盛(인정왕성). 中富(중부). 尊貴(존귀). 長壽(장수)
概要(개요)	◆ 延年은 부부간 正配이니 혼인은 佳緣(가연)이고 자식은 貴子를 낳게 된다. ◆ 延年은 무곡성으로 性情은 "壽(수)"를 관장한다. 따라서 수명은 길고, 질병은 비켜가게 되니 노인들에게 유리하다. ◆ 人品은 優秀(우수)하며, 重厚(중후)하고, 聰明(총명)하며, 貴氣가 있다. ◆ 무곡성은 財帛星(재백성)으로 理財에 밝아 得財에 이로우니, 中富 정도의 富를 취득한다. ◆ 延年은 점진적인 의미도 있으니 得財나 昇遷(승천)관련 하여서는 순환적이고 점진적으로 이루어지게 된다. ◆ 人丁은 왕성하고 혼인은 이른 편이고 부부간 화목하다. ◆ 延年은 건강과 연관되고, 수명을 늘리며, 질병을 제거한다. ◆ 貴祿(귀록)이 있고 尊貴(존귀)하여 남의 존경을 받고, 考試(고시)에도 이로워 점진적으로 승진하게 되고, 남을 잘 보살핌이 있다. ◆ 개인적 投資(투자)로 理財에 밝고 점진적으로 財를 축적하게 된다. ◆ 末子에게 發福이 있고, 應期(응기)는 庚.辛과 巳.酉.丑에 해당하는 年이나, 月이다.

六殺(육살)	
星屬(성속)	文曲星(문곡성)
吉.凶星 (길.흉성)	凶星
五行屬宮 (오행속궁)	坎宮 陽水
五性(오성)	智
含意(함의)	放蕩(방탕). 桃花殺(도화살). 變動(변동)
顯象(현상)	酒色(주색). 賭博(도박). 破財(파재).

概要(개요)	◆ 六殺은 문곡성으로 水星인데, 水星은 淫(음)과 연관지어 桃花(도화)라 한다.
	◆ 六殺은 水로 水는 智를 의미하는데 凶星이니, 陰詐(음사), 圖謀(도모), 陰害(음해) 등과 연관된다.
	◆ 水는 일정한 형태가 없이 변화무쌍하다. 따라서 變動, 심사 불안정, 放蕩(방탕), 好色(호색), 賭博(도박) 등을 좋아한다.
	◆ 財物은 보존하기 힘들고 祖業을 잇지도 못하고, 破財, 破家하게 된다.
	◆ 문곡성은 變動의 象이니, 심신의 부자유, 가택에서의 시비구설, 방탕의 성향, 자살충동, 그리고 盜賊(도적)과 연관된 사안이 발생한다.
	◆ 문곡성은 災禍(재화)와 疾病(질병)이 多發하고, 出門하여서는 유랑생활을 하게 된다.
	◆ 질병으로는 腎臟(신장), 膀胱(방광), 生殖器系統(생식기계통)의 질환에 걸리기 쉽고, 혈액관련질환, 眼疾患(안질환), 火病 등이 발생한다.
	◆ 坎宮 落인 경우는 水가 兼旺(겸왕)해지니 癲狂(전광), 腎臟(신장), 膀胱(방광), 水厄(수액) 등이 발생한다.
	◆ 兌.乾宮 落인 경우는 居生되니 水剋火하여 傷火하므로 眼疾患(안질환), 中風(중풍), 火災(화재) 등이 발생한다.
	◆ 艮.坤宮 落인 경우는 受剋되어 大患은 없으나 土를 濕(습)하게 하여 胃腸病(위장병)이나 皮膚疾患(피부질환) 등이 발생하게 된다.
	◆ 震.巽宮에 落인 경우는 水生木하여 水氣가 洩氣(설기)되니 大患은 없다.
	◆ 人丁은 薄單(단박)하여 아들 하나를 두게 되나, 絶嗣(절사)의 염려도 있다.
	◆ 人品은 陰險(음험)하고 淫佚放蕩(음일방탕)함이 있다.
	◆ 破財의 경우는 문곡성은 水星으로 坎宮에 뱃속되니 仲男에게 해당된다. 應期(응기)는 壬.癸와 申.子.辰에 해당하는 年이나 月이다.

禍害(화해)	
星屬(성속)	祿存星(녹존성)
吉.凶星 (길.흉성)	小凶
五行屬宮 (오행속궁)	坤宮 陰土

五性(오성)	信
含意(함의)	孤寡. 受剋. 病符星. 陰害
顯象(현상)	시비다툼. 官災口舌(관재구설). 破財(파재). 殘疾(잔질)
概要(개요)	◆ 녹존성은 "破(파)"를 帶(대)하고, 殘疾(잔질)과 孤寡(고과)를 의미하는데, 事案은 비교적 엄중하다. ◆ 육친과 연이 적고, 형제자매도 적고, 고향을 떠나고, 출가하거나, 무자식이다. ◆ 禍害에 落宮이면 殘疾(잔질)이 多發한다. ◆ 행동은 충동적이고, 타인과 쟁투를 일삼으며, 음란과 자살의 경향이 있다. ◆ 녹존성은 破財星이므로 재물을 모으기 힘들고 전답도 모두 疏散(소산)된다. ◆ 人丁은 孤寡人(고과인)이 多出하고, 絶孫(절손)의 염려가 많으나, 生者는 長壽하는 경향이 있다. ◆ 人品은 怪癖(괴벽)하고 爭鬪(쟁투)를 좋아한다. ◆ 질병은 瘋癲, 殘疾 등인데, 신체가 불건전하거나, 瘡毒(창독), 皮膚病(피부병) 등을 앓게 된다. ◆ 災禍(재화), 孤獨(고독), 官災口舌(관재구설), 狂妄(광망), 自殺(자살), 시비다툼 등과 연관된다. ◆ 破財는 少男과 연관되고, 絶孫(절손)도 少男의 子孫에 해당되나 長男은 비교적 興旺(흥왕)한다. 應期(응기)는 戊.己나 辰.未.戌.丑에 해당하는 年이나 月이다.

天醫(천의)	
星屬(성속)	巨門星(거문성)
吉.凶星 (길.흉성)	吉星
五行屬宮 (오행속궁)	艮宮 陽土
五性(오성)	信
含意(함의)	건강. 총명. 정직
顯象(현상)	人丁이 왕함. 부유. 존귀. 건강장수

	◆ 천의성은 "藥星(약성)"이다. 질병을 없애고 壽命(수명)을 연장한다. 따라서 건장장수와 연관된다.
概要(개요)	◆ 天醫가 낙궁처의 부조를 받아 약하지 않으면, 생명력이 강하고, 자손도 많고, 총명한 자손이 多出한다. ◆ 人品은 충직중후하고 교만하지 않으며, 재물복이 많고 오래 보존되어 부유함을 누리게 된다. ◆ 남의 존경을 받는 직업에 종사하며, 특히 교육계, 기술계, 東洋五術(동양오술=命.相.占.醫.山), 종교계통 등과 연관되며 대체로 고위직을 역임하게 된다. ◆ 財와 官과 연관하여서는 점진적으로 향상되어 가는 것을 의미한다. ◆ 人丁은 왕성하다. 아들 셋을 두게 된다. ◆ 人品은 우수하며 자손은 영준단정하며 총명하다. ◆ 財物은 中富정도의 財이다. ◆ 昇官(승관)은 점진적으로 지속되고, 기술관료, 국영기업체 등에서 존경받는 직업과 지위에 오르게 된다. ◆ 仲男이 발달하고, 應期(응기)는 戊.己와 辰.未.戌.丑에 해당되는 年이나 月이다.

絶命(절명)	
星屬(성속)	破軍星(파군성)
吉.凶星 (길.흉성)	凶星
五行屬宮 (오행속궁)	兌宮 陰金
五性(오성)	義
含意(함의)	刑傷(형상). 破耗(파모)
顯象(현상)	死亡. 疾病. 絶孫. 破財. 官災口舌. 血光. 自殺
概要(개요)	◆ 絶命은 破軍星으로 刑剋과 破耗를 주관한다. ◆ 파군성은 陰金에 속하니 刀劍類의 刑傷과 연관된다. ◆ 일신상에 多病과 癌症과 연관된 중병을 앓게 된다. ◆ 刑剋과 연관하여서는 夭折, 短命을 유발한다. ◆ 일신상의 安寧(안녕)을 기대하기 어려우니, 가택을 떠나 流浪(유랑), 軍卒(군졸), 逃亡(도망), 監獄(감옥)과 연관되는 것이다.

	◆ 자식을 두기 어렵고 혹 자식이 있다 하더라도, 夭折(요절) 등의 사유로 絕孫(절손)되게 된다. ◆ 人品이 흉악하고 奸詐(간사)하니 强盜(강도), 傷害 등의 여러 凶禍(흉화)가 多發하게 된다. ◆ 평생 殘疾(잔질)이 자주 발생하고, 日常事에 있어 官災訴訟(관재소송) 등에 자주 엮이게 된다. ◆ 인생에 있어 凶禍가 多發하고 누적되면 극단적으로 자살을 선택하게 된다. ◆ 人丁은 薄弱(박약)하고 短命(단명)이며 絕孫(절손)되게 된다. ◆ 가택에서 安寧(안녕)하지 못하고 流浪(유랑)이나 放蕩(방탕)한 생활을 하게 되니 종국에는 破財, 破家하게 된다. ◆ 暗疾(암질), 癲狂(전광), 癌症(암증)이 발생한다. ◆ 파군성은 金星이니 피부, 골격, 호흡기계통, 大腸系統(대장계통)의 질병과 연관된다. ◆ 破財는 주로 長子에 해당하고, 應期(응기)는 庚.辛이나 巳.酉.丑에 해당되는 年이나 月이다.

伏位(복위)	
星屬(성속)	輔弼星(보필성=左輔. 右弼)
吉.凶星 (길.흉성)	小吉
五行屬宮 (오행속궁)	巽宮 陰木
五性(오성)	仁
含意(함의)	貴人. 平安
顯象(현상)	小富. 平穩. 溫順
槪要(개요)	◆ 貴人의 도움으로 得財와 事案에 있어 成事됨이 있다. ◆ 성품이 善하니 貴人의 도움으로 財利를 얻어 小富에 이르는 것이다. ◆ 남자는 공직자가 많고 여자는 부잣집에 시집간다. ◆ 人丁은 여자가 많고 남자는 드물다. 養子(양자)의 문제가 자주 발생한다. ◆ 左輔星(좌보성), 右弼星(우필성)은 木에 속하니, 人品은 慷慨(강개)하면서도 평온하며, 관대하다.

	◆ 人品은 매사에 평온과 균형과 중립을 유지하려 하고, 대체로 낙관적이며, 世人의 존경을 많이 받는다. ◆ 壽命(수명)은 中壽의 命이고 대체로 건강하다. ◆ 得財의 應期(응기)는 甲.乙이나 亥.卯.未에 해당하는 年이나 月이다.

3. 구성九星 길흉吉凶 요약要約

九星	屬星	吉凶	五行	屬宮	數
生氣(생기)	貪狼星(탐랑성)	吉星	陽木	震宮	3. 8
五鬼(오귀)	廉貞星(염정성)	凶星	陰火	離宮	2. 7
延年(연년)	武曲星(무곡성)	吉星	陽金	乾宮	4. 9
六殺(육살)	文曲星(문곡성)	凶星	陽水	坎宮	1. 6
禍害(화해)	祿存星(녹존성)	小凶	陰土	坤宮	5. 10
天醫(천의)	巨門星(거문성)	吉星	陽土	艮宮	5. 10
絕命(절명)	破軍星(파군성)	凶星	陰金	兌宮	4. 9
伏位(복위)	輔弼星(보필성) (左輔. 右弼)	小吉	陰木	巽宮	3. 8

4. 양택구성陽宅九星 작괘법作卦法

東四宅(동사택)과 西四宅(서사택)은 垈地(대지)가 포함된 가택이나, 혹은 아파트, 가게, 사무실, 공장, 식당 같은 곳의 정 중앙에 羅經(나경)을 놓고, 가택의 3요소인 ①出入門(출입문), ②主人房(주인방), ③廚房(주방)이 동사택이나 서사택에 합치되는 것을 吉하다고 논하는 것이다. 그러나 이외에도 출입문을 기준하여 주인방이나 주방이 상기 九星의 어느 곳에 위치하느냐에 따라 가택의 길흉화복에 막대한 영향을 미치는 것이다. 이를 살피는데 적용하는 것이 상기 陽宅 九星作卦法(양택구성작괘법)이다.

예를 들어 아래 도표 1과 같은 아파트의 구조를 분석해 보자.

도표 1

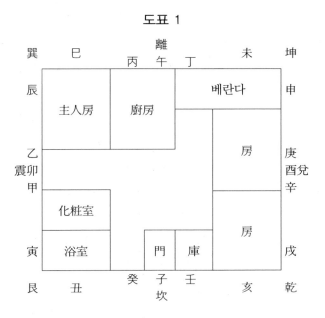

⊙ 상기 아파트의 구조는 가택의 3대 요소인 ①出入門(출입문)과 ②主人房(주인방)
과 ③廚房(주방)이 각각 坎方, 震方, 巽方에 있으니 東四宅에 부합된다. 이번에
는 출입문을 기준하여(출입문 밖의 왼쪽) 주인방과 주방의 위치를 九星作卦(구
성작괘)하여 길흉을 판단한다.

출입문이 坎方에 있으니 이를 坎門이라 한다. 따라서 坎門은 감방의 출입문으로
팔괘상 坎卦(☵)에 해당하므로 이것이 本卦이다.

本卦	
--	上爻
—	中爻
--	下爻

◆ 첫 번째는 상기 본괘(☵)에서 上變하여 生氣를 붙이니 坎卦(☵)가 巽卦(☴)로
바뀐다. 따라서 巽方에 生氣가 떨어지니 巽方에 있는 주방은 吉方에 위치한
것이다.

◆ 두 번째는 상기 巽卦(☴)에서 中變하여 五鬼를 붙이니, 巽卦(☴)에서 中爻가

바뀌어 艮卦(☶)가 된다. 따라서 艮方이 五鬼方이 되는 것이다.

◆ 세 번째는 상기 艮卦(☶)에서 下變하여 延年을 붙이니, 艮卦(☶)에서 下爻가 바뀌어 離卦(☲)가 된다. 따라서 離方이 延年方이 되니, 離方에 있는 廚房(주방)은 吉方에 위치한 것이다.

◆ 네 번째는 상기 離卦(☲)에서 中變하여 六殺을 붙이니, 離卦(☲)에서 中爻가 바뀌어 乾卦(☰)가 된다. 따라서 乾方이 六殺方이 되는 것이다.

◆ 다섯 번째는 상기 乾卦(☰)에서 上變하여 禍害를 붙이니, 乾卦(☰)에서 上爻가 바뀌어 兌卦(☱)가 된다. 따라서 兌方이 禍害方이 되는 것이다.

◆ 여섯 번째는 상기 兌卦(☱)에서 中變하여 天醫를 붙이니, 兌卦(☱)에서 中爻가 바뀌니 震卦(☳)가 된다. 따라서 震方이 天醫方이 되는 것이다.

◆ 일곱 번째는 상기 震卦(☳)에서 下變하여 絶命이니, 震卦(☳)에서 下爻가 바뀌는 것이니 坤卦(☷)가 된다. 따라서 坤方이 絶命方이 되는 것이다.

◆ 여덟 번째는 상기 坤卦(☷) 中變하여 伏位니, 坤卦(☷)에서 中爻가 바뀌니 坎卦(☵)가 된다. 따라서 坎方이 伏位方이 되는 것이다.

◉ 상기 도표1의 아파트의 경우는 출입문이 坎方에 있으니 東四宅에 합치된다. 이번에는 출입문 기준하여 陽宅九星을 포국하면, 주인방이 巽方에 해당되어 生氣方이니 吉하고, 廚房은 離方에 해당되어 延年方이 되니 역시 吉한 것이다.

5. 구성九星 길흉吉凶 조견표早見表

◉ 垈地(대지)나 건물, 아파트의 중심에서 출입문의 방위를 보고, 출입문에서 主房(주인방)과 廚房(주방)의 길흉을 본다.

九星 吉凶 早見表

廚房 \ 主人房	坎	艮	震	巽	離	坤	兌	乾
出入門	廚房 主房	廚房 主房	廚房 主房	廚房 主房	廚房 主房	廚房 主房	廚房 主房	廚房 主房
坎 門	伏位	五鬼	天醫	生氣	延年	絕命	禍害	六殺
艮 門	五鬼	伏位	六殺	絕命	禍害	生氣	延年	天醫
震 門	天醫	六殺	伏位	延年	生氣	禍害	絕命	五鬼
巽 門	生氣	絕命	延年	伏位	天醫	五鬼	六殺	禍害
離 門	延年	禍害	生氣	天醫	伏位	六殺	五鬼	絕命
坤 門	絕命	生氣	禍害	五鬼	六殺	伏位	天醫	延年
兌 門	禍害	延年	絕命	六殺	五鬼	天醫	伏位	生氣
乾 門	六殺	天醫	五鬼	禍害	絕命	延年	生氣	伏位

6. 구성九星 길흉吉凶 성패론成敗論

九星 吉凶 成敗論

九星	吉.凶	五行	成敗	子孫
1.生氣	吉	木	◆ 5형제이다. ◆ 만사 순탄하다. ◆ 영웅호걸, 문학가, 예술가 등이 나온다.	長子 發福
2.五鬼	凶	火	◆ 2형제이다. ◆ 가문의 명예를 손상시킨다. ◆ 폭력적인 성격으로 자신과 남을 손상한다. 빈천하게 지낸다.	長子 損傷
3.延年	吉	金	◆ 4형제이다. ◆ 대인군자가 나고, 효를 하며, 재능 있는 자손이 출하여 명성을 날린다.	末子 發福
4.六殺	凶	水	◆ 외아들이다. ◆ 간질 및 정신질환으로 재산을 탕진하고 향을 등진다.	仲子 失敗

5.禍害	小凶	土	◆ 자식이 없다. ◆ 집안이 질병 및 환란이 그치질 않는다. ◆ 사업은 실패한다.	末子 失敗
6.天醫	吉	土	◆ 3형제이다. ◆ 가업이 흥왕하고 재물이 풍족하며, 총명한 자식이 多出하여 명성을 얻는다.	仲子 發福
7.絶命	凶	金	◆ 남녀 자식 모두 단명한다. ◆ 과부가 속출하고 질병과 상해가 연발한다.	長子 貧窮
8.伏位	小吉	水	◆ 2형제이다. ◆ 주인이 길하면 흥하고, 주인이 흉하면 실패한다.	아들 형제

7. 궁宮 · 성星 길흉론吉凶論

宮 · 星 吉凶論

九星	落宮處	吉凶
1. 生氣 (木)	艮宮 (土)	星剋宮하여 少男이 손상을 당한다.
	坎宮 (水)	宮生星하여 가업과 재물이 번창하고 관직이 오른다.
2. 五鬼 (火)	乾宮 (金)	老父에게 우환이 발생한다.
	兌宮 (金)	末女에게 우환이 발생한다.
3. 延年 (金)	震宮 (木)	長男에게 우환이 발생한다.
	坤宮 (土)	가업이 번창하고 장수한다.
4. 六殺 (水)	離宮 (火)	仲女에게 재앙이 발생한다.
5. 禍害 (土)	坎宮 (水)	仲男에게 재앙이 발생한다.
6. 天醫 (土)	坎宮 (水)	仲男에게 재앙이 발생한다.
	離宮 (火)	가업이 흥왕하고 자손이 富貴한다.
7. 絶命 (金)	巽宮 (木)	長女나 맏며느리에게 재앙이 발생
8. 伏位 (木)	坤宮 (土)	老母에게 우환이 발생한다.

제4장
구성九星과 팔택八宅 관계關係

1. 팔문八門과 구성九星의 관계關係

출입문을 기준하여 구성을 포국시의 연관관계를 설명한 것이다.

1) 延年

乾 - 坤 (老父와 老母)

震 - 巽 (長男과 長女)

坎 - 離 (仲男과 仲女)

◆ 夫婦 正配合에 해당하니 吉한 配合인 것이다.

◆ 예를 들어 상기 乾 - 坤의 경우는 출입문이 乾方에 있으면 乾門인데 즉 乾卦 (☰)에 해당된다. 一上變 生氣하니 兌方(☱)에 生氣를 부기하고, 二中變 五鬼 하니 震方(☳)에 五鬼를 부기하고, 三下變 延年하니 坤方(☷)에 延年을 부기하 는 것이다. 이하 모두 같은 이치이다.

2) 天醫

震 - 坎 (長男과 仲男)

乾 - 艮 (老父와 少男)

巽 - 離 (長女와 仲女)

坤 - 兌 (老母와 少女)

◆ 상호 相生은 되나, 각각 純陽과 純陰의 배합이니 凶한 배합이다.

3) 生氣

坎 - 巽 (仲男과 長女)

艮 - 坤 (仲男과 老母)

震 - 離 (長男과 仲女)

乾 - 兌 (老父와 少女)

◆ 相生과 比化의 배합이며, 陽과 陰의 배합으로 吉한 배합이다.

4) 五鬼

坎 - 艮 (仲男과 少男)

乾 - 震 (老父와 長男)

巽 - 坤 (長女와 老母)

離 - 兌 (仲女와 少女)

◆ 각각 純陽과 純陰의 배합이고 서로 상극되니 凶한 배합이다.

5) 六殺

乾 - 坎 (老父와 仲男)

震 - 艮 (長男과 少男)

兌 - 巽 (少女와 長女)

坤 - 離 (老母와 仲女)

◆ 純陽과 純陰의 배합에다 相剋의 배합이고, 東西四宅이 혼재되었으니 凶한 배합이다.

6) 禍害

兌 - 坎 (少女와 仲男)

離 - 艮 (仲女와 少男)

震 - 坤 (長男과 老母)

乾 - 巽 (老父와 長女)

◆ 陰陽의 배합은 있으나 生剋이 혼재되고, 또한 東·西四宅이 혼재되니 凶한 배

합이라 한다.

7) 絶命

坎 - 坤 (仲男과 老母)

艮 - 巽 (仲男과 長女)

震 - 兌 (長男과 少女)

乾 - 離 (老父와 仲女)

◆ 서로 상극되고 東·西四宅이 혼재되니 凶한 배합이라 한다.

2. 구성九星의 생왕生旺과 길흉吉凶 관계關係

◆ 生氣 : 生氣는 三吉星의 하나로 木의 성질을 띠며, 坎宮에 있으면 居生되니 吉하다. 가업이 번창하고 관직이 오른다.

◆ 天醫 : 天醫는 三吉星의 하나로 土의 성질을 띠며, 離宮에 있으면 居生되니 재물이 흥성하고, 자손이 부귀한다.

◆ 延年 : 延年은 三吉星의 하나로 金의 성질을 띠며, 坤宮에 있으면 居生되니 가업이 흥왕하고 장수한다.

◆ 五鬼 : 凶星으로 火의 성질을 띠고, 어느 宮에 臨하든 가족에게 질병이 발생하고, 흉화가 잇따른다.

◆ 六殺 : 凶星으로 水의 성질을 띠며, 六畜이 손상되고, 경황되고 괴이한 일이 발생하고, 자녀, 며느리, 부인 등의 불량한 행동과 언사로 잡음과 災禍가 그치질 않는다.

◆ 絶命 : 凶星으로 金의 성질을 띠며, 가정에 災厄(재액)이 있고, 凶禍(흉화)가 잇따른다.

◆ 禍害 : 小凶星으로 土의 성질을 띠며, 가족에게 凶禍(흉화)가 따른다.

◆ 伏位 : 小吉星으로 木의 성질을 띠며, 家主의 운명에 따라 吉凶이 좌우된다. 吉星은 落宮處의 생조를 받으면 더욱 吉하고, 凶星은 落宮處의 극제를 받으면 흉화가 제압되니 害가 적다고 판단하는 것이다.

3. 구성九星 낙궁落宮 길흉론吉凶論

九星	落宮處	吉·凶
生氣(木)	坎.離 震.巽	相生과 比和되니 가업이 승승장구
	乾.兌	剋을 받아 發福이 감소한다.
	艮.坤	凶禍가 감소한다.
延年(金)	乾.兌	比和되어 吉하다.
	艮.坤	生을 받아 吉하다.
	離	剋을 받아 吉함이 감소된다.
	震.巽	金克木 되니 吉함이 감소한다.
	坎	金生水로 기운이 洩氣(설기)되니 吉함이 감소한다.
絕命(金)	離	이로움이 없다.
	震.巽	奸臣(간신)이 득세하여 忠臣이 모략을 당하는 형국이다.
	艮.坤	재물상의 손실이 있고, 범을 길러 禍를 자초하는 형국이다.
	坎	맹수를 함정에 빠뜨리니 소란함이 있다.
	乾.兌	맹수가 기세등등하게 달려드는 형국이니 흉하다.
五鬼(火)	震.巽	매년 손재수 발생. 사업실패. 자손이 火傷을 당한다.
	離	초년에 長·次孫이 발복되지만 종국에는 재산을 모두 탕진한다.
	艮.坤	육축의 손상이 있고, 가족에게 흉화가 발생한다. 坤宮에는 다섯식구가 죽고, 艮宮에는 세식구가 죽는다.
	乾.兌	재산의 손실이 발생하고, 가족에게 災厄(재액)이 일어난다.
	坎	剋을 받으니 五鬼의 凶氣가 다소 감퇴한다.
禍害(土)	震.巽	흉폭한 奴僕(노복)이 주인에게 꾸지람을 듣고 원한을 품는 격이다.
	乾.兌	불리한 형세의 상대편이 처음에는 고분고분 말을 듣다가 끝내는 배반하는 형국이다.
	離	도둑 근성의 자식이 집안의 재물을 축내는 격이다.
	坎	신임하는 타인이 도리어 자신에게 칼을 겨누는 격이다.
	艮.坤	친구들의 꾐으로 家産을 탕진하는 격이다.

	乾.兌	淫亂(음란)하여 私通(사통)을 圖謀(도모)하는 격이다.
	艮.坤	사대부가 늙고 추한 여자를 아내로 삼는 격이다.
六殺(水)	震.巽	貞節(정절)을 잃어 家門에 수치를 안기는 격이다.
	坎	부녀자가 私通(사통)하는 격이다.
	離	부녀자의 수다로 마을에 풍파가 잃어나는 격이다.
	震.巽	宮의 剋을 받으니 吉함이 감소한다.
	離	재물과 가업이 홍왕한다.
天醫(土)	艮.坤	比和되어 무애무덕하다.
	乾.兌	相生되어 吉하다.
	坎	相剋되어 吉함의 작용이 감퇴한다.
	震.巽	比和되어 主가 吉하면 吉하고, 主가 凶하면 凶하게 작용한다.
	離	자손이 부귀창달한다.
伏位(木)	艮.坤	相剋되니 吉함이 감퇴한다.
	坎	相生되어 吉하다.
	乾.兌	相剋되니 吉함이 감퇴한다.

4. 구성九星의 응기應期

가택의 3대 요소인 출입문, 주인방, 주방이 길성에 해당하면 大吉하고, 凶星을 犯하면 大凶한 것이다. 이에 發應하는 시기가 있어 이를 "應期(응기)"라 하니 참고 하기 바란다.

九星	吉 凶	應期
生氣(木)	◆ 가업이 융창하고, 재물을 얻고, 貴한 자손을 얻으려면 生氣方으로 주인방이나 주방을 배치해야 한다.	甲.乙 亥.卯.未 年 月
五鬼(火)	◆ 災殃(재앙)을 초래한다. ◆ 관재구설, 시비다툼 등이 자주 발생하는 경우는 五鬼方에 주인방이나 주방이 위치하기 때문이다.	丙.丁 寅.午.戌 年, 月

延年(金)	◆ 질병과 재액을 물리치고, 온 가족이 화목하기를 원한다면 延年方에 주방을 내어야 한다.	庚.辛 巳.酉.丑 年 月
六殺(水)	◆ 災殃(재앙)이 발생한다. ◆ 損財(손재), 詐欺(사기), 官災口舌(관재구설), 事故(사고), 失物(실물) 등의 凶禍(흉화)는 六殺方에 주인방이나 주방이 있기 때문이다.	壬.癸 申.子.辰 年, 月
禍害(土)	◆ 災殃(재앙)이 발생한다. ◆ 가족이 화목치 못하고, 이웃간에 다툼이 많고, 예기치 않은 凶禍(흉화)가 자주 발생하면, 禍害方에 주인방이나 주방이 있기 때문이다.	戊.己 辰.未.戌.丑 年, 月
天醫(土)	◆ 憂患(우환), 疾病 및 각종 災禍(재화)를 물리치려면 天醫方에 주인방이나 주방을 배치해야 한다.	戊.己 辰.未.戌.丑 年, 月
絶命(金)	◆ 災殃(재앙)이 발생한다. ◆ 질병과 예기치 않은 사고로 사망에 이르는 것은 絶命方에 주인방과 주방이 있기 때문이다.	庚.辛 巳.酉.丑 年, 月
伏位(木)	◆ 좋은 일이 발생한다. ◆ 매사 순조롭게 풀리는 것은 伏位方에 주인방이나 주방이 있기 때문이다.	甲.乙 亥.卯.未 年, 月

5. 양택구성陽宅九星과 질병疾病 관계關係

陽宅九星의 五行配屬으로 질병과의 연관 관계를 알 수 있다.

◎ 金이 太旺하거나 剋을 받으면 咳嗽(해수), 喘息(천식), 驚氣(경기), 근육과 뼈가
욱신대는 병, 수척해지는 병 등의 질환이 생긴다.

◎ 木이 太旺하거나 剋을 받으면 팔다리가 몹시 저리고 아프며, 膽症(담증), 中風
(중풍), 구안와사 등의 질병이 발생한다.

◎ 水가 太旺하거나 剋을 받으면 침이 줄줄 흐르는 병, 冷病(냉병), 遺精(유정), 月
經白濁(월경백탁), 腰痛(요통), 腎虛(신허), 소변과 연관된 발병, 吐瀉(토사), 嘔

逆(구역), 疲勞(피로), 患部(환부)에 벌레가 생기는 질병이 발생한다.

⊙ 火가 太旺하거나 剋을 받으면 頭痛(두통), 腦熱病(뇌열병), 三焦疾患(삼초질환), 침이 마르는 병, 狂言症(광언증), 傷寒(상한), 心腹痛(심복통), 惡瘡(악창) 등의 질환이 발생한다.

⊙ 土가 太旺하거나 剋을 받으면 비위허약, 배가 붓는 병, 황달, 부종, 전염병 등의 질환이 발생한다.

⊙ 金剋木이 되면 정신질환, 악질, 예기치 않은 사고나 질병 등이 발생한다.

⊙ 木剋土가 되면 위장병환자가 발생한다.

⊙ 土剋水가 되면 腎臟(신장), 膀胱(방광), 허리 등에 질병이 나타나고, 혈관계질환이나 수족이 차고 冷症(냉증)이 발생한다.

⊙ 水剋火가 되면 가정불화가 자주 발생한다.

⊙ 火剋金이 되면 五臟六腑(오장육부)에 벌레가 생기고 예기치 않은 災殃(재앙)이 발생한다.

6. 구성九星 총론總論

〈吉星〉

1) 生氣(생기)

陽宅에서 生氣方을 득하면 자손 모두 부귀창달하고, 가업 역시 번창하며 자손 대대로 번창한다.

2) 天醫(천의)

세대주인 부부의 命에 합치되고, 출입문에서 주인방이나 주방이 이에 해당되면 현명한 아들을 두고, 부귀영화를 누리며, 六畜(육축)이 번성하고, 發福이 應할 때에는 크게 재물을 모은다.

3) 延年(연년)

세대주인 부부의 命에 합치되고, 출입문이나 주방이 延年에 해당하면 중산층 정도의 부귀를 누리며, 세월이 지날수록 재물이 더욱 더 늘어난다. 부부가 화목하고, 六畜이 번성하며, 자손이 모두 잘 풀려 나간다.

4) 伏位(복위)

수복강녕하고, 재물이 늘고, 자식의 수는 적으나 출입문이 주인의 命 기준시 伏位나 天乙貴人에 해당하는 太歲에는 반드시 길한 아들을 낳아 집안이 융 성해진다.

〈凶星〉

5) 絕命(절명)

주인방이나 주방이 絕命에 해당하면 자손의 代가 끊어지고, 長壽(장수)하지 못하고, 질병과 損財 및 傷害가 따른다.

6) 五鬼(오귀)

주인방이나 주방이 五鬼方을 犯하면 도둑으로 인한 失財와 火災가 발생하고, 관재구설이 끊이질 않고, 六畜(육축)의 손상이 따른다.

7) 六殺(육살)

주인방이나 주방이 六殺方을 犯하면 詐欺(사기) 등으로 재물이나 田畓(전답)의 損財가 생기고, 六畜의 손실이 있다.

8) 禍害(화해)

주인방이나 주방이 禍害方을 犯하면 가족에게 우환이 따르며, 관재구설, 損財, 질병 등이 발생한다.

◆ 흉성에 해당하는 방위에는 화장실, 장독대, 굴뚝, 방앗간, 나뭇간, 廁室(측실) 등을 만들면 凶殺이 제압되니 災禍의 발생을 예방할 수 있다.

7. 궁宮·성星의 음양陰陽 관계關係

九星 : 陽星 - 生氣. 延年. 天醫

　　　　 陰星 - 五鬼. 六殺. 禍害. 絶命. 伏位

九宮 : 陽宮 - 乾宮. 坎宮. 艮宮. 震宮

　　　　 陰宮 - 巽宮. 離宮. 坤宮. 兌宮

◆ 內外의 관계에서 九宮은 內에 속하고, 九星은 外에 속하니 內(九宮)에서 九星(外)을 극하면 길흉은 절반 정도 작용하고, 九星(外)에서 九宮(內)을 剋하면 길흉이 전부 작용한다.

◆ 예를 들어 陽星이 陰宮을 극하면 外에서 內를 극하는 것이니 부녀자에게 불리하고, 陰星이 陽宮을 극하면 남자에게 불리하다.

◆ 예를 들어 九星 中 禍害는 陰星으로 土에 해당하는데, 坎宮에 임하면 陰星이 陽宮을 극하니 仲男에게 불리하다는 것이다.

◆ 또한 陰星이 陰宮에 들면 純陰이고, 陽星이 陽宮에 들면 純陽이니, 純陰의 경우에는 매해 질병과 사고수가 많고, 純陽의 경우는 재물은 생기지만 자손이 없다.

◆ 宮이 星을 剋하면 內剋外 하는 것이니 주인이 침입자를 물리치는 형국이라 도둑이 들지 않고, 星이 宮을 극하면 타인이 주인을 해치는 형국이니 주인에게 불리하다.

◆ 또한 陰星이 陽宮에 들면 딸부터 낳고, 陽星이 陰宮에 들면 아들을 먼저 낳는다.

제5장
본명정국법 本命定局法

1. 개요 概要

甲子生, 乙丑生처럼 태어난 해의 太歲(태세)를 本命이라 한다. 本命定局이라 함
은 남녀 구분하여, 上元, 中元, 下元의 어느 甲子에 속하는 가를 보고, 本命이 落宮
하는 九宮의 配屬(배속)이 本命定局이 되는 것이다.

2. 활용 活用

- ◆ 남·녀 궁합의 길흉을 판단하는 방법으로 활용.
- ◆ 양택풍수에서 入宅시 家宅과 家主와의 궁합과 상호간 길흉을 판단하는 방법으
  로 활용.
- ◆ 遠行이나 여행, 혹은 이사 등의 방향의 길흉을 논할 때 참조한다.

3. 기산법 起算法

〈本命定局〉

◉ 上元 甲子生(1864~1923년)
- ◆ 남자 : 坎宮에서 甲子를 起하여 구궁정위도상 逆行하여 生年太歲 落宮處가 본
  명정국이다.

◆ 여자 : 中宮에서 甲子를 起하여 구궁정위도상 順行하여 生年太歲 落宮處가 본
  명정국이다.

⊙ 中元 甲子生(1924~1983년)
  ◆ 남자 : 巽宮에서 甲子를 起하여 구궁정위도상 逆行하여 生年太歲 落宮處가 본
    명정국이다.
  ◆ 여자 : 坤宮에서 甲子를 起하여 구궁정위도상 順行하여 生年太歲 落宮處가 본
    명정국이다.

⊙ 下元 甲子生(1984~2043년)
  ◆ 남자 : 兌宮에서 甲子를 起하여 구궁정위도상 逆行하여 生年太歲 落宮處가 본
    명정국이다.
  ◆ 여자 : 艮宮에서 甲子를 起하여 구궁정위도상 順行하여 生年太歲 落宮處가 본
    명정국이다.

⊙ 만약 생년태세가 中宮에 떨어지면 남자는 坤命을 적용하고, 여자는 艮命을 적용
  한다.
⊙ 예를 들어 남자 1955년 乙未生은 中元甲子에 속한다. 따라서 巽宮에서 甲子를
  기하여 九宮定位圖에 의거 逆行하여 生年太歲까지 진행시키니 離宮에 乙未가
  떨어진다. 따라서 1955년 乙未生은 離宮이 本命定局이 되는 것이다.
  아래 도표와 같이 조견표를 이용하면 편리하다.
  ◆ 上元甲子 : 1864~1923년 生
  ◆ 中元甲子 : 1924~1983년 生
  ◆ 下元甲子 : 1984~2043년 生

〈早見表(조견표)〉

本命定局 早見表(본명정국 조견표)

男女						三元	男命			女命		
生年							上元	中元	下元	上元	中元	下元
甲子	癸酉	壬午	辛卯	庚子	己酉	戊午	坎	巽	兌	中宮(艮)	坤	艮
乙丑	甲戌	癸未	壬辰	辛丑	庚戌	己未	離	震	乾	乾	震	離
丙寅	乙亥	甲申	癸巳	壬寅	辛亥	庚申	艮	坤	中宮(坤)	兌	巽	坎
丁卯	丙子	乙酉	甲午	癸卯	壬子	辛酉	兌	坎	巽	艮	中宮(艮)	坤
戊辰	丁丑	丙戌	乙未	甲辰	癸丑	壬戌	乾	離	震	離	乾	震
己巳	戊寅	丁亥	丙申	乙巳	甲寅	癸亥	中宮(坤)	艮	坤	坎	兌	巽
庚午	己卯	戊子	丁酉	丙午	乙卯		巽	兌	坎	坤	艮	中宮(艮)
辛未	庚辰	己丑	戊戌	丁未	丙辰		震	乾	離	震	離	乾
壬申	辛巳	庚寅	己亥	戊申	丁巳		坤	中宮(坤)	艮	巽	坎	兌

〈手掌圖(수장도)〉

⊙ 1901년~1999년생

 ◆ 남자는 離9宮에서 숫자 1을 시작하여 구궁정위도상에 逆行하여 해당수까지 세
  어 나간다.

 ◆ 여자는 乾6宮에서 숫자 1을 시작하여 구궁정위도상에 順行하여 해당수까지 세
  어 나간다.

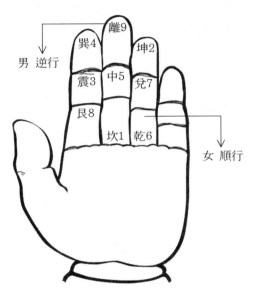

巽4	離9	坤2
震3	中5	兌7
艮8	坎1	乾6

〈예1〉 1958년생 남자

$$1958 \rightarrow 19 = 1+9 = 10 = 0$$
$$58 = 5+8 = 13 = 1+3 = 4$$

 ◆ 남자이니 離9宮에서 1을 시작하여 구궁정위도상에 逆行으로 4까지 세어나가
  면 乾6宮에 落宮이므로 乾命이 된다.

 ◆ 1958년생 여자라면 乾6宮에서 1을 시작하여 구궁정위도상에 順行으로 4까지
  세어나가면 離9宮에 落宮이니 離命이 된다.

〈예2〉 1999년생 남자

1999 → 19 = 1+9 = 10 = 0
99 = 9+9 = 18 = 1+8 = 9

* 남자이니 離9宮에서 1을 시작하여 구궁정위도상에 逆行으로 9까지 세어나가면 坎1宮에 落宮이므로 坎命이 된다.
* 1999년생 여자라면 乾6宮에서 1을 시작하여 구궁정위도상에 順行으로 9까지 세어나가면 中5宮에 落宮이다. 中5宮은 남자는 坤2宮을 적용하여 坤命이 되고, 여자는 艮8宮을 적용하니 艮命이 되는 것이다.

⊙ 2000년생
* 남자는 離9宮을 적용하여 離命이 된다.
* 여자는 乾6宮을 적용하여 乾命이 된다.

⊙ 2001년 ~ 2999년생
* 뒤의 3개 자리수만 더하여 계산한다.
  2001년 = 2001 = 0+0+1 = 3
* 남자는 艮8宮에서 숫자 1을 시작하여 구궁정위도상에 逆行하여 해당 數까지 세어 나간다.
* 여자는 兌7宮에서 숫자 1을 시작하여 구궁정위도상에 順行하여 해당 數까지 세어 나간다.

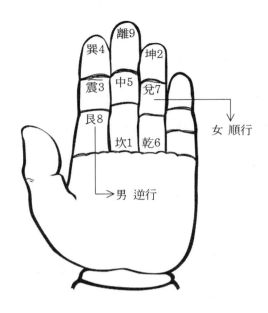

〈예1〉 2002년생 남자

2002 → 2002 = 0+0+2 = 2

◆ 남자이니 艮8宮에서 숫자 1을 시작하여 구궁정위도상에 逆行하여 2까지 세어
나가면 兌7宮에 落宮하므로 兌命이 된다.

〈예2〉 2020년생 여자

2020 → 2020 = 0+2+0 = 2

◆ 여자이니 兌7宮에서 숫자 1을 시작하여 구궁정위도상에 順行하여 2까지 세어
나가면 艮8宮에 落宮하므로 艮命이 된다.

〈예3〉 2345년생 여자

2345 → 2345 = 3+4+5 = 12 = 1+2 = 3

◆ 여자이니 兌7宮에서 숫자 1을 시작하여 구궁정위도상에 順行하여 3까지 세어
나가면 離9宮에 落宮하므로 離命이 된다.

4. 응용應用

(1) 宮合(궁합)

1985년 乙丑生으로 2019년에 35세가 되는 男命과, 1987년 丁卯生으로 2019년에 33세가 되는 女命의 혼사 건에 대한 길흉을 판단해 본다.

④ 巽 木星-	⑨ 離 火星-	② 坤 土星-
③ 震 木星+	⑤⑩ 中宮 土星	⑦ 兌 金星-
⑧ 艮 土星+	① 坎 水星+	⑥ 乾 金星+

* 1985년생 男命과 1987년생 女命은 모두 下元甲子生에 속한다.
* 男命은 7번 兌宮에서 甲子를 起하여 자신의 生年太歲까지 구궁정위도상에 逆行으로 세어나가면 7번궁 甲子, 6번궁 乙丑하여 乾宮에 生年太歲가 떨어지니 本命星은 6白金星이고 本命定局은 乾6宮의 金局인 것이다.
* 女命은 8번 艮宮에서 甲子를 氣하여 자신의 生年太歲까지 구궁정위도상으로 순행하여 세어나가면, 8번궁 甲子, 9번궁 乙丑, 1번궁 丙寅, 2번궁 丁卯하여 2번 坤宮에 생년태세가 떨어지니 本命星은 2黑土星이고 本命定局은 坤2宮의 土局인 것이다.
* 이들 남녀가 결혼한다면 本命定局으로 보는 궁합은, 男命은 金, 女命은 土로 상호 상생하니 吉緣이라 판단하는 것이다.

(2) 家宅의 吉凶(가택의 길흉)

* 상기 1985년생 男命과 1987년생 女命의 두 남녀가, 아래와 같은 구조의 아파트에 입주하여 살 것이라 가정하면 男命은 本命定局이 金局이고, 女命은 本命

定局이 土局이다. 출입문의 방향이 坎方으로 水方이니, 男命과는 金과 水의 상생 관계이고, 女命과는 土와 水의 상극관계이니 이 집에서 살아가는 동안 男命에겐 이롭고 女命에겐 불리한 것이다.

◆ 아래 가택의 文書名義(문서명의)는 男命으로 함이 좋은 것이다.

◆ 궁극적으로는 남녀에게 공히 이로운 집이 되지 못하니, 애당초 입주를 하지 말거나, 여의치 않다면 입주 후 가능한 빠른 시일 내에 이사를 함이 좋은 것이다.

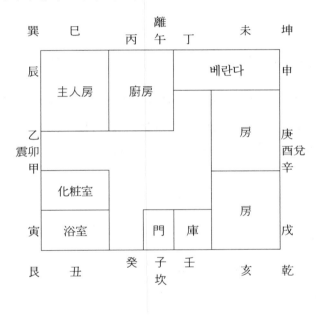

제6장

고택古宅의 길흉吉凶 분석分析

1. 양택구성陽宅九星으로 논하는 고택古宅의 길흉吉凶 1

아래와 같은 구조의 전통가옥에 대해 양택구성 이론을 적용하여 길흉을 논해 보기로 한다. 아래의 가옥은 조선 중기의 사대부의 가옥으로 현재까지 많은 자손들이 관직에 올라 영달하고 가문이 창성하고 영화로운 집안의 가택구조이다.

⊙ 家宅의 構造(가택의 구조)

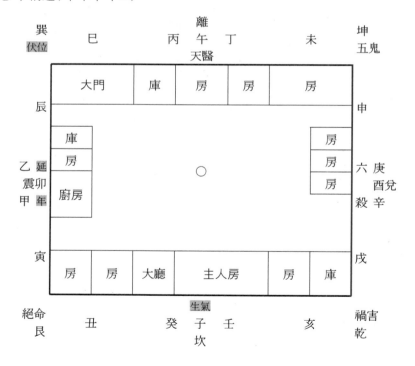

◎ 東·西四宅論

상기 기옥은 전형적인 子坐午向의 구조를 하고 있다. 가택의 3요소인 주인방과, 주방과 출입문을 살펴보면, 출입문이 坤方, 주인방이 乾方, 주방이 艮方에 있으니 西四宅(乾.坤.艮.兌)의 잘 짜여진 구조이다.

◎ 陽宅九星 附法

大門이 坤方에 있으니 坤卦(☷)를 本 卦로 하여 양택구성을 부법한다.

本卦	
―	上爻
―	中爻
··	下爻

◆ 一上變 生氣(생기)하니 ☵(坎)方에 生氣(생기)를 附法(부법)한다.
◆ 二中變 五鬼(오귀)하니 ☷(坤)方에 五鬼(오귀)를 附法(부법)한다.
◆ 三下變 延年(연년)하니 ☳(震)方에 延年(연년)을 附法(부법)한다.
◆ 四中變 六殺(육살)하니 ☱(兌)方에 六殺(육살)을 附法(부법)한다.
◆ 五上變 禍害(화해)하니 ☰(건)方에 禍害(화해)를 附法(부법)한다.
◆ 六中變 天醫(천의)하니 ☲(이)方에 天醫(천의)를 附法(부법)한다.
◆ 七下變 絕命(절명)하니 ☶(간)方에 絕命(절명)을 附法(부법)한다.
◆ 八中變 伏位(복위)하니 ☴(손)方에 伏位(복위)를 附法(부법)한다.

◎ 主人房은 生氣方에 해당되어 吉하다.

廚房은 延年方에 해당되어 吉하다.

大門은 伏位方이 되어 吉하다.

◎ 가택구조의 길흉 분석

가택의 3요소인 主人房과, 廚房, 大門이 生氣, 延年, 伏位로 모두 吉星이며 吉方에 자리하니 오랜 세월 家門의 暢達(창달)함이 있었던 것이다. 아울러 상기의 圖에서는 便所(변소=化粧室)의 위치가 없는데, 화장실 같은 흉물스런 공간은 五鬼나

六殺 등의 凶方에 두는 것이 좋으니, 상기도에서는 五鬼方인 坤方에 화장실이 있도록 하면 좋은 것이다.

◎ 命·宅 관계

상기 고택은 西四宅에 해당하니 主人命이 西四命에 해당하는 乾.坤.艮.兌의 本命에 해당하면 錦上添花(금상첨화)다.

2. 양택구성陽宅九星으로 논하는 고택古宅의 길흉吉凶 2

◎ 家宅의 構造(가택의 구조)

아래의 古宅은 조선조 말기에 지어진 사대부의 집으로, 1950년대 초반까지 번영을 누리다가, 6.25전란 이후 일부 불탄 부분을 改修(개수)하면서 坤方에 있는 大門을 離方으로 옮기고 나서, 家門과 자손들이 몰락의 길을 걷게 된 대표적인 古宅의 경우이다. 분석하여 본다.

〈舊 大門 기준〉

舊 大門을 기준한 陽宅九星 附法

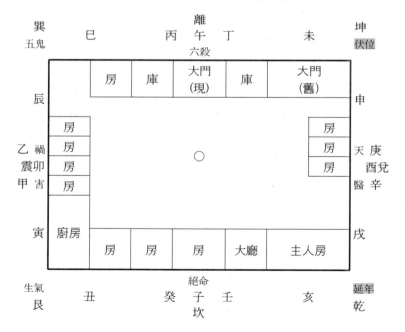

346 [양택편] 실전 풍수지리

⊙ 大門이 坤方에 있으니 坤卦(☷)를 本 卦로 하여 양택구성을 부법한다.

本卦	
--	上爻
--	中爻
--	下爻

◆ 一上變 生氣(생기)하니 ☶(艮)방(궁)에 生氣(생기)를 附法(부법)한다.

◆ 二中變 五鬼(오귀)하니 ☴(巽)방(궁)에 五鬼(오귀)를 附法(부법)한다.

◆ 三下變 延年(연년)하니 ☰(乾)방(궁)에 延年(연년)을 附法(부법)한다.

◆ 四中變 六殺(육살)하니 ☲(離)방(궁)에 六殺(육살)을 附法(부법)한다.

◆ 五上變 禍害(화해)하니 ☳(震)방(궁)에 禍害(화해)를 附法(부법)한다.

◆ 六中變 天醫(천의)하니 ☱(兌)방(궁)에 天醫(천의)를 附法(부법)한다.

◆ 七下變 絶命(절명)하니 ☵(坎)방(궁)에 絶命(절명)을 附法(부법)한다.

◆ 八中變 伏位(복위)하니 ☷(坤)방(궁)에 伏位(복위)를 附法(부법)한다.

⊙ 主人房은 延年方에 해당되어 吉하다.

廚房은 生氣方에 해당되어 吉하다.

大門은 伏位方이 되어 吉하다.

〈現 大門 기준〉

現在의 大門을 기준한 陽宅九星 附法

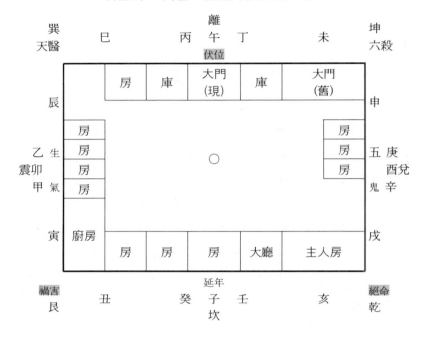

⊙ 大門이 離方으로 옮겨져 離門이니 東四宅(坎.離.震.巽)에 해당된다. 離門이니 離卦(☲)를 本卦로 하여 양택구성을 부법한다.

本卦	
━	上爻
╍	中爻
━	下爻

- 一上變 生氣하여 震(☳)괘가 되니 震方이 生氣方이다.
- 二中變 五鬼하여 兌(☱)괘가 되니 兌方이 五鬼方이다.
- 三下變 延年하여 坎(☵)괘가 되니 坎方이 延年方이다.
- 四中變 六殺하여 坤(☷)괘가 되니 坤方이 六殺方이다.
- 五上變 禍害하여 艮(☶)괘가 되니 艮方이 禍害方이다.

주방에 해당하니 흉방이다.

◆ 六中變 天乙하여 巽(☴)괘가 되니 巽方이 天乙方이다.

◆ 七下變 絶命하여 乾(☰)괘가 되니 乾方이 絶命方이다.

주인방에 해당하니 흉방이다.

◆ 八中變 伏位하여 離(☲)괘가 되니 離方이 伏位方이다.

⊙ 離門의 경우는 九星 附法시 主人房과 廚房이 絶命과 禍害의 흉방에 해당된다. 대문을 본래의 坤門에서 離門으로 옮기고 나서부터 가문이 몰락하게 된 것이다.

3. 양택구성陽宅九星으로 논하는 고택古宅의 길흉吉凶 3

現在의 大門을 기준한 陽宅九星 附法

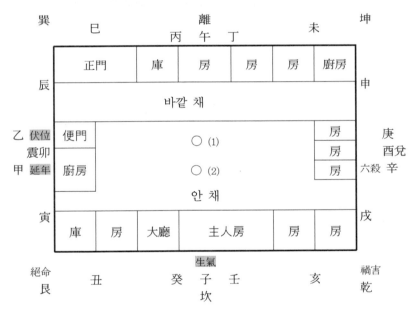

⊙ 상기의 가택구조는 100년 된 가택으로 正門과 便門(편문)이 있는 형태로, 중앙의 (1) 중심점은 바깥채와 안채를 포함한 가택 전체의 중심점이고, (2)중심점은 안채만의 가택의 중심점이다.

◉ 먼저 正門과 便門의 길흉 관계를 양택구성을 적용하여 판단하는데, 가택 전체의 중심인 ⑴ 중심점을 기준한다. 正門은 巽方에 위치하고 便門은 震方에 위치하고 있다. 正門이 巽方에 있으니 巽卦를 本 卦로 보고 便門이 위치한 震方은 延年方이 되니 便門은 吉한 배치로 자리하고 있는 것이다.

◉ 다음은 가택의 3요소인 主人房과 廚房, 出入門의 길흉 관계는 안채에 해당하니 중앙의 ⑵ 중심점을 기준하여 양택구성을 부법하여 판단한다.

⑵ 중심점을 기준하면, 便門은 巽方이고, 主人房은 坎方이고, 廚房은 震方에 해당된다. 따라서 巽方의 便門인 巽卦를 本 卦로 하여 양택구성을 부법하면 坎方의 主人房은 生氣方이 되어 吉하고, 震方의 廚房은 延年方이 되어 吉하고, 巽方의 便門은 伏位方이 되니 역시 吉한 것이다.

◉ 가택의 3요소가 모두 吉하니 현재까지 자손들이 관직과 사업에 몸담아 가문의 영화로움이 있었고 또한 가솔들 모두 건강하고 무탈했던 것이다.

제7장

길흉좌법吉凶坐法

집의 坐(家坐)는 집이 어떤 坐向에 위치하고 있는가를 논하여 가택의 길흉을 판단하는 방법이다.

家坐는 자리하고 있는 坐向에 따라 天干坐에 해당하면 六十甲子의 天干을 기준하여 논하고, 地支坐에 해당하면 地支를 기준하여 논한다.

家坐가 天干坐에 해당하면 집 짓는 해의 天干太歲로 건축주의 命을 天干과 비교하여 길흉을 논하고, 地支坐에 해당하면 집 짓는 해의 地支太歲로 건축주의 命을 대조하여, 해당하는 神殺로써 길흉을 논하는 것이다.

1. 건택운좌建宅運坐 **길흉표**吉凶表1

天干을 활용한 建宅運坐(건택운좌)의 길흉판단법은, 生年年干에서 當年年干을 보고, 當年年干에서 또한 坐運을 보아 길흉을 판단하는 것이다. 아래 도표1과 같다.

建宅運坐(天干기준) 吉凶表 1

	甲 生年 家坐	乙 生年 家坐	丙 生年 家坐	丁 生年 家坐	戊 生年 家坐	己 生年 家坐	庚 生年 家坐	辛 生年 家坐	壬 生年 家坐	癸 生年 家坐
正命 (정명)	甲	乙	丙	丁	戊	己	庚	辛	壬	癸
耗星 (모성)	乙	丙	丁	戊	己	庚	辛	壬	癸	甲

제3편 이론(理論) **351**

福德 (복덕)	丙	丁	戊	己	庚	辛	壬	癸	甲	乙
偏食 (편식)	丁	戊	己	庚	辛	壬	癸	甲	乙	丙
招禍 (초화)	戊	己	庚	辛	壬	癸	甲	乙	丙	丁
天財 (천재)	己	庚	辛	壬	癸	甲	乙	丙	丁	戊
七殺 (칠살)	庚	辛	壬	癸	甲	乙	丙	丁	戊	己
官印 (관인)	辛	壬	癸	甲	乙	丙	丁	戊	己	庚
偏印 (편인)	壬	癸	甲	乙	丙	丁	戊	己	庚	辛
長生 (장생)	癸	甲	乙	丙	丁	戊	己	庚	辛	壬

상기도표를 보는 방법은 다음과 같다.

◆ 예를 들어 甲子生이 丁卯年에 집을 짓는 경우의 建宅運을 보려면 生年干甲과 丁卯年의 丁을 보면 偏食(편식)에 해당된다. 偏食은 食祿(식록)이 減食(감식) 되고, 딸을 많이 낳고, 운세가 偏枯(편고)되는 凶殺이니 凶運이다.

◆ 또한 집의 坐(家坐)는 壬坐인데 庚寅年에 집을 짓는다면, 庚金에서 壬坐를 보면 福德(복덕)에 해당한다. 이는 吉神이니 壬坐에 해당하는 家坐는 庚寅年에 집을 지으면 좋다는 것이다.

2. 건택운좌建宅運坐 길흉표吉凶表 2

地支를 활용한 건택운좌의 길흉 판단법은, 生年 年支에서 當年의 年支를 보아 吉凶을 판단하고, 當年 年支에서 坐運을 보아 吉凶을 판단하는 것이다. 아래 길흉 표2와 같다.

	子 生年 家坐	丑 生年 家坐	寅 生年 家坐	卯 生年 家坐	辰 生年 家坐	巳 生年 家坐	午 生年 家坐	未 生年 家坐	申 生年 家坐	酉 生年 家坐	戌 生年 家坐	亥 生年 家坐
正命 (정명)	子	丑	寅	卯	辰	巳	午	未	申	酉	戌	亥
耗星 (모성)	丑	寅	卯	辰	巳	午	未	申	酉	戌	亥	子
福德 (복덕)	寅	卯	辰	巳	午	未	申	酉	戌	亥	子	丑
偏食 (편식)	卯	辰	巳	午	未	申	酉	戌	亥	子	丑	寅
招禍 (초화)	辰	巳	午	未	申	酉	戌	亥	子	丑	寅	卯
天財 (천재)	巳	午	未	申	酉	戌	亥	子	丑	寅	卯	辰
七殺 (칠살)	午	未	申	酉	戌	亥	子	丑	寅	卯	辰	巳
官印 (관인)	未	申	酉	戌	亥	子	丑	寅	卯	辰	巳	午
偏印 (편인)	申	酉	戌	亥	子	丑	寅	卯	辰	巳	午	未
長生 (장생)	酉	戌	亥	子	丑	寅	卯	辰	巳	午	未	申
旬中 (순중)	戌	亥	子	丑	寅	卯	辰	巳	午	未	申	酉
空亡 (공망)	亥	子	丑	寅	卯	辰	巳	午	未	申	酉	戌

3. 신살神殺 길흉吉凶 해설

神殺	吉凶 해설
正命(정명)	부모형제 가족이 건강 장수한다.
耗星(모성)	여자형제로 인해 재물이 손실된다.
福德(복덕)	유복하고 현량한 아들을 두게 된다.

偏食(편식)	딸을 많이 두게 되고 유익함이 적다.
招禍(초화)	아내 외의 다른 여자로 인해 禍가 발생하고 재물이 흩어진다.
天財(천재)	正妻의 덕으로 橫財(횡재)하고 富를 쌓는다.
七殺(칠살)	相沖, 相剋에 해당하니 損財(손재), 傷害(상해), 凶禍(흉화)가 많다.
官印(관인)	昇進(승진)에 이롭고, 正妻의 덕으로 橫財(횡재)하고 富를 쌓는다.
偏印(편인)	損財(손재)나 官災口舌(관재구설), 시비다툼 등이 발생한다.
長生(장생)	生氣, 眞神이니 장수하고 복록이 많고, 辰戌丑未 年에 吉함이 應한다.
旬中空亡(순중공망)	大凶하다.

4. 가옥家屋의 좌坐가 당년當年에 미치는 영향

	坤 二 眼損 안손	震 三 食神 식신	巽 四 甑破 증파	中 五 五鬼 오귀	乾 六 合食 합식	兌 七 進鬼 진귀	艮 八 官印 관인	離 九 退食 퇴식	坎 一 天祿 천록
亥壬子癸 坐 戊子 ~ 戊寅 坤起 順	戊子	己丑	庚寅	辛卯	壬辰	癸巳	甲午	乙未	丙申
	丁酉	戊戌	己亥	庚子	辛丑	壬寅	癸卯	甲辰	乙巳
	丙午	丁未	戊申	己酉	庚戌	辛亥	壬子	癸丑	甲寅
	乙卯	丙辰	丁巳	戊午	己未	庚申	辛酉	壬戌	癸亥
	甲子	乙丑	丙寅	丁卯	戊辰	己巳	庚午	辛未	壬申
	癸酉	甲戌	乙亥	丙子	丁丑	戊寅	己卯	庚辰	辛巳
丑艮寅甲 坐 戊寅 ~ 戊辰 坤起 順	戊寅	己卯	庚辰	辛巳	壬午	癸未	甲申	乙酉	丙戌
	丁亥	戊子	己丑	庚寅	辛卯	壬辰	癸巳	甲午	乙未
	丙申	丁酉	戊戌	己亥	庚子	辛丑	壬寅	癸卯	甲辰
	乙巳	丙午	丁未	戊申	己酉	庚戌	辛亥	壬子	癸丑
	甲寅	乙卯	丙辰	丁巳	戊午	己未	庚申	辛酉	壬戌
	癸亥	甲子	乙丑	丙寅	丁卯	戊辰	己巳	庚午	辛未
卯乙辰巽 坐 戊辰 ~ 戊午 坤起 順	戊辰	己巳	庚午	辛未	壬申	癸酉	甲戌	乙亥	丙子
	丁丑	戊寅	己卯	庚辰	辛巳	壬午	癸未	甲申	乙酉
	丙戌	丁亥	戊子	己丑	庚寅	辛卯	壬辰	癸巳	甲午
	乙未	丙申	丁酉	戊戌	己亥	庚子	辛丑	壬寅	癸卯

	甲辰	乙巳	丙午	丁未	戊申	己酉	庚戌	辛亥	壬子
	癸丑	甲寅	乙卯	丙辰	丁巳	戊午	己未	庚申	辛酉
巳丙午丁 坐 戊午 ~ 戊申 坤起 順	戊午	己未	庚申	辛酉	壬戌	癸亥	甲子	乙丑	丙寅
	丁卯	戊辰	己巳	庚午	辛未	壬申	癸酉	甲戌	乙亥
	丙子	丁丑	戊寅	己卯	庚辰	辛巳	壬午	癸未	甲申
	乙酉	丙戌	丁亥	戊子	己丑	庚寅	辛卯	壬辰	癸巳
	甲午	乙未	丙申	丁酉	戊戌	己亥	庚子	辛丑	壬寅
	癸卯	甲辰	乙巳	丙午	丁未	戊申	己酉	庚戌	辛亥
未坤申庚 坐 戊申 ~ 戊戌 坤起 順	戊申	己酉	庚戌	辛亥	壬子	癸丑	甲寅	乙卯	丙辰
	丁巳	戊午	己未	庚申	辛酉	壬戌	癸亥	甲子	乙丑
	丙寅	丁卯	戊辰	己巳	庚午	辛未	壬申	癸酉	甲戌
	乙亥	丙子	丁丑	戊寅	己卯	庚辰	辛巳	壬午	癸未
	甲申	乙酉	丙戌	丁亥	戊子	己丑	庚寅	辛卯	壬辰
	癸巳	甲午	乙未	丙申	丁酉	戊戌	己亥	庚子	辛丑
酉辛戌乾 坐 戊戌 ~ 戊子 坤起 順	戊戌	己亥	庚子	辛丑	壬寅	癸卯	甲辰	乙巳	丙午
	丁未	戊申	己酉	庚戌	辛亥	壬子	癸丑	甲寅	乙卯
	丙辰	丁巳	戊午	己未	庚申	辛酉	壬戌	癸亥	甲子
	乙丑	丙寅	丁卯	戊辰	己巳	庚午	辛未	壬申	癸酉
	甲戌	乙亥	丙子	丁丑	戊寅	己卯	庚辰	辛巳	壬午
	癸未	甲申	乙酉	丙戌	丁亥	戊子	己丑	庚寅	辛卯

1. 天祿(천록) : 승진. 영전. 시험합격. 得財

2. 眼損(안손) : 관재구설. 사고 . 질병.

3. 食神(식신) : 得財. 식구증가. 취직. 개업

4. 甑破(증파) : 損財. 가족이별. 부부이별. 계약파기. 퇴직.

5. 五鬼(오귀) : 우환. 질병. 사고. 손재. 부부이별.

6. 合食(합식) : 재산증가. 가족증가. 개업.

7. 進鬼(진귀) : 우환. 질병.

8. 官印(관인) : 국가시험 합격. 승진. 영전. 개업. 문서취득.

9. 退食(퇴식) : 재물이 점차 손실된다.

제8장
개문년운改門年運 길흉론吉凶論

집주인의 生年을 기준하여 문 고치기에 좋은 運을 논하는 것이다. 여기서의 개문은 출입문과 더불어 포괄적으로 주방의 씽크대 改修, 집안의 벽지 교체, 베란다改修, 실내 인테리어 작업 등도 해당된다고 보는 것이다.

1. 개문신살改門神殺

1) 橫財(횡재) : 뜻하지 않은 재물을 얻는 吉運이다.

2) 逢賊(봉적) : 도적을 만나니 凶運이다.

3) 昌星(창성) : 부귀창달하는 吉運이다.

4) 詞訟(사송) : 관재구설의 凶運이다.

5) 天乙(천을) : 하늘의 도움이 있으니 吉運이다.

6) 金銀(금은) : 得財하는 운이니 吉運이다.

7) 錢穀(전곡) : 금전과 곡식이 생기는 吉運이다.

8) 退財(퇴재) : 재물이 빠져나가는 凶運이다.

9) 禍殃(화앙) : 災厄(재액)을 초래하는 凶運이다.

2. 개문신살改門神殺 정위도定位圖

4 巽宮 詞訟(사송)	9 離宮 禍殃(화앙)	2 坤宮 逢賊(봉적)
3 震宮 昌星(창성)	5 中宮 天乙(천을)	7 兌宮 錢穀(전곡)
8 艮宮 退財(퇴재)	1 坎宮 橫財(횡재)	6 乾宮 金銀(금은)

3. 포국布局 방법方法

巳酉丑生 : 巽宮에서 甲子를 起하여 順行

申子辰生 : 坤宮에서 甲子를 起하여 順行

亥卯未生 : 乾宮에서 甲子를 起하여 順行

寅午戌生 : 艮宮에서 甲子를 起하여 順行

상기와 같이 三合되는 각각의 生年을 알고, 이에 해당하는 宮에서 甲子를 起하여 生年이 떨어지는 곳의 길흉을 찾는다.

〈예1〉

丁巳生이 己卯年에 改門한다면, 巳酉丑生은 巽宮에 甲子를 起하여 구궁정위도에 따라 生年의 落宮處를 알아야 하니, 巽宮에 甲子, 中宮에 乙丑, 乾宮에 丙寅, 兌宮에 丁卯, 艮宮에 戊辰, 離宮에 己巳, 坎宮에 庚午, 坤宮에 辛未, 震宮에 壬申, 巽宮에 癸酉, 中宮에 甲戌, 乾宮에 乙亥, 兌宮에 丙子, 艮宮에 丁丑, 離宮에 戊寅, 坎宮에 己卯하여 坎宮 橫財(횡재)에 落宮한다. 따라서 改門하는 當年太歲인 己卯년 부터 구궁정위도상 순행 적용시키면

- 己卯年은 1(坎宮) - 橫財,
- 庚辰年은 2(坤宮) - 逢賊,
- 辛巳年은 3(震宮) - 昌星,
- 壬午年은 4(巽宮) - 詞訟,
- 癸未年은 5(中宮) - 天乙,
- 甲申年은 6(乾宮) - 金銀,
- 乙酉年은 7(兌宮) - 錢穀,
- 丙戌年은 8(艮宮) - 退財,
- 丁亥年은 9(離宮) - 禍殃.

따라서 改門의 吉年은 己卯年 橫財, 辛巳年 昌星, 癸未年 天乙, 甲申年 天乙, 乙酉年 錢穀 등이고, 나머지는 흉년이라 판단하는 것이다. 이를 요약한 것이 도표1의 개문년운 길흉표이다.

그러므로 丁巳生이 己卯年에 改門한다면 坎宮인 橫財(횡재)에 떨어지는데, 改門의 방향은, 도표2를 참조하면 坎宮은 壬子癸方이니 이쪽 방향으로 改門할 수 있는 것이다.

〈예2〉
申.子.辰生이 己卯年에 改門코져 한다면, 坤宮에서 甲子를 起하여 구궁정위도에 의거 순행시키니, 震宮 乙丑, 巽宮 丙寅, 中宮 丁卯, 乾宮 戊辰, 兌宮己巳, 艮宮 庚午, 離宮 辛未, 坎宮 壬申, 坤宮 癸酉, 震宮 甲戌, 巽宮 乙亥, 中宮 丙子, 乾宮 丁丑, 兌宮 戊寅, 艮宮에 當年太歲 己卯가 떨어진다. 따라서 艮宮이 退財(퇴재)가 되므로 凶運이다.

〈예3〉
寅.午.戌生이 己卯年에 改門코져 한다면, 艮宮에서 甲子를 起하여 구궁정위도에 의거 순행시키니, 離宮 乙丑, 坎宮 丙寅, 坤宮 丁卯, 震宮 戊辰, 巽宮己巳, 中宮 庚午, 乾宮 辛未, 兌宮 壬申, 艮宮 癸酉, 離宮 甲戌, 坎宮 乙亥, 坤宮 丙子, 震宮 丁丑, 巽宮 戊寅, 中宮에 當年太歲인 己卯가 떨어진다. 中宮은 天醫(천의)에 해당된다. 도표1을 참조한다.
아울러 改門코져 하는 방향은 도표2를 참조하면, 己卯年은 中宮에 天醫가 떨어지니, 中宮의 맨 밑이 天醫이다. 좌측에 丙.午.丁方이라 했으니, 寅午戌生이 己卯年에 改門한다면 南方인 丙.午.丁方이 吉하다는 것이다.

4. 개문년운改門年運 길흉표吉凶表

改門年運 吉凶表 1

改門年度와 九宮神殺을 비교	甲子	乙丑	丙寅	丁卯	戊辰	己巳	庚午	辛未	壬申
	癸酉	甲戌	乙亥	丙子	丁丑	戊寅	己卯	庚辰	辛巳
	壬午	癸未	甲申	乙酉	丙戌	丁亥	戊子	己丑	庚寅
	辛卯	壬辰	癸巳	甲午	乙未	丙申	丁酉	戊戌	己亥
	庚子	辛丑	壬寅	癸卯	甲辰	乙巳	丙午	丁未	戊申
	己酉	庚戌	辛亥	壬子	癸丑	甲寅	乙卯	丙辰	丁巳
	戊午	己未	庚申	辛酉	壬戌	癸亥			
申.子.辰 生 坤宮 起 甲子 順行	坤 2 逢賊	震 3 昌星	巽 4 詞訟	中宮 5 天乙	乾宮 6 金銀	兌宮 7 錢穀	艮宮 8 退財	離宮 9 禍殃	坎宮 1 橫財
亥.卯.未 生 乾宮 起 甲子 順行	乾 6 金銀	兌 7 錢穀	艮 8 退財	離 9 禍殃	坎 1 橫財	坤 2 逢賊	震 3 昌星	巽 4 詞訟	中宮 5 天乙
寅.午.戌 生 艮宮 起 甲子 順行	艮 8 退財	離 9 禍殃	坎 1 橫財	坤 2 逢賊	震 3 昌星	巽 4 詞訟	中宮 5 天乙	乾 6 金銀	兌 7 錢穀
巳.酉.丑 生 巽宮 起 甲子 順行	巽 4 詞訟	中宮 5 天乙	乾 6 金銀	兌 7 錢穀	艮 8 退財	離 9 禍殃	坎 1 橫財	坤 2 逢賊	震 3 昌星

〈예1〉

庚申生이 己卯年에 改門하고자 한다면, 위에 열거한 六十甲子 중 己卯에 해당하는 란과 아래 좌측의 申.子.辰生의 九宮과 만나는 곳은 艮宮 退財(퇴재)이다. 退財는 재물의 손실을 의미하니 改門시기로는 不吉하다고 판단하는 것이다.

〈예2〉

甲寅生이 庚辰年에 改門코져 한다면, 乾宮에 해당되고 金銀(금은)이 되니 개문시기가 吉하다고 판단한다.

〈예3〉

己亥生이 辛巳年에 改門코져 한다면, 中宮에 해당되고 天醫(천의)가 되니 개문시기가 吉하다고 판단한다.

5. 개문방위改門方位 길흉표吉凶表

改門方位 吉凶表 2

	1 坎	2 坤	3 震	4 巽	5 中宮	6 乾	7 兌	8 艮	9 離
壬.子.癸 方	1 橫財 횡재	9 禍殃 화앙	8 退財 퇴재	7 錢穀 전곡	6 金銀 금은	5 天乙 천을	4 詞訟 사송	3 昌星 창성	2 逢賊 봉적
未.坤.申 方	2 逢賊	1 橫財	9 禍殃	8 退財	7 錢穀	6 金銀	5 天乙	4 詞訟	3 昌星
甲.卯.乙 方	3 昌星	2 逢賊	1 橫財	9 禍殃	8 退財	7 錢穀	6 金銀	5 天乙	4 詞訟
辰.巽.巳 方	4 詞訟	3 昌星	2 逢賊	1 橫財	9 禍殃	8 退財	7 錢穀	6 金銀	5 天乙
中宮	5 天乙	4 詞訟	3 昌星	2 逢賊	1 橫財	9 禍殃	8 退財	7 錢穀	6 金銀
戌.乾.亥 方	6 金銀	5 天乙	4 詞訟	3 昌星	2 逢賊	1 橫財	9 禍殃	8 退財	7 錢穀
庚.酉.辛 方	7 錢穀	6 金銀	5 天乙	4 詞訟	3 昌星	2 逢賊	1 橫財	9 禍殃	8 退財
丑.艮.寅 方	8 退財	7 錢穀	6 金銀	5 天乙	4 詞訟	3 昌星	2 逢賊	1 橫財	9 禍殃
丙.午.丁 方	9 禍殃	8 退財	7 錢穀	6 金銀	5 天乙	4 詞訟	3 昌星	2 逢賊	1 橫財

〈예1〉

丁酉生이 己卯年에 改門한다면, 吉한 방위는 도표1의 改門年運吉凶表에서 己卯에 해당하는 아래쪽 坎宮이 된다. 坎宮은 橫財에 해당하니 吉하다.

다음은 도표2에서 坎宮란의 아래쪽 橫財를 찾고, 좌측을 보면 壬.子.癸方이라 적혀있다. 따라서 丁酉生이 己卯年에 改門하는 경우에는 북쪽에 해당하는 坎方이 改門하기 좋다는 것이다.

〈예2〉

丙子生이 己卯年에 改門하면 艮宮에 해당되고 退財이므로 凶이 되어 改門시기와 맞지 않고, 甲寅生이 庚辰年에 改門한다면 乾宮에 해당되고 金銀이 되므로 길하고, 改門방향은 도표2를 참조하면, 乾宮의 金銀 해당란을 보면 좌측에 未.坤.申方이라 했으니, 坤方에 門을 내는 것이 좋은 것이다.

제9장
육임좌법六壬坐法
(가좌家坐나 묘좌墓坐에서 태세太歲 확인)

六壬坐法은 占術學(점술학)의 하나인 六壬神課(육임신과)에서 활용도가 높은 十二地支에 해당하는 十二神將과 家坐를 연계하여, 家坐에 따른 가택의 吉凶을 판단하는 방법인데, 양택과 음택을 불문하고, 길흉판단에 응험하고 적중률이 높다.

1. 십이신장十二神將 상해詳解

子	
別稱	神后(신후)
五行	水
節氣	大雪~冬至
月將	12月將
寄託	
音	宮
數	9
色	黑
味	鹹(함)
星	女. 危. 虛
宮	寶瓶(보병)
分野	山西. 察哈爾
方位	正北

主事	陰私(음사). 暗昧(암매). 婦女事(부녀사)
類神	雲. 雨水. 天河. 妾. 媳(식). 女. 漁夫. 淫女. 乳媼(유온) 舟子. 屠夫(도부). 胎産(태산). 淫亂(음란) 乘 天后 : 幼女(유녀) 乘 太常 : 婢妾. 妯娌(축리) 乘 勾陳 : 槖駝(탁타) 乘 玄武 : 盜賊(도적) 乘 太常 : 娼婦(창부) 乘 六合 : 奸邪(간사) 乘 靑龍 : 亡遺(망유) 乘 天空 : 哀聲(애성) 子加亥 : 小孩(소해) 子加酉 : 孀婦(상부) 子加未.丑 : 夫婦 子加日辰 : 舅姑(구고) 子日 乘 靑龍.玄武 : 大雨 子加酉 : 天陰 乘 白虎 子加辰 : 軍婦(군부) 冬至 後 子加巳.午 : 雪
身體	腎(신). 膀胱(방광). 月經(월경). 腰(요).
疾病	傷風. 腎竭(신갈). 痢(리) 乘 天后 : 血崩(혈붕) 乘 白虎 剋日 : 血疾(혈질)
事物	江湖. 溝渠(구거). 水泊(수박). 臥室(와실). 氷物(빙물). 石灰(석회) 籠(롱). 匣(갑) 乘 玄武 子加亥 : 糖(당) 乘 天后 加寅.卯 : 布帛(포백) 乘 螣蛇 : 浴盆(욕분) 子加辰.戌 : 瓦(와) 子加日辰 : 瓶蓋(병개)
動物	蝙蝠(편복). 燕窩(연와). 魚鮮(어선)
植物	黑豆(흑두). 菱芡(릉검)

姓氏	孫 齊 謝(사) 耿(경) 聶(섭) 沐 漆(칠) 汪(왕) 任 姜 孔 陳 傳 馮(풍) 水旁 走曲(之類)

丑	
別稱	大吉(대길)
五行	土
節氣	小寒~大寒
月將	11月將
寄託	癸寄宮(上) 金墓(下)
音	徵(미)
數	8
色	黃
味	甘
星	斗. 牛
宮	磨蝎(마갈)
分野	直隸(직예). 熱河(열하)
方位	東北
主事	田宅. 園圃(원포). 爭鬪. 爭事. 財帛. 燕(연). 喜
類神	雨師. 神佛. 僧. 尼. 賢者. 旅客. 軍官. 巫. 農夫. 墓. 田. 社壇(사단) 倉庫. 廚牆(주장). 桑園(상원). 廚房(주방) 乘 白虎 : 風伯 丑加卯 : 先雨後雷 丑加太歲 : 宰執(재집) 乘 勾陳 : 將軍. 兵卒 乘 貴人 : 長者 乘 天空 : 侏儒(주유) 乘 六合 : 道院(도원) 乘 貴人 加寅: 宮殿 乘 朱雀 加寅 : 文書 丙日 乘 朱雀 : 擧薦(거천) 乘 太常 : 田宅

	巳日 丑加戌 : 土地
	辛酉日 乘 靑龍 : 橋梁(교량)
	丑加申 : 僧舍(승사)
	卯加丑(之類) : 先雷後雨
	丑加巳. 巳加丑(之類) : 土坑(토갱)
身體	脾(비). 腎(신). 小腸. 腹(복). 足. 肩背(견배). 耳. 禿髮(독발)
疾病	目病. 腹痛(복통). 脾病(비병). 氣喘(기천).
	乘 貴人 : 腰腿痿痹(요퇴위비)
	丑加亥. 亥加丑 : 腸泄(장설)
事物	秤(칭). 斗斛(두곡). 植物. (주저)
	乘 貴人 旺相 : 珍珠(진주)
	乘 天空 : 罐(관)
	乘 太常 : 甛物(첨물)
	丑加未 : 불완전 물건
	丑加卯.酉 : 缸(항)
	卯日 丑 : 車橋(차교)
動物	龜(귀). 蜈蚣(오공).
	丑加子 : 鼈(별)
植物	大麻(대마). 黃豆(황두). 野菜(야채)
姓氏	孫 邱 牛 吳 趙 楊 杜 董(동) 岳 王 黃 汪(왕) 土旁之類

寅	
別稱	功曹(공조)
五行	木
節氣	立春~雨水
月將	10月將
寄託	甲寄宮(上) 火生(下)
音	徵(미)
數	7
色	碧
味	酸(산)

星	尾. 箕(기)
宮	天馬
分野	奉天. 吉林. 黑龍江
方位	東北
主事	木器. 文書. 婚姻. 財帛. 官吏
類神	風伯. 督郵(독우). 賓客(빈객). 家長. 夫婿(부서). 謁見(알현). 昇遷(승천) 乘 白虎 加申 : 大風 乘 靑龍, 六合 : 秀才 乘 朱雀 : 誠信 乘 朱雀 加申戌 : 胥吏(서리) 乘 貴人 : 徵召(미소) 乘 太常 : 書籍(서적) 乘 天后 加未 : 醫(의) 乘 螣蛇 加午 : 五色 乘 螣蛇 加巳 : 迷路 寅加申 : 道士 寅加卯 : 文章
身體	肝. 膽(담). 手. 筋. 脈. 髮(발). 口 眼. 三焦(삼초)
疾病	目痛(목통). 肝胃痛(간위통)
事物	道路. 公衙(공아). 寺廟(사묘). 叢林(총림). 曲提(곡제). 書室(서실) 屏風. 機杼(기저). 棺槨(관곽). 木器. 文書. 前廊(전랑). 賣酒家(매주가) 乘 天空 ; 棒杖(봉장) 乘 朱雀 : 火炬(화거) 乘 玄武 : 雜色斑文(잡색반문) 壬癸日 乘 六合 : 叢林(총림) 丙丁日 乘 六合 : 柴薪(시신) 寅加午(午加寅) : 棟柱(동주) 寅加辰戌 : 彎(만)
動物	豹(표). 虎. 猫(묘)
植物	花草. 旱禾(한화). 瓜果(과과)
姓氏	韓 蘇(소) 曾(증) 喬(교) 林 霍(곽) 杜 程 朱 木旁, 山頭之類

卯	
別稱	太衝(태충)
五行	木
節氣	驚蟄~春分
月將	9月將
寄託	
音	羽
數	6
色	靑
味	酸(산)
星	氐. 房. 心
宮	天蝎(천갈)
分野	江蘇(강소). 山東
方位	正東
主事	驛郵(역우). 舟. 車. 林木
類神	雷震(뇌진). 長子. 經紀人(경기인). 盜賊. 巳日 乘 靑龍 : 雨 乘 貴人 : 術士 乘 勾陳, 天空 : 沙門 卯加未 : 兄弟 卯加巳午 : 匠人(장인)
身體	肝. 大腸. 手. 背. 筋. 目眥(목자)
疾病	膏盲病(고맹병). 乘 六合 : 骨肉酸痛(골육산통) 卯加卯(卯之類) : 目疾 春日 乘 天后 卯加子 : 疫病(역병)
事物	池. 澤. 大林. 竹叢(죽총). 舟車. 窗牖(창편). 前門. 梯(제). 箱(상) 牌坊(패방). 輪(륜) 卯加辰 : 橋梁(교량) 乘 螣蛇 : 水 乘 白虎 : 陸(육)

	卯加申酉 : 木器(목기) 卯加丑未 : 竹器(죽기) 乘 天后 加子 : 水車 乘 靑龍 : 竹棒(죽봉)
動物	狐(호). 狢(학). 羝羊(저양). 驢(려). 兎(토) 乘 螣蛇 加巳午 : 騾(라)
植物	晚禾(만화). 瓜果(과과)
姓氏	朱. 房. 魯(ㄴ). 楊. 張. 盧(ㄴ). 高. 柳. 雷. 宋. 柳. 茆(묘). 季. 李 鍾(종). 蘭(난) 木旁. 艸頭之類

辰	
別稱	天罡(천강)
五行	土
節氣	淸明~穀雨
月將	8月將
寄託	乙寄宮(上) 水土墓(下)
音	商
數	5
色	黃
味	甘
星	角. 亢
宮	天秤
分野	浙江(절강). 安徽(안휘)
方位	東南
主事	爭鬪(쟁투). 詞訟(사송), 死喪. 田宅
類神	霧(무). 獄神(옥신). 軍人. 凶徒. 皁隷(조례). 漁夫. 頑惡(완악). 堅硬(견경) 辰加陽支 : 晴 辰加陰支 : 雨 乘 玄武 加子 : 强盜(강도) 乘 白虎 : 屠人(도인)

	乘 天空 ： 詐欺(사기)
	乘 勾陳 ： 戰鬪(전투)
	乘 玄武 ： 妖邪(요사)
	乘 六合 ： 宰殺(재살)
	乘 天后 ： 姙娠(임신)
	乘 螣蛇, 白虎 剋日 ： 自縊(자액)
	辰加日辰 ： 驚悸(경계)
	辰加巳午 ： 老人
身體	脾(비). 肝. 肩(견). 項(항). 皮膚(피부). 肛門(항문)
疾病	風癰(풍옹). 偏首(편수) 乘 勾陳 ： 咽喉腫塞(인후종색)
事物	岡嶺(강령). 荒冢(황총). 池沼(지소). 寺觀(사관). 廓廡(곽무). 祠堂(사당). 溝澮(구회). 石欄(석란) 田園(전원). 牆垣(장원). 甲冑(갑주). 缸甕(항옹). 磚瓦(전와). 破衣(파의). 蠶箔(잠박). 簿書(부서). 死屍(사시) 乘 天后 加亥 ： 海水 乘 玄武 加巳 ： 井 乘 天空 ： 山城 乘 螣蛇 ： 網罟(망고) 乘 靑龍 加亥 ： 蛟龍(교룡)
動物	魚
植物	五穀(오곡). 麻(마)
姓氏	馬 郭(곽) 喬(교) 鄭 邱(구) 岳(악) 龍 陳 田 龐(방) 周 土旁之類

巳
---	---
別稱	太乙(태을)
五行	火
節氣	立夏~小滿
月將	7月將
寄託	戊寄宮(上) 金生(下)
音	角

數	4
色	紫(자)
味	苦
星	翼(익). 軫(진)
宮	雙女
分野	江西. 福建
方位	東南
主事	爭鬪. 口舌. 驚惶(경황). 怪異(괴이)
類神	紅霞(홍하. 冬至後 雪). 長女. 朋友. 主婦. 畵師(화사). 術士. 廚夫(주부) 窯工(요공). 騎卒(기졸). 手藝人(수예인). 文學. 取索(취색). 孕(잉) 乘 太陰 : 娼婦(창부) 乘 螣蛇 巳加辰 : 雙胎(쌍태) 乘 螣蛇 巳加辰 剋日辰 : 罵詈(매리) 乘 白虎 剋日辰 : 外服(외복) 辛日 乘 螣蛇 : 弔客(조객) 巳加辰戌 : 凶徒(흉도) 巳加酉之類 : 徒配(도배)
身體	心. 三焦(삼초). 人後. 頭面. 牙齒(아치). 股(고). 小腸. 胃. 雀斑(작반)
疾病	齒痛(치통). 吐血. 乘 太陰 : 口瘡(구창) 乘 螣蛇 : 頭面疼痛(두면동통)
事物	竈. 竈. 爐 筐筐(비광). 磁氣. 磚瓦(전와). 弓弩(궁노). 樂器. 巳加申 : 釜(부) 巳加酉 : 罌(앵) 戊日 乘 勾陳 : 管籥(관약) 巳加未 : 竈畔有井(조반유정) 未加巳之類 : 井旁有竈(정방유조)
動物	飛鳥(비조). 蜥蜴(석척). 蚯蚓(기인). 蟬(선). 飛蟲(비충) 乘 六合 : 鳴蟬(명선)
植物	布帛(포백). 花果. 麥稷(맥직). 長緣樹(장연수)
姓氏	陳. 石. 趙. 田. 張. 荊(형). 余(여). 朱. 郝(학). 楚. 杞(기). 耿(경). 火旁之類

午	
別稱	勝光(승광)
五行	火
節氣	芒種~夏至
月將	6月將
寄託	
音	宮
數	9
色	赤
味	苦
星	柳. 星. 張
宮	獅子(사자)
分野	湖南. 廣東
方位	正南
主事	文書. 官事
類神	霞. 晴. 婦女. 蠶姑(잠고). 旅客(여객). 軍官. 騎兵(기병). 巫女(무녀). 鐵匠 (철장). 伴侶(반려). 神氣(신기) 火怪. 詞訟(사송) 乘 天后 : 宮女 乘 靑龍 : 使兵 乘 貴人 : 善人 乘 勾陳 : 亭長 乘 太陰 : 妾 乘 朱雀 : 誠信 乘 六合 : 通語 午加申 : 咒咀(주저)
身體	心. 口. 舌. 乘 玄武 : 目
疾病	午加亥 : 心痛(심통) 午加子 : 疝氣(산기) 乘 螣蛇 : 驚惶(경황)

	午加 卯酉 : 目疾 乘 朱雀 : 傷風. 下痢(하리)
事物	營衛(영위). 宮室. 城門. 堂. 窯治(요치). 山林. 田宅. 火燭(화촉). 旌旗(정기). 絲繡(사수). 書畵(서화) 蒸籠(증롱). 衣架(의가). 爐(노). 櫃(궤). 文書. 信息. 光彩(광채). 乘 白虎 : 道路 乘 太常 加申酉 : 廚房(주방) 乘 太常, 六合 : 衣物. 帳被(장피) 乘 白虎 : 道路. 刀兵
動物	獐(장). 鹿(록)
植物	絲(사). 綿(면). 麥稷(맥직). 紅豆(홍두) 午加卯 : 小豆. 禾麥(화맥)
姓氏	蕭(소) 張 李 許 周 馬 朱 柳 狄 馮(풍) 馬旁之類 火旁之類

未	
別稱	小吉(소길)
五行	土
節氣	小暑~大暑
月將	5月將
寄託	丁寄宮(上) 木墓(下)
音	徵
數	8
色	黃
味	甘
星	井. 鬼
宮	巨蟹(거해)
分野	廣西. 鬼州
方位	西南
主事	酒食. 婚姻. 祭祀(제사)
類神	風伯. 父母. 妹. 寡婦(과부). 島司(도사). 酒師. 帽匠(모장). 熟識人(숙식인). 賓客(빈객).

	印信. 慶賀(경하). 宴會(연회)
	未加亥 : 繼父(계부)
	乘 太陰 : 姨(이)
	未加酉 : 繼母(계모)
	乘 天后 : 舅姑(구고)
	未加未 : 醉人(취인)
	未加寅 : 婿(서)
	未加酉丑 : 老人
	壬癸日 乘 朱雀, 勾陳 : 爭訟
	乘 靑龍 : 徵召(징소)
	乘 朱雀 加亥子 : 蝗蟲(황충)
	辛巳日 乘 白虎 : 大風
身體	脾. 胃. 肩背. 脊樑. 腹. 口. 脣. 齒
疾病	傷風(상풍). 飜胃嘔吐(번위구토). 癆瘵(노채)
	乘 太常 : 氣噎(기일)
事物	土塚(토총). 牆垣(장원). 井. 茶肆(다사). 酒肆(주사). 冠裳(관상). 笙歌(생가). 醫藥(의약). 酒食(주식). 簾(렴)
	乘 天空 未加辰 : 田園(전원)
	未加卯 : 林木
	乙日 乘 白虎 : 墳墓(분묘)
	未加子 : 醬(장)
動物	羊
植物	桑葉(상엽). 木棉(목면). 小麻(소마).
姓氏	朱. 秦. 高. 張. 章. 羊. 杜. 井. 魏. 楊. 羊旁. 土旁之類

申	
別稱	傳送(전송)
五行	金
節氣	立秋~處暑
月將	4月將
寄託	庚寄宮(上) 生水(下)

音	徵
數	7
色	栗
味	辛
星	觜(자). 參(참)
宮	陰陽
分野	雲南. 西藏(서장)
方位	西南
主事	道路. 疾病. 音. 耗
類神	行人. 公人. 郵使(우사). 兵卒. 金石匠. 商買. 屠戶(도호). 醫. 巫. 獵人(엽인). 疾病 饋送(궤송). 昇遷(승천). 驛遞(역체). 死屍. 靈柩(영구) 乘 六合 : 醫生 乘 白虎 : 獵人(엽인) 乘 太常 : 僧 乘 勾陳 : 攻劫(공겁) 乘 螣蛇 : 喪孝(상효) 乘 玄武 加亥 : 失脫 申加亥 剋日 : 水厄
身體	肺(폐). 肝膽(간담). 大腸. 筋骨(근골). 心胸(심흉). 脈絡(맥락). 音聲.
疾病	缺脣(결순). 墮胎(타태) 乘 白虎 : 瘡腫骨痛(창종골통)
事物	城. 神祠(신사). 郵亭(우정). 馬舍. 道路. 陵寢(능침). 廓(곽). 羽毛. 藥物. 金銀. 刀. 劍. 乘 天后 : 湖池 乘 白虎 : 兵器 乘 天空 : 碓磨(대마)
動物	猿猴(원후)
植物	大麥. 絹帛(견백). 絮(서)
姓氏	袁. 郭. 申. 晉. 侯. 寒. 鄧(등). 金旁. 走之(之類)

酉	
別稱	從魁(종괴)
五行	金
節氣	白露~秋分
月將	3月將
寄託	
音	羽
數	6
色	白
味	辛
星	胃. 昂. 畢
宮	金牛
分野	四川. 川邊(수변). 靑海
方位	西方
主事	陰私. 解散. 賞賜. 金錢. 奴婢. 信息
類神	婢. 姐(저). 少女. 外妾. 酒人. 賭徒(도도). 金銀匠人. 膠漆工人(교칠공인). 酉加子丑 : 老婢(노비) 乘 貴人 : 賞賜(상사) 乘 朱雀 : 暄聒(훤괄) 乘 六合 加寅申 : 尼(니) 乘 勾陳 : 解散 乘 靑龍 : 妾 乘 天空 : 小婢 乘 白虎 加四孟(寅申巳亥) : 邊兵(변병) 乘 太常 加卯 : 樂伎(악기) 乘 玄武 : 水邊(수변) 乘 天后 : 私通(사통) 酉加子 : 霖雨(임우) 酉加戌 : 霜(상) 酉加巳午未 : 雪 酉加巳 : 海 酉加子 : 江

	夫婦不和
身體	肺. 肝膽(간담). 小腸. 耳目口鼻(이목구비). 皮毛. 精血. 音聲.
疾病	咳嗽勞傷(해수노상). 乘 螣蛇 : 目疾 丙丁日 酉加 : 赤眼 亥加 行年 刑 本命 : 刀傷 乘 太陰 : 脾肺傷損(비폐상손)
事物	塔(탑). 山岡(산강). 街巷(가항). 倉廛(창전). 門戶. 酒坊(주방). 石穴. 碑碣(비갈). 碓磨(대마) 金銀首飾(금은수식). 珍珠(진주). 銅鏡(동경). 乘 靑龍 旺相 : 金玉 乘 靑龍 休囚 : 小刀 丙丁日 乘 太陰 : 錢 甲乙日 乘 白虎 : 孝服(효복)
動物	鳥. 鴨(압). 鵝(아). 雉(치)
植物	小麥(소맥). 酒漿(주장). 菜蔬(채소). 薑蒜(강산)
姓氏	趙. 金. 樂. 石. 劉. 閔. 程. 鄭. 呂. 金旁(금방). 立人之類

戌	
別稱	河魁(하괴)
五行	土
節氣	寒露~霜降
月將	2月將
寄託	辛寄宮(上) 火墓(下)
音	商
數	5
色	黃
味	甘
星	奎(규). 婁(루)
宮	白羊

分野	甘肅(감숙). 新疆(신강)
方位	西北
主事	詐欺(사기). 奴婢逃亡(노비도망). 印綬(인수). 破財(파재). 聚衆(취중) 發用시는 舊事가 재현된 사안.
類神	陰. 雲. 奴(노). 軍人. 皂隷(조래). 獄人(옥인). 僧徒(승도). 小童(소동) 戌加子午 ： 舅翁(구옹) 戌加申 ： 兵卒(병졸) 乘 朱雀 ： 官吏(관리) 乘 天后 ： 長者(장자) 乘 白虎 尅日 ： 盜賊(도적) 乘 玄武 ： 乞人(걸인) 乘 勾陳 ： 聚衆(취중)
身體	脾(비). 命門(명문). 膝(슬). 足(족). 胸脇(흉협).
疾病	腹痛(복통). 脾泄(비설). 夢魂顚倒(몽혼전도) 戌加年命 ： 足疾(족질) 乘 天空 ： 行步障碍(행보장애)
事物	城郭(성곽). 土岡(토강). 營寨(영채). 廊廡(낭무). 處堂(처당). 浴室(욕실). 牢獄(뇌옥). 禮服(예복). 印(인). 鞋(혜). 軍器(군기). 鋤(서). 鎖鑰(쇄륜). 碓磨(대마) 戌加四季(진미술축) ： 牆垣(장원) 乘 螣蛇 加巳午 ： 窯治(요치) 乘 白虎 ： 墳墓(분묘) 乘 太常 ： 印綬(인수) 乘 玄武 ： 枷(가) 乘 玄武 加寅 ： 坑厠(갱측) 乘 勾陳 加申酉 ： 石 甲日 戌加寅 ： 牆倒(장도)
動物	山狗(산구). 狼(랑). 豹(표).
植物	五穀. 麻. 豆. 蠶絲.
姓氏	魏. 石. 魯. 徐. 倪. 婁. 土旁(오른쪽의 土 부수 姓). 足旁之類(아래쪽의 土 부수 姓)

亥	
別稱	燈明(등명)
五行	水
節氣	立冬 ~ 小雪
月將	1月將
寄託	壬寄宮(上). 水生木(下)
音	角(각)
數	4
色	褐(갈)
味	鹹(함)
星	室(규). 壁(벽)
宮	雙魚
分野	陝西(협서). 綏遠(수원). 蒙古(몽고)
方位	西北
主事	◆ 禎祥(정상). 徵召(징소), 陰私(음사). 汚穢(오예) ◆ 乘 凶將 : 爭訟(쟁송), 毆擊(구격), 沉溺(침익). ◆ 巳酉丑日 占은 失物事.
類神	雨師. 孫. 舟子. 私識物(사식물) 亥加四仲(寅申巳亥) 六合 乘 : 幼子(유자) 亥加子酉 : 醉人(취인) 乘 玄武 : 盜賊(도적) 乘 螣蛇 : 哀哭(애곡) 乘 貴人 : 徵召(징소)
身體	髮(발). 腎(신). 膀胱(방광). 亥加日干 : 頭(두) 陽日 亥加申. 陰日 亥加未 : 足(족)
疾病	頭風(두풍). 癲狂(전광). 瘧痢(학리) 亥加巳 : 頭面壞(두면괴) 亥加年命 : 泄瀉(설사) 亥加子 : 痰火(담화)

	乘 玄武 : 眼目流淚(안목유루)
	乘 天后 : 溺斃(익폐)
事物	庭園(정원). 圍牆基(위장기). 廐(구). 倉庫. 圖書. 幞(복). 帳(장). 牽(솔). 笠(립). 圓環(원환). 亥加巳 : 管籥(관약) 乘 靑龍 : 樓(루) 乘 六合 : 閣(각) 乘 勾陳 : 獄(옥) 乘 太常 : 廛(전) 亥加卯 : 台(태) 亥加戌 : 厠(측) 酢醬(초장) 乘 朱雀 : 鹽(염)
動物	猪(저). 熊(웅). 魚. 鼈(별).
植物	稻(도). 梅花(매화). 葫蘆(호려). 乘 太常 : 穀(곡) 亥加子 : 麥(맥)
姓氏	楊(양). 朱(주). 魯(노). 魏(위). 于(우). 房(방). 任(임). 季(계). 鄧(등). 范(범). 馮(풍). 點水之類(점수지류=삼수변 등의 姓)

2. 육임좌법六壬坐法 조견표早見表

六壬坐法 早見表(육임좌법 조견표)

	壬子坐	癸丑坐	艮寅坐	甲卯坐	乙辰坐	巽巳坐	丙午坐	丁未坐	坤申坐	庚酉坐	辛戌坐	乾亥坐
子年	神后 신후	大吉 대길	工曹 공조	太沖 태충	天罡 천강	太乙 태을	勝光 승광	小吉 소길	傳送 전송	從魁 종괴	河魁 하괴	登明 등명
丑年	大吉	工曹	太沖	天罡	太乙	勝光	小吉	傳送	從魁	河魁	登明	神后
寅年	功曹	太沖	天罡	太乙	勝光	小吉	傳送	從魁	河魁	登明	神后	大吉
卯年	太沖	天罡	太乙	勝光	小吉	傳送	從魁	河魁	登明	神后	大吉	工曹
辰年	天罡	太乙	勝光	小吉	傳送	從魁	河魁	登明	神后	大吉	工曹	太沖

巳年	太乙	勝光	小吉	傳送	從魁	河魁	登明	神后	大吉	工曹	太沖	天罡
午年	勝光	小吉	傳送	從魁	河魁	登明	神后	大吉	工曹	太沖	天罡	太乙
未年	小吉	傳送	從魁	河魁	登明	神后	大吉	工曹	太沖	天罡	太乙	勝光
申年	傳送	從魁	河魁	登明	神后	大吉	工曹	太沖	天罡	太乙	勝光	小吉
酉年	從魁	河魁	登明	神后	大吉	工曹	太沖	天罡	太乙	勝光	小吉	傳送
戌年	河魁	登明	神后	大吉	工曹	太沖	天罡	太乙	勝光	小吉	傳送	從魁
亥年	登明	神后	大吉	工曹	太沖	天罡	太乙	勝光	小吉	傳送	從魁	河魁

3. 육임등명六壬登明 방위方位 해설解說

1) 子(神后)

해마다 재물이 증가하고, 申.子.辰年, 巳.酉.丑月 生은 귀하게 되고, 또한 이 해에는 가축도 번성하고 서향, 남향집은 재물을 얻는다.

2) 丑(大吉)

辰.戌.丑.未年, 子.午.卯.酉月에는 損財數가 생기지 않으면 가족 중에 환자가 발생한다. 6~13년 주기로 여자로 인한 손재수가 있다.

3) 寅(功曹)

寅.午.戌年 亥.卯.未月 生은 貴하게 되고, 서향, 남향집의 거주자는 재물을 얻을 것이고, 가축도 번성할 것이다.

4) 卯(太沖)

3년 내 혹은 子.午.卯.酉年, 辰.戌.丑.未月에는 가족 중 질환자가 발생하거나, 손재수, 관재구설, 부부이별 등의 흉화가 발생한다.

5) 辰(天罡)

申.子.辰年, 巳.酉.丑月에는 많은 재물이 생길 것이고, 貴子를 얻는다.

6) 巳(太乙)

寅.申.巳.亥年, 寅.申.巳.亥月에는 官災 및 손재수가 생기거나, 부부불화나 부부이별수가 있다.

7) 午(勝光)

寅.午.戌年, 亥.卯.未月에는 만사여의하고, 가택이나 토지를 구입하게 된다.

8) 未(小吉)

辰.戌.丑.未年, 子.午.卯.酉月에는 토지나 가택의 손재수가 생기거나 부부 이별 혹은 사별수가 있다.

9) 申(傳送)

申.子.辰年, 巳.酉.丑月에는 재물운이 좋고, 家率이 증가하거나, 사업운이 大吉하다.

10) 酉(從魁)

子.午.卯.酉年 辰.戌.丑.未月에는 관재구설, 질병, 부부간 흉화가 발생한다.

11) 戌(河魁)

寅.午.戌年, 亥.卯.未月에는 귀자를 얻고, 전답이나 가택을 사게되고, 재물이 번성할 것이다.

12) 亥(登明)

寅.申.巳.亥年, 寅.申.巳.亥月에 관재나 손재가 있고, 부부이별, 질병으로 인한 흉화가 있다.

❖ 상기 六壬登明法은 묘지를 쓴 후 약 10~20년 경과 후 묘지의 길흉에 응험이 높고, 가택의 경우에는 대체로 가주의 太歲로 看法(간법)하면 적중률이 높다.

제4편

양택 삼요소
陽宅 三要素

사람들이 주거하는 생활공간인 양택에서 가장 중요하게 여기는 陽宅의 3要素(3요소)는 전편에서 설명한바와 같이 ①大門(대문=출입문)의 위치(門), ②主人房(주인방)의 위치(主), ③廚房(주방)의 위치(廚)이다. 여기에다 집주인의 本命(本命定局)을 겸하여 판단하여 가택의 길흉을 판단하는 것이다. 대문과 주인방과 주방은 가택의 위치에 따라 각각 八 方位가 있으므로, 이를 "八門", "八主", "八廚"라 칭한 것이다.

예를 들어 大門의 위치가 乾方에 있으면 "乾門"이라 하고, 主人房의 위치가 巽方에 있으면 "巽主"라 하고, 廚房의 위치가 震方에 있으면 "震廚"라 하는 것이다. 아울러 가옥의 형태로 動宅과 靜宅으로 구분하는데, 2층 이상의 건물이나 출입문이 2중, 3중으로 되어있는 문을 지닌 가옥의 경우는 "動宅(동택)"이라 하고, 단층집이나 출입문이 하나밖에 없는 집의 경우를 "靜宅(정택)"이라 한다. 따라서 東宅의 현대개념은 2층 이상의 빌라, 아파트, 2층 이상의 건물동 등이고, 靜宅은 단층의 단독주택과 대문이 하나인 집이다. 그러나 가택의 길흉을 논하는 방법은 차이점이 없다.

本命定局은 제3편 5장의 本命定局法에서 설명했지만, 아래와 같이 本命早見表를 참조하면 편리하다.

本命 早見表(본명 조견표)

男女 生年							男命 三元			女命 三元		
							上元	中元	下元	上元	中元	下元
甲子	癸酉	壬午	辛卯	庚子	己酉	戊午	坎	巽	兌	中宮(艮)	坤	艮
乙丑	甲戌	癸未	壬辰	辛丑	庚戌	己未	離	震	乾	乾	震	離
丙寅	乙亥	甲申	癸巳	壬寅	辛亥	庚申	艮	坤	中宮(坤)	兌	巽	坎
丁卯	丙子	乙酉	甲午	癸卯	壬子	辛酉	兌	坎	巽	艮	中宮(艮)	坤
戊辰	丁丑	丙戌	乙未	甲辰	癸丑	壬戌	乾	離	震	離	乾	震
己巳	戊寅	丁亥	丙申	乙巳	甲寅	癸亥	中宮(坤)	艮	坤	坎	兌	巽

庚午	己卯	戊子	丁酉	丙午	乙卯		巽	兌	坎	坤	艮	中宮 (艮)
辛未	庚辰	己丑	戊戌	丁未	丙辰		震	乾	離	震	離	乾
壬申	辛巳	庚寅	己亥	戊申	丁巳		坤	中宮 (坤)	艮	巽	坎	兌

- ◆ 上元甲子生 : 1864년 ~ 1923년生
- ◆ 中元甲子生 : 1924년 ~ 1983년生
- ◆ 下元甲子生 : 1984년 ~ 2043년生

제1장

팔문八門과 팔주八主(동사택東四宅)

[東四宅論]

가옥의 坐(家坐)가 坎(壬.子.癸). 離(丙.午.丁). 震(甲.卯.乙). 巽(辰.巽.巳)方일 경우 이를 東四宅이라 한다. 陽宅3要에서는 출입문이 坎.離.震.巽方에 해당하면 이를 東四宅이라 한다.

현관문에서 主人房(주인방)과의 길흉을 논하고, 主人房에서 廚房(주방)의 길흉을 논하고, 현관문에서 廚房(주방)의 길흉을 논한다. 방위를 정하는 데는 가택의 중심위치가 중요하다. 한옥은 건물과 대지를 포함하여 집의 중심에서 나경을 놓고 방위를 看法(간법)하는데, 출입문이 離方에 있으면 離門이라 하고, 또한 離門에서 주인방과 주방의 길흉을 구성으로 논하는 것이다.

현대식 가옥은 건물의 중심에서 나경을 놓고 간법한다.

東四宅에 따른 출입문과 주방의 위치가 生氣宅이면 가장 吉하고, 비록 夫婦正配 合이 아니더라도 凶하지 않다. 또한 양택구성의 오행이 宮과 상생되면 더욱 좋다. 延年은 中吉이고, 天醫에 해당하는 門과 主人房이 次吉하다는 것은 坎,震,巽은 相 生은 되나 陰陽이 서로 不配合되기 때문이다.

출입문과 주인방과 주방이 吉方에 배치되고, 음양이 서로 조화되고, 命과 부합 되면 자손이 부귀영달하고 가업이 번창한다. 다만 應期(응기)의 年限(년한)이 다소 빠르고 다소 늦는 경우가 있지만 반드시 吉한 배치는 吉함이 應해오는 것이다.

출입門과 주인방과 주방이 넓다면 방위가 길흉이 교차되는 지역이 있을 것이다. 이런 경우는 吉한 쪽에다 주인방이라면 침대나 머리를 두고 잠을 자야하고, 주방이 라면 가스대의 위치를 잡아야 한다. 그리고 주방의 경우는 주방을 주로 사용하는 부녀자의 本命과 상호 상생되어야 한다.

陽宅九星 早見表(양택구성 조견표)

八卦 八門	生氣 一上變 主.廚	五鬼 二中變 主.廚	延年 三下變 主.廚	六殺 四中變 主.廚	禍害 五上變 主.廚	天醫 六中變 主.廚	絕命 七下變 主.廚	伏位 八中變 主.廚
坎	巽	艮	離	乾	兌	震	坤	坎
坤	艮	巽	乾	離	震	兌	坎	坤
震	離	乾	巽	艮	坤	坎	兌	震
巽	坎	坤	震	兌	乾	離	艮	巽
乾	兌	震	坤	坎	巽	艮	離	乾
兌	乾	離	艮	巽	坎	坤	震	兌
艮	坤	坎	兌	震	離	乾	巽	艮
離	震	兌	坎	坤	艮	巽	乾	離

1. 감문坎門. 팔주八主. 팔주八廚

(1) 坎門과 坎主의 길흉

◉ 아래도표에서 집의 중심에서 羅經(나경=패철)을 보아 출입문이 壬.子.癸方에 있
으면 坎門이라 하고, 주인방이 壬.子.癸方에 있으면 坎主라 한다.

◉ 坎門과 坎主의 경우는 水가 중첩되어 만난 格이니 처자식을 보존하기 어렵다는
것이다.

◉ 坎門, 坎廚는 伏位宅이다. 초년에는 모든 일이 순조롭고 재산과 전답이 늘어나
나, 9년간을 호의호식하고 지내고 나면, 凶禍(흉화)가 발생하기 시작한다.

◉ 젊은 남녀가 短命할 것이고, 仲男은 女色으로 家産을 蕩盡(탕진)하고, 溺死(익사)
나 他殺(타살)의 위험이 있다.

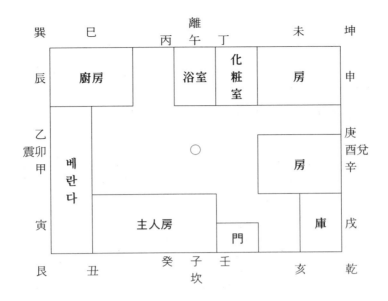

	離				
巽	巳	丙 午 丁		未	坤

坎門. 坎主. 八廚

坎門과 坎主의 길흉

- ◆坎門에서 坎主는 伏位方이니 일명 伏位宅이라 한다.
- ◆二水比和되고 伏位方이니 財를 發하게 되고 吉하다.
- ◆가정은 평안하고, 재물은 小富정도이고, 건강하며 壽命은 中壽이고, 남자는 공직에 들고 여자는 명망있는 집에 시집간다.
- ◆坎門, 坎主는 二陽의 純陽之宅(순양지택)이라 자연 陰을 傷하게 하여, 부녀자들의 短命數(단명수)가 있고 자식을 키우기 어려우니 종국에는 絕孫(절손)되게 된다.

坎門. 坎主. 坎廚(坎方에 廚房이 있는 경우)

- ◆坎門에서 坎廚는 比和되어 伏位方이다.
- ◆坎主에서 坎廚는 比和되어 伏位方이다.
- ◆坎門, 坎廚는 二水比和되고 伏位方이니 吉하다. 초년에 財를 發하고 貴를 득할 수 있다.
- ◆坎主, 坎廚 역시 二水比和되고 伏位方이니 吉하다.
- ◆坎門, 坎主, 坎廚는 三男同居의 純陽之宅(순양지택)이라 자연 陰을 傷하게 하니 부녀자들에게 흉화가 따르고 종국에는 絕孫되게 된다.
- ◆이러한 가옥은 초년에는 재물과 전답이 늘고 번창하며, 남녀가 효도하고, 형제간에 우애가 있으나, 純陽에 해당하고 陰이 없으니 부녀자가 단명하게 된다. 9년간

은 번영을 누리게 된다.
- 그러나 세월이 오래 흐르면 남자도 단명하고 자손이 적어지며, 부녀자는 산후질병, 發癌(발암), 吐血 등의 증세가 있고, 仲男은 女色으로 家産이 탕진되고 물에 빠져 죽거나 타인에게 살해당한다.

坎門. 坎主. 艮廚(艮方에 廚房이 있는 경우)

- 坎門에서 艮廚는 五鬼方이 된다.
- 坎主에서 艮廚는 五鬼方이다.
- 坎門, 艮廚는 坎門이 受剋되고 五鬼方이니 大凶한데, 仲男에게 불리하고 어린남자아이들도 양육하기 어렵다.
- 坎主, 艮廚 역시 坎主가 受剋되고 五鬼方이니 凶하다.
- 坎門, 坎主, 艮廚는 三男同居의 형국이니 陰을 傷하게 하여 부녀자들에게 凶禍가 따르고 아이들의 양육이 어려워지니 종국에는 絶孫(절손)되게 된다.
- 이러한 가옥은 초년에는 매사 순탄하여 사업이 흥왕하고, 9년간은 재물과 금전이 넉넉할 것이다.
- 세월이 지나면 부녀자는 임신곤란, 發癌(발암) 등의 흉화가 닥칠 것이고, 단명하는 자가 나올 것이다. 또한 부모에게 悖逆(패역)하고, 官災口舌(관재구설), 火災, 盜難(도난) 등의 흉화가 닥치고, 젊은 남자에게 自縊(자액)이나 刀傷(도상), 자살하거나 등의 凶厄이 발생한다. 그리고 예기치 않은 凶禍가 많이 발생한다.

坎門. 坎主. 震廚(震方에 廚房이 있는 경우)

- 坎門에서 震廚는 天醫方이다.
- 坎主에서 震廚는 天醫方이다.
- 坎門, 震廚는 相生되고 天醫方이니 吉하여 초년에 財利가 있으나 純陽이니 福祿(복록)이 長久(장구)하지 못하다.
- 坎主, 震廚 역시 相生되고 天醫方이라 吉하다.
- 坎門, 坎主, 震廚는 三陽의 純陽之宅이다. 자연 陰을 傷하게 하여 부녀자들에게 凶禍가 따르고, 자식을 키우기 어렵다.
- 이러한 가옥은 초년에는 매사 순탄하여 사업이 흥왕하고, 9년간은 재물과 금전이 넉넉할 것이다.
- 세월이 지나면 부녀자는 임신곤란, 發癌(발암) 등의 흉화가 닥칠 것이고, 短命(단명)하는 者가 나올 것이다.
- 젊은 남자는 女色으로 인해 家産을 탕진하고, 溺死(익사)하여 죽는 경우가 발생할 수 있다.

◆ 대체로 부녀자는 命이 길지 못하니 凶禍가 많다.

坎門. 坎主. 巽廚(巽方에 廚房이 있는 경우)

◆ 坎門에서 巽廚는 生氣方이다.
◆ 坎主에서 巽廚는 生氣方이다.
◆ 坎門, 巽廚는 相生되고 生氣方이니 吉하며, 一陰一陽으로 음양이 조화를 이루니 財利(재리)가 있고 福祿(복록)이 長久(장구)하다.
◆ 坎主, 巽廚 역시 相生되고 生氣方이니 吉하다.
◆ 坎門, 坎主, 巽廚는 陰陽이 조화를 이루고 生氣를 得했으니, 五子가 국가고시에 합격하여 家門의 영달을 기할 수 있는 大吉宅이다.
◆ 초년에는 돈과 재물이 넉넉하다. 집안에 영화가 가득하고 부귀장수한다.
◆ 그러나 세월이 지나면 부녀자는 임신곤란, 發癌(발암) 등의 흉화가 닥칠 것이고, 단명하는 자가 나올 것이다.
◆ 仲男이나 젊은 남자는 女色으로 家産을 탕진하거나, 물에 빠져 죽는 흉액이 닥쳐 올 것이다.

坎門. 坎主. 離廚(離方에 廚房이 있는 경우)

◆ 坎門에서 離廚는 延年方이다.
◆ 坎主에서 離廚는 延年方이 된다.
◆ 坎門, 離廚는 상극관계이나 延年方이니 吉하여 네 명의 자식을 얻는다.
◆ 坎主, 離廚 역시 相剋이나 延年方이니 吉하다.
◆ 坎門, 坎主, 離廚는 二水가 一火를 剋하니, 仲女에게 災厄(재액)이 있고, 점차 부녀자 전체에게 凶禍(흉화)가 다다른다.
◆ 이러한 가옥은 초년에는 매사 순탄하여 사업이 흥왕하고, 9년간은 재물과 금전이 넉넉할 것이다. 그러나 盲人(맹인)이 나오면 이 집에는 흉화가 발생하는 징조이다.
◆ 세월이 지나면 부녀자는 임신곤란, 發癌(발암) 등의 凶禍가 닥칠 것이고, 短命(단명)하는 者가 나올 것이다.
◆ 그리고 仲男은 女色으로 家産을 탕진하고, 물에 빠져 죽는 일이 발생할 것이다.

坎門. 坎主. 坤廚(곤방에 주방이 있는 경우)

◆ 坎門에서 坤廚는 絶命方(절명방)이다.
◆ 坎主에서 坤廚는 絶命方이다.
◆ 坎門, 坤廚는 坎門이 受剋되고 絶命方이니 仲男에게 불리하다.
◆ 坎主, 坤廚 역시 相剋되고 絶命方이니 凶하다.
◆ 坎門, 坎主, 坤廚의 구조는, 간사하고 무뢰한 자들이 多出하고, 重病으로 인해

- 단명자가 나오고, 자살과 意外之災(의외지재) 등으로 인해 夭死하는 자가 속출하며, 破財, 破家하게 된다.
- 이러한 가옥은 초년에는 매사 순탄하여 사업이 흥왕하고, 9년간은 재물과 금전이 넉넉할 것이다. 그러나 남녀가 떨어져 살게 된다.
- 그러나 오랜 세월이 흐르면 부녀자는 임신 중 곤란함이 많고, 發癌(발암), 뱃속의 뭉친 피가 쏟아져 나오는 증세 등의 흉액이 있을 것이다.
- 聾啞(농아), 嫂瘤(수류=혹이 생김), 중풍, 정신질환 등의 흉액이 있고. 仲男은 女色으로 재산상의 손실이 있거나 물에 빠져 죽을 것이다.
- 六畜(육축)의 손상도 있을 것이고 남자 자손이 단명하고 흉화가 거듭되니 결국 養子(양자)를 맞아들이게 된다.

坎門. 坎主. 兌廚(태방에 주방이 있는 경우)

- 坎門에서 兌廚는 禍害方(화해방)이다.
- 坎主에서 兌廚는 禍害方이다.
- 坎門, 兌廚는 상생되나 禍害方으로 凶하여 財利가 있으나 장구하지 못하다. 兌金이 洩氣(설기)되니 막내딸과 젊은 부녀자들의 夭死(요사)가 따른다.
- 坎主, 兌廚 역시 상생되나 禍害方으로 凶하여 財利는 있으나 장구하지 못하다.
- 이러한 가옥은 초년에는 매사 순탄하여 사업이 흥왕하고, 9년간은 재물과 금전이 넉넉할 것이다. 그러나 이후에는 재물은 흩어지고, 예기치 않은 질병, 비명횡사, 官災口舌(관재구설), 화재, 도난 등의 凶禍가 계속된다.
- 그러나 세월이 흐르면 부녀자는 임신 중 곤란함이 많고, 發癌(발암), 뱃속의 뭉친 피가 쏟아져 나오는 증세 등의 凶厄이 있을 것이다.
- 젊은 남자는 心疼(심동), 吐血(토혈) 등의 증세가 있고. 女色으로 인해 家産을 탕진하거나 溺死(익사)할 것이다.

坎門. 坎主. 乾廚(건방에 주방이 있는 경우)

- 坎門에서 乾廚는 六殺方(육살방)이다.
- 坎主에서 乾廚는 六殺方이다.
- 坎門, 乾廚는 상생되고 六殺方이니 초년에는 財利가 있으나 장구하지 못하다.
- 坎主, 乾廚는 乾廚의 金氣가 洩(설)되고 六殺方이니 老父의 夭死(요사)가 따르게 된다.
- 二坎水와 一乾金의 구조로 純陽之宅이며 金生水하여 水가 旺해지니, 老翁(노옹)에게 淫狂(음광)함이 있게 되고, 또한 단명수가 있으며, 오행상 金과 水와 연관된 질병으로 죽게 된다.

◆ 이러한 가옥은 초년에는 매사 순탄하여 사업이 흥왕하고, 9년간은 재물과 금전이
  넉넉할 것이다.
◆ 그러나 세월이 오래 흐르면 재물은 흩어지고, 예기치 않은 질병, 發癌(발암), 비명
  횡사, 관재구설, 화재, 도난 등의 흉화가 계속된다.
◆ 부녀자는 임신 중 곤란함이 많고, 發癌(발암), 뱃속의 뭉친 피가 쏟아져 나오는
  증세 등의 凶厄이 있을 것이다. 또한 바람나서 가출하지 않으면 정신질환 등의
  凶厄이 있을 것이고, 어린아이를 기르기가 힘들다.
◆ 仲男은 女色으로 家産을 탕진하거나 물에 빠져 죽을 것이다.
◆ 父子間은 不和가 심하여 한집에 같이 살지 못하니, 흉한 곳을 빨리 고쳐야 凶禍를
  면할 수 있다.

(2) 坎門과 艮主의 길흉

⊙ 아래도표에서 집의 중심에서 나경을 보아 출입문이 壬.子.癸方에 있으면 이를
  坎門이라 하고, 주인방이 丑.艮.寅方에 있으면 이를 艮主라 한다.
⊙ 坎門과 艮主는 土剋水라 坎은 八卦上 仲男에 해당되니 仲男에게 불리하고, 결국
  代를 이을 자식이 없게 된다.

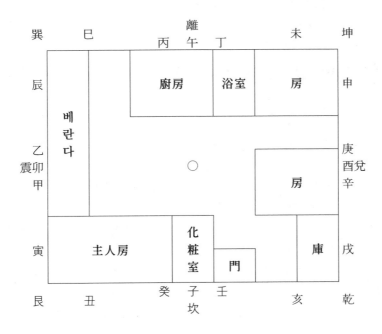

坎門. 艮主. 八廚

坎門과 艮主의 길흉

- 坎門에서 艮主는 五鬼方(오귀방)이니 일명 五鬼宅(오귀택)이라 한다.
- 이런 가옥은 人丁이 衰하고, 남자들이 밖에 나가면 남과 다투기를 좋아하고, 血光 (혈광), 관재구설, 火災 등이 多發하고, 家産이 줄고, 破家하게 된다.
- 이는 長男에게 해당하고 應期(응기)는 丙.丁이나 寅.午.戌에 해당하는 年이나 月이다.
- 坎門이 受剋되니 仲男에게 불리하고, 또한 기타의 남자들에게도 불리하고, 어린 아이들을 키우기가 어렵다.
- 예기치 않은 흉액이 다발하고, 自縊刀傷(자액도상), 관재구설, 화재, 도난 등의 흉화가 발생한다. 또한 자살하거나 혹은 타인에게 살해당하거나, 재산이 흩어지고 비명횡사가 있을 것이다.
- 오귀택은 廉貞火星(염정화성)으로 오행상 火에 해당하는 頭疼腦熱(두동뇌열), 三焦口渴(삼초구갈), 妄想(망상), 燥鬱症(조울증), 陽症傷寒(양증상한), 心腹疼痛(심복동통), 惡瘡(악창), 眼疾(안질) 등을 앓게 되고, 坎門이 受剋되니 오행상 水에 해당하는 生殖系統(생식계통), 그리고 土에 해당하는 筋脈(근맥), 소화기계통, 腹痛(복통), 黃腫(황종), 疥瘡(개창) 등의 질환을 앓게 된다.
- 坎門, 艮主는 二陽으로 純陽之宅이니 자연 陰을 傷하게 하여, 부녀자들의 단명수가 있으니 孤寡之人(고과지인)이 多出하고, 어린아이들을 키우기 어려우니 종국에는 絕孫(절손)되게 된다.

坎門, 艮主. 坎廚(감방에 주방이 있는 경우)

- 坎門에서 坎廚는 比和되어 伏位方이다.
- 艮主에서 坎廚는 五鬼方이다.
- 坎門, 坎廚는 二水比和되고 伏位方이니 吉하여 財利가 있으나 水旺하니 오행상 水와 연관된 질병을 앓는 사람이 많이 나온다.
- 艮主, 坎廚는 坎廚가 受剋되고 五鬼方이니 仲男에게 불리하고 점차 여타 남자들에게도 흉화가 따른다.
- 坎門, 艮主, 坎廚는 三陽의 純陽之宅이다. 陰을 傷하게 하니 妻子를 剋하게 되고 종국에는 절손되게 된다.
- 이러한 가옥은 초년에는 재물과 전답이 늘고 번창하며, 9년간은 번영을 누린다.
- 세월이 오래 지나면 남자는 단명하니 자손이 적어진다.
- 형제간은 불화하고, 仲男과 어린아이는 손상되고 부녀자는 단명한다.

- 부녀자는 산후질병, 發癌(발암) 등의 증세가 있고, 仲男은 女色으로 가산이 탕진되고 물에 빠져 죽거나 타인에게 살해당한다.
- 자식이 悖逆(패역)하고, 관재구설, 화재, 도난 등의 흉화가 발생하고, 溺死(익사)하던지 타인에게 살해당하는 凶厄이 발생할 것이다.

坎門, 艮主. 艮廚(간방에 주방이 있는 경우)

- 坎門에서 艮廚는 五鬼方이 된다.
- 艮主에서 艮廚는 比和되어 伏位方이다.
- 坎門, 艮廚는 坎門이 受剋되니 仲男과 여타 남자들에게 불리하다.
- 艮主, 艮廚는 二土相比하고 伏位方이니 財를 發하게 되나 장구하지 못한다.
- 坎門, 艮主, 艮廚는 三陽의 純陽之宅이다. 자연 陰을 傷하게 하여 처자를 극하고 종국에는 절손되게 된다.
- 이러한 가옥은 초년에는 매사 순탄하여 시업이 흥왕하고, 금전과 재물에 여유가 있으나, 가족이 질병으로 단명하게 되고, 어린이 양육이 어려워질 것이다.
- 세월이 흐르면 食疾膨悶(식질팽민), 黃腫(황종), 腹痛(복통) 등의 질환자가 나올 것이고, 他姓의 자식이 代를 잇게 된다. 또한 부모에게 悖逆(패역), 관재구설, 화재, 도난 등의 흉화가 닥치고, 젊은 남자가 自縊刀傷(자액도상)하거나, 자살하거나 등의 凶厄이 생긴다. 그리고 예기치 않은 여타의 흉화가 많이 발생한다.

坎門, 艮主. 震廚(진방에 주방이 있는 경우)

- 坎門에서 震廚는 天醫方이다.
- 艮主에서 震廚는 六殺方이다.
- 坎門, 震廚는 상생되고 天醫方이니 吉하다.
- 艮主, 震廚는 艮主가 受剋되니 少男에게 흉화가 있고, 어린아이들을 키우기 어렵다.
- 坎門, 艮主, 震廚는 三陽의 純陽之宅이다. 陰을 剋하게 되니 부녀자들에게 夭死가 따르고, 아이들을 키우기 어려우니 종국에는 절손되게 된다.
- 이러한 가옥은 초년에는 매사 순탄하여 사업이 흥왕하고, 금전과 전답이 늘어나나 자손은 적고, 부녀자는 질병으로 단명하게 된다.
- 그러나 세월이 오래 흐르면 소화불량, 黃腫(황종), 복통의 질환이 발생하고, 부녀자는 임신 중 곤란함을 많이 겪고, 바람나서 가출하던지, 六畜(육축)의 손상 등의 흉액이 발생한다.
- 자식이 悖逆(패역)하고, 관재구설, 화재, 도난 등의 凶禍가 발생하고, 仲男은 女色으로 家産을 탕진하지 않으면 溺死(익사)하던지, 목을 매어 자살하던지, 타인에게 살해당하는 등의 흉액이 발생한다.

坎門, 艮主. 巽廚(손방에 주방이 있는 경우)

- 坎門에서 巽廚는 生氣方이다.
- 艮主에서 巽廚는 絶命方이다.
- 坎門, 巽廚는 상생되고 生氣方이니 吉하다.
- 艮主, 巽廚는 艮主가 受剋되니 少男에게 불리하고, 어린아이들을 키우기가 어렵다.
- 이러한 가옥은 초년에는 돈과 재물이 넉넉하다. 집안에 영화가 가득하고 부귀장수 한다.
- 세월이 지나면 橫厄(횡액)과 여러 災殃(재앙)이 따르고, 남편과 자식이 夭死하게 되고, 거동불편자가 나오고, 부녀자는 몸이 마르고 단명하게 된다. 결국 재산이 흩어지고 질병과 재앙으로 代가 끊긴다.
- 형제간에 不和하고, 부모에게 悖逆(패역)하고, 관재구설, 화재, 도난 등의 흉화가 닥치고, 仲男은 女色으로 재산을 탕진하거나, 溺死(익사)하거나 목을 매어 죽게 된다.

坎門, 艮主. 離廚(이방에 주방이 있는 경우)

- 坎門에서 離廚는 延年方이다.
- 艮主에서 離廚는 禍害方이 된다.
- 坎門, 離廚는 陰陽正配合이고 延年方이니 吉하다.
- 艮主, 離廚는 火生土하여 火炎土燥(화염토조)이고 禍害方이며 生而不生의 형국 이라 凶하다. 부녀자가 家權(가권)을 장악하게 되고, 어린아이들에게 불리하고, 부녀자가 막내아들만 편애하게 된다.
- 이러한 가옥은 초년에는 매사 순탄하여 사업이 흥왕하고, 9년간은 재물과 금전이 넉넉할 것이다. 그러나 盲人(맹인)이 나오면 이 집에는 흉화가 발생하는 전조이다.
- 세월이 흐르면 面黃(면황), 聾啞(농아), 癡呆(치매), 手足痲痺(수족마비), 頭昏 (두혼), 眼疾(안질) 등의 질환자가 발생할 것이다.
- 형제간에는 不和하고 부부간에 이별하고, 목을 매어 죽거나, 익사하는 자가 생기 고, 재산이 탕진될 것이다.
- 부녀자는 임신곤란, 發癌 등의 흉화가 닥칠 것이고, 단명하는 자가 나올 것이다.

坎門, 艮主. 坤廚(곤방에 주방이 있는 경우)

- 坎門에서 坤廚는 絶命方이다.
- 艮主에서 坤廚는 生氣方이다.
- 坎門, 坤廚는 坎門이 受剋되고 絶命方이니 매우 凶하다. 仲男에게 흉화가 발생한 다. 黃腫積塊(황종적괴), 心腹疼痛(심복동통) 등의 질환이 발생하게 된다.

- 艮主, 坤廚는 二土比和되고 一陰一陽이며 生氣方이니 吉하여 財利가 있고 장구하다.

- 이러한 가옥은 초년에는 매사 순탄하여 사업이 흥왕하고, 자손이 공명을 누리고 부귀하나 각종 질환과 재앙이 발생한다.

- 세월이 지나면 仲男은 女色으로 가산을 탕진하고, 黃腫(황종), 溺死(익사), 自縊(자액) 등의 흉화를 겪을 것이고, 부녀자는 死産하던지, 뱃속에 피가 고이는 증세 등의 질환을 앓게 될 것이다.

- 또한 聾啞(농아), 嫂瘤(수류), 육아곤란, 부부이별 등의 흉액이 발생하고, 仲男은 女色으로 家産을 탕진하거나, 溺死 등의 흉액을 겪을 것이다.

- 六畜의 손상도 발생하고 남자들의 命이 짧으니 결국 養子가 代를 잇게 된다.

坎門, 艮主. 兌廚(태방에 주방이 있는 경우)

- 坎門에서 兌廚는 禍害方이다.

- 艮主에서 兌廚는 延年方이다.

- 坎門, 兌廚는 金生水하여 兌廚의 氣가 洩(설)되니 부녀자들에게 불리하다.

- 艮主, 兌廚는 상생되고 陰陽의 正配合이며 延年方이니 吉하다.

- 이러한 가옥은 초년에는 매사 순탄하여 사업이 흥왕하고, 금전과 재물이 풍족하며, 부부는 화순하다. 남자는 훌륭한 재질을 갖추고 있고, 부인은 현모양처이고, 자식은 효순하다.

- 그러나 세월이 흐르면 순한 자식이 悖逆(패역)하고, 橫厄(횡액)으로 사망하던지, 관재구설, 도난, 화재 등의 재난이 닥쳐온다.

- 부녀자는 임신 중 곤란함이 많고, 發癌(발암), 心疼(심동), 吐血, 뱃속의 뭉친 피가 쏟아져 나오는 증세 등의 흉액이 있을 것이다.

- 仲男은 女色으로 재물을 탕진하게 되거나 溺死(익사)하게 될 것이다.

坎門, 艮主. 乾廚(건방에 주방이 있는 경우)

- 坎門에서 乾廚는 六殺方이다.

- 艮主에서 乾廚는 天醫方이다.

- 坎門, 乾廚는 金生水하여 乾廚의 氣가 洩(설)되니 老父에게 불리하고 여타의 남자들에게도 凶함이 있다.

- 艮主, 乾廚는 상생되고 天醫方이라 吉하다.

- 坎門, 艮主, 乾廚는 三陽의 純陽之宅이라 妻子를 剋하게 되고 종국에는 絕孫(절손)되는 凶함이 있는 구조이다.

- 이러한 가옥은 초년에는 매사 순탄하여 사업이 흥왕하고, 재물과 금전이 넉넉할

것이며 이름을 떨치는 자식이 나올 것이다.
- ◆ 그러나 세월이 흐르면 순한 자식이 悖逆(패역)하고, 官災口舌(관재구설), 화재, 도난 등의 흉화가 발생하고, 仲男은 女色으로 家産을 탕진하게 될 것이다.
- ◆ 부녀자는 임신 중 곤란함이 많고, 정신질환, 육아곤란, 吐血, 發癌(발암) 등의 凶厄이 발생한다.
- ◆ 父子간은 不和로 떨어져 살게 되며, 廚房을 吉方으로 改修(개수)해야 흉화를 면할 수 있다.

(3) 坎門과 震主의 길흉

◎ 아래도표에서 집의 중심에서 나경을 보아 壬.子.癸方에 출입문이 있으면 坎門이라 하고, 주인방이 甲.卯.乙方에 있으면 震主라 한다.

◎ 坎門과 震主는 八卦의 水와 雷의 만남으로 일단 發福은 하지만, 오랜 세월이 흐르면 代를 이을 자손이 없게 된다.

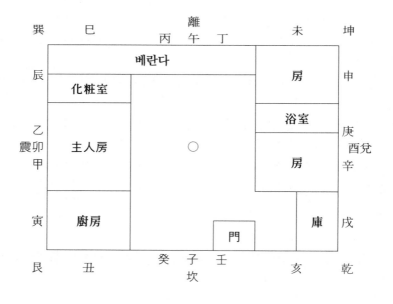

坎門. 震主. 八廚

坎門과 震主의 길흉

- 坎門에서 震主는 天醫方이니 일명 天醫宅이라 한다.
- 초년에는 가업이 번창하고, 자식들이 공명현달하고, 국가고시합격자가 나오고, 적덕을 많이 쌓으나, 남자들의 命이 짧으니 부녀자가 살림을 꾸려나간다. 이는 純陽에 해당하기 때문이다. 그러나 坎門에 離廚房이면 延年方이니 가장 좋은 배치이다.
- 이는 仲男에게 해당되고 應期는 戊.己나 辰.未.戌.丑에 해당하는 年이나 月이다.
- 坎門, 震主는 二陽으로 자연 陰을 傷하게 하니, 부녀자들의 夭死함이 따르고 어린아이들을 키우기 어렵게 되니 종국에는 절손되게 된다.

坎門. 震主. 坎廚(감방에 주방이 있는 경우)

- 坎門에서 坎廚는 比和되어 伏位方이다.
- 震主에서 坎廚는 天醫方이다.
- 坎門, 坎廚는 二水比和되고 伏位方이니 吉하여 초년에는 發福이 있으나, 純陽之局이니 人丁이 衰하고, 人品이 고상하지 못하고, 또한 비록 財는 있으나 복록이 장구하지 못하다.
- 震主, 坎廚는 상생되고 天醫方이니 吉하다.
- 坎門, 震主, 坎廚는 三陽의 純陽之宅이다. 따라서 자연 陰을 傷하게 하니 부녀자들에게 흉화가 따르고, 어린아이 키우기가 어렵고, 破財하게 되고 종국에는 절손되게 된다.
- 이러한 가옥은 초년에는 재물과 전답이 늘고 번창하며, 9년간은 번영을 누리게 된다.
- 세월이 오래 지나면 남자는 단명하니 자손이 적어진다. 부녀자는 임신중 곤란함이 많고, 정신질환, 육아곤란, 吐血, 發癌 등의 흉액이 발생한다.
- 형제간은 不和하고, 仲男과 어린아이는 손상되고 부녀자는 단명한다.
- 仲男은 女色으로 家産이 탕진되고 물에 빠져 죽거나 타인에게 살해당한다. 자식이 悖逆(패역)하고, 관재구설, 화재, 도난 등의 흉화가 발생한다.
- 사람과 六畜(육축)이 모두 손상되고 어린아이 기르기가 어렵다.

坎門. 震主. 艮廚(간방에 주방이 있는 경우)

- 坎門에서 艮廚는 五鬼方이 된다.
- 震主에서 艮廚는 六殺方이다.
- 坎門, 艮廚는 坎門이 受剋되고 五鬼方이니 仲男에게 불리하다.

- 震主, 艮廚는 震主가 受剋되고, 艮廚에서 보면 六殺方이니 少男에게 불리하며, 또한 어린아이들의 양육이 어렵다.
- 坎門, 震主, 艮廚는 三陽의 純陽之宅이다. 자연 陰을 傷하게 하니 부녀자들에게 흉화가 따른다. 어린이이들을 키우기 어려우니 종국에는 절손되게 된다.
- 이러한 가옥은 초년에는 매사 순탄하여 산업이 흥왕하고, 금전과 재물에 여유가 있으며, 長子는 영화를 누리나, 부녀자는 질병으로 단명하게 된다.
- 세월이 흐르면 食疾膨悶(식질팽민), 黃腫(황종), 腹痛(복통) 등의 질환자가 나올 것이고, 他姓의 자식이 代를 잇게 된다.
- 관재구설, 화재, 도난 등의 흉화가 닥치고, 젊은 남자가 自縊刀傷(자액도상)하거나, 자살하거나 등의 흉액이 생긴다. 그리고 예기치 않은 災厄이 많이 발생한다.

坎門. 震主. 震廚(진방에 주방이 있는 경우)

- 坎門에서 震廚는 天醫方이다.
- 震主에서 震廚는 比和되어 伏位方이다.
- 坎門, 震廚는 상생되고 天醫方이니 吉하다.
- 震主, 震廚는 二木比和되어 成林되고 伏位方이니 吉하여 초년에 財를 發하게 된다.
- 坎門, 震主, 震廚는 三男同居 형국의 純陽之宅이다. 陽旺陰衰하니 부녀자의 손상이 따르고, 陽氣가 太旺하니 남자들도 손상이 있고, 자식들에게도 흉화가 닥쳐온다. 종국에는 절손되게 된다.
- 이러한 가옥은 초년에는 매사 순탄하여 사업이 흥왕하고, 금전과 재물에 여유가 있으며, 長子는 영화로움을 누리나, 부녀자는 질병으로 단명하게 된다.
- 오랜 세월이 흐르면 부녀자는 단명하고, 어린아이 양육이 어렵다.
- 또한 태어난 자손은 어리석고, 고집만 세며, 부녀자는 각종 질병을 앓게 될 것이다. 그리고 六畜의 손상도 있다.
- 吉方으로 改修(개수)한다 해도 本命과 陽宅3요소가 상호 相生의 관계에 있어야 한다. 부득이 부합되지 않는다면 裨補策(비보책)을 세워야 한다.

坎門. 震主. 巽廚(손방에 주방이 있는 경우)

- 坎門에서 巽廚는 生氣方이다.
- 震主에서 巽廚는 延年方이다.
- 坎門, 巽廚는 상생되고 生氣方이니 吉하여 財를 發한다.
- 震主, 巽廚는 二木比和되고 成林되고, 陰陽의 정배합이며 延年方이라 吉하다. 富貴가 長久하고 매우 吉한 배합이다.

◆ 초년에는 돈과 재물이 넉넉하다. 집안에 영화가 가득하고, 자식이 국가고시에 합격하고 부귀장수한다. 6년 내에 길함이 應해 오는데 亥.卯.未年에는 명성을 떨칠 자손이 태어난다.
◆ 그러나 세월이 오래 흐르면 자손이 적어지고, 부녀자는 단명하게 된다.

坎門. 震主. 離廚(이방에 주방이 있는 경우)

◆ 坎門에서 離廚는 延年方이다.
◆ 震主에서 離廚는 生氣方이 된다.
◆ 坎門, 離廚는 陰陽의 正配合이고 延年方이니 吉하다.
◆ 震主, 離廚는 상생되고 生氣方이니 吉하여, 人丁이 旺하고 부귀겸전이다.
◆ 이러한 가옥은 초년에는 매사 순탄하여 사업이 흥왕하고, 국가고시합격자가 나오고, 금전과 재물이 盛하고, 부귀를 누린다. 형제간에는 의리 있고, 총명한 자손과 秀才(수재)들이 나오게 된다.
◆ 그러나 세월이 오래 흐르면 心疼(심동), 眼疾(안질), 부부사별 등의 흉액이 발생할 것이고, 또한 吉한 배치일지라도, 主人命이 受剋되게 되면 질병으로 고생하게 되고, 재산상의 손실이 있을 것이다.

坎門. 震主. 坤廚(곤방에 주방이 있는 경우)

◆ 坎門에서 坤廚는 絶命方이다.
◆ 震主에서 坤廚는 禍害方이다.
◆ 坎門, 坤廚는 坎門이 受剋되니 仲男에게 불리하다.
◆ 震主, 坤廚는 坤廚가 受剋되니 老母에게 불리하고, 여타의 남녀들에게도 흉함이 있다.
◆ 이러한 가옥은 초년에는 매사 순탄하여 사업이 흥왕하고, 자손이 공명을 누리고 부귀한다.
◆ 세월이 흐르면 자손이 적어지고 부녀자는 질병으로 단명하게 된다.
老母는 치매로 거동이 불편하고, 세월이 지나면 仲男은 女色으로 家産을 탕진하고, 黃腫(황종), 溺死(익사), 自縊(자액) 등의 흉화를 겪을 것이고, 부녀자는 死産하던지, 뱃속에 피가 고이는 증세 등으로 질환을 앓게 될 것이다. 또한 聾啞(농아), 嫂瘤(수류), 육아곤란, 부부이별 등의 흉액이 발생한다.
◆ 또한 六畜(육축)의 손실도 발생하고 남자들의 命이 짧으니 결국 養子(양자)가 代를 잇게 된다.

坎門. 震主. 兌廚(태방에 주방이 있는 경우)

◆ 坎門에서 兌廚는 禍害方이다.

- 震主에서 兌廚는 絶命方이다.
- 坎門, 兌廚는 상생되나 禍害方이니 凶하다.
- 震主, 兌廚는 震主가 受剋되고 絶命方이니 凶한데, 長男에게 불리하고 기타의 남자들에게도 흉화가 따른다.
- 이러한 가옥은 초년에는 매사 순탄하여 사업이 흥왕하고, 금전과 재물이 풍족하며, 부부는 화순하다. 長子는 발복되어 부귀영화를 누린다.
- 그러나 세월이 흐르면 腰痛(요통), 수족마비, 관재구설, 도난, 화재 등의 재난이 닥쳐온다. 오랜 身病으로 자살하는 자가 나오거나, 타인에게 살해당하는 자가 나올 것이다.
- 부녀자는 임신 중 곤란함이 많고, 發癌(발암), 心疼(심동), 吐血, 뱃속의 뭉친 피가 쏟아져 나오는 증세 등의 흉액이 있을 것이다.
- 남자들은 단명자가 많이 나온다.

坎門. 震主. 乾廚(건방에 주방이 있는 경우)

- 坎門에서 乾廚는 六殺方이다.
- 震主에서 乾廚는 五鬼方이다.
- 坎門, 乾廚는 상생되나 六殺方이라 凶하다. 仲男에게 흉화가 닥치고, 여타의 남자들에게도 災厄이 발생하는데, 이는 방탕함과 주색잡기와 연관이 많다.
- 震主, 乾廚는 震主가 受剋되니 長男에게 불리하다.
- 坎門, 震主, 乾廚는 三陽의 純陽之宅이다. 陽氣가 太旺하니 陰을 傷하게 하여 부녀자들의 夭死함이 따르고, 純陽之氣라 陰陽이 부조화되니 남자들에게 단명수가 있고, 어린아이들을 키우기 어려우니 종국에는 절손되게 된다.
- 이러한 가옥은 초년에는 매사 순탄하여 사업이 흥왕하고, 長子는 영화롭고, 재물과 금전이 넉넉할 것이며 이름을 떨치는 자식이 나올 것이다.
- 그러나 세월이 흐르면 순한 자식이 悖逆(패역)하고, 관재구설, 화재, 도난, 근육통 등의 흉화가 발생한다.
- 부녀자는 임신 중 곤란함이 많고, 정신질환, 육아곤란, 吐血, 發癌(발암), 육축 손상 등의 흉액이 발생한다.
- 父子間은 不和로 떨어져 살게 되니, 가출하는 자식이 나오니 廚房을 吉方으로 改修해야 면할 수 있다.

(4) 坎門과 巽主의 길흉

⊙ 아래도표에서 집의 중심에서 나경을 보아 壬.子.癸方에 출입문이 있으면 坎門이
  라 하고, 주인방이 辰.巽.巳方에 있으면 巽主라 한다.
⊙ 坎門과 巽主가 八卦上 水生木하니 가택이 영화롭고, 특히 여자는 용모가 빼어나다.

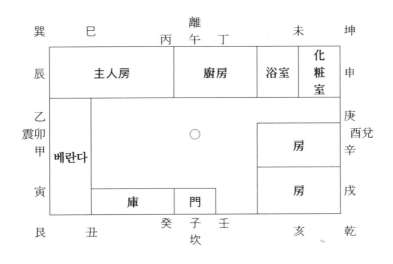

坎門. 巽主. 八廚

坎門과 巽主의 길흉
◆ 坎門에서 巽主는 生氣方이니 일명 生氣宅이라 한다.
◆ 五子를 得하여 국가고시합격자가 나오고, 남자는 총명하고, 여자는 미려하며, 자식들이 모두 효현하고, 전답이 늘고 육축이 번창하고, 家門이 영달한다. 남자는 운세가 旺하니 富貴兼全(부귀겸전)하고 공명현달한다.
◆ 이는 長男에게 해당되며 應期는 甲.乙이나 亥.卯.未에 해당하는 年이나 月이다.
◆ 坎門에 震廚房이면 이는 大富大貴할 집이나 세월이 오래 흐르면, 자손은 적으나, 長子의 宗孫(종손)이 발복되어 영화를 누리지만 부녀자에게는 불리하다.

坎門. 巽主. 坎廚(감방에 주방이 있는 경우)
◆ 坎門에서 坎廚는 比和되어 伏位方이다.
◆ 巽主에서 坎廚는 生氣方이다.
◆ 坎門, 坎廚는 二水比和되고 伏位方이니 吉하다. 仲男이 發福되고, 가정이 화목하고, 人丁이 旺하고, 남녀 자손들이 우수하고 총명하며, 長壽한다.

- ◆巽主, 坎廚는 상생되고 生氣方이라 吉하여 長男과 仲男 모두 발복이 있다.
- ◆이러한 가옥은 초년에는 재물과 전답이 늘고 번창하며, 9년간은 번영을 누리게 된다.
- ◆세월이 오래 흐르면 남자는 단명하니 자손이 적어진다.
- ◆부녀자는 임신 중 곤란함이 많고, 정신질환, 육아곤란, 吐血, 發癌(발암) 등의 흉액이 발생한다.
- ◆형제간은 불화하고, 仲男과 어린아이는 손상되고 부녀자는 단명한다.
- ◆仲男은 女色으로 家産이 탕진되고 물에 빠져 죽거나 타인에게 살해당한다.
- ◆자식이 悖逆(패역)하고, 관재구설, 화재, 도난 등의 흉화가 발생하고, 사람과 육축이 모두 손상되고 어린아이 기르기가 어렵다.

坎門. 巽主. 艮廚(艮方에 주방이 있는 경우)

- ◆坎門에서 艮廚는 五鬼方이 된다.
- ◆巽主에서 艮廚는 絕命方이다.
- ◆坎門, 艮廚는 相剋되고 五鬼方이니 凶하여, 長男과 仲男이 不和하고 다툼이 많다. 또한 二陽으로 자연 陰을 傷하게 하니 부녀자들의 夭死도 따른다.
- ◆巽主, 艮廚는 艮廚가 受剋되고 絕命方이라 凶하다. 老母에게 불리하고 여타의 부녀자들에게도 흉화가 있다.
- ◆이러한 가옥은 초년에는 매사 순탄하여 산업이 흥왕하고, 금전과 재물에 여유가 있다.
- ◆그러나 세월이 오래 흐르면 부녀자는 몸이 바짝 마르고, 남자와 자식은 단명하고, 거동이 불편하므로 부녀자가 가정을 꾸려나갈 것이다. 이는 하늘로 부터 오는 재앙이니 家産이 탕진되고, 종국에는 절손되게 된다.
- ◆悖逆(패역)하는 자손이 나오고, 관재구설, 화재, 도난 등의 흉화가 닥치고, 젊은 남자가 自縊刀傷(자액도상)하거나, 자살하거나 등의 흉액이 생긴다. 그리고 예기치 않은 흉액이 많이 발생한다.

坎門. 巽主. 震廚(진방에 주방이 있는 경우)

- ◆坎門에서 震廚는 天醫方이다.
- ◆巽主에서 震廚는 延年方이다.
- ◆坎門, 震廚는 상생되고 天醫方이니 吉하다. 가정이 화목하고, 초년에는 發福이 있으나, 純陽이니 부녀자들에게 不利함이 있다.
- ◆巽主, 震廚는 二木比和하고 음양이 正配合되고 延年方이라 吉하다.
- ◆이러한 가옥은 초년에는 매사 순탄하여 家産이 흥왕하고, 금전과 재물에 여유가

있으며, 長子는 영화를 누리나, 부녀자는 질병으로 단명하게 된다.

- 형제간에는 우애가 있고, 국가고시에 합격하여 長.次官及의 직책에 오르는 자가 나온다.
- 그러나 오래 세월이 흐르면 부녀자는 단명하고, 어린아이 양육이 어렵다. 종국에는 절손되게 된다.

坎門. 巽主. 巽廚(손방에 주방이 있는 경우)

- 坎門에서 巽廚는 生氣方이다.
- 巽主에서 巽廚는 比和되어 伏位方이다.
- 坎門, 巽廚는 상생되고 一陰一陽이며 生氣方이라 매우 吉하다.
- 巽主, 巽廚는 二木比和되고 成林되니, 財를 發하고 영화로움이 있으나 장구하지 못하다.
- 이러한 가옥은 초년에는 돈과 재물이 넉넉하다. 집안에 영화가 가득하고, 자식이 국가고시에 합격하고 부귀장수한다.

6년 내에 길함이 應해 오는데 亥.卯.未年에는 명성을 떨칠 자손이 태어난다.

- 그러나 세월이 오래 흐르면 氣壅喘嗽(기옹천수=숨이 막히고 기침을 함), 근육마비, 거동불편 등의 질환자가 나오고, 자손이 적어지고, 홀아비나 과부가 가정을 이끌어 간다.

坎門. 巽主. 離廚(이방에 주방이 있는 경우)

- 坎門에서 離廚는 延年方이다.
- 巽主에서 離廚는 天醫方이 된다.
- 坎門, 離廚는 음양정배합이고 延年方이라 吉한데, 人丁이 旺하고, 부귀겸전한다.
- 巽主, 離廚는 상생되고 天醫方이니 吉하다.
- 坎門, 巽主. 離廚의 구조는 水生木, 木生火의 循環相生(순환상생)의 구조로 大吉하다.
- 이러한 가옥은 초년에는 매사 순탄하여 사업이 흥왕하고, 국가고시합격자가 나오고, 금전과 재물이 盛하고, 부귀를 누린다.
- 형제간에는 의리 있고, 총명한 자손과 秀才들이 나오게 된다.
- 그러나 세월이 오래 흐르면 心疼(심동), 眼疾(안질), 부부사별 등의 흉액이 발생할 것이고, 또한 吉한 배치일지라도, 主人命이 受剋되게 되면 질병으로 고생하게 되고, 재산상의 손실이 있을 것이다.

坎門. 巽主. 坤廚(곤방에 주방이 있는 경우)

- 坎門에서 坤廚는 絶命方이다.

- 巽主에서 坤廚는 五鬼方이다.
- 坎門, 坤廚는 상극되고 絶命方이라 凶하며, 坎門이 受剋되니 仲男에게 흉화가 있다.
- 巽主, 坤廚는 坤廚가 受剋되고 五鬼方이라 凶한데, 老母에게 재액이 발생하며, 여타의 부녀자들에게도 흉화가 있게 된다.
- 이러한 가옥은 초년에는 매사 순탄하여 사업이 흥왕하고, 자손이 공명을 누리고 부귀한다.
- 그러나 세월이 흐르면 자손이 적어지고 부녀자는 질병으로 단명하게 된다. 老母는 치매로 거동이 불편하고, 세월이 지나면 仲男은 女色으로 家産을 탕진하고, 黃腫(황종), 溺死(익사), 自縊(자액) 등의 흉화를 겪을 것이고, 부녀자는 死産하던지, 뱃속에 피가 고인 증세 등으로 질환을 앓게 될 것이다.
- 또한 聾啞(농아), 嫂瘤(수류), 육아곤란, 부부이별 등의 흉액이 발생하고, 고부간의 갈등 등의 흉화가 발생하고, 仲男은 女色으로 家産을 탕진하거나, 溺死(익사) 등의 흉액을 겪을 것이다.
- 육축의 손상도 발생하고 남자들의 命이 짧으니 결국 養子가 代를 잇게 된다.

坎門. 巽主. 兌廚(태방에 주방이 있는 경우)

- 坎門에서 兌廚는 禍害方이다.
- 巽主에서 兌廚는 六殺方이다.
- 坎門, 兌廚는 상생되나 禍害方이라 凶한데, 남녀 공히 傷함이 있다
- 巽主, 兌廚는 巽主가 受剋되고 六殺方이라 凶한데, 長女와 큰며느리에게 흉화가 발생하고 종국에는 절손되게 된다.
- 이러한 가옥은 초년에는 매사 순탄하여 사업이 흥왕하고, 금전과 재물이 풍족하며, 부부는 화순하다. 長女는 발복되어 부귀영화를 누린다.
- 그러나 세월이 흐르면 巳.酉.丑年에는 재앙이 있을 것이다. 咳嗽(해수), 癡呆(치매), 心疼(심동), 自縊刀傷(자액도상), 가출, 육축손실 등의 흉액이 발생하게 된다.
- 부녀자는 임신 중 곤란함이 많고, 發癌(발암), 心疼(심동), 吐血, 뱃속의 뭉친 피가 쏟아져 나오는 증세 등의 흉액이 있을 것이다.
- 남자들은 단명자가 많이 나온다,

坎門. 巽主. 乾廚(건방에 주방이 있는 경우)

- 坎門에서 乾廚는 六殺方이다.
- 巽主에서 乾廚는 禍害方이다.
- 坎門, 乾廚는 상생되나 六殺方이니 凶하다. 老父에게 불리하다.

◆ 巽主, 乾廚는 巽主가 受剋되고 禍害方이라 凶한데, 長女나 큰며느리에게 夭死함
  이 있다.
◆ 이러한 가옥은 초년에는 매사 순탄하여 사업이 흥왕하고, 長女는 영화를 누리고,
  재물과 금전이 넉넉할 것이며 이름을 떨치는 자식이 나올 것이다.
◆ 그러나 세월이 흐르면 순한 자식이 悖逆(패역)하고, 自縊刀傷(자액도상), 양쪽다
  리가 시리고, 거동불편, 관재구설, 화재, 도난, 근육통 등의 흉화가 발생한다.
◆ 부녀자는 임신 중 곤란함이 많고, 정신질환, 육아곤란, 吐血, 發癌(발암), 육축손
  상 등의 흉액이 발생한다.
◆ 父子간은 不和로 떨어져 살게 되니, 부녀자는 性情이 사나워 말을 함부로 하고,
  바람나서 가즐하지 않으면, 고통 속에 죽을 것이다.
◆ 가출하는 자식이 나오니 廚房을 吉方으로 改修(개수)해야 면할 수 있다.

(5) 坎門과 離主의 길흉

◉ 아래도표에서 집의 중심에서 나경을 보아 출입문이 壬.子.癸方에 있으면 坎門이
  라 하고, 주인방이 丙.午.丁方에 있으면 離主라 한다.
◉ 坎門과 離主는 주역의 팔괘에서 水火旣濟卦에 해당하니 대길한 배치이다. 부귀
  가 滿堂(만당)하고 자손이 영달한다.

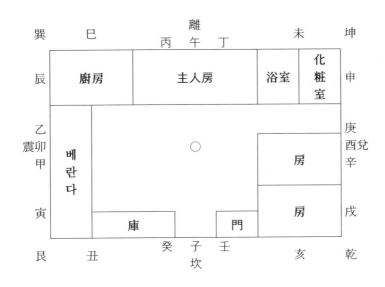

坎門. 離主. 八廚

坎門과 離廚의 길흉

◆ 坎門에서 離廚는 延年方이니 일명 延年宅이라 한다.

◆ 夫婦正配合이므로 부부가 화목하고, 4형제가 모두 현달하고, 富貴를 발하여 전답과 재물이 늘고, 육축이 번창한다. 이는 주로 少男에게 해당되며 應期(응기)는 庚.辛이나 巳.酉.丑에 해당하는 年이나 月이다.

◆ 그러나 세월이 오래 흐르면 喪妻(상처)하고, 心疼(심동), 眼疾(안질), 복통 등의 질환으로 고생한다.

◆ 門과 廚房의 관계에서 坎門과 坎廚房이라면, 초년에는 매사 순조롭게 풀리고, 사업이 번창하여 금전과 재물이 풍족하나, 부녀자는 단명한다.

坎門. 離主. 坎廚(감방에 주방이 있는 경우)

◆ 坎門에서 坎廚는 比和되어 伏位方이다.

◆ 離主에서 坎廚는 延年方이다.

◆ 坎門, 坎廚는 二水比和되고 伏位方이니 吉하여 財를 發하나 복록이 장구하지 못하다.

◆ 離主, 坎廚는 음양정배합이고 延年方이니 吉하다.

◆ 이러한 가옥은 초년에는 재물과 전답이 늘고 번창하며, 壽福을 누리게 된다.

◆ 그러나 세월이 흐르면 젊은 부녀자가 단명하거나, 盲人이 생기는 등 재화가 발생한다. 9년간은 영화로움을 누리게 된다. 또한 남자는 단명하니 자손이 적어진다.

◆ 부녀자는 뱃속의 뭉친 피가 쏟아지든지, 자궁질환을 앓고, 仲男은 女色으로 家産이 탕진되고 물에 빠져 죽거나 타인에게 살해당한다.

◆ 자식이 悖逆(패역)하고, 관재구설, 화재, 도난 등의 흉화가 발생하고, 사람과 육축이 모두 손상되고 어린아이 기르기가 어렵다.

坎門. 離主. 艮廚(간방에 주방이 있는 경우)

◆ 坎門에서 艮廚는 五鬼方이 된다.

◆ 離主에서 艮廚는 禍害方이다.

◆ 坎門, 艮廚는 坎門이 受剋되니 少男에게 불리하고 어린아이들에게도 흉화가 따른다.

◆ 離主, 艮廚는 상생되나 禍害方이다. 남자는 겁이 많고 부녀자가 家權(가권)을 장악하고 집안 살림을 꾸려나가나, 孤寡之人(고과과지인)이 多出하고 종국에는 절손되게 된다.

◆ 이러한 가옥은 초년에는 매사 순탄하여 가업이 흥왕하고, 금전과 재물에 여유가

있다.

- 그러나 세월이 오래 흐르면 젊은 부녀자가 단명하든지, 盲人(맹인)이 나오게 되면 災殃(재앙)이 시작되는 것이다.
- 悖逆(패역)하는 자손이 나오고, 관재구설, 화재, 도난 등의 흉화가 닥치고, 젊은 남자가 自縊刀傷(자액도상)이나, 자살하거나 등의 흉액이 발생한다.
- 부부이별수가 있고, 聾啞(농아), 정신질환 등의 흉화가 나타나고, 小兒는 비만해 지고, 家産이 탕진되고, 가출하는 여자가 나오고, 예기치 않은 흉액이 많이 발생 한다.

坎門. 離主. 震廚(진방에 주방이 있는 경우)

- 坎門에서 震廚는 天醫方이다.
- 離主에서 震廚는 生氣方이다.
- 坎門, 震廚는 상생되고 天醫方이니 吉하다.
- 離主, 震廚는 상생되고 生氣方이니 역시 吉하다.
- 坎門, 離主, 震廚의 구조는 水生木, 木生火로 순환상생되고, 天醫, 生氣에 해당 하니 三吉宅의 大吉한 가옥 구조이다.
- 이러한 가옥은 초년에는 매사 순탄하여 산업이 흥왕하고, 금전과 재물에 여유가 있으며, 長子는 영화를 누리나, 부녀자는 질병으로 단명하게 된다.
- 형제간에는 우애가 있고, 국가고시에 합격하여 長, 次官 직책에 오르는 자가 나온다.
- 그러나 오래 세월이 흐르면 부녀자는 단명하고, 심장병, 眼疾(안질), 부부사별 등의 흉액이 있고, 어린아이 양육이 어렵다.

坎門. 離主. 巽廚(손방에 주방이 있는 경우)

- 坎門에서 巽廚는 生氣方이다.
- 離主에서 巽廚는 天醫方이다.
- 坎門, 巽廚는 상생되고 生氣方이니 吉하다.
- 離主, 巽廚는 상생되고 天醫方으로 吉하다. 남자들은 총명하고 여자들은 미모가 있으며, 人丁이 旺하고, 남자들은 높은 관직에 오르고, 부귀를 누리게 된다.
- 초년에는 돈과 재물이 넉넉하다. 집안에 영화가 가득하고, 자식이 국가고시에 합격하고 부귀장수한다.
- 부녀자가 총명하여 가정을 화목하게 이끌고 베풀기를 좋아하는 여장부이나, 남자 들은 기가 죽어 자식이 적거나 없거나 기르기가 어렵다. 주방을 고치면 凶함이 해소된다.
- 세월이 오래 흐르면 心疼(심동), 眼疾(안질), 부부사별 등의 흉액이 발생한다.

坎門. 離主. 離廚(이방에 주방이 있는 경우)

- 坎門에서 離廚는 延年方이다.
- 離主에서 離廚는 比和되어 伏位方이 된다.
- 坎門, 離廚는 음양정배합이고 延年方이니 大吉하다.
- 離主, 離廚는 二火比和되고 伏位方으로 吉하다.
- 이러한 가옥은 초년에는 매사 순탄하여 사업이 흥왕하고, 고시합격자가 나오고, 금전과 재물이 盛하고, 富貴를 누린다.
- 형제간에는 의리 있고, 총명한 자손과 秀才(수재)들이 나오게 된다.
- 그러나 세월이 오래 흐르면 心疼(심동), 부부사별 등의 흉액이 발생할 것이다.
- 또한 吉한 배치일지라도, 主人命이 受剋되게 되면 질병으로 고생하게 되고, 단명하게 되고, 재산상의 손실이 있을 것이다.

坎門. 離主. 坤廚(곤방에 주방이 있는 경우)

- 坎門에서 坤廚는 絕命方이다.
- 離主에서 坤廚는 六殺方이다.
- 坎門, 坤廚는 坎門이 受剋되고 絕命方이니 凶하여 仲男에게 흉화가 발생한다.
- 離主, 坤廚는 六殺方이고 火生土의 상생을 이루나 火炎土燥(화염토조) 하니 生而不生이다. 離主의 氣가 洩(설)되니 仲女와 여타 부녀자들에게 災厄이 발생한다.
- 이러한 가옥은 초년에는 매사 순탄하여 사업이 흥왕하고, 자손이 공명을 누리고 부귀한다.
- 세월이 흐르면 자손이 적어지고 부녀자는 질병으로 단명하게 된다.
- 老母는 치매로 거동이 불편하고, 세월이 지나면 仲男은 女色으로 家産을 탕진하고, 黃腫(황종), 溺死(익사), 自縊(자액) 등의 흉화를 겪을 것이고, 부녀자는 死産하던지, 뱃속에 피가 고인 증세 등으로 질환을 앓게 될 것이다.
- 또한 聾啞(농아), 嫂瘤(수류), 육아곤란, 부부이별 등의 흉액이 발생하고, 고부간의 갈등 등의 흉화가 발생하고, 육축의 손상도 발생하고 남자들의 명이 짧으니 결국 養子가 代를 잇게 된다.
- 만약 집주인이 공직에 있으면 不正에 연루되어 재산상의 손실을 초래하는 일이 발생할 것이다.

坎門. 離主. 兌廚(태방에 주방이 있는 경우)

- 坎門에서 兌廚는 禍害方이다.
- 離主에서 兌廚는 五鬼方이다.
- 坎門, 兌廚는 상생되나 禍害方으로 凶하다.

- 離主, 兌廚는 상극되고 兌廚가 受剋되니 막내딸과 막내며느리에게 재액이 발생한다.
- 이러한 가옥은 초년에는 매사 순탄하여 사업이 흥왕하고, 금전과 재물이 풍족하며, 부부는 화순하다.
- 그러나 오랜 세월이 흐르면 도난, 관재구설로 자식에게 근심이 생길 것이고, 두통, 안질 등의 증세가 나오며, 부녀자는 바람나서 가출하거나, 정신질환, 뱃속의 뭉친 피가 쏟아지는 증세가 나오거나, 심장병, 吐血, 發癌(발암) 등으로 단명하게 된다.
- 예기치 않은 官災로 家産이 흩어지고, 질병으로 남자는 단명하게 된다.

坎門. 離主. 乾廚(건방에 주방이 있는 경우)

- 坎門에서 乾廚는 六殺方이다.
- 離主에서 乾廚는 絶命方이다.
- 坎門, 乾廚는 상생되나 六殺方이고 二陽으로 陰陽不配合이니 凶하다.
- 離主, 乾廚는 乾廚가 受剋되고 絶命方이니 老父에게 불리하고, 남녀 공히 단명수가 따른다.
- 이러한 가옥은 초년에는 매사 순탄하여 사업이 흥왕하고, 재물과 금전이 넉넉할 것이며 이름을 떨치는 자식이 나올 것이다.
- 그러나 세월이 흐르면 순한 자식이 悖逆(패역)하고, 自縊刀傷(자액도상), 양쪽다리가 시리고, 거동불편, 관재구설, 화재, 도난, 근육통 등의 흉화가 발생한다.
- 부녀자는 임신 중 곤란함이 많고, 정신질환, 육아곤란, 吐血, 發癌(발암), 육축 손상 등의 흉액이 발생한다.
- 父子간은 不和로 떨어져 살게 되니, 부녀자는 性情이 사나워 말을 함부로 하고, 바람나지 않으면, 고통 속에 죽을 것이다.
- 가출하는 자식이 나오니 주방을 吉方으로 改修(개수)해야 禍를 면할 수 있다.

(6) 坎門과 坤主의 길흉

◎ 아래도표에서 집의 중심에서 나경을 보아 壬.子.癸方에 출입문이 있으면 坎門이
  라 하고, 주인방이 未.坤.申方에 있으면 坤主라 한다.
◎ 주역 팔괘상으로는 水地比(수지비)卦에 속하고 絕命方에 해당된다.

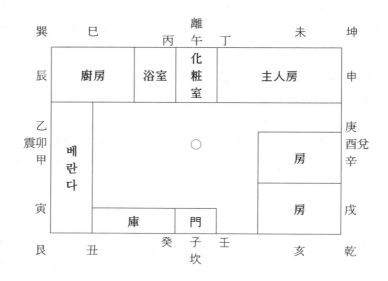

坎門. 坤主. 八廚

坎門과 坤主의 길흉
◆坎門에서 坤主는 絕命方이니 일명 絕命宅이라 한다.
◆이러한 구조는 간교한 무뢰배가 多出하고, 각종 질병으로 인해 수명이 짧아지고, 의외의 災害가 발생하게 되고, 종국에는 破財(파재), 破家(파가)하게 된다.
◆주로 仲男이 손상되고, 과부가 나오던지, 어린아이 키우기가 어렵다. 應期는 庚.辛이나 巳.酉.丑에 해당하는 年이나 月이다.
◆세월이 오래 흐르면 부부이별수가 있고, 질병으로는 소화기계통과 생식계통의 질환 및 聾啞(농아), 嫂瘤(수류) 등의 질환자가 있을 것이고, 정신질환, 거동불편, 육축손상 등의 흉화가 있다.
坎門, 坤主. 坎廚(감방에 주방이 있는 경우)
◆坎門에서 坎廚는 比和되어 伏位方이다.
◆坤主에서 坎廚는 絕命方이다.

- 坎門, 坎廚는 二水比和되고 伏位方이라 吉하여 초년에는 財를 發하나, 純陽이니 복록이 장구하지 못하다.
- 坤主, 坎廚는 坎廚가 受剋되고 絕命方이니 仲男에게 흉화가 있다.
- 이러한 가옥은 초년에는 재물과 전답이 늘고 번창하며, 건강장수하고, 9년간 번영을 누리게 된다.
- 그러나 세월이 오래 흐르면 남녀는 이별수가 있고, 부녀자는 死産이나 아이를 낳기 어려운 증세가 나타난다. 또한 남자는 단명하니 자손이 적어진다.
- 부녀자는 뱃속의 뭉친 피가 쏟아지든지, 자궁질환을 앓고, 仲男은 女色으로 家産이 탕진되고 물에 빠져 죽거나 타인에게 살해당한다.
- 자식이 悖逆(패역)하고, 관재구설, 화재, 도난 등의 흉화가 발생하고, 사람과 육축이 모두 손상되고 어린아이 기르기가 어렵다.

坎門, 坤主. 艮廚(간방에 주방이 있는 경우)

- 坎門에서 艮廚는 五鬼方이 된다.
- 坤主에서 艮廚는 生氣方이다.
- 坎門, 艮廚는 坎門이 受剋되고 五鬼方이라 凶한데, 仲男에게 불리하고, 어린 남자아이들에게도 흉화가 있다.
- 坤主, 艮廚는 二土比和되고 一陰一陽이며 生氣方이니 吉하여 財利가 있다.
- 이러한 가옥은 초년에는 매사 순탄하여 산업이 흥왕하고, 금전과 재물에 여유가 있다.
- 그러나 세월이 오래 흐르면 남녀가 떨어져 살던지, 老母가 치매에 걸리던지, 死産, 發癌(발암), 부녀자는 뱃속의 뭉친 피가 쏟아져 나오는 증세 등의 질환이 발생하고, 聾啞(농아), 嫂瘤(수류), 관재구설, 어린이 양육곤란 등의 흉액이 발생한다.
- 悖逆(패역)하는 자식이 나오고, 화재, 도난, 自縊刀傷(자액도상), 仲男은 女色으로 家産을 탕진하고, 어린아이 기르기가 어렵다. 또한 육축의 손실도 예상된다.

坎門, 坤主. 震廚(진방에 주방이 있는 경우)

- 坎門에서 震廚는 天醫方이다.
- 坤主에서 震廚는 禍害方이다.
- 坎門, 震廚는 상생되고 天醫方이니 吉하다.
- 坤主, 震廚는 坤主가 受剋되고 禍害方이니 凶한데, 老母에게 災厄이 닥치고 家産도 점차 줄게 된다.
- 이러한 가옥은 초년에는 매사 순탄하여 사업이 흥왕하고, 금전과 재물에 여유가 있으며, 長子는 영화를 누리나, 부녀자는 질병으로 단명하게 된다.

- 오래 세월이 흐르면 老母의 치매증세, 부녀자의 임신 중 각종 질환, 聾啞(농아), 嫂廇(수류), 관재구설, 어린이 양육곤란 등의 흉화가 발생한다.
- 남녀는 이별수가 있고, 心腹痛(심복통), 근육마비, 정신질환, 사람과 육축의 손상 등의 흉액이 발생한다.

坎門, 坤主. 巽廚(손방에 주방이 있는 경우)

- 坎門에서 巽廚는 生氣方이다.
- 坤主에서 巽廚는 五鬼方이다.
- 坎門, 巽廚는 상생되고 生氣方이니 吉하다.
- 坤主, 巽廚는 坤主가 受剋되고 五鬼方이니 凶하여 老母에게 흉액이 닥치고, 여타 부녀자들에게도 夭死함이 따르게 된다.
- 이러한 가옥은 초년에는 돈과 재물이 넉넉하다. 집안에 영화가 가득하고, 자식이 국가고시에 합격하고 부귀장수한다.
- 부녀자가 총명하여 가정을 화목하게 이끌고 베풀기를 좋아하는 여장부이나, 남자 들은 기가 죽어 자식이 적거나 없거나 기르기가 어렵다. 주방을 고치면 凶함이 해소된다.
- 세월이 오래 흐르면 心疼(심동), 眼疾(안질), 부부사별 등의 흉액이 발생한다. 老母 의 정신질환, 發癌(발암), 聾啞(농아), 嫂廇(수류), 거동불편, 근육마비, 육축손상 등의 흉화가 발생한다.

坎門, 坤主. 離廚(이방에 주방이 있는 경우)

- 坎門에서 離廚는 延年方이다.
- 坤主에서 離廚는 六殺方이 된다.
- 坎門, 離廚는 相剋되나 음양정배합되고 延年方이니 吉하다.
- 坤主, 離廚는 상생되나 六殺方이니 凶하다.
- 이러한 가옥은 초년에는 매사 순탄하여 사업이 흥왕하고, 국가고시합격자가 나오 고, 금전과 재물이 盛하고, 富貴를 누린다.
- 형제간에는 의리 있고, 총명한 자손과 秀才(수재)들이 나오게 된다.
- 그러나 세월이 오래 흐르면 心疼(심동), 부부사별 등의 흉액이 발생할 것이고, 仲男이 일찍 죽고, 치매, 정신질환, 부녀자의 임신 중 각종 질환, 聾啞(농아), 어린 이 양육곤란 등의 흉액이 발생한다.

坎門, 坤主. 坤廚(곤방에 주방이 있는 경우)

- 坎門에서 坤廚는 絕命方이다.
- 坤主에서 坤廚는 比和되어 伏位方이다.

◆ 坎門, 坤廚는 坎門이 受剋되고 絕命方이라 凶하다., 仲男에게 불리하고, 破財되고, 끝내는 절손되게 된다.
◆ 坤主, 坤廚는 二土比和되고 伏位方이라 吉하여 초년에 財를 發하나 純陰이니 복록이 장구하지 못하다.
◆ 이러한 가옥은 초년에는 매사 순탄하여 사업이 흥왕하고, 자손이 공명을 누리고 부귀한다.
◆ 세월이 흐르면 자손이 적어지고 부녀자는 질병으로 단명하게 된다.
   노모는 치매로 거동이 불편하고, 세월이 흐르면 仲男은 일찍 죽고, 부녀자는 死産하던지, 뱃속에 피가 고이는 증세 등으로 질환을 앓게 될것이다.
◆ 또한 聾啞(농아), 嫂癗(수류), 육아곤란, 부부이별 등의 흉액이 발생하고, 고부간의 갈등 등의 흉화가 발생하고, 육축의 손상도 발생하고 남자들의 命이 짧으니 결국 養子가 代를 잇게 된다.

坎門, 坤主. 兌廚(태방에 주방이 있는 경우)

◆ 坎門에서 兌廚는 禍害方이다.
◆ 坤主에서 兌廚는 天醫方이다.
◆ 坎門, 兌廚는 金生水하니 兌廚의 氣가 洩(설)되고 禍害方이라 막내딸과 막내며느리에게 불리하다.
◆ 坤主, 兌廚는 상생되고 天醫方이니 吉하다.
◆ 본시 坎門, 坤主는 상극되고 禍害方이라 凶한데, 兌方에 廚房을 설치하면, 土生金, 金生水로 순환상생되어 凶함이 해소된다.
◆ 이러한 가옥은 초년에는 매사 순탄하여 사업이 흥왕하고, 금전과 재물이 풍족하며, 老母가 어린 자식을 끔찍이 사랑하니, 부녀자가 살림을 꾸려나간다.
◆ 세월이 오래 흐르면 中男은 죽게 되고, 老母의 치매, 聾啞(농아), 부녀자의 각종 질환, 근육마비, 嫂癗(수류), 부부이별 등의 흉화가 발생한다.
◆ 人命과 육축의 손상이 있고 家産이 疲弊(피폐)된다.

坎門, 坤主. 乾廚(건방에 주방이 있는 경우)

◆ 坎門에서 乾廚는 六殺方이다.
◆ 坤主에서 乾廚는 延年方이다.
◆ 坎門, 乾廚는 金生水하여 乾廚의 氣가 洩(설)되니 老父에게 불리함이 있다.
◆ 坤主, 乾廚는 부부정배합이고 延年方이니 吉하다.
◆ 본시 坎門, 坤廚는 상극관계이나, 乾方에 廚房을 설치하면, 土生金, 金生水로 순환상생되어 凶함이 해소된다.

◆ 이러한 가옥은 초년에는 매사 순탄하여 사업이 흥왕하고, 재물과 금전이 넉넉할 것이며 이름을 떨치는 자식이 나올 것이다.

◆ 그러나 세월이 흐르면 순한 자식이 悖逆(패역)하고, 仲男은 단명하고, 自縊刀傷 (자액도상), 양쪽다리가 시리고, 거동불편, 관재구설, 화재, 도난, 근육통 등의 흉화가 발생한다.

◆ 부녀자는 임신 중 곤란함이 많고, 정신질환, 육아곤란, 吐血, 發癌(발암), 육축손상 등의 흉액이 발생한다.

◆ 父子間은 不和로 떨어져 살게 되니, 부녀자는 性情이 사나워 말을 함부로 하고, 바람나지 않으면, 고통 속에 죽을 것이다. 또한 가출하는 자식이 나오니 廚房을 吉方으로 改修해야 禍를 면할 수 있다.

(7) 坎門과 兌主의 길흉

◎ 아래도표에서 집의 중심에서 나경을 보아 출입문이 壬.子.癸方에 있으면 坎門이라 하고, 주인방이 庚.酉.辛方에 있으면 兌主라 한다.

◎ 坎門과 兌主는 仲男과 少女의 만남이라, 金生水로 金의 기운이 洩氣(설기)되니 少女에게 손상이 있는 것이다.

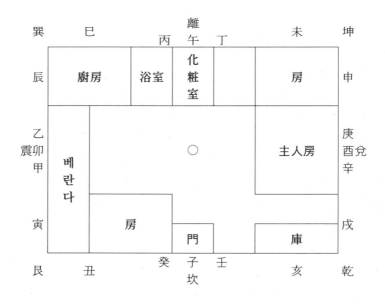

坎門. 兌主. 八廚

坎門과 兌主의 길흉

◆ 坎門에서 兌主는 禍害方이니 일명 禍害宅이라 한다.

◆ 이런 구조는 남자들은 밖에 나가 남과 다투기를 좋아하고, 人丁이 衰하고, 孤寡之
人(고과지인)이 多出하여, 종국에는 절손되게 된다.

◆ 자살과 退財(퇴재)가 따르는데, 이는 주로 少男에게 해당되고, 應期는 戊.己나
辰.未.戌.丑에 해당하는 年이나 月이다.

◆ 相生은 되지만 水에 金氣가 洩氣(설기)되니 家破人亡(가파인망)하고, 重婚(중혼)
하게 되고, 부녀자가 단명하게 된다.

◆ 부녀자들의 淫慾(음욕)과 夭亡(요망)이 따르고, 호흡기계통과 생식기계통의 질환
이 많이 발생한다. 또한 咳嗽吐痰(해수토담), 惡瘡(악창) 등의 질환도 발생한다.

坎門. 兌主. 坎廚(감방에 주방이 있는 경우)

◆ 坎門에서 坎廚는 比和되어 伏位方이다.

◆ 兌主에서 坎廚는 禍害方이다.

◆ 坎門, 坎廚는 二水比和되고 伏位方이니 吉하여 초년에는 財를 發하는데, 二陽이
니 陰陽의 부조화로 복록이 장구하지 못하다.

◆ 兌主, 坎廚는 상생되어 兌主의 氣가 洩(설)되니 막내딸과 막내며느리에게 흉화가
발생한다.

◆ 이러한 가옥은 초년에는 재물과 전답이 늘고 번창하며, 건강장수하고, 9년간은
번영을 누리게 된다.

◆ 그러나 세월이 오래 흐르면 젊은 부녀자가 단명하게 되고, 또한 남자도 단명하게
되니 자손이 적어진다.

◆ 부녀자는 뱃속의 뭉친 피가 쏟아지든지, 자궁질환을 앓고, 仲男은 女色으로 가산
이 탕진되고 물에 빠져 죽거나 타인에게 살해당한다.

◆ 자식이 悖逆(패역)하고, 관재구설, 화재, 도난 등의 흉화가 발생하고, 사람과 육축
이 모두 손상되고 어린아이 기르기가 어렵다.

坎門. 兌主. 艮廚(간방에 주방이 있는 경우)

◆ 坎門에서 艮廚는 五鬼方이 된다.

◆ 兌主에서 艮廚는 延年方이다.

◆ 坎門, 艮廚는 坎門이 受剋되니 仲男에게 불리하고 여타의 남자들에게도 흉화가
있다.

◆ 兌主, 艮廚는 상생되고 음양정배합이며 延年方이니 吉하여 부귀번영을 누리게

- 되어 大吉하다.
- 이러한 가옥은 초년에는 매사 순탄하여 산업이 흥왕하고, 금전과 재물에 여유가 있다.
- 그러나 세월이 오래 흐르면 부녀자는 뱃속의 뭉친 피가 쏟아져 나오는 증세 등의 질환이 발생하고, 심장병, 發癌(발암), 吐血 등의 질환이 발생한다.
- 悖逆(패역)하는 자식이 나오고, 부녀자는 단명하고, 화재, 도난, 自縊刀傷(자액도상), 仲男은 女色으로 家産을 탕진하고, 어린아이 기르기가 어렵다. 또한 육축의 손실도 예상된다.
- 이러한 이유는 주방과 주인방의 배치가 잘못되었기 때문이다.

坎門. 兌主. 震廚(진방에 주방이 있는 경우)

- 坎門에서 震廚는 天醫方이다.
- 兌主에서 震廚는 絕命方이다.
- 坎門, 震廚는 상생되고 天醫方이니 吉하다.
- 兌主, 震廚는 震廚가 受剋되고 絕命方이라 凶한데, 長男에게 흉화가 있고, 부녀자들에게도 災厄(재액)이 따른다.
- 이러한 가옥은 초년에는 매사 순탄하여 산업이 흥왕하고, 금전과 재물에 여유가 있으며, 長子는 발복하여 영화를 누리는데, 부녀자는 질병으로 단명하게 된다.
- 그러나 세월이 오래 흐르면 부녀자는 뱃속의 뭉친 피가 쏟아져 나오는 증세 등의 질환이 발생하고, 咽喉痛(인후통), 腰痛(요통), 自縊刀傷(자액도상)이나 타살 당하던지, 심장병, 發癌(발암), 토혈 등의 질환이 발생한다.

坎門. 兌主. 巽廚(손방에 주방이 있는 경우)

- 坎門에서 巽廚는 生氣方이다.
- 兌主에서 巽廚는 六殺方이다.
- 坎門, 巽廚는 상생되고 生氣方이니 吉하다.
- 兌主, 巽廚는 巽廚가 受剋되고 六殺方이라 凶한데, 長女나 큰며느리에게 흉화가 발생하고 여타의 부녀자들에게도 災厄이 따른다.
- 이러한 가옥은 초년에는 돈과 재물이 넉넉하다. 집안에 영화가 가득하고, 자식이 국가고시에 합격하고 부귀장수한다.
- 부녀자가 총명하여 가정을 화목하게 이끌고 베풀기를 좋아하는 여장부이나, 남자들은 기가 죽어 자식이 적거나 없거나 기르기가 어렵다. 주방을 고치면 흉함이 해소된다.
- 그러나 세월이 오래 흐르면 부녀자는 뱃속의 뭉친 피가 쏟아지든지, 자궁질환을

앓고, 남자는 심장병, 토혈 등의 증세가 발병된다.

- 예기치 않은 관재구설, 화재, 도난, 질병으로 家産이 탕진되고, 흉액으로 비명횡사하는 경우도 생긴다.
- 巳.酉.丑年에는 필히 凶함이 應하여 오는데, 육축과 자식들에게 손상이 올 것이니 잘못된 배치를 필히 吉方으로 改修(개수)해야 한다.

坎門. 兌主. 離廚(이방에 주방이 있는 경우)

- 坎門에서 離廚는 延年方이다.
- 兌主에서 離廚는 五鬼方이 된다.
- 坎門, 離廚는 음양정배합이고 延年方이니 吉하나, 水火相爭하니 부녀자들에게 손상이 있다.
- 兌主, 離廚는 兌主가 受剋되니 막내딸과 어린소녀들에게 災厄이 발생하게 된다.
- 이러한 가옥은 초년에는 매사 순탄하여 사업이 흥왕하고, 국가고시합격자가 나오고, 금전과 재물이 盛하고, 부귀를 누린다.
- 형제간에는 의리 있고, 총명한 자손과 수재들이 나오게 된다.
- 그러나 세월이 오래 흐르면 심장병, 眼疾(안질), 부부사별 등의 흉화가 다칠 것이다.
- 부녀자는 뱃속의 뭉친 피가 쏟아지든지, 자궁질환을 앓고, 남자는 심장병, 吐血 등의 증세가 발병된다.
- 예기치 않은 관재구설, 화재, 도난, 질병 등의 凶厄이 따른다.

坎門. 兌主. 坤廚(곤방에 주방이 있는 경우)

- 坎門에서 坤廚는 絶命方이다.
- 兌主에서 坤廚는 天醫方이다.
- 坎門, 坤廚는 坎門이 受剋되고 絶命方이니 凶하여 仲男에게 불리하다.
- 兌主, 坤廚는 상생되고 天醫方이니 吉하여 財를 發하게 된다.
- 이러한 가옥은 초년에는 매사 순탄하여 사업이 흥왕하고, 자손이 功名을 누리고 부귀한다.
- 세월이 흐르면 자손이 적어지고 부녀자는 질병으로 단명하게 된다.
  노모는 치매로 거동이 불편하고, 세월이 흐르면 仲男은 일찍 죽고, 부녀자는 死産하던지, 뱃속에 피가 고인 증세 등으로 질환을 앓게 될 것이다.
- 또한 聾啞(농아), 嫂瘤(수류), 육아곤란, 부부이별 등의 흉액이 발생하고, 고부간의 갈등 등의 흉화가 발생하고, 육축의 손상도 발생하고, 예기치 않은 관재구설, 화재, 도난, 질병 등의 흉화가 발생하고, 남자들의 命이 짧으니 결국 養子가 代를 잇게 된다.

坎門. 兌主. 兌廚(태방에 주방이 있는 경우)

- 坎門에서 兌廚는 禍害方이다.
- 兌主에서 兌廚는 比和되어 伏位方이다.
- 坎門, 兌廚는 兌廚의 金氣가 洩(설)되니 막내딸과 어린소녀들에게 불리하다.
- 兌主, 兌廚는 二金比和되고 伏位方이니 吉하여 초년에 財를 發하나, 陰陽이 부조화되니 복록이 장구하지 못하다.
- 이러한 가옥은 초년에는 매사 순탄하여 사업이 흥왕하고, 금전과 재물이 풍족하며, 여자가 실림을 꾸려나간다. 위장병으로 고생하는 사람이 나온다.
- 그러나 세월이 오래 흐르면 부녀자는 뱃속의 뭉친 피가 쏟아지든지, 자궁질환을 앓고, 남자는 심장병, 吐血 등의 증세가 발병된다.
- 예기치 않은 관재구설, 화재, 도난, 질병, 비명횡사 등의 흉화가 발생하고, 남자들의 命이 짧으니 결국 養子(양자)가 代를 잇게 된다.

坎門. 兌主. 乾廚(건방에 주방이 있는 경우)

- 坎門에서 乾廚는 六殺方이다.
- 兌主에서 乾廚는 生氣方이다.
- 坎門, 乾廚는 乾廚의 金氣가 洩(설)되니 老父에게 불리하고, 여타 남자들에게도 흉액이 발생한다.
- 兌主, 乾廚는 二金比和되고, 一陰一陽이며 生氣方이니 吉하고 이롭다.
- 이러한 가옥은 초년에는 매사 순탄하여 사업이 흥왕하고, 재물과 금전이 넉넉할 것이며 이름을 떨치는 자식이 나올 것이다.
- 그러나 세월이 흐르면 순한 자식이 悖逆(패역)하고, 仲男은 단명하고, 自縊刀傷(자액도상), 양쪽다리가 시리고, 치매, 정신질환, 發癌(발암), 거동불편, 관재구설, 화재, 도난, 근육통 등의 흉화가 발생한다.
- 부녀자는 임신 중 곤란함이 많고, 정신질환, 육아곤란, 吐血, 發癌(발암), 육축손상 등의 흉액이 발생한다.
- 父子間은 不和로 떨어져 살게 되니, 부녀자는 性情이 사나워 말을 함부로 하고, 바람나지 않으면, 고통 속에 죽을 것이다.
- 本命定局에서 受剋되는 곳에 居하는 자식이 있으면, 家出하는 자식이 나오니 주방과 기거하는 곳을 吉方으로 改修해야 禍를 면할 수 있다.

(8) 坎門과 乾主의 길흉

◎ 아래도표에서 나경을 보아 출입문이 壬.子.癸方에 있으면 坎門이라 하고, 주인
방이 戌.乾.亥方에 있으면 乾主라 한다.

◎ 坎門과 乾主는 金生水하여 상생된다 하나 金의 기운이 설기되니 이런 곳에 오래
살게 되면 음란하여 醜聞(추문)이 발생하고, 家産이 흩어지고, 절손되게 된다.

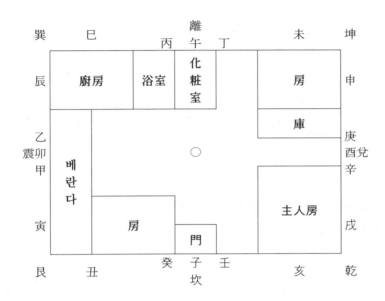

坎門. 乾主. 八廚

坎門과 乾主의 길흉
◆ 坎門에서 乾主는 六殺方이니 일명 六殺宅이라 한다.
◆ 이러한 배치는, 남자들 중에서 도박과 주색을 탐하는 사람과, 밖에 나가 남들과 시비다툼이 많은 사람, 바람나는 사람과 미치광이가 나오고, 부인과 자식이 먼저 죽게 되는 凶宅이다.
◆ 또한 人丁이 衰하고, 자살하는 사람이 나오고, 종국에는 破財, 破家하게 된다. 이는 仲男에게 해당되고, 應期(응기)는 壬.癸나 申.子.辰에 해당하는 年이나 月이다.
◆ 초년에는 재산이 흥성하나 10년을 넘기지 못하고 破財할 것인데, 이는 純陽의 배합이기 때문이다.

坎門. 乾主. 坎廚(감방에 주방이 있는 경우)

- 坎門에서 坎廚는 比和되어 伏位方이다.
- 乾主에서 坎廚는 六殺方이다.
- 坎門, 坎廚는 二水比和되고 伏位方이니 吉하여 초년에 財를 發하나, 二陽으로 陰陽이 부조화되니 복록이 장구하지 못하다.
- 乾主, 坎廚는 金生水하여 乾主의 金氣가 洩되니 老父에게 불리하고, 여타의 남자들에게도 災厄이 있다.
- 이러한 가옥은 초년에는 재물과 전답이 늘고 번창하며, 건강장수하고 9년간은 영화로움이 있다.
- 그러나 세월이 오래 흐르면 젊은 부녀자가 단명하게 되고, 남자들의 수명도 길지 못하니 자손이 적어진다.
- 부녀자는 뱃속의 뭉친 피가 쏟아지든지, 정신질환, 자궁질환을 앓고, 仲男은 女色으로 家産이 탕진되거나 물에 빠져 죽거나 타인에게 살해당한다.
- 자식이 悖逆(패역)하고, 관재구설, 화재, 도난 등의 흉화가 발생하고, 사람과 육축이 모두 손상되고 어린아이 기르기가 어렵다.

坎門. 乾主. 艮廚(간방에 주방이 있는 경우)

- 坎門에서 艮廚는 五鬼方이 된다.
- 乾主에서 艮廚는 天醫方이다.
- 坎門, 艮廚는 坎門이 受剋되고 五鬼方이니 凶한데, 仲男에게 흉화가 발생하고 아울러 剋하는 艮廚도 손상되니 少男과 어린아이들에게 災厄이 있고, 종국에는 절손되게 된다.
- 乾主, 艮廚는 二土比和되고 天醫方이라 길하다.
- 坎門, 乾主, 艮廚는 三男同居의 純陽之宅이다. 자연 陰을 傷하게 하여 妻子의 손상이 따르고 아이를 키우기 어려우니 절손의 위태함이 있는 것이다.
- 이러한 가옥은 초년에는 매사 순탄하여 산업이 흥왕하고, 금전과 재물에 여유가 있고, 아버지는 지혜롭고, 자식은 효도를 하니 화목한 집안이다.
- 그러나 세월이 오래 흐르면 부녀자는 뱃속의 뭉친 피가 쏟아져 나오는 증세 등의 질환이 발생하고, 심장병, 發癌(발암), 吐血 등의 질환이 발생한다.
- 悖逆(패역)하는 자식이 나오고, 부녀자는 단명하고, 화재, 도난, 自縊刀傷(자액도상), 어린아이 기르기가 어렵다. 또한 육축의 손실도 예상된다.
- 물에 빠져 죽거나, 목매달아 죽는 자식이 나올 것이고, 부녀자와 어린이는 단명하게 된다.

坎門. 乾主. 震廚(진방에 주방이 있는 경우)

- ◆ 坎門에서 震廚는 天醫方이다.
- ◆ 乾主에서 震廚는 五鬼方이다.
- ◆ 坎門, 震廚는 상생되고 天醫方이니 吉하다.
- ◆ 乾主, 震廚는 震廚가 受剋되고 五鬼方이라 凶한데, 長男에게 불리하고 점차 여타의 남자들에게도 흉화가 발생한다.
- ◆ 坎門, 乾主, 震廚는 純陽之宅이다. 자연 陰을 傷하게 하니 부녀자들에게 夭亡(요망)함이 따르고, 어린아이들을 키우기 어렵게 되니 종국에는 절손되게 된다.
- ◆ 이러한 가옥은 초년에는 매사 순탄하여 산업이 흥왕하고, 금전과 재물에 여유가 있으며, 長子는 발복하여 영화를 누리게 된다.
- ◆ 그러나 세월이 오래 흐르면 부녀자는 질병으로 단명하게 되고, 특히 부녀자는 뱃속의 뭉친 피가 쏟아져 나오는 증세, 정신질환 등의 질환이 발생하고, 어린아이들도 단명하게 된다.
- ◆ 예기치 않은 관재구설, 화재, 도난, 목매달아 죽거나, 남에게 살해당하는 등의 흉화가 발생할 것이다.

坎門. 乾主. 巽廚(손방에 주방이 있는 경우)

- ◆ 坎門에서 巽廚는 生氣方이다.
- ◆ 乾主에서 巽廚는 禍害方이다.
- ◆ 坎門, 巽廚는 상생되고 生氣方으로 吉하며 人丁이 旺하다.
- ◆ 乾主, 巽廚는 巽廚가 受剋되니 長女에게 불리하고 여타 여자들에게도 흉화가 있다.
- ◆ 이러한 가옥은 초년에는 돈과 재물이 넉넉하다. 집안에 영화가 가득하고, 자식이 고시에 합격하고 부귀장수한다.
- ◆ 부녀자가 총명하여 가정을 화목하게 이끌고 베풀기를 좋아하는 여장부이나, 남자들은 기가 죽어 자식이 적거나 없거나 기르기가 어렵다. 부엌을 고치면 흉함이 해소된다.
- ◆ 그러나 세월이 오래 흐르면 부녀자는 뱃속의 뭉친 피가 쏟아지든지, 정신질환, 자궁질환을 앓고, 남자는 심장병, 吐血 등의 증세가 발병된다.
- ◆ 예기치 않은 관재구설, 화재, 도난, 질병으로 가산이 탕진되고, 흉액으로 비명횡사하는 경우도 생긴다.
- ◆ 本命이 受剋되는 곳에 거처하는 자식은 가출하지 않으면, 각종 시험에 계속 실패하게 되니 吉한 方으로 거처를 옮겨야 한다.

坎門. 乾主. 離廚(이방에 주방이 있는 경우)

- ◆ 坎門에서 離廚는 延年方이다.
- ◆ 乾主에서 離廚는 絶命方이 된다.
- ◆ 坎門, 離廚는 음양정배합이고 延年方이라 吉하여, 人丁이 旺하고, 복록이 있다.
- ◆ 乾主, 離廚는 乾主가 受剋되니 老父에게 불리하고 단명수가 따른다.
- ◆ 이러한 가옥은 초년에는 매사 순탄하여 사업이 흥왕하고, 국가고시합격자가 나오고, 금전과 재물이 성하고, 부귀를 누린다. 형제간에는 의리있고, 총명한 자손과 수재들이 나오게 된다.
- ◆ 그러나 세월이 오래 흐르면 심장병, 眼疾(안질), 부부사별 등의 흉화가 닥칠 것이다.
- ◆ 부녀자는 뱃속의 뭉친 피가 쏟아지든지, 자궁질환을 앓고, 남자는 심장병, 토혈 등의 증세가 발병된다.
- ◆ 예기치 않은 관재구설, 화재, 도난, 질병 등의 흉액이 따른다.

坎門. 乾主. 坤廚(곤방에 주방이 있는 경우)

- ◆ 坎門에서 坤廚는 絶命方이다.
- ◆ 乾主에서 坤廚는 延年方이다.
- ◆ 坎門, 坤廚는 坎門이 受剋되니 仲男에게 흉화가 따른다.
- ◆ 乾主, 坤廚는 부부정배합이고 延年方이니 吉하다.
- ◆ 이러한 가옥은 초년에는 매사 순탄하여 사업이 흥왕하고, 자손이 공명을 누리고 부귀한다. 巳.酉.丑年에 필히 吉함이 應해 올 것이다.
- ◆ 세월이 흐르면 父子間에 不和하고, 부녀자는 질병으로 단명하게 된다. 부녀자는 死産하던지, 뱃속에 피가 고인 증세 등으로 질환을 앓게 될 것이다. 또한 聾啞(농아), 嫂瘤(수류), 육아곤란, 부부이별 등의 흉액이 발생하고, 고부간의 갈등 등의 흉화가 발생하고, 육축의 손상도 예상되 된다.
- ◆ 예기치 않은 관재구설, 화재, 도난, 질병, 근육통, 미치광이, 거동불편 등의 흉화가 발생하고, 남자들의 命이 짧으니 결국 養子가 代를 잇게 된다.

坎門. 乾主. 兌廚(태방에 주방이 있는 경우)

- ◆ 坎門에서 兌廚는 禍害方이다.
- ◆ 乾主에서 兌廚는 生氣方이다.
- ◆ 坎門, 兌廚는 兌廚의 金氣가 洩되니 막내딸과 막내며느리에게 災厄이 있다.
- ◆ 乾主, 兌廚는 一陰一陽이고 二金比和되고 生氣方이니 吉하다.
- ◆ 이러한 가옥은 초년에는 매사 순탄하여 사업이 흥왕하고, 금전과 재물이 풍족하며, 여자가 실림을 꾸려나간다. 위장병으로 고생하는 사람이 나온다.

- 그러나 세월이 오래 흐르면 부녀자는 뱃속의 뭉친 피가 쏟아지든지, 자궁질환을 앓고, 남자는 심장병, 吐血 등의 증세가 발병된다.
- 예기치 않은 관재구설, 화재, 도난, 질병, 비명횡사 등의 흉화가 발생하고, 남자들의 命이 짧으니 결국 養子가 代를 잇게 된다.

坎門. 乾主. 乾廚(건방에 주방이 있는 경우)

- 坎門에서 乾廚는 六殺方이다.
- 乾主에서 乾廚는 伏位方이다.
- 坎門, 乾廚는 乾廚의 金氣가 洩(설)되며 六殺方이라 凶하여 老父에게 불리하다.
- 乾主, 乾廚는 二金比和되고 伏位方이라 吉하다. 초년에 財를 發하나 장구하지 못하다.
- 이러한 가옥은 초년에는 매사 순탄하여 시업이 흥왕하고, 재물과 금전이 넉넉할 것이며 이름을 떨치는 자식이 나올 것이다. 그러나 부인과 자식을 먼저 보내게 된다.
- 그러나 세월이 흐르면 순한 자식이 悖逆(패역)하고, 仲男은 단명하며, 自縊刀傷(자액도상), 老翁(노옹)은 치매, 정신질환, 發癌(발암), 거동불편, 관재구설, 화재, 도난, 근육통 등의 흉화가 발생한다.
- 부녀자는 임신 중 곤란함이 많고, 정신질환, 가출, 육아곤란 등의 흉액이 발생한다.
- 이러한 가옥의 형태도 거주자의 本命이 凶方을 剋하면 큰 탈이 없다. 그러나 受剋되면 여러가지 흉화가 발생하는 것이니 吉方으로 改修(개수)하거나 거처를 옮겨야 한다.

1) 坎命과 九星/廚房 落宮處의 吉凶 分析

坎命之宅

1. 子息(자식)		
落宮處	落宮 事案 (九星. 廚房)	吉凶 解說
巽方 (辰.巽.巳)	生氣(木) 廚房	五子를 得한다.
艮方 (丑.艮.寅)	五鬼(火) 廚房	傷季子 後 二子를 得한다.
離方	延年(金)	四子를 得한다.

(丙.午.丁)	廚房	
乾方 (戌.乾.亥)	六殺(水) 廚房	傷長子 後 一子 得한다.
兌方 (庚.酉.辛)	禍害(土) 廚房	傷季子女 後 絕孫된다.
震方 (甲.卯.乙)	天醫(土) 廚房	三子를 得한다.
坤方 (未.坤.申)	絕命(金) 廚房	傷長子 後 絕孫된다.
坎方 (壬.子.癸)	伏位(木) 廚房	딸만 낳게 된다

- 坎命人이 출입문과 주방을 巽方(생기방)으로 하고, 또한 巽命의 부녀자를 얻게 되면, 모두 生氣를 得한 것이니 5子를 두게 되고 부귀를 누리게 된다.
- 坎命人이 초년에 자식이 없게 되면, 巽方(생기방)이나 震方(천의방)으로 분방하여 거하게 되면 5子를 두게 된다.
- 어느 坎命人이 巽命의 부인을 아내로 맞이하여 다섯 아들을 두었는데, 수년 후에 주방의 위치를 絕命方인 坤方으로 改修하고 나서, 그 곳의 음식을 10년 동안 만들어 먹는 동안 다섯 아들을 모두 잃었다고 한다.
- 어느 坎命人이 巽命의 남편 사이에 다섯 아들을 두었는데, 남편의 부친 작고 후, 주방의 위치를 絕命方인 坤方으로 改修 後 8년 동안 아들 다섯을 모두 잃었다 한다.
- 坎命人이 禍害인 兌方을 犯하면, 末子를 잃게 되거나, 자식이 없을 것이다. 출입문이나 주방을 生氣方으로 改修하면 자식이 보존되거나 생길 것이다.

2. 婚姻(혼인)

- 巽命의 여자와는 양택구성이 生氣이니 吉하고 5子를 두게 되며, 부부 화목하고, 자녀가 현달한다.
- 艮命의 여자와는 오귀이니 가택에 불화가 많고 凶하다.
- 離命의 여자와는 연년이니 吉하다.
- 乾命의 여자와는 육살에 해당하니 흉하다. 부부간 시비다툼이 많고 가족간 불목함이 심하다.
- 兌命의 여자와는 화해이니 凶하다. 가정불화가 많고, 자녀를 두기 어렵다. 그러나

본인은 장수하는 경우가 많다.

- 震命의 여자와는 천의이니 길하다. 자녀들의 영달함이 있다.
- 坤命의 여자와는 절명이니 자식을 두기 어렵고 또한 양육하기도 어렵다.
- 坎命의 여자와는 복위이니 아들을 얻기가 힘들다.
- 坎命人은 生氣方인 巽方에서 구혼하거나, 巽命人을 만나면 大吉하고, 주방의 火口도 巽方이 吉하고, 구혼하는 경우도 巽方에 火口가 있는 가택의 처자와 함이 吉하다.
- 다음은 延年인 離方에서 구혼하거나, 震命人을 만나면 길하고, 天醫方인 震方에서 구혼하거나 震命人을 만나면 次吉하다.
- 부모님은 離方(연년방)에 居함이 吉하고, 分房, 출입문도 離方에 위치함이 길하다.
- 坎命人이 巽命의 여자와 혼인하게 되면, 5子를 두게 되고, 부부가 화목하며, 가운이 흥왕하게 된다.

3. 疾病(질병)

- 坎命의 어느 부인이 脾疾患(비질환)으로 신음하는 것을 보고 처방을 내리는데, 天醫方인 震方에 새 火爐(화로)를 설치하고 그 곳에서 만든 음식을 먹게 하고, 또한 질병에 맞는 탕약을 震方의 새 火爐에 달여 먹게 하니 10여일 만에 완치되었다 한다. 坎命人 부인의 廚房이 坤方(絶命方)에 있으니 이런 증세가 나타났던 것이다.

4. 災禍(재화)

- 坎命人이 출입문, 주인방, 주방을 絶命方인 坤方에 배치하게 되면 부모에게 사랑과 신임을 받지 못하고, 부인이나 첩이 불화하고, 이질에 자주 걸리게 된다. 또한 모친이나 부인, 자녀가 먼저 죽고, 끝내는 절손되게 된다.
- 坎命人이 禍害方인 兌方을 犯하게 되면 집안에 정신질환자나 自縊刀傷(자액도상)者가 발생하게 되고, 부부불화, 화재, 사고, 도난 등의 흉화가 발생하며, 처와 婢女(비녀)가 손상된다.
- 또한 坎命人이 禍害方인 兌方을 犯하면 兌方의 여인에게서 예기치 않은 詞訟에 휘말리게 된다. 그렇지 않다면 정신병, 치매, 聾啞(농아) 등의 각종 질환이 발생할 것이다.
- 어느 坎命의 부인이 禍害方인 兌方의 음식을 먹기를 3년 후 10여 차례의 흉화를 당했는데, 다행인 것은 출입문이 吉하여 大禍는 없었다. 후에 生氣方인 巽方에다 주방을 改修(개수)하고 나서 편안하였다고 한다.
- 만약 남편명이 巽方(생기방)에 吉하지 못하고, 부부의 命이 각각 東四命과 西四命

에 해당되어 상극되어 불리하다면, 먼저는 남편명에 吉한 곳으로 주방을 정하고 난 후, 다시 부인명이 吉한 곳으로 침상과 방과 간이 취사도구를 갖추어 식사를 하게 하여 解救(해구)함이 可한 것이다.

◆ 坎命人이 乾方(六殺方)을 犯하면 아버지나 형과 불화하고, 또한 부모에게는 長子가 불효하고, 奴僕(노복)이나 손아랫사람이 항명한다. 그리고 自縊刀傷(자액도상)의 흉화나 부인이 음독자살하는 경우가 발생한다.

◆ 어느 坎命人이 乾方(六殺方)에 주방을 改修(개수)했는데, 약 1년 후에 지나던 노인이 떨어져 죽었고, 이후 각종 사고와 官災가 끊이지 않았다 한다.

◆ 坎命人이 五鬼方인 艮方을 犯하면 먼저는 末子를 잃게 되고, 그후 하인이나 부인을 잃을 것이고, 도둑을 맞을 것이고, 奴僕(노복)이 달아나고, 官災나 예기치 않은 凶禍를 겪게 될 것이다.

2. 이문離門. 팔주八主. 팔주八廚

(1) 離門과 離主의 길흉

⊙ 아래도표에서 집의 중심에서 나경을 보아 丙.午.丁方에 출입문이 있으면 離門이라 하고, 주인방이 丙.午.丁方에 있으면 離主라 한다.

⊙ 離門과 離主는 離火比和되어 火가 重重한 格이니 자녀가 없다는 것이다.

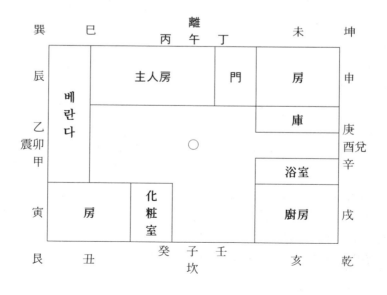

離門. 離主. 八廚

離門과 離主의 길흉

- 離門에서 離廚는 伏位方이니 일명 伏位宅이라 한다.
- 二火比和하니 財를 發하게 되고, 女兒가 多出하고, 가정은 평탄하고, 壽命은 中壽이고, 富는 中富이며, 貴는 小貴한다.
- 남자는 공직에 들어 현달하고, 여자는 家門있는 집으로 출가한다.
- 二女同居의 純陰之宅에 해당하니, 자연 陽을 傷하게 하여 남자들에게 夭亡이 따르고, 孤寡之人(고과지인)이 多出하며, 초년에는 발복하나, 남자가 점차 쇠퇴하여 養子를 들이나, 종국에는 절손되게 된다.
- 오랜 세월이 흐르면 과부가 자식이 없이 혼자 살아가는 형국이다. 그러나 출입문과 주방의 배치를 吉格으로 바꾸면 凶을 면할 수 있다.

離門. 離主. 坎廚(감방에 주방이 있는 경우)

- 離門에서 坎廚는 延年方이다.
- 離主에서 坎廚는 延年方이다.
- 離門, 坎廚는 음양정배합되고 延年方이라 吉하다. 延年은 武曲金星에 해당하니 四子를 두고, 人丁이 旺하며 財利가 있고 건강장수한다.
- 離主, 坎廚 역시 음양정배합되고 延年方이라 吉하다.
- 이러한 가옥은 초년에는 재물과 전답이 불꽃같이 늘고 번창하며, 男命이 영화로움과 壽福(수복)을 누린다.
- 그러나 세월이 오래 흐르면 眼疾患者(안질환자)가 생기고, 남녀가 단명하며, 심장병으로 고생할 것이다.
- 두통, 痰結(담결), 陰病(음병), 心焦(심초) 등의 질환이 발생하고, 癱瘓(탄탄), 어린이 양육곤란, 仲女의 잔질, 家率간의 불화 등이 발생하는 凶宅이다.

離門. 離主. 艮廚(간방에 주방이 있는 경우)

- 離門에서 艮廚는 禍害方이다.
- 離主에서 艮廚는 禍害方이다.
- 離門, 艮廚는 상생되나 禍害方으로 凶하다. 人丁이 衰하고, 孤寡之人(고과지인)이 多出하고, 血光과 殘疾(잔질)을 앓게 되며, 破財하게 된다.
- 離主, 艮廚 역시 禍害方으로 凶하다, 남자는 겁이 많으며 유약하고, 부녀자가 家權(가권)을 장악하며 살림을 꾸려나간다.
- 이러한 가옥은 초년에는 재산이 빈집에 불꽃처럼 일어난다.
- 그러나 세월이 오래 흐르면 남녀가 단명하게 되고, 眼疾(안질), 심장병, 陰病(음

병) 등의 질환이 발생할 것이다. 중풍, 聾啞(농아), 가출, 高度肥滿(고도비만) 등의 흉화가 발생한다.

◆ 부부사이에 불화하니 8년 안에 家産이 소멸되고, 부녀자는 가출하여 家門을 욕되게 하고, 식구 간 화목함이 없으니 영화로움을 기대하기 어렵다.

離門. 離主. 震廚(진방에 주방이 있는 경우)

◆ 離門에서 震廚는 生氣方이다.
◆ 離主에서 震廚는 生氣方이다.
◆ 離門, 震廚는 상생되고 生氣方이니 吉하여 財利가 있다.
◆ 離主, 震廚 역시 상생되고 生氣方이라 吉하다. 人丁이 旺하고, 부귀하게 되며, 건강장수하고, 자손들의 人品이 훌륭하니 大吉하다.
◆ 이러한 가옥은 초년에 매사 순탄하여 산업이 흥왕하고, 금전과 재물에 여유가 있으며, 많은 재물과 높은 벼슬을 하고, 총명하고 재주 있는 자손이 태어나 집안이 번창한다.
◆ 부부는 화목하고, 자손은 효순하며, 가정이 평온하다.
◆ 그러나 부부의 命이 宮을 剋하게 되면 眼疾(안질), 痰結(담결), 心臟病(심장병), 陰病(음병) 등의 질환이 발생하고, 남녀가 일찍 죽게 될 것이다.

離門. 離主. 巽廚(손방에 주방이 있는 경우)

◆ 離門에서 巽廚는 天醫方이다.
◆ 離主에서 巽廚는 天醫方이다.
◆ 離門, 離主를 巽廚가 생하고 天醫方이니 吉하다. 財利가 있고, 부녀자들의 성품이 훌륭하다.
◆ 離門, 離主, 巽廚의 구조는 三女同居의 純陰之宅이다. 자연 陽을 傷하게 하여, 남자들에게 夭死가 따르니, 부녀자가 家權을 장악하게 된다.
◆ 이러한 가옥은 초년에는 돈과 재물이 넉넉하다. 집안에 영화가 가득하고, 현달하나, 二女同居의 象이므로, 자녀들의 생육이 불가하다.
  부녀자는 총명하고 가정을 화목하게 하고, 어질고 베풀기를 좋아하여 여장부라 한다.
◆ 그러나 세월이 오래 흐르면 남자는 단명하고, 眼疾(안질), 심장병, 陰病, 癱瘓(탄탄), 거동불편 등의 흉액이 발생한다.
◆ 사위가 집안에 들어와 家權을 장악하고, 식구 간에 우애가 없고, 仲女는 잔질이 많고, 부녀자가 가정을 꾸려나갈 것이다.

離門. 離主. 離廚(이방에 주방이 있는 경우)

- 離門에서 離廚는 比和되어 伏位方이다.
- 離主에서 離廚는 比和되어 伏位方이 된다.
- 離門, 離主와 離廚의 관계는 三火比和되고 伏位方이라 吉하니 초년에는 財를 發하게 된다.
- 三女同居의 純陰之宅이라, 먼저는 남자를 손상시키게 되고, 이어서 부녀들에게 도 손상이 따른다. 財는 있으나 人丁이 적은 것이라 부녀자가 家權을 장악하게 된다.
- 이러한 가옥은 초년에는 매사 순탄하여 사업이 흥왕하고, 家産이 불같이 일어나 나, 純陰에 해당하니 남자는 단명하고, 부녀자가 가정을 꾸려나간다.
- 그러나 세월이 흐르면 痰結(담결), 거동불편, 眼疾(안질), 심장병, 두통, 陰病(음병), 心焦(심초) 등의 질환이 있을 것이고, 딸은 많고 아들은 적은데 그마저도 기르기가 어렵다.
- 종국에는 절손되는데 사위가 家權을 장악한다.

離門. 離主. 坤廚(곤방에 주방이 있는 경우)

- 離門에서 坤廚는 六殺方이다.
- 離主에서 坤廚는 六殺方이다.
- 離門, 坤廚와 離主, 坤廚의 관계는 상생관계이나 火炎土燥(화염토조)의 형국이 라 生而不生이다. 따라서 다소의 財利는 있으나 장구하지 못하다.
- 離門, 離主, 坤廚의 구조는 三女同居의 純陰之宅이다, 자연 陽을 傷하게 하니 남자들의 夭死가 따르니 부녀자가 家權을 장악하게 된다.
- 이러한 가옥은 초년에는 매사 순탄하여 사업이 흥왕하나, 아들이 없고 남편이 단명하니 부녀자가 가정을 꾸려나간다.
- 세월이 오래 흐르면 老母는 치매를 앓고, 부녀자는 血病, 眼疾, 심장병, 산후질환 등의 증세가 나올 것이고, 각종 災禍가 그치질 않고, 남녀가 가출하게 될 것이다.
- 火病이 발생하고, 딸은 많고 아들은 적은데, 그마저도 기르기가 어려우니 사위가 家權을 장악하고, 가족간 우애가 없고 다툼만 있다.

離門. 離主. 兌廚(태방에 주방이 있는 경우)

- 離門에서 兌廚는 五鬼方이다.
- 離主에서 兌廚는 五鬼方이다.
- 離門, 兌廚는 兌廚가 受剋되고 五鬼方이니 막내딸과 막내며느리에게 흉화가 발생한다.
- 離主, 兌廚 역시 상극되고 五鬼方이라 凶하다.

- 離門, 離主, 兌廚의 구조는 純陰之宅이며 陰剋陰의 관계이다. 따라서 부녀자들 간 암투가 심하게 되고, 부녀자의 간교한 계략이 난무하고, 三陰이 陽을 傷하게 하니 남자들에게 단명수가 따르고 종국에는 절손되게 된다.
- 이러한 가옥은 초년에는 매사 순탄하여 사업이 흥왕하고, 금전과 재물이 풍족하다.
- 그러나 세월이 오래 흐르면 아들이 없고 남편이 단명하니 여자가 살림을 꾸려나간다.
- 痰結(담결), 거동불편, 眼疾(안질), 심장병, 두통, 陰病 등의 질환이 발생할 것이고, 아들은 적은데 그마저 생육이 어려우니 끝내 절손되게 된다.
- 화재, 도난, 잠을 못자는 증세가 있을 것이고, 부녀자는 정신질환이 없으면 가출하여 추하게 살아갈 것이다.
- 또한 예기치 않은 흉액과 官災, 비명횡사 등이 있을 것이다.

離門. 離主. 乾廚(건방에 주방이 있는 경우)

- 離門에서 乾廚는 絶命方이다.
- 離主에서 乾廚는 絶命方이다.
- 離門, 乾廚는 乾廚가 受剋되고 絶命方이라 凶하고 老父에게 災厄이 따른다.
- 離主, 乾廚 역시 상극되고 絶命方이라 凶하다.
- 離門, 離主, 乾廚의 구조는 二陰이 一陽을 剋하는 형국이라 남자들의 夭死가 따르게 되어 부녀자가 家權을 장악하게 된다.
- 이러한 가옥은 초년에는 매사 순탄하여 사업이 흥왕하고, 금전과 재물이 풍족하나, 아들이 없고 남편이 단명하니 여자가 살림을 꾸려나간다.
- 그러나 세월이 오래 흐르면 老翁(노옹)은 咳嗽病(해수병)으로 고생하던지, 중풍으로 고생하고, 부녀자는 死産이나 낙태, 산후병으로 단명하지 않으면 가출하게 되며, 어린아이 양육이 어렵다.
- 眼疾患9안질환), 심장병, 불면증, 몸이 마른 병, 정신질환이 발생한다.
- 종국에는 절손되게 되고, 사위가 가계를 꾸려나가고, 집안이 不睦(불목)한다.

(2) 離門과 坤主의 길흉

⊙ 아래도표에서 집의 중심에서 나경을 보아 출입문이 丙.午.丁方에 있으면 離門이라 하고, 주인방이 未.坤.申方에 있으면 坤主라 한다.
⊙ 離門과 坤廚의 구조는 火炎土燥(화염토조)하니 비록 生의 관계이지만 不配合이다. 純陰에 해당하니 남자는 不旺하고 단명하게 된다.

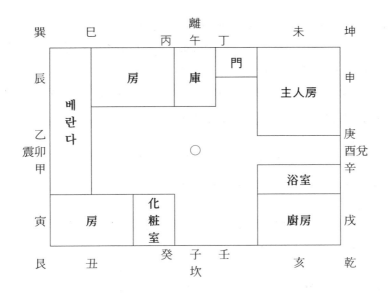

離門. 坤主. 八廚

離門과 坤主의 길흉

* 離門에서 坤廚는 六殺方이니 일명 六殺宅이라 한다.
* 이런 구조는 人丁이 衰하고, 남자들은 주색과 도박을 일삼고, 단명수가 있으며, 癲狂(전광), 自殺 등의 흉화가 예상된다.
* 이는 仲男에게 주로 해당되며 應期는 壬.癸나 申.子.辰에 해당하는 年이나 月이다.
* 초년에는 가업이 흥왕하나, 세월이 흐르면 부녀자가 살림을 꾸려나가고, 남자들이 단명하니 他姓의 자식이나 사위에게 家業을 물려주게 될 것이다.

離門. 坤主. 坎廚(감방에 주방이 있는 경우)

* 離門에서 坎廚는 延年方이다.
* 坤主에서 坎廚는 絶命方이다.
* 離門, 坎廚는 음양정배합이고 延年方이니 吉하다. 그러나 離門이 受剋되니 부녀자들에게 불리하다.
* 坤主, 坎廚는 坎廚가 受剋되고 絶命方이니 仲男에게 불리하다.
* 이러한 가옥은 초년에는 재물과 전답이 늘고 번창하며, 남자들은 영화와 壽福(수복)을 누린다.
* 그러나 세월이 흐르면 眼疾患者(안질환자)가 생기고, 부녀자가 단명하며, 심장병으로 고생할 것이다.

- 이 집에 盲人(맹인)이 생기면 재앙이 시작되는 징조이다.
- 자식이 적거나 없고, 남편도 단명하며, 부녀자는 산후병이나 가출하게 될 것이다.
- 식구들은 癱瘓(탄탄), 거동불편 등의 질환에 시달리고, 부녀자의 성품이 포악하여 집안을 수치스럽게 하고, 養子를 들이되 이 또한 命이 길지 못하다.

離門. 坤主. 艮廚(간방에 주방이 있는 경우)

- 離門에서 艮廚는 禍害方이 된다.
- 坤主에서 艮廚는 生氣方이다.
- 離門, 艮廚는 火生土하여 離門의 火氣가 洩(설)되니, 離宮에 배속된 仲女에게 흉화가 있다.
- 坤主, 艮廚는 二土比和되고 一陰一陽이며 生氣方이니 吉하다.
- 이러한 가옥은 초년에는 재산이 일어나고, 老母는 어린자식을 끔찍이 사랑하고, 예불을 숭상하며, 남에게 베풀기를 잘한다.
- 세월이 오래 흐르면 부녀자는 성품이 포악해지고, 가출자가 생기고, 어린아이는 비만해지고, 盲人(맹인), 聾啞(농아), 癩病(나병) 등의 질환이 발생한다.
- 비록 재물은 있으나 부부사이에 不和하니 8년 안에 家産이 소멸되고, 부녀자는 가출하여 家門을 욕되게 하고, 가족간 화목함이 없으니 영화로움을 기대하기 어렵다.

離門. 坤主. 震廚(진방에 주방이 있는 경우)

- 離門에서 震廚는 生氣方이다.
- 坤主에서 震廚는 禍害方이다.
- 離門, 震廚는 상생되고 生氣方이니 吉하다.
- 坤主, 震廚는 坤主가 受剋되고 禍害方이니 凶하여 老母에게 불리하고, 여타 부녀자들에게도 災厄이 발생한다.
- 이러한 가옥은 초년에는 부녀자가 능히 살림을 일으킨다. 자손들은 용모와 재주가 뛰어나서 국가고시에 연달아 합격하고, 나라의 은혜를 받으며 부귀영화를 누릴 수 있다.
- 세월이 오래 흐르면 眼疾(안질), 심장병, 산후병 등으로 남녀가 夭死하고, 老母는 치매로 고생하며, 자손은 가출하지 않으면 불구로 태어날 수 있다.

離門. 坤主. 巽廚(손방에 주방이 있는 경우)

- 離門에서 巽廚는 天醫方이다.
- 坤主에서 巽廚는 五鬼方이다.
- 離門, 巽廚는 상생되고 天醫方이니 吉하다.

- ◆ 坤主, 巽廚는 坤主가 受剋되고 五鬼方이니 凶한데 老母에게 불리하고 여타의 부녀자들도 災厄이 있다.
- ◆ 離門, 坤主, 巽廚는 三女同居의 純陰之宅이다. 자연 陽을 傷하게 하니 남자들의 夭亡이 따르고, 純陰이니 여자들에게도 불리하다.
- ◆ 남녀 공히 흉화가 닥쳐오니 자식 키우기가 어려워져 종국에는 절손되게 된다.
- ◆ 이러한 가옥의 구조는 초년에는 돈과 재물이 넉넉하다. 집안에 영화가 가득하고 현달하나, 三女同居의 象이므로, 자녀들의 양육이 불가하다.
- ◆ 부녀자는 총명하고 가정을 화목하게 하고, 어질고 베풀기를 좋아하여 女丈夫라 한다.
- ◆ 그러나 세월이 오래 흐르면 남자는 단명하고, 眼疾(안질), 심장병, 陰病, 癱瘓(탄 탄), 거동불편 등의 흉액이 발생한다.
- ◆ 사위가 집안에 들어와 家權을 장악하고, 식구간에 우애가 없고, 仲女는 잔질이 많고, 부녀자가 가정을 꾸려나갈 것이다.

離門. 坤主. 離廚(이방에 주방이 있는 경우)

- ◆ 離門에서 離廚는 比和되어 伏位方이다.
- ◆ 坤主에서 離廚는 六殺方이 된다.
- ◆ 離門, 離廚는 二火比和되고 伏位方이니 吉하여 초년에는 財利가 있으나 장구하 지 못하다.
- ◆ 坤主, 離廚는 火生土하여 離廚의 氣가 洩(설)되니, 仲女의 氣가 洩(설)되는 것이 라 仲女에게 불리하다.
- ◆ 離門, 坤主, 離廚는 三陰의 純陰之宅이다. 陽이 傷하게 되어 남자들에게 흉화가 있고, 역시 純陰이라 陰陽이 부조화 되니 부녀자들도 災厄이 있는 것이다.
- ◆ 이러한 가옥은 초년에는 매사 순탄하여 사업이 흥왕하고, 家産이 불같이 일어난다.
- ◆ 그러나 세월이 오래 흐르면 純陰에 해당하니 남자는 단명하고, 부녀자가 가정을 꾸려 나간다.
- ◆ 痰結(담결), 거동불편, 眼疾(안질), 심장병, 두통, 陰病(음병), 心焦(심초) 등의 질환이 있을 것이고, 딸은 많고 아들은 적은데 그마저도 기르기가 어렵다.
- ◆ 종국에는 절손되는데 사위가 家權을 장악한다.
- ◆ 집안에 불화와 반목이 그치지 아니한다.

離門. 坤主. 坤廚(곤방에 주방이 있는 경우)

- ◆ 離門에서 坤廚는 六殺方이다.
- ◆ 坤主에서 坤廚는 比和되어 伏位方이다.

- 離門, 坤廚는 상생되나 六殺方이라 凶하다. 오행상 火에 해당하는 심혈관계질환과 土에 해당하는 소화기계통의 질환자가 多發한다.
- 坤主, 坤廚는 二土比和되고 伏位方이라 吉하여 초년에는 財利가 있으나 복록이 장구하지 못하다.
- 離門, 坤主, 坤廚는 純陰之宅이다. 먼저는 남자들의 손상이 있고, 나중에는 부녀자들에게도 災厄이 따른다.
- 이러한 가옥은 초년에는 매사 순탄하여 사업이 흥왕을 이룬다.
- 그러나 세월이 오래 흐르면 아들이 없고 남편이 단명하니 부녀자가 가정을 꾸려나간다.
- 老母는 치매를 앓고, 부녀자는 血病, 眼疾(안질), 심장병, 산후질환 등의 증세가 나올 것이고, 각종 災禍가 그치질 않고, 남녀가 가출하게 될 것이다.
- 부녀자의 성격이 포악해져 집안이 화평하지 못하고, 養子를 들이나 이마저 여의치 않고, 집안이 풀려나가질 않으니, 주방과 주인방의 위치를 옮기고 잘못된 부분을 改修(개수)해야 한다.

離門. 坤主. 兌廚(태방에 주방이 있는 경우)

- 離門에서 兌廚는 五鬼方이다.
- 坤主에서 兌廚는 天醫方이다.
- 離門, 兌廚는 兌廚가 受剋되고 五鬼方이라 凶하다. 막내딸과 막내며느리에게 凶禍가 닥치고, 五鬼는 炎貞火星(염정화성)에 속하니 관재구설과, 退財(퇴재), 逢賊(봉적) 등의 災厄이 발생하는 것이다.
- 坤主, 兌廚는 상생되고 天醫方이라 吉하다.
- 離門, 坤主, 兌廚는 三陰의 純陰之宅이다. 자연 남자를 傷하게 하고 종국에는 절손되게 된다.
- 이러한 가옥은 초년에는 매사 순탄하여 사업이 흥왕하고, 금전과 재물이 풍족하나, 자식이 적거나 늦게 태어나니 그 자녀와 사위를 애지중지 한다.
- 오래 세월이 흐르면 부인이 먼저 손상되고 다음은 남편이 죽는다.
- 眼疾患(안질환), 심장병, 두통, 陰病, 心焦(심초) 등의 질병이 발생하고, 딸은 많고 아들은 적은데 그 아들의 양육마저 어렵다.
- 화재, 도난, 부녀자의 정신질환, 불면증, 가출, 예기치 않은 재난 등으로 집안에 풍파가 줄어들지 않는다.

離門. 坤主. 乾廚(건방에 주방이 있는 경우)

- 離門에서 乾廚는 絕命方이다.

- ◆ 坤主에서 乾廚는 延年方이다.
- ◆ 離門, 乾廚는 乾廚가 受剋되니 老父에게 불리하고, 가택의 여타 남자들에게도 災厄이 따른다.
- ◆ 坤主, 乾廚는 음양정배합이고 延年方이라 吉하다.
- ◆ 이러한 가옥은 초년에는 매사 순탄하여 사업이 흥왕하고, 금전과 재물이 풍족하며, 人丁이 흥왕하고, 육축이 잘되고, 형제간에 우애가 돈독하다.
- ◆ 그러나 세월이 흐르면 老翁(노옹)은 咳嗽病(해수병)으로 고생하던지, 중풍으로 고생하고, 부녀자는 死産이나 낙태, 산후병으로 단명하지 않으면 가출하게 되며, 어린아이 양육이 어렵다.
- ◆ 또한 眼疾患(안질환), 심장병, 불면증, 몸이 마르는 병, 정신질환 등이 발생한다.
- ◆ 종국에는 절손되게 되고, 사위가 가계를 꾸려나가고, 집안이 화목치 못하다.

(3) 離門과 兌主의 길흉

⊙ 아래도표에서 집의 중심에서 나경을 보아 丙.午.丁方에 출입문이 있으면 離門이라 하고, 주인방이 庚.酉.辛方에 있으면 兌主라 한다.

⊙ 離門과 兌主가 火와 金으로 火剋金의 상극 관계이니 八卦上 兌에 속하는 少女를 손상시킨다는 것이다.

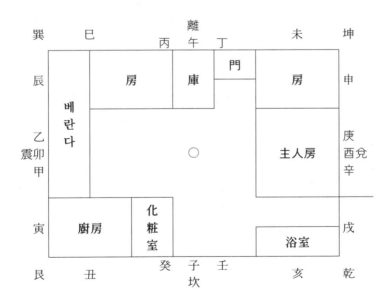

離門. 兌主. 八廚

離門과 兌主의 길흉

- 離門에서 兌主는 五鬼方이니 일명 五鬼宅이라 한다.
- 火剋金하니 財가 疏散(소산)되고 妻를 剋하게 되며 壽命(수명)이 길지 못하다.
  두통, 眼疾, 심장병, 咳嗽(해수), 吐血, 噎食傷身(열식상신), 부녀자의 정신질환
  이나 바람기가 있고, 어린아이 양육이 곤란하니 代를 잇기 어렵다.
- 五鬼는 廉貞火星(염정화성)의 성질로 도출되는 문제는, 人情이 短迫(단박)하고,
  남과 다투기를 좋아하고, 의외의 災厄이 발생하고, 血光, 화재, 관재구설 등을
  야기한다.
- 이는 주로 長男에게 해당되며, 應期는 丙.丁이나 寅.午.戌에 해당하는 年이나
  月이다.
- 離門, 兌主는 兌主가 受剋되니 막내딸과 막내며느리에게 夭折 등의 흉화가 당도
  하고, 離宮 火에 배속되는 仲女에게도 災厄이 따른다.
- 또한 陰剋陰의 상황이니 자매간 불목함이 심하고, 부녀자들의 作亂(작란)도 있게
  된다.

離門. 兌主. 坎廚(감방에 주방이 있는 경우)

- 離門에서 坎廚는 延年方이다.
- 兌主에서 坎廚는 禍害方이다.
- 離門, 坎廚는 음양정배합이고 延年方이라 吉한데, 離門이 受剋되니 부녀자들에
  게는 질병과 불리함이 있다.
- 兌主, 坎廚는 金生水하여 兌主의 金氣가 洩(설)되니 少女에게 불리하고 여타
  부녀자들도 夭死 등의 災厄이 따른다.
- 이러한 가옥은 초년에는 재물과 전답이 늘고 번창하며, 남자들은 영화와 壽福(수
  복)을 누린다.
- 그러나 세월이 흐르면 眼疾患者가 생기고, 부녀자가 단명하며, 심장병으로 고생
  할 것이다.
- 이 집에 盲人(맹인)이 생기면 재앙이 시작되는 징조이다. 자식이 적거나 없고,
  남편도 단명하며, 부녀자는 산후병이나 가출하게 될 것이다.
- 젊은 부녀자나 少女가 단명하게 될 것이다. 약물중독, 自縊刀傷(자액도상), 화재,
  도난, 溺死(익사) 등의 흉액이 발생할 수 있다.

離門. 兌主. 艮廚(간방에 주방이 있는 경우)

- 離門에서 艮廚는 禍害方이 된다.

- 兌主에서 艮廚는 延年方이다.
- 離門, 艮廚는 火生土하여 離門의 火氣가 洩되고 禍害方이니 仲女에게 불리하다. 남자들은 성격이 유약하고 여자들은 성격이 강하여, 여자들이 家權을 장악하게 된다.
- 兌主, 艮廚는 음양정배합이고 延年方이니 吉하다.
- 이러한 가옥은 초년에는 재산이 일어나나, 학문이 탁월한 자손이 나와 국가고시에 합격하고, 武將도 나오며, 영화를 누리나, 각종 질병과 예기치 않은 재앙이 발생할 것이다.
- 세월이 오래 흐르면 부녀자의 성품이 포악해져서, 不和하고, 자식들이 가출하고, 어린아이는 비만해지고, 盲人(맹인), 聾啞(농아), 나병환자 등이 발생할 것이다.
- 또한 약물중독, 부녀자는 黃疸(황달), 자궁질환 등이 생길 것이다.
- 남자는 自縊刀傷(자액도상)이나, 溺死者(익사자) 등이 생길 것이고, 화재, 도난, 예기치 않은 흉화로 家産이 탕진되고, 종국에는 절손되게 된다.

離門. 兌主. 震廚(진방에 주방이 있는 경우)

- 離門에서 震廚는 生氣方이다.
- 兌主에서 震廚는 絶命方이다.
- 離門, 震廚는 木生火하니 陰盛陽衰이다. 다라서 총명한 여자들이 多出하고, 가솔은 여자는 많고 남자는 적게 된다.
- 兌主, 震廚는 震廚가 受剋되니 長男에게 불리하며, 여타의 남자들에게도 재액이 따르고 종국에는 절손되게 된다.
- 이러한 가옥은 초년에는 부녀자가 능히 살림을 일으킨다. 자손들은 용모와 재주가 뛰어나서 국가고시에 연달아 합격하고, 정부부처의 요직에 앉아 부귀영화를 누릴 수 있다.
- 세월이 오래 흐르면 官災, 비명횡사, 眼疾(안질), 불면증 등의 질환이 발생하고, 부녀자는 정신질환이나 바람나서 추하게 살아갈 것이다.

離門. 兌主. 巽廚(손방에 주방이 있는 경우)

- 離門에서 巽廚는 天醫方이다.
- 兌主에서 巽廚는 六殺方이다.
- 離門, 巽廚는 상생되고 天醫方이라 吉하다. 부녀자들이 현모양처이나 人丁은 旺하지 못하다.
- 兌主, 巽廚는 巽廚가 受剋되고 六殺方이라 凶하여, 長女에게 흉화가 있고 여타 부녀자들에게도 災厄이 따른다.

- 이러한 가옥은 초년에는 돈과 재물이 넉넉하다. 집안에 영화가 가득하고, 현달하나, 三女同居의 象이므로, 자녀들의 양육이 불가하다.
- 부녀자는 총명하고 가정을 화목하게 하고, 어질고 베풀기를 좋아하여 여장부라 한다.
- 그러나 세월이 오래 흐르면 남자는 단명하고, 眼疾(안질), 심장병, 陰病, 癱瘓(탄탄), 거동불편 등의 흉액이 발생한다.
- 부녀자는 정신질환, 가출 등으로 추하게 살 것이고, 官災, 비명횡사 등의 흉액이 발생하고 종국에는 절손되게 된다.

離門. 兌主. 離廚(이방에 주방이 있는 경우)

- 離門에서 離廚는 比和되어 伏位方이다.
- 兌主에서 離廚는 五鬼方이 된다.
- 離門, 離廚는 二火比和되고 伏位方이니 吉하여 財를 發하나 장구하지 못하다.
- 兌主, 離廚는 兌主가 受剋되고 五鬼方이라 凶한데, 少女에게 불리하고, 어린여자아이들을 양육하기 어렵다.
- 離門, 兌主, 離廚는 三女同居의 純陰之宅이다. 따라서 陽을 傷하게 하니 남자들의 단명수가 따르고 종국에는 절손되게 된다.
- 이러한 가옥은 초년에는 매사 순탄하여 사업이 흥왕하고, 家産이 불같이 일어나나, 純陰에 해당하니 남자는 단명하고, 부녀자가 가정을 꾸려 나간다.
- 세월이 흐르면 도난, 官災, 자녀근심, 불면증, 眼疾 등이 발생하고, 부녀자는 정신질환, 가출 등으로 추하게 살아가고, 비명횡사, 어린아이 양육곤란 등의 흉화가 발생한다.
- 代를 잇기 어려우니 사위가 가계를 이어가니 집안이 불목하고 편안치 못하다.

離門. 兌主. 坤廚(곤방에 주방이 있는 경우)

- 離門에서 坤廚는 六殺方이다.
- 兌主에서 坤廚는 天醫方이다.
- 離門, 坤廚는 火生土하여 離門의 火氣가 洩되고 六殺方이니 凶하여 仲女에게 불리하다.
- 兌主, 坤廚는 土生金하여 상생되고 天醫方이니 吉하여, 부녀자가 현명하고 吉함이 있다.
- 이러한 가옥은 초년에는 매사 순탄하여 사업이 흥왕하나, 아들이 없고 남편이 단명하니 부녀자가 가정을 꾸려나간다.
- 그러나 세월이 오래 흐르면 老母는 치매를 앓고, 부녀자는 血病, 眼疾(안질),

심장병, 산후질환 등의 증세가 나올 것이고, 각종 災禍가 그치질 않고, 남녀가 가출하게 될 것이다.

◆ 부녀자의 성격이 포악해져 집안이 화평하지 못하고, 養子를 들이나 이마저 여의치 않고, 집안이 풀려나가질 않으니, 부엌과 주인방의 위치를 옮기고 잘못된 부분을 改修(개수)해야 한다.

離門. 兌主. 兌廚(태방에 주방이 있는 경우)

◆ 離門에서 兌廚는 五鬼方이다.

◆ 兌主에서 兌廚는 比和되어 伏位方이다.

◆ 離門, 兌廚는 兌廚가 受剋되고 五鬼方이니 凶한데, 막내딸에게 흉화가 있고, 여타의 부녀자들에게도 災厄이 따른다.

◆ 兌主, 兌廚는 二金比和되고 伏位方이니 吉하여, 초년에는 財利가 있으나 장구하지 못하다.

◆ 離門, 兌主, 兌廚는 三陰의 純陰之宅이다. 陽을 傷하게 하니 남자들의 단명수가 따르고 절손되게 된다.

◆ 이러한 가옥은 초년에는 매사 순탄하여 사업이 흥왕하고, 금전과 재물이 풍족하나, 자식이 적거나 늦게 태어나니 그 자녀와 사위를 애지중지 한다.

◆ 오래 세월이 흐르면 부인이 먼저 손상되고 다음은 남편이 죽는다.

◆ 안질환, 심장병, 두통, 陰病, 心焦(심초) 등의 질병이 발생하고, 딸은 많고 아들은 적은데 그 아들의 양육마저 어렵다.

◆ 화재, 도난, 부녀자의 정신질환, 불면증, 가출, 예기치 않은 재난, 비명횡사 등으로 집안에 풍파가 줄어들지 않는다.

離門. 兌主. 乾廚(건방에 주방이 있는 경우)

◆ 離門에서 乾廚는 絶命方이다.

◆ 兌主에서 乾廚는 生氣方이다.

◆ 離門, 乾廚는 乾廚가 受剋되고 絶命方이라 凶하다. 老父에게 재액이 따르고 여타의 남자들에게도 凶함이 있다.

◆ 兌主, 乾廚는 二金比和되고 生氣方이니 吉하다.

◆ 이러한 가옥은 초년에는 매사 순탄하여 사업이 흥왕하고, 금전과 재물이 풍족하며, 人丁이 旺하고, 육축이 잘되고, 형제간에 우애가 돈독하다. 부인을 많이 얻게 되니 서출자식도 많다.

◆ 그러나 세월이 흐르면 老翁(노옹)은 咳嗽病(해수병)으로 고생하던지, 중풍으로 고생하고, 부녀자는 死産이나 낙태, 산후병으로 단명하지 않으면 가출하게 되며,

어린아이 양육이 어렵다.
- ◆ 眼疾患(안질환), 심장병, 불면증, 몸이 마르는 병, 정신질환 등이 발생한다.
- ◆ 종국에는 절손되게 되고, 사위가 가계를 꾸려나가고, 집안이 화목치 못하다.

(4) 離門과 乾主의 길흉

⊙ 아래도표에서 집의 중심에서 나경을 보아 출입문이 丙.午.丁方에 있으면 離門이라 하고, 주인방이 戌.乾.亥方에 있으면 乾主라 한다.

⊙ 離門과 乾主는 火와 金으로 火剋金되어, 八卦상 乾에 해당하는 老父를 剋하니 세대주가 손상된다는 것이다.

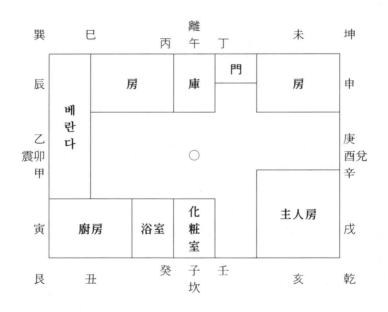

離門. 乾主. 八廚

離門과 乾主의 길흉

- ◆ 離門에서 乾主는 絶命方이니 일명 絶命宅이라 한다.
- ◆ 이런 구조는 간사하고 무례한 인물들이 多出하고, 중병을 앓아 단명하고, 意外之災(의외지재)로 인한 흉화가 당도하고, 가업은 疲弊(피폐)되고 退財하게 된다.
- ◆ 이는 주로 長男에게 해당되고, 應期는 庚.辛이나 巳.酉.丑에 해당하는 年이나

月이다.
- ◆ 火剋金하니 家産이 흩어지고, 절손되니 부녀자가 家權을 장악한다.
- ◆ 두통, 眼疾(안질), 심장병, 咳嗽(해수), 癱瘓(탄탄), 噎食傷身(열식상신), 氣喘 (기천) 등의 질환이 발생할 것이고, 절손되니 代를 잇기 어렵다.

離門. 乾主. 坎廚(감방에 주방이 있는 경우)

- ◆ 離門에서 坎廚는 延年方이다.
- ◆ 乾主에서 坎廚는 六殺方이다.
- ◆ 離門, 坎廚는 음양정배합이고 延年方이라 吉하나, 離門이 受剋되니 부녀자들에 게는 불리하다.
- ◆ 乾主, 坎廚는 金生水하여 乾主가 洩氣(설기)되니 老父에게 불리하며, 가택의 남 자들에게 災厄이 따르게 된다.
- ◆ 이러한 가옥은 초년에는 재물과 전답이 늘고 번창하며, 남자들은 복록이 따르고 또한 壽福(수복)을 누리게 된다.
- ◆ 세월이 오래 흐르면 안질환자가 생기고, 부녀자가 단명하며, 심장병으로 고생할 것이다.
- ◆ 이 집에 盲人(맹인)이 생기면 재앙이 시작되는 징조이다.
- ◆ 또한 자식이 적거나 없게 되고, 남편도 단명하며, 부녀자는 산후병이나 정신질환 으로 가출하게 될 것이다.
- ◆ 부녀자는 死産, 낙태의 위험이 있고, 전염병으로 사람과 육축의 손상이 있을 것이 고, 官災, 화재, 도난 등의 흉화가 발생할 것이다.

離門. 乾主. 艮廚(간방에 주방이 있는 경우)

- ◆ 離門에서 艮廚는 禍害方이 된다.
- ◆ 乾主에서 艮廚는 天醫方이다.
- ◆ 離門, 艮廚는 火生土하여 離門의 火氣가 洩(설)되고 禍害方이니 凶하여 仲女에 게 불리함이 있다. 남자들은 유약하고 부녀자가 家權을 장악하게 된다.
- ◆ 乾主, 艮廚는 상생되고 天醫方이니 吉하다.
- ◆ 이러한 가옥은 초년에는 재산이 일어나나, 학문이 탁월한 자손이 나와 국가고시에 합격하고, 武將도 나오며, 복록을 누리나, 각종 질병과 예기치 않은 재앙이 발생 할 것이다.
- ◆ 세월이 오래 흐르면 부녀자의 성품이 포악해져서, 不和하고, 자식들이 가출하고, 어린아이는 비만해지고, 盲人(맹인), 聾啞(농아), 나병환자 등이 발생할 것이다.
- ◆ 부녀자는 死産, 낙태의 위험이 있고, 아이 갖기가 어려우며, 근육통, 거동불편

- 등의 흉액이 있을 것이다.
- 8년 안에 사람이 죽든지, 가출자가 생기든지 하고, 특히 부녀자의 경우는 가출하여 추하게 사니, 집안에 망신살이 뻗치는 것이다.

離門. 乾主. 震廚(진방에 주방이 있는 경우)

- 離門에서 震廚는 生氣方이다.
- 乾主에서 震廚는 五鬼方이다.
- 離門, 震廚는 상생되고 生氣方이니 吉하다.
- 乾主, 震廚는 震廚가 受剋되니 長男에게 불리하고, 여타의 남자들에게도 災厄이 따른다.
- 이러한 가옥은 초년에는 부녀자가 능히 살림을 일으킨다.
- 자손들은 용모와 재주가 뛰어나서 국가고시에 연달아 합격하고, 국가의 은혜를 받으며 부귀영화를 누릴 수 있다.
- 그러나 세월이 오래 흐르면 官災, 비명횡사, 眼疾(안질), 불면증 등의 질환이 발생하고, 부녀자는 정신질환이나 死産, 낙태, 혹은 바람나서 가출하여 추하게 살아갈 것이다.
- 전염병으로 사람과 육축의 손상이 예상된다.

離門. 乾主. 巽廚(손방에 주방이 있는 경우)

- 離門에서 巽廚는 天醫方이다.
- 乾主에서 巽廚는 禍害方이다.
- 離門, 巽廚는 상생되고 天醫方이니 吉하다.
- 乾主, 巽廚는 상극관계이다. 먼저는 巽廚가 손상되니 長女와 큰며느리에게 재액이 닥쳐오고, 이어서 乾主 역시 손상되니 老父에게 불리하며, 가택의 여타 남자들에[게도 흉화가 있다.
- 이러한 가옥은 초년에는 돈과 재물이 넉넉하다. 집안에 영화가 가득하고, 현달하나, 二女同居의 象이므로, 자녀들의 양육이 불가하다.
- 부녀자는 총명하고 가정을 화목하게 하고, 어질고 베풀기를 좋아하여 여장부라 한다.
- 그러나 세월이 오래 흐르면 남자는 단명하고, 眼疾(안질), 심장병, 陰病, 癱瘓(탄탄), 거동불편 등의 흉액이 발생한다.
- 부녀자는 양다리가 시리고 마비되는 증세가 나오고, 死産, 낙태, 정신질환, 가출 등으로 추하게 살 것이고, 官災, 비명횡사 등의 흉액이 발생하고, 익사나 목을 매어 죽는 사람이 발생하며, 종국에는 절손되게 된다.

離門. 乾主. 離廚(이방에 주방이 있는 경우)

- 離門에서 離廚는 比和되어 伏位方이다.
- 乾主에서 離廚는 絶命方이 된다.
- 離門, 離廚는 二火比和되고 伏位方이라 吉하여 초년에 財利가 있으나 복록이 장구하지 못하다.
- 乾主, 離廚는 乾主가 受剋되고 絶命方이니 凶한데 老父에게 불리함이 있고 여타의 남자들에게도 災厄이 있다.
- 이러한 가옥은 초년에는 매사 순탄하여 사업이 흥왕하고, 家産이 불같이 일어난다.
- 그러나 세월이 오래 흐르면 二陰一陽으로 陰盛陽衰하니 남자는 단명하고, 부녀자가 가정을 꾸려 나간다.
- 중풍, 심장병, 眼疾(안질), 陰病, 心焦(심초) 등의 질환이 발생한다.
- 부녀자는 死産, 낙태 등으로 애를 키우기가 어렵고, 도난, 화재, 官災 등의 흉화가 발생하며, 전염병으로 사람과 육축의 손상이 있으니 家破人亡한다.

離門. 乾主. 坤廚(곤방에 주방이 있는 경우)

- 離門에서 坤廚는 六殺方이다.
- 乾主에서 坤廚는 延年方이다.
- 離門, 坤廚는 火生土하여 離門의 火氣가 洩되니 仲女에게 불리하다.
- 乾主, 坤廚는 부부정배합이고 延年方이니 吉하다.
- 본시 離門, 乾主는 상극관계이나, 坤方에 廚房을 배치함으로써, 火生土, 土生金으로 순환상생되니 凶變吉이 된 것이다.
- 이러한 가옥은 초년에는 매사 순탄하여 사업이 흥왕하나, 아들이 없고 남편이 단명하니 부녀자가 가정을 꾸려나간다.
- 그러나 세월이 오래 흐르면 老母는 치매를 앓고, 부녀자는 血病(혈병), 眼疾(안질), 심장병, 산후질환 등의 증세가 나올 것이고, 각종 災禍가 그치질 않고, 남녀가 가출하게 될 것이다.
- 부녀자의 성격이 포악해져 집안이 화평하지 못하고, 養子를 들이나 이마저 여의치 않고, 집안이 풀려나가질 않으니, 주방과 주인방의 위치를 옮기고 잘못된 부분을 改修해야 한다.

離門. 乾主. 兌廚(태방에 주방이 있는 경우)

- 離門에서 兌廚는 五鬼方이다.
- 乾主에서 兌廚는 生氣方이다.
- 離門, 兌廚는 兌廚가 受剋되니 젊은 여자들에게 흉화가 따르며, 財를 破하게

되어 大凶하다.

◆ 乾主, 兌廚는 二金比和되고 生氣方이니 富와 貴를 得할 수 있다.

◆ 이러한 가옥은 초년에는 매사 순탄하여 사업이 흥왕하고, 금전과 재물이 풍족하나, 자식이 적거나 늦게 태어나니 그 자녀와 사위를 애지중지 한다.

◆ 오랜 세월이 흐르면 부인이 먼저 손상되고, 다음 부인에게서 많은 자식을 얻으나, 남편의 命도 길지 못하다. 眼疾患(안질환), 심장병, 두통, 陰病, 心焦(심초) 등의 질병이 발생하고, 딸은 많고 아들은 적은데 그 아들의 양육마저 어렵다.

◆ 화재, 도난, 부녀자의 정신질환, 불면증, 가출, 예기치 않은 재난, 비명횡사 등으로 집안에 풍파가 줄어들지 않는다.

離門. 乾主. 乾廚(건방에 주방이 있는 경우)

◆ 離門에서 乾廚는 絕命方이다.

◆ 乾主에서 乾廚는 比和되어 伏位方이다.

◆ 離門, 乾廚는 乾廚가 受剋되고 絕命方이라 凶하여, 老父에게 재액이 따르고 여타의 남자들에게도 흉함이 있다.

◆ 乾主, 乾廚는 二金比和되고 伏位方이라 吉하여 초년에 財를 發하나 장구하지 못하다.

◆ 이러한 가옥은 초년에는 매사 순탄하여 사업이 흥왕하고, 금전과 재물이 풍족하며, 人口가 흥왕하고, 六畜이 잘되고, 형제간에 우애가 돈독하다. 本婦人과 자식을 일찍 보내고, 다시 부인을 많이 얻게 되니 서출 자식도 많다.

◆ 그러나 세월이 흐르면 老翁(노옹)은 咳嗽病(해수병)으로 고생하던지, 중풍으로 고생하고, 부녀자는 死産이나 낙태, 산후병으로 단명하지 않으면 가출하게 되며, 어린아이 양육이 어렵다.

◆ 또한 眼疾患(안질환), 심장병, 불면증, 몸이 마르는 병, 정신질환 등이 발생한다.

◆ 종국에는 절손되게 되고, 사람과 육축의 손상이 많으니 家破人亡한다.

(5) 離門과 坎主의 길흉

◎ 아래도표에서 집의 중심에서 나경을 보아 출입문이 丙.午.丁方에 있으면 離門이라 하고, 주인방이 壬.子.癸方에 있으면 坎主라 한다.

◎ 離門과 坎主는 八卦上 中女와 仲男의 만남이므로 陰陽의 正配合에 해당되니 부귀를 누릴 수 있는 가옥의 형태이다.

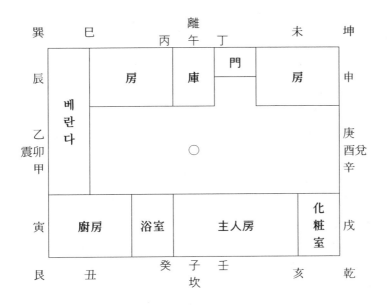

離門. 坎主. 八廚

離門과 坎主의 길흉
◆ 離門에서 坎主는 延年方이니 일명 延年宅이라 한다.
◆ 延年은 武曲金星(무곡금성)의 성질이다. 人丁이 旺하고, 우수한 자손들이 多出하고, 건강장수하며, 부부화목하고, 재산은 中富이고, 공직자가 많이 나온다.
◆ 이는 少男에게 해당되며. 應期는 庚.辛이나 巳.酉.丑에 해당하는 年이나 月이다.
◆ 夫婦正配가 되므로, 복록이 많고, 네 아들을 두게 되고, 자손이 영달하며, 효현하고, 국가의 祿을 먹는 자손이 많이 나온다.
◆ 그러나 세월이 오래 흐르면 剋妻하고, 심장병, 眼疾(안질) 등의 재앙이 발생한다.

離門. 坎主. 坎廚(감방에 주방이 있는 경우)
◆ 離門에서 坎廚는 延年方이다.
◆ 坎主에서 坎廚는 比和되어 伏位方이다.
◆ 離門, 坎廚는 음양정배합이고 延年方이라 吉하다.
◆ 坎主, 坎廚는 二水比和되고 伏位方이라 吉하여 초년에는 財를 發하나 장구하지 못하다.
◆ 二水一火의 구조라 火가 受剋되니 필경 부녀자들의 손상이 따르게 된다.
◆ 이러한 가옥은 초년에는 재물과 전답이 늘고 번창하며, 남자들은 복록이 있고 長壽하게 된다.

- 그러나 세월이 흐르면 아들이 적고, 眼疾患者(안질환자)가 생기고, 仲女가 단명하며, 심장병으로 고생할 것이다.
- 이 집에 盲人이 생기면 재앙이 시작되는 징조이다. 남편도 단명하며, 근육마비 등의 증세가 발생하고, 부녀자는 산후병이나 자궁질환, 정신질환을 앓게 되거나 가출하게 될 것이다.
- 9년간은 가택이 영달하나, 仲男이 溺死(익사)하거나 女色으로 家産을 탕진할 것이며, 喪妻(상처)하고, 자손을 키우기 어려우니 종국에는 절손되게 된다.

離門. 坎主. 艮廚(간방에 주방이 있는 경우)

- 離門에서 艮廚는 禍害方이 된다.
- 坎主에서 艮廚는 五鬼方이다.
- 離門, 艮廚는 火生土하여 艮廚를 생하나 禍害方이니 凶하다. 남자들은 유약하며 겁이 많아 부녀자가 家權을 장악하게 되고, 고과지인이 다출하니 종국에는 절손되게 된다.
- 坎主, 艮廚는 坎主가 受剋되니 仲男에게 夭死가 따른다.
- 이러한 가옥은 초년에는 재산이 일어나나, 학문이 탁월한 자손이 나와 국가고시에 합격하고, 武將도 나오며, 복록을 누리나, 각종 질병과 예기치 않은 재앙이 발생할 것이다.
- 세월이 오래 흐르면 부녀자의 성품이 포악해져서, 不和하고, 자식들이 가출하고, 어린아이는 비만해지고, 盲人, 聾啞(농아), 나병환자 등이 발생할 것이다.
- 부녀자는 사산, 낙태의 위험이 있고, 아이 낳기가 어려우며, 근육통, 거동불편 등의 흉액이 있을 것이다.
- 8년 안에 사람이 죽든지, 가출자가 생기든지 하고, 특히 부녀자의 경우는 가출하여 추하게 사니, 집안에 망신살이 뻗치는 것이다.

離門. 坎主. 震廚(진방에 주방이 있는 경우)

- 離門에서 震廚는 生氣方이다.
- 坎主에서 震廚는 天醫方이다.
- 離門, 震廚는 상생되고 生氣方이니 吉하다.
- 坎主, 震廚는 상생되고 天醫方이니 吉하다.
- 離門, 坎主, 震廚의 구조는, 門.主 기준하여 廚房의 위치가 吉하니, 국가의 祿을 받는 자손이 多出하고 家門의 영달함이 장구하다.
- 이러한 가옥은 초년에는 부녀자가 능히 살림을 일으킨다. 자손들은 용모와 재주가 뛰어나서 국가고시에 연달아 합격하고, 국가의 은혜를 받으며 부귀영화를

누릴 수 있다.

- ◆ 그러나 세월이 오래 흐르면 官災, 비명횡사, 眼疾(안질), 심장병, 불면증 등의 질환이 발생하고, 부녀자는 정신질환이나 死産, 낙태, 혹은 바람나서 가출하여 추하게 살아가거나 단명하게 된다.
- ◆ 가족 중이 盲人이 나오면 이러한 재앙의 시초라 할 수 있다.

離門. 坎主. 巽廚(손방에 주방이 있는 경우)

- ◆ 離門에서 巽廚는 天醫方이다.
- ◆ 坎主에서 巽廚는 生氣方이다.
- ◆ 離門, 巽廚는 상생되고 天醫方이라 吉하다. 이른바 木火通明의 象이다.
- ◆ 坎主, 巽廚는 상생되고 生氣方이니 吉하다.
- ◆ 離門, 坎主, 巽廚는 水生木, 木生火로 순환상생되니 大吉한 가옥의 구조인 것이다.
- ◆ 이러한 가옥은 초년에는 돈과 재물이 넉넉하다. 집안에 영화가 가득하고, 현달하나, 二女同居의 象이므로, 자녀들의 양육이 불가하다.
- ◆ 부녀자는 총명하고 가정을 화목하게 하고, 어질고 베풀기를 좋아하여 여장부라 한다.
- ◆ 그러나 세월이 오래 흐르면 남자의 기운이 衰하니 廚房을 옮겨 改修(개수)하면 凶을 면할 수 있다.
- ◆ 盲人이 나오면 각종의 재앙의 시초라 할 수 있는데, 심장병, 眼疾(안질), 화재, 官災 등의 흉화가 발생할 것이다.
- ◆ 그러나 陽宅3요소가 모두 吉하게 배치되었다 하더라도 거주인의 命이 受剋되면 재산과 인명의 손상이 있을 것이고, 命이 凶方을 제압한다면 吉하게 바뀔 것이다.

離門. 坎主. 離廚(이방에 주방이 있는 경우)

- ◆ 離門에서 離廚는 比和되어 伏位方이다.
- ◆ 坎主에서 離廚는 延年方이 된다.
- ◆ 離門, 離廚는 二火比和되고 伏位方이라 吉하여 財利가 있으나 장구하지 못하다.
- ◆ 坎主, 離廚는 음양정배합이고 延年方이라 吉하다.
- ◆ 이러한 가옥은 초년에는 매사 순탄하여 사업이 흥왕하고, 家産이 불같이 일어난다.
- ◆ 그러나 세월이 오래 흐르면 陰盛陽衰에 해당하니 남자는 단명하고, 부녀자가 가정을 꾸려 나간다. 또한 중풍, 심장병, 眼疾(안질), 陰病(음병), 心焦(심초) 등의 질환이 발생한다.
- ◆ 부녀자는 死産, 낙태 등으로 애를 키우기가 어렵고, 도난, 화재, 官災 등의 흉화가 발생하며, 전염병으로 사람과 육축의 손상이 있고, 집안의 어른 아이 할 것 없이

모두 손상되니, 사위가 가계를 이어받아 꾸려나가게 된다. 종국에는 家破人亡한다.

離門. 坎主. 坤廚(곤방에 주방이 있는 경우)

- 離門에서 坤廚는 六殺方이다.
- 坎主에서 坤主는 絕命方이다.
- 離門, 坤廚는 상생되나 六殺方이라 凶하다.
- 坎主, 坤廚는 坎主가 受剋되니 仲男에게 흉화가 따르는데, 坤廚 역시 흉하여 부녀자들에게도 災厄이 발생한다. 破財, 破家가 따르고 종국에는 절손되게 된다.
- 이러한 가옥은 초년에는 매사 순탄하여 사업이 흥왕하나, 집안에 眼疾患者(안질환자)가 발생하면 여러가지 재앙의 시초가 된다.
- 세월이 오래 흐르면 아들이 없고 남편이 단명하니 부녀자가 가정을 꾸려나간다.
- 老母는 치매를 앓고, 부녀자는 血病, 眼疾, 심장병, 산후질환 등의 증세가 나올 것이고, 각종 災禍가 그치질 않고, 남녀가 가출하게 될 것이다.
- 부녀자의 성격이 포악해져 집안이 화평하지 못하고, 養子를 들이나 이마저 여의치 않고, 집안이 풀려나가질 않으니, 주방과 주인방의 위치를 옮기고 잘못된 부분을 改修해야 한다.

離門. 坎主. 兌廚(태방에 주방이 있는 경우)

- 離門에서 兌廚는 五鬼方이다.
- 坎主에서 兌廚는 禍害方이다.
- 離門, 兌廚는 兌廚가 受剋되고 五鬼方이니 凶하여 막내딸이나 막내며느리에게 災厄이 발생한다. 陰剋陰의 관계이니 부녀자의 作亂(작란)과 夭死가 따른다.
- 坎主, 兌廚는 상생되나 禍害方이라 凶하여, 시비다툼과 관재구설이 다발한다.
- 이러한 가옥은 초년에는 매사 순탄하여 사업이 흥왕하고, 금전과 재물이 풍족하나, 盲人이 나오면 재앙이 시작된다.
- 오래 세월이 흐르면 부인이 먼저 손상되고, 남편의 命도 길지 못하다.
  眼疾患, 심장병, 두통, 陰病, 心焦(심초) 등의 질병이 발생하고, 딸은 많고 아들은 적은데 그 아들의 양육마저 어렵다.
- 화재, 도난, 부녀자의 정신질환, 불면증, 가출, 예기치 않은 재난, 비명횡사 등으로 집안에 풍파가 줄어들지 않는다.

離門. 坎主. 乾廚(건방에 주방이 있는 경우)

- 離門에서 乾廚는 絕命方이다.
- 坎主에서 乾廚는 六殺方이다.
- 離門, 乾廚는 乾廚가 受剋되고 絕命方이라 凶하다. 老父에게 夭死가 따르고

부녀자가 집안 살림을 꾸려가게 된다.

◆ 坎主, 乾廚는 상생되나 六殺方이라 凶하여 家率들이 생식기계통의 질병을 많이 앓게 된다.

◆ 이러한 가옥은 초년에는 매사 순탄하여 사업이 흥왕하고, 금전과 재물이 풍족하나, 盲人이 나오면 각종 재앙이 시작된다.

◆ 세월이 오래 흐르면 老翁(노옹)은 咳嗽病(해수병)으로 고생하던지, 중풍으로 고생하고, 부녀자는 死産이나 낙태, 산후병으로 단명하지 않으면 가출하게 되며, 어린아이 양육이 어렵다.

◆ 眼疾患, 심장병, 불면증, 몸이 마르는 병, 정신질환, 관재, 비명횡사 등이 발생한다.

◆ 종국에는 절손되게 되고, 사람과 육축의 손상이 많으니 家破人亡한다.

(6) 離門과 艮主의 길흉

⊙ 아래도표에서 집의 중심에서 나경을 보아 출입문이 丙.午.丁方에 있으면 離門이라 하고, 주인방이 丑.艮.寅方에 있으면 艮主라 한다.

⊙ 離門과 艮主는 火가 土上에 있는 格으로 부녀자가 성품이 강직하며, 건강상으로는 월경불순이 있는 경우가 많다.

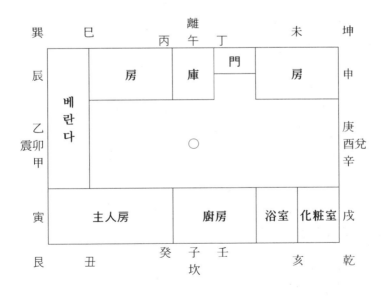

離門. 艮主. 八廚

離門과 艮主의 길흉

◆ 離門에서 艮主는 禍害方이니 일명 禍害宅이라 한다.

◆ 禍害는 祿存土星(녹존토성)에 해당하니, 남자들은 밖에 나가 남과 다투기를 좋아하고, 人丁이 衰하고, 孤寡之人(고과지인)이 다출하고, 종국에는 절손되게 된다.

◆ 가솔들은 血光, 殘疾(잔질), 관재구설 등의 흉화에 시달리고, 자살자가 나오게 되고, 破財, 破家가 따르게 된다.

◆ 이는 少男에게 해당되며, 應期(응기)는 戊.己나 辰.未.戌.丑에 해당하는 年이나 月이다.

◆ 초년에는 星인 火가 宮인 土를 生하므로 간혹 재물이 흥성하고, 공직에 있는 사람이 나오나, 火가 土를 생하여 火炎土燥(화염토조)하니 부녀자의 성품이 강직하여, 부부 사이가 원만치 못하다는 것이다.

離門. 艮主. 坎廚(감방에 주방이 있는 경우)

◆ 離門에서 坎廚는 延年方이다.

◆ 艮主에서 坎廚는 五鬼方이다.

◆ 離門, 坎廚는 음양정배합이고 延年方이라 吉하여 財利가 있으나, 離門이 受剋되니 부녀자들에게는 불리함이 있다.

◆ 艮主, 坎廚는 坎廚가 受剋되고 五鬼方이라 凶한데, 먼저는 상극의 관계에서 仲男에게 불리하고 다음은 少男에게 흉화가 닥쳐오니 남자들에게 대체로 災厄이 당도하는 것이다.

◆ 이러한 가옥은 초년에는 재물과 전답이 늘고 번창하며, 男子들이 영화와 壽福(수복)을 누리게 된다.

◆ 그러나 세월이 오래 흐르면 아들이 적고, 眼疾患者(안질환자)가 생기고, 仲女가 단명하며, 심장병으로 고생할 것이다.

◆ 이 집에 盲人이 생기면 재앙이 시작되는 징조이다. 자손이 가출할 것이고, 어린아이가 비만해지거나, 盲人, 聾啞(농아), 정신질환 등이 발생할 것이다.

◆ 비록 재물은 있으나 부부사이가 화목치 못하고, 8년 안에 사람이 죽든지, 재물이 흩어지지 않으면, 부인이 가출하여 추하게 살아갈 것이다.

離門. 艮主. 艮廚(간방에 주방이 있는 경우)

◆ 離門에서 艮廚는 禍害方이 된다.

◆ 艮主에서 艮廚는 比和되어 伏位方이다.

◆ 離門, 艮廚는 상생되나 禍害方이라 凶하다. 남자들은 유약하며 겁이 많고, 부녀자

가 가권을 장악하여 집안 살림을 꾸려나간다.

◆ 艮主, 艮廚는 二土比和되고 伏位方이라 吉하여 財를 發하게 되나 장구하지 못하다.

◆ 이러한 가옥은 초년에는 재산이 일어나나, 부녀자에게 질병이 있으므로 어린아이 양육이 어렵다.

◆ 세월이 오래 흐르면 부녀자의 성품이 포악해져서, 不和하고, 자식들이 가출하고, 어린아이는 비만해지고, 盲人, 聾啞(농아), 나병환자 등이 발생할 것이다.

◆ 부녀자는 死産, 낙태의 위험이 있고, 아이 갖기가 어려우며, 근육통, 거동 불편 등의 흉액이 있을 것이다.

◆ 8년 안에 사람이 죽든지, 가출자가 생기든지 하고, 특히 부녀자의 경우는 가출하여 추하게 사니, 집안에 망신살이 뻗치는 것이다.

離門. 艮主. 震廚(진방에 주방이 있는 경우)

◆ 離門에서 震廚는 生氣方이다.

◆ 艮主에서 震廚는 六殺方이다.

◆ 離門, 震廚는 상생되고 生氣方이라 吉하다. 人丁이 旺하고 부귀를 누리게 된다.

◆ 艮主, 震廚는 艮主가 受剋되고 六殺方이라 凶하다. 少男과 어린아이들에게 흉화가 발생한다.

◆ 이러한 가옥은 초년에는 부녀자가 능히 살림을 일으킨다. 자손들은 용모와 재주가 뛰어나서 국가고시에 연달아 합격하고, 국가의 은혜를 받으며 부귀영화를 누릴 수 있다.

◆ 그러나 세월이 오래 흐르면 부녀자는 정신질환이나 死産, 낙태, 혹은 바람나서 가출하여 추하게 살아가거나 단명하게 된다.

◆ 또한 정신질환, 聾啞(농아), 예기치 않은 災厄, 官災, 화재, 도난 등의 흉화가 발생하고 사람이 죽고 재산이 흩어진다.

離門. 艮主. 巽廚(손방에 주방이 있는 경우)

◆ 離門에서 巽廚는 天醫方이다.

◆ 艮主에서 巽廚는 絶命方이다.

◆ 離門, 巽廚는 상생되고 天醫方이다. 木火通明의 象으로 大吉大利하다.

◆ 艮主, 巽廚는 艮主가 受剋되니 少男과 어린아이들에게 불리하고 孤寡之人(고과지인)이 多出하게 되며 종국에는 절손되게 된다.

◆ 초년에는 돈과 재물이 넉넉하다. 집안에 영화가 가득하고, 현달하나, 二女同居의 象이므로, 자녀들의 양육이 불가하다.

◆ 부녀자는 총명하고 가정을 화목하게 하고, 어질고 베풀기를 좋아하여 여장부라

한다.
- ◆ 남자의 기운이 衰하니 주방을 옮겨 개수하면 흉을 면할 수 있다.
- ◆ 그러나 세월이 흐르면 부녀자는 포악해지고, 자손은 가출하고, 어린이는 비만해지고, 盲人, 聾啞(농아), 發癌(발암), 정신질환 등의 흉액이 발생하게 된다.
- ◆ 8년 안에 家破人亡하고 부녀자는 가출하여 추하게 살아간다.

離門. 艮主. 離廚(이방에 주방이 있는 경우)

- ◆ 離門에서 離廚는 比和되어 伏位方이다.
- ◆ 艮主에서 離廚는 禍害方이 된다.
- ◆ 離門, 離廚는 二火比和되고 伏位方이라 吉하여 財를 發하게 되나 복록이 장구하지 못하다.
- ◆ 艮主, 離廚는 상생되어 離廚의 火氣가 洩(설)되니 仲女에게 불리함이 있고, 남자들이 겁이 많고 유약하여 부녀자가 家權을 장악하게 된다.
- ◆ 이러한 가옥은 초년에는 매사 순탄하여 사업이 흥왕하고, 가산이 불같이 일어나나, 純陰에 해당하니 남자는 단명하고, 부녀자가 가정을 꾸려 나간다.
- ◆ 中風, 心臟病(심장병), 眼疾(안질), 陰病(음병), 心焦(심초) 등의 질환이 발생한다.
- ◆ 그러나 세월이 흐르면 부녀자는 포악해지고, 자손은 가출하고, 어린이는 비만해지고, 盲人, 聾啞(농아), 發癌, 정신질환 등의 흉액이 발생하게 된다.
- ◆ 8년 안에 家破人亡하고 부녀자는 가출하여 추하게 살아간다.

離門. 艮主. 坤廚(곤방에 주방이 있는 경우)

- ◆ 離門에서 坤廚는 六殺方이다.
- ◆ 艮主에서 坤廚는 生氣方이다.
- ◆ 離門, 坤廚는 火生土하여 離門의 火氣가 洩되니 仲女에게 불리하다.
- ◆ 艮主, 坤廚는 二土比和되고 一陰一陽이며 生氣方이라 吉하여 財利가 있다.
- ◆ 이러한 가옥은 길흉이 速成速敗한다. 초년에는 평안함이 있으나 장구하지는 못하다.
- ◆ 세월이 흐르면 老母는 치매를 앓고, 부녀자는 심장병, 산후질환 등의 증세가 나올 것이고, 각종 災禍가 그치질 않고, 남녀가 가출하게 될 것이다.
- ◆ 부녀자의 성격이 포악해져 집안이 화평하지 못하고, 養子를 들이나 이마저 여의치 않고, 집안이 풀려나가질 않으니, 주방과 주인방의 위치를 옮기고 잘못된 부분을 개수해야 한다.
- ◆ 8년 안에 家破人亡할 것이다.

離門. 艮主. 兌廚(태방에 주방이 있는 경우)

- ◆ 離門에서 兌廚는 五鬼方이다.
- ◆ 艮主에서 兌廚는 延年方이다.
- ◆ 離門, 兌廚는 兌廚가 受剋되고 五鬼方이라 凶하니, 少女에게 단명수가 따르고 凶禍가 있게 된다. 五鬼의 作亂(작란)으로 집안이 화평하지 못하다.
- ◆ 艮主, 兌廚는 음양정배합이고 生氣方이라 吉하다.
- ◆ 이러한 가옥은 초년에는 매사 순탄하여 부부가 화목하고, 공직에 종사하는 사람이 많이 나온다.
- ◆ 오래 세월이 흐르면 부인이 먼저 손상되고, 남편의 命도 길지 못하다.
- ◆ 眼疾患, 심장병, 두통, 陰病, 心焦 등의 질병이 발생하고, 딸은 많고 아들은 적은데 그 아들의 양육마저 어렵다.
- ◆ 화재, 도난, 부녀자의 정신질환, 불면증, 가출, 예기치 않은 재난, 비명횡사 등으로 집안에 풍파가 줄어들지 않는다.

離門. 艮主. 乾廚(건방에 주방이 있는 경우)

- ◆ 離門에서 乾廚는 絶命方이다.
- ◆ 艮主에서 乾廚는 天醫方이다.
- ◆ 離門, 乾廚는 乾廚가 受剋되고 絶命方이라 흉하다. 老父의 단명수가 따르고, 破財하게 되고, 종국에는 절손되게 된다.
- ◆ 艮主, 乾廚는 상생되고 天醫方이라 吉하다.
- ◆ 이러한 가옥은 부녀자의 성품이 포악하여 가족이 화목치 못하니 가출자가 나오고, 정신질환, 나병환자 등이 생긴다.
- ◆ 세월이 흐르면 老翁(노옹)은 咳嗽病(해수병)으로 고생하던지, 중풍으로 고생하고, 부녀자는 死産이나 낙태, 산후병으로 단명하지 않으면 가출하게 되며, 어린아이 양육이 어렵다.
- ◆ 안질환, 심장병, 불면증, 몸이 마르는 병, 정신질환, 官災, 비명횡사 등이 발생한다.
- ◆ 종국에는 절손되게 되고, 사람과 六畜의 손상이 많으니 家破人亡한다.

(7) 離門과 震主의 길흉

- ◎ 아래도표에서 집의 중심에서 나경을 보아 丙.午.丁方에 출입문이 있으면 離門이라 하고, 주인방이 甲.卯.乙方에 있으면 震主라 한다.
- ◎ 離門과 震主가 火와 木이 相生되어 발복되고, 부녀자가 선량하다는 것이다.

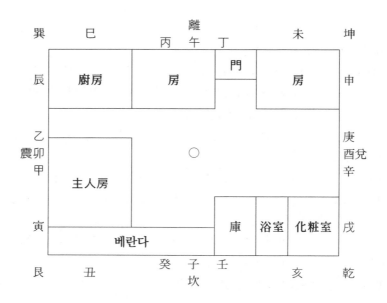

離門. 震主. 八廚

離門과 震主의 길흉

◆ 離門에서 震主는 生氣方이니 일명 生氣宅이라 한다.

◆ 離門, 震主의 구조는 木火通明(목화통명)이니, 大富大貴의 가옥 배치이고, 자손들이 공명현달하며, 국가고시 합격자가 연출하며, 자녀는 효현하고, 3년~8년 내에 남녀 모두 부귀공명이 따른다.

◆ 또한 財를 發하게 되고, 人丁이 旺하고, 富貴를 得할 수 있다. 형제간에 우애가 있고, 건강 장수하여 자손들에게 영화로움이 따르게 된다.

◆ 發福은 주로 長男에게 해당되고, 應期는 甲.乙이나 亥.卯.未에 해당하는 年이나 月이다.

離門. 震主. 坎廚(감방에 주방이 있는 경우)

◆ 離門에서 坎廚는 延年方이다.

◆ 震主에서 坎廚는 天醫方이다.

◆ 離門, 坎廚는 음양정배합이고 延年方이니 吉하다. 다만 離門이 受剋되니 부녀자들에게 흉화가 따르게 된다.

◆ 震主, 坎廚는 상생되고 天醫方이라 吉하다.

◆ 이러한 가옥은 초년에는 부녀자가 능히 살림을 일으켜 재물과 전답이 늘고 번창하며, 자손들은 모두 재능과 용모가 청수하며, 국가고시합격자가 연출하여, 家門을

빛내고 영달한다.

◆ 세월이 오래 흐르면 長子는 영화를 누리나 次子와 부녀자는 질병으로 모두 단명할 것이다.

◆ 이러한 가옥은 거주자의 命과 相剋되던지, 盲人이 나오게 되면 재앙이 발생할 징조라 한다.

◆ 심장병, 眼疾患(안질환), 예기치 않은 흉액 등이 발생한다.

離門. 震主. 艮廚(간방에 주방이 있는 경우)

◆ 離門에서 艮廚는 禍害方이 된다.

◆ 震主에서 艮廚는 六殺方이다.

◆ 離門, 艮廚는 상생되나 禍害方이라 흉한데, 부녀자가 성격이 강하여 살림을 일으키게 되나, 家權을 장악하여 가족들간 불화가 발생하게 된다.

◆ 震主, 艮廚는 艮廚가 受剋되고 六殺方이라 흉하여 老父에게 흉화가 따르고 여타의 남자들에게도 災厄이 당도하게 된다.

◆ 이러한 가옥은 초년에는 부녀자가 능히 살림을 일으켜 재물과 전답이 늘고 번창하며, 자손들은 모두 재능과 용모가 청수하며, 국가고시 합격자가 연출하여, 家門을 빛내고 영달한다.

◆ 그러나 세월이 오래 흐르면 부녀자의 성품이 포악해져서, 不和하고, 자식들이 가출하고, 어린아이는 비만해지고, 盲人, 聾啞(농아), 나병환자 등이 발생할 것이다.

◆ 부녀자는 死産, 낙태의 위험이 있고, 아이 갖기가 어려우며, 근육통, 거동불편 등의 흉액이 있을 것이다.

◆ 8년 안에 사람이 죽든지, 가출자가 생기든지 하고, 특히 부녀자의 경우는 가출하여 추하게 사니, 家門을 욕되게 한다.

離門. 震主. 震廚(진방에 주방이 있는 경우)

◆ 離門에서 震廚는 生氣方이다.

◆ 震主에서 震廚는 比和되어 伏位方이다.

◆ 離門, 震廚는 상생되고 生氣方이라 大吉하다.

◆ 震主, 震廚는 二木比和되고 伏位方이리 吉하여 財를 發하나 복록이 장구하지 못하다.

◆ 이러한 가옥은 초년에는 부녀자가 능히 살림을 일으킨다. 자손들은 용모와 재주가 뛰어나서 국가고시에 연달아 합격하고, 국가의 은혜를 받으며 부귀영화를 누릴 수 있다.

◆ 그러나 세월이 오래 흐르면 長子는 성공하여 금전과 재물이 쌓이나, 次子나 부녀

자는 질병으로 단명할 것이다. 그리고 어리석고 미련하고 고집 센 자식이 태어나 家産을 탕진하고 가업이 피폐될 것이다.

離門. 震主. 巽廚(손방에 주방이 있는 경우)

- 離門에서 巽廚는 天醫方이다.
- 震主에서 巽廚는 延年方이다.
- 離門, 巽廚는 상생되고 天醫方이라 吉하다.
- 震主, 巽廚는 二木比和되고 延年方이라 吉한데, 자손들이 현량하며 총명하고, 부귀를 누리게 되고, 二陰이니 부녀자들도 현모양처이다.
- 초년에는 돈과 재물이 넉넉하다. 집안에 영화가 가득하고, 현달하며, 부녀자가 총명하여 살림을 크게 일으키고, 자손은 국가고시에 합격하여 부귀영달한다.
- 그러나 세월이 흐르면 부녀자가 선량하고 남에게 많이 베풀어 공덕을 쌓았으나, 자식은 잘 풀리지 못하고 家門이 점점 쇠퇴해지고, 예기치 않은 흉액이 발생하니 여자를 탓하지 말고 방비를 잘해야 한다.
- 비록 陽宅3要素가 吉하게 배치됐다 할지라도 거주자의 命과 相剋되면 상기와 같은 흉화가 발생할 것이다.

離門. 震主. 離廚(이방에 주방이 있는 경우)

- 離門에서 離廚는 比和되어 伏位方이다.
- 震主에서 離廚는 生氣方이 된다.
- 離門, 離廚는 二火比和되고 伏位方이라 吉하다.
- 震主, 離廚는 상생되고 生氣方이라 大吉하다.
- 이러한 가옥은 초년에는 매사 순탄하여 사업이 흥왕하고, 家産이 불같이 일어나나, 남자가 단명하니 부녀자가 능히 가정을 잘 꾸려나갈 것이다.
- 자손들은 모두 재주와 용모가 뛰어나고, 국가고시에 합격하며, 재물과 금전이 창고에 가득하다.
- 그러나 세월이 오래 흐르면 眼疾(안질), 심장병, 陰病, 心焦(심초) 등의 질환이 발생한다.
- 二陰一陽에 해당하니 남자는 단명하고, 부녀자가 가정을 꾸려 나간다.
- 끝내는 절손되어 사위가 가계를 이어 나간다.

離門. 震主. 坤廚(곤방에 주방이 있는 경우)

- 離門에서 坤廚는 六殺方이다.
- 震主에서 坤廚는 禍害方이다.
- 離門, 坤廚는 상생되고 六殺方인데, 火生土하니 火炎土燥하고 生而不生의 象으

로, 부녀자들에게 불리한 것이다.

◆ 震主, 坤廚는 坤廚가 受剋되니 老母에게 불리하고 여타 부녀자들에게도 災厄이 따르게 된다.

◆ 이러한 가옥은 초년에는 부녀자가 능히 살림을 일으킨다. 자손들은 재주와 학식이 뛰어나 국가고시에 합격하고, 금전과 재물이 창고에 쌓인다.

◆ 그러나 세월이 오래 흐르면, 남편과 자식이 손상되고, 부녀자는 眼疾(안질), 심장병, 산후질환, 중풍, 근육마비 등의 흉액을 겪게 된다.

◆ 부녀자의 성격이 포악해져 집안이 화평하지 못하고, 養子를 들이나 이마저 여의치 않고, 집안이 풀려나가질 않으니, 주방과 주인방의 위치를 옮기고 잘못된 부분을 改修해야 한다.

離門. 震主. 兌廚(태방에 주방이 있는 경우)

◆ 離門에서 兌廚는 五鬼方이다.

◆ 震主에서 兌廚는 絶命方이다.

◆ 離門, 兌廚는 兌廚가 受剋되니 少女에게 불리하고, 기타 여자아이들에게도 재액이 따른다. 또한 五鬼方이라 시비다툼과 관재구설 등이 다발하게 된다.

◆ 震主, 兌廚는 震主가 受剋되고 絶命方이라 凶하여 長男과 여타의 남자들에게 흉화가 따른다.

◆ 離門, 震主, 兌廚의 구조는 陰盛陽衰하니 부녀자들의 전횡과 作亂(작란)이 따른다.

◆ 이러한 가옥은 초년에는 매사 순탄하여 부부가 화목하고, 공직에 종사하는 사람이 많이 나온다.

◆ 오래 세월이 흐르면 부인이 먼저 손상되고, 남편의 命도 길지 못하다.

◆ 도난, 화재, 官災, 자식문제 등으로 불면증이 생기고, 심장병, 腰痛(요통) 등의 질환이 발생한다.

◆ 비명횡사, 溺死(익사), 客死 등의 흉액이 없으면, 부녀자는 정신질환으로 가출하여 추하게 살아간다.

離門. 震主. 乾廚(건방에 주방이 있는 경우)

◆ 離門에서 乾廚는 絶命方이다.

◆ 震主에서 乾廚는 五鬼方이다.

◆ 離門, 乾廚는 乾廚가 受剋되고 絶命方이라 흉한데, 老父에게 災厄이 있고 여타 남자들에게도 흉화가 따르게 된다. 火星은 급박하고 폭발성이 강하므로 흉화가 급하게 당도하는 것이다.

◆ 震主, 乾廚는 震主가 受剋되고 五鬼方이라 흉한데, 長男에게 흉화가 먼저 닥쳐오

고, 뒤를 이은 次男에게도 災厄이 당도하여 전체 남자들에게 흉화와 夭死가 따르는 것이다.

◆ 이러한 가옥은 초년에는 부녀자가 능히 살림을 일으킨다. 자손들은 재주와 학식이 뛰어나 국가고시에 합격하고, 금전과 재물이 창고에 쌓인다.

◆ 세월이 흐르면 부녀자는 死産이나 낙태, 산후병으로 단명하지 않으면 가출하게 되며, 어린아이 양육이 어렵다.

◆ 眼疾患(안질환), 심장병, 불면증, 몸이 마르는 병, 정신질환, 官災, 비명횡사 등이 발생한다.

◆ 종국에는 과부와 홀아비만 남게 되어, 절손되게 되고, 사람과 육축의 손상이 많으니 家破人亡한다.

(8) 離門과 巽主의 길흉

◎ 아래도표에서 집의 중심에서 나경을 보아 丙·午·丁方에 출입문이 있으면 離門이라 하고, 주인방이 辰·巽·巳方에 있으면 巽主라 한다.

◎ 이런 가옥구조는 부녀자가 총명하여 가정을 딸 꾸려가므로 여장부라 한다. 돈과 재물이 풍족하고 오곡이 창고에 쌓인다.

◎ 그러나 離門과 巽主는 二女同居의 象이므로 자식의 양육이 어렵다. 그리고 남편과 자식이 주눅이 들어 후사가 없으니, 부녀자 탓만 하지 말고 吉方으로 改修(개수)하거나 옮겨야 한다.

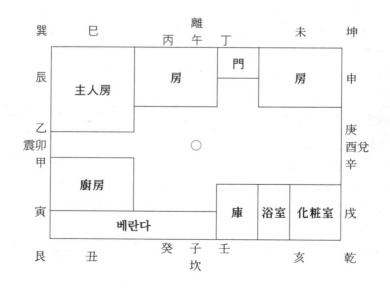

離門. 巽主. 八廚

離門과 巽主의 길흉

- 離門에서 巽主는 天醫方이니 일명 天醫宅이라 한다.
- 天醫는 巨門土星(거문토성)에 해당된다.
- 木火相生되고 天醫方이라 吉하다. 財를 發하고, 人丁이 旺하고, 부귀를 누리게 된다.
- 자손들은 대체로 총명하고 神童(신동)이 多出하고, 건강장수하며, 생활에 여유가 있고, 공명현달하게 된다.
- 이는 주로 仲男에게 해당되고, 應期는 戊.己나 辰.未.戌.丑에 해당하는 年이나 月이다.

離門. 巽主. 坎廚(감방에 주방이 있는 경우)

- 離門에서 坎廚는 延年方이다.
- 巽主에서 坎廚는 生氣方이다.
- 離門, 坎廚는 음양정배합이고 延年方이라 吉하여, 人丁이 旺하고 부귀를 得하게 된다.
- 巽主, 坎廚는 상생되고 生氣方이니 吉하다.
- 이러한 가옥은 초년에는 부녀자가 능히 살림을 일으켜 재물과 전답이 늘고 번창하며, 자손들은 모두 재능과 용모가 청수하며, 국가고시 합격자가 연출하여, 家門을 빛내고 영달한다.
- 그러나 세월이 흐르면 長子는 단명수가 있으며, 큰며느리의 命이 宮의 生을 받으면 자손이 부귀영달한다.
- 부부는 화목하고, 매사 실패가 적고, 재물이 넉넉하나, 眼疾患者(안질환자)가 발생하면 재앙이 시작되는 징조이다.
- 심장병으로 젊은 부녀자가 단명할 것이고, 예기치 않은 흉조가 생길 것이니 방비를 튼튼히 하여야 한다.

離門. 巽主. 艮廚(간방에 주방이 있는 경우)

- 離門에서 艮廚는 禍害方이 된다.
- 巽主에서 艮廚는 絶命方이다.
- 離門, 艮廚는 상생되나 禍害方이라 凶하다. 남자는 유약하고 겁이 많아 부녀자가 家權을 장악하게 된다.
- 巽主, 艮廚는 艮廚가 受剋되니 少男에게 불리하고, 어린아이들을 키우기가 어렵고 종국에는 절손되게 된다.

- 이러한 가옥은 초년에는 부녀자가 능히 살림을 일으켜 재물과 전답이 늘고 번창하며, 자손들은 모두 재능과 용모가 청수하며, 국가고시 합격자가 연출하여, 가문을 빛내고 영달한다. 남자는 發福됨이 적고, 어린아이는 양육이 不可하다.
- 세월이 오래 흐르면 부녀자의 성품이 포악해져서 不和하고, 자식들이 가출하고, 어린아이는 비만해지고, 盲人, 聾啞(농아), 정신질환환자 등이 발생할 것이다.
- 8년 안에 사람이 죽든지, 가출자가 생기든지 하고, 특히 부녀자의 경우는 가출하여 추하게 살아가니, 家門을 욕되게 한다.

離門. 巽主. 震廚(진방에 주방이 있는 경우)

- 離門에서 震廚는 生氣方이다.
- 巽主에서 震廚는 延年方이다.
- 離門, 震廚는 상생되며 生氣方이라 吉하다.
- 巽主, 震廚는 二木比和되고, 木火通明(목화통명)의 象이며 延年方이라 吉하여 부귀를 得하게 된다.
- 이러한 가옥은 초년에는 부녀자가 능히 살림을 일으킨다. 자손들은 용모와 재주가 뛰어나서 국가고시에 연달아 합격하고, 국가의 은혜를 받으며 부귀영화를 누릴 수 있다.
- 그러나 세월이 오래 흐르면 長子는 성공하여 사업이 흥왕하고 재물이 쌓이나, 次子나 부녀자는 질병으로 단명할 것이다. 그리고 어리석고 미련하고 고집 센 자식이 태어나 家産을 탕진하고 가업이 피폐될 것이다.

離門. 巽主. 巽廚(손방에 주방이 있는 경우)

- 離門에서 巽廚는 天醫方이다.
- 巽主에서 巽廚는 比和되어 伏位方이다.
- 離門, 巽廚는 상생되고 天醫方이라 吉하다.
- 巽主, 巽廚는 二木比和되고 伏位方이라 吉하여 초년에 財를 發하나, 二陰으로 음양이 부조화되니 복록이 장구하지 못하다.
- 초년에는 돈과 재물이 넉넉하다. 집안에 영화가 가득하고 자식들이 현달하게 된다.
- 그러나 離門, 巽主, 巽廚는 三女同居의 純陰之宅이다. 陰盛陽衰하니 부녀자가 총명하여 살림을 크게 일으키나, 남자는 發福이 적고, 어린아이 키우기가 어렵다. 그리고 陰害하려는 사람과 세력을 조심해야 한다.
- 세월이 오래 흐르면 중풍, 근육마비, 咳嗽喘息(해수천식) 등의 질환이 가솔들에게 발생할 것이고, 남편과 자식이 일찍 죽으니 家産이 피폐되고 代를 잇기 어렵다.

離門. 巽主. 離廚(이방에 주방이 있는 경우)

- 離門에서 離廚는 比和되어 伏位方이다.
- 巽主에서 離廚는 天醫方이 된다.
- 離門, 離廚는 二火比和되니 초년에 財를 發하나 장구하지 못하다.
- 巽主, 離廚는 상생되고 天醫方이라 吉하다.
- 離門, 巽主, 離廚는 三女同居의 純陰之宅(순음지택)이다. 자연 陽을 傷하게 되니 남자들에게 흉화와 단명수가 따르게 된다.
- 이러한 가옥은 초년에는 매사 순탄하여 사업이 흥왕하고, 家産이 불같이 일어나나, 남자는 단명하고, 어린아이 키우기가 어려우니, 부녀자가 능히 가정을 잘 꾸려나갈 것이다.
- 모름지기 남의 陰害(음해)를 잘 방비해야 한다.
- 그러나 세월이 오래 흐르면 眼疾(안질), 심장병, 陰病(음병), 心焦(심초) 등의 질환이 발생한다. 끝내는 절손되어 사위가 가계를 이어 나간다.

離門. 巽主. 坤廚(곤방에 주방이 있는 경우)

- 離門에서 坤廚는 六殺方이다.
- 巽主에서 坤廚는 五鬼方이다.
- 離門, 坤廚는 상생되나 六殺方이라 凶하다.
- 巽主, 坤廚는 坤廚가 受剋되니 老母에게 불리하고 여타 부녀자들에게도 흉화가 따른다.
- 離門, 巽主, 坤廚는 三陰의 純陰之宅이다. 부녀자의 作亂(작란)이 多發하고, 가족간 불화하고, 陰이 太旺하니 자연 陽을 傷하게 하여 남자들에게 단명수가 따르고 종국에는 절손되게 된다.
- 이러한 가옥은 초년에는 매사 순탄하여 사업이 흥왕하고, 家産이 불같이 일어나나, 남자는 단명하고, 어린아이 키우기가 어려우니, 부녀자가 능히 가정을 잘 꾸려나갈 것이다.
- 그러나 세월이 오래 흐르면, 남편과 자식이 손상되고, 부녀자는 眼疾(안질), 심장병, 산후질환, 중풍, 근육마비 등의 흉액을 겪게 된다.
- 그리고 부녀자의 성격이 포악해져 집안이 평온하지 못하고, 養子를 들이나 이마저 여의치 않고, 집안이 풀려나가질 않으니, 주방과 주인방의 위치를 옮기고 잘못된 부분을 改修해야 한다.

離門. 巽主. 兌廚(태방에 주방이 있는 경우)

- 離門에서 兌廚는 五鬼方이다.

- 巽主에서 兌廚는 六殺方이다.
- 離門, 兌廚는 兌廚가 受剋되고 五鬼方이라 凶하여 少女에게 불리하고 여타의 어린여자아이들에게도 흉화가 있다.
- 巽主, 兌廚는 巽主가 受剋되고 六殺方이라 凶하니 長女나 큰며느리에게 불리하다.
- 離門, 巽主, 兌廚는 三女同居의 純陰之宅이다. 陽을 傷하게 하니 남자들에게 夭死가 따르고, 陰이 盛하니 부녀자들에게도 災厄이 따르게 되어 孤寡之人(고과지인)이 多出하고 종국에는 절손되게 된다.
- 이러한 가옥은 초년에는 매사 순탄하여 사업이 흥왕하고, 家産이 불같이 일어나나, 남자는 단명하고, 어린아이 키우기가 어려우니, 부녀자가 능히 가정을 잘 꾸려나갈 것이다.
- 그러나 세월이 오래 흐르면, 남편과 자식이 손상되고, 부녀자는 眼疾(안질), 심장병, 불면증, 산후질환, 중풍, 근육마비 등의 흉액을 겪게 된다.
- 가택에 官災. 비명횡사, 객사, 溺死 등의 흉화가 있겠고, 부녀자는 정신질환이나 가출 등으로 추하게 살 것이다.

離門. 巽主. 乾廚(건방에 주방이 있는 경우)

- 離門에서 乾廚는 絕命方이다.
- 巽主에서 乾廚는 禍害方이다.
- 離門, 乾廚는 乾廚가 受剋되니 老父에게 불리하고 여타의 남자들에게도 흉화가 따른다.
- 巽主, 乾廚는 巽主가 受剋되니 長女와 큰며느리에게 불리하고 여타의 여자들도 흉화가 따르니 人丁이 衰하게 된다.
- 이러한 가옥은 초년에는 매사 순탄하여 사업이 흥왕하고, 家産이 불같이 일어나나, 남자는 단명하고, 어린아이 키우기가 어려우니, 부녀자가 가정을 꾸려나갈 것이다.
- 그러나 세월이 오래 흐르면, 남편과 자식이 손상되고, 부녀자는 眼疾(안질), 심장병, 산후질환, 중풍, 근육마비 등의 흉액을 겪게 된다.
- 부녀자는 死産이나 낙태, 산후병으로 단명하지 않으면 가출하게 되며, 어린아이 양육이 어렵다.
- 老翁(노옹)은 咳嗽(해수), 중풍, 근육마비 등의 질환을 앓고, 眼疾患(안질환), 심장병 등의 흉액이 있으며, 종국에는 과부와 홀아비만 남게 되어, 절손되게 되고, 사람과 육축의 손상이 많으니 家破人亡(가파인망)한다.

1) 離命과 九星/廚房 落宮處의 吉凶 分析

離命之宅

1. 人丁(인정)		
落宮處	落宮 事案 (九星. 廚房)	吉凶 解說
震方 (甲.卯.乙)	生氣(木) 廚房	五子를 得한다.
兌方 (庚.酉.辛)	五鬼(火) 廚房	絶孫된다.
坎方 (壬.子.癸)	延年(金) 廚房	四子를 得한다.
坤方 (未.坤.申)	六殺(水) 廚房	先傷長子 後 一子를 得한다.
艮方 (丑.艮.寅)	禍害(土) 廚房	先傷末子女. 後 二子를 得한다.
巽方 (辰.巽.巳)	天醫(土) 廚房	三子를 得한다.
乾方 (戌.乾.亥)	絶命(金) 廚房	傷長子 後 絶孫된다.
離方 (丙.午.丁)	伏位(木) 廚房	딸만 낳게 된다.

◆離命人이 廚房을 震方(생기방)으로 배치하면 5子를 얻게 되어 吉하다.
◆離命人이 廚房을 乾方(절명방)으로 배치하면 종국에는 절손되게 된다.
◆離命人이 廚房을 坎方(연년방)이나 巽方(천의방)으로 배치하면 각각 4子와 3子를 얻게 되어 吉하다.

2. 婚姻(혼인)

◆離命人 남자와 震命人 여자와의 혼인은 生氣이니 吉하다.
◆兌命人 여자와의 혼인은 오귀이니 凶하다.
◆坎命人 여자와의 혼인은 연년이니 吉하다.
◆坤命人 여자와의 혼인은 육살이니 凶하다.

◆ 艮命人 여자와의 혼인은 화해이니 凶하다.

◆ 巽命人 여자와의 혼인은 천의이니 吉하다.

◆ 乾命人 여자와의 혼인은 절명이니 凶하다.

◆ 離命人 여자와의 혼인은 복위이니 吉하다.

◆ 離命人은 生氣에 해당하는 震命人과 결혼하는 것이 제일 좋고, 天醫에 해당하는 巽命人과 延年에 해당하는 坎命人은 다음으로 좋다.

◆ 결혼이 빨리 성사되기를 바란다면 坎方에 침실을 마련하는 것이 좋고, 만약 離命人 남자가 禍害에 해당하는 艮命인 여자를 만났다면 그 妻는 自縊(자액)하게 될 것이다.

3. 疾病(질병)

◆ 離命人이 乾方(絕命方)을 犯했다면, 폐가 나빠져 咳嗽(해수), 吐血 등의 질병이 발생한다.

◆ 坤方(六殺方)을 犯했다면 학질, 이질, 다리종기 등의 질병이 발생한다.

◆ 兌方(五鬼方)을 犯했다면 폐가 썩고, 咳嗽(해수), 심장병, 眼疾 등의 질병이 나타난다.

◆ 艮方(禍害方)을 犯했다면 小腸疾患(소장질환), 陰病, 학질, 이질, 데어서 피부가 벗겨지거나 썩는 등의 질병을 앓게 된다.

4. 災禍(재화)

◆ 離命人이 乾方(絕命方)을 犯하면 災厄과 절손의 흉액이 있고, 또는 絕命方의 사람과 관재구설, 시비, 다툼 등의 흉액이 발생하고, 吉方(生氣, 延年, 天醫)에서는 재난을 당해도 죽음은 면한다. 또한 離命人이 絕命方을 犯하면 여자는 시아버지의 꾸중을 듣고 자책하다 결국 夭死하게 된다.

◆ 離命人이 坤方(六殺方)을 犯했다면 부부불화가 발생한다. 또는 六殺方의 老婦에 의해 詞訟(사송)에 휘말리어 破財가 따르고, 모친, 長子, 女息까지 손상된다.

◆ 離命人이 六殺方의 음식을 노래 먹으면 약물중독으로 고생한다.

◆ 離命人 婦人이 六殺方의 음식을 오래 먹으면 老翁(노옹)의 꾸중을 듣고, 다리의 종기로 고생한다.

◆ 離命人이 兌方(五鬼方)을 犯하면 먼저 모친이나 妻를 극하게 되고, 다음은 자식을 극한다. 그렇지 않으면 부인이 재물을 훔치거나 小婢(소비)와 小僕(소복)이 재물을 훔쳐 달아나지 않으면, 도둑을 맞거나, 화재를 당한다.

◆ 離命人이 艮方(禍害方)을 犯하면, 艮方의 황색옷의 아이로 인해 詞訟 件에 휘말리고 재산의 손실을 본다. 그리고 어린 여자아이나 婢僕(비복)이 손상된다.

3. 진문震門. 팔주八主. 팔주八廚

(1) 震門과 震主의 길흉

⊙ 아래도표에서 집의 중심에서 나경을 보아 甲.卯.乙方에 출입문이 있으면 震門이라 하고, 주인방이 甲.卯.乙方에 있으면 震主라 한다.

⊙ 震門과 震主는 妻子를 상극하고 木이 重하니, 陽이 盛하고 陰이 衰하므로 처자식에게 불리하다.

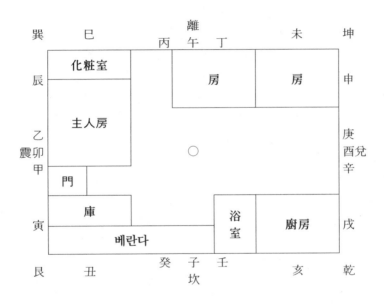

震門. 震主. 八廚

震門과 震主의 길흉

◆ 震門에서 震主는 伏位方이므로 일명 伏位宅이라 한다.

◆ 이런 구조는 二木比和되니 財를 發하게 되고 貴도 得하게 된다.

◆ 伏位는 輔弼星(보필성)으로, 多生女兒하여 養子를 들이거나 사위가 代를 잇는 경우가 발생하고, 수명은 中壽이고, 富는 小富이고, 남자는 공직에 임하고 여자는 명문가에 시집가게 된다.

◆ 주로 長男에 해당되고 應期는 甲.乙이나 亥.卯.未에 해당하는 年이나 月이다.

◆ 二男이 同居하는 象으로 초년에는 부귀를 누리고 발복하나, 陽이 盛하고 陰이

衰하므로 부인이 夭死하고, 남자들이 建旺하지 못하니 단명하고, 과부가 속출하니 代를 잇기 어렵다.

- 그러나 주방을 坎方에 배치하면 초년에는 三子를 두고, 가정이 화목하고, 부귀창성하나, 종국에는 부녀자가 단명하고 남자가 적다.

震門. 震主. 坎廚(감방에 주방이 있는 경우)

- 震門에서 坎廚는 天醫方이다.
- 震主에서 坎廚는 天醫方이다.
- 震門, 坎廚는 상생되고 天醫方이니 吉하다.
- 震主, 坎廚 역시 상생되고 天醫方이니 吉하다.
- 震門, 震主, 坎廚의 구조는 三陽의 純陽之宅(순양지택)이다. 초년에는 財를 發하게 되나 장구하지 못하고, 또한 자연 陰을 傷하게 하니 부녀자들의 夭死가 따르며, 陽이 太旺하니 남자들도 흉액이 따르게 되어 종국에는 절손되게 된다.
- 이러한 가옥은 초년에는 사업이 형통하고 돈과 재물이 넉넉하므로 가정이 화목하다.
- 대체로 長子는 사업에 성공하여 금전과 재물이 늘고 명성도 떨치는데, 세월이 갈수록 자손이 적어지고, 부녀자가 단명하던지, 어린아이 기르기가 어려우며, 末子에게는 불리하다.
- 그리고 세월이 오래 흐르면 癡者(치자), 聾啞(농아), 頑愚(완우) 등의 비정상인이 태어난다.
- 참고로 西四宅에서는 民宅3要素가 吉星을 得하면 吉하고 오래 지속되는데, 東四宅은 吉星을 得해도 吉함이 오래 지속되지 못하고, 흉화가 존재해서 그런지 우리나라 古家에서 東四宅은 많이 남아있지 못하다.

震門. 震主. 艮廚(간방에 주방이 있는 경우)

- 震門에서 艮廚는 六殺方이 된다.
- 震主에서 艮廚는 六殺方이다.
- 震門, 艮廚는 艮廚가 受剋되고 六殺方이라 凶하여, 少男에게 불리하고 어린아이들에게도 凶함이 있다.
- 震主, 艮廚 역시 凶함이 있다.
- 震門, 震主, 艮廚의 구조는 艮廚가 六殺方이라 흉하다. 人丁이 衰하고, 남자들은 주색과 도박으로 家産을 탕진하고, 또한 단명과 癲狂(전광), 자살 등의 흉액이 다발하게 되고, 종국에는 절손되게 된다. 또한 三男同居의 純陽之宅이니 陰陽의 부조화로 인한 여러 흉화가 다발한다.
- 이러한 가옥은 초년에는 사업이 형통하고 돈과 재물이 넉넉하므로 가정이 화목하다.

- 대체로 長子는 사업에 성공하여 금전과 재물이 늘고 명성도 떨치는데, 세월이 갈수록 자손이 적어지고, 부녀자가 단명하던지, 어린아이 기르기가 어려우며, 末子에게는 불리하다.
- 그리고 세월이 오래 흐르면 癡者(치자), 聾啞(농아), 頑愚(완우=완고하고 어리석음) 등의 비정상인이 태어난다. 부녀자는 질병의 발생이 빈번하니 단명하게 되고 아이를 양육하기 어렵다.
- 재물이 있어 다른 여자를 맞아들인다 해도, 역시 命이 길지 못하고, 家産을 탕진하게 되며, 끝내는 절손되게 된다.

震門. 震主. 震廚(진방에 주방이 있는 경우)

- 震門에서 震廚는 比和되어 伏位方이다.
- 震主에서 震廚는 伏位方이다.
- 震門, 震廚는 二木比和되고 伏位方이라 吉하여 초년에는 財를 發하나 장구하지 못하다.
- 震主, 震廚 역시 초년에는 吉하나 복록이 장구하지 못하다.
- 震門, 震主, 震廚는 三陽의 純陽之宅이다. 초년에는 財利가 여의하나, 먼저는 부녀자들의 손상이 따르고 이윽고 남자들에게도 여러 흉화가 당도하여 종국에는 陰陽의 부조화로 인해 절손되게 된다.
- 이러한 가옥은 三木成林의 象이니, 초년에는 사업이 흥왕하고 돈과 재물이 넉넉하므로 가정이 화목하다.
- 대체로 長子는 사업에 성공하여 금전과 재물이 늘고 사회적으로 명성도 얻게 되는데, 세월이 흐를수록 자손이 적어지고, 부녀자가 단명하던지, 어린아이 기르기가 어려우며, 末子에게는 불리하다.
- 그리고 세월이 오래 흐르면 癡者(치자), 聾啞(농아), 頑愚(완우) 등의 비정상인이 태어난다. 부녀자는 질병의 발생이 빈번하니 단명하게 되고, 아이를 양육하기 어렵다.
- 이러한 배치는 木인 陽이 盛하고, 陰이 衰하므로 부녀자에게는 각종 질병으로 고통이 많게 된다.

震門. 震主. 巽廚(손방에 주방이 있는 경우)

- 震門에서 巽廚는 延年方이다.
- 震主에서 巽廚는 延年方이다.
- 震門, 巽廚는 二木比和되고 延年方이라 吉하여 富貴를 發하게 된다.
- 震主, 巽廚 역시 二木比和되고 延年方이라 吉하다.

- 이러한 가옥은 초년에는 부부가 화목하고, 베풀기를 잘하고, 가업이 흥왕하고, 자손이 잘 풀려 나간다.
- 6년 내에 길함이 應하는데 없다면 亥.卯.未年에 국가고시에 합격하는 자손이 나온다.
- 父子가 친밀하며 영화를 누리고, 형제간에 우애 있고, 온갖 상서로운 기운이 집안에 가득하다.
- 그러나 세월이 지나면 부녀자와 次子가 夭死하고, 어린아이 기르기가 어렵다. 또한 癡者(치자), 聾啞(농아), 頑愚(완우) 등의 비 정상인이 태어난다.
- 특히 부녀자는 각종 질병에 시달리게 되니 어린아이 양육이 어렵다는 것이다.

震門. 震主. 離廚(이방에 주방이 있는 경우)

- 震門에서 離廚는 生氣方이다.
- 震主에서 離廚는 生氣方이 된다.
- 震門, 離廚는 상생되어 木火通明(목화통명)의 象이고 生氣方이니 吉하여 부귀를 得하게 된다.
- 震主, 離廚 역시 음양이 조화를 이루고 生氣方이니 吉하다.
- 이러한 가옥은 총명한 자손이 태어나 국가고시에 합격하고 고관대작을 지내며, 금전과 재물이 滿堂(만당)한다. 이는 부부가 화합하는 吉方에 주방이 위치하고 있기 때문이다.
- 그러나 세월이 오래 흐르면 長子는 사업에 성공하여 돈과 재물과 명성을 얻으나, 次子는 불효하고, 부녀자는 단명하므로 어린아이 양육이 어렵다.
- 또한 癡者(치자), 聾啞(농아), 頑愚(완우) 등의 비정상인이 태어난다. 그리고 거주자의 命이 不配合되거나 受剋되면 끝내 절손되게 된다.

震門. 震主. 坤廚(곤방에 주방이 있는 경우)

- 震門에서 坤廚는 禍害方이다.
- 震主에서 坤廚는 禍害方이다.
- 震門, 坤廚는 坤廚가 受剋되고 禍害方이니 凶하여 老母에게 불리함이 있다.
- 震主, 坤廚 역시 坤廚가 受剋되니 老母에게 흉화가 있고 여타 부녀자들에게도 災厄이 따르게 된다.
- 이러한 가옥은 초년에는 사업이 형통하고 돈과 재물이 넉넉하므로 가정이 화목하다.
- 대체로 長子는 사업에 성공하여 금전과 재물이 늘고 명성도 떨치는데, 세월이 갈수록 자손이 적어지고, 次子는 不成하고 부녀자는 단명하니 어린아이 양육이 어렵다.

- 그리고 세월이 오래 흐르면 癡者(치자), 聾啞(농아), 頑愚(완우) 등의 비정상인이 태어난다. 長子는 모친의 뜻을 거역하고, 형제간에 不和가 잦다.
- 또한 도박과 여색으로 방탕한 생활을 하여 家産을 탕진하고, 부녀자는 심장병, 황달병 등으로 사망하게 될 것이고, 어린이는 뒷머리가 붓는 증세가 발생한다.
- 사람과 六畜의 손상이 있으니 종국에는 家破人亡한다.

震門. 震主. 兌廚(태방에 주방이 있는 경우)

- 震門에서 兌廚는 絶命方이다.
- 震主에서 兌廚는 絶命方이다.
- 震門, 兌廚는 震門이 受剋되고 絶命方이라 凶하다. 長男의 夭死가 따르고 이어서 뒤를 잇는 次男 등에게도 災厄이 있다.
- 震主, 兌廚 역시 震主가 受剋되고 絶命方이니 凶하여 長男과 여타 남자들에게 흉화가 있다.
- 이러한 가옥은 초년에는 사업이 흥왕하고 돈과 재물이 넉넉하므로 가정이 화목하다.
- 대체로 長子는 사업에 성공하여 금전과 재물이 늘고 사회적으로 명성도 얻는데, 세월이 갈수록 자손이 적어지고, 次子는 不成하고 부녀자는 단명하니 어린아이 양육이 어렵다.
- 그리고 세월이 오래 흐르면 癡者(치자), 聾啞(농아), 頑愚(완우), 腰痛(요통), 근육마비 등의 비정상인이 태어난다.
- 그리고 木星人이 거주하면 재물이 흩어지고 재물의 손상이 온다.
- 自縊刀傷(자액도상), 자살, 타살, 비명횡사 등의 흉액이 발생한다.
- 고향을 떠나면 凶함을 면할 수 있다.

震門. 震主. 乾廚(건방에 주방이 있는 경우)

- 震門에서 乾廚는 五鬼方이다.
- 震主에서 乾廚는 五鬼方이다.
- 震門, 乾廚는 震門이 受剋되고 五鬼方이니 長男에게 불리하고 여타의 남자들에게도 흉화가 따르니 破家하게 된다.
- 震主, 乾廚 역시 상극되고 五鬼方이니 남자들에게 시비다툼, 관재구설, 남의 음해 등 불리함이 많다.
- 震門, 震主, 乾廚의 구조는 三男同居의 純陽之宅이다. 자연 陰을 傷하게 하니 부녀자들에게 夭死가 따르고, 純陽으로 음양이 부조화되니 남자들에게도 흉화가 따르게 되어 종국에는 절손되게 된다.
- 이러한 가옥은 초년에는 가업이 흥왕하고 돈과 재물이 넉넉하므로 가정이 화목하다.

- 대체로 長子는 사업에 성공하여 금전과 재물이 늘고 명성도 떨치게 된다.
- 그러나 세월이 오래 흐르면 純陽之局이니 자손이 적어지고, 次子는 不成하고 부녀자는 단명하니 어린아이 양육이 어렵다.
- 父子間에 불화하고 결국 長子도 단명하게 된다.
- 老翁(노옹)은 咳嗽病(해수병)을 앓을 것이고, 咽喉痛(인후병), 癩病(나병=문둥병), 비명횡사, 화재, 도난, 官災, 육축손상 등의 흉액이 있을 것이고 결국 家破人亡한다.

(2) 震門과 巽主의 길흉

◉ 아래도표에서 집의 중심에서 나경을 보아 출입문이 甲.卯.乙方에 있으면 震門이라 하고, 주인방이 辰.巽.巳方에 있으면 巽主라 한다.

◉ 震門과 巽主는 八卦상 雷와 風으로 음양에 배합되고, 震은 長男이고, 巽은 長女이므로 陰陽과 夫婦正配合에 해당되니 아주 吉한 배치이다.

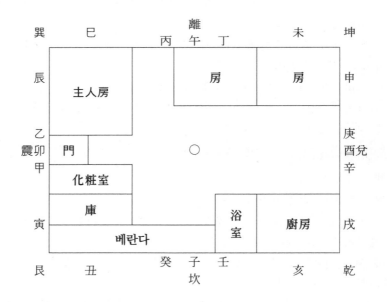

震門. 巽主. 八廚

震門과 巽主의 길흉

- 震門에서 巽主는 延年方이니 일명 延年宅이라 한다.
- 이런 구조는 음양정배합되고 延年方이니 吉하다. 二木比和되니 財를 發하고, 人丁이 旺하고, 富는 中富이고, 壽命은 長壽한다.
- 우수한 자손과 영웅호걸들이 출생하고, 부부는 화목하고, 국가고시에 붙어 국가의 祿을 받는 자손들이 多出한다.
- 發福은 주로 少男에게 해당되고, 應期는 庚.辛이나 巳.酉.丑에 해당하는 年이나 月이다.

震門. 巽主. 坎廚(감방에 주방이 있는 경우)

- 震門에서 坎廚는 天醫方이다.
- 巽主에서 坎廚는 生氣方이다.
- 震門, 坎廚는 상생되고 天醫方이니 人丁과 財가 旺하고 吉하다.
- 巽主, 坎廚는 역시 상생되고 生氣方이라 吉하다.
- 이러한 가옥은 부부가 화목하고 덕망이 있으며, 8년 내에 吉함이 應하며, 亥.卯.未年에는 자손이 태어나는데, 자손과 집안에 상서로운 기운이 만당하다.
- 父子가 국가고시에 합격하고, 형제간에 화목하다. 자손들은 모두 총명 준수하고 높은 관직에 올라 부귀영화를 누린다.
- 그러나 세월이 흐르면 二陽一陰으로 陽盛陰衰하니 부녀자들에게 흉화가 따르게 되는 것이다.

震門. 巽主. 艮廚(간방에 주방이 있는 경우)

- 震門에서 艮廚는 六殺方이 된다.
- 巽主에서 艮廚는 絶命方이다.
- 震門, 艮廚는 艮廚가 受剋되고 六殺方이니 少男에게 불리하고 어린 아이들에게도 흉화가 따른다.
- 巽主, 艮廚 역시 艮廚가 受剋되고 絶命方이라 凶하여, 少男과 여타의 남자들에게 재액이 따르며, 破財, 破家하게 되고 종국에는 절손되게 된다.
- 이러한 가옥은 초년에는 부부가 화목하고 덕망이 있으며, 8년 내에 吉함이 應하며, 亥.卯.未年에는 자손이 태어나는데, 자손과 집안에 상서로운 기운이 滿堂(만당)하다. 부자가 함께 국가고시에 합격하고, 형제간에 화목하다.
- 그러나 세월이 오래 흐르면 부녀자는 死産, 낙태, 혹은 산후질환으로 사망하여 아이를 기르기가 어렵고, 자식이 없어 다른 여자를 들이나 이마저 여의치 않고,

家破人亡하고 결국에는 절손되게 된다.

震門. 巽主. 震廚(진방에 주방이 있는 경우)

- 震門에서 震廚는 比和되어 伏位方이다.
- 巽主에서 震廚는 延年方이다.
- 震門, 震廚는 二木比和되고 伏位方이라 吉하여 초년에 財利가 있으나 장구하지 못하다.
- 巽主, 震廚 역시 二木比和되고 延年方이니 吉하다.
- 이러한 집은 부부가 화목하고 덕망이 있으며, 6년 내에 吉함이 應하며, 亥.卯.未年에는 자손이 태어나는데, 자손과 집안에 상서로운 기운이 滿堂(만당)하다. 부자가 국가고시에 합격하고, 높은 관직에 오르며, 형제간에 화목하다.
- 세월이 오래 흐르고, 거주자의 命이 不合되면, 長子는 사업에 성공하여 금전과 재물을 많이 모으나, 次子는 不成하고 부녀자는 단명하여 어린아이 양육이 어렵다.
- 癡者(치자), 聾啞(농아), 頑愚(완우), 腰痛(요통), 근육마비 등의 비정상인이 태어나고, 끝내는 절손되게 된다.

震門. 巽主. 巽廚(손방에 주방이 있는 경우)

- 震門에서 巽廚는 延年方이다.
- 巽主에서 巽廚는 比和되어 伏位方이다.
- 震門, 巽主는 二木比和되고 음양정배합되며 延年方이라 吉하다.
- 巽主, 巽廚 역시 二木比和되고 伏位方이니 吉하다. 부귀를 得하게 되고 人丁이 旺하게 된다.
- 이러한 가옥은 부부가 화목하고 덕망이 있으며, 6년 내에 吉함이 應하며, 亥.卯.未年에는 자손이 태어나는데, 자손과 집안에 상서로운 기운이 滿堂하다. 부자가 함께 국가고시에 합격하고, 높은 관직에 오르며 형제간에 화목하다.
- 그러나 세월이 오래 흐르면 남자는 단명하고, 자식이 없으니 가업을 유지하기 힘들다.
- 중풍, 근육마비, 咳嗽病(해수병) 등의 흉화가 발생하고, 홀아비나 과부가 집안을 지키는 형국이다.

震門. 巽主. 離廚(이방에 주방이 있는 경우)

- 震門에서 離廚는 生氣方이다.
- 巽主에서 離廚는 天醫方이 된다.
- 震門, 離廚는 木火通明의 象이며 生氣方이라 吉하다.
- 巽主, 離廚는 상생되며 天醫方이라 吉하다.

- 震門, 巽主, 離廚의 구조는 남녀 자손이 모두 총명우수하고, 家率과 집안이 잘 다스려지고, 화평하게 되는 吉宅이다.
- 이러한 가옥은 초년에는 부부가 화목하고 덕망이 있으며, 6년 내에 吉함이 應하며, 亥.卯.未年에는 자손이 태어나는데, 자손과 집안에 상서로운 기운이 滿堂하다. 父子가 국가고시에 합격하고, 형제간에 화목하다. 자손들은 모두 총명준수하고 높은 관직에 올라 부귀영화를 누린다.
- 그러 세월이 오래 흐르면 二陰一陽의 형국이라 陰盛陽衰하니 남자들에게 흉화가 발생하고, 자식들 키우기가 어려우니 종국에는 절손되게 된다.

震門. 巽主. 坤廚(곤방에 주방이 있는 경우)

- 震門에서 坤廚는 禍害方이다.
- 巽主에서 坤廚는 五鬼方이다.
- 震門, 坤廚는 坤廚가 受剋되고 禍害方이니 老母에게 불리함이 있고, 여타의 부녀자들에게도 災厄이 따른다.
- 巽主, 坤廚 역시 坤廚가 受剋되고 五鬼方이니 老母에게 단명수가 따르고 여타의 부녀자들에게도 여러 흉화가 발생한다.
- 이러한 가옥은 초년에는 부부가 화목하고 덕망이 있으며, 6년 내에 吉함이 應하며, 亥.卯.未年에는 자손이 태어나는데, 자손과 집안에 상서로운 기운이 滿堂(만당)하다.
- 부자가 국가고시에 합격하고, 형제간에 화목하다. 자손들은 모두 총명준수하고 높은 관직에 올라 부귀영화를 누린다.
- 그리고 세월이 오래 흐르면, 長子는 모친의 뜻을 거역하고, 형제간에 불화가 잦다. 또한 도박과 여색으로 방탕한 생활을 하여 家産을 탕진하고, 부녀자는 심장병, 황달병 등으로 사망하게 될 것이고, 어린이는 뒷머리가 붓는 증세가 발생한다.
- 사람과 육축의 손상이 있으니 종국에는 家破人亡한다.

震門. 巽主. 兌廚(태방에 주방이 있는 경우)

- 震門에서 兌廚는 絕命方이다.
- 巽主에서 兌廚는 六殺方이다.
- 震門, 兌廚는 震門이 受剋되고 絕命方이라 凶하다. 먼저는 長男에게 흉화와 夭死가 따르고, 이어서 다른 남자형제들에게도 災厄이 발생한다.
- 巽主, 兌廚는 巽主가 受剋되고 六殺方이라 凶한데, 長女나 큰며느리에게 흉화가 발생하고, 여타의 부녀자들에게도 災厄이 당도하여, 종국에는 아이들을 키우기 어려우니 절손되게 된다.

- 이러한 집은 초년에는 부부가 화목하고 덕망이 있으며, 6년 내에 吉이 應하며, 亥.卯.未年에는 자손이 태어나는데, 자손과 집안에 상서로운 기운이 滿堂하다.
- 父子가 국가고시에 합격하고, 형제간에 화목하다. 자손들은 모두 총명준수하고 높은 관직에 올라 揚名(양명)하고 부귀영화를 누린다.
- 그러나 세월이 오래 흐르면 長子孫이 손상되고 재물이 흩어질 것이다.
- 심장병, 腰痛(요통), 自縊刀傷(자액도상), 溺死(익사), 官災, 화재, 도난, 비명횡사 등의 흉액이 발생하고, 사람과 육축이 모두 손상되니 家破人亡한다.

震門. 巽主. 乾廚(건방에 주방이 있는 경우)

- 震門에서 乾廚는 五鬼方이다.
- 巽主에서 乾廚는 禍害方이다.
- 震門, 乾廚는 상극의 관계이며 五鬼方이라 凶하다. 震門이 受剋되니 먼저는 長男에게 불리하고, 이어서 剋하는 乾金의 老父에게도 흉화가 발생하는 것이다.
- 巽主, 乾廚는 역시 상극관계이며 禍害方이라 凶하다. 먼저는 受剋되는 巽主의 長女나 큰며느리에게 災厄이 따르고, 이어서 剋하는 乾廚의 老父에게도 흉액이 당도한다.
- 震門, 巽主, 乾廚의 가옥구조는 五鬼와 禍害를 대동하니 처자식을 극하게 되어, 家率들에게 단명수가 있고, 破財, 破家가 따르며, 종국에는 절손되는 가옥의 구조이다.
- 이러한 집은 초년에는 부부가 화목하고 덕망이 있으며, 6년 내에 吉함이 應하며, 亥.卯.未年에는 자손이 태어나는데, 자손과 집안에 상서로운 기운이 滿堂하다. 자손이 국가고시에 합격하고, 형제간에 화목하다.
- 그러나 세월이 오래 흐르면 父子간에 不和하고, 長子와 큰며느리가 손상될 것이다.
- 老翁(노옹)은 咳嗽病(해수병)을 앓을 것이고, 咽喉痛(인후통), 癩病(나병 =문둥병), 비명횡사, 화재, 도난, 官災, 육축손상 등의 흉액이 있을 것이고 결국 家破人亡한다.

(3) 震門과 離主의 길흉

⊙ 아래도표에서 집의 중심에서 나경을 보아 출입문이 甲.卯.乙方에 있으면 震門이라 하고, 주인방이 丙.午.丁方에 있으면 離主라 한다.

⊙ 震門과 離主는 팔괘상 雷火豐(뇌화풍)卦에 속하니 雷와 火가 조화를 이루어 부귀창성 한다는 뜻이다.

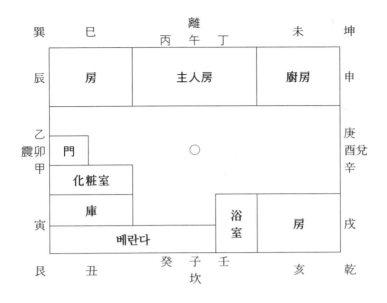

震門. 離主. 八廚

震門과 離主의 길흉

◆ 震門에서 離主는 生氣方이니 일명 生氣宅이라 한다.
◆ 이런 구조는 상생되고 生氣方이라 吉하다. 人丁이 旺하고, 發財하고, 富貴를 得하게 된다.
◆ 자손이 출중하고, 건강장수하며, 형제간에 우애있고, 영화로움을 누리게 되는데, 이는 長男에게 해당되며, 應期는 甲.乙이나 亥.卯.未에 해당하는 年이나 月이다.
◆ 木火通明(목화통명)하여 二星이 相生하니, 五子가 국가고시에 합격하고, 부부화목하다. 家門이 번창하고 전답이 늘고, 육축이 왕성하고, 자손들이 모두 공명현달한다. 남자는 총명하고 여자는 미모가 있고, 어린아이는 영특하다. 부녀자는 현모양처이다.

震門. 離主. 坎廚(감방에 주방이 있는 경우)

◆ 震門에서 坎廚는 天醫方이다.
◆ 離主에서 坎廚는 延年方이다.
◆ 震門, 坎廚는 상생되고 天醫方이니 吉하다.
◆ 離主, 坎廚는 음양정배합이고 延年生이라 吉하다.
◆ 震門, 離主, 坎廚의 구조는 순환상생되어 大吉하고 복록이 크다.
◆ 이러한 가옥은 금전과 재물이 날로 늘고, 자식이 재능 있고 청수하여 국가고시에

합격하고, 높이 관록이 오르니 家門에 영광이고, 부귀창달하며, 매사 실패함이 적다.

◆ 그러나 세월이 흘러 眼疾患者(안질환자)가 나오면 흉한 재앙의 징조이다. 또한 거주자의 命과 不合되면 心臟病(심장병)의 질환이 생기고 부녀자는 단명하게 된다.

震門. 離主. 艮廚(간방에 주방이 있는 경우)

◆ 震門에서 艮廚는 六殺方이 된다.

◆ 離主에서 艮廚는 禍害方이다.

◆ 震門, 艮廚는 艮廚가 受剋되고 六殺方이라 凶한데, 少男과 어린아이들에게 흉화가 발생한다.

◆ 離主, 艮廚는 상생되나 禍害方이라 凶하다.

◆ 震門, 離主, 艮廚의 가옥구조는 陽旺陰衰하니 부녀자들에게 불리하고, 이어서 남자들에게도 災厄과 夭死가 따르며, 종국에는 절손되게 된다.

◆ 이러한 가옥은 초년에는 부부가 화목하고 덕망이 있으며, 재물이 날로 늘고 자손과 집안에 상서로운 기운이 滿堂하다. 숙질간, 형제간 국가고시에 합격하고, 부귀영달한다.

◆ 그러나 세월이 오래 흐르면 부녀자는 死産, 낙태, 혹은 산후질환으로 사망하여 아이를 기르기가 어렵고, 자식이 없어 다른 여자를 들이나 이마저 여의치 않고, 家破人亡하고 결국에는 절손되게 된다.

震門. 離主. 震廚(진방에 주방이 있는 경우)

◆ 震門에서 震廚는 比和되어 伏位方이다.

◆ 離主에서 震廚는 生氣方이다.

◆ 震門, 震廚는 二木比和되고 伏位方이니 吉하여 초년에 財를 發하게 된다.

◆ 離主, 震廚는 상생되고 生氣方이라 역시 吉하다.

◆ 이러한 가옥은 초년에는 부부가 화목하고 덕망이 있으며, 家産이 날로 늘고 자손과 집안에 상서로운 기운이 滿堂하다. 숙질간, 형제간 국가고시에 합격하고, 부귀영달한다.

◆ 그러나 세월이 흐르면, 長子는 발달하나 末子는 막히고, 부녀자는 단명하므로 아이 키우기가 어렵다.

◆ 癡者(치자), 聾啞(농아), 頑愚(완우), 腰痛(요통), 근육마비 등의 비정상인이 태어나고, 끝내는 절손되게 된다.

震門. 離主. 巽廚(손방에 주방이 있는 경우)

◆ 震門에서 巽廚는 延年方이다.

- 離主에서 巽廚는 天醫方이다.
- 震門, 巽廚는 음양정배합이고 延年方이라 大吉하다.
- 離主, 巽廚는 상생되고 天醫方이니 역시 大吉하다.
- 이러한 가옥은 초년에는 부부가 화목하고 덕망이 있으며, 6년 내에 吉함이 應하며, 亥.卯.未年에는 자손이 태어나는데, 자손과 집안에 상서로운 기운이 滿堂하다. 부자가 국가고시에 합격하고, 높은 관직에 오르며 형제간에 화목하다.
- 형제자매간에 의리와 우애가 돈독하고, 부부간에도 화목하며, 자손들이 총명하고 재주가 있어, 국가의 부름을 받고 큰 공을 세운다.
- 그러나 세월이 오래 흐르면 二陰一陽으로 陰旺陽衰하니 남자들에게 점차 흉화가 발생하게 된다.

震門. 離主. 離廚(이방에 주방이 있는 경우)

- 震門에서 離廚는 生氣方이다.
- 離主에서 離廚는 比和되어 伏位方이 된다.
- 震門, 離廚는 상생되고 生氣方이니 吉하다.
- 離主, 離廚는 二火比和되고 伏位方이니 吉하다.
- 震門, 離主, 離廚의 구조는 二陰一陽으로 陰旺陽衰하니, 현명한 부녀자가 집안 살림을 일으키고, 집안의 大小事를 관장한다.
- 이러한 집은 부부가 화목하고 덕망이 있으며, 재물이 날로 늘고 자손과 집안에 상서로운 기운이 滿堂하다. 숙질간, 형제간 국가고시에 합격하고, 부귀영달한다.
- 부모에 효도하고, 형제자매간 화목하고, 자손들이 부귀하고 번창하는 아주 좋은 吉宅이다.
- 그러나 세월이 오래 흐르면 陰盛陽衰의 형국이니 남자들에게 여러 흉화가 발생하게 된다.

震門. 離主. 坤廚(곤방에 주방이 있는 경우)

- 震門에서 坤廚는 禍害方이다.
- 離主에서 坤廚는 六殺方이다.
- 震門, 坤廚는 坤廚가 受剋되고 禍害方이라 凶하다. 먼저는 老母에게 災厄이 있고 이어서 가택의 모든 부녀자들에게 흉화가 따르는 것이다.
- 離主, 坤廚는 상생되나 六殺方이라 凶한데, 陰盛하니 자연 陽을 傷하게 하여 남자들의 손상이 있는 것이다.
- 이러한 가옥은 초년에는 부부가 화목하고 덕망이 있으며, 재물이 날로 늘고 자손과 집안에 상서로운 기운이 滿堂하다. 숙질간, 형제간 국가고시에 합격하고, 부귀

영달한다.

- 부모에 효도하고, 형제자매간 화목하고, 자손들이 부귀영달하는 매우 좋은 吉宅이다.
- 그러나 세월이 오래 흐르면, 長子는 모친의 뜻을 거역하고, 형제간에 不睦(불목)한다. 도박이나 女色으로 재산을 탕진한다.
- 심장병, 음식을 먹지 못하고, 어린아이에게 뒷머리가 붓는 증세가 나온다. 사람과 육축이 모두 손상되니 家門이 疲弊(피폐)된다.

震門. 離主. 兌廚(태방에 주방이 있는 경우)

- 震門에서 兌廚는 絕命方이다.
- 離主에서 兌廚는 五鬼方이다.
- 震門, 兌廚는 震門이 受剋되고 絕命方이라 흉하다, 長男에게 먼저 흉화가 당도하고 이어서 가택의 여타 남자들에게도 災厄이 발생한다.
- 離主, 兌廚는 兌廚가 受剋되고 五鬼方이라 凶한데, 막내딸이나 나이어린 여자아이들에게 흉화가 따르게 된다. 陰剋陰의 상황이니 여자들에게 불리한 것이다.
- 이러한 가옥은 초년에는 부부가 화목하고 덕망이 있으며, 家産이 날로 늘고 자손과 집안에 상서로운 기운이 滿堂하다. 숙질간, 형제간 국가고 시에 합격하고, 부귀영달한다.
- 세월이 오래 흐르면 長子孫이 손상되고, 재산이 흩어질 것이고, 심장병, 腰痛(요통), 自縊刀傷(자액도상), 溺死(익사), 비명횡사, 官災, 화재, 도난 등의 흉액이 연발하고, 六畜이 모두 손상되고 가업이 파산된다.

震門. 離主. 乾廚(건방에 주방이 있는 경우)

- 震門에서 乾廚는 五鬼方이다.
- 離主에서 乾廚는 絕命方이다.
- 震門, 乾廚는 震門이 受剋되고 五鬼方이라 凶한데, 長男에게 흉화가 닥쳐오고, 가택의 여타 남자들에게도 災厄이 따르게 된다.
- 離主, 乾廚는 乾廚가 受剋되고 絕命方이라 凶하다. 老父에게 凶함이 닥치는 것이다.
- 震門, 離主, 乾廚의 구조는 총체적으로 敗折(패절)의 가옥형태이고 百事가 불리하며 大凶한 구조인 것이다.
- 이러한 가옥은 초년에는 부부가 화목하고 덕망이 있으며, 家産이 날로 늘고 자손과 집안에 상서로운 기운이 滿堂하다. 숙질간, 형제간, 국가고시에 합격하고, 부귀영달한다.

- 그러나 세월이 오래 흐르면 부자간에 불화하고, 長子와 큰며느리가 손상될 것이다.
- 老翁(노옹)은 咳嗽病(해수병)을 앓을 것이고, 근육통, 咽喉痛(인후통), 癩病(나병), 비명횡사, 화재, 도난, 官災, 육축손상 등의 흉액이 있을 것이고 결국 家破人亡한다.

(4) 震門과 坤主의 길흉

◎ 아래도표에서 집의 중심에서 나경을 보아 출입문이 甲.卯.乙方에 있으면 震門이라 하고, 주인방이 未.坤.申方에 있으면 坤主라 한다.

◎ 震門과 坤主는 八卦上 木과 土라 木剋土하니 坤主인 老母가 傷하게 된다.

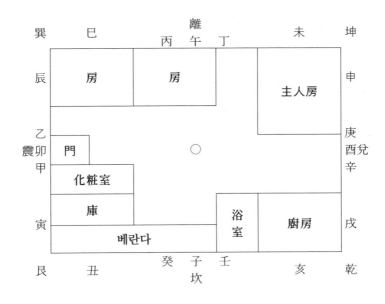

震門. 坤主. 八廚

震門과 坤主의 길흉

- 震門에서 坤主는 禍害方이니 일명 禍害宅이라 한다.
- 禍害는 祿存土星으로, 남자들이 밖에 나가 남과 다투기를 좋아하고, 人丁이 衰하고, 血光, 殘疾(잔질) 등의 질병이 多發하고, 시비다툼, 관재구설, 자살 등의 흉화가 발생함이 많고, 破財, 破家하게 된다.
- 이는 주로 少男에게 해당되고 應期는 戊.己나 辰.未.戌.丑에 해당하는 年이나

月이다.

◆ 坤土가 震木의 剋을 받으므로, 長子가 모친을 거역하고, 黃腫(황종), 위장병 등의 질병이 발생한다.

◆ 만약 坤主에 離命人이 함께 居하면, 초년에는 남자에게 손상이 없으나, 세월이 흐르면 남자나 재물, 가업, 모두 疲弊(피폐)된다.

震門. 坤主. 坎廚(감방에 주방이 있는 경우)

◆ 震門에서 坎廚는 天醫方이다.

◆ 坤主에서 坎廚는 絕命方이다.

◆ 震門, 坎廚는 상생되고 天醫方이니 吉하다.

◆ 坤主, 坎廚는 坎廚가 受剋되고 絕命方이니 凶하다, 長男에게 단명 등의 흉화가 따르고 불리하다.

◆ 이러한 가옥은 초년에는 금전과 재물이 날로 늘고, 자식이 재능있고 청수하여 국가고시에 합격하고, 높이 관록이 오르니 家門에 영광이고, 부귀창달한다.

◆ 그러나 세월이 흐르면 부녀자는 黃腫(황종)의 질병이 있고, 長子는 모친을 거역하고, 형제간에 불화하며, 도박과 주색으로 家産을 탕진한다.

◆ 음식을 먹지 못하고, 육축의 손상이 있고, 어린이의 양육이 어려우니 家破人亡한다.

震門. 坤主. 艮廚(간방에 주방이 있는 경우)

◆ 震門에서 艮廚는 六殺方이 된다.

◆ 坤主에서 艮廚는 生氣方이다.

◆ 震門, 艮廚는 艮廚가 受剋되고 六殺方이니 凶하다. 少男과 어린아이들에게 흉화가 닥쳐온다.

◆ 坤主, 艮廚는 二土比和되고 生氣方이니 吉하여 財利가 있다.

◆ 이러한 가옥은 초년에는 가업이 흥왕하고 家産이 늘어난다. 그러나 長子는 모친을 거역하고, 형제간에 불화하며, 도박과 주색으로 家産을 탕진한다.

◆ 心腹痛(심복통), 咽喉痛(인후통), 음식을 먹지 못하는 등의 질환과, 사람이 죽고, 육축과 농사를 망친다.

◆ 그러나 세월이 오래 흐르면 부녀자는 자식과의 연이 없어 死産, 낙태, 혹은 산후 질환으로 사망하여 아이를 기르기가 어렵고, 老父는 자식이 없어 다른 여자를 들이나 이마저 여의치 않고, 家破人亡하고 결국에는 절손되게 된다.

震門. 坤主. 震廚(진방에 주방이 있는 경우)

◆ 震門에서 震廚는 比和되어 伏位方이다.

◆ 坤主에서 震廚는 禍害方이다.

◆ 震門, 震廚는 二木比和되고 伏位方이니 吉하여 초년에는 財를 發하게 된다.
◆ 坤主, 震廚는 坤主가 受剋되고 禍害方이라 凶하다. 먼저는 老母에게 흉화가 따르고 이어서 점차 가택의 부녀자들에게 災厄이 당도한다.
◆ 이러한 가옥은 초년에는 부부가 화목하고 덕망이 있으며, 재물이 날로 늘고 자손과 집안에 상서로운 기운이 滿堂하다.
◆ 그러나 세월이 흐르면, 長子는 발전됨이 있으나 末子는 不成하고, 부녀자는 단명하므로 아이 키우기가 어렵다.
◆ 부녀자는 黃腫(황종)을 앓고, 長子는 老母를 거역하고, 형제간에 불화하고, 도박, 주색, 여행으로 家産을 탕진한다. 육축과 사람의 손상도 있다.
◆ 癡者(치자), 聾啞(농아), 頑愚(완우), 腰痛(요통), 근육마비 등의 비정상인이 태어나고, 끝내는 절손되게 된다.

震門. 坤主. 巽廚(손방에 주방이 있는 경우)

◆ 震門에서 巽廚는 延年方이다.
◆ 坤主에서 巽廚는 五鬼方이다.
◆ 震門, 巽廚는 음양정배합되고 延年方이니 吉하여 發財하게 된다.
◆ 坤主, 巽廚는 坤主가 受剋되고 五鬼方이라 凶한데 먼저는 老母에게 흉화가 발생하고 점차 가택의 모든 부녀자들에게 災厄이 당도하게 된다.
◆ 이러한 가옥은 초년에는 부부가 화목하고 덕망이 있으며, 6년 내에 吉함이 應하며, 亥.卯.未年에는 훌륭한 자손이 태어나는데, 자손과 집안에 상서로운 기운이 滿堂하다. 父子가 국가고시에 합격하고, 높은 관직에 오르며 형제간에 화목하다.
◆ 형제자매간에 의리와 우애가 돈독하고, 부부 간에도 화목하며, 자손들이 총명하고 재주가 있어, 국가의 부름을 받고 큰 공을 세운다.
◆ 그러나 세월이 오래 흐르면, 長子는 老母를 거역하고, 형제간에 불화하고, 도박, 주색, 여행으로 家産을 탕진한다.
◆ 가족이 대체로 심장병과 황달병으로 고생하고, 어린아이는 뒷머리에 혹이 생기는 질병을 앓게 되고, 육축과 사람의 손상이 있으니 家門이 피폐된다.

震門. 坤主. 離廚(이방에 주방이 있는 경우)

◆ 震門에서 離廚는 生氣方이다.
◆ 坤主에서 離廚는 六殺方이 된다.
◆ 震門, 離廚는 상생되고 生氣方이라 吉하다.
◆ 坤主, 離廚는 火生土하여 離廚의 氣가 洩되고, 火炎土燥의 형국이라 生而不生이니 仲女에게 불리하고, 점차 기택의 여타 부녀자들에게도 災厄이 당도한다.

- 본시 震門, 坤主는 상극의 관계이나 離方에 주방을 배치하게 되면, 木生火. 火生土로 순환상생되니 凶變吉이 되는 것이다.
- 이러한 가옥은 초년에는 부부가 화목하고 덕망이 있으며, 재물과 가업이 날로 흥왕하고 자손과 집안에 상서로운 기운이 滿堂하다. 숙질간, 형제간 국가고시에 합격하고, 부귀영달한다.
- 그러나 세월이 오래 흐르면 출입문과 주인방의 배치가 잘못되었으니, 長子는 老母를 거역하고, 형제간에 불화하고, 도박, 주색, 여행으로 家産을 탕진한다.
- 가족이 대체로 심장병과 황달병으로 고생하고, 어린아이는 뒷머리에 혹이 생기는 질병을 앓게 되고, 六畜과 사람의 손상이 있으니 家門이 피폐된다.

震門. 坤主. 坤廚(곤방에 주방이 있는 경우)

- 震門에서 坤廚는 禍害方이다.
- 坤主에서 坤廚는 比和되어 伏位方이다.
- 震門, 坤廚는 坤廚가 受剋되니 老母에게 불리하다.
- 坤主, 坤廚는 二土比和되고 伏位方이니 吉하여 초년에 財를 發하나 장구하지 못하다.
- 이러한 가옥은 초년에는 부부가 화목하고 덕망이 있으며, 재물이 날로 늘고 자손과 집안에 상서로운 기운이 滿堂하다.
- 그러나 세월이 오래 흐르면, 長子는 모친의 뜻을 거역하고, 형제간에 불목한다. 도박이나 여색으로 재산을 탕진한다.
- 가족은 심장병, 음식을 먹지 못하고, 어린아이 뒷머리가 붓는 증세가 나온다. 사람과 육축이 모두 손상되니 家門이 피폐된다.
- 거주자의 命이 합치되어야 복록을 누릴 수 있는 것이다.

震門. 坤主. 兌廚(태방에 주방이 있는 경우)

- 震門에서 兌廚는 絶命方이다.
- 坤主에서 兌廚는 天醫方이다.
- 震門, 兌廚는 震門이 受剋되고 絶命方이니 凶하다. 長男에게 흉화가 있고, 아이들에게도 災厄이 다다르게 된다.
- 坤主, 兌廚는 상생되고 天醫方이라 吉하다.
- 이러한 가옥은 초년에는 부부가 화목하고 덕망이 있으며, 家産이 날로 늘고 자손과 집안에 상서로운 기운이 만당하다.
- 그러나 세월이 오래 흐르면, 長子는 모친의 뜻을 거역하고, 형제간에 불목한다. 도박이나 女色으로 재산을 탕진한다.

- 가족은 심장병, 음식을 먹지 못하고, 腰痛(요통), 自縊刀傷(자액도상), 溺死(익사), 비명횡사, 어린아이 뒷머리가 붓는 증세가 나온다.
- 사람과 육축이 모두 손상되니 家門이 피폐된다.

震門. 坤主. 乾廚(건방에 주방이 있는 경우)

- 震門에서 乾廚는 五鬼方이다.
- 坤主에서 乾廚는 延年方이다.
- 震門, 乾廚는 震門이 受剋되고 五鬼方이라 凶한데, 長男의 夭死가 따르고 이어서 가택의 모든 남자들에게 흉화가 따르니, 종국에는 절손되어 大凶한 구조이다.
- 坤主, 乾廚는 부부정배합이고 延年方이니 吉하다.
- 이러한 가옥은 초년에는 부부가 화목하고 덕망이 있으며, 재물이 날로 늘고 자손과 집안에 상서로운 기운이 滿堂하다.
- 그러나 세월이 오래 흐르면, 長子는 모친의 뜻을 거역하고, 형제간에 불목한다. 도박이나 女色으로 재산을 탕진한다.
- 가족은 심장병, 음식을 먹지 못하고, 腰痛(요통), 自縊刀傷(자액도상), 溺死(익사), 비명횡사, 어린아이 뒷머리가 붓는 증세가 나온다. 사람과 육축이 모두 손상되니 家門이 피폐된다.
- 老翁(노옹)은 咳嗽病(해수병)을 앓을 것이고, 근육통, 咽喉痛(인후통), 癩病(나병), 비명횡사, 화재, 도난, 官災, 육축손상 등의 흉액이 있을 것이고 결국 家破人亡한다.

(5) 震門과 兌主의 길흉

⊙ 아래도표에서 집의 중심에서 나경을 보아 출입문이 甲.卯.乙方에 있으면 震門이라 하고, 주인방이 庚.酉.辛方에 있으면 兌主라 한다.

⊙ 震門과 兌主는 각각 木과 金으로 金剋木하여 相剋되니 長男의 손상이 있다는 것이다.

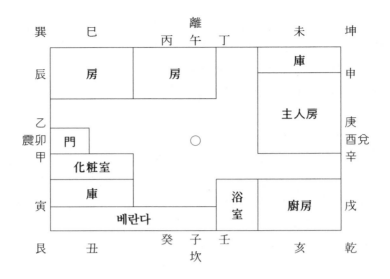

			離			未	坤
巽	巳	丙	午	丁			

震門. 兌主. 八廚

震門과 兌主의 길흉

- 震門에서 兌主는 絶命方이니 일명 絶命宅이라 한다.
- 絶命星은 破軍金星(파군금성)에 해당되며, 간사하고 무례하며, 重病으로 인해 단명하고, 잔질과 의외의 災禍가 多發하고, 破財, 破家되고, 종국에는 절손을 야기하는 凶星이다.
- 이는 長男에게 주로 해당되며, 應期는 庚.辛이나 巳.酉.丑에 해당하는 年이나 月이다.
- 陰陽이 상극하므로 사람과 재물을 보존키 어렵다. 腰痛(요통), 心腹痛(심복통) 등의 질환이 발생하고, 남자들의 命이 짧으니 과부가 속출하고 결국 절손되게 된다.
- 혹, 震門에 주방이 坎方에 있다면, 天醫宅에 해당되니 吉凶이 반반일 것이다.

震門. 兌主. 坎廚(감방에 주방이 있는 경우)

- 震門에서 坎廚는 天醫方이다.
- 兌主에서 坎廚는 禍害方이다.
- 震門, 坎廚는 상생되고 天醫方이라 吉하다.
- 兌主, 坎廚는 金生水하여 兌主의 金氣가 洩되니 少女에게 불리하다.
- 본시 震門과 兌主는 상극관계이나 坎方에 廚房을 설치하면, 金生水, 水生木으로 순환상생되니 凶變吉이 되는 것이다.

- ◆ 이러한 가옥은 초년에는 부부가 화목하고 덕망이 있으며, 재물이 날로 늘고 자손과 집안에 상서로운 기운이 滿堂하다. 숙질간, 형제간 국가고시에 합격하고, 부귀영달한다.
- ◆ 세월이 오래 흐르면 長子孫이 손상되고, 재산이 흩어질 것이고, 심장병, 腰痛(요통), 自縊刀傷(자액도상), 溺死(익사), 비명횡사, 官災, 화재, 도난 등의 흉액이 연발하고, 육축이 모두 손상되고 가업이 파산된다.
- ◆ 예기치 않은 사고로 인해 사람의 손상이 많으니 과부나 고아가 생기고 부녀자가 살림을 꾸려나간다.

震門. 兌主. 艮廚(간방에 주방이 있는 경우)

- ◆ 震門에서 艮廚는 六殺方이 된다.
- ◆ 兌主에서 艮廚는 延年方이다.
- ◆ 震門, 艮廚는 艮廚가 受剋되니 少男에게 불리하고 어린아이들에게도 흉화가 따른다.
- ◆ 兌主, 艮廚는 음양정배합이고 延年方이니 吉하다.
- ◆ 이러한 가옥은 초년에는 吉한 면도 있으나, 우울증, 咽喉痛(인후통), 심장병, 腰痛(요통), 自縊刀傷(자액도상), 溺死(익사), 교통사고 등의 흉액 이 발생한다.
- ◆ 예기치 않은 사고와, 재산상의 손실, 부모의 손상 등으로 고아, 과부가 생기고, 부녀자가 살림을 꾸려나간다.
- ◆ 그러나 세월이 오래 흐르면 부녀자는 死産, 낙태, 혹은 산후질환으로 사망하여 아이를 기르기가 어렵고, 자식이 없어 다른 여자를 들이나 이마져 여의치 않고, 家破人亡하고 결국에는 절손되게 된다.

震門. 兌主. 震廚(진방에 주방이 있는 경우)

- ◆ 震門에서 震廚는 比和되어 伏位方이다.
- ◆ 兌主에서 震廚는 絶命方이다.
- ◆ 震門, 震廚는 二木比和되고 伏位方이라 吉하여 초년에는 財를 發하게 된다.
- ◆ 兌主, 震廚는 震廚가 受剋되니 長男에게 夭死가 따르고 가택의 여타 남자들에게도 흉액이 당도하게 된다.
- ◆ 이러한 가옥은 초년에는 부부가 화목하고 덕망이 있으며, 재물이 날로 늘고 자손과 집안에 상서로운 기운이 滿堂하다.
- ◆ 세월이 흐르면 長子는 발달하나 末子는 막히고, 부녀자는 단명하므로 아이 키우기가 어렵다.
- ◆ 부녀자는 질병을 앓고, 우울증, 咽喉痛(인후통), 腰痛(요통), 自縊刀傷 (자액도

상), 溺死(익사), 교통사고 등의 흉사가 발생한다.
- 癡者(치자), 聾啞(농아), 頑愚(완우), 근육마비 등의 비정상인이 태어나고, 끝내는 절손되게 된다.
- 거주자의 命과 不合되면 자식을 얻기 어려우니 절손되기 쉽다.

震門. 兌主. 巽廚(손방에 주방이 있는 경우)

- 震門에서 巽廚는 延年方이다.
- 兌主에서 巽廚는 六殺方이다.
- 震門, 巽廚는 음양정배합이고 延年方이니 길하다.
- 兌主, 巽廚는 巽廚가 受剋되고 六殺方이라 凶하여, 長女나 큰며느리에게 흉액이 발생하고, 여타의 부녀자들에게도 불리함이 있다.
- 이러한 가옥은 초년에는 부부가 화목하고 덕망이 있으며, 6년 내에 吉함이 應하며, 亥.卯.未年에는 훌륭한 자손이 태어나는데, 자손과 집안에 상서로운 기운이 만당하다. 父子가 국가고시에 합격하고, 높은 관직에 오르며 형제간에 화목하다.
- 형제자매간에 의리와 우애가 돈독하고, 부부사이도 화목하며, 자손들이 총명하고 재주가 있어, 국가의 부름을 받고 큰 공을 세운다.
- 그러나 세월이 오래 흐르면, 長子는 우울증, 咽喉痛(인후통), 심장병, 腰痛(요통), 自縊刀傷(자액도상), 교통사고 등의 흉화가 발생한다.
- 예기치 않은 사고로 인해 부모가 손상되고, 재산이 손실되니, 고아나 과부가 생기고, 부녀자가 살림을 꾸려나간다.

震門. 兌主. 離廚(이방에 주방이 있는 경우)

- 震門에서 離廚는 生氣方이다.
- 兌主에서 離廚는 五鬼方이 된다.
- 震門, 離廚는 상생되고 生氣方이니 길하다.
- 兌主, 離廚는 兌主가 受剋되고 五鬼方이니 凶하다. 막내딸과 막내며느리에게 흉화가 닥치고, 여타의 부녀자들에게도 災厄이 당도한다.
- 이러한 가옥은 초년에는 부부가 화목하고 덕망이 있으며, 家産이 날로 늘고 자손과 집안에 상서로운 기운이 滿堂하다.
- 숙질간, 형제간 국가고시에 합격하고, 부귀영달한다. 부모에게 효도하고, 형제간에 우애 있고, 가정에 평안이 滿堂하다.
- 그러나 세월이 흐르면 주인방과 주방의 배치가 잘못되어, 우울증, 咽喉痛(인후통), 심장병, 腰痛(요통), 自縊刀傷(자액도상), 溺死(익사), 교통사고 등의 흉화가 발생한다.

- 사람과 육축이 모두 손상되니 家破人亡한다.

震門. 兌主. 坤廚(곤방에 주방이 있는 경우)

- 震門에서 坤廚는 禍害方이다.
- 兌主에서 坤廚는 天醫方이다.
- 震門, 坤廚는 坤廚가 受剋되고 禍害方이라 凶하여 老母에게 불리하다.
- 兌主, 坤廚는 상생되고 天醫方이라 吉하다.
- 이러한 가옥은 초년에는 부부가 화목하고 덕망이 있으며, 재물이 날로 늘고 자손과 집안에 상서로운 기운이 滿堂하다.
- 그러나 세월이 오래 흐르면, 長子는 모친의 뜻을 거역하고, 형제간에 불목하고, 도박이나 女色으로 재산을 탕진한다.
- 가족은 심장병, 음식을 먹지 못하고, 어린아이 뒷머리가 붓는 증세가 나온다. 사람과 육축이 모두 손상되니 家門이 피폐된다.
- 예기치 않은 일로 인해 재산의 손실이 있고, 官災, 화재, 도난, 사람이 손상되니 고아나 과부가 생기고, 부녀자가 살림을 꾸려나간다.

震門. 兌主. 兌廚(태방에 주방이 있는 경우)

- 震門에서 兌廚는 絶命方이다.
- 兌主에서 兌廚는 比和되어 伏位方이다.
- 震門, 兌廚는 震門이 受剋되고 絶命方이라 凶하다. 長男의 夭死가 따르고, 이어서 가택의 여타 남자들에게도 凶事가 따르며, 종국에는 절손되게 된다.
- 兌主, 兌廚는 二金比和되고 伏位方이라 吉하여 초년에는 財利가 있으나 복록이 장구하지 못하다.
- 이러한 가옥은 초년에는 재산은 있으나, 자식이 적든지 없거나 하고, 부녀자가 家權을 휘두르니, 가족들이 모두 불편해 하고 위장병 등이 발생한다.
- 세월이 오래 흐르면 가족은 심장병, 음식을 먹지 못하고, 腰痛(요통), 自縊刀傷(자액도상), 溺死(익사), 비명횡사, 官災, 화재 등의 흉액이 발생한다.
- 사람과 육축이 모두 손상되니 家門이 피폐된다.

震門. 兌主. 乾廚(건방에 주방이 있는 경우)

- 震門에서 乾廚는 五鬼方이다.
- 兌主에서 乾廚는 生氣方이다.
- 震門, 乾廚는 震門이 受剋되고 五鬼方이라 凶하다. 長男 및 여타의 남자들에게 재액이 따르게 된다.
- 兌主, 乾廚는 二金比和되고 一陰一陽이고 生氣方이니 초년에 財를 發하게 된다.

◆ 이러한 가옥은 초년에는 부부가 화목하고 덕망이 있으며, 재물이 날로 늘고 자손과 집안에 상서로운 기운이 滿堂하다.

◆ 그러나 세월이 오래 흐르면 父子間에 不和하고, 長子孫이 손상을 당한다.

◆ 근육통, 咽喉痛(인후통), 咳嗽(해수), 나병 등의 흉액이 있고, 화재, 官災, 도난 등의 흉화가 있고, 재물과 육축, 사람이 모두 손상당한다.

◆ 특히 長子는 우울증, 예기치 않은 사고, 咽喉痛(인후통), 心臟病(심장병), 腰痛(요통), 自縊刀傷(자액도상)등의 흉화가 발생한다.

◆ 남자에게 불의의 사고가 많으니 고아나 과부가 생기고 부녀자가 살림을 꾸려나간다.

(6) 震門과 乾主의 길흉

⊙ 아래도표에서 집의 중심에서 나경을 보아 출입문이 甲.卯.乙方에 있으면 震門이라 하고, 주인방이 戌.乾.亥方에 있으면 乾主라 한다.

⊙ 震門과 乾主가 木과 金으로 金剋木하여 相剋이니 老父에게 재앙이 있다는 것이다.

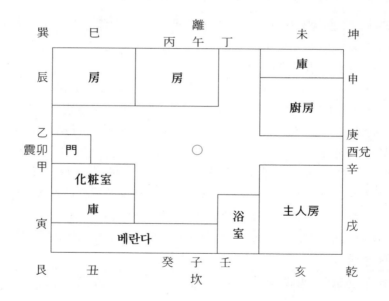

震門. 乾主. 八廚

震門과 乾主의 길흉

◆ 震門에서 乾主는 五鬼方이니 일명 五鬼宅이라 한다.

◆ 이런 구조는 人丁이 衰하고, 폭력성향의 자손이 출생하고, 예기치 않은 사고와 질병, 血光, 화재, 관재구설, 도난 등의 災厄이 따르고, 건강문제로는 심장병과, 腰痛(요통), 癩病(나병=문둥병) 등의 질환이 발생하며 종국에는 破財, 破家하게 된다.

◆ 이는 주로 長男에게 발생하며, 應期는 丙.丁이나 寅.午.戌에 해당하는 年이나 月이다.

震門. 乾主. 坎廚(감방에 주방이 있는 경우)

◆ 震門에서 坎廚는 天醫方이다.

◆ 乾主에서 坎廚는 六殺方이다.

◆ 震門, 坎廚는 상생되고 天醫方이라 吉하여 財利가 있고 건강장수한다.

◆ 乾主, 坎廚는 상생되나 六殺方이라 凶한데, 주색잡기에 빠져 破財, 破家되는 흉액이 당도한다.

◆ 震門, 乾主, 坎廚는 三男同居의 純陽之宅이다. 자연 陰을 傷하게 하니 부녀자들에게 흉화가 닥쳐오고, 남자들에게도 災厄이 발생하여 破財, 破家하고 종국에는 절손되게 된다.

◆ 이러한 가옥은 초년에는 부부가 화목하고 덕망이 있으며, 가업이 번창하며 재물이 날로 늘고 자손과 집안에 상서로운 기운이 滿堂하다. 자손들은 국가고시에 합격하고, 부귀영달한다.

◆ 세월이 오래 흐르면 長子孫이 손상되고, 우울증, 咽喉痛(인후통), 腰痛(요통), 다리가 시리고 아픔, 산후질환, 喘嗽(천수), 癩病(나병) 등의 흉액이 발생하고, 官災, 화재, 예기치 않은 사고 등으로 단명하는 사람이 나오고 육축도 손상된다.

震門. 乾主. 艮廚(간방에 주방이 있는 경우)

◆ 震門에서 艮廚는 六殺方이 된다.

◆ 乾主에서 艮廚는 天醫方이다.

◆ 震門, 艮廚는 艮廚가 受剋되니 少男에게 夭死와 흉액이 따른다.

◆ 乾主, 艮廚는 상생되고 天醫方이라 吉하다. 財利가 있고 건강장수한다.

◆ 초년에는 재물과 사업이 흥성하다.

◆ 그러나 세월이 흐르면 부자간, 형제간 불화로 長子孫이 손상되니 가족이 적거나 없게 된다.

- 오행상 金土에 해당하는 筋肉痛(근육통), 咽喉痛(인후통), 咳嗽(해수), 癩病(나병), 위장병 등으로 사람이 죽고, 화재, 官災, 도난 등의 흉액이 따른다.
- 부부해로하기 어려우며, 다른 여자를 얻어도 마찬가지인 代를 잇기 어렵고, 사람과 육축이 모두 손상되며, 재물도 흩어지니 家破人亡하고, 절손되게 된다.

震門. 乾主. 震廚(진방에 주방이 있는 경우)

- 震門에서 震廚는 比和되어 伏位方이다.
- 乾主에서 震廚는 五鬼方이다.
- 震門, 震廚는 二木比和되고 伏位方이라 吉하여 초년에는 財를 發하나 장구하지 못하다.
- 乾主, 震廚는 震廚가 受剋되고 五鬼方이라 凶하여 長男에게 흉화가 당도하고 종국에는 절손되게 된다.
- 이러한 가옥은 초년에는 부부가 화목하고 덕망이 있으며, 재물이 날로 늘고 자손과 집안에 상서로운 기운이 滿堂하다.
- 그러나 세월이 흐르면 長子는 발달하나 次子는 막히고, 부녀자는 단명하므로 아이 키우기가 어렵다.
- 癡者(치자), 聾啞(농아), 頑愚(완우), 腰痛(요통), 근육마비 등의 비정상인이 태어나고, 끝내는 절손되게 된다.
- 부자간에 불화하고 長子孫이 손상되니 자식이 없게 되고 代를 잇기가 어렵다.

震門. 乾主. 巽廚(손방에 주방이 있는 경우)

- 震門에서 巽廚는 延年方이다.
- 乾主에서 巽廚는 禍害方이다.
- 震門, 巽廚는 음양정배합이고 延年方이라 吉하여, 富貴를 得하게 되고 복록도 장구하다.
- 乾主, 巽廚는 巽廚가 受剋되니 長女와 큰며느리에게 흉화가 닥쳐오고, 여타의 부녀자들도 불리하다.
- 이러한 가옥은 초년에는 부부가 화목하고 덕망이 있으며, 6년 내에 吉함이 應하며, 亥.卯.未年에는 자손이 태어나는데, 자손은 장차 영달하고 집안에 상서로운 기운이 滿堂하다.
- 父子가 국가고시에 합격하고, 높은 관직에 오르며 형제간에 화목하다.
  형제자매간에 의리와 우애가 돈독하고, 부부 간에도 화목하며, 자손들이 총명하고 재주가 있어, 국가의 부름을 받고 큰 공을 세운다.
- 그러나 세월이 오래 흐르면, 父子간에 不和로 長子孫이 손상되므로 자식을 얻기

가 힘들다.
- 筋肉痛(근육통), 咽喉痛(인후통), 咳嗽病(해수병), 癩病(나병) 등으로 사람이 죽
든지, 화재, 官災, 도난 등으로 家産이 흩어지고, 육축의 손상도 따른다.

震門. 乾主. 離廚(이방에 주방이 있는 경우)

- 震門에서 離廚는 生氣方이다.
- 乾主에서 離廚는 絶命方이 된다.
- 震門, 離廚는 木火通明의 象이고 生氣方이라 吉하여, 人丁이 旺하고 財利가 있다.
- 乾主, 離廚는 乾主가 受剋되고 絶命方이라 凶하니, 老父에게 흉화가 닥쳐오고, 가택의 여타 남녀들에게도 災厄이 있으며 종국에는 절손되게 된다.
- 이러한 가옥은 초년에는 부부가 화목하고 덕망이 있으며, 재물이 날로 늘고 자손과 집안에 상서로운 기운이 滿堂하다. 숙질간, 형제간 국가고시에 합격하고, 부귀영달한다. 부모에게 효도하고, 형제간에 우애 있고, 가정에 평안이 滿堂하다.
- 그러나 세월이 오래 흐르면 父子間의 불화로 長子孫이 손상되므로 자녀의 양육이 어렵다.
- 근육통, 咽喉痛(인후통), 咳嗽病(해수병), 癩病(나병-문둥병) 등으로 사람이 죽든지, 화재, 官災, 도난 등으로 재산상의 손실이 발생하고, 결국 자손이 없게 되니 절손되게 된다.

震門. 乾主. 坤廚(곤방에 주방이 있는 경우)

- 震門에서 坤廚는 禍害方이다.
- 乾主에서 坤廚는 延年方이다.
- 震門, 坤廚는 坤廚가 受剋되고 禍害方이니 老母에게 災厄이 있고, 여타의 부녀자들도 불리하다.
- 乾主, 坤廚는 부부정배합이고 延年方이라 吉하다.
- 이러한 가옥은 초년에는 부부가 화목하고 덕망이 있으며, 家産이 날로 늘고 자손과 집안이 잘 풀려 나간다.
- 그러나 세월이 오래 흐르면 부녀자는 黃腫(황종)의 질병이 발생하고, 長子는 모친의 뜻을 거역하고, 형제간에 불목하고, 도박이나 女色으로 재산을 탕진한다.
- 가족은 심장병, 음식을 먹지 못하고, 사람과 육축이 모두 손상되니 가문이 피폐된다.
- 父子間의 불화로 長子孫이 손상되니 자녀의 양육이 어렵다.
- 근육통, 咽喉痛(인후통), 咳嗽病(해수병), 癩病(나병) 등으로 사람이 죽든지, 화재, 官災, 도난 등으로 재산상의 손실이 발생하고, 결국 자손이 없게 되니 절손되게 된다.

震門. 乾主. 兌廚(태방에 주방이 있는 경우)

◆ 震門에서 兌廚는 絕命方이다.

◆ 乾主에서 兌廚는 生氣方이다.

◆ 震門, 兌廚는 震門이 受剋되고 絕命方이라 凶한데, 長男의 夭死가 따르고, 가택의 여타 남자들에게도 흉화가 따른다.

◆ 乾主, 兌廚는 二金比和되고 一陰一陽으로 生氣方이니 吉하다.

◆ 이러한 가옥은 초년에는 잠시 집안이 화목하고, 젊은 부인을 얻어 살게 된다.

◆ 그러나 세월이 흐르면 父子간에 不和하고, 長子孫이 손상되므로 자녀의 양육이 어렵다.

◆ 筋肉痛(근육통), 咽喉痛(인후통), 咳嗽病(해수병), 癩病(나병) 등으로 사람이 죽든지, 화재, 官災, 도난 등으로 재산상의 손실이 발생하고, 결국 자손이 없게 되니 절손되게 된다.

◆ 또한 가족은 우울증, 심장병, 腰痛(요통), 自縊刀傷(자액도상), 溺死(익사), 교통사고, 비명횡사 등의 흉화가 있을 것이다.

◆ 사람과 육축이 모두 손상되니 家門이 피폐된다.

震門. 乾主. 乾廚(건방에 주방이 있는 경우)

◆ 震門에서 乾廚는 五鬼方이다.

◆ 乾主에서 乾廚는 比和되어 伏位方이다.

◆ 震門, 乾廚는 震門이 受剋되고 五鬼方이라 凶한데, 長男에게 흉화가 따르고, 이어서 가택의 여타 남자들에게도 災厄이 발생하며, 종국에는 절손되게 된다.

◆ 乾主, 乾廚는 二金比和되고 伏位方이라 吉하여 초년에 財를 發하나 장구하지 못하다.

◆ 이러한 가옥은 초년에는 부부가 화목하고 덕망이 있으며, 가업이 번창하고 재물이 날로 늘고 자손과 집안에 상서로운 기운이 滿堂하다.

◆ 그러나 세월이 오래 흐르면 父子間에 불화하고, 長子孫이 손상을 당한다.

◆ 근육통, 咽喉痛(인후통), 咳嗽(해수), 癩病(나병) 등의 흉액이 있고, 화재, 官災, 도난 등의 흉화가 있다.

◆ 특히 이러한 가옥은 長子가 剋을 받으니 살기가 힘들고, 純陽의 형태로 陰을 손상시키니 사람, 재물, 육축이 모두 손상되니 家門이 피폐되고 절손된다.

(7) 震門과 坎主의 길흉

⊙ 아래도표에서 집의 중심에서 나경을 보아 출입문이 甲.卯.乙方에 있으면 震門이라 하고, 주인방이 壬.子.癸方에 있으면 坎主라 한다.

⊙ 震門과 坎主는 자식은 적거나 없지만 적덕을 많이 쌓는다. 출입문과 주인방은 生이 되지만 純陽의 배합으로 초년에는 吉하나, 세월이 오래 흐르면 부인과 자식을 剋하여 먼저 보내게 된다.

⊙ 남녀가 예불을 숭앙하고, 남에게 베풀기를 좋아하고, 가정이 화목하고, 복록이 많다. 자손 중에는 부귀영달을 누리는 貴한 자손이 나온다.

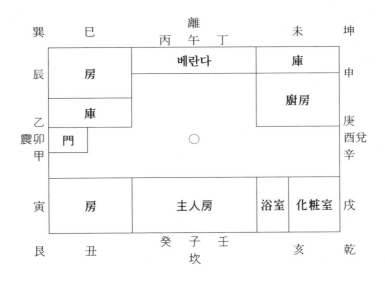

震門. 坎主. 八廚

震門과 坎主의 길흉

◆ 震門에서 坎主는 天醫方이니 일명 天醫宅이라 한다.

◆ 天醫는 巨門土星으로 상생되니, 人丁이 旺하고, 財를 發하고 貴도 得하는 구조이다.

◆ 자손들이 총명하며, 神童도 多出하고, 건강장수하며, 일찍 공직에 들어 높은 관직에 오르고, 家門의 영달을 기할 수 있다.

◆ 이는 주로 仲男에 해당되고 應期는 戊.己나 震.未.戌.丑 혹은 寅.午.出에 해당하는 年이나 月이다.

◆ 남녀가 예불을 숭앙하고, 남에게 베풀기를 좋아하고, 가정이 화목하고, 복록이

많다. 자손 중에는 부귀영달을 누리는 귀한 자손이 나온다.

震門. 坎主. 坎廚(감방에 주방이 있는 경우)

◆震門에서 坎廚는 天醫方이다.

◆坎主에서 坎廚는 比和되어 伏位方이다.

◆震門, 坎廚는 상생되고 天醫方이라 吉하다.

◆坎主, 坎廚는 二水比和되고 伏位方이라 吉하여 초년에 財를 發하나 복록이 장구하지 못하다.

◆震門, 坎主, 坎廚의 구조는 三陽의 純陽之宅이다. 자연 陰을 傷하게 하니 부녀자들의 단명과 흉화가 따르고, 아울러 純陽이라 陰陽이 부조화 되니 남자들에게도 단명수가 따르며, 종국에는 절손되게 된다.

◆이러한 가옥은 초년에는 부부가 화목하고 덕망이 있으며, 재물이 날로 늘고 자손과 집안에 상서로운 기운이 滿堂하다. 국가고시에 합격하고, 부귀영달한다.

◆그러나 세월이 흐르면 부녀자가 단명하므로 어린이 양육이 어려워질 것이다. 發癌(발암), 부녀자의 낙태나, 뱃속의 피가 쏟아져 나오는 증세, 자궁질환 등의 흉액이 발생한다.

◆9년간은 탄탄대로이나, 中男은 溺死(익사)하거나 女色으로 家産을 탕진 할 것이다.

震門. 坎主. 艮廚(간방에 주방이 있는 경우)

◆震門에서 艮廚는 六殺方이 된다.

◆坎主에서 艮廚는 五鬼方이다.

◆震門, 艮廚는 艮廚가 受剋되고 六殺方이니 凶하다. 少男이 불리하고 어린아이들을 키우기 어렵게 된다.

◆坎主, 艮廚는 坎主가 受剋되고 五鬼方이라 凶하다. 仲男에게 흉화가 있고 여타의 남자들에게도 災厄이 다다르게 된다.

◆震門, 坎主, 艮廚의 구조는 三陽의 純陽之宅이다. 먼저는 부녀자들에게 災厄이 따르고, 이어서 남자들에게도 흉화가 당도하며 종국에는 破財, 破家, 절손되게 된다.

◆이러한 가옥은 초년에는 부부가 화목하고 덕망이 있으며, 금은보화가 날로 늘고 자손과 집안에 상서로운 기운이 滿堂하다. 국가고시에 합격하고, 부귀영달한다.

◆그러나 세월이 흐르면 부녀자는 死産, 낙태, 산후질환 등으로 단명하게 된다.

◆부부해로하기 어려우며, 다른 여자를 얻어도 마찬가지인 代를 잇기 어렵고, 사람과 육축이 모두 손상되며, 재물도 흩어지니 家破人亡하고, 代를 이을 자식도 없게 된다.

震門. 坎主. 震廚(진방에 주방이 있는 경우)

◆震門에서 震廚는 比和되어 伏位方이다.

◆坎主에서 震廚는 天醫方이다.

◆震門, 震廚는 二木比和되고 伏位方이라 吉하여 초년에는 財를 發하나 二陽으로 음양이 부조화되니 장구하지 못하다.

◆坎主, 震廚는 상생되고 天醫方이니 吉하다.

◆이러한 가옥은 초년에는 부부가 화목하고 덕망이 있으며, 금은보화가 날로 늘고 자손과 집안에 상서로운 기운이 滿堂하다.

◆세월이 오래 흐르면 長子는 발달하나 次子와 末子는 막히고, 부녀자는 단명하므로 아이 키우기가 어렵다.

◆癡者(치자), 聾啞(농아), 頑愚(완우), 腰痛(요통), 근육마비 등의 비정상인이 태어나고, 끝내는 절손되게 된다.

◆父子간에 不和하고 長子孫이 손상되니 자식이 없게 되고 代를 잇기가 어렵다.

◆陽宅3요소의 길한 배치는 주인방은 延年을 得하고, 주방은 生氣를 得하고, 또한 거주자의 命과 부합되어야만 家運이 창성해지는 것이다.

震門. 坎主. 巽廚(손방에 주방이 있는 경우)

◆震門에서 巽廚는 延年方이다.

◆坎主에서 巽廚는 生氣方이다.

◆震門, 巽廚는 음양정배합이고 延年方이니 吉하여 富貴를 得하고 복록이 장구하다.

◆坎主, 巽廚는 상생되고 生氣方이니 吉하여 부귀겸전하고 가택이 영달한다.

◆이러한 가옥은 초년에는 부부가 화목하고 덕망이 있으며, 6년 내에 吉함이 應하며, 亥.卯.未年에는 자손이 태어나는데, 자손과 집안에 상서로운 기운이 滿堂하다. 父子가 국가고시에 합격하고, 높은 관직에 오르며 형제간에 화목하다.

◆형제자매간에 의리와 우애가 돈독하고, 부부간에도 화목하며, 자손들이 총명하고 재주가 있어, 국가의 부름을 받고 큰 공을 세운다.

◆남자들의 운이 왕성하고, 재산이 늘며, 부부해로하고, 자손이 滿堂하며 부귀해지고, 높은 관직에 오르는 좋은 吉宅이다.

◆그러나 세월이 흐르면 陽盛陰衰하니 부녀자들에게 점차 여러 흉조가 나타나기 시작하며 가업이 쇠퇴일로를 걷게 된다.

震門. 坎主. 離廚(이방에 주방이 있는 경우)

◆震門에서 離廚는 生氣方이다.

◆坎主에서 離廚는 延年方이 된다.

◆ 震門, 離廚는 상생되고 生氣方이니 吉하다.

◆ 坎主, 離廚는 음양정배합되고 延年方이라 吉하다.

◆ 震門, 坎主, 離廚의 구조는 三者가 순환상생되니 三吉宅이라 하며 大吉하고 복록이 크다.

◆ 이러한 가옥은 초년에는 부부가 화목하고 덕망이 있으며, 재물이 날로 늘고 자손과 집안에 상서로운 기운이 滿堂하다. 숙질간, 형제간 국가고시에 합격하고, 부귀영달한다.

◆ 부모에게 효도하고, 형제간에 우에 있고, 가정에 평안이 滿堂하다.

◆ 오랜 세월이 지나면 가족 중에 심장병, 眼疾患者(안질환자)가 발생하고, 부녀자가 단명하게 된다.

◆ 상기의 배치는 延年方을 得해도, 坎方의 주인방과 離方의 주방은 八卦上 水와 火로 상호 水火相爭(수화상쟁)하니, 離宮에 해당하는 仲女가 손상된다는 것이다.

震門. 坎主. 坤廚(곤방에 주방이 있는 경우)

◆ 震門에서 坤廚는 禍害方이다.

◆ 坎主에서 坤廚는 絶命方이다.

◆ 震門, 坤廚는 坤廚가 受剋되고 禍害方이라 凶하다. 老母에게 흉액이 발생하고 여타의 부녀자들에게도 災厄이 따른다.

◆ 坎主, 坤廚는 坎主가 受剋되고 絶命方이니 凶하다. 仲男에게 불리하고, 상극의 관계이니 부녀자들도 흉화가 따른다.

◆ 이러한 집은 초년에는 부부가 화목하고 덕망이 있으며, 가업이 흥왕하고 家産이 날로 늘고 자손과 집안이 잘 풀려 나간다.

◆ 그러나 세월이 오래 흐르면 부녀자는 黃腫(황종)의 질병이 발생하고, 長子는 모친의 뜻을 거역하고, 형제간에 불목하고, 도박이나 여색으로 재산을 탕진한다.

◆ 부녀자는 死産, 낙태, 蠱脹(배가 불러오는 증세) 등의 질환이 생길 것이고, 聾啞者(농아자)도 나오게 된다.

◆ 부부이별수가 있고, 가족 중에 심장병, 중풍, 근육마비로 거동불편 등의 질환이 발생한다.

震門. 坎主. 兌廚(태방에 주방이 있는 경우)

◆ 震門에서 兌廚는 絶命方이다.

◆ 坎主에서 兌廚는 禍害方이다.

◆ 震門, 兌廚는 震門이 受剋되고 絶命方이니 凶하다. 長男에게 흉화가 발생하고 가택의 남녀에게 災厄이 따르므로, 종국에는 절손되게 된다.

- 坎主, 兌廚는 상생되나 禍害方이니 凶하며 만사가 불리하다.
- 이러한 가옥은 초년에는 부부가 화목하고 덕망이 있으며, 재물이 날로 늘고 자손과 집안에 상서로운 기운이 滿堂하다. 숙질간, 형제간 국가고시에 합격하고, 부귀영달한다.
- 그러나 세월이 오래 흐르면 가족에게 우울증, 심장병, 腰痛(요통), 自縊刀傷(자액도상), 溺死(익사), 교통사고, 비명횡사, 官災, 화재, 도난 등의 흉화가 있을 것이다.
- 사람과 육축이 모두 손상되니 家門이 피폐된다.

震門. 坎主. 乾廚(건방에 주방이 있는 경우)

- 震門에서 乾廚는 五鬼方이다.
- 坎主에서 乾廚는 六殺方이다.
- 震門, 乾廚는 震門이 受剋되고 五鬼方이니 凶하다. 長男에게 夭死가 따르고, 종국에는 절손되게 된다.
- 坎主, 乾廚는 상생되나 六殺方으로 凶하여, 남자는 주색잡기와 도박에 빠지는 등의 흉액이 발생한다.
- 震門, 坎主, 乾廚의 구조는 三男同居의 純陽之宅이다. 陰陽이 부조화되니 가택의 남녀 모두에게 여러 災厄이 발생하고 종국에는 절손되게 된다.
- 이러한 가옥은 초년에는 부부가 화목하고 덕망이 있으며, 재물이 날로 늘고 자손과 집안에 상서로운 기운이 滿堂하다.
- 그러나 세월이 오래 흐르면 父子간에 不和하고, 長子孫이 손상을 당한다.
- 부녀자나 老翁(노옹)은 咳嗽病(해수병)으로 命이 짧고, 근육통, 咽喉痛(인후통), 癩病(나병) 등의 흉액이 있고, 화재, 官災, 도난 등의 흉화가 있고, 재물과 육축, 사람이 모두 손상당하니 가문이 피폐된다.

(8) 震門과 艮主의 길흉

⊙ 아래도표에서 나경을 보아 집의 중심에서 甲.卯.乙方에 출입문이 잇으면 震門이라 하고, 주인방이 丑.艮.寅方에 있으면 艮主라고 한다.

⊙ 震門과 艮主가 팔괘상 五行이 木과 土로 상극의 관계이니 흉한데, 艮土는 少男에 해당하니 剋을 받아 어린아이 키우기가 어려운 것이다.

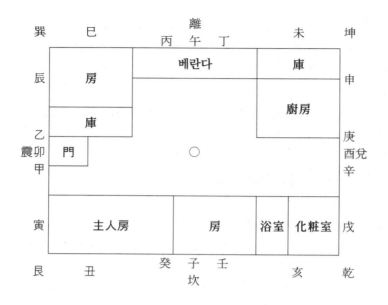

震門. 艮主. 八廚

震門과 艮主의 길흉

- 震門에서 艮主는 六殺方이니 일명 六殺宅이라 한다.
- 이런 구조는 주색방탕과 도박을 일삼는 자식이 나오고, 人丁이 衰하며, 단명하는 자손들이 나오게 된다.
- 이러한 가옥은 脾臟(비장)과 위장질환이 발생하고, 자살, 癲狂(전광) 등의 흉액이 따르고, 종국에는 破財, 破家하게 된다.
- 剋妻子 하니 代를 잇기 어렵다. 다른 여자를 들인다 해도 배치가 흉하니 면할 방도가 없다. 출입문과 주인방을 吉方으로 옮기거나 改修(개수)해야 한다.
- 이는 仲男에게 주로 발생하고 應期는 壬.癸나. 申.子.辰에 해당하는 年이나 月이다.

震門. 艮主. 坎廚(감방에 주방이 있는 경우)

- 震門에서 坎廚는 天醫方이다.
- 艮主에서 坎廚는 五鬼方이다.
- 震門, 坎廚는 상생되고 天醫方이니 吉하다.
- 艮主, 坎廚는 坎廚가 受剋되고 五鬼方이라 凶한데, 仲男에게 흉하가 당도하고 어린아이들에게도 災厄이 따른다.
- 震門, 艮主, 坎廚는 三男同居의 純陽之宅이다. 剋 妻子하니 어린아이를 키우기가 어려워 종국에는 절손되게 되는 구조이다.

- 이러한 가옥은 초년에는 부부가 화목하고 덕망이 있으며, 財帛(재백)이 날로 늘고, 자손과 집안에 상서로운 기운이 滿堂하다. 자손들이 국가고시에 합격하고, 부귀영달한다.
- 그러나 세월이 흐르면 부녀자는 死産, 낙태, 산후질환 등으로 단명하게 되니, 부부해로하기 어렵다.
- 다른 여자를 들인다 해도 역시 마찬가지이고, 溺死(익사), 自縊刀傷(자액도상), 화재, 官災, 도난 등의 흉화가 거듭되며, 어린아이 양육이 불가하니 종국에는 집안의 代를 잇기가 어렵다.

震門. 艮主. 艮廚(간방에 주방이 있는 경우)

- 震門에서 艮廚는 六殺方이 된다.
- 艮主에서 艮廚는 比和되어 伏位方이다.
- 震門, 艮廚는 艮廚가 受剋되고 六殺方이니 凶하다. 少男에게 흉화가 닥치고 또한 어린아이들을 키우기 어렵게 된다.
- 艮主, 艮廚는 二土比和되고 伏位方이니 吉하여 초년에 財를 發하나 복록이 장구하지 못하다.
- 이러한 가옥은 초년에는 전답과 재산이 늘고, 순탄하게 살아간다.
- 그러나 세월이 흐르면 부녀자는 死産, 낙태, 산후질환 등으로 단명하게 되니 아이의 양육이 어렵다.
- 食疾膨悶(식질팽민), 黃腫(황종) 등의 질환이 발생하고, 부부해로하기 어렵다.
- 다른 여자를 얻어도 마찬가지로 代를 잇기 어렵고, 사람과 육축이 모두 손상되며, 재물도 흩어지니 家破人亡한다.

震門. 艮主. 震廚(진방에 주방이 있는 경우)

- 震門에서 震廚는 比和되어 伏位方이다.
- 艮主에서 震廚는 六殺方이다.
- 震門, 震廚는 二木比和되고 伏位方이라 吉하여 초년에 財를 發하나 장구하지 못하고, 인정도 쇠하여 종국에는 절손되게 된다.
- 艮主, 震廚는 艮主가 受剋되고 六殺方이라 凶하다. 少男에게 불리하고, 어린아이들에게도 災厄이 닥치게 된다.
- 이러한 가옥은 초년에는 부부가 화목하고 덕망이 있으며, 재물이 날로 늘고 자손과 집안에 상서로운 기운이 滿堂하다.
- 세월이 흐르면 長子는 발달하나 次子와 末子는 막히고, 부녀자는 단명하므로 아이 키우기가 어렵다.

◆ 癡者(치자), 聾啞(농아), 頑愚(완우), 腰痛(요통), 근육마비 등의 비정상이 태어나고, 끝내는 절손되게 된다.
◆ 부자간에 불화하고 長子孫이 손상되니 자식이 없게 되고 代를 잇기가 어렵다.

震門. 艮主. 巽廚(손방에 주방이 있는 경우)

◆ 震門에서 巽廚는 延年方이다.
◆ 艮主에서 巽廚는 絕命方이다.
◆ 震門, 巽廚는 二木比和되고 延年方이라 吉하여 財利가 있고 장구하게 이어진다.
◆ 艮主, 巽廚는 艮主가 受剋되고 絕命方이니 凶하다. 가족간 불화하고, 어린아이들에게 흉화가 있다.
◆ 이러한 가옥은 초년에는 부부가 화목하고 덕망이 있으며, 6년 내에 吉함이 應하며, 亥.卯.未年에는 자손이 태어나는데, 자손과 집안에 상서로운 기운이 滿堂하다. 父子가 국가고시에 합격하고, 높은 관직에 오르며 형제간에 화목하다.
◆ 형제자매간에 의리와 우애가 돈독하고, 부부간에도 화목하며, 자손들이 총명하고 재주가 있어, 국가의 부름을 받고 큰 공을 세운다.
◆ 그러나 세월이 흐르면 부녀자는 死産, 낙태, 산후질환 등으로 단명하게 되니 아이의 양육이 어렵다.
◆ 다른 여자를 얻어도 마찬가지로 代를 잇기 어렵고, 사람과 육축이 모두 손상되며, 재물도 흩어지니 家破人亡한다.

震門. 艮主. 離廚(이방에 주방이 있는 경우)

◆ 震門에서 離廚는 生氣方이다.
◆ 艮主에서 離廚는 禍害方이 된다.
◆ 震門, 離廚는 상생되고 生氣方이니 吉하여 財利가 있다.
◆ 艮主, 離廚는 상생되나 火炎土燥(화염토조)하여 生而不生이며 禍害方으로 凶하다.
◆ 離宮의 火氣가 洩되니 仲女에게 불길하고, 남자들이 유약하고 겁이 많으니 부녀자가 살림을 이끌고 家權(가권)을 장악하게 된다.
◆ 이러한 가옥은 초년에는 부부가 화목하고 덕망이 있으며, 家産이 날로 늘고 자손과 집안에 상서로운 기운이 滿堂하다. 자손이 국가고시에 합격하고, 부귀영달한다.
◆ 그러나 세월이 흐르면 부녀자는 死産, 낙태, 산후질환 등으로 단명하게 되니 아이의 양육이 어렵다.
◆ 다른 여자를 얻어도 마찬가지로 代를 잇기 어렵고, 癡者(치자), 聾啞(농아), 頑愚(완우), 腰痛(요통), 근육마비 등의 비정상인이 태어나고, 끝내는 절손되게 된다.

◆ 사람과 육축이 모두 손상되며, 재물도 흩어지니 家破人亡한다.

震門. 艮主. 坤廚(곤방에 주방이 있는 경우)

◆ 震門에서 坤廚는 禍害方이다.
◆ 艮主에서 坤廚는 生氣方이다.
◆ 震門, 坤廚는 坤廚가 受剋되고 禍害方이니 凶하여 老母에게 불리하며, 여타의 부녀자들도 흉화가 따른다.
◆ 艮主, 坤廚는 二土比和되고 生氣方이니 吉하다.
◆ 이러한 집은 초년에는 부부가 화목하고 덕망이 있으며, 재물이 날로 늘고 자손과 집안이 잘 풀려 나간다.
◆ 그러나 세월이 흐르면 부녀자는 黃腫(황종)의 질병이 발생하고, 長子는 모친의 뜻을 거역하고, 형제간에 불목하고, 도박이나 여색으로 재산을 탕진한다.
◆ 부녀자는 死産, 낙태, 蠱脹(배가 불러오는 증세) 등의 질환이 생길 것이고, 聾啞者 (농아자)도 나오게 된다.
◆ 부부이별수가 있고, 가족 중에 심장병, 중풍, 근육마비로 거동불편 등의 질환이 발생한다. 어린아이 양육이 어려우니 代를 잇기 어렵다.

震門. 艮主. 兌廚(태방에 주방이 있는 경우)

◆ 震門에서 兌廚는 絕命方이다.
◆ 艮主에서 兌廚는 延年方이다.
◆ 震門, 兌廚는 震門이 受剋되고 絕命方이라 凶한데, 長男에게 災厄이 닥치고 여타의 남자들에게도 夭死가 따르게 되어 종국에는 절손되게 된다.
◆ 艮主, 兌廚는 음양정배합되고 延年方이라 吉하다.
◆ 이러한 가옥은 초년에는 부부가 화목하고 덕망이 있으며, 재물이 날로 늘고 자손과 집안에 상서로운 기운이 滿堂하다. 자손들이 국가고시에 합격하고, 부귀영달한다.
◆ 그러나 세월이 오래 흐르면 부녀자는 死産, 낙태, 蠱脹(배가 불러오는 증세) 등의 질환이 생길 것이고, 聾啞者(농아자)도 나오게 된다.
◆ 부부이별수가 있고, 또한 가족은 우울증, 심장병, 腰痛(요통), 自縊刀傷(자액도 상), 溺死(익사), 교통사고, 비명횡사, 官災, 화재, 도난 등의 흉화가 있을 것이다.
◆ 代를 잇기 어려우며, 사람과 육축이 모두 손상되니, 家門이 피폐된다.

震門. 艮主. 乾廚(건방에 주방이 있는 경우)

◆ 震門에서 乾廚는 五鬼方이다.
◆ 艮主에서 乾廚는 天醫方이다.

- ◆ 震門, 乾廚는 震門이 受剋되고 五鬼方이라 凶하다. 長男에게 夭死 등의 흉화가 따르고 가택의 남자들에게도 災厄이 당도하게 된다.
- ◆ 艮主, 乾廚는 상생되고 天醫方이니 吉하다.
- ◆ 震門, 艮主, 乾廚의 구조는 三男同居의 純陽之宅이다. 剋妻子하게 되고 종국에는 절손되게 된다.
- ◆ 이러한 가옥은 초년에는 부부가 화목하고 덕망이 있으며, 가업이 흥왕하고 家産이 날로 늘며 자손과 집안에 상서로운 기운이 滿堂하다.
- ◆ 그러나 세월이 오래 흐르면 父子간에 不和하고, 長子孫이 손상을 당한다.
- ◆ 부녀자는 死産, 낙태, 蠱脹(배가 불러오는 증세) 등의 질환이 생길 것이고, 聾啞者(농아자)도 나오게 된다.
- ◆ 老翁(노옹)은 咳嗽病(해수병)으로 命이 짧고, 근육통, 咽喉痛(인후통), 癩病(나병) 등의 흉액이 있고, 화재, 官災, 도난 등의 흉화도 있으며, 재물과 육축, 사람이 모두 손상당하니 代를 잇기 어렵고 家門이 피폐된다.

1) 震命과 九星/廚房 落宮處의 吉凶 分析

震命之宅

1. 人丁(인정)

落宮處	落宮 事案 (九星. 廚房)	吉凶 解說
離方 (丙.午.丁)	生氣(木) 廚房	五子를 得한다.
乾方 (戊.乾.亥)	五鬼(火) 廚房	絕孫된다.
巽方 (辰.巽.巳)	延年(金) 廚房	四子를 得한다.
艮方 (丑.艮.寅)	六殺(水) 廚房	先傷長子女 후 一子를 得한다.
坤方 (未.坤.申)	禍害(土) 廚房	先傷季子 후 二子를 得한다.
坎方 (壬.子.癸)	天醫(土) 廚房	三子를 得한다.

兌方 (庚.酉.辛)	絶命(金) 廚房	先傷季子女 後 絶孫된다.
震方 (甲.卯.乙)	伏位(木) 廚房	딸만 낳게 된다.

◆震命人의 경우 廚房이 生氣方인 離方에 있으면 반드시 5子를 둘 것이다.

◆만약 노인이 生氣方에 居한다면 고용인이나 아랫사람을 5명을 두게 될 것이고, 가출한 사람이 돌아온다.

◆震命人인 僧徒(승도)의 경우 주방을 生氣方인 離方에 배치하면 제자 5人을 두게 될 것이며, 또한 재물을 모으게 될 것이다.

◆오랫동안 집을 나가 돌아오지 않는 가족이 있다면, 그 가족 本命의 絶命方에 화장실이나 축사 등의 흉물로 制殺한다면 반드시 돌아오게 된다.

◆奴僕이 도주한 경우라도 주방이 離方에 있어 震命人의 生氣方이거나, 震命人 주인의 五鬼方인 乾方에 주방이 있으면 火剋金의 이치로 制殺하게 되어 奴僕(노복)은 달아나지 못하고 곧 돌아온다.

◆어린아이가 발육이 늦거나, 각종 질환에 시달리면, 아이의 本命의 生氣方에 주방을 改修하고 그 음식을 먹이면 점차 쾌유될 것이다.

◆震命人이 나이가 半老가 되어 무자식이라 巽命의 어린 아이를 養子(양자)로 두게 되었는데, 巽命은 延年에 해당하니 吉하여, 그 後 震命人 노인은 백세까지 건강장수 했고, 巽命의 養子 역시 長壽했다.

2. 婚姻(혼인)

◆震命人과 離命人 여자와의 혼인은 生氣이니 吉하다.

◆乾命人 여자와의 혼인은 오귀이니 凶하다.

◆巽命人 여자와의 혼인은 연년이니 吉하다.

◆艮命人 여자와의 혼인은 육살이니 凶하다.

◆坤命人 여자와의 혼인은 화해이니 凶하다.

◆坎命人 여자와의 혼인은 천의이니 吉하다.

◆兌命人 여자와의 혼인은 절명이니 凶하다.

◆震命人 여자와의 혼인은 복위이니 吉하다.

◆震命人은 離命이나 巽命의 처를 얻음이 좋고 坎命의 처는 次吉이다.

◆震命人의 구혼의 경우에는 침상을 巽方으로 배치하면 좋다.

◆震命人이 兌命의 처를 얻거나 주방이 兌方에 있게 되면, 후에 그 妻에게 自縊(자액) 등의 흉화가 발생한다.

3. 疾病(질병)

◆ 震命人이 廚房을 兌方(絶命方)에 배치하면, 咳嗽(해수), 吐血(토혈), 傷肺(상폐), 腹膈諸症(복격제증) 등의 질병이 발생한다.

◆ 주방을 艮方(六殺方)에 놓으면 性病(성병), 脾胃(비위), 痢疾(이질), 瘧疾(학질), 등창 등이 발생한다.

◆ 주방을 乾方(五鬼方)에 놓으면 傷肺(상폐), 吐血(토혈), 喘息(천식) 등이 발생한다.

◆ 주방을 坤方(六殺方)에 놓으면 痢疾(이질), 瘧疾(학질), 痔疾(치질), 痔漏(치루), 등의 질병이 발생한다.

◆ 이러한 질병의 치료는 주방을 天醫方인 坎方에 두고 음식을 만들어 먹어야 한다.

4. 災禍(재화)

◆ 震命人이 兌方(絶命方)을 犯하면, 末子가 불효하고, 先 傷子女 後 傷長子, 傷末女하며, 小婢(소비)가 손상되고 결국 절손되고, 본인이 自縊(자액) 할지 두렵다. 만약 震命의 부인이 犯하면 癆瘵(노채)등의 질환과, 음식을 먹지 못하니, 吉方으로 출입문을 내면 면할 수 있다.

◆ 艮方(六殺方)을 犯하면, 艮方의 黃矮人(황왜인)이 찾아와서 訟事를 일으키거나, 末子와 少僕(소복)이 손상된다.

◆ 乾方(五鬼方)을 犯하면, 먼저는 老父 손상된 후 이어서 長子와 奴僕(노복)이 손상되고, 自縊(자액)이나, 도적으로 인한 失財, 奴婢(노비)의 도주 등의 흉액이 발생한다.

◆ 坤方(禍害方)을 犯하면, 坤方의 黃矮人(황왜인)과 訟事에 엮이고, 夫婦不 和하고, 老母가 안녕치 못하고, 妻와 長女나 큰 며느리, 奴婢(노비) 등의 傷害가 있게 된다.

4. 손문巽門. 손주巽主. 팔주八廚

(1) 巽門과 巽主의 길흉

◎ 아래도표에서 집의 중심에서 나경을 보아 辰.巽.巳方에 출입문이 있으면 震門이라 하고, 주인방이 辰.巽.巳方에 있으면 巽主라 한다.

◎ 巽門과 巽主는 八卦上 木에 해당하고 이는 바람의 형상이니, 바람이 거세게 몰아치는 형국이니 자녀들이 고초를 겪는다는 것이다.

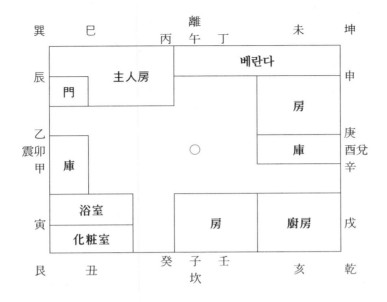

巽門. 巽主. 八廚

巽門과 巽主의 길흉
◆ 巽門에서 巽主는 伏位方이니 일명 伏位宅이라 한다.
◆ 이런 구조는 二木比和되니 財를 發하게 된다.
◆ 伏位는 輔弼木城으로 伏位宅인 경우에는 女兒를 많이 출산하여 代를 잇기 어려우 니 養子를 들이는 문제가 발생하나, 가택은 평안하며 부귀를 得하게 된다.
◆ 壽命은 中壽이고, 財는 小富이며, 남자는 공직에 들고 여자는 명문가로 출가하게 되며, 應期는 甲.乙이나 亥.卯.未에 해당하는 年이나 月이다.
◆ 이러한 출입문과 주인방은 二木比化하므로, 부녀자의 성격이 강경하다. 또한 純 陰에 해당하여 陰이 盛하고 陽이 衰하니 남자들이 단명한다.
◆ 風狂(풍광), 癡呆(치매), 癱瘓(탄탄), 氣壅(기옹), 喘息(천식) 등의 질병이 발생하 고 남자들이 단명하니 代를 잇기 어렵고, 집안이 쓸쓸하다.
巽門. 巽主. 坎廚(감방에 주방이 있는 경우)
◆ 巽門에서 坎廚는 生氣方이다.
◆ 巽主에서 坎廚는 生氣方이다.
◆ 巽門, 坎廚는 상생되고 生氣方이니 財利가 있다.
◆ 巽主, 坎廚 역시 상생되고 生氣方이라 吉하여, 五福이 갖추어지고 영화로움이 장구하다.

- 이러한 가옥은 초년에는 사람과 재물이 왕성할 것임을 의심할 여지가 없다. 자손은 영화로운 직책에 오르고, 재산은 넉넉하며, 현모양처에 자식들은 모두 효현하다.
- 그러나 세월이 오래 흐르면 남편이 죽고 자식마저 손상되니 살림이 어려워진다.
- 癡呆(치매), 癱瘓(탄탄), 氣壅喘嗽(기옹천수) 등의 질환이 발생하고, 부녀자가 살림을 꾸려나가고, 결국 절손되게 된다.

巽門. 巽主. 艮廚(간방에 주방이 있는 경우)

- 巽門에서 艮廚는 絶命方이 된다.
- 巽主에서 艮廚는 絶命方이다.
- 巽門, 艮廚는 艮廚가 受剋되고 絶命方이니 凶한데 少男과 어린아이들에게 災厄이 닥치게 된다.
- 巽主, 艮廚 역시 絶命方이니 凶하다. 의외의 흉액이 당도하고, 종국에는 破財, 破家하게 된다.
- 이러한 가옥은 초년에는 성격이 강한 부녀자가 집안 살림을 장악하고 가업을 일으킨다.
- 그러나 세월이 오래 흐르면 남자는 衰하고, 중풍, 근육마비, 氣壅喘嗽(기옹천수) 등의 질환으로 단명하게 되고, 집안 살림이 어려워진다.
- 驚風(경풍), 黃腫(황종), 脾疾(비질) 등의 질환자가 발생할 것이고, 부녀자는 몸이 바짝 마르고, 단명하게 된다.
- 재산은 흩어지고, 남자들은 단명하니 代를 잇기 어렵고, 과부들이 많게 되며, 養子를 들이게 된다.

巽門. 巽主. 震廚(진방에 주방이 있는 경우)

- 巽門에서 震廚는 延年方이다.
- 巽主에서 震廚는 延年方이다.
- 巽門, 震廚는 二木比和되고 延年方이니 吉하여 財를 發하게 된다.
- 巽主, 震廚 역시 延年方이니 吉하다.
- 이러한 가옥은 초년에는 부부가 화목하고 덕망이 있으며, 6년 내에 吉함이 應하며, 亥.卯.未年에는 훌륭한 자손이 태어나는데, 자손과 집안에 상서로운 기운이 滿堂하다. 父子가 국가고시에 합격하고, 높은 관직에 오르며 형제간에 화목하다.
- 형제자매간에 의리와 우애가 돈독하고, 부부간에도 화목하며, 자손들이 총명하고 재주가 있어, 국가의 부름을 받고 큰 공을 세운다.
- 그러나 세월이 흐르면 남자는 단명하게 될 것이고, 중풍, 근육마비, 咳嗽喘息(해수천식) 등의 질환자가 발생한다.

◆ 끝내는 代를 이을 자식이 없게 된다.

巽門. 巽主. 巽廚(손방에 주방이 있는 경우)

◆ 巽門에서 巽廚는 比和되어 伏位方이다.
◆ 巽主에서 巽廚는 比和되어 伏位方이다.
◆ 巽門, 巽主는 二木比和되고 伏位方이니 吉하여 財를 發하나 장구하지 못하다.
◆ 巽主, 巽廚 역시 伏位方이니 吉하나 복록이 장구하지 못하다.
◆ 이러한 가옥은 초년에는 二木이 比化되므로 억센 부녀자가 집안을 일으킨다.
◆ 그러나 세월이 오래 흐르면 純陰에 해당하니 남자들은 명이 짧다. 중풍, 근육마비, 咳嗽喘息(해수천식) 등의 질환이 발생하고 부녀자도 각종 질환에 시달리게 된다.
◆ 남편이 죽고 자식들도 단명하니 살림을 유지하기 어렵다. 이런 경우 출입문에서 주인방은 延年方이 되게 하고, 주방을 生氣方이 되도록 改修(개수)하면 凶함을 면할 수 있다.

巽門. 巽主. 離廚(이방에 주방이 있는 경우)

◆ 巽門에서 離廚는 天醫方이다.
◆ 巽主에서 離廚는 天醫方이 된다.
◆ 巽主, 離廚는 木火通明(목화통명)의 象이고 天醫方이니 吉하여 財利가 있다.
◆ 巽主, 離廚의 가택구조 역시 吉하다.
◆ 巽門, 巽主, 離廚의 구조는 부녀자가 현모양처이고, 총명하며 孝婦(효부)이다. 그러나 三女同居의 純陰之宅이니 자연 陽을 傷하게 하여 가택의 남자들은 단명이 따르고, 어린아이들도 키우기 어렵게 되어 종국에는 절손되게 된다.
◆ 이러한 가옥은 부녀자가 총명하여 능히 살림을 일으킨다.
◆ 그러나 세월이 오래 흐르면 純陰에 해당하니 남편은 단명하고 자식들도 역시 단명하게 된다.
◆ 남에게 베풀고 적덕을 쌓지만 代를 이을 자손 없음을 근심한다.
◆ 중풍, 근육마비, 咳嗽喘息(해수천식) 등의 질환자가 발생하고, 남자들의 命이 짧으니 집안 살림이 어려워지고, 養子를 들이게 된다.

巽門. 巽主. 坤廚(곤방에 주방이 있는 경우)

◆ 巽門에서 坤廚는 五鬼方이다.
◆ 巽主에서 坤廚는 五鬼方이다.
◆ 巽門, 坤廚는 坤廚가 受剋되고 五鬼方이니 凶하여 老母에게 불리하다.
◆ 巽主, 坤廚 역시 五鬼方이라 凶하다.
◆ 巽門, 巽主, 坤廚의 구조는 三女同居의 純陰之宅이다. 자연 陽을 傷하게 하여

남자들이 손상되고, 三陰으로 陰이 太旺하니 부녀자들에게도 흉화가 따르게 되어 어린아이들의 양육이 어려우니 종국에는 절손되게 된다.

- 이러한 가옥은 초년에는 부녀자가 총명하여 집안을 일으킨다.
- 세월이 흐르면 남자는 衰하고, 자식마저 손상되니, 집안 살림이 어려워진다. 고부간에 不和하고, 집안에 남자가 없으니 여자들의 추문이 발생할 것이다.
- 咽喉痛(인후통), 腹痛(복통), 화재, 도난, 비명횡사 등의 흉액이 발생할 것이고, 사람과 육축이 모두 손상되고, 종국에는 절손되게 된다

巽門. 巽主. 兌廚(태방에 주방이 있는 경우)

- 巽門에서 兌廚는 六殺方이다.
- 巽主에서 兌廚는 六殺方이다.
- 巽門, 兌廚는 巽門이 受剋되고 六殺方이니 長女와 큰며느리에게 불리하다.
- 巽主, 兌廚 역시 巽主가 受剋되고 六殺方이니 長女에게 불리함이 있다.
- 巽門, 巽主, 兌廚는 三女同居의 純陰之宅이다. 남자들의 夭死가 따르고 부녀자들에게 흉화가 다다른다. 어린아이들을 키우기 어려우니 종국에는 절손되는 것이다.
- 이러한 가옥은 초년에는 부녀자가 총명하여 집안을 일으킨다.
- 그러나 세월이 흐르면 남자는 衰하고, 자식마저 손상되니, 집안 살림이 어려워진다.
- 중풍, 근육마비, 咳嗽喘息(해수천식) 등의 질환자가 발생하고, 남자들의 命이 짧으니 집안 살림이 어려워지고, 부녀자는 바람나서 가출하게 되고, 自縊刀傷(자액도상), 溺死(익사), 화재, 도난, 비명횡사 등의 흉화가 발생하며, 종국에는 家門이 피폐되고, 절손되게 된다.

巽門. 巽主. 乾廚(건방에 주방이 있는 경우)

- 巽門에서 乾廚는 禍害方이다.
- 巽主에서 乾廚는 禍害方이다.
- 巽門, 乾廚는 巽門이 受剋되고 禍害方이니 長女나 큰며느리에게 흉화가 발생한다.
- 巽主, 乾廚 역시 상극되고 禍害方이라 凶하다. 殘疾(잔질)과 意外之災(의외지재)가 발생하고, 孤寡之人(고과지인)이 多出하며, 退財(퇴재)에 이어 破家하게 된다.
- 이러한 가옥은 초년에는 부녀자가 총명하여 집안을 일으킨다.
- 그러나 세월이 오래 흐르면 남자는 衰하고, 자식마저 손상되니, 집안 살림이 어려워진다.
- 중풍, 근육마비, 咳嗽(해수) 등의 질환이 발생하며, 부녀자는 死産하던지, 비명횡사를 당하게 되고, 심장병, 양다리가 시리고 아픈 증세 등의 흉액이 발생한다.
- 부녀자가 음란하지 않으면, 老翁(노옹)은 젊은 부인과 사니 집안 질서가 무너지

고, 醜聞(추문)이 돌며, 溺死(익사), 自縊刀傷(자액도상) 등의 흉화를 당하는 사람
도 생겨난다. 결국에는 家門이 피폐되고 종국에는 절손되게 된다.

(2) 巽門과 離主의 길흉

⊙ 아래도표에서 집의 중심에서 나경을 보아 출입문이 辰.巽.巳方에 있으면 巽門이
라 하고, 주인방이 丙.午.丁方에 있으면 離主라 한다.

⊙ 巽門과 離主가 팔괘상의 風火家人인데, 부귀는 누리지만 자손은 끊기게 된다.
이것은 불과 바람이 함께 臨하기 때문이다.

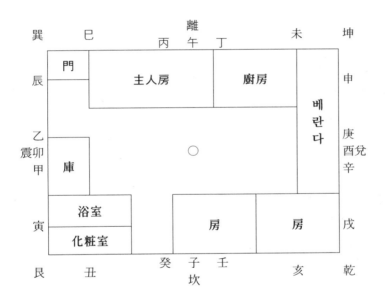

巽門. 離主. 八廚

巽門과 離主의 길흉

◆ 巽門에서 離主는 天醫方이니 일명 天醫宅이라 한다.
◆ 天醫는 巨門土星으로 人丁이 旺하고, 자손들이 총명준수하고, 건강장수 하고,
공직에 진출하며, 富貴를 득하는 吉星이다.
◆ 이는 仲男에 해당되며, 應期는 戊.己나 辰.未.戌.丑에 해당하는 年이나 月이다.
◆ 출입문과 주인방이 木火通明하니 부귀발전하나, 고부간에는 갈등이 있다. 두통,
眼疾患 등이 발생하고, 陰氣가 旺하니 남자들은 命이 짧고 代를 잇기가 어렵다.

巽門. 離主. 坎廚(감방에 주방이 있는 경우)

- 巽門에서 坎廚는 生氣方이다.
- 離主에서 坎廚는 延年方이다.
- 巽門, 坎廚는 상생되고 음양이 조화되고 生氣方이니 吉하여 財를 發하게 되고 복록이 장구하다.
- 離主, 坎廚는 음양정배합되고 延年方이니 吉하다. 人丁과 財가 旺하다.
- 이러한 가옥은 사람과 재물이 왕성할 것임을 의심할 여지가 없다. 자손은 영화로운 직책에 오르고, 재산은 넉넉하며, 현모양처에 자식들은 모두 효현하다.
- 부녀자가 현명하여 금전과 재물을 늘리나, 남자는 衰해지고 자손은 적거나 없을 것이다. 남에게 많이 베풀어 적덕을 쌓으나 자손 없는 근심으로 살아간다.
- 세월이 오래 흐르면 중풍, 두통, 眼疾患 등의 질환이 발생하고, 養子를 들여 代를 잇는다.

巽門. 離主. 艮廚(간방에 주방이 있는 경우)

- 巽門에서 艮廚는 絕命方이 된다.
- 離主에서 艮廚는 禍害方이다.
- 巽門, 艮廚는 艮廚가 受剋되고 絕命方이니 凶하다, 남자들은 겁이 많고 유약하여 여자가 살림을 도맡아하고 家權을 장악하게 된다.
- 離主, 艮廚는 상생되나 禍害方이라 凶하다.
- 이러한 가옥은 초년에는 사람과 재물이 왕성할 것임을 의심할 여지가 없다. 자손은 영화로운 직책에 오르고, 재산은 넉넉하며, 현모양처에 자식들은 모두 효현하다.
- 세월이 오래 흐르면 부녀자가 현명하여 금전과 재물을 늘리나, 남자는 衰해지고 자손은 적거나 없을 것이다. 남에게 많이 베풀어 적덕을 쌓으나 자손 없는 근심으로 살아간다.
- 중풍, 근육마비, 심장병, 黃腫(황종), 부녀자의 마르는 병, 비명횡사 등의 흉액이 발생하여 家門이 피폐된다.

巽門. 離主. 震廚(진방에 주방이 있는 경우)

- 巽門에서 震廚는 延年方이다.
- 離主에서 震廚는 生氣方이다.
- 巽門, 震廚는 二木比和로 成林되고 음양정배합되며 延年方이라 吉하다. 財를 發하게 되고 복록이 장구하다.
- 離主, 震廚는 상생되고 生氣方이니 吉하다. 人丁이 旺하고 부귀영달한다.
- 이러한 가옥은 陰陽과 夫婦의 正配合이다. 자손이 현달하고, 국가고시에 합격하

여 부귀를 누리고, 높은 관직에 오른다.

◆ 그러나 세월이 오래 흐르고 거주자의 命이 家宅3要素에 不合되면, 남자는 衰해지고, 자식은 적던지 없거나 한다. 따라서 시어머니와 며느리는 자식 없는 근심에 나날을 보내게 된다.

◆ 중풍, 두통, 眼疾(안질) 등의 질환이 발생할 것이고 養子를 들여 代를 잇게 한다.

巽門. 離主. 巽廚(손방에 주방이 있는 경우)

◆ 巽門에서 巽廚는 比和되어 伏位方이다.

◆ 離主에서 巽廚는 天醫方이다.

◆ 巽門, 巽廚는 二木比和되고 伏位方이라 吉하여 초년에는 財를 發하나 복록이 장구하지 못하다.

◆ 離主, 巽廚는 상생되고 天醫方이라 吉하나, 二陰이니 陽을 傷하게 하여 남자들의 단명수가 발생한다.

◆ 이런 가옥은 초년에는 二木이 比和되므로 억센 부녀자가 집안을 일으킨다. 그러나 純陰에 해당하니 남자들은 命이 짧다.

◆ 세월이 오래 흐르면 중풍, 근육마비, 咳嗽喘息(해수천식) 등의 질환이 발생하고 부녀자도 각종 질환에 시달리게 된다.

◆ 남편이 죽고 자식들도 단명하니 살림을 유지하기 어렵다.

◆ 재물과 전답과 육축이 늘어 재산은 흥성하나 代를 이을 자손이 없으니 養子를 들이거나 他姓의 자손이 집안을 꾸려간다.

巽門. 離主. 離廚(이방에 주방이 있는 경우)

◆ 巽門에서 離廚는 天醫方이다.

◆ 離主에서 離廚는 比和되어 伏位方이 된다.

◆ 巽門, 離廚는 상생되고 天醫方이니 吉하다.

◆ 離主, 離廚는 二火比和되고 伏位方이니 吉하여 초년에는 財를 發하나 장구하지 못하다.

◆ 巽門, 巽主, 離廚의 구조는 三女同居의 純陰之宅이다. 자연 陽을 傷하게 하니 남자들의 夭死가 따르고, 陰이 太旺하니 부녀자들도 흉액이 당도하게 된다. 어린 아이 키우기가 어려우니 종국에는 절손되는 것이다.

◆ 이러한 가옥은 초년에는 부녀자가 현명하여 능히 살림을 일으킨다. 그러나 純陰에 해당하니 남편은 단명하고 자식들도 역시 단명하게 된다.

남에게 베풀고 적덕을 쌓지만 代를 이을 자손 없음을 근심한다.

◆ 그러나 세월이 오래 흐르면 중풍, 근육마비, 咳嗽喘息(해수천식) 등의 질환자가

발생하고, 남자들의 명이 짧으니 집안 살림이 어려워지고, 養子를 들이게 된다.

◆ 한 때는 재산이 불같이 일어나나, 自慢(자만)으로 살았을 것이고, 心焦(심초), 眼疾(안질), 심장병 등의 질환으로 사람이 죽으니 끝내는 절손되게 된다.

巽門. 離主. 坤廚(곤방에 주방이 있는 경우)

◆ 巽門에서 坤廚는 五鬼方이다.

◆ 離主에서 坤廚는 六殺方이다.

◆ 巽門, 坤廚는 坤廚가 受剋되고 五鬼方이니 凶하여 老母에게 흉액이 닥쳐온다.

◆ 離主, 坤廚는 상생되나 六殺方이라 凶하다.

◆ 巽門, 離主, 坤廚의 구조는 三女同居의 純陰之宅이다. 자연 陽을 상하게 하니 남자들의 단명수가 발생하고, 陰이 太旺하니 부녀자들간에 불화와, 作亂(작란) 이 따르고, 萬事가 불리하다.

◆ 이러한 가옥은 초년에는 부녀자가 총명하여 집안을 일으킨다.

◆ 그러나 세월이 흐르면 남자는 衰하고, 자식마저 손상되니, 집안 살림이 어려워진다.

◆ 고부간에 不和하고, 남자가 없으니 추문이 발생할 것이다. 그리고 각종 질병으로 식구들의 命을 앗아간다. 그렇지 않으면 공직에 있는 주인이 부정하여 재산을 날리게 될 것이다.

◆ 이러한 일들은 寅.午.戌年에 일어나는데, 太歲에 합치되면 흉화를 면할 길이 없다.

巽門. 離主. 兌廚(태방에 주방이 있는 경우)

◆ 巽門에서 兌廚는 六殺方이다.

◆ 離主에서 兌廚는 五鬼方이다.

◆ 巽門, 兌廚는 巽門이 受剋되고 六殺方이니 凶하다, 長女나 큰며느리에게 재액이 발생한다.

◆ 離主, 兌廚는 兌廚가 受剋되고 五鬼方이라 凶하다, 少女나 막내며느리에게 흉화가 있고, 어린아이들에게도 災厄이 발생하게 된다.

◆ 巽門, 離主, 兌廚의 구조는 三女同居의 純陰之宅이다, 陽을 傷하게 하니 남자들에게 흉화가 있겠고, 陰이 太旺하니 부녀자들도 불리한 것이다. 종국에는 破財, 破家하게 된다.

◆ 이러한 가옥은 초년에는 부녀자가 현명하여 집안을 일으킨다.

◆ 그러나 세월이 흐르면 남자는 衰하고, 자식마저 손상되니, 집안 살림이 어려워진다.

◆ 중풍, 근육마비, 咳嗽喘息(해수천식), 심장병, 다리가 시리고 마비되는 증세 등의 질환자가 발생하고, 남자들의 命이 짧으니 집안 살림이 어려워지고, 부녀자는

바람나서 가출하게 되고, 自縊刀傷(자액도상), 溺死(익사), 화재, 도난, 비명횡사 등의 흉화가 발생하며, 육축과 사람이 모두 손상되니 종국에는 家門이 피폐되고, 절손되게 된다.

巽門. 離主. 乾廚(건방에 주방이 있는 경우)

◆ 巽門에서 乾廚는 禍害方이다.

◆ 離主에서 乾廚는 絶命方이다.

◆ 巽門, 乾廚는 巽門이 受剋되고 禍害方이니 凶하여 長女나 큰며느리에게 불리함이 있다.

◆ 離主, 乾廚는 상극되고 絶命方이라 凶하다. 老父에게 흉화가 발생하고 부녀자들에게도 흉함이 발생한다.

◆ 이러한 가옥은 초년에는 부녀자가 총명하여 집안을 일으킨다.

◆ 그러나 세월이 흐르면 남자는 衰하고, 부부간 불화하고, 자식마저 손상되니, 집안 살림이 어려워진다.

◆ 부녀자는 死産하던지, 횡사를 하게 되고, 심장병, 양다리가 시리고 아픈 증세 등의 흉액이 발생한다.

◆ 부녀자가 음란하지 않으면, 老翁(노옹)은 젊은 부인과 사니 집안 질서가 무너지고, 醜聞(추문)이 돌며, 溺死(익사), 自縊刀傷(자액도상) 등의 흉화를 당하는 사람도 생겨난다.

◆ 사람과 육축이 모두 손상되니 결국에는 家門이 피폐되고, 부녀자는 고통속에 죽게 되고, 끝내 절손되게 된다.

(3) 巽門과 坤主의 길흉

◎ 아래도표에서 집의 중심에서 나경을 보아 출입문이 辰.巽.巳方에 있으면 巽門이라 하고, 주인방이 未.坤.申方에 있으면 坤主라 한다.

◎ 巽門과 坤主의 관계는 木剋土하니 八卦上 坤土는 老母라, 결국 모친이 먼저 사망한다는 것이다.

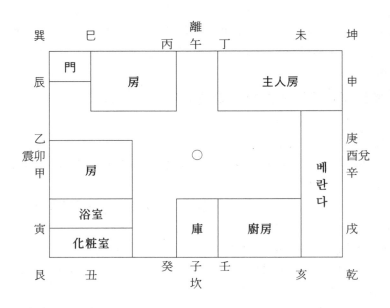

巽門. 坤主. 八廚

巽門과 坤主의 길흉
◆巽門에서 坤主는 五鬼方이니 일명 五鬼宅이라 한다.
◆이런 구조는 人丁이 衰하고, 폭력성향을 지닌 자손들이 나오고, 血光(혈광), 火災, 시비다툼, 관재구설 등의 흉화가 발생하며, 결국 破財, 破家하게 된다.
◆출입문이 주인방을 剋하므로 흉화가 급속하게 닥쳐온다.
◆재산은 흩어지고, 고부간에 불화하고, 부녀자는 음란하여 醜聞(추문)을 야기하고, 나쁜 기운으로 질병이 창궐하니 남녀 공히 단명한다.
◆六畜과 사람 4~5人이 손상되니 과부만 남게 되고 결국 절손되게 된다. 이는 長男에게 해당되며, 應期는 丙.丁이나 寅.午.戌에 해당하는 年이나 月이다.
巽門. 坤主. 坎廚(감방에 주방이 있는 경우)
◆巽門에서 坎廚는 生氣方이다.
◆坤主에서 坎廚는 絶命方이다.
◆巽門, 坎廚는 상생되고 生氣方이니 大吉하다.
◆坤主, 坎廚는 坎廚가 受剋되고 絶命方이라 凶하여 仲男에게 災厄이 따르는 것이다.
◆이러한 가옥은 초년에는 사람과 재물이 왕성할 것임을 의심할 여지가 없다. 자손은 영화로운 직책에 오르고, 재산은 넉넉하며, 현모양처에 자식들은 모두 효현하고 국가고시합격자가 나와 부귀영달한다.

- 그러나 세월이 흐르면 남자는 衰하고, 고부간에 불화하고, 남자가 단명하니 집안에 음란한 일이 생기고, 咽喉痛(인후통), 腹痛(복통) 등의 흉화가 발생한다.
- 비명횡사, 관재구설, 화재, 도난 등의 액운이 발생하고, 만약 거주인이 공직자라면 부정에 연루되어 재산을 날리고, 결국은 家破人亡한다.
  특히 寅.午.戌年에 흉액이 발생할 것이다.

巽門. 坤主. 艮廚(간방에 주방이 있는 경우)

- 巽門에서 艮廚는 絶命方이 된다.
- 坤主에서 艮廚는 生氣方이다.
- 巽門, 艮廚는 艮廚가 受剋되고 絶命方이라 凶하다. 少男에게 불리하며, 어린아이들을 키우기 어려운 것이다.
- 坤主, 艮廚는 二土比和되고 生氣方이니 吉하여 財利가 있다.
- 이러한 가옥은 초년에는 잠시 사람과 재물이 왕성할 것임을 의심할 여지가 없다.
- 그러나 세월이 흐르면 부녀자가 총명하여 금전과 재물을 늘리나, 남자는 衰하고, 고부간에 불화하고, 남자가 단명하니 집안에 음란한 일이생기고, 咽喉痛(인후통), 腹痛(복통) 등의 흉화가 발생한다.
- 비명횡사, 관재구설, 화재, 도난 등의 厄運(액운)과, 거주인이 공직자라면 부정으로 재산을 날리고, 결국은 家破人亡한다.
- 중풍, 근육마비, 심장병, 黃腫(황종), 부녀자의 마르는 병, 비명횡사 등의 흉액이 발생하여 家門이 피폐된다.

巽門. 坤主. 震廚(진방에 주방이 있는 경우)

- 巽門에서 震廚는 延年方이다.
- 坤主에서 震廚는 禍害方이다.
- 巽門, 震廚는 二木比和되고 延年方이라 吉하여 財를 發하고 장구하다.
- 坤主, 震廚는 坤主가 受剋되고 禍害方이라 凶하다. 老母에게 불리하며 여타의 부녀자들에게도 흉화가 따른다.
- 이러한 가옥은 초년에는 陰陽과 夫婦의 正配合이다. 자손이 현달하고, 고시에 합격하여 부귀를 누리고, 높은 관직에 오른다.
- 二木成林하니 해마다 발전하고, 富貴가 창달한다.
- 그러나 세월이 오래 흐르면 남자는 죽고, 자식은 손상되니 살림을 꾸리기가 힘들어진다.
- 고부간에 불화하고, 음란한 일이 집안에 발생하고, 여러가지 질병으로 사람이 죽지 않으면, 화재, 도난, 官災 등의 흉화로 家業이 피폐된다.

◆ 부녀자는 몸이 바짝 마르고, 절손되게 된다.

巽門. 坤主. 巽廚(손방에 주방이 있는 경우)

◆ 巽門에서 巽廚는 比和되어 伏位方이다.
◆ 坤主에서 巽廚는 五鬼方이다.
◆ 巽門, 巽廚는 二木比和되고 伏位方이라 吉하여 초년에는 財를 發하나 복록이 장구하지 못하다.
◆ 坤主, 巽廚는 坤主가 受剋되고 五鬼方이라 凶하다. 老母에게 재액이 발생하고 여타의 부녀자들에게도 흉화가 발생하게 된다.
◆ 이러한 가옥은 초년에는 二木이 比和되므로 억센 부녀자가 집안을 일으킨다. 그러나 純陰에 해당하니 남자들은 명이 짧다.
◆ 그러나 세월이 흐르면 중풍, 근육마비, 咳嗽喘息(해수천식) 등의 질환이 발생하고 부녀자도 각종 질환에 시달리게 된다.
◆ 남편이 죽고 자식들도 단명하니 살림을 유지하기 어렵다.
◆ 고부간의 갈등이 있고, 복통, 화재, 도난, 官災 등으로 재산상의 손실이 발생한다. 거주인이 공직자의 경우는 부정에 연루되어 재산의 침탈을 당하게 된다.

巽門. 坤主. 離廚(이방에 주방이 있는 경우)

◆ 巽門에서 離廚는 天醫方이다.
◆ 坤主에서 離廚는 六殺方이 된다.
◆ 巽門, 離廚는 상생되고 天醫方이니 吉하다.
◆ 坤主, 離廚는 상생되나 六殺方이라 凶하여 질병이 多發하게 된다.
◆ 본시 巽門과 坤主는 상극관계이나 離方에 廚房을 설치함으로써, 木生火, 火生土로 순환상생을 이루니 凶變吉이 된 것이다.
◆ 이러한 가옥은 초년에는 부녀자가 현명하여 능히 살림을 일으킨다.
◆ 巽門, 坤主, 離廚는 三女同居의 純陰之宅이다. 세월이 오래 흐르면 純陰에 해당하니 남편은 단명하고 자식들도 역시 단명하게 된다.
◆ 남에게 베풀고 적덕을 쌓지만 代를 이을 자손 없음을 근심한다.
◆ 중풍, 근육마비, 咳嗽喘息(해수천식) 등의 질환자가 발생하고, 남자들의 命이 짧으니 집안 살림이 어려워지고, 養子를 들이게 된다.
◆ 한 때는 재산이 불같이 일어나나, 自慢(자만)으로 살았을 것이고, 心焦(심초), 眼疾(안질), 심장병 등의 질환으로 사람이 죽으니 끝내는 절손되게 된다.

巽門. 坤主. 坤廚(곤방에 주방이 있는 경우)

◆ 巽門에서 坤主는 五鬼方이다.

- 坤主에서 坤廚는 比和되어 伏位方이다.
- 巽門, 坤廚는 坤廚가 受剋되고 五鬼方이라 흉한데, 老母에게 흉화가 닥쳐오고, 여타의 부녀자들에게도 災厄이 당도하게 된다. 이는 五鬼火星이 坤宮에 入하는 것으로 논하여, 가솔들 중 5人의 손상이 있게 되는 것이다.
- 坤主, 坤廚는 二土比和되고 伏位方이라 吉하여 財利가 있으나 복록이 장구하지 못하다.
- 이러한 가옥은 초년에는 부녀자가 총명하여 집안을 일으킨다.
- 그러나 세월이 흐르면 남자는 쇠하고, 자식마저 손상되니, 집안 살림이 어려워진다.
- 아들 보다 딸이 많으니 老母가 집안 살림을 꾸려나간다. 이러한 가옥은 純陰에 해당하니 남자는 단명하고 절손하게 되는 것이다.
- 咽喉痛(인후통), 腹痛(복통), 각종 질병으로 흉액이 잇따른다.
- 집안에 음란한 문제가 발생할 것이고, 화재, 官災, 도난, 공직자의 부정 연루 등으로 재산이 흩어지고 가업이 피폐될 것이다. 이러한 일들이 寅.午.戌年에 일어나는데 太歲가 이에 해당하면 방비에 만전을 기해야 할 것이다.
- 주방과 주인방을 吉方으로 옮기거나 改修(개수)해야 禍를 면할 수 있다.

巽門. 坤主. 兌廚(태방에 주방이 있는 경우)

- 巽門에서 兌廚는 六殺方이다.
- 坤主에서 兌廚는 天醫方이다.
- 巽門, 兌廚는 巽門이 受剋되고 六殺方이라 凶하여 長女에게 災厄이 발생하고, 가택의 어린여자아이들도 흉화가 당도한다.
- 坤主, 兌廚는 상생되고 天醫方이라 吉하다.
- 巽門, 坤主, 兌廚의 구조는 三女同居의 純陰之宅이다. 자연 陽을 상하게 하니 남자들의 손상이 따르고, 또한 陰이 太旺하니 부녀자들에게도 흉화가 발생하는 것이다.
- 이러한 가옥은 초년에는 부녀자가 총명하여 집안을 일으킨다.
- 세월이 흐르면 남자는 衰하고, 자식마저 손상되니, 집안 살림이 어려워진다.
- 아들 보다 딸이 많으니 老母가 집안 살림을 꾸려나간다. 이러한 가옥은 純陰에 해당하니 남자는 단명하고 절손하게 되는 것이다.
- 咽喉痛(인후통), 腹痛(복통), 각종 질병으로 흉액이 잇따른다.
- 남자들의 명이 짧으니 집안 살림이 어려워지고, 공직에 있는 사람은 부정에 연루되어 파직될 것이고, 부녀자는 바람나서 가출하게 되고, 自縊刀傷(자액도상), 溺死(익사), 화재, 도난, 비명횡사 등의 흉화가 발생하며, 육축과 사람이 모두

손상되니 종국에는 家門이 피폐되고, 절손되게 된다.

巽門. 坤主. 乾廚(건방에 주방이 있는 경우)

◆ 巽門에서 乾廚는 禍害方이다.

◆ 坤主에서 乾廚는 延年方이다.

◆ 巽門, 乾廚는 巽門이 受剋되고 禍害方이니 凶하다. 長女나 큰며느리에게 재액이
　있고, 가택의 여타의 부녀자들도 불리함이 있게 된다.

◆ 坤主, 乾廚는 부부정배합이고 延年方이니 吉하다.

◆ 이러한 가옥은 초년에는 부녀자가 총명하여 집안을 일으킨다.

◆ 그러나 세월이 흐르면 남자는 衰하고, 夫婦間 不和하고, 자식마저 손상되니, 집안
　살림이 어려워진다.

◆ 부녀자는 死産하던지, 橫死(횡사)를 하게 되고, 심장병, 양다리가 시리고 아픈
　증세 등의 흉액이 발생한다.

◆ 부녀자가 음란하지 않으면, 老翁(노옹)은 젊은 부인과 사니 집안 질서가 무너지
　고, 추문이 돌며, 溺死(익사), 自縊刀傷(자액도상) 등의 흉화를 당하는 사람도
　생겨난다.

◆ 사람과 六畜이 모두 손상되니 결국에는 家門이 피폐되고, 부녀자는 고통속에 죽
　게 되고, 끝내 절손되게 된다.

(4) 巽門과 兌主의 길흉

◎ 아래도표에서 집의 중심에서 나경을 보아 출입문이 辰.巽.巳方에 있으면 巽門이
　라 하고, 주인방이 庚.酉.辛方에 있으면 兌主라 한다.

◎ 巽門과 兌主는 오행이 木과 金으로 상호 相剋관계이니 木이 손상된다. 따라서
　長女나 큰며느리가 손상된다는 것이다.

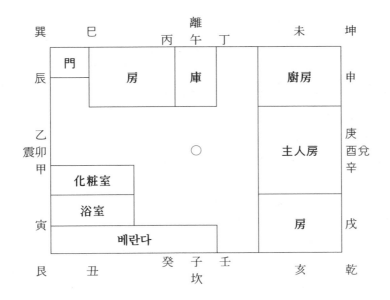

巽門. 兌主. 八廚

巽門과 兌主의 길흉

- ◆巽門에서 兌主는 六殺方이니 일명 六殺宅이라 한다.
- ◆주인방이 출입문을 剋하는 것은 부녀자가 서로 다투는 象이다. 따라서 木이 受剋되니 근골통, 風狂(풍광), 양쪽다리가 시리고 아픔, 自縊(자액) 등의 흉화로 남녀가 단명하게 된다.
- ◆또한 남자들이 주색잡기와 도박에 빠지게 되고, 人丁이 衰하고, 수명이 짧고, 癲狂(전광), 자살 등의 흉사가 따르고, 破財, 破家하게 되며, 종국에는 절손되게 된다.
- ◆이는 仲男에 해당되고, 應期는 壬.癸나 申.子.辰에 해당하는 年이나 月이다.

巽門. 兌主. 坎廚(감방에 주방이 있는 경우)

- ◆巽門에서 坎廚는 生氣方이다.
- ◆兌主에서 坎廚는 禍害方이다.
- ◆巽門, 坎廚는 상생되고 生氣方이니 吉하다.
- ◆兌主, 坎廚는 兌主의 金氣가 洩되니 少女에게 불리하다.
- ◆이러한 가옥은 초년에는 사람과 재물이 왕성할 것임을 의심할 여지가 없다. 자손은 관직에 들어 영화로운 직책에 오르고, 재산은 넉넉하며, 현모양처에 자식들은 모두 효현하고 국가고시합격자가 나와 부귀영달한다.

- 그러나 세월이 흐르면 집안에 어려움이 닥치고, 風狂(풍광), 咳嗽(해수), 自縊(자액), 넓적다리 질환, 화재, 도난, 官災, 비명횡사 등의 흉액이 발생하고, 부녀자가 바람나서 가출하고, 재산이 흩어지며, 가업이 피폐된다.

巽門. 兌主. 艮廚(간방에 주방이 있는 경우)

- 巽門에서 艮廚는 絶命方이 된다.
- 兌主에서 艮廚는 延年方이다.
- 巽門, 艮廚는 艮廚가 受剋되고 絶命方이라 凶한데 少男에게 災厄이 있고, 어린아이들을 키우기가 어렵게 된다.
- 兌主, 艮廚는 음양정배합이고 延年方이니 길하다.
- 이러한 가옥은 초년에는 잠시 사람과 재물이 왕성할 것임을 의심할 여지가 없다.
- 그러나 세월이 흐르면 부녀자가 총명하여 금전과 재물을 늘리나, 남자는 衰하고, 고부간에 불화하고, 남자가 단명하니 집안에 음란한 일이 생기고, 咳嗽(해수), 넓적다리 질환, 咽喉痛(인후통), 腹痛(복통) 등의 흉화가 발생한다.
- 비명횡사, 自縊刀傷(자액도상), 관재구설, 화재, 도난 등의 액운과, 공직자라면 부정으로 재산을 날리고, 결국은 家破人亡한다.
- 중풍, 근육마비, 심장병, 黃腫(황종), 부녀자의 마르는 병, 비명횡사 등의 흉액이 발생하여 家門이 피폐된다.
- 代를 이을 자손이 없으니 他姓의 자식이 代를 잇는다.

巽門. 兌主. 震廚(진방에 주방이 있는 경우)

- 巽門에서 震廚는 延年方이다.
- 兌主에서 震廚는 絶命方이다.
- 巽門, 震廚는 二木比和되고 延年方이니 吉하다.
- 兌主, 震廚는 震廚가 受剋되고 絶命方이라 凶하다, 長男에게 불리하고, 여타의 남자들에게도 흉화가 따른다.
- 이러한 가옥은 초년에는 陰陽과 夫婦의 正配合이다. 자손이 현달하고, 국가고시에 합격하여 부귀를 누리고, 높은 관직에 오른다.
- 二木成林하니 해마다 발전하고, 부귀창달한다.
- 그러나 세월이 오래 흐르면 남자는 죽고, 자식은 손상되니 살림을 꾸리기가 힘들어진다. 咳嗽(해수), 風狂(풍광), 넓적다리 질환, 심장병, 自縊刀傷(자액도상), 화재, 도난, 官災 등의 흉액으로 家産이 흩어지고, 가업이 피폐되며, 부녀자는 바람나서 가출하니, 他姓이 代를 잇게 된다.

巽門. 兌主. 巽廚(손방에 주방이 있는 경우)

- 巽門에서 巽廚는 比和되어 伏位方이다.
- 兌主에서 巽廚는 六殺方이다.
- 巽門, 巽廚는 二木比和하고 伏位方이니 吉하여 초년에 財利가 있으나 장구하지 못하다.
- 兌主, 巽廚는 巽廚가 受剋되고 六殺方이라 흉한데 長女에게 災厄이 있고 가택의 여타 부녀자들에게도 흉화가 있다.
- 이러한 가옥은 초년에는 二木이 比和되고 三女同居의 純陰之宅으로 억센 부녀자가 집안을 일으킨다. 그러나 純陰에 해당하니 자연 陽을 傷하게 하여 남자들은 命이 짧다.
- 세월이 오래 흐르면 중풍, 근육마비, 咳嗽喘息(해수천식) 등의 질환이 발생하고 부녀자도 각종 질환에 시달리게 된다. 남편이 죽고 자식들도 단명하니 살림을 유지하기 어렵다.
- 咳嗽(해수), 風狂(풍광), 넓적다리 질환, 심장병, 自縊刀傷(자액도상), 화재, 도난, 官災 등의 흉액으로 家産이 흩어지고, 가업이 피폐되며, 부녀자는 바람나서 가출하니, 他姓이 代를 잇게 된다.

巽門. 兌主. 離廚(이방에 주방이 있는 경우)

- 巽門에서 離廚는 天醫方이다.
- 兌主에서 離廚는 五鬼方이 된다.
- 巽門, 離廚는 상생되고 天醫方이니 吉하다.
- 兌主, 離廚는 兌主가 受剋되고 五鬼方으로 凶하니, 막내딸과 어린여자 아이들에게 災厄이 따른다.
- 이러한 가옥은 초년에는 부녀자가 현명하여 능히 살림을 일으킨다.
- 그러나 세월이 흐르면 純陰에 해당하니 남편은 단명하고 자식들도 역시 단명하게 된다.
- 남에게 베풀고 적덕을 쌓지만 代를 이을 자손 없음을 근심한다.
- 중풍, 근육마비, 咳嗽喘息(해수천식) 등의 질환자가 발생하고, 남자들의 명이 짧으니 집안 살림이 어려워지고, 養子를 들이게 된다.
- 한 때는 재산이 불같이 일어나나, 자만으로 살았을 것이고, 自縊刀傷(자액도상), 心焦(심초), 眼疾(안질), 心臟病(심장병) 등의 질환으로 사람이 죽고, 부녀자는 가출하게 되고, 끝내는 절손되게 된다.

巽門. 兌主. 坤廚(곤방에 주방이 있는 경우)

- 巽門에서 坤廚는 五鬼方이다.

- ◆ 兌主에서 坤廚는 天醫方이다.

- ◆ 巽門, 坤廚는 坤廚가 受剋되고 五鬼方이라 凶한데, 老母에게 흉화가 발생하고, 가택의 여타 부녀자들에게도 災厄이 당도한다.

- ◆ 兌主, 坤廚는 상생되고 天醫方이라 吉하다.

- ◆ 巽門, 兌主, 坤廚의 구조는 三女同居의 純陰之宅이다. 자연 陽을 상하게 하니 가택의 남자들에게 손상이 따르고, 陰이 太旺하니 부녀자들에게도 단명수가 따르게[되며, 종국에는 절손되게 된다.

- ◆ 이러한 가옥은 초년에는 부녀자가 총명하여 집안을 일으킨다.

- ◆ 그러나 세월이 흐르면 남자는 衰하고, 자식마저 손상되니, 집안 살림이 어려워진다.

- ◆ 아들 보다 딸이 많으니 老母가 집안 살림을 꾸려나간다. 이러한 가옥은 純陰에 해당하니 남자는 단명하고 절손하게 되는 것이다.

- ◆ 夫婦間에 不和하고, 咽喉痛(인후통), 腹痛(복통), 自縊刀傷(자액도상), 각종 질병으로 흉액이 잇따른다.

- ◆ 집안에 음란한 문제가 발생할 것이고, 화재, 官災, 도난, 공직자의 부정연루 등으로 재산이 흩어지고 가업이 피폐될 것이다.

이러한 일들이 寅.午.戌年에 일어나는데 太歲가 이에 해당하면 방비에 만전을 기해야 할 것이다.

- ◆ 주방과 주인방을 吉方으로 옮기거나 改修(개수)해야 禍를 면할 수 있다.

巽門. 兌主. 兌廚(태방에 주방이 있는 경우)

- ◆ 巽門에서 兌廚는 六殺方이다.

- ◆ 兌主에서 兌廚는 比和되어 伏位方이다.

- ◆ 巽門, 兌廚는 巽門이 受剋되고 六殺方이라 凶하다. 長女나 큰며느리에게 흉화가 닥치고, 여타의 부녀자들도 손상이 따르게 된다.

- ◆ 兌主, 兌廚는 二金比和되고 伏位方이라 吉하여 초년에는 財를 發하게 되나 복록이 장구하지 못하다.

- ◆ 이러한 가옥은 초년에는 부녀자가 총명하여 집안을 일으킨다.

- ◆ 세월이 흐르면 남자는 衰하고, 자식마저 손상되니, 집안 살림이 어려워진다.

- ◆ 아들 보다 딸이 많으니 老母가 집안 살림을 꾸려나간다. 이러한 가옥은 純陰에 해당하니 자연 陽을 傷하게 하여 남자는 단명하고 절손하게 되는 것이다.

- ◆ 咳嗽(해수), 風狂(풍광), 넓적다리 질환, 심장병 등의 흉액이 방생한다.

- ◆ 부녀자는 바람나서 가출하게 되고, 自縊刀傷(자액도상), 溺死(익사), 화재, 도난, 비명횡사 등의 흉화가 발생한다. 이러한 일들은 巳.酉.丑年에 있을 것인데 太歲가

이에 해당되는 해는 거듭 방비책을 세워야 한다.

◆ 육축과 사람이 모두 손상되니 종국에는 家門이 피폐되고, 絕孫(절손)되게 된다.

巽門. 兌主. 乾廚(건방에 주방이 있는 경우)

◆ 巽門에서 乾廚는 禍害方이다.

◆ 兌主에서 乾廚는 生氣方이다.

◆ 巽門, 乾廚는 巽門이 受剋되고 禍害方이니 凶하다. 長女나 큰며느리에게 흉화가 있고, 가택의 여타 부녀자들에게도 災厄이 따르게 된다.

◆ 兌主, 乾廚는 二金比和되고 生氣方이라 吉하다.

◆ 이러한 가옥은 초년에는 부녀자가 총명하여 집안을 일으킨다.

◆ 세월이 흐르면 남자는 衰하고, 부부간 불화하고, 자식마저 손상되니, 집안 살림이 어려워진다.

◆ 부녀자는 死産하던지, 비명횡사를 하게 되고, 심장병, 양다리가 시리고 아픈 증세 등의 흉액이 발생한다.

◆ 부녀자가 음란하지 않으면, 老翁(노옹)은 젊은 부인과 사니 집안 질서가 무너지고, 추문이 돌며, 溺死(익사), 自縊刀傷(자액도상) 등의 흉화를 당하는 사람도 생겨난다.

◆ 사람과 육축이 모두 손상되니 결국에는 家門이 피폐되고, 부녀자는 고통속에 죽게 되고, 끝내 절손되게 된다.

(5) 巽門과 乾主의 길흉

◉ 아래도표에서 집의 중심에서 나경을 보아 출입문이 辰.巽.巳方에 있으면 巽門이라 하고, 주인방이 戌.乾.亥方에 있으면 乾主라 한다.

◉ 巽門과 乾主는 오행상 木과 金으로 金剋木 하여 木이 손상되니 長女나 큰며느리가 손상된다는 것이다.

◉ 巽門과 乾主는 禍害宅이다. 초년에는 가업이 흥왕하고 재물이 늘어나나, 반드시 예기치 않은 흉액이 발생하게 된다.

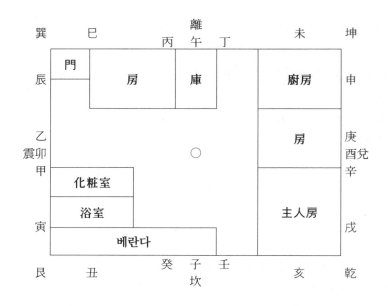

巽門. 乾主. 八廚

巽門과 乾主의 길흉
◆ 巽門에서 乾主는 禍害方이니 일명 禍害宅이라 한다.
◆ 이런 구조는, 남자들이 밖에 나가 남과 다투기를 좋아하고, 人丁이 衰 하여 孤寡之 人(고과지인)이 多出하고, 종국에는 절손되게 된다.
◆ 잔질과, 血光, 意外之災, 자살, 관재구설 등의 흉화가 多發하고, 결국 破財, 破家 하게 된다.
◆ 이는 주로 少男에게 해당되고, 應期는 戊.己나 辰.未.戌.丑에 해당하는 年이나 月이다.
◆ 주인방이 출입문을 剋하는 것은 陽金이 陰木을 剋한다는 것이다. 이는 陽이 盛하 고 陰이 衰하니, 부녀자가 단명하던지, 산후질환으로 죽게 된다. 또한 부녀자의 음란함, 腰痛(요통), 넓적다리 질환 등이 발생할 것이다.
巽門. 乾主. 坎廚(감방에 주방이 있는 경우)
◆ 巽門에서 坎廚는 生氣方이다.
◆ 乾主에서 坎廚는 六殺方이다.
◆ 巽門, 坎廚는 상생되고 生氣方이니 吉하다.
◆ 乾主, 坎廚는 乾主의 金氣가 洩되고 六殺方이니 凶하여 老父에게 불리한 것이다.
◆ 이러한 가옥은 초년에는 人丁과 재물이 왕성할 것임을 의심할 여지가 없다.

- 자손은 영화로운 직책에 오르고, 재산은 넉넉하며, 현모양처에 자식들은 모두 효현하고 국가고시합격자가 나와 부귀영달한다.
- 그러나 세월이 흐르면 집안에 어려움이 닥치고, 風狂(풍광), 咳嗽(해수), 自縊(자액), 넓적다리 질환, 화재, 도난, 官災, 비명횡사 등의 흉액이 발생하고, 부녀자가 바람나서 가출하고, 재산이 흩어지며, 부녀자가 死産이나 산후질환 등으로 흉액을 겪는다.
- 老翁(노옹)은 젊은 부인과 사니 집안 질서가 무너지고, 추문이 돌며, 익사, 自縊刀傷(자액도상) 등의 흉화를 당하는 사람도 생겨난다.
- 사람과 육축이 모두 손상되니 결국에는 家門이 피폐되고, 부녀자는 고통속에 죽게 되고, 끝내 절손되게 된다.

巽門. 乾主. 艮廚(간방에 주방이 있는 경우)

- 巽門에서 艮廚는 絶命方이 된다.
- 乾主에서 艮廚는 天醫方이다.
- 巽門, 艮廚는 艮廚가 受剋되고 絶命方이라 凶한데, 少男에게 흉화가 있고, 어린 아이들을 키우기 어려우니 종국에는 절손되게 된다.
- 乾主, 艮廚는 상생되고 天醫方이니 吉하다.
- 이러한 가옥은 초년에는 잠시 人丁과 재물이 왕성할 것임을 의심할 여지가 없다.
- 그러나 세월이 흐르면 부녀자가 死産이나 산후질환 등으로 흉액을 겪는다. 咳嗽(해수), 癱瘓(탄탄), 심장병, 양다리가 시리고 마비되는 증세, 自縊刀傷(자액도상), 부녀자는 몸이 마르는 증세 등의 흉화가 발생한다.
- 부녀자가 음란하지 않으면, 老翁(노옹)은 젊은 부인과 사니 집안 질서가 무너지고, 추문이 돌며, 익사, 自縊刀傷(자액도상) 등의 흉화를 당하는 사람도 생겨난다.
- 사람과 육축이 모두 손상되니 결국에는 家門이 피폐되고, 부녀자는 고통속에 죽게 되고, 끝내 절손되게 된다.

巽門. 乾主. 震廚(진방에 주방이 있는 경우)

- 巽門에서 震廚는 延年方이다.
- 乾主에서 震廚는 五鬼方이다.
- 巽門, 震廚는 음양정배합되고 延年方이니 吉하여 財利가 있다.
- 乾主, 震廚는 震廚가 受剋되고 五鬼方이니 凶하여 長男과 여타의 남자들에게 災厄이 따른다.
- 이러한 가옥은 초년에는 자손이 현달하고, 국가고시에 합격하여 부귀를 누리고, 높은 관직에 오른다.

- 二木成林하니 해마다 발전하고, 부귀창달한다.
- 그러나 세월이 오래 흐르면 남자는 죽고, 부녀자는 死産이나 산후질환으로 흉액을 겪고, 자식은 손상되니 살림을 꾸리기가 힘들어진다.
- 風狂(풍광), 넓적다리 질환, 심장병, 自縊刀傷(자액도상), 화재, 도난, 관재, 溺死(익사) 등의 흉액으로 家産이 흩어지고, 가업이 피폐되며, 부녀자는 바람나서 가출하니, 他姓이 代를 잇게 된다.

巽門. 乾主. 巽廚(손방에 주방이 있는 경우)

- 巽門에서 巽廚는 比和되어 伏位方이다.
- 乾主에서 巽廚는 禍害方이다.
- 巽門, 巽廚는 二木比和되고 伏位方이라 吉하여 초년에는 財利가 있으나 복록이 장구하지 못하다.
- 乾主, 巽廚는 巽廚가 受剋되고 禍害方이라 凶하여, 長女에게 흉화가 따르고 여타 부녀자들에게도 災厄이 발생한다.
- 이러한 가옥은 초년에는 二木이 比和되므로 억센 부녀자가 집안을 일으킨다.
- 그러나 세월이 흐르면 純陰에 해당하니 남자들은 命이 짧다.
- 중풍, 근육마비, 咳嗽喘息(해수천식) 등의 질환이 발생하고 부녀자도 각종 질환에 시달리게 된다.
- 남편이 죽고 자식들도 단명하니 살림을 유지하기 어렵다.
- 風狂(풍광), 넓적다리 질환, 심장병, 自縊刀傷(자액도상), 화재, 도난, 官災 등의 흉액으로 家産이 흩어지고, 가업이 피폐되며, 부녀자는 바람나서 가출하고, 老翁(노옹)은 젊은 부인과 사니 집안 질서가 무너지고, 醜聞(추문)이 돌며, 他姓이 代를 잇게 된다.

巽門. 乾主. 離廚(이방에 주방이 있는 경우)

- 巽門에서 離廚는 天醫方이다.
- 乾主에서 離廚는 絶命方이 된다.
- 巽門, 離廚는 상생되고 天醫方이니 吉하다.
- 乾主, 離廚는 乾主가 受剋되고 絶命方이라 凶한데, 老父에게 흉화가 따르고 가택의 여타 남자들에게도 災厄이 발생한다.
- 이러한 가옥은 부녀자가 총명하여 능히 살림을 일으킨다. 그러나 陰盛陽衰에 해당하니 남편은 단명하고 자식들도 역시 단명하게 된다.
- 남에게 베풀고 적덕을 쌓지만 代를 이을 자손 없음을 근심한다.
- 중풍, 근육마비, 咳嗽喘息(해수천식) 등의 질환자가 발생하고, 남자들의 명이 짧

- 으니 집안 살림이 어려워지고, 養子를 들이게 된다.
- 한 때는 재산이 불같이 일어나나, 자만으로 살았을 것이고, 自縊刀傷(자액도상), 心焦(심초), 眼疾(안질), 심장병 등의 질환으로 사람이 죽고, 부녀자는 死産, 자궁 질환을 앓거나 가출하게 되고, 老翁(노옹)은 젊은 부인과 사니 집안 질서가 무너지고, 추문이 돌며, 他姓이 代를 잇게 된다.

巽門. 乾主. 坤廚(곤방에 주방이 있는 경우)

- 巽門에서 坤廚는 五鬼方이다.
- 乾主에서 坤廚는 延年方이다.
- 巽門, 坤廚는 坤廚가 受剋되고 五鬼方이라 凶하여 老母에게 불리하고, 가택의 여타 부녀자들에게도 흉액이 따르게 된다.
- 乾主, 坤廚는 부부정배합이고 延年方이니 吉하다.
- 이러한 가옥은 초년에는 부녀자가 총명하여 집안을 일으킨다.
- 세월이 흐르면 남자는 衰하고, 자식마저 손상되니, 집안 살림이 어려워진다.
- 이러한 가옥은 陰盛陽衰에 해당하니 남자는 단명하고 절손하게 되는 것이다.
- 부부간에 불화하고, 부녀자는 死産, 자궁질환 등으로 사망하고, 가족들은 咽喉痛(인후통), 中風(중풍), 腹痛(복통), 근육마비, 自縊刀傷(자액도상), 溺死(익사), 각종 질병으로 흉액이 잇따른다.
- 집안에 음란한 문제가 발생할 것이고, 화재, 官災, 도난, 공직자의 부정연루 등으로 재산이 흩어지고 가업이 피폐될 것이다.
- 이러한 일들이 寅.午.戌年에 일어나는데 太歲가 이에 해당하면 방비에 만전을 기해야 할 것이다.
- 주방과 주인방을 吉方으로 옮기거나 改修(개수)해야 禍를 면할 수 있다.

巽門. 乾主. 兌廚(태방에 주방이 있는 경우)

- 巽門에서 兌廚는 六殺方이다.
- 乾主에서 兌廚는 生氣方이다.
- 巽門, 兌廚는 巽門이 受剋되고 六殺方이라 凶하여, 막내딸과 막내며느리에게 凶함이 발생한다.
- 乾主, 兌廚는 二金比和되고 生氣方이라 吉하여 財利가 있다.
- 이러한 가옥은 초년에는 부녀자가 총명하여 집안을 일으킨다.
- 세월이 흐르면 남자는 衰하고, 자식마저 손상되니, 집안 살림이 어려워진다.
- 이러한 가옥은 二陰一陽으로 陰盛陽衰하니 남자는 단명하고 절손하게 되는 것이다.
- 咳嗽(해수), 風狂(풍광), 넓적다리 질환, 심장병 등의 흉액이 발생한다.

- 부녀자는 死産, 자궁질환 등의 위험이 있고, 바람나서 가출하게 되거나, 가족 중에 自縊刀傷(자액도상), 溺死(익사), 화재, 도난, 비명횡사 등의 흉화가 발생한다.
- 이러한 일들은 巳.酉.丑年에 있을 것인데 太歲가 이에 해당되는 해는 거듭 방비책을 세워야 한다.
- 육축과 사람이 모두 손상되니 종국에는 家門이 피폐되고, 절손되게 된다.

巽門. 乾主. 乾廚(건방에 주방이 있는 경우)

- 巽門에서 乾廚는 禍害方이다.
- 乾主에서 乾廚는 比和되어 伏位方이다.
- 巽門, 乾廚는 巽門이 受剋되고 禍害方이라 凶하다, 長女나 큰며느리에게 흉화가 발생하고 가택의 여타 부녀자들에게도 災厄이 당도하게 된다.
- 乾主, 乾廚는 二金比和되고 伏位方이라 吉하여 초년에 財利가 있으나 복록이 장구하지 못하다.
- 이러한 가옥은 초년에는 부녀자가 총명하여 집안을 일으킨다.
- 세월이 흐르면 남자는 衰하고, 부부간 不和하고, 자식마저 손상되니, 집안 살림이 어려워진다.
- 부녀자는 死産하던지, 비명횡사를 하게 되고, 심장병, 양다리가 시리고 아픈 증세 등의 흉액이 발생한다.
- 또한 부녀자가 음란하지 않으면, 老翁(노옹)은 젊은 부인과 사니 집안 질서가 무너지고, 醜聞(추문)이 돌며, 溺死(익사), 自縊刀傷(자액도상) 등의 흉화를 당하는 사람도 생겨난다.
- 사람과 육축이 모두 손상되니 결국에는 家門이 피폐되고, 부녀자는 고통속에 죽게 되고, 끝내 절손되게 된다.

(6) 巽門과 坎主의 길흉

⊙ 아래도표에서 집의 중심에서 나경을 보아 辰.巽.巳方에 출입문이 있으면 巽門이라 하고, 주인방이 壬.子.癸方에 있으면 坎主라 한다.

⊙ 巽門과 坎主는 상호 相生하니 다섯 아들이 모두 부귀영화를 누린다.
  巽門과 坎主는 延年宅이다.

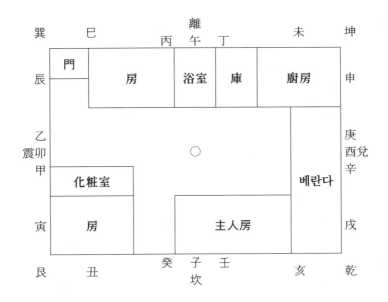

巽門. 坎主. 八廚

巽門과 坎主의 길흉

◆巽門에서 坎主는 生氣方이니 일명 生氣宅이라 한다.
◆門에서 주인방은 生氣方이니 다섯 아들이 모두 국가고시에 합격하고, 남녀가 용모와 재주가 출중하며, 자손은 효현하고 복록이 滿堂한다.
◆부부는 화목하고, 가업이 번창하고, 家門이 부귀창달한다. 이런 연고로 西四宅 家坐 중 최고의 吉宅이라 할 수 있다.
◆자손들이 출중하고, 건강장수하며, 형제가 우애있고, 富를 이루어 貴를 얻는 것이다.
◆이는 長男에게 해당되고 應期는 甲.乙이나 亥.卯.未에 해당하는 年이나 月이다.

巽門. 坎主. 坎廚(감방에 주방이 있는 경우)

◆巽門에서 坎廚는 生氣方이다.
◆坎主에서 坎廚는 比和되어 伏位方이다.
◆巽門, 坎廚는 상생되고 生氣方이라 大吉하다. 복록과 건강장수를 득하고 부녀자가 총명하다.
◆坎主, 坎廚는 二水比和되고 伏位方이라 吉하다.
◆이러한 가옥은 초년에는 사람과 재물이 왕성할 것임을 의심할 여지가 없다. 자손은 영화로운 직책에 오르고, 재산은 넉넉하며, 현모양처에 자식들은 모두 효현하고 국가고시합격자가 나와 부귀영달한다.

- ◆ 그러나 세월이 흐르면 남자가 적어지고, 부녀자는 發癌(발암), 자궁질환, 死産, 낙태 등의 흉액이 발생한다.
- ◆ 9년간은 떵떵거리고 살 것이나, 仲男은 女色과 도박에 빠져 재산을 탕진하거나, 溺死(익사)하게 될 것이다.

巽門. 坎主. 艮廚(간방에 주방이 있는 경우)

- ◆ 巽門에서 艮廚는 絶命方이 된다.
- ◆ 坎主에서 艮廚는 五鬼方이다.
- ◆ 巽門, 艮廚는 艮廚가 受剋되고 絶命方이라 凶하다. 少男에게 불리하고 어린아이들을 키우기가 어렵다.
- ◆ 坎主, 艮廚는 坎主가 受剋되고 五鬼方이라 凶하다. 仲男에게 흉사가 있는 것이다.
- ◆ 巽門, 坎主의 구조는 본시 5子를 生하게 되나, 어린아이와 仲男이 受剋되니 3子만 살아남는 것이다.
- ◆ 이러한 가옥은 초년에는 잠시 사람과 재물이 왕성할 것임을 의심할 여지가 없다. 자손은 영화로운 직책에 오르고, 재산은 넉넉하며, 현모양처에 자식들은 모두 효현하고 국가고시합격자가 나와 부귀영달한다.
- ◆ 그러나 세월이 흐르면 남편이 죽고 자식마저 손상되니, 부녀자가 살림을 꾸려나가나 결국 他姓에게 代를 잇게 한다.
- ◆ 어린아이 양육이 어렵고, 중풍, 근육마비, 부녀자는 몸이 마르는 질병 등의 횡액을 겪게 될 것이다.

巽門. 坎主. 震廚(진방에 주방이 있는 경우)

- ◆ 巽門에서 震廚는 延年方이다.
- ◆ 坎主에서 震廚는 天醫方이다.
- ◆ 巽門, 震廚는 二木比和되고 延年方이라 吉하여 財利가 있다.
- ◆ 坎主, 震廚는 상생되고 天醫方이라 吉하다.
- ◆ 이러한 가옥은 陰陽과 夫婦의 正配合이다. 자손이 현달하고, 국가고시에 합격하여 부귀를 누리고, 높은 관직에 오른다.
- ◆ 巽門, 震廚는 二木成林하니 해마다 발전하고, 부귀창달한다.
- ◆ 남녀 모두 총명하고 용모가 출중하니 가업이 창성하고, 家門이 부귀영달한다.
- ◆ 그러나 세월이 오래 흐르면, 이런 구조는 二陽一陰으로 陽盛陰衰하니 부녀자들에게 흉화가 닥쳐오게 된다.

巽門. 坎主. 巽廚(손방에 주방이 있는 경우)

- ◆ 巽門에서 巽廚는 比和되어 伏位方이다.

◆ 坎主에서 巽廚는 生氣方이다.

◆ 巽門, 巽廚는 二木比和되고 伏位方이라 吉하여 초년에 財를 發하나 장구하지 못하다.

◆ 坎主, 巽廚는 상생되고 生氣方이라 大吉하다. 人丁이 旺하고 부귀를 득하게 된다.

◆ 이러한 가옥은 초년에는 잠시 사람과 재물이 왕성할 것임을 의심할 여지가 없다. 자손은 영화로운 직책에 오르고, 재산은 넉넉하며, 현모양처에 자식들은 모두 효현하고 국가고시합격자가 나와 부귀영달한다.

◆ 그러나 세월이 흐르면 남편이 죽고 자식마저 손상되니, 부녀자가 살림을 꾸려나가나 결국 他姓에게 代를 잇게 한다.

◆ 어린아이 양육이 어렵고, 중풍, 근육마비, 氣癰喘嗽(기옹천수) 등의 횡액을 겪게 될 것이다.

◆ 남자가 적으니 홀아비나 과부가 쓸쓸히 집안을 지키는 형국이다.

巽門. 坎主. 離廚(이방에 주방이 있는 경우)

◆ 巽門에서 離廚는 天醫方이다.

◆ 坎主에서 離廚는 延年方이 된다.

◆ 巽門, 離廚는 상생되고 天醫方이라 吉하여 가택이 평안하고 家産이 늘게 된다.

◆ 坎主, 離廚는 음양정배합이고 延年方이라 吉하다. 다만 陰이 旺하니 성격이 강한 여자가 출하고, 부녀자가 총명하여 살림을 윤택하게 하고, 家權을 휘두른다. 陰이 盛하니 복록이 장구하지 못하고 자손이 적어지며 종국에는 절손되게 된다.

◆ 이런 가옥구조는 水生木, 木生火로 순환상생되니 凶變吉이 되는 것이다.

◆ 이러한 가옥은 잠시 사람과 재물이 왕성할 것임을 의심할 여지가 없다. 자손은 영화로운 직책에 오르고, 재산은 넉넉하며, 현모양처에 자식들은 모두 효현하고 국가고시합격자가 나와 부귀영달한다.

◆ 남에게 베풀고 적덕을 쌓지만 代를 이을 자손 없음을 근심한다.

◆ 그러나 세월이 오래 흐르면 중풍, 근육마비, 두통 등의 질환이 발생하고, 재물은 있으나 남자들의 명이 짧으니 他姓의 자식이 代를 잇게 된다.

巽門. 坎主. 坤廚(곤방에 주방이 있는 경우)

◆ 巽門에서 坤廚는 五鬼方이다.

◆ 坎主에서 坤廚는 絶命方이다.

◆ 巽門, 坤廚는 坤廚가 受剋되고 五鬼方이라 凶하여 老母에게 凶함이 있고, 여타의 부녀자들에게도 災厄이 당도한다.

◆ 坎主, 坤廚는 坎主가 受剋되고 絶命方이라 凶하다. 仲男에게 흉화가 발생한다.

- 이러한 가옥은 초년에는 사람과 재물이 왕성할 것임을 의심할 여지가 없다. 자손은 영화로운 직책에 오르고, 재산은 넉넉하며, 현모양처에 자식들은 모두 효현하고 국가고시합격자가 나와 부귀영달한다.
- 세월이 흐르면 남자는 衰하고, 자식마저 손상되니, 고부간의 불화가 생기고 집안 살림이 어려워진다.
- 또한 부녀자가 음란하지 않으면, 老翁(노옹)은 젊은 부인과 사니 집안 질서가 무너지고, 醜聞(추문)이 돌며, 중풍, 黃腫(황종), 腹痛(복통), 溺死(익사), 自縊刀傷(자액도상) 등의 흉화를 당하는 사람도 생겨난다.
- 사람과 육축이 모두 손상되니 결국에는 家門이 피폐되고, 부녀자는 고통속에 죽게 되고, 끝내 절손되게 된다.
- 공직자의 경우엔 不正에 연루되어 재산이 흩어지고 가업이 피폐될 것이다.

巽門. 坎主. 兌廚(태방에 주방이 있는 경우)

- 巽門에서 兌廚는 六殺方이다.
- 坎主에서 兌廚는 禍害方이다.
- 巽門, 兌廚는 巽門이 受剋되고 六殺方이라 凶하다. 막내딸과 막내며느리에게 흉화가 닥치고 어린여자아이들에게도 凶함이 발생한다.
- 坎主, 兌廚는 상생되나 禍害方이라 凶하여, 남녀 공히 손상됨이 있다.
- 이러한 가옥은 초년에는 사람과 재물이 왕성할 것임을 의심할 여지가 없다.
- 자손은 영화로운 직책에 오르고, 재산은 넉넉하며, 현모양처에 자식들은 모두 효현하고 부귀영달한다.
- 그러나 세월이 흐르면 부녀자는 死産, 자궁질환 등의 위험이 있고, 바람나서 가출하게 되거나, 가족 중에 咳嗽(해수), 心臟病(심장병), 다리가 시리고 아픈 증세, 自縊刀傷(자액도상), 화재, 도난, 비명횡사 등의 흉화가 발생한다.
- 이러한 일들은 巳.酉.丑年에 있을 것인데 太歲가 이에 해당되는 해는 거듭 방비책을 세워야 한다.
- 육축과 사람이 모두 손상되니 종국에는 家門이 피폐되고, 절손되게 된다.

巽門. 坎主. 乾廚(건방에 주방이 있는 경우)

- 巽門에서 乾廚는 禍害方이다.
- 坎主에서 乾廚는 六殺方이다.
- 巽門, 乾廚는 巽門이 受剋되고 禍害方이라 凶하여, 長女나 큰며느리에게 흉화가 발생하고 가택의 여타 부녀자들에게도 凶함이 있다.
- 坎主, 乾廚는 상생되나 六殺方이라 凶하여, 남녀를 불문하고 흉함이 닥쳐오며

종국에는 절손되게 된다.

- ◆ 이러한 가옥은 초년에는 재물과 전답이 넉넉하다.
- ◆ 세월이 흐르면 남자는 衰하고, 부부간 불화하고, 자식마저 손상되니, 집안 살림이 어려워진다.
- ◆ 부녀자는 死産하던지, 비명횡사를 당하게 되고, 중풍, 근육마비, 심장병, 양다리가 시리고 아픈 증세, 부녀자가 마르는 증세 등의 흉액이 발생한다.
- ◆ 또한 부녀자가 음란하지 않으면, 老翁(노옹)은 젊은 부인과 사니 집안 질서가 무너지고, 추문이 돌며, 溺死(익사), 自縊刀傷(자액도상) 등의 흉화를 당하는 사람도 생겨난다.
- ◆ 사람과 육축이 모두 손상되니 결국에는 家門이 피폐되고, 부녀자는 고통속에 죽게 되고, 끝내 절손되게 된다.

(7) 巽門과 艮主의 길흉

⊙ 아래도표에서 집의 중심에서 나경을 보아 출입문이 辰.巽.巳方에 있으면 巽門이라 하고, 주인방이 丑.艮.寅方에 있으면 艮主라 한다.

⊙ 巽門과 艮主는 오행상 상호 相剋되니, 남자가 命이 짧고, 과부가 생기며, 절손되게 된다는 것이다.

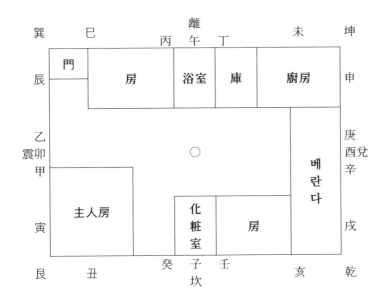

巽門. 艮主. 八廚

巽門과 艮主의 길흉

◆ 巽門에서 艮主는 絶命方이니 일명 絶命宅이라 한다.

◆ 이런 구조는 간사하고 범죄를 저지르는 자손들이 많이 나오고, 중병으로 인해 단명하게 되고, 殘疾(잔질)과 의외의 흉화가 多發하고, 破財, 破家하게 되며 종국에는 절손되게 된다.

◆ 이는 長男에게 해당되며 應期는 庚.辛이나 巳.酉.丑에 해당하는 年이나 月이다.

◆ 艮主가 受剋되므로, 과부 셋이 나오고 자식들이 손상되며, 養子가 代를 잇는다.

◆ 관재구설, 화재, 도난, 황달, 脾胃疾患(비위질환) 등의 흉화가 발생한다. 風狂(풍광), 癡呆(치매) 등의 질환자가 생길 것이다.

巽門. 艮主. 坎廚(감방에 주방이 있는 경우)

◆ 巽門에서 坎廚는 生氣方이다.

◆ 艮主에서 坎廚는 五鬼方이다.

◆ 巽門, 坎廚는 상생되고 生氣方이니 길하다.

◆ 艮主, 坎廚는 坎廚가 受剋되고 五鬼方이라 凶하다. 仲男에게 흉화가 따르고 어린아이들도 키우기가 어렵게 된다.

◆ 이러한 가옥은 초년에는 사람과 재물이 왕성할 것임을 의심할 여지가 없다.

◆ 자손은 영화로운 직책에 오르고, 재산은 넉넉하며, 현모양처에 자식들은 모두 효도하고 국가고시합격자가 나와 부귀영달한다.

◆ 그러나 세월이 흐르면 남자가 적어지고, 부녀자가 살림을 꾸려나가게 되고, 종국에는 他姓의 자식이 代를 잇는다.

◆ 중풍, 근육마비, 부녀자는 몸이 바짝 마르고, 예기치 않은 흉화가 발생할 것이다.

巽門. 艮主. 艮廚(간방에 주방이 있는 경우)

◆ 巽門에서 艮廚는 絶命方이 된다.

◆ 艮主에서 艮廚는 比和되어 伏位方이다.

◆ 巽門, 艮廚는 艮廚가 受剋되고 絶命方이라 凶한데, 少男에게 불리하고, 어린아이들도 키우기가 어려우며, 孤寡之人(고과지인)이 발생하고 종국에는 절손되게 된다.

◆ 艮主, 艮廚는 二土比和되고 伏位方이라 吉하여 초년에는 財利가 있으나 장구하지 못하다.

◆ 이러한 가옥은 초년에는 잠시 사람과 재물이 왕성할 것임을 의심할 여지가 없다. 자손은 영화로운 직책에 오르고, 재산은 넉넉하다.

◆ 그러나 세월이 흐르면 남편이 죽고 자식마저 손상되니, 부녀자가 살림을 꾸려나가

나 결국 타인에게 代를 잇게 한다.
- 어린아이 양육이 어렵고, 食疾膨悶(식질팽민). 중풍, 근육마비, 부녀자는 몸이 마르는 질병 등의 횡액을 겪게 될 것이다.

巽門. 艮主. 震廚(진방에 주방이 있는 경우)

- 巽門에서 震廚는 延年方이다.
- 艮主에서 震廚는 六殺方이다.
- 巽門, 震廚는 二木比和하고 음양정배합이며 延年方이니 吉하여 財를 發하게 된다.
- 艮主, 震廚는 艮主가 受剋되고 六殺方이라 凶하다. 少男에게 불리하고 어린아이들에게 흉화가 따르며, 절손되게 된다.
- 이러한 가옥은 초년에는 자손이 현달하고, 국가고시에 합격하여 부귀를 누리고, 높은 관직에 오른다.
- 巽門, 震廚는 二木成林하니 해마다 발전하고, 부귀창달한다.
- 그러나 세월이 흐르면 남편이 죽고 자식마저 손상되니, 부녀자가 살림을 꾸려나가나 결국 타인에게 代를 잇게 한다.
- 어린아이 양육이 어렵고, 중풍, 근육마비, 부녀자는 몸이 마르는 질병 등의 횡액을 겪게 될 것이다.

巽門. 艮主. 巽廚(손방에 주방이 있는 경우)

- 巽門에서 巽廚는 比和되어 伏位方이다.
- 艮主에서 巽廚는 絕命方이다.
- 巽門, 巽廚는 二木比和되고 伏位方이라 吉하여 초년에는 財를 發하나, 복록이 장구하지 못하다.
- 艮主, 巽廚는 艮主가 受剋되고 五鬼方이라 凶하다. 少男에게 흉화가 따르고, 어린아이들을 키우기가 어려워 절손되게 되고, 孤寡之人(고과지인)이 多出한다.
- 이러한 가옥은 초년에는 잠시 사람과 재물이 왕성할 것임을 의심할 여지가 없다. 자손은 영화로운 직책에 오르고, 재산은 넉넉하며, 현모양처에 자식들은 모두 효현하고 국가고시합격자가 나와 부귀영달한다.
- 그러나 세월이 흐르면 남편이 죽고 자식마저 손상되니, 부녀자가 살림을 꾸려나가나 결국 타인에게 代를 잇게 한다.
- 어린아이 양육이 어렵고, 중풍, 근육마비, 氣壅喘嗽(기옹천수) 등의 횡액을 겪게 될 것이다.
- 남자가 적으니 홀아비나 과부가 쓸쓸히 집안을 지키는 형국이다.

巽門. 艮主. 離廚(이방에 주방이 있는 경우)

◆巽門에서 離廚는 天醫方이다.

◆艮主에서 離廚는 禍害方이 된다.

◆巽門, 離廚는 상생되고 天醫方이라 吉하다.

◆艮主, 離廚는 상생되나 禍害方이라 凶하다. 남자들은 겁이 많고 유약하여 부녀자
  가 살림을 꾸려나가며, 家權을 장악하게 되며, 자녀들은 가난하게 살게 된다.

◆이러한 가옥은 초년에는 잠시 사람과 재물이 왕성할 것임을 의심할 여지가 없다.
  자손은 영화로운 직책에 오르고, 재산은 넉넉하다.

◆그러나 세월이 흐르면 남편과 자식이 손상되니 부녀자가 살림을 꾸려나가게 된다.

◆남에게 베풀고 적덕을 쌓지만 代를 이을 자손 없음을 근심한다.

◆중풍, 근육마비, 두통, 眼疾(안질) 등의 질환이 발생하고, 재물은 있으나 남자들의
  명이 짧으니 他姓의 자식이 代를 잇게 된다.

巽門. 艮主. 坤廚(곤방에 주방이 있는 경우)

◆巽門에서 坤廚는 五鬼方이다.

◆艮主에서 坤廚는 生氣方이다.

◆巽門, 坤廚는 坤廚가 受剋되고 五鬼方이라 凶하다. 老母에게 凶함이 따르고,
  여타 부녀자들에게도 災厄이 있게 된다.

◆艮主, 坤廚는 二土比和되고 生氣方이라 吉하여 財를 發하게 된다.

◆이러한 가옥은 초년에는 사람과 재물이 왕성할 것임을 의심할 여지가 없다. 2년~5
  년 사이에 재산이 불같이 일어난다.

◆그러나 세월이 흐르면 남자는 衰하고, 자식마저 손상되니, 고부간의 불화가 생기
  고 집안 살림이 어려워진다.

◆腹痛(복통), 黃腫(황종), 화재, 도난, 예기치 않은 질병, 비명횡사, 공직자인 경우
  부정에 연루되어 재산이 흩어지고, 파직되며, 가업이 피폐될 것이다.

巽門. 艮主. 兌廚(태방에 주방이 있는 경우)

◆巽門에서 兌廚는 六殺方이다.

◆艮主에서 兌廚는 延年方이다.

◆巽門, 兌廚는 巽門이 受剋되고 六殺方이니 凶하여, 막내딸에게 단명수가 발생한다.

◆艮主, 兌廚는 상생되고 延年方이라 吉하다.

◆이러한 가옥은 초년에는 사람과 재물이 왕성할 것임을 의심할 여지가 없다.

◆자손은 영화로운 직책에 오르고, 재산은 넉넉하며, 현모양처에 자식들은 모두
  효현하고 국가고시합격자가 나와 부귀영달한다.

◆그러나 세월이 오래 흐르면 부녀자는 死産, 자궁질환 등의 위험이 있고, 바람나서

가출하게 되거나, 가족 중에 중풍, 근육마비, 自縊刀傷(자액도상), 溺死(익사), 화재, 도난, 비명횡사 등의 흉화가 발생한다.

◆ 육축과 사람이 모두 손상되니 종국에는 家門이 피폐되고, 절손되게 된다.

◆ 이러한 일들은 巳.酉.丑年에 있을 것인데 太歲가 이에 해당되는 해는 거듭 방비책을 세워야 한다.

◆ 육축과 사람이 모두 손상되니 종국에는 家門이 피폐되고, 절손되게 된다.

巽門. 艮主. 乾廚(건방에 주방이 있는 경우)

◆ 巽門에서 乾廚는 禍害方이다.

◆ 艮主에서 乾廚는 天醫方이다.

◆ 巽門, 乾廚는 巽門이 受剋되고 禍害方이라 凶하여 부녀자들에게 夭死가 따른다.

◆ 艮主, 乾廚는 상생되고 天醫方이라 吉하다.

◆ 이러한 가옥은 초년에는 부녀자가 총명하여 집안을 일으킨다.

◆ 그러나 세월이 흐르면 남자는 衰하고, 부부간 不和하고, 자식마저 손상되니, 집안 살림이 어려워진다.

◆ 부녀자는 死産하던지, 비명횡사를 하게 되고, 심장병, 양다리가 시리고 아픈 증세 등의 흉액이 발생한다.

◆ 또한 부녀자가 음란하지 않으면, 老翁(노옹)은 젊은 부인과 사니 집안질서가 무너지고, 醜聞(추문)이 돌며, 溺死(익사), 自縊刀傷(자액도상) 등의 흉화를 당하는 사람도 생겨난다.

◆ 사람과 육축이 모두 손상되니 결국에는 家門이 피폐되고, 부녀자는 고통속에 죽게 되고, 끝내 절손되게 된다.

(8) 巽門과 震主의 길흉

⊙ 아래도표에서 집의 중심에서 나경을 보아 출입문이 辰.巽.巳方에 있으면 巽門이라 하고, 주인방이 甲.卯.乙方에 있으면 震主라 한다.

⊙ 巽門과 震主가 배합이 吉格으로, 공명을 얻고 發福이 빠르다는 것이다.

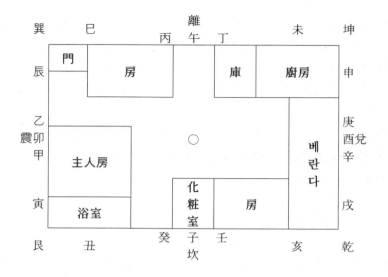

巽門. 震主. 八廚

巽門과 震主의 길흉

- 巽門에서 震主는 延年方이니 일명 延年宅이라 한다.
- 이런 구조는 二木比和된 財를 發하게 되며, 富는 中富이고, 人丁이 旺하고, 국가고시에 합격하는 자손이 나오게 된다.
- 자손들은 우수하며 영웅호걸의 기상이 있고, 건강장수하며, 부부화목하다. 이는 少男에게 해당되며, 應期는 庚.辛이나 巳.酉.丑에 해당하는 年이나 月이다.

巽門. 震主. 坎廚(감방에 주방이 있는 경우)

- 巽門에서 坎廚는 生氣方이다.
- 震主에서 坎廚는 天醫方이다.
- 巽門, 坎廚는 상생되고 生氣方이니 吉하다.
- 震主, 坎廚 역시 상생되며 天醫方이니 吉하다.
- 이런 구조는 복록이 장구하며 大吉大利하고 공직에 임하여 고위직에 오르는 자가 끊이지 않는다.
- 이러한 가옥은 초년에는 二木이 成林하니 이러한 가옥은 사람과 재물이 왕성할 것임을 의심할 여지가 없다.
- 자손은 영화로운 직책에 오르고, 재산은 넉넉하며, 현모양처에 자식들은 모두 효현하고, 형제자매간에는 우애가 있고, 부부가 화합하며, 국가고시합격자가 나와 부귀영달한다.

- 그러나 세월이 오래 흐르면 二陽一陰의 구조라, 陰이 傷하게 되니 부녀자들에게 점차 흉화가 당도하게 되는 것이다.

巽門. 震主. 艮廚(간방에 주방이 있는 경우)

- 巽門에서 艮廚는 絶命方이 된다.
- 震主에서 艮廚는 六殺方이다.
- 巽門, 艮廚는 艮廚가 受剋되고 絶命이라 凶하여, 少男에게 흉화가 따르고, 어린 아이들을 키우기가 어렵게 된다.
- 震主, 艮廚는 역시 艮廚가 受剋되고 六殺方이니 凶하다.
- 이러한 가옥은 초년에는 잠시 사람과 재물이 왕성할 것임을 의심할 여지가 없다. 자손은 영화로운 직책에 오르고, 국가고시에 합격하여 부귀영달하며, 家門이 번창한다.
- 그러나 세월이 흐르면 남편이 죽고 자식마저 손상되니, 부녀자가 살림을 꾸려나가나 결국 타인에게 代를 잇게 한다.
- 어린아이 양육이 어렵고, 중풍, 근육마비, 부녀자는 몸이 마르는 질병 등의 횡액을 겪게 될 것이다.

巽門. 震主. 震廚(진방에 주방이 있는 경우)

- 巽門에서 震廚는 延年方이다.
- 震主에서 震廚는 比和되어 伏位方이다.
- 巽門, 震廚는 二木比和되고 음양정배합이며 延年方이니 吉하다.
- 震主, 震廚는 역시 二木比和되고 伏位方이라 吉하여 초년에 財를 發하나 복록이 장구하지 못하다.
- 이러한 가옥은 초년에는 자손이 현달하고, 국가고시에 합격하여 부귀를 누리고, 높은 관직에 오른다.
- 二木成林하니 해마다 발전하고, 부귀창달한다.
- 그러나 세월이 흐르고, 거주자의 命이 不合되면 長子는 발달하나, 次子나 부녀자는 손상되니, 어린아이의 양육이 불가하다.
- 癡者(치자), 聾啞(농아), 頑愚(완우), 腰痛(요통), 근육마비 등의 비정상인이 태어나고, 끝내는 절손되게 된다.

巽門. 震主. 巽廚(손방에 주방이 있는 경우)

- 巽門에서 巽廚는 比和되어 伏位方이다.
- 震主에서 巽廚는 延年方이다.
- 巽門, 巽廚는 二木比和되고 伏位方이라 吉하여 財를 發하게 된다.

◆震主, 巽廚 역시 二木比和되고 延年方이라 吉하다.
◆이런 가택의 구조는 가업이 흥왕하고 전도가 양양한 것이다.
◆이러한 가옥은 초년에는 사람과 재물이 왕성할 것임을 의심할 여지가 없다. 자손은 영화로운 직책에 오르고, 재산은 넉넉하며, 현모양처에 자식들은 모두 효현하고 국가고시합격자가 나와 부귀영달한다.
◆그러나 세월이 흐르면 남편이 죽고 자식마저 손상되니, 부녀자가 살림을 꾸려나가나 결국 타인에게 代를 잇게 한다.
◆어린아이 양육이 어렵고, 중풍, 근육마비, 氣壅喘嗽(기옹천수) 등의 횡액을 겪게 될 것이다.
◆남자가 적으니 홀아비나 과부가 쓸쓸히 집안을 지키는 형국이다.

巽門. 震主. 離廚(이방에 주방이 있는 경우)

◆巽門에서 離廚는 天醫方이다.
◆震主에서 離廚는 生氣方이 된다.
◆巽門, 離廚는 상생되고 天醫方이라 吉하다.
◆震主, 離廚 역시 상생되고 生氣方이라 吉하다.
◆이런 구조는 자손이 공명현달하고, 人丁이 旺하고, 부녀자가 미모가 있고 재능이 뛰어나다.
◆이러한 가옥은 초년에는 잠시 人丁과 財帛(재백)이 왕성할 것임을 의심할 여지가 없다.
◆자손은 국가고시에 합격하여 영화로운 직책에 오르고, 형제간에는 우애가 돈독하고, 재산은 넉넉하다.
◆그러나 세월이 흐르면 남편과 자식이 손상되니 부녀자가 살림을 꾸려나간다.
◆남에게 베풀고 적덕을 쌓지만 代를 이을 자손 없음을 근심한다.
◆중풍, 근육마비, 두통, 眼疾 등의 질환이 발생하고, 재물은 있으나 남자들의 命이 짧으니 他姓의 자식이 代를 잇게 된다.

巽門. 震主. 坤廚(곤방에 주방이 있는 경우)

◆巽門에서 坤廚는 五鬼方이다.
◆震主에서 坤廚는 禍害方이다.
◆巽門, 坤廚는 坤廚가 受剋되고 五鬼方이라 凶하다, 老母에게 흉화가 따르고 여타의 부녀자들에게도 災厄이 당도하게 된다.
◆震主, 坤廚 역시 坤廚가 受剋되고 禍害方이라 凶하니 老母와 부녀자들에 흉화가 따르게 된다.

- 이러한 가옥은 초년에는 사람과 재물이 왕성할 것임을 의심할 여지가 없다.
- 자손은 영화로운 직책에 오르고, 재산은 넉넉하며, 현모양처에 자식들은 모두 효현하고 국가고시합격자가 나와 부귀영달한다.
- 남에게 베풀고 적덕을 쌓지만 代를 이을 자손 없음을 근심한다.
- 그러나 세월이 오래 흐르면 중풍, 근육마비, 두통, 眼疾 등의 질환이 발생하고, 재물은 있으나 남자들의 명이 짧으니 他姓의 자식이 代를 잇게 된다.

巽門. 震主. 兌廚(태방에 주방이 있는 경우)

- 巽門에서 兌廚는 六殺方이다.
- 震主에서 兌廚는 絕命方이다.
- 巽門, 兌廚는 巽門이 受剋되고 六殺方이라 凶하다. 長女나 큰며느리에게 흉화가 닥쳐온다.
- 震主, 兌廚는 震主가 受剋되고 絕命方이니 역시 凶하다. 長男에게 흉화가 따르고, 다른 남자들에게도 災厄이 당도하게 되어 종국에는 아이들을 키우기가 어려우니 절손되게 되는 것이다.
- 이러한 가옥은 초년에는 사람과 재물이 왕성할 것임을 의심할 여지가 없다.
- 자손은 영화로운 직책에 오르고, 재산은 넉넉하며, 현모양처에 자식들은 모두 효도하고 국가고시합격자가 나와 부귀영달한다.
- 그러나 세월이 오래 흐르면 집안에 어려움이 닥치는데, 咳嗽(해수), 심장병, 다리가 아프고 시린 증세, 自縊刀傷(자액도상), 비명횡사 등의 흉화가 발생한다. 이러한 일들이 없으면 巳.酉.丑年에 흉화가 있을 것인데, 화재, 도난, 예기치 않은 사고나 질병 등의 흉액이 발생할 것이다.
- 육축과 사람이 모두 손상되고, 자녀들의 가출도 예상되니 종국에는 家門이 피폐되고, 절손되게 된다.

巽門. 震主. 乾廚(건방에 주방이 있는 경우)

- 巽門에서 乾廚는 禍害方이다.
- 震主에서 乾廚는 五鬼方이다.
- 巽門, 乾廚는 巽門이 受剋되고 禍害方이라 凶하다, 長女나 큰며느리에게 흉액이 닥쳐온다.
- 震主, 乾廚 역시 震主가 受剋되고 五鬼方이라 凶하다. 長男에게 손상이 따르고 뒤를 이어 次男이나 少男에게도 災厄이 당도하게 된다.
- 이러한 가옥은 초년에는 잠시 사람과 재물이 왕성할 것임을 의심할 여지가 없다.
- 자손은 국가고시에 합격하여 영화로운 직책에 오르고, 형제간에는 우애가 돈독하

고, 재산은 넉넉하다.

◆ 그러나 세월이 흐르면 부녀자는 死産하던지, 횡사를 하게 되고, 심장병, 양다리가 시리고 아픈 증세 등의 흉액이 발생한다.

◆ 또한 부녀자가 음란하지 않으면, 老翁(노옹)은 젊은 부인과 사니 집안질서가 무너지고, 醜聞(추문)이 돌며, 溺死(익사), 自縊刀傷(자액도상) 등의 흉화를 당하는 사람도 생겨난다.

◆ 사람과 육축이 모두 손상되니 결국에는 家門이 피폐되고, 부녀자는 고통속에 죽게 되고, 끝내 절손되게 된다.

1) 巽命과 九星/廚房 落宮處의 吉凶 分析

巽命之宅

1. 人丁(인정)		
落宮處	落宮 事案 (九星. 廚房)	吉凶 解說
坎方 (壬.子.癸)	生氣(木) 廚房	五子를 得한다.
坤方 (未.坤.申)	五鬼(火) 廚房	絶孫된다.
震方 (甲.卯.乙)	延年(金) 廚房	四子를 得한다.
兌方 (庚.酉.辛)	六殺(水) 廚房	先傷 長子女 後 一子를 得한다.
乾方 (戌.乾.亥)	禍害(土) 廚房	先傷末子女 後 二子를 得한다.
離方 (丙.午.丁)	天醫(土) 廚房	三子를 得한다.
艮方 (丑.艮.寅)	絶命(金) 廚房	傷 長子 後 絶孫된다.
巽方 (震.巽.巳)	伏位(木) 廚房	딸만 낳는다.

◆巽命의 남자가 廚房(주방)을 坎方인 生氣方에 배치하면 5子를 두게 되어 吉하다.

◆주방을 巽方에 두게 되면 딸만 있게 된다.

◆주방을 艮方인 絕命方에 배치하면 막내아들과 少僕(소복)이 손상된다.

2. 婚姻(혼인)

◆巽命人 남자와 坎命人 여자와의 혼인은 生氣에 해당하니 吉하다.

◆坤命人 여자와의 혼인은 오귀이니 凶하다.

◆震命人 여자와의 혼인은 연년이니 吉하다.

◆兌命人 여자와의 혼인은 육살이니 凶하다.

◆乾命人 여자와의 혼인은 화해이니 凶하다.

◆離命人 여자와의 혼인은 천의이니 吉하다.

◆艮命人 여자와의 혼인은 절명이니 凶하다.

◆巽命人 여자와의 혼인은 복위이니 吉하다.

◆巽命人 남자는 生氣인 坎命人인 여자와 결혼하는 게 좋고, 延年에 해당하는 震命
人과 天醫에 해당하는 離命人 여자가 그 다음으로 좋다.

◆혼인이 빨리되기를 원한다면 震方에 침실을 놓는 것이 효과적이다.

◆만약 震命人 남자가 禍害인 乾命人 여자를 만나 결혼하게 되면, 그 妻는 自縊(자
액)의 흉화가 발생할 것이다.

3. 疾病(질병)

◆巽命人이 주방을 艮方(絕命方)으로 내면 陰病, 脾泄(비설), 이질, 학질, 대하증,
등창 등의 질병에 걸리기 쉽다.

◆巽命人이 주방을 乾方(禍害方)으로 내면 폐질환, 토혈, 해수, 천식 등의 질병에
걸리기 쉽다.

◆巽命人이 주방을 坤方(五鬼方)으로 배치하면 이질, 학질, 死血, 漏病(누병) 등의
질병에 걸리기 쉽다.

4. 災禍(재화)

◆巽命人 남자가 艮方(절명방)을 犯하면 먼저는 막내아들이 傷하게 되고, 다음에는
본인이 병을 얻어 夭折(요절)하게 된다.

◆巽命人이 兌方(六殺方)을 犯하면, 末子가 불효하고, 先 傷子女 後 傷 長子, 傷
末女하며 결국 절손되고, 본인이 自縊(자액)할지 두렵다.
만약 부인이 兌方인 絕命方을 犯하면 음식을 먹지 못하니, 吉方으로 출입문을
내면 면할 수 있다.

◆巽命人이 乾方(禍害方)을 犯하면 先 傷老父 後 長子 인데, 母와 妻에 흉화가

따르고, 목매달아 죽거나 화재로 인해 재산을 탕진하게 된다.
- 巽命人이 坤方(五鬼方)을 犯하면 母와 妻가 재물을 탐하고, 부부불화하고, 도적의 침탈이 있고, 奴僕의 逃走가 있으며, 老母가 안녕치 못하다.

제2장

팔문八門과 팔주八主(서사택西四宅)

[西四宅論]

九星 早見表

八卦 八門	生氣 一上變 主.廚	五鬼 二中變 主.廚	延年 三下變 主.廚	六殺 四中變 主.廚	禍害 五上變 主.廚	天醫 六中變 主.廚	絶命 七下變 主.廚	伏位 八中變 主.廚
坎	巽	艮	離	乾	兌	震	坤	坎
坤	艮	巽	乾	離	震	兌	坎	坤
震	離	乾	巽	艮	坤	坎	兌	震
巽	坎	坤	震	兌	乾	離	艮	巽
乾	兌	震	坤	坎	巽	艮	離	乾
兌	乾	離	艮	巽	坎	坤	震	兌
艮	坤	坎	兌	震	離	乾	巽	艮
離	震	兌	坎	坤	艮	巽	乾	離

1. 건문乾門. 팔주八主. 팔주八廚

(1) 乾門과 乾主의 길흉

⊙ 옛날 가옥의 경우는 울타리 안의 중심되는 곳에서 나경을 놓고 보아, 사람이 출입하는 대문이 戌.乾.亥方에 있으면 "乾門"이라 한다.

⊙ 현대의 경우는 단독주택이나 아파트에서 가택의 중심되는 곳에 나경을 놓고, 출입문이 戌.乾.亥方에 있으니 "乾門"이라 하고, 또한 主人方이 戌.乾.亥方에 있으

니 "乾主"라 한다. 만약 廚房이 丙.午.丁方에 있으면 "離廚"라 한다.

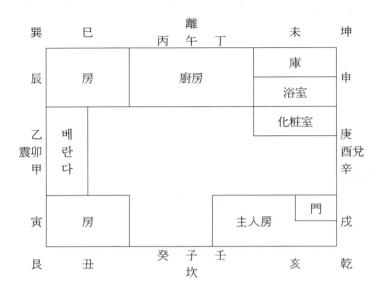

乾門. 乾主. 八廚

乾門과 乾主의 길흉
◆ 상기 도표의 가옥의 경우는 乾門, 乾主, 離廚, 寅坐에 해당하는 西四宅에 해당된다.
◆ 출입문과 주인방이 乾宮에 同宮하니 일명 伏位宅이다.
◆ 二金이 比和되니 財를 發하고, 또한 陽金이니 富에만 그치지 않고 또한 貴를 得하게 된다.
◆ 여아를 많이 낳게 되어 자연 養子문제가 발생한다.
◆ 건강하고 수명은 中壽를 누리며, 재력은 小富이며, 남자는 공직자가 많고 여자는 명망있는 家門과 결혼연이 있다.
◆ 應期는 甲.乙과 亥.卯.未에 해당하는 年이나 月이다.
◆ 門, 主가 모두 乾宮인 陽金에 배합되어 純陽之宅이니 자연 陰을 傷하게 된다. 따라서 부녀자가 傷하게 되어 夭折하게 되니 이로 인해 절손이 따르게 되는 것이다.
◆ 養子를 들이게 되거나 他姓의 사람이 집안의 香火(향화)를 이어가게 되는 것이다.
乾門. 乾主. 坎廚(감방에 주방이 있는 경우)
◆ 乾門에서 보면 坎廚房은 六殺方이다.
◆ 乾主에서 보면 坎廚房은 六殺方이다.
◆ 門, 主가 坎廚를 생하니 상생되어 吉하다. 財와 貴가 旺하고 흥하게 된다. 다만,

門, 主, 廚가 모두 純陽之氣이니 복록이 장구하지 못하다. 종국에는 退財되고 궁핍해진다.

- 六殺은 水星이니 水旺하다. 따라서 家率들의 음탕함과 水와 연관된 잠복된 질병으로 인해 人丁의 손상이 발생하는 것이다.
- 부인과 자식이 요절하게 되고, 형제들에게도 자식이 적다.
- 仲男이 好色하고, 노인은 지나친 淫慾(음욕)으로 精氣(정기)가 고갈되어 단명하게 된다.
- 水는 金氣를 洩하고, 純陽이니 음양의 부조화를 이루게 된다. 따라서 호흡기계통이나 대장계통의 질병이 발생한다.
- 門.主.廚가 純陽局을 형성하니 자연 부녀자를 傷하게 한다. 생리불순과 자연유산이 많고, 정신질환이나 간질환 등이 발생하고, 아이를 기르기 어렵고, 人丁은 쇠락해지며, 종국에는 절손되게 된다.
- 주방의 위치를 빨리 고쳐야 한다.

乾門. 乾主. 艮廚(간방에 주방이 있는 경우)

- 乾門에서 艮廚는 天醫方이다.
- 乾主에서 艮廚는 天醫方이다.
- 乾門, 乾主, 艮廚가 三陽의 純陽之氣이니 초년에는 부귀를 누리지만, 오래 살게 되면 退財되고 궁핍해진다.
- 純陽이라 부녀자를 손상시키니 부인과 자식이 단명하게 된다.
- 처음에는 三子를 두나 어린아이가 성장하지 못하고 손상되며 종국에는 절손되게 된다. 따라서 養子를 들이거나 他姓이 香火를 이어가게 된다.

乾門. 乾主. 震廚(진방에 주방이 있는 경우)

- 乾門에서 震廚는 五鬼方이다.
- 乾主에서 震廚는 五鬼方이다.
- 乾金이 震木을 剋하는데 震木은 長男이니 長子孫의 손상이 있게 된다.
- 五鬼는 亂을 유발하니 長子에게 불리하며, 시비다툼, 관재구설, 傷人과 退財가 따르고, 또한 도적질과 凶事와 화재가 누차 반복되니 매우 흉하다.
- 門, 主, 廚가 모두 純陽이니 부녀자를 剋하게 되며, 자식을 키우기 어렵고, 養子를 들이거나 他姓이 香火를 이어가게 된다.
- 자손은 悖逆(패역)하고 六畜(육축)의 손상이 잇따른다.

乾門. 乾主. 巽廚(손방에 주방이 있는 경우)

- 乾門에서 巽廚는 禍害方이다.

- 乾主에서 巽廚는 禍害方이다.
- 門, 主의 二金이 巽木을 剋하니 凶하다.
- 巽廚는 禍害方이고 禍害는 土星이니 二金인 門, 主와는 상생되어 초년에는 小吉하고 小利도 있다.
- 巽宮은 陰木으로 二陽인 門, 主와는 陰陽의 배합됨이 있으니, 財利와 人丁에 小吉함이 있는 것이다.
- 巽宮은 長女의 자리다. 受剋되니 長女와 큰 며느리의 손상이 있게 되는 것이며, 단명과, 木과 관련한 肝膽(간담)과 手足筋骨痛(수족근골통)의 질환이 발생하는 것이다.
- 이러한 형태의 집에 오래 살게 되면 홀아비와 과부가 속출하게 된다.

乾門. 乾主. 離廚(이방에 주방이 있는 경우)

- 乾門에서 離廚는 絕命方이다.
- 乾主에서 離廚는 絕命方이다.
- 離廚가 火宮으로 乾宮의 門, 主를 剋하나, 離火宮은 陰으로 陰陽의 조화가 있는 것이다.
- 陰盛陽衰하니 남자가 많고 여자는 적으니 人丁과 財는 不旺이다. 또한 과부가 多出하고 부녀자가 집안을 꾸려가게 되며, 종국에는 養子를 들이거나, 他姓의 사람이 香火를 이어가게 된다.
- 離火가 乾金을 剋하는 형국이니, 乾은 頭라 頭疼(두동)이 발생하고, 離廚는 火宮이니 심장, 혈액, 燥鬱症(조울증), 小腸, 三焦(삼초), 眼目(안목)과 연관하여 疾患이 발생하고, 또한 二金이 약하지 않으니 호흡기질환, 대장질환 등이 발생한다.
- 이러한 가옥에 살면 집주인이 여러 흉화를 겪게 되고 단명하며, 仲女가 夭折하거나, 가족 대부분이 잔질에 시달리는 경우가 많이 발생한다.

乾門. 乾主. 坤廚(곤방에 주방이 있는 경우)

- 乾門에서 坤廚는 延年方이다.
- 乾主에서 坤廚는 延年方이다.
- 坤廚는 土宮으로 乾宮의 門, 主를 生하여, 부부간 正配에 해당하니 음양의 조화가 있는 것이다.
- 자식은 네명의 아들을 두고 壽福康寧(수복강녕)하며 부귀쌍전하고 형제간 우애가 있으며 大吉하다.

乾門. 乾主. 兌廚(태방에 주방이 있는 경우)

- 乾門에서 兌廚는 生氣方이다.

◆ 乾主에서 兌方의 廚房은 生氣方이다.
◆ 門, 主가 陽金이니 부녀자를 傷하게 하고, 자연 절손의 위태함이 있는 것이다.
◆ 門, 主가 比和되니 財를 發하고, 人丁도 흥성하고, 복록이 장구하다.

乾門. 乾主. 乾廚(건방에 주방이 있는 경우)
◆ 乾門에서 乾廚는 同宮에 속하니 比和되어 伏位方이다.
◆ 乾主에서 乾廚는 比和되어 伏位方이다.
◆ 乾方은 陽金이다. 따라서 二金이 상호 比和된다.
◆ 초년에는 재산이 불같이 일어나지만 나중은 흉화가 닥쳐온다.
◆ 門, 主, 廚 三要素가 모두 陽金이니 자연 부녀자를 傷하게 하고 또한 절손의 위태함이 있는 것이다.
◆ 남자들의 命이 짧고, 거주자에게 근심고독이 그치지 않는다.
◆ 형제간도 같이 살면 자식이 적고 단명자가 나온다.
◆ 종국에는 養子(양자)가 代를 잇거나 他 姓이 香火를 이어가게 된다.

(2) 乾門과 坎主의 길흉

◉ 아래 도표에서 가옥의 중심에서 나경을 놓아 출입문이 戌.乾.亥方에 있으면 乾門
　이라 하고, 主人房(큰방)이 坎方에 있으면 坎主라 한다.

◉ 乾門에서 보아 坎方의 주인방은 六殺方이 되고, 坤方의 廚房은 延年方이다. 離
　方은 絶命方이다. 화장실을 離方에 배치하여 凶殺을 제압하게 된다.

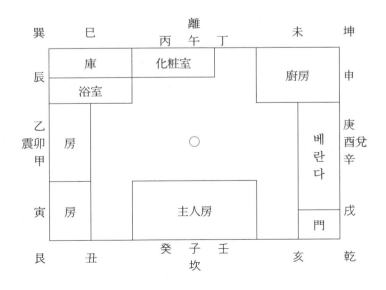

<h2 align="center">乾門. 坎主. 八廚</h2>

乾門과 坎主의 길흉

- 상기 도표의 가옥의 경우는 乾門, 坎主, 坤廚에 해당하는 西四宅에 해당된다.
- 乾方의 출입문에서 坎方의 主人房은 일명 六殺宅이다.
- 처음에는 재물이 흥성하나 세월이 흐른 뒤에는 人丁은 薄短(박단)하고, 자손들이 주색과 도박에 빠지고 방탕하게 되고 종국에는 절손되게 된다.
- 수명은 짧고, 家率들은 癲狂(전광), 自殺 등의 경향이 많고, 破財, 破家하게 된다.
- 破財는 주로 仲男에 해당되고, 應期는 壬.癸와 申.子.辰에 해당하는 年이나 月이다.
- 부녀자들도 각종 질환에 시달리고 단명수가 많으니 아이를 낳아도 기르기가 어려운 것이다.

乾門. 坎主. 坎廚(감방에 주방이 있는 경우)

- 乾門에서 坎廚는 六殺方이다.
- 坎主에서 坎廚房은 比和되어 伏位方이다.
- 乾門, 坎廚는 金生水하여 六殺房이니, 老父에게 불리하고, 散財하게 된다.
- 坎廚, 坎主는 二水가 相比하니 財利가 있으나, 모두 純陽之氣이니 장구하지 못하다.
- 門, 主, 廚가 모두 純陽之氣이니 자연 부녀자를 剋하게 되어 각종 질병에 시달리게 되고, 종국에는 절손되게 되는 것이다.
- 자손의 양육이 어렵고, 불효하고, 가족 중에 홀아비와 과부가 다발한다.

乾門. 坎主. 艮廚(간방에 주방이 있는 경우)

- 乾門에서 艮廚는 天醫方이다.
- 坎主에서 보면 艮廚은 五鬼方이다.
- 처음에는 집안이 날로 번창하나, 세월이 오래 지나면 부인과 어린이는 질병이 생기고, 喪妻(상처)하게 되고 자식을 키우기 어렵고 종국에는 절손되게 된다.
- 仲男은 夭折(요절)하게 되고 절손되는 것이다. 末子는 크게 흉화를 겪지는 않는다.
- 艮廚, 坎廚는 土剋水니 心腹疼痛(심복동통), 복부팽만, 가슴답답 등의 질병에 시달린다.

乾門. 坎主. 震廚(진방에 주방이 있는 경우)

- 乾門에서 震廚는 五鬼方이다.
- 坎主에서 震廚房은 天醫方이다.
- 震宮은 長男인데 受剋되니, 長男과 여타 남자들에게 공히 불리하다.
- 純陽의 가옥으로 자연 부녀자를 剋하게 되며, 종국에는 절손되게 된다.

◆ 어린아이를 키우거나 六畜에 지장이 많다.

乾門. 坎主. 巽廚(손방에 주방이 있는 경우)

◆ 乾門에서 巽廚는 禍害方이다.

◆ 坎主에서 巽方의 廚房은 生氣方이다.

◆ 이러한 가옥은 長女나 큰며느리에게 傷害가 발생한다.

◆ 초년에는 人丁이 旺하고 財物이 늘어나나, 종국에는 재산을 탕진하게 되고, 어린 아이가 자주 죽으니 자손이 번창하지 못하고, 老父가 여러 아내를 맞이하게 되나, 종국에는 홀아비 신세를 면키 어렵다.

◆ 巽廚는 木方이니 이와 연관된 肝膽(간담), 手足筋骨痛(수족근골통) 등의 질환에 시달리게 된다.

乾門. 坎主. 離廚(이방에 주방이 있는 경우)

◆ 乾門에서 離廚는 絶命方이다.

◆ 坎主에서 離廚房은 延年方이다.

◆ 離宮은 仲女인데 受剋되니 단명하게 되고, 乾宮은 老父의 宮이니 남자에게도 역시 불리하다.

◆ 坎廚, 離廚는 음양이 정배합이며 延年方이니 吉하다.

乾門. 坎主. 坤廚(곤방에 주방이 있는 경우)

◆ 乾門에서 坤廚는 延年方이다.

◆ 坎主에서 坤廚房은 絶命方이다.

◆ 乾門, 坤廚는 음양의 정배합이니 吉하여 人丁과 財가 발달한다.

◆ 坎主, 坤廚는 상호 상극되고, 坎宮은 仲男에 해당되니 仲男의 단명이 있겠고, 또한 坤方에 해당하는 老母에게도 상함이 있고, 또한 부녀자의 단명과 孤寡之人 (고과지인)이 기거하게 된다.

乾門. 坎主. 兌廚(태방에 주방이 있는 경우)

◆ 乾門에서 兌廚는 生氣方이다.

◆ 坎主에서 兌廚房은 禍害方이다.

◆ 二金이 比和되고 生氣를 得하는데, 二金이 一陰一陽이니 음양의 조화를 이루어 人丁과 財가 발달한다.

◆ 兌宮은 少女이니 부녀자의 단명과 傷함이 있으며 孤寡之人(고과지인)이 있겠고, 坎宮은 仲男이니 남자들도 손상이 있다.

◆ 이러한 가옥은, 水가 淫함과 연관되니 家率들에게 음탕함이 있게 된다.

> **乾門. 坎主. 乾廚(건방에 주방이 있는 경우)**
>
> ◆乾門에서 乾廚는 伏位方이다.
> ◆坎主에서 乾廚房은 六殺方이다.
> ◆二金이 比和되니 人丁과 財가 발달할 것이나 장구하지 못하다.
> ◆六殺은 天門落水로 논하니 老父에게 음탕함이 있다.
> ◆이러한 가옥은 초년엔 발달하나, 純陽에 해당하니 부녀자와 자손이 단명자가 많다. 따라서 養子를 들이는 경우가 많은데 형제 중에서도 代를 이을 자식이 없다.

(3) 乾門과 艮主의 길흉

⊙ 아래도표에서 집의 중심에서 나경을 놓아 戌.乾.亥方에 출입문이 있으면 乾門이라 하고, 主人房이 艮方에 있으면 艮主라 한다.

⊙ 乾門에서 艮方의 主人房은 天醫方이 된다. 乾方은 오행상 金이고 艮方은 오행상 土에 속하니 土生金으로 상호 相生이 된다.

⊙ 巽方에 廚房이 있으면 巽廚라 하며 乾門에서 巽廚는 禍害方이다. 乾門, 巽廚가 상호 相剋되니 凶한 것이다.

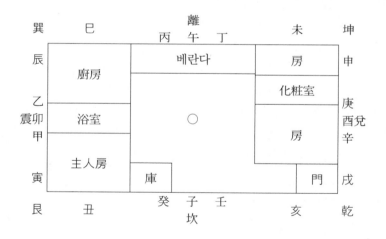

乾門. 艮主. 八廚

乾門과 艮主의 길흉

- 乾門에서 艮方의 주인방은 天醫方으로 일명 天醫宅이다.
- 土金相生하니 人丁이 旺하고 財를 發하고, 貴도 得하게 된다.
- 생활이 부유하고, 어린아이들 중 神童(신동)도 다수 출현하게 된다.
- 대체로 少男의 자손에게 발복이 있는 것이다.
- 발복의 應期는 戊.己나 辰.未.戌.丑에 해당하는 年이나 月이다.
- 乾門과 艮主는 二陽에 해당하니 純陽之宅이라 자연 陰을 剋하게 되어 부녀자의 손상이 따르고, 아이를 키우기 어렵게 되니, 종국에는 절손의 위태함이 있는 것이다. 養子를 들이게 되거나, 他姓이 香火를 이어가게 된다.

乾門. 艮主. 坎廚(감방에 주방이 있는 경우)

- 乾門에서 坎廚는 六殺方이다.
- 艮主에서 坎廚는 五鬼方이다.
- 乾門, 坎廚는 육살방으로 金氣를 洩하니 天醫宅의 吉함이 손상되는 것이다.
- 艮主, 坎廚는 五鬼의 凶方이니, 邪鬼(사귀)의 作亂(작란)이 있고, 土.水에 해당하는 질병이 발생하게 되어, 생식계통, 腎臟(신장), 膀胱(방광), 脾胃(비위), 피부 등의 질환이 따른다.
- 먼저는 仲男에게 흉화가 있고, 나중은 少男에게도 흉화가 발생한다.
- 純陽之宅이니 자연 부녀자를 傷하게 하여 부녀자의 단명함이 많고, 이로 인해 어린아이를 키우기 어려우며 종국에는 절손의 위태함이 있는 것이다.
- 남자들도 역시 손상됨이 있는 것이다.

乾門. 艮主. 艮廚(간방에 주방이 있는 경우)

- 乾門에서 艮廚는 天醫方이 된다.
- 艮主에서 艮廚는 比和되어 伏位方이다.
- 처음에는 人丁과 發財가 따르나 종국에는 退財, 破家하게 된다.
- 이러한 가옥은 상호 相生이 되나, 乾門, 艮主人房, 艮廚房은 모두 陽에 속해 자연 陰을 剋하니 부녀자에게 흉화가 따르고, 어린아이를 양육하기 어려우니 절손의 위태함도 있는 것이다.
- 少男의 자손에게 발복이 있다.

乾門. 艮主. 震廚(진방에 주방이 있는 경우)

- 乾門에서 震廚는 五鬼方이다.

◆ 艮主에서 震廚房은 六殺方이다.
◆ 乾門, 震廚는 金剋木하여 凶한데 長男이 剋을 받아 단명수가 있으며, 종국에는 절손되게 된다.
◆ 艮主, 震廚는 木剋土하여 少男이 剋을 받아 역시 凶하다.
◆ 질병은 木과 土가 연관된 질병이니, 肝膽(간담), 手足骨痛(수족골통), 脾胃(비위), 皮膚(피부) 등과 연관된 질환이 발생하게 된다.
◆ 自縊刀傷(자액도상)이나 흉화를 겪고, 관재구설과 화재가 잇따르고, 소아와 육축의 生育에 어려움이 많다.

乾門. 艮主. 巽廚(손방에 주방이 있는 경우)

◆ 乾門에서 巽廚는 禍害方이다.
◆ 艮主에서 巽廚는 絕命方이다.
◆ 乾門, 巽廚는 金剋木하니 長女나 큰 며느리가 剋을 당하여 단명수가 있고, 절손의 위태로움이 있는 것이다.
◆ 艮主, 巽廚는 木剋土하여 少男이 剋을 당하여 역시 흉화가 발생하게 된다.
◆ 부녀자들에게 난산과 출산 중 죽는 경우가 많고 어린아이를 양육하기가 어렵다.
◆ 도적으로 인한 손재수와 관재구설, 시비다툼 등의 흉화가 발생하고, 부녀자의 命이 짧으니 남자들이 여러번 결혼하게 되고, 종국에는 과부나 홀아비가 다출한다.
◆ 질병은 木과 土가 연관된 질병이니, 肝膽(간담), 手足骨痛(수족골통), 脾胃(비위), 皮膚(피부) 등에 질환이 발생하게 된다.

乾門. 艮主. 離廚(이방에 주방이 있는 경우)

◆ 乾門에서 離廚는 絕命方이다.
◆ 艮主에서 離廚는 禍害方이다.
◆ 乾門, 離廚는 火剋金하니 仲女가 剋을 당하여 불리하다.
◆ 艮主, 離廚는 남자가 부녀자들을 두려워하니, 부녀자가 가권을 장악하게 되나, 종국에는 절손의 위태로움이 있는 것이다.
◆ 火와 관련한 心痛과 眼疾患 등이 발생하고, 乾은 八卦에서 頭에 배속되는데 受剋되니 頭疼(두동)이나 어지러움증이 있게 된다.
◆ 질병은 木火와 연관되니 肝膽(간담), 手足骨痛(수족골통), 脾胃(비위), 皮膚(피부) 등에 질환이 발생한다.
◆ 화재나 도적의 침입이 있고, 眼疾이나 惡瘡(악창)을 앓거나, 목매달아 죽거나 물에 빠져죽는 경우가 많다.
◆ 어른, 아이 막론하고 長患을 앓는 경우가 많다.

乾門. 艮主. 坤廚(곤방에 주방이 있는 경우)
◆ 乾門에서 坤廚는 延年方이다.
◆ 艮主에서 坤廚는 生氣方이다.
◆ 乾門, 坤廚는 상호 상생되니 人丁과 財物이 늘어나는 吉한 가옥이다.
◆ 부모는 壽福康寧(수복강녕)하고, 자식은 부귀공명하며, 家門이 날로 번창하는 吉方이다.
◆ 艮主, 坤廚는 二土가 음양으로 구성되니 財가 흥하고, 人丁과 복록이 장구하다.
◆ 改門(개문)하지 않는다면 복록이 창성하다.

乾門. 艮主. 兌廚(태방에 주방이 있는 경우)
◆ 乾門에서 兌廚는 生氣方이다.
◆ 艮主에서 兌廚房은 延年方이다.
◆ 乾門에서 兌廚는 상생되고 陰陽이 배합을 이루며, 艮主와 兌廚도 같은 이치인데, 人丁과 재물이 흥성하여 家門이 부귀영화를 누리고, 아들은 넷을 두는데 貴子를 두고 福祿이 장구하다.
◆ 다만 乾, 兌의 배합은 나이 많은 남자와 젊은 여자의 배합이니, 젊은 여자가 家權을 행사하여 가족간 불화가 발생하게 된다.

乾門. 艮主. 乾廚(건방에 주방이 있는 경우)
◆ 乾門에서 乾廚房은 伏位方이다.
◆ 艮主에서 乾廚房은 天醫方이다.
◆ 乾門과 乾廚는 二金이 比和되니, 초년에는 財産과 貴가 일어나나, 純陽之局이라 음양의 배합이 맞지 않으니 없는 격이니, 종국에는 부녀자와 자식이 단명자가 많다.
◆ 艮主와 乾廚는 상생되어 초년에는 發財되고 吉하나, 나중은 순양지국이라 부녀자를 극하니, 자손이 적게 되고, 養子가 代를 잇고, 종국에는 절손되게 된다.

(4) 乾門과 震主의 길흉

◉ 아래의 도표처럼 가옥의 중심에서 나경을 놓고 보아 출입문이 戌.乾.亥方에 있으면 乾門이라 하고, 主人房은 震方에 있으므로 震主라 한다.

◉ 乾方은 오행이 金이고, 震方은 오행이 木이다. 金剋木 되어 상호 相剋되고 있다. 乾門에서 震主는 五鬼方이니 일명 五鬼宅이라 한다.

◉ 乾門에서 坤方의 廚房은 坤廚라 한다.

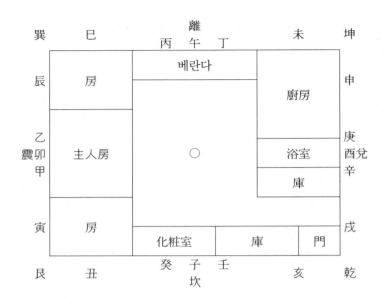

	巽	巳	離 丙 午 丁	未	坤

乾門. 震主. 八廚

<table>
<tr><td>乾門과 震主의 길흉</td></tr>
<tr><td>

◆ 人丁이 薄(박)하고, 폭력적인 성향을 나타내며 破財, 破家하게 된다.

◆ 사고, 질병 및 관재구설, 화재 등 의외의 흉화가 多發한다.

◆ 乾門, 震主는 일명 五鬼宅이라 한다.

◆ 五鬼宅은 妖魔의 난동이 있으므로 家率이 怪疾患(괴질환)으로 夭死(요사)하고, 부녀자는 産厄(산액)을 겪고, 가족들은 心腹痛(심복통), 筋骨痛(근골통), 喘息(천식) 등을 앓게 된다.

◆ 破財는 주로 長男에게 발생하고, 應期는 丙.丁이나 寅.午.戌에 해당하는 年이나 月이다.
</td></tr>
<tr><td>乾門. 震主. 坎廚(감방에 주방이 있는 경우)</td></tr>
<tr><td>

◆ 乾門에서 坎廚는 六殺方이다.

◆ 震主에서 坎廚는 天醫方이다.

◆ 乾門, 坎廚는 金水가 相生되나 음양이 不配合이고, 흉성인 六殺을 생하니 父子가 不和한다.

◆ 震主, 坎廚는 木水가 相生되고 음양이 不配合이나, 吉星인 天醫와의 상생이니 財를 발함이 있다.

◆ 이러한 가옥은 門, 主, 廚가 모두 純陽之氣이니 자연 陰을 傷하게 하여 부녀자에
</td></tr>
</table>

게 각종 질병과 夭折이 따르고, 아이들도 양육이 어려우며, 종국에는 집안이 몰락하고, 代를 잇기 어려우며 재산이 탕진된다.

乾門. 震主. 艮廚(간방에 주방이 있는 경우)

- 乾門에서 艮廚는 天醫方이 된다.
- 震主에서 艮廚는 六殺方이다.
- 乾門, 艮廚는 吉星方이니 得財의 吉함이 있다.
- 震主, 艮廚는 艮土宮이 受剋되니 어린아이에게 多疾이 있고 夭折이 따른다.
- 이러한 가옥은 純陽之宅이라 자연 陰을 剋하니, 부녀자의 질병과 상해가 따르고, 어린아이의 양육에 어려움이 있고, 종국에는 절손되게 된다.
- 末子만은 피해가 적은편이다.

乾門. 震主. 震廚(진방에 주방이 있는 경우)

- 乾門에서 震廚는 五鬼方이다.
- 震主에서 震廚는 比和되어 伏位方이다.
- 乾門, 震廚는 金剋木하니 長男이 受剋되는 형국이라, 남자에게 불리하고 종국에는 절손되게 된다.
- 震主, 震廚는 二木이 比和되니 發財와 發貴가 있으나, 純陽之氣이니 吉 中 凶함이 있다.
- 자손 중에 어리석고 고집 센 자손이 나와 가업을 망치고 家門이 피폐된다. 自縊刀傷者(자액도상자)가 생기고, 흉화가 多發하며, 관재구설, 손재수 등이 발생한다.
- 이러한 흉화는 집주인과 長子에게 주로 닥치고, 小兒나 六畜의 양육이 힘들다.

乾門. 震主. 巽廚(손방에 주방이 있는 경우)

- 乾門에서 巽廚는 禍害方이다.
- 震主에서 巽廚는 伏位方이다.
- 乾門, 巽廚는 金剋木하니 長女와 맏며느리를 剋하여 凶하며, 부녀자의 상해와 질병, 요절이 따르며, 종국에는 어린아이의 양육에 불리하여 절손의 위태로움이 있다.
- 또한 筋骨疼痛(근골동통)과 낙태, 출산 중 사망 등이 다발한다.
- 震主, 巽廚는 二木이 比和되어 成林되며, 음양의 正配合이나, 점차 離火宮의 五鬼를 생하게 되어 凶하다.
- 도적으로 인한 손재수와 관재구설, 시비다툼 등의 흉화가 발생하고, 부녀자의 명이 짧으니 여러번 결혼하게 되고, 종국에는 과부나 홀아비가 다출한다.

乾門. 震主. 離廚(이방에 주방이 있는 경우)

- 乾門에서 離廚는 絶命方이다.
- 震主에서 離廚는 生氣方이다.
- 乾門, 離廚는 乾이 受剋되니 남자에게 불리하며 夭折(요절)이 따른다.
- 震主, 離廚는 木生火하여 生氣方으로 吉하나, 점차 五鬼宅을 보조하는 형국이 되어 매우 凶하다.
- 이러한 가옥은 초년에는 財帛이 날로 늘어나고, 자손이 총명하고 부귀공명을 이루나, 집주인과 長子와 부녀자는 불리하다.
- 집주인은 심신이 허약하고, 喘息(천식)이 발생하고, 黃腫(황종)으로 몸이 붓고, 중풍으로 몸이 뒤틀리거나, 仲女는 난산이고, 가족 중에 먹은 것을 토하는 경우가 많고, 歌唄人亡의 흉화가 발생한다.
- 家率들이 長患을 앓는 경우가 많다.

乾門. 震主. 坤廚(곤방에 주방이 있는 경우)

- 乾門에서 坤廚는 延年方이다.
- 震主에서 坤廚는 禍害方이다.
- 乾門, 坤廚는 상생되고 음양의 正配合이니 吉하다.
- 震主, 坤廚는 木剋土하여 坤廚가 受剋되니, 老母의 단명이 따르게 된다.
- 乾門, 震主, 坤廚는 吉凶이 반반이다.
- 처음에는 가솔과 재물이 늘어나는 吉한 가옥이나, 乾門과 震主는 五鬼方이 되므로 自縊刀傷(자액도상)이나 관재구설, 손재수, 각종질환 등의 흉화가 따른다.

乾門. 震主. 兌廚(태방에 주방이 있는 경우)

- 乾門에서 兌廚는 生氣方이다.
- 震主에서 兌廚는 絶命方이다.
- 乾門, 兌廚는 二金이 比和되고 一陽一陰이니, 人丁과 財利의 흥성함이 있고 壽福康寧(수복강녕)이 따른다.
- 震主, 兌廚는 金剋木하니 凶하다.
- 이러한 가옥은 아들은 넷인데 자손 중에 秀才(수재)나 文章家(문장가)가 多出한다.
- 그러나 세월이 흐르면 自縊刀傷(자액도상)이나 관재구설, 손재수 등의 흉화가 발생한다.
- 다만 老父가 젊은 여자를 데리고 사는 象이니, 그 여자가 家權을 행사하여 가족간 불화가 발생할 수 있다.

乾門. 震主. 乾廚(건방에 주방이 있는 경우)

- ◆乾門에서 乾廚는 伏位方이다.
- ◆震主에서 乾廚는 五鬼方이다.
- ◆乾門, 乾廚는 二金이 比和되니 財와 貴의 발달함이 있다.
- ◆震主, 乾廚는 金剋木하여 震宮의 長男이 受剋되니 종국에는 절손의 위태로움이 있다.
- ◆이런 가옥은 三陽의 純陽之宅이라, 자연 부녀자를 傷하게 하니 부녀자들에게 단명과 질병과 질병이 따르고, 종국에는 어린아이를 양육하기 어려우니 절손되게 된다.
- ◆이러한 가옥에서 오래 살게 되면 심장질환이나 불면증, 自縊刀傷(자액도상)이나 관재구설, 시비다툼, 손재수 등의 흉화가 연발한다.

(5) 乾門과 巽主의 길흉

◎ 아래도표에서 집의 중심에서 나경을 보아 戌.乾.亥方에 출입문이 있으면 乾門이라 하고, 주인방이 辰.巽.巳方에 있으면 巽主라 한다.

◎ 乾은 오행이 金이고 巽은 오행이 木이니 金剋木으로 상극되니 不配合이라 하고, 乾門에서 巽主를 보면 禍害方이고, 乾門에서 兌方의 廚房을 보면 生氣方이다. 이러한 가옥은 재물이 풍족하고 자손이 문장이나 예체능에 명성을 떨치고, 효도하는 자손을 두나, 세월이 지나면 흉살이 태동되어 자손들이 요사할 것이다. 특히 命과 廚房이 상극되면 絶孫될 것이다.

◎ 또한 이러한 가옥은 부녀자가 출산시 사망하는 경우가 많고, 자손들이 심장병, 대퇴질환 등으로 고생하게 되고, 세월이 지나면 관재구설, 시비다툼, 도난, 실물 등의 凶禍가 연발하게 된다.

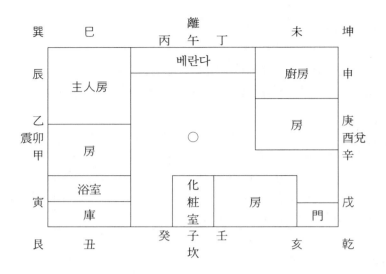

乾門. 巽主. 八廚

乾門과 巽主의 길흉
◆ 乾門에서 巽主는 禍害方이니 일명 禍害宅이라 한다.
◆ 처음에는 재물이 풍족하고 자손이 文章이나 예체능에 명성을 떨치고, 효도하는 자손을 두나, 세월이 지나면 흉살이 태동되어 자손들에게 夭折과 흉화가 따르게 된다.
◆ 상호 상극되니 남자는 다투기를 좋아하고, 人丁이 薄하고, 殘疾과 血光, 관재구설이 多發한다. 또한 자살이나 破財, 破家가 따른다.
◆ 破財는 少男에게 주로 해당되고 應期는 戊.己나 辰.未.戌.丑에 해당하는 年, 月이다.
◆ 巽은 木宮으로 受剋되니 간장질환, 호흡계통, 근골통과 腰腿痛(요퇴통), 대장질환 등이 발생한다. 또한 長女나 큰 며느리에게 産厄(산액)이 따르기도 한다.

乾門. 巽主. 坎廚(감방에 주방이 있는 경우)
◆ 乾門에서 坎廚는 六殺方이다.
◆ 巽主에서 坎廚는 生氣方이다.
◆ 乾門, 坎廚는 金生水하여 金의 氣가 洩되니 老父에게 불리하다.
◆ 巽主, 坎廚는 水生木하여 木이 旺해지니 人丁이 旺하고 발달하고 재물이 흥성해진다.
◆ 이러한 가옥은 초년에는 家門이 발달하나, 세월이 흐르면 老父와 仲男은 女色을

밝히고, 자식이 집을 나가게 되고, 부녀자는 단명하게 되어 아이들 양육이 어려게 된다.

◆ 家率들이 詞訟(사송)에 휘말리게 되며, 어리석고 융통성 없는 자식이 多出하므로, 종국에는 집안이 몰락하고, 代를 잇기 어려우며 재산이 탕진된다.

乾門. 巽主. 艮廚(간방에 주방이 있는 경우)

◆ 乾門에서 艮廚는 天醫方이 된다.

◆ 巽主에서 艮廚는 絶命方이다.

◆ 乾門, 艮廚는 상호 상생되니 吉하다.

◆ 巽主, 艮廚는 木剋土하니 어린아이들에게 불리하고, 종국에는 절손되게 된다.

◆ 이런 가옥은 초년에는 부자간에 화목하고, 자식 중 막내가 발복되어 흥왕하나 부녀자와 어린이는 殘疾(잔질)이 많다.

◆ 그러나 세월이 흐르면 부녀자와 자식 중 단명자가 나오게 되고 또한 각종 殘疾(잔질)에 걸리기 쉽다.

◆ 종국에는 家破人亡하고 절손되게 되나, 末子만은 피해가 적고 잘 풀려나간다.

乾門. 巽主. 震廚(진방에 주방이 있는 경우)

◆ 乾門에서 震廚는 五鬼方이다.

◆ 巽主에서 震廚는 延年方이다.

◆ 乾門, 震廚는 金剋木하니 長男이 손상되고 절손의 위태로움이 있다.

◆ 巽主, 震廚는 二木比和하고 陰陽이 조화를 이루어, 人丁이 旺하고 재물의 發함이 있으며, 복록이 장구하다.

◆ 이러한 가옥은 6년 안에 발복이 되는데 亥.卯.未年에 태어난 자손은 명성을 얻는다.

◆ 처음에는 長男에게 영화로움이 있으나 末子는 敗하고, 부녀자는 단명하고 어린아이는 양육이 힘들다.

◆ 그러나 점차 세월이 흐르면 흉화가 多發하며, 관재구설, 손재수 등이 발생한다. 이러한 흉화는 집주인과 長子에게 주로 닥치고, 小兒나 六畜의 양육이 힘들다.

乾門. 巽主. 巽廚(손방에 주방이 있는 경우)

◆ 乾門에서 巽廚는 禍害方이다.

◆ 巽主에서 巽廚는 延年方이다.

◆ 乾門, 巽廚는 金剋木하니 長女가 受剋되어 凶하며 夭折(요절)이 따르게 된다.

◆ 巽主, 巽廚는 純陰의 二木이 比和되어, 초년에는 財福이 있으나 장구하지 못하고, 人丁이 旺하지 못하다.

◆ 초년에는 부인이 재주가 있어 집안을 일으키나, 巽方의 주인방과 주방은 純陰에

해당하니 남자는 단명한다.

◆ 長女와 큰며느리의 傷害와 질병이 있으며, 또한 難産이거나 출산 중 죽는 경우도 발생한다.

◆ 도적으로 인한 손재수와 관재구설, 시비다툼 등의 흉화가 발생하고, 부녀자의 命이 짧으니 여러번 결혼하게 되고, 종국에는 과부나 홀아비가 多出한다.

乾門. 巽主. 離廚(이방에 주방이 있는 경우)

◆ 乾門에서 離廚는 絶命方이다.

◆ 巽主에서 離主는 天醫方이 된다.

◆ 乾門, 離廚는 火剋金하여 乾宮 老父가 손상을 당하니 短命數(단명수)가 따른다.

◆ 巽主, 離廚는 상생되고, 二陰에 해당되므로, 부녀자가 家權을 장악하게 된다.

◆ 남자는 단명수가 따르고 人丁은 왕성하지 못하다.

◆ 이러한 가옥은 초년에는 처덕이 있어 財帛(재백)이 날로 늘어나고, 자손이 총명하고 부귀공명을 이루나, 老父와 長男에게 불리하다.

◆ 남에게 베풀기를 좋아하나 자식이 없어 고부간에 갈등이 많다.

◆ 화재나 도적의 침입이 있고, 안질이나 악창을 앓거나, 목매달아 죽거나 물에 빠져 죽는 경우가 많다.

◆ 가솔들이 長患을 앓는 경우가 많다.

乾門. 巽主. 坤廚(곤방에 주방이 있는 경우)

◆ 乾門에서 坤廚는 延年方이다.

◆ 巽主 坤廚는 五鬼方이다.

◆ 乾門, 坤廚는 상생되고 음양의 正配合이니 吉하다.

◆ 巽主, 坤廚는 木剋土하여 坤土宮에 해당하는 老母에게 단명수가 발생한다.

◆ 초년에는 人丁과 재물이 늘어나는 吉한 가옥이며, 壽福康寧(수복강녕) 하고, 자식에게 영화가 따른다.

◆ 그러나 세월이 지나면 乾門과 巽主는 禍害方이 되고, 巽主에서 坤廚는 五鬼方이 되므로 自縊刀傷(자액도상)이나 관재구설, 손재수, 각종질환 등의 흉화가 따른다.

乾門. 巽主. 兌廚(태방에 주방이 있는 경우)

◆ 乾門에서 兌廚는 生氣方이다.

◆ 巽主에서 兌廚는 六殺方이다.

◆ 乾門, 兌廚는 二金比和하고 一陰一陽이라 吉하니 財와 貴의 발달이 있다.

◆ 巽主, 兌廚는 상극되는데, 巽과 兌과 陰에 해당하니 부녀자들의 傷害가 발생한다.

◆ 이러한 가옥은 초년에는 자손과 재물이 흥성하여 家門이 부귀영화를 누린다.

- 세월이 흐르면 長女나 老母, 큰 며느리, 부녀자들이 각종 질환에 시달리게 된다.
- 自縊刀傷(자액도상), 관재구설, 화재, 도난 등의 흉화가 발생하며, 가출하는 자손도 나온다.

乾門. 巽主. 乾廚(건방에 주방이 있는 경우)

- 乾門에서 乾廚는 伏位方이다.
- 巽主에서 乾廚는 禍害方이다.
- 乾門, 乾主는 二金比和하고 純陽之氣이다. 초년에는 富貴가 發하나, 二 陽이 자연 陰을 剋하게 되어 부녀자들의 단명과 질환이 따르게 된다.
- 巽主, 乾廚는 金剋木하여 巽宮이 손상당하니, 長女와 큰 며느리의 단명수가 있고 부녀자들에게 불리하다.
- 형제간도 자손이 적으니 養子가 代를 잇고, 종국에는 代가 끊어지는 경우가 많다.
- 이러한 가옥에서 오래 살게 되면 家率들에게 심장질환이나 불면증, 自縊刀傷(자액도상), 관재구설, 시비다툼, 손재수 등의 흉화가 연발한다.
- 그리고 갑작스런 발병으로 夭死하는 자손이 생기게 된다.

(6) 乾門과 離主의 길흉

◎ 아래도표에서 가옥의 중심에서 나경을 보아 戌.乾.亥方에 출입문이 있으면 乾門이라 하고, 주인방이 丙.午.丁方에 있으면 離主라 한다.

한 乾과 離는 각각 金과 火에 속하니 火剋金으로 相剋되니 不配合이라 한다. 이러한 가옥은 과부가 많이 생기고 眼疾에 걸리는 가족이 많다.

◎ 乾門에서 離主를 보면 絶命方이 되고, 乾門에서 艮方의 廚房을 보면 天醫方이다.

◎ 乾門에서 보아 廚房이 艮方에 있으면 艮廚라 하고 六殺方이다. 이런 경우는 주방이 흉하니 가솔들에게 건강상의 여러 질환이 발생하게 되고, 桃花殺이 動하게 되어 가솔들에게 바람기로 인한 醜聞(추문)이 多發하게 된다.

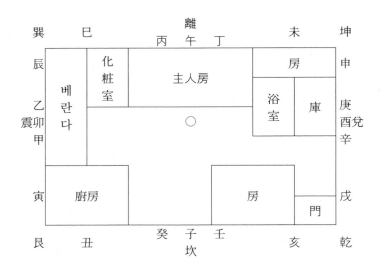

乾門. 離主. 八廚

乾門. 離主의 길흉
◆乾門에서 보아 離方의 주인방은 絶命方이니 일명 絶命宅이라 한다.
◆絶命은 破軍星이니 간사하고 범죄와 연관된 무리배이며, 殘疾(잔질)과, 의외의 횡액, 사망, 破財, 破家 등이 따르게 된다.
◆破財는 주로 長男에게 해당되며, 應期는 庚.辛이나 巳.酉.丑에 해당하는 年이나 月이다.
◆乾門과 離主는 상호 상극관계로, 乾金이 受剋되니 호흡계통, 폐질환 등이 따르고, 또한 乾은 頭니 두통관련 질환이 발생한다.
◆아울러 離宮은 火니 眼疾(안질), 心臟病(심장병), 惡瘡(악창) 등의 질환에 시달리게 된다.
◆乾宮은 八卦에서 老父宮이니 老父의 질병과 상해 및 단명이 따르게 되어, 과부가 생기고 부녀자가 家權을 장악하게 된다.
乾門. 離主. 坎廚(감방에 주방이 있는 경우)
◆乾門에서 坎廚는 六殺方이다.
◆離主에서 坎廚는 延年方이다.
◆乾門, 坎廚는 金生水하여 金氣를 洩하니 老父에게 불리하며, 六殺方이니 남자들에게 음탕함이 발생하고, 乾, 坎은 二陽으로 자연 陰을 剋하니 부녀자들에게 각종 흉화가 따른다.

- ♦ 離主, 坎廚는 水剋火나 음양의 정배합이고 延年方이니 수복강녕함이 있다.
- ♦ 이러한 가옥은 초년에는 가업과 人丁이 흥왕하나, 세월이 흐르면, 노부와 仲男은 女色을 밝히고, 자식이 집을 나가게 되고, 부녀자는 단명이나 각종 질환, 詞訟에 휘말리게 된다.
- ♦ 점차 아이들 양육이 어려우며, 우매한 자식이 多出하여, 종국에는 집안이 몰락하고, 代를 잇기 어려우며 破財, 破家하게 된다.

乾門. 離主. 艮廚(간방에 주방이 있는 경우)

- ♦ 乾門에서 艮廚는 天醫方이 된다.
- ♦ 離主에서 艮廚는 禍害方이다.
- ♦ 乾門, 艮廚는 자손이 賢良하다.
- ♦ 離主, 艮廚는 火勢가 洩氣되니 仲女에게 불리하고, 男人들이 겁이 많고 나약하니 여자가 집안 살림을 꾸려가게 된다.
- ♦ 乾門, 離主는 絶命方이나, 상호 相生되고, 陰陽의 正配合이니 吉慶이 많다.
- ♦ 이런 가옥은 초년에는 家門이 영달하고, 자식 중 막내가 발복되어 흥왕하나 부녀자와 어린이는 殘疾(잔질)이 많다.
- ♦ 그러나 세월이 흐르면 부녀자와 자식 중 단명자가 나오게 되고 또한 각종 殘疾(잔질)에 걸리기 쉽다.

乾門. 離主. 震廚(진방에 주방이 있는 경우)

- ♦ 乾門에서 震廚는 五鬼方이다.
- ♦ 離主에서 震廚는 生氣方이다.
- ♦ 乾門, 震廚는 상극관계이며 震이 受剋되니, 長男에게 夭折과 흉화가 따르고, 매우 흉하다.
- ♦ 離主, 震廚는 상생되며 生氣方이며 음양이 配合되니 吉하다.
- ♦ 이러한 가옥은 초년에는 남자들이 단명하니, 부녀자가 능히 집안을 일으키고, 자손 중에 총명하고 공직자가 다출한다.
- ♦ 세월이 지나면 화재, 도난, 관재구설 등의 흉화가 잇따르고, 自縊刀傷(자액도상), 投河(투하) 등의 자손이 나오고, 각종 질환자가 속출하고, 끝내는 破家되고 절손하게 되는 것이다.

乾門. 離主. 巽廚(손방에 주방이 있는 경우)

- ♦ 乾門에서 巽廚는 禍害方이다.
- ♦ 離主에서 巽廚는 天醫方이다.
- ♦ 乾門, 巽廚는 巽宮 長女가 受剋되니 長女와 여타 부녀자의 요절이 따르고 불리하다.

- 離主, 巽廚는 상생되니 吉하다.
- 이러한 가옥은 초년에는 부인이 재주가 있어 집안을 일으키나, 남자는 복록이 적고 후사를 잇기가 어려우니 절손의 위태함이 있는 것이다.
- 長女와 큰며느리의 상해가 있으며, 難産하거나 출산 중 죽는 경우도 발생한다.
- 도적으로 인한 손재수와 관재구설, 시비다툼 등의 흉화가 발생하고, 부녀자의 명이 짧으니 男人들은 재혼수가 많고, 가업이 피폐되고, 종국에는 과부나 홀아비가 다출한다.

乾門. 離主. 離廚(이방에 주방이 있는 경우)

- 乾門에서 離廚는 絶命方이다.
- 離主에서 離廚는 伏位方이 된다.
- 乾門, 離廚는 乾이 受剋되니 家長인 老父에게 불리하다.
- 離主, 離廚는 二火比和되니 초년에는 재물과 발복됨이 있다. 그러나 二陰이 자연 陽을 傷하게 되니 남자들에게 흉화가 따르는 것이다.
- 이러한 가옥은 초년에는 부인이 재간이 있어 財帛(재백)이 날로 늘어나고, 자손이 총명하고 부귀공명을 이루나, 남자는 夭死하고 부녀자가 집안을 꾸려나간다.
- 남에게 베풀기를 좋아하나 후사를 잇기 어려우니 고부간의 갈등이 많다.
- 집주인은 각종 질환에 시달리고, 仲女는 難産(난산)이고, 가족 중에 먹은 것을 토하는 경우가 많고, 家破人亡의 흉화가 발생한다.
- 어린아이를 낳기도 어렵고 키우기도 어려우니 후사가 없게 된다.
- 과부나 홀아비가 많이 생기고, 화재나 도적의 침입이 있고, 관재구설 등의 흉화가 잇따른다.

乾門. 離主. 坤廚(곤방에 주방이 있는 경우)

- 乾門에서 坤廚는 延年方이다.
- 離主에서 坤廚는 六殺方이다.
- 乾門, 坤廚는 음양의 正配合이며 延年方이니 吉하다.
- 離主, 坤廚는 離宮의 火勢(화세)가 洩氣(설기)되니 仲女에게 불리함이 있다.
- 乾門, 離主, 坤廚는 乾과 離는 상극의 관계이나, 가옥의 구조가 離火가 坤土를 생하고, 坤土가 乾金을 생하는 順生之局이라 평안함과 吉慶(길경)이 많은 가옥이다.
- 이러한 가옥은 초년에는 家率과 재물이 늘어나는 吉한 가옥이며, 부모는 壽福康寧(수복강녕)하고, 자식은 부귀공명하며, 家門이 날로 번창하는 吉方이다.
- 집을 지은 후 4~5년이나 巳.酉.丑年에는 필히 發福이 올 것이다.

- 그러나 세월이 흐르면 노인은 각종 질환에 시달리고, 관재구설, 화재, 도적으로 인한 재산의 손실이 발생할 것이며, 남자들은 命이 짧아 여자가 家權(가권)을 휘두르니 집안이 소란해질 것이다. 아울러 養子를 들이게 되나, 이 또한 命이 길지 못하니 종국에는 절손을 면할 수 없다.

乾門. 離主. 兌廚(태방에 주방이 있는 경우)

- 乾門에서 兌廚는 生氣方이다.
- 離主에서 兌廚는 五鬼方이다.
- 乾門, 兌廚는 一陰一陽과 二金比和하니 富貴의 發함이 있다.
- 離主, 兌廚는 兌廚가 受剋되니 막내딸에게 불리하고, 흉함이 많다.
- 이러한 가옥은 초년에는 자손과 재물이 흥성하여 家門이 부귀영화를 누리게 된다.
- 그러나 세월이 오래가면 집의 가장인 老父가 먼저 죽고, 다음은 부녀자, 다음은 仲女가 죽게 될 것이다. 그리고 가족들은 각종 질환에 시달리게 될 것이다.
- 또한 自縊, 刀傷, 관재구설, 화재, 도난 등의 흉화가 발생하며, 가출하는 자손도 나온다.

乾門. 離主. 乾廚(건방에 주방이 있는 경우)

- 乾門에서 乾廚는 伏位方이다.
- 離主에서 乾廚는 絶命方이다.
- 乾門, 乾廚는 純陽의 二金이 比和되므로 초년에는 富貴의 發함이 있다. 그런 二陽이 자연 陰을 傷하게 하므로 부녀자의 傷害가 발생하게 된다.
- 離主, 乾廚는 乾廚가 受剋되니 老父에게 흉화가 따륵이 불리하며 흉하다. 먼저는 남자에게 화가 닥치고, 다음은 처첩, 이어서 여자들에게 흉화가 따르는 것이다.
- 초년에는 가문이 흥성하나, 乾門과 乾主는 純陽이니 남자만 있고 여자는 없는 격이라, 陰陽의 배합이 맞지 않아, 부녀자와 자식 중 단명자가 많다.
- 형제간도 자손이 적으니 養子(양자)가 代를 잇고, 종국에는 절손되는 경우가 많다.
- 심장질환이나 불면증, 自縊, 刀傷, 관재구설, 시비다툼, 손재수 등의 흉화가 연발한다. 그리고 갑작스런 발병으로 夭死하는 자손이 생기게 된다.

(7) 乾門과 坤主의 길흉

◎ 아래도표에서 가옥의 중심에서 나경을 보아 戌.乾.亥方에 출입문이 있으면 乾門이라 하고, 주인방이 未.坤.申方에 있으면 坤主라 한다. 주역에서 乾은 天이고 坤은 地이므로 老父와 老母를 상징하고, 正配合의 관계이다.

◉ 乾門에서 坤方의 주인방은 延年方이다. 이러한 배치는 아들 4형제를 두고 父는 자애롭고, 子는 효도하며, 孫은 현명하다.

◉ 그리고 廚房의 위치가 離方이라면 離廚라 하고, 乾門에서 보아 絶命方인 것이다.

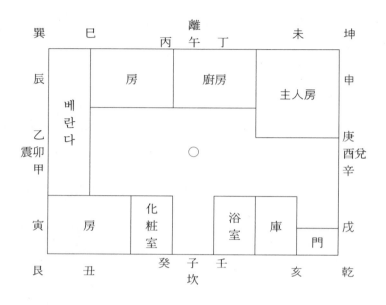

乾門. 坤主. 八廚

乾門. 坤主의 길흉
◆ 乾門에서 坤主는 延年方이니 일명 延年宅이라 한다.
◆ 상호 상생되고 음양의 正配合이니 吉하다. 中富정도의 財가 있고, 人丁은 왕성하며, 국가고시에 합격하고 현달하는 자녀가 다출한다.
◆ 막내아들에게 發福이 있고, 應期는 庚.辛이나 巳.酉.丑에 해당되는 年이나 月이다.

乾門. 坤主. 坎廚(감방에 주방이 있는 경우)
◆ 乾門에서 坎廚는 六殺方이다.
◆ 坤主에서 坎廚는 絶命方이다.
◆ 乾門, 坎廚는 상생되나 六殺方이니 家率들에게 음식과 연관하여 건강상의 여러 질환이 발생하게 된다.
◆ 坤主, 坎廚는 仲男이 受剋되니 夭折이 따른다. 그리고 土水와 연관하여 비위, 복통, 피부, 신장계통 등에 질환이 발생한다.

- 이러한 가옥은 초년에는 가업이 흥왕하고 재물이 늘고, 자손 중에 벼슬길에 오르는 자가 많이 나오게 된다.
- 세월이 흐르면, 집주인과 仲男에게 여러 흉화가 발생하고, 부녀자는 단명하든지, 각종 질환 및 詞訟(사송)에 휘말리게 된다.
- 종국에는 아이들 양육이 어려우며, 어리석고 융통성 없는 자식이 다출하게 되므로, 破財, 破家하고, 절손되게 된다.
- 乾門과 坎廚房은 土剋水하여 상극의 관계이니, 乾에 속하는 老父와 坎에 속하는 仲男이 모두 손상되는 결과이다.

乾門. 坤主. 艮廚(간방에 주방이 있는 경우)

- 乾門에서 艮廚는 天醫方이 된다.
- 坤主에서 艮廚는 生氣方이다.
- 乾門, 艮廚는 상호 상생되고 天醫方이니 吉하다.
- 坤主, 艮廚는 二土比和되며, 一陰一陽이고 生氣方이니 吉하다.
- 田畓이 늘고 財福이 흥왕하고 장구할 것이다. 大吉하다.
- 이런 가옥은 가솔들이 모두 화목하고, 형제간 우애가 있고, 孝가 뛰어나다.
- 가문과 자손이 흥왕하고, 禮佛을 숭상하며, 남에게 베풀기를 좋아한다.
- 4~5년 내 혹은 庚.辛이나 巳.酉.丑年에 필히 좋은 징조가 應해 온다.

乾門. 坤主. 震廚(진방에 주방이 있는 경우)

- 乾門에서 震廚는 五鬼方이다.
- 坤主에서 震廚는 禍害方이다.
- 乾門, 震廚는 震宮이 受剋되니 長男에게 불리하다. 단명수가 있다.
- 坤主, 震廚는 坤宮이 受剋되니 老母에게 불리하다.
- 이런 가옥은 남자, 여자 모두에게 불리하니 大凶한 것이다.
- 초년에는 父子間에 정이 두텁고, 자식들은 효도를 하고, 家門이 번창하여 남에게 베풀기를 좋아한다.
- 그러나 세월이 흐를수록 부인과 長子는 각종 질환에 시달리고, 夭折(요절)이 따르며, 후사를 잇기 어렵다. 또한 自縊(자액), 刀傷, 관재구설, 화재, 도난 등의 흉화가 잇따른다.

乾門. 坤主. 巽廚(손방에 주방이 있는 경우)

- 乾門에서 巽廚는 禍害方이다.
- 坤主에서 巽廚는 五鬼方이다.
- 乾門, 巽廚는 金剋木하여 巽宮이 受剋된다. 長女와 큰 며느리에게 불리한 것이다.

- 坤主, 巽廚는 木剋土하여 坤宮이 受剋된다. 坤宮의 老母에게 단명수가 따르고, 부녀자들에게 불리하다.
- 乾門, 坤主의 가옥은 초년에는 老父와 老母가 夫婦 正配合이므로 집안에는 즐거움과 기쁜일이 많다. 아들은 넷인데 모두 관직에 오르고, 집안에 창달함이 있는 것이다.
- 그러나 세월이 흐를수록 불행한 일들이 닥치게 된다. 이는 廚房의 배치가 잘못됐기 때문이다. 먼저는 長女나 큰며느리에게 불행이 닥치고, 재물의 손실이 있을 것이다. 또한 가족 중에 각종 질병이 생기고, 남자는 소년시절에 죽고 破財, 破家된다.
- 후손을 잇기 위해 결혼을 여러번 하게 되나 종국에는 아들이 없어 代를 잇지 못하고, 과부나 홀아비가 생긴다.

乾門. 坤主. 離廚(이방에 주방이 있는 경우)

- 乾門에서 離廚는 絕命方이다.
- 坤主에서 離廚는 六殺方이 된다.
- 乾門, 離廚는 乾宮이 受剋되니 老父에게 흉액이 따르고 단명하게 된다.
- 坤主, 離廚는 상생되나 六殺方이라 凶하다.
- 이러한 가옥은 초년에는 父子간의 정이 두텁고, 자식은 효도를 하고, 가정이 화목하다.
- 그러나 세월이 흐를수록 家率들에게 각종 질환이 발생하며, 관재구설, 손재수, 화재, 도난, 自縊投河(자액투하=목을 매달고, 물에 빠짐) 등의 흉화가 따르고, 종국에는 절손되게 되며, 破家하게 된다.

乾門. 坤主. 坤廚(곤방에 주방이 있는 경우)

- 乾門에서 坤廚는 延年方이다.
- 坤主에서 坤廚는 伏位方이다.
- 乾門, 坤廚는 상생되고 延年方이며, 음양이 正配合이고, 二土比和되니 家産이 늘고 人丁도 왕성하며 매우 吉하다.
- 坤主, 坤廚는 伏位方이고, 二土比和되니 吉하다.
- 이러한 가옥은 초년에는 가업이 창달하고, 부모는 수복강녕하고, 자식은 부귀공명하며, 家門이 날로 번창하는 吉方이다.
- 집을 지은 후 4~5년이나 巳.酉.丑年에는 필히 發福이 있을 것이다.
- 그러나 세월이 흐르면 老父母에게 각종 질환이 발생하고, 관재구설, 화재, 도적으로 인한 재산의 손실이 발생할 것이다.
- 二土가 旺하여 자연 水를 剋하니 仲男에게 단명수가 있고, 여자가 가권을 휘두르

니 집안이 소란해질 것이다. 아울러 養子를 들이게 되나, 이 또한 命이 길지 못하
니 종국에는 절손을 면할 수 없다.

乾門. 坤主. 兌廚(태방에 주방이 있는 경우)

- 乾門에서 兌廚는 生氣方이다.
- 坤主에서 兌廚는 天醫方이다.
- 乾門, 兌廚는 二金比和되며 生氣方이리 吉하다.
- 坤主, 兌廚는 상생되며 天醫方이라 吉하다.
- 이러한 가옥은 초년에는 가업이 흥왕하고, 家門이 부귀영화를 누리고, 4~5년
  내 혹은 巳.酉.丑年에 반드시 발복의 응험이 있을 것이다.
- 그러나 세월이 오래가면 집주인의 여자문제가 발생하게 되고, 여자들로 인해 醜聞
  (추문)과 손재수가 발생할 것이다.

乾門. 坤主. 乾廚(건방에 주방이 있는 경우)

- 乾門에서 乾廚는 伏位方이다.
- 坤主에서 乾廚는 延年方이다.
- 乾門, 乾廚는 二金比和되어 吉하나, 二金이 자연 木을 剋하니 부녀자들에게 흉액
  이 발생한다.
- 坤主, 乾廚는 상생되고 延年方이니 매우 吉하다.
- 이러한 가옥은 초년에는 가업이 흥왕하고, 자식에게 영달함이 있고, 재물은 날로
  늘어나니 출입문과 주방이 吉하기 때문이다.
- 그러나 세월이 흐르면 부인과 자식이 일찍 죽게 되어, 여러번 결혼하게 되나 결국
  자식을 건사하지 못하게 되니, 代가 끊기게 된다.
- 집주인의 本命과 門과 主人房과 廚房이 음양이 不配合이 되면 이러한 흉화가
  더욱 빨리 닥쳐온다.

(8) 乾門에 兌主의 길흉

- 아래의 도표는 가옥의 중심에서 나경을 보아 戌.乾.亥方에 출입문이 있으면 乾門
  이라 하고, 주인방이 庚.酉.辛方에 있으면 兌主라 한다.
- 乾門에서 兌主는 生氣方으로 길하다.
- 廚房의 위치가 甲.卯.乙方이라면 震廚라 하는데, 乾門에서 震廚는 五鬼方인 것이다.
- 來龍과 家坐의 위치를 잘 살피고, 집주인의 本命과 門과 坐의 生化剋制 관계를
  잘 살피고, 주변의 砂格을 또한 면밀히 살펴 길흉을 정확히 논하여야 한다.

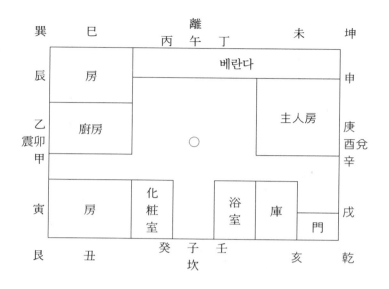

乾門. 兌主. 八廚

乾門과 兌主의 길흉

- ◆乾門에서 兌主는 生氣方이니 일명 生氣宅이라 한다.
- ◆二金이 比和되니 富와 貴가 發現되는 것이다.
- ◆人丁이 旺하고, 인물이 걸출하며, 壽福康寧(수복강녕)하고, 공직에 들어 높이 오르는데, 이는 長男에게 주로 해당되고, 應期는 甲.乙이나 亥.卯. 未에 해당하는 年이나 月이다.
- ◆초년에는 가업이 흥왕하고, 영화를 누리나, 세월이 오래 흐르면 집주인의 바람기로 인해 作妾(작첩)하고, 남자들은 점차 쇠락해지니, 과부가 家權을 휘두르게 된다.

乾門. 兌主. 坎廚(감방에 주방이 있는 경우)

- ◆乾門에서 坎廚는 六殺方이다.
- ◆兌主에서 坎主는 禍害方이다.
- ◆乾門, 坎廚는 金氣를 洩하니, 乾門, 兌主의 生氣가 점차 줄어들고 또한 재물이 疏散(소산)되게 된다.
- ◆乾門, 兌主는 二金인데 자연 坎水를 생하니 水가 旺하게 되어 凶하다. 남자들의 방탕과, 주색과, 추문이 잇따르게 되는 것이다.
- ◆이러한 가옥은 초년에는 가업이 흥왕하고 재물이 늘고, 4명의 자손 중에 벼슬길에 오르는 자가 많이 나온다.

- 그러나 세월이 흐르면, 집주인과 仲男은 女色을 밝히고, 자식이 집을 나가게 되고, 乾, 兌의 二金이 木을 剋하니 長女와 큰 며느리의 단명수가 있고, 부녀자들이 각종 질환에 시달리게 된다.
- 아이들 양육이 어려우며, 어리석고 융통성 없는 자식이 다출하므로, 종국에는 집안이 몰락하고, 代를 잇기 어려우며 재산이 탕진된다.

乾門. 兌主. 艮廚(간방에 주방이 있는 경우)

- 乾門에서 艮廚는 天醫方이 된다.
- 兌主에서 艮廚는 延年方이다.
- 乾門, 艮廚는 상생되며 天醫方이니 財利가 있다.
- 兌主, 艮廚는 상생되며 延年方이니 壽福康寧(수복강녕)하며 大吉하다.
- 이런 가옥은 父子간에 다정하고 자손들은 효도를 한다.
- 家門과 자손이 나날이 발전하여 영화롭고, 남에게 베풀기를 좋아하며, 부귀영화를 누린다.
- 4~5년 내 혹은 庚.辛이나 巳.酉.丑年에 필히 좋은 징조가 應해 온다.

乾門. 兌主. 震廚(진방에 주방이 있는 경우)

- 乾門에서 震廚는 五鬼方이다.
- 兌主에서 震廚는 絕命方이다.
- 乾門, 震廚는 金剋木하니 震宮의 長男에게 불리하며, 木과 연관하여 질병이 발생한다.
- 兌主, 震廚는 상극관계이며 絕命方이니 大凶하다.
- 이러한 가옥은 초년에는 집안이 잘 풀리고, 人丁과 재물이 크게 흥왕하다. 또한 아들 넷을 두며 모두가 현달한다.
- 그러나 세월이 흐르면 부인과 長男은 각종 질병에 시달리게 되고, 관재구설, 화재, 도난 등의 흉화가 多發한다.

乾門. 兌主. 巽廚(손방에 주방이 있는 경우)

- 乾門에서 巽廚는 禍害方이다.
- 兌主에서 巽廚는 六殺方이다.
- 乾門, 巽廚는 金剋木하여 長女에게 흉화가 따른다. 또한 木과 연관된 질환인 肝膽, 手足筋骨 등과 연관된 질병을 앓게 된다.
- 兌主, 巽廚는 상극관계이며 음양이 不配合되며 六殺方이니 매우 凶하다.
- 이러한 가옥은 초년에는 집안이 현달하고, 人丁과 재물이 크게 흥왕하고 부귀겸 전한다. 또한 文人과 秀才가 多出하고, 아들 넷을 두며 모두가 현달한다.

- 그러나 세월이 흐르면 주방의 배치가 잘못되었기 때문에 각종 흉화가 발생하는데, 먼저 長女나 큰며느리에게 불행이 닥치고, 손재수가 발생할 것이다. 그리고 각종 질환자가 발생한다.
- 그리고 가솔들에게 단명자가 많이 나오며 부인이 일찍 죽으니 혼인을 여러 번 하게 되고, 마침내는 자손도 없고, 홀아비나 과부가 많이 발생한다.

乾門. 兌主. 離廚(이방에 주방이 있는 경우)

- 乾門에서 離廚는 絶命方이다.
- 兌主에서 離廚는 五鬼方이 된다.
- 離廚의 火가 乾門, 兌主의 金을 剋하니 남녀가 모두 단명하고, 破財되고 凶하다.
- 이러한 가옥은 초년에는 父子간의 정이 두텁고, 자식은 효도를 하고, 가정이 화목하다.
- 그러나 세월이 흐를수록 심신이 허약하고, 각종 질병에 시달리게 되며, 또한 관재구설, 손재수, 화재, 도난, 自縊(자액), 물에 투신 등의 흉화가 따르고, 부녀자에게 단명수가 있으니 후사가 끊기게 되며, 가업이 피폐된다.

乾門. 兌主. 坤廚(곤방에 주방이 있는 경우)

- 乾門에서 坤廚는 延年方이다.
- 兌主에서 坤廚는 天醫方이다.
- 乾門, 坤廚는 상생되고 음양이 배합되니 壽福康寧(수복강녕)이 따르고 吉하다.
- 兌主, 坤廚는 상생되고 天醫方이니 財를 發하고 貴도 출현하게 된다.
- 가솔과 재물이 늘어나는 吉한 가옥이다. 부모는 수복강녕하고, 자식은 부귀공명하며, 家門이 날로 번창하는 吉方이다.
- 집을 지은 후 4~5년 내 혹은 庚.辛이나 巳.酉.丑年에는 필히 발복이 올것이다.
- 부부는 화목하고, 人丁이 왕성하고, 자손은 효도하며, 형제간에는 우애가 있는 집안이다.

乾門. 兌主. 兌廚(태방에 주방이 있는 경우)

- 乾門에서 兌廚는 生氣方이다.
- 兌主에서 兌廚는 比和되니 伏位方이다.
- 乾門과 兌廚, 兌主와 兌廚는 모두 三金이 比和되니 富貴를 發하여 吉하다.
- 이러한 가옥은 초년에는 가업이 흥왕하여 富와 貴를 누리나, 세월이 오래 흐르면 次男쪽의 자손은 잘되고, 長孫 쪽은 損傷되는 집안이다.
- 가솔들에게 심장질환이나 위장질환 등의 질병이 많이 생기고, 남자들의 命이 짧으니 여자가 家權을 장악하게 된다.

乾門. 兌主. 乾廚(건방에 주방이 있는 경우)

- 乾門에서 乾廚는 伏位方이다.
- 兌主에서 乾廚는 生氣方이다.
- 三金이 比和되어 富貴를 發하고 吉하나, 二陽一陰이라 陰이 衰하니, 부녀자에게 불리하고, 단명하게 되며, 孤寡之人(고과진인)이 多出하고, 여자들의 음탕함이 있어 次吉이다.
- 초년에는 가업이 흥왕하고, 자식은 총명하여 벼슬길에 오르고, 부녀자는 미모가 있고, 재물은 날로 늘어나니 출입문과 주방이 吉하기 때문이다. 그러나 부녀자들에게 夭折함이 따르니 여러 번 결혼하게 되어 서자가 많이 태어난다. 이것은 노인과 젊은 부인과의 配合이기 때문이다.
- 세월이 오래 흐르면 부녀자들과 자식의 命이 짧으니, 결혼을 여러번 하게 되나 자식두기가 어려우며, 종국에는 절손되게 된다.
- 집주인의 本命과 門과 主人房, 廚房이 서로 오행이 相剋되면 이러한 흉화는 속하게 닥쳐온다.

1) 乾命과 九星/廚房 落宮處의 吉凶 分析

乾命之宅

1. 子息(자식)

落宮處	九星 廚房	吉凶 解說
兌宮 (庚.酉.辛)	生氣(木) 廚房	五子를 得한다.
震宮 (甲.卯.乙)	五鬼(火) 廚房	傷 長子 後 得 二子(장자가 죽고 나서 아들 둘을 얻음)
坤宮 (未.坤.申)	延年(金) 廚房	四子를 得하고 家業이 興旺하다.
坎宮 (壬.子.癸)	六殺(水) 廚房	傷 仲子 後 得 一子를 얻는다.(중남이 죽고 나서 아들 하나 얻음)
巽宮 (辰.巽.巳)	禍害(土) 廚房	傷 長婦 後 無子나 長壽한다.(큰며느리가 죽고 아들은 없으나 장수한다.)

艮宮 (丑.艮.寅)	天醫(土) 廚房	得 三子를 得한다.
離宮 (丙.午.丁)	絕命(金) 廚房	先 傷 仲女 後 絕嗣(먼저 중녀가 죽고 대가 끊김)
乾宮 (戌.乾.亥)	伏位(木) 廚房	得 二女를 得한다.

◆ 乾命(乾門)之宅은 건괘(☰)가 本 卦이니 양택구성을 附法하면 다음과 같다.
  일상변 생기하니 兌方이 생기방이 된다.
  이중변 오귀하니 震方이 오귀방이 된다.
  삼하변 연년하니 坤方이 연년방이 된다.
  사중변 육살하니 坎方이 육살방이 된다.
  오상변 화해하니 巽方이 화해방이 된다.
  육중변 천의하니 艮方이 천의방이 된다.
  칠하변 절명하니 離方이 절명방이 된다.
  팔중변 복위하니 坤方이 복위방이 된다.

◆ 상기에서 주방에 대한 위치의 개념은 한옥에서는 부뚜막(밥 짓는 솥이 있는 곳)을 말하고, 현대식 가옥은 가스대가 있는 곳을 말한다. 가스대의 위치를 廚座라 하고, 손잡이가 가리키는 방향을 向이라 한다.

◆ 乾命人이 아들을 낳지 못한다면 주방의 方向을 生氣, 延年, 天醫方이 되게 하면 得子를 할 수 있는 것이다. 현대식의 경우는 아궁이 방향을 가스대가 있는 방향으로 판단하면 되는 것이다.

◆ 陽宅에서의 팔방의 위치는 제6층인 人盤中針을 기준한다.

◆ 집의 중심에 나경을 놓고 八方을 정한 후 출입문이 집의 중심에서 乾方(戌,乾.亥)에 위치해 있으면 乾門이라 하는 것이다. 또한 집안의 중심에서 출입문이 乾方에 있어 乾門이면 이는 西四宅에 해당하는 것이다.

◆ 生氣方에 주방 배치하면 5子를 둘 수 있고, 延年方에 설치하면 4子를 두고, 天醫方에 설치하면 3子를 두게 된다.

상기의 경우라도 누구에게나 해당되는 것이 아니고, 부인이 乾命에 해당하는 경우만을 의미한다.

◆ 乾命人의 婦人이 廚房에서 보아, 乾門이 되고, 또한 乾方에 가스대가 있다면 이는 伏位方에 해당되니 딸만 있고 아들은 없게 된다. 伏位란 오행이 같아 제자리니 변하여 生하는 이치가 없기 때문이다.

◆ 또한 乾命人의 婦人이 주방에서 가스대가 離方(丙.午.丁)에 있으면, 絕命方이 되니 자식의 손상이 있든지, 자식을 낳지 못하게 되고, 본인은 질병으로 短命하는 경우가 많다.

◆ 乾命人이 離方에 3칸의 傍屋을 증축하고 나서, 다음해에 자식이 죽고 손자가 손상되었고, 본인도 대장질환으로 사망하는 경우가 있었다. 乾金을 離火가 火剋金하여 剋하기 대문이다.

◆ 또한 乾命人이 남쪽의 離方의 객지에 오래 머물게 되면, 살아서 돌아오지 못하는 경우가 많다. 요약하면 乾命人이 출입문이나, 주방이나, 주인방을 離方에 내게 되면 큰 禍를 불러오는 것이다.

◆ 乾命人이 離方 絕命方을 犯하고 廚房의 火口 역시 離方에 위치하면, 出行, 修造, 出嫁 등 모두 大凶하다.

◆ 예로 乾命人의 여자가 시집가서 生氣方에 居하며 5자를 두었는데, 집안에서 兌方에 있던 廚房의 火口를 離方으로 옮기고 나서, 먼저 가운데 아들이 夭死하고, 본인은 여러 질환에 시달리게 되고, 3년이 안 되서 長男을 포함하여 자식을 모두 잃게 되었다 한다.

◆ 乾命人의 여자가 시집가 南方에 居하는데, 비록 주방의 火口는 兌方을 향하고 있어 5子를 두었으나 후에 모두 죽고 말았다. 이는 乾命 金이 거주하는 南方 火에 剋金당하였기 때문이다.

◆ 누구든지 本命의 生氣方에다 주방(가스대)을 설치하면 자식이 모두 건강하고 잘 풀릴 것이다. 이는 가옥이나 공장이나 음식점이나 각종 점포나 사무실이 모두 해당되는 것이니 명심해야 한다.

2. 婚姻(혼인)

◆ 坤命人의 여자와는 양택구성이 延年에 해당하고 夫婦正配合이니 吉하다.
◆ 兌命人의 여자와는 生氣에 해당하니 吉하다.
◆ 艮命人의 여자와는 天醫에 해당하니 吉하다.
◆ 巽命人의 여자와는 구성이 禍害에 해당하니 自縊의 흉화가 발생할 것이다.
◆ 乾命人의 여자와는 伏位에 해당하여 무탈하나 부녀자가 남성적인 기질이 있게 된다.
◆ 離命人의 여자와는 絕命에 해당하니 凶하다.
◆ 坎命人의 여자와는 六殺에 해당하니 凶하다.
◆ 震命人의 여자와는 五鬼에 해당하니 凶하다.
◆ 혼인이 늦은 乾命人의 경우에 주방이나 밥솥을 坤方(延年方)에 설치하고, 부모의

방도 坤方에 위치하고, 乾命人 본인의 거처도 坤方에 分房하니 반년 후에 결혼하게 되었다.

3. 疾病(질병)

◆乾命人의 남자가 廚房을 改修하면서 離方에다 주방을 설치하고 흉화를 당했다. 乾命人의 離方은 絶命方이니 凶한 것이다. 심장에 해당하는 火가 폐장에 해당하는 金을 剋하니, 먼저는 心疼痰火(심동담화)의 질환이 발생하고, 다음에는 咳嗽喘息(해수천식), 吐血(토혈), 肺爛(폐란), 頭痛腦漏(두통뇌루), 鼻常流水(비상유수) 등의 병을 앓았다. 이에 양균송 선생이 離方의 舊廚房에서 만드는 음식을 먹지 못하게 하고, 새로 艮方 天醫方에 주방을 만들어 옮기고, 이 곳에 만드는 음식을 먹게 하며, 또한 離方의 흉한 기운을 억제하고 나서 질환이 완치됐다 한다. 이는 艮方(天醫方)이 이방의 주방으로 인해 발생하는 질병을 완치하는 효과가 있기 때문이다.

◆乾命人의 남자가 震方(五鬼方)과 巽方(禍害方)에 주방을 만들어 사용하면서, 肝疾患(간질환), 目疾(목질), 手足傷跌(수족상질), 痲瘋(마풍), 瘡毒(창독), 癱瘓(탄탄) 등의 질병이 발생했다 한다. 이는 震方(오귀방)과 巽方(화해방)의 凶方에 주방을 만들어 사용했기 때문이다.

◆乾命人이 震方(五鬼方)을 犯하게 되면 脚瘡(각창), 瘧疾(학질), 腎虛(신허) 등을 앓게 된다.

◆乾命人 부녀자가 坎方(六殺方)에 犯하게 되면, 帶下症(대하증), 月經不順(월경불순)과 落胎(낙태)에 시달리게 된다. 이런 경우는 廚房의 위치를 艮方(天醫方)으로 바꾸고, 또한 坤方(延年方)에 居하게 되면 건강장수하게 된다.

◆현대인들은 아파트에서 생활을 많이 하게 되어 주방의 위치와 출입문의 위치를 임의로 바꾸기 어려우니, 출입문과 주인방, 주방 중 하나라도 길방이면 초년에는 잘 풀려나가니, 운이 다하는 시기가 되면 집을 옮겨 居함이 좋을 것이다.

4. 災禍(재화)

◆乾命人이 廚房의 火口를 離方(絶命方)으로 옮긴 후 官災口舌, 시비다툼과 火災가 多發하고, 仲媳(가운데 며느리)이 悖逆(패역)하고, 부인과 자녀를 잃은 경우가 있었다.

◆乾命人이 주방과 출입문을 離方(絶命方)으로 설치하고 나서, 부인이 바람나서 집안을 돌보지 않으니, 다시 주방의 위치를 兌方(生氣方)으로 改修하고, 주방의 굴뚝을 離方의 뒤에다 세워 離方의 흉살을 제압하니 부인의 바람기가 제압됐다 한다.

- 乾命人이 坎方(六殺方)을 犯하게 되면 여러 흉화가 多發하게 된다.
- 乾命人이 震方(五鬼方)을 犯하게 되면 이번에는 奴婢가 재물을 훔쳐 달아났고, 화재와 도적으로 인한 失物이 그치질 않았으며 長子의 손상이 있었다.
- 乾命人이 巽方(禍害方)을 犯하게 되어, 동남방에 사는 여자가 訟事를 일으키고, 모친과 부인과 長男, 長女, 큰며느리에게 흉화가 닥쳤다 한다. 출입문과 주방을 길방으로 改修하고 나서 흉화가 제압됐다 한다.

2. 곤문坤門. 팔주八主. 팔주八廚

◉ 대지나 가옥, 건물의 중심에서 나경을 보아, 출입문이 未.坤.申方에 있으면 坤門이다. 이는 西四宅에 해당된다.

◉ 아래의 도표에서 출입문은 坤方에 있고, 주인방은 乾方에 있고, 주방은 艮方에 있다. 陽宅3要에서 坤門에서 乾主人方은 延年이 되고, 艮廚方은 生氣가 된다.

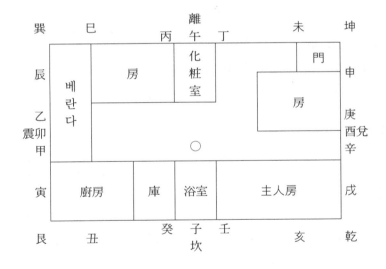

(1) 坤門과 坤主의 길흉

◉ 아래의 도표에서 가옥의 중심에서 나경을 보아, 출입문이 未.坤.申方에 있으므로 坤門이라 하고, 주인방이 坤方에 있으니 坤主라 한다. 坤門과 坤主는 모두

陰에 속하니, 陰이 盛하게 되어 부녀자가 家權을 장악하게 된다.

⊙ 坤門에서 坤主는 伏位方이니 吉하다.

⊙ 廚房이 艮方에 위치하면 艮廚인데, 乾門에서 艮廚는 天醫方이니 吉하다.

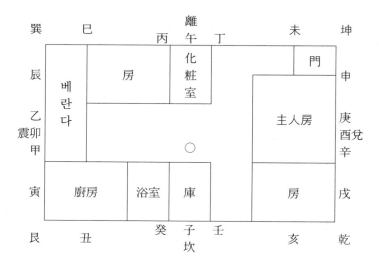

坤門. 坤主. 八廚

坤門과 坤主의 길흉

◆坤門에서 坤主는 伏位方이니 일명 伏位宅이라 한다.

◆二土가 比和하니 財를 發하고 전답이 늘게 된다.

◆陰이 盛하니 女兒를 많이 낳게 되어 養子를 들이는 문제가 발생하고, 貴人도 多出한다.

◆건강하며 壽命은 中壽를 누리고, 富는 小富정도이고, 男人은 공직에 많이 진출하며, 여자는 명문집안에 시집가게 된다. 應期는 甲.乙이나 亥.卯.未에 해당하는 年이나 月이다.

◆坤門, 坤主는 純陰之宅이니 자연 陽을 傷하게 되어 男人등의 夭折(요절)이 따르고, 이로 인해 과부가 多出하며, 여자가 家權을 장악하게 되며, 養子를 들이게 되나, 종국에는 절손되게 된다.

◆이러한 가옥의 神補策(비보책)은, 純陰之宅이니 陽方인 乾方이나 艮方에 廚房을 두는 것으로, 乾廚의 경우라면 坤門과 乾廚는 延年方, 艮廚의 경우라면 坤門과 艮廚는 生氣方이며, 陰陽의 正配合에 해당되므로 자손이 총명하고 복록을 얻고, 孝를 하며, 부귀공명을 누리게 된다.

坤門. 坤主. 坎廚(감방에 주방이 있는 경우)

◆ 坤門에서 坎廚는 絕命方이다.
◆ 坤主에서 坎廚는 絕命方이다.
◆ 坤門, 坎廚는 坎廚가 受剋되니 仲男에게 불리하다.
◆ 坤主, 坎廚 역시 坎廚가 受剋되니 오행상 水와 연관된 각종 질환이 발생하는 것이다.
◆ 이러한 가옥은 초년에는 가업이 순탄하고, 자손들이 벼슬길에 오르고, 집안이 편안하나, 陰이 盛하니 여자가 많고 남자가 적어 老母가 집안을 꾸려간다.
◆ 그러나 세월이 오래 흐르면 자손이 代를 잇기 어려우니 절손되고, 남인 중에 바람나서 가출자가 나오고, 여자는 임신 중 곤란함을 많이 겪으며, 가솔들 중에 癡呆(치매), 聾啞(농아), 암질환, 오줌이 잘 안 나오는 증세를 앓는 자가 속출한다.
◆ 또한 自縊(자액), 刀傷, 溺死者(익사자)가 나오고, 破財하게 되며, 흉화가 多發하니 공덕을 쌓아야 어렵게 一子를 둔다.

坤門. 坤主. 艮廚(간방에 주방이 있는 경우)

◆ 坤門에서 艮廚는 生氣方이 된다.
◆ 坤主에서 艮廚는 生氣方이다.
◆ 坤門, 艮廚는 二土比和되고 生氣方이니 전답이 늘고 財를 發한다.
◆ 坤主, 艮廚 역시 二土比和되고 生氣方이니 매사 吉하고 이로움이 있다.
◆ 이러한 가옥은 초년에는 재물이 풍족하고, 자손이 벼슬길에 오르고, 창고에 재물이 가득 쌓인다.
◆ 陰이 盛하니 아들 보다 딸이 많아 老母가 가정을 꾸려 나가고, 末子만을 편애한다.
◆ 그러나 세월이 오래 흐르면 자식이 없어 결국 절손되고 만다. 이러한 가옥의 비보책은 乾方에 주인방을 두어 기거하게 하면 萬事가 잘 풀려나갈 것이다.

坤門. 坤主. 震廚(진방에 주방이 있는 경우)

◆ 坤門에서 震廚는 禍害方이다.
◆ 坤主에서 震廚는 禍害方이다.
◆ 坤門, 震廚는 木剋土하여 坤門이 受剋되니 老母에게 불리하다.
◆ 坤主, 震廚는 상호 상극되고 禍害方이니 凶하다.
◆ 이러한 가옥은 초년에는 家産이 풍부하고 자손들의 영달함이 있으나, 여자가 많고 남자가 적으니 老母가 집안을 꾸려간다. 집안이 모두 평화롭고 풍부하다.
◆ 그러나 세월이 오래 흐르면, 老母의 전횡으로 인해 골육지간에 풍파가 그칠 날이 없고, 가족들은 각종 질환에 시달리고, 또한 사람이 죽고, 가축이 손상되는 흉화가

多發한다.

坤門. 坤主. 巽廚(손방에 주방이 있는 경우)

- 坤門에서 巽廚는 五鬼方이다.
- 坤主에서 巽廚는 五鬼方이다.
- 坤門, 巽廚는 坤門이 受剋되니 老母에게 불리하다.
- 坤主, 巽廚는 상호 상극되고 五鬼方인데, 人丁이 衰하고, 가출과 흉폭한 자가 다출하고, 血光之災나 예상치 않은 災厄이 발생하고, 破財, 破家하게 된다.
- 이러한 가옥은 초년에는 가산이 풍부하고 자손들의 영달함이 있으나, 여자가 많고 남자가 적으니 老母가 집안을 꾸려간다. 집안이 모두 평화롭고 풍부하다.
- 그러나 세월이 오래 흐르면 자식이 없어 절손이 된다. 그리고 長女나 큰며느리에게는 癱瘓(탄탄=사지가 뒤틀리고 중풍에 걸림), 근골통, 氣癰(기옹), 구안와사 등의 질환이 발생한다.
- 그리고 자손이 단명하며 孫이 적으니 여러 아내를 맞이하나, 종국에는 집안이 망하고 홀아비나 과부만 남게 된다.

坤門. 坤主. 離廚(이방에 주방이 있는 경우)

- 坤門에서 離廚는 六殺方이다.
- 坤主에서 離廚는 六殺方이 된다.
- 坤門, 離廚는 상생되고 초년에 발달하고 財利가 있게 된다.
- 坤主, 離廚는 역시 상생되어 초년에 발달함이 있으나, 門, 主, 廚가 모두 陰인 순음지택이니, 자연 陽을 傷하게 하여. 절손되고, 破財, 破家가 따르는 것이다.
- 이러한 가옥은 초년에는 가업이 번창하고 자손들에게 영달함이 따르나, 여자가 많고 남자가 적으니 老母가 집안을 꾸려간다.
- 그러나 세월이 오래 흐르면 심신이 허약하고, 남녀 공히 단명하게 되고, 어린아이는 양육이 어렵고, 心疼(심동), 經滯(경맥이 맥힘), 積塊攻心(적괴공심=뱃속의 피가 뭉쳐 심장을 압박함), 吐血 등으로 부녀자가 夭死할 것이다.
- 음양이 不配合되니 부녀자가 음란하여 집안을 어지럽히고, 남자손이 적으니 결국에는 他姓의 자손이 상속받게 된다.

坤門. 坤主. 坤廚(곤방에 주방이 있는 경우)

- 坤門에서 坤廚는 比和되니 伏位方이다.
- 坤主에서 坤廚는 比和되어 伏位方이다.
- 三土가 比和되니 家産이 늘고 財利가 있으나, 門, 主, 廚가 모두 陰인 純陰之宅이니, 자연 陽을 傷하게 하여. 절손되고, 破財, 破家가 따르는 것이다.

- 이러한 가옥은 초년에는 가업이 번창하고 자손들에게 영달함이 따르나, 여자가 많고 남자가 적으니 老母가 집안을 꾸려간다.
- 六畜이 잘 되어 수입이 늘고, 집안이 풍요롭고 평안하나, 세월이 흐르면 자식이 없어 절손되고, 가업이 피폐된다.

坤門. 坤主. 兌廚(태방에 주방이 있는 경우)

- 坤門에서 兌廚는 天醫方이다.
- 坤主에서 兌主는 天醫方이다.
- 坤門, 兌廚는 상생되고 天醫方이니 家産이 풍부하고 財利가 있다.
- 坤主, 兌廚는 역시 상생되고 天醫方이므로 吉하여, 人丁이 旺하고 총명한 神童이 多出하고, 家率들이 건강장수하며, 家産이 축적되고, 기술 관료들이 많이 나온다.
- 陰盛陽衰하니 남자를 傷하게 하여, 과부가 많게 되고, 절손되게 되며, 양자를 들이게 되거나 타 姓이 가업을 잇게 된다.
- 이러한 가옥은 초년에는 가업이 번창하고 자손들에게 영달함이 따르나, 여자가 많고 남자가 적으니 老母가 집안을 꾸려간다. 六畜이 잘 되어 수입이 늘고, 집안이 풍요롭고 평안하다.
- 그러나 세월이 흐르면 남에게 베풀기를 좋아하나, 자식이 없어 절손되고, 가업이 피폐된다. 이는 陰이 盛하고 陽이 衰한 까닭인즉 주방이나 주인방의 위치를 바꾸면 된다.

坤門. 坤主. 乾廚(건방에 주방이 있는 경우)

- 坤門에서 乾廚는 延年方이다.
- 坤主에서 乾廚는 延年方이다.
- 坤門, 乾廚는 상생되니, 초년에 발달함이 있고 財利가 있다.
- 坤主, 乾廚는 상생되고 延年方이니 매우 吉하다.
- 坤門, 坤主, 乾廚는 二陰一陽이라 음양이 배합되고 延年方이니, 人丁이 旺하고, 영달할 자손이 多出하고, 장수하며, 富는 中富 정도이고, 국가고시에 붙어 高官을 지내는 자손이 多出한다.
- 이러한 가옥은 집안의 모든 식구가 화목하고 孝順(효순)하다.
- 가산이 나날이 늘고, 가족은 건강하며, 六畜은 잘되고, 4~5년 내, 혹은 庚.辛이나 巳.酉.丑年에는 필히 좋은 징조가 應해 올 것이다.

(2) 坤門과 兌主의 길흉

⊙ 아래 가옥도는 집의 중심에서 나경을 보아 未.坤.申方에 출입문이 있으므로 坤門
이라 하고, 주인방이 庚.酉.辛方에 있으니 兌主라 한다.

⊙ 坤門과 兌主는 오행이 土와 金으로 서로 相生되니 財帛이 날로 늘지만, 모두 純
陰으로 陰陽이 不配되니 代를 이을 자손이 없게 되는 것이다.

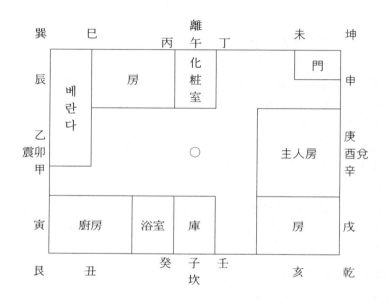

坤門. 兌主. 八廚

坤門과 兌主의 길흉

◆ 坤門에서 兌主는 天醫方이니 일명 天醫宅이라 한다.

◆ 土.金이 상생되니 財를 發하고, 人丁이 旺하고, 총명한 神童이 다출하고, 건강장
수하며, 생활이 부유하고, 貴하게 될 자손이 나온다.

◆ 관직에 종사하며 功名을 얻을 자손도 나오게 된다.

◆ 應期는 戊.己나 辰.未.戌.丑(혹은 寅.午.戌)에 해당하는 年이나 月이다.

◆ 坤門, 兌主는 二陰이니 純陰之宅이다. 따라서 자연 陽을 傷하게 하여, 남자들의
夭折이 따르므로 과부와 고아가 생기게 되며, 종국에는 절손하게 되어 養子를
들이게 되거나 他 姓이 香火를 이어가게 된다.

◆ 초년에는 人丁과 財가 旺하고, 長壽하며, 자손들에게 공명과 현달함이 따르나,
세월이 지나면 破財되고, 각종 질환이 발생하고, 破家하게 된다.

坤門. 兌主. 坎廚(감방에 주방이 있는 경우)

◆ 坤門에서 坎廚는 絶命方이다.

◆ 兌主에서 坎廚는 禍害方이다.

◆ 坤門, 坎廚는 土剋水하여 坎廚가 손상되니 小男에게 불리하다.

◆ 兌主, 坎廚는 상생되나 禍害方으로 凶하다.

◆ 이러한 가옥은 초년에는 가업이 번창하나 자손이 적고, 老母가 집안을 꾸려가고 어린자녀를 편애한다.

◆ 그러나 세월이 오래 흐르면, 水와 연관된 신장, 방광, 허리관련 질환 및, 風狂(풍광=치매), 聾啞(농아=귀머거리. 벙어리), 黃腫(황종=누렇게 붓는 증세) 등의 각종 질환자가 발생할 것이다.

◆ 그리고 가출자가 나오고, 부녀자는 임신 중 많은 곤란을 겪고, 自縊刀傷者(자액도상자)가 다출 할 것이다.

坤門. 兌主. 艮廚(간방에 주방이 있는 경우)

◆ 坤門에서 艮廚는 生氣方이 된다.

◆ 兌主에서 艮廚는 延年方이다.

◆ 坤門, 艮廚는 二土比和되고, 一陰一陽으로 음양이 配合되고 生氣方이니 吉하다. 家産이 늘고, 복록이 장구하게 지속될 것이다.

◆ 兌主, 艮廚는 음양의 正配合이니 人丁과 財가 旺하고 매우 吉하다.

◆ 이러한 가옥은 초년에는 재물이 창고 가득 쌓이고, 老母가 집안을 꾸려가며, 가업이 흥왕하고, 여자는 현모양처에 절개를 지키고, 남자는 공손하고 예의범절이 뛰어나며, 자녀들은 베풀기를 좋아한다.

◆ 그러나 세월이 오래 흐르면 土와 연관된 질병인 脾虛(비허=위가 허약), 不食腹痛(불식복통=복통으로 먹지 못함), 黃病(황병=누렇게 뜨는 병) 등으로 고생한다.

坤門. 兌主. 震廚(진방에 주방이 있는 경우)

◆ 坤門에서 震廚는 禍害方이다.

◆ 兌主에서 震廚는 絶命方이다.

◆ 坤門, 震廚는 木剋土하여 老母에게 불리하다.

◆ 兌主, 震廚는 金剋木하여 長男에게 흉화가 따르고, 자식을 기르기 어렵고, 종국에는 절손되게 된다.

◆ 이러한 가옥은 초년에는 가업이 흥왕하며, 老母가 집안을 꾸려가며, 가족들은 남에게 베풀기를 좋아한다.

◆ 그러나 세월이 흐르면 老母와 長男에게 단명수가 따르고, 골육간에 원수처럼 지

내게 되며, 또한 面黃(면황=얼굴이 누렇게 뜸), 體瘦(체수=몸이 바짝 마름), 噎食(열식=목이 막힘), 風狂(풍광=치매), 癆疫(노역=염병) 등의 질환이 발생하고, 六畜은 손상되고, 가업이 피폐된다.

坤門. 兌主. 巽廚(손방에 주방이 있는 경우)

- 坤門에서 巽廚는 五鬼方이다.
- 兌主에서 巽廚는 六殺方이다.
- 坤門, 巽廚는 木剋土하여 老母에게 불리하다.
- 兌主, 巽廚는 金剋木하여 長女나, 큰며느리에게 불리하다.
- 坤門, 兌主, 巽廚는 純陰之宅이다. 자연 陽을 傷하게 하니 남자들의 단명수가 따르고, 종국에는 절손되게 된다.
- 이러한 가옥은 초년에는 재산이 일어나나 자손이 적고, 老母가 가정을 꾸려가고, 어린 자녀를 끔찍이 사랑한다. 가족은 남에게 베풀기를 좋아한다.
- 그러나 세월이 오래 흐르면 長女나 큰며느리는 아이 낳기가 어렵고, 남자는 죽고 가업이 피폐하게 된다.
- 또한 癆疫(노역=염병), 脾疾(비질=위장병), 腹脹(복창=배가 붓는 병), 風狂(풍광=치매), 噎隔(열격=목이 쉼), 吐血(토혈=피를 토함), 産病血蠱(산병혈고=산후병, 발암), 癲狂전광=(미치는 병), 陰逃(음도=바람나서 도망감) 등의 질환이 발생한다.

坤門. 兌主. 離廚(이방에 주방이 있는 경우)

- 坤門에서 離廚는 六殺方이다.
- 兌主에서 離廚는 五鬼方이 된다.
- 坤門, 離廚는 상생되나 六殺方이라 凶하다.
- 兌主, 離廚는 火剋金하여 仲女에게 불리하다.
- 坤門, 兌主, 離廚는 純陰之宅이다. 자연 陽을 傷하게 하니 남자들의 단명수가 따르고, 종국에는 절손되게 되니 매우 흉하다.
- 이러한 가옥은 초년에는 가업이 흥성하고 자손들이 높은 관직에 오르고, 집안이 편안하나, 여자가 많고 남자가 적으니 老母가 집안을 꾸려간다. 집안이 모두 평화롭고 풍부하다.
- 그러나 세월이 오래 흐르면 심신이 허약하고, 남녀 공히 단명하게 되고, 어린아이는 양육이 어렵고, 心疼(심동=가슴앓이), 經滯(경체=경맥이 막힘), 積塊攻心(적괴공심=피가 쌓여 심장을 압박), 吐血(피를 토함) 등으로 부녀자가 요사할 것이다.
- 가택에 陰이 盛하니 부녀자가 음란하여 집안을 어지럽히고, 남자손이 적으니 결국에는 他姓의 자손이 상속받게 된다.

坤門. 兌主. 坤廚(곤방에 주방이 있는 경우)

◆ 坤門에서 坤廚는 比和되니 伏位方이다.
◆ 兌主에서 坤廚는 天醫方이다.
◆ 坤門, 坤廚는 二土比和되고 二陰이니, 초년에는 家産이 늘어나나 장구하지 못하다.
◆ 兌主, 坤廚는 상생되어 吉하다.
◆ 坤門, 兌主, 坤廚는 純陰之宅이고 三女가 同居하는 格이니, 자연 陰이 盛하여 陽을 傷하게 하니, 남자들의 손상이 따르고, 결국 破財, 破家하게 된다.
◆ 이러한 가옥은 초년에는 家産이 풍부하고 자손들이 높은 벼슬에 오르고, 가문의 영달이 이 있으나, 여자가 많고 남자가 적으니 老母가 집안을 꾸려간다.
◆ 또한 六畜이 잘 되어 수입이 늘고, 집안이 풍요롭고 평안하다.
◆ 그러나 세월이 흐르면 자식이 없어 절손되고, 가업이 피폐된다.

坤門. 兌主. 兌廚(태방에 주방이 있는 경우)

◆ 坤門에서 兌廚는 天醫方이다.
◆ 兌主에서 兌廚는 比和되어 伏位方이다.
◆ 坤門, 兌廚는 상생되고 天醫方이니 초년에 發財하고 貴도 得하게 된다.
◆ 兌主, 兌廚는 二金比和되니 發財하게 된다.
◆ 이러한 가옥은 純陰之宅이라, 초년에는 집안이 잘되고 번창하나, 陰이 盛하여 자연 陽을 상하게 하니 자손이 적거나 절손되며, 破財하게 된다. 그리고 末子는 잘되지만 長子는 夭死하게 된다.
◆ 남자 자손이 적으니 젊은 부녀자가 家權을 휘두르게 되어 집안에 풍파가 많다.

坤門. 兌主. 乾廚(건방에 주방이 있는 경우)

◆ 坤門에서 乾廚는 延年方이다.
◆ 兌主에서 乾廚는 生氣方이다.
◆ 坤門, 乾廚는 상생되고 음양이 配合되며 延年方이니 吉하다.
◆ 兌主, 乾廚는 二金比和되고 一陰一陽이니 人丁과 財가 旺하고, 장수하며, 자손들이 현달한다.
◆ 이러한 가옥은 모든 식구가 화목하고, 財物이 날로 늘고, 가족은 건강하며, 六畜은 잘되고, 4~5년 내, 혹은 庚.辛이나 巳.酉.丑年에는 필히 좋은 징조가 應해 올 것이다.
◆ 자손은 공명현달하고, 10년 공부로 공직에 들어 점차 높은 관직에 오르고, 家門의 부귀영화를 기약할 수 있다.

(3) 坤門과 乾主의 길흉

⊙ 아래 가옥의 구조는 집안의 중심에서 나경을 보아 출입문이 未.坤.申方에 있으니
坤門이라 하고, 주인방이 戌.乾.亥方에 있으니 乾主라 한다.

⊙ 坤門과 乾主는 하늘과 땅이 서로 응하는 것이니 만물이 정도로 움직이고, 부귀창
성하게 될 것이다.

⊙ 坤門에서 乾主는 延年方이다. 이러한 가옥은 부부가 화합하고, 건강장수하고,
자손이 孝賢하고, 국가고시합격자가 연달아 나오고, 富와 貴가 높고 자손도 번창
하게 된다. 중요한 것은 부부의 命宮이 陰陽配合되고, 출입문, 주인방, 주방 등
陽宅3要素가 이치에 어긋남이 없어야 한다.

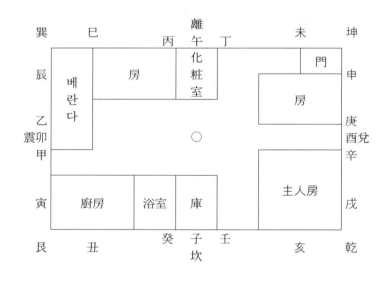

坤門. 乾主. 八廚

坤門과 乾主의 길흉

◆ 坤門에서 乾主는 延年方이니 일명 延年宅이라 한다.

◆ 상호 상생되니 吉하여 財를 發하게 되고, 人丁이 旺하며, 국가고시에 합격하는
자손이 나오게 된다.

◆ 延年은 武曲金星으로 자손 중에 영웅호걸이 나오게 되고, 우수한 자손이 多出하
며 수명은 長壽한다.

◆ 부부간 화목하고, 富는 中富정도이고, 공직에 진출하는 자손이 있게 되는데, 이는

주로 少男에 해당되고, 應期는 庚.辛이나 巳.酉.丑에 해당하는 年이나 月이다.

坤門. 乾主. 坎廚(감방에 주방이 있는 경우)

◆ 坤門에서 坎廚는 絶命方이다.

◆ 乾主에서 坎廚는 六殺方이다.

◆ 坤門, 坎廚는 坎廚가 受剋되니 長男에게 불리하다.

◆ 乾主, 坎廚는 상생되나 음양이 不配合되고 六殺方이니 凶하다.

◆ 양친은 부부해로하고 기쁨이 만당하고, 자손들이 다 어질고 영특하다. 네 아들이 모두 국가시험에 합격하고, 상서로운 기운이 집안에 가득하다.

◆ 그러나 오랜 세월이 지나면 風狂(풍광=치매), 聾啞(농아=귀머거리. 벙어리), 澁便(삽변=오줌이 잘 안 나오는 증세) 등의 질환자가 나오고, 가출자도 나온다. 또한 自縊刀傷者(자액도상자)가 나오는 등 가업이 피폐된다.

坤門. 乾主. 艮廚(간방에 주방이 있는 경우)

◆ 坤門에서 艮廚는 生氣方이 된다.

◆ 乾主에서 艮方의 廚房은 天醫方이다.

◆ 坤門, 艮廚는 二土比和되고 一陰一陽으로 음양이 配合되고 生氣方이니 吉하다. 家産이 늘고, 복록이 장구하게 지속될 것이다.

◆ 乾主, 艮廚는 상생되고 天醫方이니 吉하다.

◆ 이러한 가옥은 초년에는 재산이 늘어나나 자손이 적다. 老母가 집안을 꾸려가고 어린자녀를 편애한다. 가족이 베풀기를 좋아하며 사위를 사랑한다.

◆ 그러나 세월이 오래 흐르면 風狂(치매), 聾啞(귀머거리. 벙어리), 黃腫(누렇게 붓는 증세), 澁便(오줌이 잘 안 나오는 증세) 등의 질환자가 발생할 것이다. 그리고 가출자가 나오고, 부녀자는 임신 중 많은 곤란을 겪고, 自縊刀傷者(자액도상자)가 多出할 것이다.

◆ 간신히 一子가 代를 잇는다.

坤門. 乾主. 震廚(진방에 주방이 있는 경우)

◆ 坤門에서 震廚는 禍害方이다.

◆ 乾主에서 震廚는 五鬼方이다.

◆ 坤門, 震廚는 坤門이 受剋되니 老母에게 여러 흉액이 따르게 된다.

◆ 乾主, 震廚는 震廚가 受剋되니 長男에게 불리하다.

◆ 이러한 가옥은 초년에는 인정과 재가 왕하고 가족간에 화목함이 있다.

◆ 그러나 세월이 오래 흐르면 부녀자가 가출하여 추하게 살아가거나, 임신 중 곤란함을 겪는다.

- 自縊刀傷者가 생기고 破財, 破家 되며, 온갖 환란이 급히 도달하고 간신히 一子가 代를 이은다.
- 老母와 長男은 죽고 골육지간에 원수처럼 지내게 된다.
- 가족은 面黃(면황=누렇게 뜸), 體瘦(체수=몸이 바짝 마름), 噎食(열식=목이 막힘), 風狂(풍광=치매), 癆疫(노역=염병) 등의 질환에 시달리고, 사람은 죽고 육축은 손상되고 가업이 피폐된다.

坤門. 乾主. 巽廚(손방에 주방이 있는 경우)

- 坤門에서 巽廚는 五鬼方이다.
- 乾主에서 巽廚는 禍害方이다.
- 坤門, 巽廚는 坤門이 受剋되니 老母에게 불리하다.
- 乾主, 巽廚는 巽廚가 受剋되니 장녀나 큰 며느리에게 흉액이 닥쳐온다.
- 이러한 가옥은 초년에는 재산이 일어나나 자손이 적다.
- 남자는 총명하여 벼슬길에 오르고, 여자는 현숙하고, 자손은 효순하며, 전답이 풍족하여 명성을 얻는다.
- 그러나 세월이 오래 흐르면 長女나 큰며느리는 아이 낳기가 어렵고, 남자는 죽고 재물은 흩어질 것이다.
- 가솔들에게 癆疫(노역=염병), 脾疾(비질=위장병), 腹脹(복창=배가 붓는 병), 風狂(풍광=치매), 噎隔(열격=목이 쉼), 吐血(토혈=피를 토함) 등의 질환이 발생한다. 또한 産病血蠱(산병혈고=산후병, 발암), 癲狂(전광=미치는 병), 陰逃(음도=바람나서 도망감) 등이 발생하고, 가업이 피폐되고 絕孫(절손)하게 된다.

坤門. 乾主. 離廚(이방에 주방이 있는 경우)

- 坤門에서 離廚는 六殺方이다.
- 乾主에서 離廚는 絕命方이 된다.
- 坤門, 離廚는 비록 상생되나 六殺方이니 凶하다. 부녀자들에게 여러 흉액이 닥쳐오게 된다.
- 乾主, 離廚는 乾主가 受剋되니 老父에게 흉액이 따르고 단명수도 있게 된다.
- 이러한 가옥은 초년에는 무슨 일이던지 모두 성사되고 가업이 흥왕하고 발전하나, 盲人이 태어나면 災殃이 시작되는 징조이고, 부녀자의 단명이 잇따른다.
- 세월이 오래 흐르면 심신이 허약하고, 남녀 공히 단명하게 되고, 어린아이는 양육이 어렵고, 心疼(심동=가슴앓이), 經滯(경체=경맥이 막힘), 積塊攻心(적괴공심=피가 쌓여 심장을 압박), 吐血(토혈=피를 토함) 등으로 부녀자가 요사할 것이다.
- 남자들이 단명하게 되고 陰盛陽衰하니 부녀자가 음란하여 집안을 어지럽히고,

남자손이 적으니 결국에는 他姓의 자손이 상속받게 된다.

坤門. 乾主. 坤廚(곤방에 주방이 있는 경우)

- ◆坤門에서 坤廚는 比和되니 伏位方이다.
- ◆乾主에서 坤廚는 延年方이다.
- ◆坤門, 坤廚는 二土比和되고 伏位方이니 吉하여 財를 發하게 된다.
- ◆乾主, 坤廚는 陰陽의 正配合이고 延年方이라 吉하다.
- ◆이러한 가옥은 초년에는 재백이 풍부하고 자손들이 높은 벼슬에 오르고, 집안이 편안하나, 여자가 많고 남자가 적으니 老母가 집안을 꾸려간다. 집안이 모두 평화롭고 풍부하다.
- ◆또한 육축이 잘 되어 수입이 늘고, 집안이 풍요롭고 평안하다.
- ◆그러나 세월이 흐르면 부녀자가 바람나서 가출하던지, 임신 중 곤란함을 겪게 되고, 自縊刀傷者(자액도상자)나 癡呆(치매), 眼疾(안질), 澁便(삽변) 등의 질환자가 多出한다. 자손이 적으니 간신히 一子가 代를 잇는다.

坤門. 乾主. 兌廚(태방에 주방이 있는 경우)

- ◆坤門에서 兌廚는 天醫方이다.
- ◆乾主에서 兌廚는 生氣方이다.
- ◆坤門, 兌廚는 상생되고 一陰一陽이고 天醫方이니 吉하다.
- ◆乾主, 兌廚는 二金比和되고 伏位方이라 吉하여 發財하게 된다.
- ◆이러한 가옥은 초년에는 집안이 잘되고 번창하나 陰盛陽衰하니 자손이 적거나 절손되게 된다. 노모가 어린 자녀를 편애하고, 사위를 끔찍이 아낀다.
- ◆세월이 흐르면 부녀자의 가출이 생기고, 임신 중 곤란함을 겪게 되거나, 치매. 聾啞(농아), 澁便(삽변) 등의 질환자가 발생하고, 自縊刀傷(자액도상) 등의 흉화가 잇따르고, 간신히 一子가 代를 잇는다.

坤門. 乾主. 乾廚(건방에 주방이 있는 경우)

- ◆坤門에서 乾廚는 延年方이다.
- ◆乾主에서 乾廚는 伏位方이다.
- ◆坤門, 乾廚는 老母와 老父의 만남으로 음양이 正配合되고 延年方이라 吉하다.
- ◆乾主, 乾廚는 二金比和되고 伏位方이라 吉하여 財를 發하고 가업이 흥왕해진다.
- ◆이러한 가옥은 집안의 모든 식구가 화목하고 효순하다. 財帛(재백)이 날로 늘고, 가족은 건강하며, 육축은 잘되고, 4~5년 이내 혹은 巳.酉.丑年에는 필히 좋은 징조가 應해 올 것이다.
- ◆자손은 총명준수하며 부귀겸전하고, 10년 공부로 현달하여 높은 관직에 오르고,

상서로운 기운이 집안에 가득차니 부귀영화가 滿堂하게 된다.

◆ 그러나 세월이 흐르면 부녀자의 가출이 생기고, 임신 중 곤란함을 겪게 되거나, 치매. 聾啞(농아), 澁便(삽변) 등의 질환자가 발생하고, 自縊刀傷 등의 흉화가 잇따르고, 간신히 一子가 代를 잇는다.

(4) 坤門과 坎主의 길흉

◉ 가옥의 중심에서 나경을 보아 未.坤.申方에 출입문이 있으면 坤門이라 하고, 주인방이 壬.子.癸方에 있으면 坎主라 한다.

◉ 坤門과 坎主는 坤宮의 土가 坎宮의 水를 극하니 仲男이 불리하다는 것이다.

◉ 坤門에서 보아 坎方의 주인방은 絶命方이다. 土의 剋을 받으므로 心疼(심동=가슴앓이), 積塊攻心(적괴공심=뱃속의 피가 쌓여 심장을 압박함), 仲男 夭死 등의 흉화가 따른다.

◉ 집안 식구들이 각종 질환에 시달리고, 남녀 공히 단명자가 많이 나오고, 관재구설, 도난, 화재, 破家 등의 흉화가 따른다.

◉ 단명자가 많이 나오니 자손이 적고, 과부가 多出하며, 종국에는 절손되고 만다.

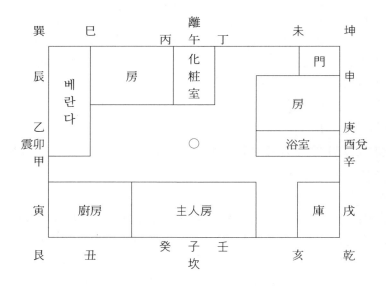

坤門. 坎主. 八廚

坤門과 坎主의 길흉

- 坤門에서 坎主는 絕命方이니 일명 絕命宅이라 한다.
- 자손의 단명수가 있으니 절손되게 되고, 사기꾼 및 무례한 자손들이 다출하고, 중병에 걸려 夭死하게 되고, 殘疾에 시달리는 家率들이 다출한다.
- 意外之災가 발생하여 사망에 이르고, 家産과 田畓의 退財가 있게 된다.
- 應期는 庚.辛이나 巳.酉.丑에 해당하는 年이나 月이다.
- 坤門, 坎主는 坎主가 受剋되니 仲男에게 불리하고, 생식기계통의 질병이 다발하고, 夭死가 따른다.
- 또한 坤門은 土宮이므로, 따라서 오행상 土에 해당하는, 소화기계통이나, 피부, 腹痛(복통), 黃腫(황종=종기), 疥瘡(개창=옴과 부스럼) 등의 질병이 발생하게 된다.
- 남자들의 단명수가 많으니 과부가 多出하고, 老母가 집안을 꾸려가게 된다.

坤門. 坎主. 坎廚(감방에 주방이 있는 경우)

- 坤門에서 坎廚는 絕命方이다.
- 坎主에서 坎廚는 比和되어 伏位方이다.
- 坤門, 坎廚는 坎廚가 受剋되니 仲男의 夭死가 따르고 凶하다.
- 坎主, 坎廚는 二水比和로 財를 發하나 二陽으로 구성되니 음양이 不配合이라 장구하지 못하다.
- 초년에는 가업이 흥왕하고 재물이 늘어나며, 9년 동안은 재물이 풍족하다.
- 그러나 세월이 흐르면 仲男이 익사하거나 女色에 빠지게 되고, 처가 단명하거나 자식을 기르기가 어렵다. 또한 부녀자의 가출이 있고, 임신 중 곤란을 많이 겪는다.
- 가족 중에 自縊刀傷者(자액도상자)가 나오거나, 破財되고, 破家되어, 간신히 一子가 집안을 꾸려가게 된다.

坤門. 坎主. 艮廚(간방에 주방이 있는 경우)

- 坤門에서 艮廚는 生氣方이 된다.
- 坎主에서 艮廚는 五鬼方이다.
- 坤門, 艮廚는 상생되고 二土比和되고 음양이 배합되니 財와 貴를 發하게 된다.
- 坎主, 艮廚는 土剋水하여 坎主가 受剋되니 仲男에게 夭折이 따르고, 어린아이들도 불리하므로 人丁이 旺하지 못하다.
- 이러한 가옥은 초년에는 재물이 창고에 가득 쌓이고, 老母가 어린자녀를 편애하여 서로 기뻐하며, 가업이 흥왕하고, 자녀들은 남에게 베풀기를 좋아한다.
- 그러나 세월이 오래 흐르면 가솔들에게 風狂(치매), 聾啞(귀머거리. 벙어리), 黃腫

(누렇게 붓는 증세), 澁便(오줌이 잘 안나오는 증세) 등의 질환자가 발생할 것이다.
- ◆ 가출자가 나오고, 부녀자는 임신 중 많은 곤란을 겪고, 自縊刀傷者(자액도상자)가 多出할 것이며, 간신히 一子가 代를 잇게 된다.

坤門. 坎主. 震廚(진방에 주방이 있는 경우)

- ◆ 坤門에서 震廚는 禍害方이다.
- ◆ 坎主에서 震廚는 天醫方이다.
- ◆ 坤門, 震廚는 坤門이 受剋되니 老母에게 불리하고, 가택의 부녀자들도 凶함이 많다.
- ◆ 坎主, 震廚는 상생되고 天醫方이니 吉하다.
- ◆ 이러한 가옥은 초년에는 부녀자의 가출이 있게 되고, 임신곤란, 自縊刀傷(자액도상) 등의 흉화가 따르고, 가업이 피폐되고 간신히 一子가 代를 잇게 된다.
- ◆ 그러나 세월이 흐르면 老母와 長男은 죽고 골육지간에 원수처럼 지내게 된다.
- ◆ 가족에게는 面黃(면황=누렇게 뜸), 體瘦(체수=몸이 바짝 마름), 噎食(열식=목이 막힘), 風狂(풍광=치매), 癆疫(노역=염병) 등의 각종질환에 시달리고, 단명자가 많고, 六畜은 손상되고, 가업은 피폐된다.

坤門. 坎主. 巽廚(손방에 주방이 있는 경우)

- ◆ 坤門에서 巽廚는 五鬼方이다.
- ◆ 坎主에서 巽廚는 生氣方이다.
- ◆ 坤門, 巽廚는 坤門이 受剋되니 老母에게 불리함이 많고, 또한 가택의 부녀자들에게도 흉화가 많이 발생하므로 凶하다.
- ◆ 坎主, 巽廚는 상생되고 生氣方이니 吉하다.
- ◆ 이러한 가옥은 초년에는 남자는 총명하고 여자는 현모양처이며, 자식은 효도하고, 손자는 貴하게 된다. 전답과 재물이 풍족하고, 국가고시에 합격자가 연달아 나온다.
- ◆ 그러나 세월이 오래 흐르면 長女나 큰며느리는 아이 낳기가 어렵고, 남자는 죽고 재물은 흩어질 것이다.
- ◆ 癆疫(노역=염병), 脾疾(비질=위장병), 腹脹(복창=배가 붓는 병), 風狂(풍광=치매), 噎隔(열격=목이 심), 吐血(토혈=피를 토함), 産病血蠱(산병혈고=산후병, 발암), 癲狂(전광=미치는 병), 陰逃(음도=바람나서 도망) 등의 질환이 발생하고, 가업이 피폐되고 종국에는 절손되게 된다.

坤門. 坎主. 離廚(이방에 주방이 있는 경우)

- ◆ 坤門에서 離廚는 六殺方이다.

- 坎主에서 離廚는 延年方이 된다.
- 坤門, 離廚는 상생되나 火炎土燥되고 六殺方이니 凶하다.
- 坎主, 離廚는 水剋火로 상극되나 음양이 正配合이고 延年方이니 吉하다. 그러나 부녀자들에게는 多病하고 불리함이 많다.
- 이러한 가옥은 초년에는 家産이 풍부하고 자손들이 높은 벼슬에 오르고, 집안이 편안하다.
- 그러나 세월이 오래 흐르면 盲人이 생겨날 염려가 있고, 젊은 부녀자의 단명수가 있다.
- 또한 심신이 허약하고, 남녀 공히 단명하게 되고, 어린아이는 양육이 어렵고, 心疼(심동=가슴앓이), 經滯(경체=경맥이 막힘), 積塊攻心(적괴공심=피가 쌓여 심장을 압박), 吐血(토혈=피를 토함) 등으로 부녀자가 夭死할 것이다.
- 二陰一陽으로 陰이 盛하니 부녀자가 음란하여 집안을 어지럽히고, 남자손이 적으니 결국에는 養子를 들이거나, 他姓의 자손이 상속받게 된다.

坤門. 坎主. 坤廚(곤방에 주방이 있는 경우)

- 坤門에서 坤廚는 比和되니 伏位方이다.
- 坎主에서 坤廚는 絶命方이다.
- 坤門, 坤廚는 純陰으로 二土比和되니 초년에 財의 發함이 있으나 장구하지 못하다.
- 坎主, 坤廚는 土剋水하여 坎主가 受剋되니 長男에게 불리함이 있다.
- 이러한 가옥은 초년에는 家産이 풍부하고 자손들이 높은 벼슬에 오르고, 집안이 편안하나, 二陰一陽으로 여자가 많고 남자가 적으니 老母가 집안을 꾸려간다.
- 그러나 세월이 흐르면 부녀자의 가출이 생기고, 임신 중 곤란함을 겪게 되거나, 치매. 聾啞(농아), 澁便(삽변) 등의 질환자가 발생하고, 自縊刀傷(자액도상) 등의 흉화가 잇따르고, 간신히 一子가 代를 잇는다.

坤門. 坎主. 兌廚(태방에 주방이 있는 경우)

- 坤門에서 兌廚는 天醫方이다.
- 坎主에서 兌廚는 禍害方이다.
- 坤門, 兌廚는 상생되고 天醫方이니 吉하다.
- 坎主, 兌廚는 金生水하여 金氣가 洩되니 남녀의 단명수가 따른다.
- 坤門과 坎主는 土와 水로 본시 상극되나, 兌廚 金이 있으므로, 土가 金을 생하고, 金이 水를 생하여 順生之局이 되어, 坤門과 坎主의 상극됨을 해소시키는 것이다.
- 이러한 가옥은 초년에는 가업이 번창하나 자손이 적거나 절손되게 된다. 老母가 어린 자녀를 편애한다.

> ◆ 그러나 세월이 흐르면 부녀자의 가출이 생기고, 임신 중 곤란함을 겪게되거나, 치매. 聾啞(농아), 澁便(삽변) 등의 질환자가 발생하고, 自縊刀傷(자액도상) 등의 흉화가 잇따르고, 간신히 一子가 代를 잇는다.

坤門. 坎主. 乾廚(건방에 주방이 있는 경우)

◆ 坤門에서 乾廚는 延年方이다.

◆ 坎主에서 乾廚는 六殺方이다.

◆ 坤門, 乾廚는 상생되고 延年方이니 吉하다.

◆ 坎主, 乾廚는 金生水하여 金氣가 洩되니 남자들에게 불리함이 있다.

◆ 이러한 가옥은 초년에는 가솔들이 화목하고 효순하며, 家産이 날로 늘고, 가족은 건강하며, 육축은 잘되고, 4~5년 이내 혹은 庚.辛이나 巳.酉.丑年에는 필히 좋은 징조가 응해 올 것이다.

◆ 자손은 영달하여 부귀겸전하고, 공직에 들어 높은 관직에 오르고, 영화로움이 집안에 가득하다.

◆ 그러나 세월이 흐르면 부녀자의 가출이 생기고, 임신 중 곤란함을 겪게되거나, 치매. 聾啞(농아), 澁便(삽변) 등의 질환자가 발생하고, 自縊刀傷 등의 흉화가 잇따르고, 간신히 一子가 代를 잇는다.

(5) 坤門과 艮主의 길흉

◎ 아래 가옥의 구조에서 집의 중심에 나경을 놓고 보아 未.坤.申方에 출입문이 있으면 坤門이라 하고, 주인방이 丑.艮.寅方에 있으면 艮主라고 한다. 坤門과 艮主는 二土比和되고 土氣가 重重하니 전답이 넉넉한 것과 같다.

◎ 坤門에서 艮方의 주인방은 生氣宅이다. 九宮의 오행상 土에 해당하니 토지가 증가하고, 六畜이 잘되고, 자손이 효현하고, 문학과 예술에 명성을 떨친다.

◎ 남녀가 장수한다. 그러나 주방의 위치가 凶方이고, 세월이 오래 흐르면 여러 흉화가 발생할 것이다.

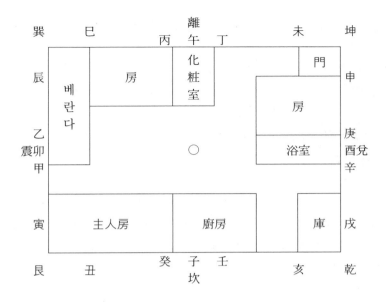

坤門. 艮主. 八廚

坤門과 艮主의 길흉
◆坤門에서 艮主는 生氣方이니 일명 生氣宅이라 한다.
◆二土比和되니 전답이 크게 늘고 가업이 흥왕하다.
◆人丁이 旺하고, 人品이 重厚(중후)하며 공직에 높이 올라 貴顯(귀현)하게 된다.
◆형제들이 모두 부자되며 이를 토대로 貴하게 되는데 長男이 발달하게 된다.
◆應期는 甲.乙이나 亥.卯.未에 해당하는 年이나 月이다.
◆生氣는 貪狼星에 해당하며 木星인데 만약 坤, 艮宮에 들면 星剋宮하니 生氣의 吉星이 많이 감소된다.

坤門. 艮主. 坎廚(감방에 주방이 있는 경우)
◆坤門에서 坎廚는 絶命方이다.
◆艮主에서 坎廚는 五鬼方이다.
◆坤門, 坎廚는 상극되니 가족간 불화하고, 재산이 敗退(패퇴)한다. 또한 土剋水하니 水와 연관된 黃腫(황종), 風狂(풍광), 月經不順(월경불순), 腎虛(신허), 落胎(낙태), 聾啞(농아), 瘦瘤(수류), 心疼(심동) 등의 질환이 발생한다. 또한 생식기 계통의 질환이 발생하므로 人丁이 衰하게 된다.
◆또한 각종 災禍와 관재구설 등이 발생하는데, 仲男과 老母에 해당된다.
◆艮主, 坎廚는 五鬼方이니 孤寡之人(고과지인)이 속출하고 人丁이 衰한다.

- 이러한 가옥은 초년에는 家産이 늘고, 부모자식간에 화기애애하고 화목하나, 막내자식만을 편벽되게 좋아한다.
- 그러나 세월이 흐르면 부녀자는 임신 중 곤란함을 겪고, 自縊刀傷者(자액도상자)가 생기거나, 재산이 흩어지고, 여러가지 흉화가 닥쳐온다.
- 자손이 적으니 간신히 一子를 두게 된다.

坤門. 艮主. 艮廚(간방에 주방이 있는 경우)

- 坤門에서 艮廚는 生氣方이 된다.
- 艮主에서 艮廚는 比和되어 伏位方이다.
- 坤門, 艮廚는 二土比和되고 生氣方이니 吉하며 財를 發하게 된다.
- 艮主, 艮廚는 伏位方으로 吉하며 人丁이 旺하고, 자손들이 貴하게 된다.
- 이러한 가옥은 초년에는 가업이 흥왕하고 가산이 늘며, 老母가 어린자녀를 편애하여 서로 기뻐하며, 자녀들은 베풀기를 좋아한다.
- 그러나 세월이 오래 흐르면 위장질환 등의 土와 연관된 질병이 발생하게 되고, 부녀자는 단명하게 되며, 어린아이는 양육하기가 힘들 것이다.
- 끝내는 절손하게 되니 養子를 들이거나 다른 姓氏의 아이를 입양하여 代를 잇게 된다.

坤門. 艮主. 震廚(진방에 주방이 있는 경우)

- 坤門에서 震廚는 禍害方이다.
- 艮主에서 震廚는 六殺方이다.
- 坤門, 震廚는 坤門이 受剋되니 老母에게 불리하며, 母子가 不和한다.
- 艮主, 震廚는 상호 상극되고 六殺方이니 흉화가 多發한다.
- 초년에는 가업이 순탄하고 재산이 늘어나나 자식은 늦게 둔다.
- 그러나 세월이 흐르면 부녀자는 각종 질병이나 정신질환 등을 앓게 되든지, 관재구설이 태동할 것이다. 그리고 老母와 長男은 죽고 골육지간에 원수처럼 지내게 된다.
- 가족은 面黃(면황=누렇게 뜸), 體瘦(체수=몸이 바짝 마름), 噎食(열식=목이 막힘), 風狂(풍광=치매), 癆疫(노역=염병), 難産(난산) 등의 질환에 시달리고, 사람은 죽고 육축은 손상되고 가업이 피폐된다.

坤門. 艮主. 巽廚(손방에 주방이 있는 경우)

- 坤門에서 巽廚는 五鬼方이다.
- 艮主에서 巽廚는 絶命方이다.
- 坤門, 巽廚는 상극되니 가족간 不睦(불목)함이 많고, 특히 부녀자들 중 尊卑(존비) 사이에 不和가 많다.

- 오행상 土와 연관된 발병이 多發하고, 또한 五鬼方이니 관재구설과 五鬼는 火星이니 火로 인한 災禍가 많이 발생한다.
- 巽은 風이라, 無形이며, 坤宮은 內鬼門이니 자연 鬼魅(귀매)를 불러들이게 되어 凶하다.
- 또한 坤門, 巽廚는 二陰이라 陽을 傷하게 하여 남자들의 손상이 있고 종국에는 절손되게 된다.
- 艮主, 巽廚는 상호 상극되고 絕命方이니 少男과 長女, 큰며느리에게 불리함이 있다.
- 이러한 가옥은 초년에는 가업이 흥왕하고 가족간에 화목하다. 그리고 자녀들은 음덕을 베풀고 선행을 한다.
- 그러나 세월이 오래 흐르면 長女나 큰며느리는 아이 낳기가 어렵고, 남자는 죽고 재물은 흩어질 것이다. 그리고 癆疫(노역=염병), 脾疾(비질=위장병), 腹脹(복창=배가 붓는 병), 風狂(풍광=치매), 噎隔(열격=목이 쉼), 吐血(토혈=피를 토함) 등의 질환이 발생한다.
- 또한 産病血蠱(산병혈고=산후병, 발암), 癲狂(전광=미치는 병), 陰逃(음도=바람나서 도망감) 등이 발생하고 가업이 피폐되고 종국에는 절손되게 된다.

坤門. 艮主. 離廚(이방에 주방이 있는 경우)

- 坤門에서 離廚는 六殺方이다.
- 艮主에서 離廚는 禍害方이 된다.
- 坤門, 離廚는 상생되나 二陰으로 자연 陽을 傷하게 하니 남자들의 손상이 따른다. 坤은 老母이고 巽은 長女이니 이들에게 흉화가 발생한다.
- 艮主, 離廚는 상생되나 禍害方으로 凶하다. 少男에게 불리함이 있다.
- 坤門, 艮主, 離廚는 火炎土燥(화염토조)의 象이다. 자연 오행상 火.土와 연관된 각종질병이 多發하게 되는 것이다.
- 이러한 가옥은 초년에는 가업이 순탄하나 늦게 얻은 자식을 사랑하게 되고 자녀들은 선행을 베푼다.
- 그러나 세월이 오래 흐르면 심신이 허약하고, 남녀 공히 단명하게 되고, 어린아이는 양육이 어렵고, 心疼(심동=가슴앓이), 經滯(경체=경맥이 막힘), 積塊攻心(적괴공심=피가 쌓여 심장을 압박), 吐血(토혈=피를 토함) 등으로 부녀자가 夭死할 것이다.
- 부녀자가 음란하여 집안을 어지럽히고, 남자손이 적으니 결국에는 養子를 들이거나 他姓의 자손이 상속받게 된다.

坤門. 艮主. 坤廚(곤방에 주방이 있는 경우)

◆ 坤門에서 坤廚는 比和되니 伏位方이다.

◆ 艮主에서 坤廚는 生氣方이다.

◆ 坤門, 坤廚는 二土比和되니 財를 發하고 人丁이 旺하다.

◆ 艮主, 坤廚는 生氣方이니 大吉하다.

◆ 坤門, 艮主, 坤廚의 가옥은 三土로 土氣가 太旺하니, 오행의 조화가 적어 吉함이 장구하지는 못하다.

◆ 이러한 가옥은 초년에는 財帛(재백)이 풍부하고 자손들이 높은 벼슬에 오르고, 집안이 편안하나, 여자가 많고 남자가 적으니 老母가 집안을 꾸려간다.

◆ 그러나 세월이 흐르면 세월이 흐르면 부녀자의 가출이 생기고, 임신 중 곤란함을 겪게 되거나, 癡呆(치매), 聾啞(농아), 澁便(삽변) 등의 질환자가 발생하고, 眼疾患(안질환) 및 自縊刀傷(자액도상) 등의 흉화가 잇따르고, 간신히 一子가 代를 잇는다.

坤門. 艮主. 兌廚(태방에 주방이 있는 경우)

◆ 坤門에서 兌廚는 天醫方이다.

◆ 艮主에서 兌廚는 延年方이다.

◆ 坤門, 兌廚는 상생되고 天醫方이니 吉하다. 가족 간 화목하고 가업이 흥왕하다. 坤과 兌는 老母와 少女이니, 母女同室이며, 純陰之宅이니 남자들이 손상되어 老母가 家權을 장악하고, 어린여자아이를 지나치게 편애 한다. 또한 陰盛하니 부녀자 중 가출인이 多發한다.

◆ 艮主, 兌廚는 상생되고 음양의 正配合이며 生氣方이다. 가정이 화순하고, 재산이 늘고, 人丁이 旺하고, 건강장수하며, 남녀 공히 賢良(현량)함이 있다.

◆ 이러한 가옥은 초년에는 집안이 잘되고 번창하나 자손이 점차 적어지게 되고 종국에는 절손되게 된다. 老母가 어린 자녀를 편애하고, 사위를 총애하게 된다.

◆ 그러나 세월이 흐르면 위가 허약하여 복통으로 먹지 못하는 증세가 발생하거나 황달 등의 질환이 발생할 것이다.

坤門. 艮主. 乾廚(건방에 주방이 있는 경우)

◆ 坤門에서 乾廚는 延年方이다.

◆ 艮主에서 乾廚는 天醫方이다.

◆ 坤門, 乾廚는 상생되고 음양이 正配合되고 延年方이니, 人丁이 旺하고, 건강장수하고, 가족 간 화목함과 財를 발하며 貴顯(귀현)됨이 있다.

◆ 艮主, 乾廚는 상생되고 天醫方이니 吉하다, 자식은 아들 넷을 두고 모두 현달한다.

- 이러한 가옥은 초년에는 집안의 모든 식구가 화목하고 효순하며, 가산이 날로 늘고, 가족은 건강하며, 육축은 잘되고, 4~5년 이내 혹은 庚.辛이나 巳.酉.丑年에는 필히 좋은 징조가 應해 올 것이다.
- 자손은 영특하여 부귀겸전하고, 10년 공부로 현달하여 높은 관직에 오르고, 영화로움이 집안에 가득하게 된다.
- 그러나 세월이 흐르면 위가 허약하여 복통으로 먹지 못하는 증세가 발생하거나, 부녀자와 어린아이는 질병으로 죽게 되고, 집안에 단명자가 나오게 된다.

(6) 坤門과 震主의 길흉

⊙ 아래 가옥의 구조에서 집안의 중심에서 나경을 보아 未.坤.申方에 출입문이 있으면 坤門이라 하고, 주인방이 甲.卯.乙方에 있으면 震主라 한다.

⊙ 坤門과 震主의 배치는 禍害方이니 흉하다. 여자가 용을 타고 앉았으니 모친이 産厄으로 흉액을 겪는다.

⊙ 또한 오행상 坤은 土고 震은 木이니 木剋土 하여 母子間에 情이 없고, 재물이 흩어지고, 남자가 傷害의 흉액을 겪고, 黃腫(황종), 위장병 등으로 고생할 것이다. 이러한 가옥의 배치는 재물은 있으나 자식이 없는 경우, 혹은 자식은 있으나 재물이 없는 경우이다.

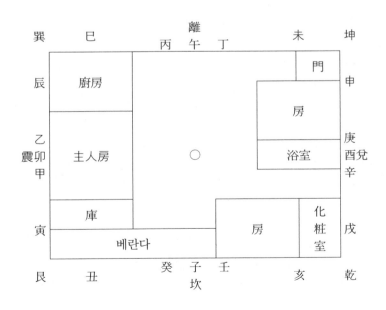

坤門. 震主. 八廚

坤門과 震主의 길흉

- 坤門에서 震主는 禍害方이니 일명 禍害宅이라 한다.
- 坤門, 震主는 오행상 坤은 土고 震은 木이니 木剋土하여 母子間에 정이 없고, 재물이 흩어지고, 남자가 傷害의 흉액을 겪고, 黃腫(황종), 위장병, 간장질환, 筋骨腰腿(근골요퇴) 등과 연관된 질병으로 고생할 것이다.
- 남과 다투기를 좋아하는 사람이 多出하고, 人丁이 衰하고, 陽盛陰衰하여 孤寡之人(고과지인)이 발생하고, 종국에는 절손되게 된다. 또한 家率들이 잔질에 시달리고, 시비다툼과 관재구설이 多發하고, 家産과 전답이 줄고, 破家하게 된다.
- 이러한 흉화는 주로 少男에게 발생하고 應期는 戊.己나 辰.未.戌.丑에 해당하는 年이나 月이다.
- 이러한 가옥의 배치는 재물은 있으나 자식이 없는 경우, 혹은 자식은 있으나 재물이 없는 경우이다.

坤門. 震主. 坎廚(감방에 주방이 있는 경우)

- 坤門에서 坎廚는 絶命方이다.
- 震主에서 坎廚는 天醫方이다.
- 坤門, 坎廚는 坎廚가 受剋되니 仲男에게 불리한데, 질병으로는 水와 연관된 질병이 多發하고, 또한 夭死함이 있다.
- 震主, 坎廚는 상생되고 天醫方이니 吉하다.
- 이러한 가옥은 초년에는 기업이 흥왕하고 자손이 총명하여 국가고시에 합격하고 윗사람의 총애를 받는다.
- 그러나 세월이 흐르면 부녀자는 각종 질병이나 정신질환 등을 앓게 되든지, 가출하던지, 官災是非가 태동할 것이다.
- 또한 老母와 長男은 죽고 골육지간에 원수처럼 지내게 된다. 自縊刀傷者(자액도상자)가 발생하게 되고, 재산은 흩어지고, 각종 흉화가 긴급하게 닥쳐오며, 자손이 적어지게 되니 간신히 一子가 代를 잇게 된다.

坤門. 震主. 艮廚(간방에 주방이 있는 경우)

- 坤門에서 艮廚는 生氣方이 된다.
- 震主에서 艮廚는 六殺方이다.
- 坤門, 艮廚는 一陰一陽이고 二土比和되며 生氣方이니 財利가 있다.
- 震主, 艮廚는 艮廚가 受剋되니 少男 및 어린아이들에게 불리하며 키우기 어렵다.
- 초년에는 재산이 일어나고 자식은 늦게 둔다. 자녀들은 선행을 베푼다.

- 그러나 세월이 흐르면 老母와 長男과 少男은 죽고 골육지간에 원수처럼 지내게 된다. 부녀자는 각종 질병을 앓던지, 정신이상의 질환에 시달리고, 가출자가 생기기도 한다.
- 또한 가족은 土.水와 연관된 질병인 面黃(면황=누렇게 뜸), 體瘦(체수=몸이 바짝 마름), 噎食(열식=목이 막힘), 風狂(풍광=치매), 瘀疫(노역=염병) 등의 질환에 시달리고, 사람은 죽고 육축은 손상되고 가업이 피폐된다.

坤門. 震主. 震廚(진방에 주방이 있는 경우)

- 坤門에서 震廚는 禍害方이다.
- 震主에서 震廚는 比和되어 伏位方이다.
- 坤門, 震廚는 坤門이 受剋되니, 老母와 부녀자들에게 불리하다.
- 震主, 震廚는 純陽으로 二木이 成林하고 比和되니 富貴를 發하게 된다.
- 이러한 가옥은 초년에는 長男이 사업에 성공하여 돈과 재물을 모으고 이름을 떨친다. 그러나 末子는 실패하고 부녀자는 단명하든지, 어린이의 양육이 어렵다.
- 그러나 세월이 흐르면 老母와 長男은 죽고, 골육지간에 원수처럼 지내게 된다.
- 또한 家率들은 面黃(면황=누렇게 뜸), 體瘦(체수=몸이 바짝 마름), 噎食(열식=목이 막힘), 風狂(풍광=치매), 瘀疫(노역=염병) 등의 질환에 시달리고, 사람은 죽고 육축은 손상되고 가업이 피폐된다.

坤門. 震主. 巽廚(손방에 주방이 있는 경우)

- 坤門에서 巽廚는 五鬼方이다.
- 震主에서 巽廚는 延年方이다.
- 坤門, 巽廚는 木剋土하여 坤門이 受剋되니 老母 및 부녀자들이 불리하며 단명수가 있으니 대흉하다.
- 震主, 巽廚는 二木成林되고 一陰一陽으로 比和되니 富와 貴를 기약할 수 있다.
- 이러한 가옥은 초년에는 두 나무가 숲을 이루는 형국이니 재물이 늘고 가업이 흥왕하고 가족간에 화목하다. 자식들은 관직에 높이 올라 영화를 누리게 된다.
- 그러나 세월이 오래 흐르면 長女나 큰며느리는 아이 낳기가 어렵고, 남자는 죽고 재물은 흩어질 것이다. 土, 水와 연관된 질병인 瘀疫(노역=염병), 脾疾(비질=위장병), 腹脹(복창=배가 붓는 병), 風狂(풍광=치매), 噎隔(열격=목이 쉼), 吐血(토혈=피를 토함) 등의 질환이 발생한다. 또한 産病血蠱(산병혈고=산후병, 발암), 癲狂(전광=미치는 병), 陰逃(음도=바람나서 도망) 등이 발생하고 가업이 피폐되고 종국에는 절손하게 된다.

坤門. 震主. 離廚(이방에 주방이 있는 경우)

◆ 坤門에서 離廚는 六殺方이다.

◆ 震主에서 離廚는 生氣方이 된다.

◆ 坤門, 離廚는 상생되나 六殺方으로 부녀자들의 淫亂(음란)으로 인해 醜聞(추문)이 돌고 또한 여러 禍亂(화란)이 있다.

◆ 震主, 離廚는 상생되고 生氣方이니 吉하다.

◆ 이러한 가옥은 초년에는 부녀자가 능히 살림을 일으킨다.

◆ 그러나 세월이 오래 흐르면 심신이 허약하고, 남녀 공히 단명하게 되고, 어린아이는 양육이 어렵고, 부녀자들에게 心疼(심동=가슴앓이), 經滯(경체=경맥이 막힘), 積塊攻心(적괴공심=피가 쌓여 심장을 압박), 吐血(피를 토함) 등으 질환이 발생하여 夭死할 것이며, 정신질환 증세도 나온다. 또한 부녀자가 음란하여 집안을 어지럽히고, 남자손이 적으니 결국에는 養子를 들이거나 他姓의 자손이 상속받게 된다.

坤門. 震主. 坤廚(곤방에 주방이 있는 경우)

◆ 坤門에서 坤廚는 比和되니 伏位方이다.

◆ 震主에서 坤廚는 禍害方이다.

◆ 坤門, 坤主는 二陰이고 二土比和되어 財利가 있으나 장구하지 못하다.

◆ 震主, 坤廚는 坤廚가 受剋되니 老母에게 불리하다.

◆ 이러한 가옥은 초년에는 家産이 늘고 자손들이 높은 벼슬에 오르고, 집안이 편안하나, 二陰一陽으로 여자가 많고 남자가 적으니 老母가 집안을 꾸려간다. 또한 六畜이 잘되고, 가업이 흥성하다.

◆ 그러나 세월이 흐르면 부녀자의 가출이 생기고, 임신 중 곤란함을 겪게되거나, 오행상 木, 土와 연관된 질병인 정신질환, 치매, 黃腫(황종), 몸이 마르는 증세 등의 질환이 발생하고, 家産은 피폐되고, 老母와 長男의 사이가 틀어져 골육간의 쟁탈이 심화된다.

坤門. 震主. 兌廚(태방에 주방이 있는 경우)

◆ 坤門에서 兌廚는 天醫方이다.

◆ 震主에서 兌廚는 絶命方이다.

◆ 坤門, 兌廚는 상생되고 天醫方이니 吉하다. 다만 二陰이 陽을 傷하게 하니 남자들에게 불리한 것이다.

◆ 震主, 兌廚는 震主가 受剋되니 남자들에게 불리하다. 남자들의 단명수가 있고, 종국에는 代를 잇기가 어려운 것이다.

◆ 이러한 가옥은 초년에는 가업이 흥하고 번창하나, 나중에는 자손이 적게 되고 절손되게 된다. 老母가 어린 자녀를 편애하고, 사위를 총애하게 된다. 자녀들은 선행을 하고 예악과 종교를 숭상한다.

◆ 그러나 세월이 흐르면 위장질환, 황달 등의 질병이 발생할 것이다.

◆ 부녀자들 중에는 가출자나 정신질환자가 발생할 것이고, 母子간에 원수처럼 지내게 될 것이다.

坤門. 震主. 乾廚(건방에 주방이 있는 경우)

◆ 坤門에서 乾廚는 延年方이다.

◆ 震主에서 乾廚는 五鬼方이다.

◆ 坤門, 震廚는 음양의 正配合이고 延年方이니 매우 吉하다. 건강장수하고 가정이 화목하다.

◆ 震主, 乾廚는 상극되고 五鬼方이니 大凶하다. 震主가 受剋되니 長男에게 불리하다.

◆ 이러한 가옥은 초년에는 집안의 모든 식구가 화목하고 효순하며, 家産이 날로 늘고, 가족은 건강하며, 육축은 잘되고, 4~5년 이내 혹은 庚.辛이나 巳.酉.丑年에는 필히 좋은 징조가 應해 올 것이다.

◆ 자손은 영달하여 부귀겸전하고, 공직자는 높은 관직에 오르고, 집안에 경사로움이 많게 된다.

◆ 그러나 세월이 흐르면 위장질환 등의 증세가 발생하거나, 부녀자들은 가출자가 많고 또한 정신질환자가 있을 것이고, 어린아이는 질병으로 죽게 되고, 집안에 단명자가 나오게 된다. 母子간에는 不和가 심화될 것이다.

(7) 坤門과 巽主의 길흉

◎ 아래가옥에서 집의 중심에서 나경을 보아 未.坤.申方에 출입문이 있으면 坤門이라 하고, 주인방이 辰.巽.巳方에 있으면 巽主라 한다.

◎ 坤門과 巽主는 木剋土하여 木이 땅에 파묻히게 되므로, 사람이 땅에 묻힌 형국이고, 坤은 老母를 의미하니 老母가 사망한다는 것이다.

◎ 坤門과 巽主는 五鬼宅이고, 木剋土 하여 相互相剋이니 母女가 夭死한다. 또 한 坤과 巽은 純陰이니 자연 陽을 傷하게 하여 남자 또한 命이 길지 못하다.

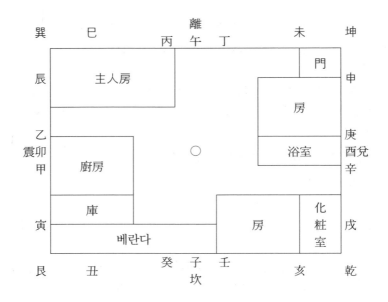

坤門. 巽主. 八廚

坤門과 巽主의 길흉
◆ 坤門에서 巽主는 五鬼方이니 일명 五鬼宅이라 한다.
◆ 人丁이 쇠하고, 폭력배 등이 多出하고, 혈관계질환, 화재, 관재구설 등의 흉화가 多發한다.
◆ 또한 가업이 피폐되고 家産이 退財하는데, 이는 주로 長男에게 발생하고 應期는 丙.丁이나 寅.午.戌에 해당하는 年이나 月이다.
◆ 坤門, 巽主는 상호 상극이고 坤門이 受剋되니, 土에 해당하는 소화기계통, 피부 등이 질환과, 木에 해당하는 肝膽(간담), 筋骨腰腿(근골요퇴) 등의 질병이 발생한다.
◆ 또한 坤門은 老母인데 老母의 夭死함이 따르고, 가택의 모든 부녀자들에게도 단명수가 따르며, 모녀간, 고부간에 불화가 많게 된다.
◆ 五鬼宅의 경우는 廉貞火星(염정화성)에 속하는데, 오행상 火와 연관된 질병인, 頭疼腦熱(두동뇌열), 三焦口渴(삼초구갈), 妄想(망상), 燥鬱症(조울증), 陽症傷寒(양증상한), 心腹疼痛(심복동통), 惡瘡(악창), 眼疾(안질) 등이 다발하게 된다.
◆ 坤門, 巽主는 純陰之宅이라 자연 陽을 傷하게 하니 남자들의 夭亡이 따르고 孤寡之人(고과지인)이 발생하고, 부녀자가 家權을 장악하게 되며, 어린아이 기르기 어렵고, 종국에는 절손되게 된다.

坤門. 巽主. 坎廚(감방에 주방이 있는 경우)

- ◆ 坤門에서 坎廚는 絶命方이다.
- ◆ 巽主에서 坎廚는 生氣方이다.
- ◆ 坤門, 坎廚는 坎廚가 受剋되니 仲男에게 불리하다.
- ◆ 巽主, 坎廚는 상생되고 生氣方이니 吉하다.
- ◆ 이러한 가옥은 長女나 큰며느리가 아이 낳기가 어렵고, 癆疫(노역), 脾疾(비질), 風狂 등의 질환이 多發하고 남자가 일찍 죽고 재물이 흩어진다.
- ◆ 그리고 聾啞(농아), 咽喉痛(인후통), 澁便(삽변), 虛勞(허로) 등의 증세와, 부녀자는 바람나서 가출하고, 임신 중 곤란함, 自縊刀傷者(자액도상자) 등이 발생하고, 재난이 긴급히 목전에 이른다. 간신히 一子를 낳아 代를 잇는다.

坤門. 巽主. 艮廚(간방에 주방이 있는 경우)

- ◆ 坤門에서 艮廚는 生氣方이 된다.
- ◆ 巽主에서 艮廚는 絶命方이다.
- ◆ 坤門, 艮廚는 二土比和되고 음양배합되니 財를 發하게 된다.
- ◆ 巽主, 艮廚는 艮廚가 受剋되니 少男에게 불리하고 凶하다.
- ◆ 이러한 가옥은 초년에는 가업이 흥왕하고 家産이 늘어나나 점차 자손이 적어지고 종국에는 절손되게 된다. 老母가 어린 자녀를 편애하고, 자녀들은 선행을 하고 예악과 종교를 숭상한다.
- ◆ 그러나 세월이 오래 흐르면 長女나 큰며느리는 아이 낳기가 어렵고, 남자는 죽고 재물은 흩어질 것이다. 관재구설, 癆疫(노역=염병), 脾疾(비질=위장병), 腹脹(복창=배가 붓는 병), 風狂(풍광=치매), 噎隔(열격=목이 쉼), 吐血(토혈=피를 토함) 등의 질환이 발생한다. 또한 産病血蠱(산병혈고=산후병, 발암), 癲狂(전광=미치는 병), 陰逃(음도=바람나서 도망) 등이 발생하고 가업이 피폐되고 절손하게 된다.

坤門. 巽主. 震廚(진방에 주방이 있는 경우)

- ◆ 坤門에서 震廚는 禍害方이다.
- ◆ 巽主에서 震廚는 延年方이다.
- ◆ 坤門, 震廚는 坤門이 受剋되니 老母에게 불리하고, 부녀자들에게도 단명수가 따른다.
- ◆ 巽主, 震廚는 二木比和하고 음양이 調和되니 財利가 있다.
- ◆ 이러한 가옥은 초년에는 자손이 현달하고, 가업이 번창한다.
- ◆ 그러나 세월이 흐르면 家産이 탕진되고, 부녀자는 질병이나 정신질환을 앓거나, 尊卑(존비)가 不睦(불목)하고, 남자는 일찍 죽는다. 老母와 長男에게 단명수가

- 있고, 골육지간에 원수처럼 지내게 된다.
- 또한 가족은 面黃(면황=누렇게 뜸), 體瘦(체수=몸이 바짝 마름), 噎食(열식=목이 막힘), 風狂(풍광=치매), 癆疫(노역=염병) 등의 질환에 시달리고, 사람은 죽고 육축은 손상되고 가업이 피폐된다.

坤門. 巽主. 巽廚(손방에 주방이 있는 경우)

- 坤門에서 巽廚는 五鬼方이다.
- 巽主에서 巽廚는 比和되어 伏位方이다.
- 坤門, 巽廚는 상호 상극되니 老母와 부녀자들에게 불리하다.
- 巽主, 巽廚는 二木比和되어 본시 財利가 있으나, 다시 二木이 坤門을 剋하니 흉함이 있는 것이다.
- 이러한 가옥은 초년에는 부녀자가 家權을 쥐고 능히 살림을 일으키나, 純陰之宅이라 陽을 傷하게 하니 남자들의 命이 짧게 된다.
- 세월이 오래 흐르면 長女나 큰며느리는 아이 낳기가 어렵고, 老母와 長男은 죽고, 골육간에 원수처럼 지내게 되고 재물은 흩어질 것이다.
- 질병으로는 木, 土에 해당하는 癆疫(노역=염병), 脾疾(비질=위장병), 腹脹(복창=배가 붓는 병), 風狂(풍광=치매), 噎隔(열격=목이 쉼), 吐血(토혈=피를 토함) 등의 질환이 발생한다.
- 또한 이러한 가옥은 항상 凶鬼가 있다 하며 여러 흉화가 多發하는 것이다. 또한 갑작스런 질환으로 인해 절손하게 된다.

坤門. 巽主. 離廚(이방에 주방이 있는 경우)

- 坤門에서 離廚는 六殺方이다.
- 巽主에서 離廚는 天醫方이 된다.
- 坤門, 離廚는 상생되나 六殺方이니 凶하다.
- 巽主, 離廚는 상생되고 天醫方이라 吉하다.
- 坤門, 巽主는 본시 상극의 관계로 凶하나, 離方에 廚房을 놓음으로써, 巽木이 離火를 생하고 離火가 坤土를 생하여, 巽木이 貪生忘剋(탐생망극)하니 "解神(해신)"되어 길흉이 반반이다.
- 이러한 가옥은 초년에는 부녀자가 능히 살림을 일으킨다. 그러나 가옥의 구조가 純陰이 되니 남자는 적고 자손이 적게 된다.
- 남에게 베풀기를 좋아하나, 고부간에 갈등은 많다.
- 그러나 세월이 오래 흐르면 심신이 허약하고, 남녀 공히 단명하게 되고, 어린아이는 양육이 어렵고, 心疼(심동=가슴앓이), 經滯(경체=경맥이 막힘), 積塊攻心(적

괴공심=피가 쌓여 심장을 압박), 吐血(피를 토함) 등으로 부녀자가 夭死할 것이며, 정신질환 증세도 나타난다.

◆ 아내를 여러 번 잃고 장가를 여러 번 가나 끝내는 자손을 잃고 절손하게 된다.

坤門. 巽主. 坤廚(곤방에 주방이 있는 경우)

◆ 坤門에서 坤廚는 比和되니 伏位方이다.
◆ 巽主에서 坤廚는 五鬼方이다.
◆ 坤門, 坤廚는 二土比和되어 財利는 있으나 장구하지 못하다.
◆ 巽主, 坤廚는 상극되어 老母에게 불리하고 五鬼方이라 흉하다.
◆ 이러한 가옥은 초년에는 二土가 比和되니 家産이 늘고 자손들이 높은 벼슬에 오르고, 집안이 편안하나, 여자가 많고 남자가 적으니 老母가 집안을 꾸려나간다. 육축이 모두 잘되고, 집안이 풍요롭고 평안하다.
◆ 그러나 세월이 흐르면 부녀자의 家出이 생기고, 임신 중 곤란함을 겪게되거나, 정신질환이 발생하거나, 家産이 피폐되고, 長女와 큰며느리는 자식을 낳기 어려워지고, 갑작스런 질병으로 사망하여 代를 잇기가 어렵다.

坤門. 巽主. 兌廚(태방에 주방이 있는 경우)

◆ 坤門에서 兌廚는 天醫方이다.
◆ 巽主에서 兌廚는 六殺方이다.
◆ 坤門, 兌廚는 상생되고 天醫方이니 吉하다.
◆ 巽主, 兌廚는 상극되고 五鬼方이니 長女와 큰며느리에게 불리하다.
◆ 이러한 가옥은 純陰之宅이라 자연 陽을 傷하게 하여, 초년에는 집안이 잘되고 번창하나, 남자들의 단명수가 있고, 자손이 적거나 절손되게 된다.
◆ 老母가 어린 자녀를 편애하고, 사위를 총애하게 된다. 가업이 흥왕하고 자녀들은 선행을 하고 예악과 종교를 숭상한다.
◆ 그러나 세월이 흐르면 큰며느리는 아기 낳기가 어려워지고, 결핵이나, 染病(염병), 붓는 병, 치매 등의 질환을 앓게 되며, 남자는 일찍 죽고 재산은 흩어지고, 갑작스런 질환으로 代를 이을 자손이 없게 된다.

坤門. 巽主. 乾廚(건방에 주방이 있는 경우)

◆ 坤門에서 乾廚는 延年方이다.
◆ 巽主에서 乾廚는 禍害方이다.
◆ 坤門, 乾廚는 상생되고 음양정배합이고 延年方이니 吉하다.
◆ 巽主, 乾廚는 巽主가 受剋되니 長女와 큰며느리에게 불리하고 단명수가 따른다.
◆ 이러한 가옥은 초년에는 집안의 모든 식구가 화목하고 효순하며, 家産이 날로

늘고, 가족은 건강하며, 육축은 잘되고, 4~5년 이내 혹은 庚.辛이나 巳.酉.丑年에
는 필히 좋은 징조가 應해 올 것이다.

◆ 자손은 영특하여 부귀겸전하고, 공직에 들어 높은 관직에 오르고, 상서로운 기운
  이 집안에 가득하니 부귀영화를 누리게 된다.

◆ 그러나 세월이 흐르면 위가 허약하여 복통으로 먹지 못하는 증세가 발생하거나,
  부녀자는 정신질환이 있을 것이고, 어린아이는 질병으로 죽게 되고, 집안에 단명
  자가 나오게 된다. 母子간에는 불화가 심화될 것이다.

◆ 자손이 적게 되니, 결국 절손되어 他姓의 아이를 데려다 代를 잇게 한다.

(8) 坤門과 離主의 길흉

◎ 아래가옥의 구조에서 집의 중심에서 나경을 보아 未.坤.申方에 출입문이 있으면
  坤門이라 하고, 주인방이 丙.午.丁方에 있으면 離主라 한다.

◎ 坤門과 離主는 火가 많으므로 과부가 많이 나온다는 것이다.

◎ 坤門과 離主는 六殺宅이다. 비록 火生土가 되지만 母女間이라 不配가 되므로 이
  는 부녀자만 居하는 집이라 남자는 夭死하게 된다.

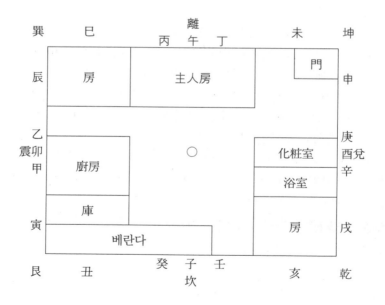

坤門. 離主. 八廚

坤門과 離主의 길흉

- 坤門에서 離主는 六殺方이니 일명 六殺宅이다.
- 주색과 방탕, 도박을 좋아하는 자가 多出한다. 人丁이 衰하니 종국에는 절손되게 된다.
- 흉액의 징조는 夭死, 自殺, 破財, 破家가 따르고, 이는 仲男에게 주로 발생하는데 應期는 壬.癸나 申.子.辰에 해당하는 年이나 月이다.
- 六殺이 離宮에 居하면 水火相爭(수화상쟁)하니 부녀자가 극성을 부리게 된다.
- 離火가 坤土를 생하여 火炎土燥(화염토조)하니, 오행상 火, 土에 해당하는 소화기계통, 피부계통, 심장질환, 血病, 眼疾患(안질환) 등이 발생한다.
- 坤門, 離主는 二陰으로 純陰之宅이니, 자연 陽을 傷하게 하여 남자들의 단명수가 따르고, 종국에는 절손되게 되고, 부녀자가 家權을 장악하게 된다.

坤門. 離主. 坎廚(감방에 주방이 있는 경우)

- 坤門에서 坎廚는 絶命方이다.
- 離主에서 坎廚는 延年方이 된다.
- 坤門, 坎廚는 坎廚가 受剋되니 仲男에게 불리하다.
- 離主, 坎廚는 음양정배합이고 延年方이니 吉하나, 離火가 受剋되니 부녀자들에게는 불리한 것이다.
- 이러한 집은 초년에는 만사가 순탄하여 부녀자는 재물을 모으고 家産이 늘어난다.
- 그러나 세월이 흐르면 盲人이 나오거나 여러 재앙이 빈발하며, 남자들은 아내를 잃고, 여러번 결혼을 하더라도 끝내는 절손되어 남의 자식이 代를 잇는다.
- 그리고 聾啞(농아), 咽喉痛(인후통), 澁便(삽변), 虛勞(허로) 등의 질환자가 나오고, 부녀자는 가출하거나, 임신 중에 곤란함을 겪게 되고, 自縊(자액)이나 刀傷者(도상자)가 나오고, 家破人亡한다.

坤門. 離主. 艮廚(간방에 주방이 있는 경우)

- 坤門에서 艮廚는 生氣方이다.
- 離主에서 艮廚는 禍害方이다.
- 坤門, 艮廚는 二土比和되고, 음양이 配合되며 生氣方이니 財를 發하고 이득이 있다.
- 離主, 艮廚는 火生土하여 火氣가 洩되니, 仲女가 洩(설) 당하여 凶하다. 남자들이 겁이 많고 유약하니 부녀자들이 家權을 휘두르게 된다.
- 이러한 가옥은 초년에는 가업이 흥왕하고 母子가 화목하고, 자녀들은 선행을 한다.

- 또한 세월이 오래 흐르면 火炎土燥(화염토조)하므로 心疼(심동), 經滯(경체), 積塊攻心(적괴공심), 癆疫(노역), 吐血(토혈) 등으로 부녀자가 夭死한다.
- 아내를 여러 번 잃고 결혼을 여러 번 하게 되나, 부녀자의 바람기로 집안이 어지러워지고, 끝내는 養子를 들이거나 他姓이 代를 잇게 된다.

坤門. 離主. 震廚(진방에 주방이 있는 경우)

- 坤門에서 震廚는 禍害方이다.
- 離主에서 震廚는 生氣方이 된다.
- 坤門, 震廚는 坤門이 受剋되니 老母가 불리하고 단명수가 있다.
- 離主, 震廚는 상생되고 生氣方이니 吉하다.
- 이러한 가옥은 초년에는 부녀자가 능히 집안을 일으키고, 자손들은 재주와 용모가 뛰어나서 국가고시에 합격한다. 그러나 집주인은 여러번 장가를 가게 된다.
- 그러나 세월이 흐르면 老母와 집주인은 죽게 되고, 골육지간에 원수처럼 지내게 된다.
- 또한 가족은 面黃(면황=누렇게 뜸), 體瘦(체수=몸이 바짝 마름), 噎食(열식=목이 막힘), 風狂(풍광=치매), 癆疫(노역=염병) 등의 질환에 시달리고, 사람은 죽고 六畜은 손상되고 가업이 피폐되고, 종국에는 절손되게 된다.

坤門. 離主. 巽廚(손방에 주방이 있는 경우)

- 坤門에서 巽廚는 五鬼方이 된다.
- 離主에서 巽廚는 天醫方이 된다.
- 坤門, 巽廚는 坤門이 受剋되니 老母에게 불리함이 있다.
- 離主, 巽廚는 상생되고 天醫方이니 吉하다.
- 이러한 가옥은 초년에는 부녀자가 능히 살림을 일으킨다. 그러나 가옥의 구조가 純陰에 속하니 남자의 命이 짧게 된다.
- 그러나 세월이 오래 흐르면 長女나 큰며느리는 아이 낳기가 어렵고, 老母와 長男은 죽고 골육간에 원수처럼 지내게 되고 재물은 흩어질 것이다.
- 癆疫(염병), 脾疾(위장병), 腹脹(배가 붓는 병), 風狂(치매), 噎隔(목이 쉼), 吐血(피를 토함) 등의 질환이 발생한다.
- 이러한 가택은 凶鬼가 居한다 하여 흉화가 多發하는 것이다. 또한 갑작스런 질환으로 인해 절손하게 된다.

坤門. 離主. 離廚(이방에 주방이 있는 경우)

- 坤門에서 離廚는 六殺方이다.
- 離主에서 離廚는 比和되어 伏位方이다.

- 坤門, 離廚는 상생되어 財利가 있으나 二陰에 해당하니 복록이 장구하지 못하며, 火生土하여 離宮의 火氣가 洩되니 仲女에게 불리한 것이다.
- 離主, 離廚는 二火比和하여 財利가 있으나 역시 二陰이니 복록이 장구하지 못하다.
- 이러한 가옥은 초년에는 가업이 흥왕하고 家産이 늘어나나, 純陰之宅이라 남자는 夭死하고 절손되게 되며, 부녀자가 집안을 꾸려나간다.
- 그리고 세월이 흐르면 癱瘓(탄탄), 眼紅(안홍), 心疼(심동), 陰病(음병), 經滯(경체), 癆疫(노역) 등의 질환으로 부녀자는 夭死하게 되거나 바람나서 가출하는 일이 발생할 것이다.
- 또한 남자는 일찍 喪妻(상처)하여 결혼을 여러 번 하나 결국 代를 이을 자손을 얻기 힘들다. 끝내는 他姓이 들어와 代를 이을 것이다.

坤門. 離主. 坤廚(곤방에 주방이 있는 경우)

- 坤門에서 坤廚는 比和되어 伏位方이다.
- 離主에서 坤廚는 六殺方이 된다.
- 坤門, 坤廚는 二土比和되고 二陰에 해당되고 伏位方이라 비록 財를 發하나 장구하지 못하다.
- 離主, 坤廚는 비록 상생되나 六殺方이라 凶하다.
- 이러한 집은 초년에는 二土가 比和되니 돈과 재물이 풍족하고 자손들이 높은 벼슬에 오르나, 純陰之宅이라 자연 陽을 傷하게 하여 남자들이 夭死하고 딸이 많으니 老母가 가정을 꾸려나간다.
- 육축은 번성하고, 집안은 화평하다.
- 그러나 세월이 오래 흐르면 부녀자가 家出하거나, 정신질환을 앓거나, 夭死할 것이며, 결국 家産은 피폐되고, 자손이 적게 되어 代를 이을 자식이 없으니 他姓이 代를 이을 것이다.

坤門. 離主. 兌廚(태방에 주방이 있는 경우)

- 坤門에서 兌廚는 天醫方이 된다.
- 離主에서 兌廚는 五鬼方이 된다.
- 坤門, 兌廚는 상생되고 天醫方이라 吉하나 純陰之宅이니 아들이 적고 딸이 많다.
- 離主, 兌廚는 상극되고 五鬼方이니 大凶하다.
- 이러한 가옥은 초년에는 집안이 잘되고 번창하나 자손이 적거나 절손되게 되어, 老母가 가업을 이끌어가고 어린 자녀를 편애하게 된다. 또한 자녀들은 선행을 하고 예악과 종교를 숭상한다.
- 그러나 세월이 흐르면 큰며느리는 아기 낳기가 어려워지고, 결핵이나, 염병, 붓는

병, 치매 등의 질환을 앓게 되며, 남자는 일찍 죽고 재산은 흩어지고, 갑작스런 질환으로 代를 이을 자손이 없게 된다.

坤門. 離主. 乾廚(건방에 주방이 있는 경우)

- ◆ 坤門에서 乾廚는 延年方이 된다.
- ◆ 離主에서 乾廚는 絶命方이 된다.
- ◆ 坤門, 乾廚는 음양이 정배합이고 상생되며 延年方이라 吉하다.
- ◆ 離主, 乾廚는 乾廚가 受剋되니 老父와 남자들에게 불리하고 단명수가 있으니, 집안에 孤寡之人(고과지인)이 多出한다.
- ◆ 이러한 가옥은 초년에는 집안의 모든 식구가 화목하고 효순하며, 財帛(재백)이 날로 늘고, 가족은 건강하며, 육축은 잘되고, 4~5년 이내 혹은 庚.辛이나 巳.酉. 丑年에는 필히 좋은 징조가 應해 올 것이다.
- ◆ 또한 자손은 영특하여 부귀겸전하고, 집안이 번창하며 영화로움이 있게 된다.
- ◆ 그러나 세월이 오래 흐르면 中風, 眼疾, 官災口舌, 火災 등이 발생하고, 남자는 단명하고, 가족간에 불화하고, 재산은 흩어지며, 끝내는 절손되게 된다.

1) 坤命과 九星/廚房 落宮處의 吉凶 分析

坤命之宅

1. 人丁(인정)		
落宮處	落宮 事案 (九星. 廚房)	吉凶 解說
艮方 (丑.艮.寅)	生氣(木) 廚房	五子를 得한다.
巽方 (辰.巽.巳)	五鬼(火) 廚房	二子를 得한다.
乾方 (戌.乾.亥)	延年(金) 廚房	四子를 得한다.
離方 (丙.午.丁)	六殺(水) 廚房	一子를 得한다.
震方 (甲.卯.乙)	禍害(土) 廚房	先亡末子 次亡女子 後. 絶孫된다.

兌方 (庚.酉.辛)	天醫(土) 廚房	三子를 得한다.
坎方 (壬.子.癸)	絕命(金) 廚房	絕孫된다.
坤方 (未.坤.申)	伏位(木) 廚房	딸만 낳게 된다.

- ◆ 어떤 坤命의 여자가 출가하여 坎方(절명방)에서 1년간 지냈는데, 그 사이에 자식이 사망했다. 대개 傷寒(상한), 驚風(경풍), 痲痘(이두=천연두) 등의 질병은 水氣와 연관된 것이라 坎方이 水를 뜻하기 때문이고, 坤宮은 土로 土剋水 하여 상극되기 때문이다.
- ◆ 坤命인 과부가 주방의 아궁이를 坎方(절명방)으로 改修(개수)하였는데, 坤命 土와 坎廚 水의 상극관계가 작용하여 3년이 지나지 않아 손자 둘이 익사했다고 한다.

2. 婚姻(혼인)

- ◆ 坤命의 남자와 艮命의 여자와의 혼인은 生氣이니 吉하다.
- ◆ 巽命의 여자와의 혼인은 오귀이니 凶하다.
- ◆ 乾命의 여자와의 혼인은 연년이니 吉하다.
- ◆ 離命의 여자와의 혼인은 육살이니 凶하다.
- ◆ 震命의 여자와의 혼인은 화해이니 凶하다.
- ◆ 兌命의 여자와의 혼인은 천의이니 吉하다.
- ◆ 坎命의 여자와의 혼인은 절명이니 凶하다.
- ◆ 坤命의 여자와의 혼인은 복위이니 吉하다.
- ◆ 坤命人은 生氣方인 艮方에서 구혼하거나, 艮命의 여자를 만나면 大吉하고, 兌方이나, 兌方人을 만나면 次吉하다.
- ◆ 또한 침대를 乾方으로 向하고 자면 혼인이 쉽게 이루어진다.

3. 疾病(질병)

- ◆ 坤命人의 남녀는 離方을 犯하게 되면 心痛(심통), 痰火(담화), 吐血 등의 질환이 생긴다. 이러한 경우에는 天醫方인 兌方으로 출입문을 改修하면 殺이 제거되어 완치된다.
- ◆ 坤命人이 禍害方인 震方과 五鬼方인 巽方에 犯하게 되면, 학질, 이질, 瘡病(창병) 등이 발생하고 絕命方인 坎方에 거주하면 남자는 傷寒(상한), 학질 등으로 고생하고, 여자는 월경불순, 咽喉阻塞(인후조색) 등의 질병으로 고생한다. 이러

한 경우에는 天醫方인 兌方으로 주방의 아궁이나 출입문을 改修(개수)하면 2달 이내에 완쾌될 것이다. 또한 延年方인 乾方에 출입문과 주방을 改修하면 이 또한 효험이 클 것이다.

◆ 주방을 天醫方으로 하고, 출입문을 延年方인 乾方으로 改修하거나, 주방을 延年方에다 두고 출입문을 天醫方인 兌方으로 개수하면 더욱 효험이 있을 것이다.

4. 災禍(재화)

◆ 坤命人이 坎方(絶命方)을 犯하게 되면 하천에 투신하거나, 가정의 풍파와 익사하는 재난을 당하고, 仲男은 손상당하여 代가 끊기며, 어린아이는 오랫동안 驚風(경풍)으로 인해 夭死한다.

◆ 坤命人이 離方(六殺方)을 犯하게 되면 본인은 官災口舌이 따르고, 처가 음란하고, 仲子가 손상되고, 부인과 자녀는 痰火(담화), 心痛(심통) 등의 질환을 앓고, 仲女는 悖逆(패역)한다.

◆ 坤命人이 震方(禍害方)을 犯하게 되면 官災口舌이 발생하여 비록 勝한다 하더라도 재산은 흩어지고, 長男은 불효하고, 奴僕(노복)이 난폭하다.

◆ 坤命의 여자가 震方(禍害方)에 房을 改修(개수)하고 나서 남편에게 여러 불미스러운 일이 발생하게 되니, 다시 改修한 房을 헐어버리고 나니 편안해졌다 한다.

◆ 坤命인 남자가 巽方(오귀방)을 犯하게 되면, 母親과 妻, 女息에게 손재수가 발생하거나, 본인은 실직, 혹은 災禍가 따르고, 노비나 하수인으로 인해 손해가 발생한다.

3. 간문艮門. 팔주八主. 팔주八廚

(1) 艮門과 艮主의 길흉

◎ 아래가옥의 구조에서 집의 중심에서 나경을 보아 출입문이 丑.艮.寅方에 있으면 艮門이라 하고, 주인방이 丑.艮.寅方에 있으면 艮主라 한다.

◎ 艮門과 艮主는 山이 重疊(중첩)되어 있는 격이며, 純陽이니 자연 陰이 衰하는 이치라, 처와 자식이 손상됨을 의미한다.

◎ 艮門과 艮主는 伏位方이다.

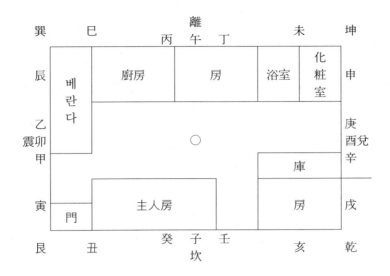

艮門. 艮主. 八廚

艮門과 艮主의 길흉

- ◆ 艮門에서 艮主는 伏位方이니 일명 伏位宅이라 한다.
- ◆ 二土가 重疊(중첩)하니 전답이 늘어 부자가 된다.
- ◆ 초년에는 가업과 재산이 순탄하게 발전하나, 세월이 흐르면 純陽之宅이라 자연 陰을 傷하게 하여 처와 자식을 剋하고 손상시키므로 남자손이 드물게 된다.
- ◆ 건강은 中壽이고, 富는 中富이며, 남자는 공직에 들고, 여자는 명망있는 家門에 시집가게 된다.
- ◆ 應期는 甲.乙이나 亥.卯.未에 해당하는 年이나 月이다.

艮門. 艮主. 坎廚(감방에 주방이 있는 경우)

- ◆ 艮門에서 坎廚는 五鬼方이다.
- ◆ 艮主에서 坎廚는 五鬼方이다.
- ◆ 艮門, 坎廚는 상극되고, 五鬼方이며, 二陽이니 매사에 불리하고 大凶하다. 주로 仲男에게 흉화가 발생한다.
- ◆ 人丁이 衰하고, 폭력배가 다출하고, 血光과 의외의 災禍가 발생하며 破財하게 된다.
- ◆ 艮主, 坎廚 역시 상극되고 五鬼方인데, 仲男에게 災禍가 미치고, 長男과 어린아이들에게도 여러 흉화와 단명수가 따른다.
- ◆ 이러한 가옥은 초년에는 돈과 재물이 넉넉하다.

- 그러나 세월이 오래 흐르게 되면 부녀자는 단명하게 되고, 어린이 양육이 어렵다.
- 가솔들에게 食疾膨悶(식질팽민=배가 더부룩하고 소화가 안되는 증세), 황종(황종), 痴(어릭석음) 등의 질환자가 나오고, 聾啞(농아), 咽喉痛(인후통), 澁便(삽변), 虛勞(허로) 등의 질환이 발생하며, 自縊刀傷者(자액도상자), 관재구설, 화재 등의 흉화가 발생한다.
- 이처럼 五鬼宅은 흉살이 침입하여 사람과 재산을 손상시키고 夭死시키는 凶家이다.

艮門. 艮主. 艮廚(간방에 주방이 있는 경우)

- 艮門에서 艮廚는 比和되어 伏位方이 된다.
- 艮主에서 艮廚는 역시 比和되어 伏位方이다.
- 艮門, 艮廚는 二土比和되니 財를 發하여 家産이 늘어난다.
- 艮主, 艮廚 역시 二土比和되니 가업이 흥왕하고 家産이 더욱 증가한다.
- 艮門, 艮主, 艮廚의 가옥구조는 純陽之局이라 자연 陰을 傷하게 하여 부녀자들에게 흉화가 따르며, 人丁이 衰하게 된다.
- 이러한 가옥은 초년에는 돈과 재물이 넉넉하나 陽이 盛하고 陰이 衰하니 질환이 多發하고, 부녀자는 단명하고, 小兒는 기르기 어렵다.
- 세월이 오래 흐르면 食疾膨悶(식질팽민), 黃腫(황종), 복통 등의 질환자가 발생하며, 또한 자손이 적으니 종국에는 절손되고, 他姓을 들여와 代를 잇게 한다.

艮門. 艮主. 震廚(진방에 주방이 있는 경우)

- 艮門에서 震廚는 六殺方이다.
- 艮主에서 震廚는 六殺方이다.
- 艮門, 震廚는 震廚가 受剋되고 六殺方이니 매사불리하고 大凶하다.
- 艮主, 震廚 역시 六殺方이라 大凶하며, 가옥의 구조가 純陽之局이니, 처와 부녀자를 剋하며, 절손되게 된다.
- 이러한 가옥은 초년에는 돈과 재물이 넉넉하나 陽이 성하고 陰이 쇠하니 질환이 다발하고, 부녀자는 단명하고, 어린아이는 기르기 어렵다.
- 세월이 오래 흐르면 震, 艮이 상극되니 長子와 末子간에 불화가 발생하고, 음식을 먹지 못하고, 食疾膨悶(식질팽민), 面黃(면황), 風狂(풍광) 등의 질환이 발생하고, 부녀자는 難産으로 인해 사망하는 경우가 발생하고, 바람이 나서 家門을 욕되게 하는 경우도 발생한다.
- 사람과 육축이 모두 손상되고, 8년 내에 가업이 피폐된다.

艮門. 艮主. 巽廚(손방에 주방이 있는 경우)

- 艮門에서 巽廚는 絕命方이다.

- 艮主에서 巽廚는 絶命方이다.
- 艮門, 巽廚는 艮門이 受剋되고 絶命方인데, 음양의 배합은 있으니 財利는 있으나 장구하지 못하다.
- 艮主, 巽廚 역시 艮主가 受剋되며 絶命方인데, 土와 연관된 비장과 위장질환, 피부계통 등의 질환이 발생한다.
- 이러한 가옥은 초년에는 돈과 재물이 넉넉하나 陽이 盛하고 陰이 衰하니 질병이 다발하고, 부녀자는 단명하고, 어린아이는 기르기 어렵다.
- 그리고 세월이 오래 흐르면 큰며느리가 死産이나 難産 등으로 아이 낳기가 어렵고, 부녀자가 살림을 꾸려나간다. 面黃(면황), 餓死(아사), 風狂(풍광), 噎隔(열격), 癱瘓(탄탄), 癆疾(노질=폐결핵) 등의 질환이 발생 한다.
- 젊어서 도주하는 사람이 발생하고, 재물이 손실되며, 이러한 구조는 매우 凶한 배치이다.

艮門. 艮主. 離廚(이방에 주방이 있는 경우)

- 艮門에서 離廚는 禍害方이다.
- 艮主에서 離廚는 禍害方이 된다.
- 艮門, 離廚는 상생되고 음양의 조화가 있으니 財利는 있으나 禍害方이라 복록이 장구하지 못하다.
- 艮主, 離廚는 역시 상생되고 음양의 조화는 있으나, 종국에는 人丁이 衰하고, 孤寡之人(고과지인)이 多出하고, 退財하게 된다.
- 이러한 가옥은 초년에는 돈과 재물이 넉넉하나 陽이 盛하고 陰이 衰하니 질환이 多發하고, 부녀자는 단명하고, 어린아이는 기르기 어렵다.
- 그리고 세월이 오래 흐르면 부녀자의 성질이 사나워지니 온 가족에게 폐가 되는 것이다.
- 또한 頭昏(두혼), 癱瘓(탄탄), 眼疾, 변비, 痴(치), 聾啞(농아) 등의 질환자가 발생한다.
- 이러한 가옥은 자손을 기르기 어렵고, 식구가 손상되니 종국에는 破家하게 되는 것이다.

艮門. 艮主. 坤廚(곤방에 주방이 있는 경우)

- 艮門에서 坤廚는 生氣方이다.
- 艮主에서 坤廚는 生氣方이다.
- 艮門, 坤廚는 二土比和되고 生氣方이니 吉하여 財를 發하고 가업이 흥旺하다.
- 艮主, 坤廚는 역시 二土比和되고 生氣方이라 吉하다.

- 艮門, 艮主, 坤廚의 가옥구조는 二陽一陰으로 陽盛陰衰하니 복록은 장구하지 못하다.
- 이러한 가옥은 초년에는 二土가 쌓였으니 어머니가 자식 잘되기를 가르치는 象이고, 재물과 전답이 늘고 현모양처에 자식은 효순하다. 2년~7년 사이에 발복한다.
- 자식들이 국가고시에 합격하여 家門이 명성을 떨치고 현달한다.
- 그러나 세월이 오래 흐르면 黃腫(황종), 心疼(심동), 腹痛(복통) 등의 질환자가 발생한다.

艮門. 艮主. 兌廚(태방에 주방이 있는 경우)

- 艮門에서 兌廚는 延年方이다.
- 艮主에서 兌廚는 延年方이다.
- 艮門, 兌廚는 부부정배합이고 延年方이니 大吉하다.
- 艮主, 兌廚 역시 부부정배합이고 延年方이니 大吉하다.
- 艮門, 艮主, 兌廚의 가옥구조는 二陽一陰으로 陽盛陰衰하니 복록이 장구하지 못하다.
- 이러한 가옥으 구조는 초년에는 부부정배합이니 재물과 전답이 늘고 가업이 흥왕하며, 여자는 현모양처요 남자는 공손하고 예의범절이 뛰어나다.
- 세월이 오래 흐르면 가족에게 각종 질병이 발생하고, 부녀자는 단명하게 되고, 食疾膨悶(식질팽민), 黃腫(황종), 복통 등의 질환자가 발생할 것이다.

艮門. 艮主. 乾廚(건방에 주방이 있는 경우)

- 艮門에서 乾廚는 天醫方이다.
- 艮主에서 乾廚는 天醫方이다.
- 艮門, 乾廚는 상생되고 天醫方이니 吉하여 財利가 있고 貴도 있다.
- 艮主, 乾廚는 역시 상생되고 天醫方이니 吉하다.
- 艮門, 艮主, 乾廚의 가옥구조는 三陽으로 純陽之宅이니 자연 陰을 傷하여, 부녀자와 자식에게 흉화가 발생하고, 孤寡之人(고과지인)이 多出하고 종국에는 절손되게 된다.
- 이러한 가옥은 초년에는 집안의 모든 식구가 화목하고 효순하며, 財帛(재백)이 날로 늘고, 가족은 건강하며, 六畜은 잘되고, 공명현달하는 자손이 많이 나온다.
- 그러나 세월이 흐르면 남자는 盛하나 여자는 각종 질병에 시달리고 단명하게 되며, 아이 기르기가 어렵다.
- 또한 食疾膨悶(식질팽민), 黃腫(황종), 복통 등의 질환이 있고, 여자가 단명하여 자손이 적게 되니 養子를 들여 代를 잇는다.

(2) 艮門과 震主의 길흉

⊙ 아래도표에서 집의 중심에서 나경을 보아 출입문이 丑.艮.寅方에 있으면 艮門이라 하고, 주인방이 甲.卯.乙方에 있으면 震主라 한다.

⊙ 艮門과 震主는 주역의 괘에서 山雷益(산뢰익)卦로 艮은 소년인데 木剋土 되어 소년이 夭死한다는 것이다. 그리고 六殺方이므로 가택이 불안하다.

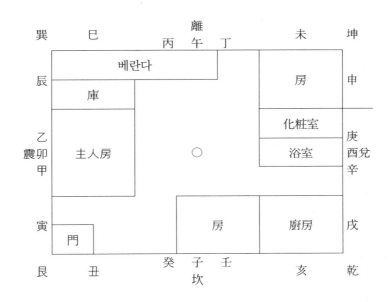

艮門. 震主. 八廚

艮門. 震主의 길흉
◆ 艮門에서 震廚는 六殺方이니 일명 六殺宅이라 한다.
◆ 艮門이 受剋되니 어린아이를 양육하기 어렵고, 또한 상극의 관계로, 오행상 土에 해당하는 소화기계통, 피부 등의 질환과 오행상 木에 해당하는 肝膽(간담), 筋骨腰腿(근골요퇴) 등의 질환이 발생하게 된다.
◆ 六殺宅의 경우는 家率들이 주색잡기, 도박, 방탕에 빠지는 경우가 많고, 人丁이 衰하고, 종국에는 절손되게 된다.
◆ 艮門, 震廚는 二陽의 純陽之宅이다. 자연 陰을 傷하게 하니 부녀자들의 夭死가 따르고, 자손을 얻기 어려워 종국에는 절손되게 되는 것이다.
艮門. 震主. 坎廚(감방에 주방이 있는 경우)

- 艮門에서 坎廚는 五鬼方이다.
- 震主에서 坎廚는 天醫方이다.
- 艮門, 坎廚는 坎廚가 受剋되니 仲男에게 불리하고 五鬼方이니 大凶하다.
- 震主, 坎廚는 상생되어 財利는 있으나 純陽으로 음양의 조화가 없으니 복록과 人丁이 장구하지 못하다.
- 艮門, 震主, 坎廚는 純陽之宅이다. 陰을 傷하게 하니 부녀자들에게 흉화가 따르고, 어린아이를 키우기 어렵고 종국에는 절손의 위험이 있는 것이다.
- 이러한 가옥은 초년에는 가정이 화목하고 자손이 총명하여 국가고시 합격자가 있을 것이나 형제간에는 不和가 있을 것이다.
- 그러나 세월이 오래 흐르면 脾疾膨脹(비질팽창), 面黃(면황), 음식을 먹지 못함 등의 질병이 있고, 부녀자들이 아기를 낳다가 죽거나, 가출하여 도망가거나, 自縊刀傷者(자액도상자)나, 聾啞者(농아자), 관재구설, 화재, 도난 등의 흉화가 발생할 것이다. 끝내는 家業이 피폐되고 사람이 일찍 죽는다.

艮門. 震主. 艮廚(간방에 주방이 있는 경우)

- 艮門에서 艮廚는 比和되어 伏位方이 된다.
- 震主에서 艮廚는 六殺方이다.
- 艮門, 艮廚는 二土比和되니 財를 發하나 純陽이니 목록이 장구하지 못다.
- 震主, 艮廚는 艮廚가 受剋되고 六殺方이니 少男에게 흉화가 당도하고 어린아이를 양육하기 어렵다.
- 이러한 가옥은 초년에는 돈과 재물이 넉넉하나 陽이 성하고 陰이 衰하니 질환이 多發하고, 부녀자는 단명하고, 어린아이는 기르기 어렵다.
- 그리고 세월이 오래 흐르면 食疾膨悶(식질팽민), 黃腫(황종), 복통 등의 질환자가 발생한다.
- 육축의 손실이 있겠고, 부녀자의 家出이 있을 것이며, 失物, 失財, 火災 등의 흉화가 발생하고, 사람이 죽는 일이 발생한다.
- 이러한 흉화는 8년~13년 내에 발생할 것이다.

艮門. 震主. 震廚(진방에 주방이 있는 경우)

- 艮門에서 震廚는 六殺方이다.
- 震主에서 震廚는 比和되어 伏位方이다.
- 艮門, 震廚는 艮門이 受剋되니 재물을 破하게 되고, 남자들에게 불리하다.
- 震主, 震廚는 二木이 比和되어 財利는 있으나, 純陽이니 복록이 장구하지 못하다.
- 艮門, 震主, 震廚는 純陽之宅이다. 陽盛陰衰하니 부녀자들과 막내아들, 어린아

이들에게 흉화가 닥치게 되고 종국에는 절손되게 된다.

- 이러한 가옥은 초년에 長男이 사업에 성공하여 재물이 넉넉하고 명성을 얻나, 末子는 매사 不成이다. 따라서 長男과 末子間의 不睦(불목)이 심화되고, 부녀자는 단명자가 나온다.
- 그리고 세월이 오래 흐르면 음식을 못 먹고, 食疾膨悶(식질팽민), 面黃(면황), 風狂(풍광) 등의 질환과 부녀자는 임신 중 곤란함을 겪거나, 바람피우다 추한 소문으로 도망가는 일이 발생하며, 사람과 육축이 공히 손상되고 8년 이내에 家破 人亡이다.

艮門. 震主. 巽廚(손방에 주방이 있는 경우)

- 艮門에서 巽廚는 絕命方이다.
- 震主에서 巽廚는 延年方이다.
- 艮門, 巽廚는 상극되니 少男에게 불리하고 부녀자들도 불리하며 단명수가 따른다.
- 震主 巽廚는 二木比和되며 成林되고, 음양의 조화가 있으니 吉하다.
- 이러한 가옥은 초년에는 매사 순탄하게 번창하며, 자손들이 명성을 얻으나 형제간에는 不睦(불목)한다.
- 그러나 세월이 흐르면 長女나 큰며느리는 死産하게 되거나, 남자들의 명이 짧으니 부녀자가 살림을 꾸려나간다.
- 또한 질병으로는 面黃(면황), 餓死(아사), 風狂(풍광), 癱瘓(탄탄), 癆疾(노역) 등의 질환이 발생하고, 부녀자의 淫行과 가출이 잇따르고, 육축의 손실과 도난과, 어린아이에게 禍가 있다.
- 이러한 일은 8년~13년 내에 발생하게 될 것이다.

艮門. 震主. 離廚(이방에 주방이 있는 경우)

- 艮門에서 離廚는 禍害方이다.
- 震主에서 離廚는 生氣方이 된다.
- 艮門, 離廚는 火生土하여 離火가 洩氣되니 仲女의 氣가 洩(설)되는 것이라 불리하다. 남자들은 소심하여 부녀자가 家權을 장악한다.
- 震主, 離廚는 상생되고, 生氣方이니 吉하다.
- 艮門, 震主, 離廚의 구조는 艮門과 離廚는 禍害方이라 凶하나, 震方이 주인방인 경우에는 순환상생되니 凶變吉이 되는 것이다.
- 이러한 가옥은 초년에는 돈과 재물이 넉넉하나 각종 질환이 다발하고, 부녀자는 단명하고, 가출하고, 小兒는 기르기 어렵다. 또한 남자들이 겁 많고 소심하여 부녀자가 家權을 휘두르니 온 가족에게 폐가 되는 것이다.

- ◆ 그러나 세월이 오래 흐르면 頭昏(두혼), 癱瘓(탄탄), 眼疾(안질), 변비, 痴(치), 聾啞(농아) 등의 질환자가 발생한다.
- ◆ 또한 자손을 기르기 어렵고, 식구가 손상되니 고아나 과부가 생기는 것이다.
- ◆ 이러한 일은 8년~13년 내에 발생하게 될 것이다.

艮門. 震主. 坤廚(곤방에 주방이 있는 경우)

- ◆ 艮門에서 坤廚는 生氣方이다.
- ◆ 震主에서 坤廚는 禍害方이다.
- ◆ 艮門, 坤廚는 二土比和되고 一陰一陽이며 生氣方이니 吉하다.
- ◆ 震主, 坤廚는 坤廚가 受剋되며 禍害方이니 老母에게 불리하며, 부녀자들에게도 흉화가 따른다.
- ◆ 이러한 가옥은 초년에는 二土가 쌓였으니 어머니가 자식이 잘되도록 가르치는 象이고, 자식들은 국가고시에 합격하여 家門이 명성을 떨치고 현달한다.
- ◆ 또한 재물과 전답이 늘고 현모양처에 자식은 효순하다. 2년~7년 사이에 발복한다.
- ◆ 그러나 세월이 흐르면 黃腫(황종), 心疼(심동), 腹痛(복통) 등의 질환자가 발생하고, 부녀자의 가출이 있던가, 출산 중 사망하게 되는 일이 발생할 것이다.

艮門. 震主. 兌廚(태방에 주방이 있는 경우)

- ◆ 艮門에서 兌廚는 延年方이다.
- ◆ 震主에서 兌廚는 絕命方이다.
- ◆ 艮門, 兌廚는 상생되고 음양이 正配合되고 延年方이니 財利가 있고 吉하다.
- ◆ 震主, 兌廚는 震主가 受剋되며 絕命方이니 長男에게 불리하고 단명수가 있으며, 가택의 남자들에게 흉화가 발생하여 孤寡之人(고과지인)이 多出하고 부녀자가 집안을 이끌어 간다.
- ◆ 이러한 가옥은 초년에는 夫婦正配合에 해당하니 재물과 전답이 늘고 가업이 흥왕하며, 여자는 현모양처요 남자는 공손하고 예의범절이 뛰어나다.
- ◆ 그러나 세월이 오래 흐르면 가족에게 각종 질병이 발생하고, 부녀자는 단명하게 되고, 食疾膨悶(식질팽민), 黃腫(황종), 腹痛(복통) 등의 질환자가 발생할 것이다.

艮門. 震主. 乾廚(건방에 주방이 있는 경우)

- ◆ 艮門에서 乾廚는 天醫方이다.
- ◆ 震主에서 乾廚는 五鬼方이다.
- ◆ 艮門, 乾廚는 상생되고 天醫方이니 吉하다.
- ◆ 震主, 乾廚는 震主가 受剋되니 長男에게 불리하며 가택의 남자들에게도 흉화와 夭死함이 따르니, 부녀자가 집안을 이끌어 간다.

- 艮門, 震主, 乾廚는 純陽之宅이다. 陽盛陰衰하여 처자를 傷하니 孤寡之人이 多出하고, 종국에는 절손되게 되어 養子를 들이거나 他姓이 향화를 이어가게 된다.
- 이러한 가옥은 초년에는 집안의 모든 식구가 화목하고 효순하며, 財帛(재백)이 날로 늘고, 가족은 건강하며, 육축은 잘되고, 공명현달하는 자손이 많이 나온다.
- 그러나 세월이 흐르면 남자는 盛하나 여자는 각종 질병에 시달리고 단명하게 되며, 아이 기르기가 어렵다.
- 또한 食疾膨悶(식질팽민), 黃腫(황종), 복통, 치매, 喘息(천식) 등의 질환이 발생하고, 육축의 손실이 있고, 화재, 도난 등의 흉화가 발생한다.
- 이러한 일들은 8년~13년 내에 발생하게 된다.

(3) 艮門과 巽主의 길흉

⊙ 아래 가옥도에서 집의 중심에서 나경을 보아 출입문이 丑.艮.寅方에 있으면 艮門이라 하고, 주인방이 辰.巽.巳方에 있으면 巽主라 한다.

⊙ 艮門과 巽主는 木剋土로 상호 相剋되니 가택이 不寧하여 과부나 절손의 흉액이 있다.

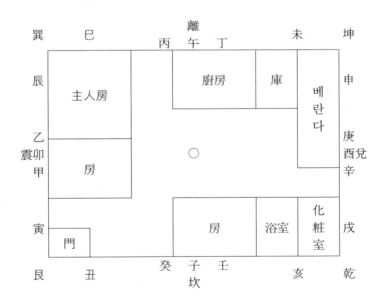

艮門. 巽主. 八廚

艮門과 巽主의 길흉

- 艮門에서 巽主는 絕命方이니 일명 絕命宅이라 한다.
- 艮門이 受剋되니 少男에게 흉액과 단명수가 있고, 어린아이를 양육하기 어렵고, 또한 상극의 관계로 인해, 오행상 土에 해당하는 소화기계통, 피부 등의 질환과 오행상 木에 해당하는 肝膽(간담), 筋骨腰腿(근골요퇴) 등과 연관된 질환이 발생하게 된다.
- 간사한 무리배들이 多出하고, 家率들이 중병으로 인해 수명이 짧고, 잔질과 의외의 흉액이 多發하며, 破財와 破家가 따른다.
- 破財, 破家는 長男에 주로 해당되고, 應期는 庚.辛이나 巳.酉.丑에 해당하는 年이나 月이다.

艮門. 巽主. 坎廚(감방에 주방이 있는 경우)

- 艮門에서 坎廚는 五鬼方이다.
- 巽主에서 坎廚는 生氣方이다.
- 艮門, 坎廚는 坎廚가 受剋되니 仲男 및 남자들에게 불리하고 종국에는 절손되게 되어 대흉이다.
- 巽主, 坎廚는 상생되고 生氣方이니 吉하다.
- 이러한 가옥은 초년에는 가정이 화목하고 자손이 총명하여 국가고시 합격자가 있을 것이나 형제간에는 不和가 있을 것이다.
- 그러나 세월이 오래 흐르면 脾疾膨脹(비질팽창), 面黃(면황), 不思飮食(불사음식) 등의 질병이 있고, 長女나 큰며느리가 아기를 낳다가 죽거나, 바람피우다 家門을 욕되게 하여 도망가거나, 自縊刀傷者(자액도상자)나, 聾啞者(농아자), 관재구설, 화재, 도난 등의 흉화가 발생할 것이다. 결국은 家産이 피폐되고 사람이 일찍 죽는다.

艮門. 巽主. 艮廚(간방에 주방이 있는 경우)

- 艮門에서 艮廚는 比和되어 伏位方이 된다.
- 巽主에서 艮廚는 絕命方이다.
- 艮門, 艮廚는 二土比和되어 財利가 있으나 純陽이니 복록이 장구하지 못하다.
- 巽主, 艮廚는 艮廚가 受剋되니, 少男에게 불리하고 어린아이들을 키우기가 어려우며 絕命方이니 凶하다.
- 이러한 가옥은 초년에는 가업이 흥왕하고 돈과 재물이 넉넉하나, 長女나 큰며느리는 아이를 낳다가 죽는 경우가 발생하거나, 부녀자가 살림을 꾸려나간다. 또한

628 [양택편] 실전 풍수지리

부녀자의 家出이 발생하고, 어린이를 양육하기 어려우며 가산이 흩어진다.

- 세월이 오래 흐르면 氣蠱攻心(기고공심), 약물중독자, 화재, 관재구설, 도난 등의 흉화가 따르고, 재물이 흩어진다.
- 이러한 가옥은 흉함이 매우 심대하니, 가옥의 구조를 개선하거나 이사해야 家率들의 命을 보존할 수 있다.

艮門. 巽主. 震廚(진방에 주방이 있는 경우)

- 艮門에서 震主는 六殺方이다.
- 巽主에서 震廚는 延年方이다.
- 艮門, 震廚는 艮門이 受剋되니 少男에게 불리하고, 또한 어린아이들을 키우기 어렵다.
- 巽主, 震廚는 二木比和되고 음양의 배합이 있으며 延年方이니 財를 發하고 貴를 기약할 수 있다.
- 이러한 가옥은 초년에 長男과 長女가 사업에 성공하여 재물이 넉넉하고 명성을 얻으나, 少男은 매사 不成이다.
- 세월이 오래 흐르면 長男과 少男과의 불목이 심화되고, 부녀자는 단명자가 나오며, 음식을 못 먹고, 食疾膨悶(식질팽민), 面黃, 風狂 등의 질환과 부녀자는 임신 중 곤란함을 겪거나, 부녀자중 추한 소문을 내고 가출하는 일이 발생한다.
- 사람과 六畜이 공히 손상되고 8년 이내에 家破人亡이다.

艮門. 巽主. 巽廚(손방에 주방이 있는 경우)

- 艮門에서 巽廚는 絕命方이다.
- 巽主에서 巽廚는 比和되어 伏位方이다.
- 艮門, 巽廚는 艮門이 受剋되니 少男에게 불리하고 어린아이들을 키우기 어렵다.
- 巽主, 巽廚는 二木比和되니 초년에 財利가 있으나 純陰이니 복록이 장구하지 못하다.
- 이러한 가옥은 초년에는 재주있는 부녀자가 집안을 일으킨다. 남자는 고생하고 단명한다.
- 가족 중에 치매나 사지가 뒤틀어져 거동이 불편한 사람이 나올 것이다.
- 그러나 오래 세월이 흐르면 長女나 큰며느리는 아이를 낳다가 죽게 되거나, 부녀자가 살림을 꾸려나간다.
- 또한 家率들 중 面黃(면황), 餓死(아사), 風狂(풍광), 噎隔(일격), 發癌者(발암자) 등이 발생하고, 부녀자의 가출이 발생한다.
- 어린아이는 기르기 어렵고, 재물은 흩어지고, 사람의 손상이 있다. 그리고 화재,

관재구설, 도난 등의 흉화가 있을 것이다.

艮門. 巽主. 離廚(이방에 주방이 있는 경우)

- 艮門에서 離廚는 禍害方이다.
- 巽主에서 離廚는 天醫方이 된다.
- 艮門, 離廚는 상생되나 禍害方이라 凶하다. 남자들이 소심하니 여자들이 가권을 장악한다.
- 질병으로는 오행상 火, 土와 연관된 심장계통, 소화기계통의 질환이 多發한다.
- 巽主, 離廚는 상생되고 天醫方이니 吉하다.
- 艮門, 巽主, 離廚의 가옥 구조에서 艮門과 巽主의 구조는 본시 凶하나, 離方에 주방을 놓음으로써 木生火, 火生土하여 順生되니 凶變吉이 된 것이다.
- 이러한 가옥은 초년에는 家産이 넉넉하나 각종 질환이 다발하고, 부녀자는 단명하고, 가출하고, 小兒는 기르기 어렵다. 또한 부녀자의 성질이 사나워지고 家權을 장악하니 온 가족에게 폐가 되는 것이다.
- 세월이 오래 흐르면 頭昏(두혼), 癱瘓(탄탄), 眼疾(안질), 변비, 痴(치), 聾啞(농아) 등의 질환자가 발생하고, 자손을 기르기 어렵고, 식구가 손상되니 고아나 과부가 생기는 것이다.

艮門. 巽主. 坤廚(곤방에 주방이 있는 경우)

- 艮門에서 坤廚는 生氣方이다.
- 巽主에서 坤廚는 五鬼方이다.
- 艮門, 坤廚는 二土比和되고 生氣方이니 吉하여 財를 發하게 된다.
- 巽主, 坤廚는 坤廚가 受剋되니 老母에게 불리하고, 五鬼方이니 여러 흉화가 多發한다.
- 이러한 가옥은 二土比和되니 어머니가 자식 잘되기를 가르치는 象이고, 재물과 전답이 늘고 현모양처에 자식은 효순하다. 2년~7년 사이에 발복한다. 자식들이 국가고시에 합격하여 家門이 명성을 얻고 현달한다.
- 그러나 세월이 오래 흐르면, 長女나 큰며느리는 難産(난산)의 위험이 있고, 부녀자가 가업을 꾸려나간다. 또한 黃腫(황종), 心疼(심동), 복통 등의 질환자가 발생하고, 부녀자의 가출이 있던가, 관재구설, 화재, 도난 등의 흉화가 따른다.

艮門. 巽主. 兌廚(태방에 주방이 있는 경우)

- 艮門에서 兌廚는 延年方이다.
- 巽主에서 兌廚는 六殺方이다.
- 艮門, 兌廚는 상생되고 음양정배합이며 延年方이니 吉하다.

- 巽主, 兌廚는 巽主가 受剋되며 六殺方이니 凶하여 부녀자들에게 夭死가 따른다.
- 이러한 가옥은 초년에는 부부정배합에 해당하니 재물과 전답이 늘고 가업이 흥왕하며, 여자는 현모양처요 남자는 중후하고 공명정대하다.
- 그러나 세월이 오래 흐르면 가족에게 각종 질병이 발생하고, 長女나 큰며느리는 난산의 흉액이 있고, 부녀자가 살림을 꾸려나가나 단명하게 되고, 치매, 黃腫(황종), 거동불편자, 가출자, 화재, 도난, 관재구설 등의 흉화가 발생할 것이다.

艮門. 巽主. 乾廚(건방에 주방이 있는 경우)

- 艮門에서 乾廚는 天醫方이다.
- 巽主에서 乾廚는 禍害方이다.
- 艮門, 乾廚는 상생되고 天醫方이니 吉하다.
- 巽主, 乾廚는 巽主가 受剋되니, 長女나 큰며느리에 불리한데, 다른 부녀자들도 흉하여 夭死하거나, 落胎되거나, 筋骨疼痛(근골동통) 등의 질병이 발생한다.
- 이러한 가옥은 초년에는 집안의 모든 식구가 화목하고 효순하며, 財帛(재백)이 날로 늘고, 가족은 건강하며, 六畜은 잘되고, 공명현달하는 자손이 많이 나온다.
- 그러나 세월이 오래 흐르면 長女나 큰며느리는 난산의 흉액이 있고, 부녀자가 가정을 꾸려나갈 것이다.
- 치매. 黃腫(황종), 약물중독자, 거동불편자, 가출자, 화재, 도난, 관재구설 등으로 가업이 피폐되고 사람이 손상된다.
- 이러한 가옥구조는 여러 흉화가 多發하게 되니 주인방을 吉方으로 改修(개수)해야 한다.

(4) 艮門과 離主의 길흉

◎ 아래가옥에서 집의 중심에서 나경을 보아 丑.艮.寅方에 출입문이 있으면 艮門이라 하고, 주인방이 丙.午.丁方에 있으면 離主라 한다.

◎ 艮門과 離主는 雜鬼가 地戶에 들었으니 부녀자의 성질이 난폭하다. 艮門과 離主는 禍害宅이고, 陰이 盛하고 陽이 衰하니, 남자는 약하고 부녀자는 강경하니 부부간에 불화가 잦으며, 남편이 집에 있는 것을 싫어하게 되어 밖으로 겉돌게 되는 것이다.

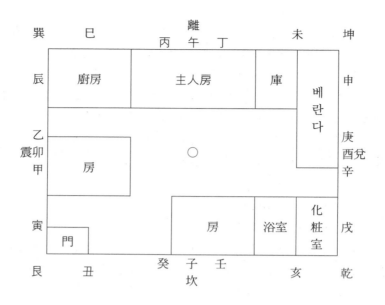

艮門. 離主. 八廚

艮門과 離主의 길흉

* 艮門에서 離主는 禍害方이니 일명 禍害宅이라 한다.
* 남자들은 남과 다투기를 좋아하고, 人丁이 衰하니, 孤寡之人(고과지인)이 多出하게 되며 종국에는 절손되게 된다.
* 가솔들에게 殘疾, 血光 등의 흉화와, 시비다툼, 관재구설, 자살 등의 災禍가 다발하고 破財와 破家가 따른다.
* 破財는 주로 少男에게 해당되며, 應期는 戊.己나 辰.未.戌.丑에 해당하는 年이나 月이다.
* 離火가 艮土를 생하니 陰火가 陽土를 生하는 火炎土燥(화염토조)의 형국이라, 오행상 火에 해당하는 심장, 眼疾(안질), 血病 등의 질환과, 土에 해당하는 소화기 계통, 피부병 등의 질병을 앓게 된다.
* 艮門, 離主는 또한 陽衰陰旺之宅이라 남자들은 유약하고 부녀자들은 성격이 강하여, 부녀자가 家權을 장악하게 된다.

艮門. 離主. 坎廚(감방에 주방이 있는 경우)

* 艮門에서 坎廚는 五鬼方이다.
* 離主에서 坎廚는 延年方이다.
* 艮門, 坎廚는 坎廚가 受剋되니 仲男에게 불리함이 있다.

- 離主, 坎廚는 상극되나 음양의 正配合이고 延年方이라 吉하다, 다만 離主가 受剋 되니 부녀자들에게 불리함이 있다.
- 이러한 가옥은 초년에는 가정이 화목하고 자손이 총명하여 국가고시 합격자가 있을 것이다.
- 가족 중에 眼疾(안질)을 앓는 자가 발생하면 재앙이 시작되고 부부가 이별하게 된다.
- 그러나 세월이 오래 흐르면 自縊刀傷者(자액도상자)나, 화재, 도난, 관재구설 등의 흉화가 발생할 것이다.
- 재물이 흩어지고 사람은 손상된다. 또한 부녀자는 난폭하여지니 가족들 간 다툼과 불화가 팽배해지고, 頭昏(두혼)과, 癡呆(치매), 거동불편자, 聾啞者(농아자) 등의 흉액이 발생한다.
- 어린이는 양육이 어렵고 과부가 남게 되는 가옥이다.

艮門. 離主. 艮廚(간방에 주방이 있는 경우)

- 艮門에서 艮廚는 比和되어 伏位方이 된다.
- 離主에서 艮廚는 禍害方이다.
- 艮門, 艮廚는 二土比和되고 純陽으로 伏位方으로 吉하니 초년에 財를 發함이 있다.
- 離主, 艮廚는 火生土하니 火氣가 洩되는데, 離火는 仲女라 仲女의 氣가 洩됨과 같으니 仲女와 기타 부녀자들에게 불길함이 있다.
- 이러한 가옥은 초년에는 돈과 재물이 넉넉하나, 부녀자가 단명하게 되므로 아이를 키우기 어렵다.
- 세월이 오래 흐르면 부녀자는 성질이 난폭하여지고, 食疾膨悶(식질팽 민), 氣蠱功心(기고공심), 약물중독자, 聾啞(농아), 화재, 관재구설, 도난 등의 흉화가 따르고, 재물이 흩어진다.
- 아이의 양육이 어려우니 養子를 들이게 되고 종국에는 절손되게 된다.

艮門. 離主. 震廚(진방에 주방이 있는 경우)

- 艮門에서 震廚는 六殺方이다.
- 離主에서 震廚는 生氣方이다.
- 艮門, 震廚는 艮門이 受剋되고 六殺方이니 凶하다. 少男에게 불리함이 있고, 어린아이들을 키우기 어렵다.
- 離主, 震廚는 상생되고 生氣方이니 吉하다.
- 이러한 가옥은 초년에는 부녀자가 능히 살림을 일으키나, 성질이 사나워 가족간

불화가 잦고, 몸의 일부가 마비되는 사람이 나온다.

- 세월이 오래 흐르면 長子와 末子간의 불화가 있고, 음식을 못 먹고, 食疾膨悶(식질팽민), 面黃(면황), 風狂(풍광) 등의 질환과 부녀자는 임신 중 곤란함을 겪거나, 가출하는 일이 발생한다.
- 사람과 육축이 공히 손상되고 8년 이내에 家破人亡이다.

艮門. 離主. 巽廚(손방에 주방이 있는 경우)

- 艮門에서 巽廚는 絶命方이다.
- 離主에서 巽廚는 天醫方이다.
- 艮門, 巽廚는 艮門이 受剋되니 少男에게 불리하고 어린아이들을 키우기 어렵다.
- 離主, 巽廚는 상생되고 天醫方이니 吉하다.
- 이러한 가옥은 남자들의 단명수가 있으니 초년에는 재주있는 부녀자가 집안을 일으킨다. 가족 중에 치매나 사지가 뒤틀어져 거동불편자가 나올 것이다.
- 그러나 오래 세월이 흐르면 長女나 큰며느리는 아이를 낳다가 죽게 되거나, 부녀자가 살림을 꾸려나간다.
- 面黃(면황), 餓死(아사), 風狂(풍광), 噎隔(일격), 發癌者(발암자)가 있던지, 부녀자의 가출이 있게 된다.
- 또한 어린아이는 기르기 어렵고, 재물은 흩어지고, 사람의 손상이 있다. 화재, 관재구설, 도난 등의 흉화가 있게 된다.

艮門. 離主. 離廚(이방에 주방이 있는 경우)

- 艮門에서 離主는 禍害方이다.
- 離主에서 離廚는 伏位方이 된다.
- 艮門, 離廚는 火生土하여 離火가 洩氣(설기)되니 仲女의 氣가 洩되는 것이라 흉하다. 남자들은 겁이 많고 유약하니 부녀자가 家權을 장악한다.
- 離主, 離廚는 二火比和되고 伏位方이라 초년에는 財利가 있으나 복록이 장구하지 못하다.
- 이러한 가옥은 초년에는 돈과 재물이 넉넉하나 각종 질환이 다발하고, 남자는 夭死하고 부녀자가 살림을 꾸려나가나 命이 길지 못하고, 가출자가 생기고, 小兒는 기르기 어렵다. 또한 부녀자의 성질이 사나워지니 온 가족에게 폐가 되는 것이다.
- 세월이 오래 흐르면 心疼(심동), 頭昏(두혼), 癱瘓(탄탄), 眼疾(안질), 변비, 痴(치), 聾啞(농아) 등의 질환자가 발생하며, 자손을 기르기 어렵고, 식구가 손상되니, 고아나 과부가 생기는 것이다.

艮門. 離主. 坤廚(곤방에 주방이 있는 경우)

- 艮門에서 坤廚는 生氣方이다.
- 離主에서 坤廚는 六殺方이다.
- 艮門, 坤廚는 一陰一陽이고 二土比和되며 生氣方이니 吉하다.
- 離主, 坤廚는 離主의 氣가 洩됨이니 仲女에게 불리함이 있다.
- 이러한 가옥은 초년에는 二土比和되니 어머니가 자식 잘되기를 가르치는 象이고, 家産이 늘고 현모양처에 자식은 효순하다. 2년~7년 사이에 발복한다.
- 자식들이 고시에 합격하여 가문이 명성을 떨치고 현달한다.
- 그러나 세월이 흐르면 부녀자가 가업을 꾸려나는데 부녀자의 성품이 사나우니 가족을 불안하게 한다.
- 또한 頭昏(두혼), 痲痺(마비), 聾啞 등의 질환자가 발생한다. 아이를 기르기가 어렵고, 고아나 과부가 발생한다.

艮門. 離主. 兌廚(태방에 주방이 있는 경우)

- 艮門에서 兌廚는 延年方이다.
- 離主에서 兌廚는 五鬼方이다.
- 艮門, 兌廚는 상생되고 음양의 正配合이고 延年方이니 吉하다.
- 離主, 兌廚는 兌廚가 受剋되니 少女에게 불리함이 있고, 어린 부녀자들에 災厄이 있다.
- 이러한 가옥은 초년에는 부부정배합에 해당하니 재물과 전답이 늘고 가업이 흥왕하다. 여자는 현모양처요 남자는 공손하고 예의범절이 뛰어나다.
- 세월이 오래 흐르면 가족에게 각종 질병이 발생하고, 부녀자의 성품이 사나워서 가족간에 불화가 잦다.
- 頭昏(두혼), 痲痺(마비), 痴(치), 聾啞者(농아자) 등이 발생하고, 아이를 양육하기 어렵고, 고아나 과부가 속출한다.

艮門. 離主. 乾廚(건방에 주방이 있는 경우)

- 艮門에서 乾廚는 天醫方이다.
- 離主에서 乾廚는 絶命方이다.
- 艮門, 乾廚는 상생되고 天醫方이니 吉하다.
- 離主, 乾廚는 乾廚가 受剋되고 絶命方이니 老父에게 단명수가 따른다.
- 이러한 가옥은 초년에는 집안의 모든 식구가 화목하고 효순하다. 財帛(재백)이 날로 늘고, 가족은 건강하며, 육축은 잘되고, 공명현달하는 자손이 많이 나온다.
- 그러나 세월이 흐르면 부녀자의 성품이 사나워서 가족간 불화가 잦다.

(5) 艮門과 坤主의 길흉

◎ 아래도표에서 집의 중심에서 나경을 보아 출입문이 丑.艮.寅方에 있으면 艮門이
  라 한다. 주인방이 未.坤.申方에 있으면 坤主라 한다.

◎ 艮門과 坤主는 山과 土가 합친 격이니 전답이 늘어나고 가업이 흥성하다.
  艮門과 坤主는 生氣宅이다.

◎ 자손이 현달하고 부부가 장수하고, 家門이 명성을 얻는다.

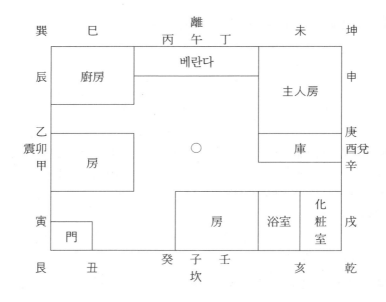

艮門. 坤主. 八廚

艮門과 坤主의 길흉
◆ 艮門에서 主廚는 生氣方이니 일명 生氣宅이라 한다.
◆ 二土比和되고 상생되니 吉하여, 人丁이 旺하고 家産이 늘고, 자손들이 현달할 수 있다.
◆ 人品이 공명정대하며, 건강장수하고, 형제간 우애가 있으며, 이는 주로 長男에게

해당되는데, 應期는 甲.乙이나 亥.卯.未에 해당하는 年이나 月이다.
- 그러나 세월이 오래 흐르면 어린아이는 키우기 어렵고 黃腫(황종), 心疼(심동) 등의 질환을 앓게 될 것이다.

艮門. 坤主. 坎廚(감방에 주방이 있는 경우)

- 艮門에서 坎廚는 五鬼方이다.
- 坤主에서 坎廚는 絶命方이다.
- 艮門, 坎廚는 二陽이 상호 상극이며 五鬼方이다. 가족들 간 불화가 심하고, 仲男과 少男 사이에 불목이 있고, 家産이 줄게 된다.
- 坤主, 坎廚는 역시 상극되고 絶命方이니 매우 凶하다.
- 艮門, 坤主, 坎廚는 二土가 一水를 극하며 매우 凶한데, 질병으로는 오행상 土와 水에 해당하는 소화기계통, 피부계통, 黃腫(황종), 생식계통, 치매, 癲狂(전광), 聾啞(농아) 등의 질병에 시달리고, 自縊刀傷(자액도상)이나, 관재구설, 溺死(익사), 도난 등의 흉화가 多發한다.
- 이러한 가옥은 초년에는 가정이 화목하고 재산이 늘어나며 부모는 현명하고 자식은 어질다.
- 그러나 세월이 오래 흐르면 가족 중에 질병자가 다수 발생하며, 형제간에 불화하고 부부 이별수가 있으며, 부녀자는 아이를 낳아 기르기가 어렵고, 종국에는 절손되게 된다.

艮門. 坤主. 艮廚(간방에 주방이 있는 경우)

- 艮門에서 艮廚는 比和되어 伏位方이 된다.
- 坤主에서 艮廚는 生氣方이다.
- 艮門, 艮廚는 二土比和의 伏位方이니 吉하여 財를 發하나 純陽이니 복록이 장구하지 못한다.
- 坤主, 艮廚는 역시 二土比和되고 生氣方이니 吉하다.
- 이러한 가옥은 초년에는 돈과 재물이 넉넉하나, 모친은 막내만을 아끼니 형제간에 불목한다.
- 그러나 세월이 오래 흐르면 부녀자가 단명하게 되고, 어린이를 키우기 어려우며, 위가 더부룩하고 소화가 안되는 증세, 복통, 腫脹(종창) 등이 발생할 것이다.
- 결국은 재물이 흩어지고 부녀자가 질병을 앓게 되므로 他姓의 자식으로 代를 잇는다.

艮門. 坤主. 震廚(진방에 주방이 있는 경우)

- 艮門에서 震廚는 六殺方이다.

- ◆ 坤主에서 震廚는 禍害方이다.
- ◆ 艮門, 震廚는 艮門이 受剋되고 六殺方이니 凶하다. 형제간 불목하고, 家産이 줄게 된다.
- ◆ 坤主, 震廚는 坤主가 受剋되고 禍害方이니 老母에게 불리하며, 기타 부녀자들에게도 흉화가 따른다.
- ◆ 艮門, 坤主, 震廚는 二陽一陰으로 陽旺陰衰하니 부녀자를 傷하게 하여, 어린아이 키우기가 어렵고 끝내는 절손되게 된다.
- ◆ 이러한 가옥은 초년에는 재산이 일어나 살림이 풍족하다.
- ◆ 2년~5년 사이에 육축이 무성하고 금전과 재물이 쌓이나 중년에는 쇠약해진다.
- ◆ 오랜 세월이 지나면 家率들이 黃腫(황종)과 腹痛(복통)으로 고생하고, 형제간에는 불화하고, 소화불량, 面黃(면황), 風狂(풍광), 치매, 부녀자의 난산 등의 흉액이 발생한다. 또한 부녀자의 바람기로 인한 醜聞(추문)으로 家門이 피폐된다.
- ◆ 사람과 육축이 모두 손상되고 8년 내에 家破人亡한다.

艮門. 坤主. 巽廚(손방에 주방이 있는 경우)

- ◆ 艮門에서 巽廚는 絕命方이다.
- ◆ 坤主에서 巽廚는 五鬼方이다.
- ◆ 艮門, 巽廚는 상극되고 絕命方이니 가족간 불화하고 가업이 패퇴된다. 남자들이 제 역할을 하지 못하고, 부녀자가 家權을 장악하게 된다.
- ◆ 坤主, 巽廚는 坤主가 受剋되니 老母에게 불리함이 있다.
- ◆ 이러한 가옥은 초년에는 2년~5년 동안은 재물과 금전이 풍족해진다.
- ◆ 그러나 오래 세월이 흐르면 질병이 발생하게 되고, 長女나 큰며느리는 아이를 낳다가 죽게 되거나, 부녀자가 살림을 꾸려나간다.
- ◆ 또한 面黃(면황), 餓死(아사), 風狂(풍광), 噎隔(열격), 發癌者(발암자)가 발생하던지, 가출자가 나온다.
- ◆ 어린아이는 기르기 어렵고, 재물은 흩어지고, 사람의 손상이 있다. 또한 화재, 관재구설, 도난 등의 흉화가 있을 것이다.

艮門. 坤主. 離廚(이방에 주방이 있는 경우)

- ◆ 艮門에서 離廚는 禍害方이다.
- ◆ 坤主에서 離廚는 六殺方이 된다.
- ◆ 艮門, 離廚는 陰火가 生陽土하니 火炎土燥(화염토조)의 형국이라 生而不生이 되는 것이니 어린아이 키우기가 어려운 것이다.
- ◆ 부녀자가 강폭하니 남자들이 겁을 내고, 부녀자가 家權을 장악하고, 부부간 불목

함이 있으며, 자손을 두기 어렵다.

◆ 坤主, 離廚는 상생되나 二陰이니 자연 陽을 傷하게 하고 六殺方이니 凶하다. 財를 發함은 있으나 장구하지 못하다.

◆ 이러한 가옥은 초년에는 돈과 재물이 넉넉하고, 2년~7년 사이에 발복되나, 각종 질환이 다발하고, 남자는 夭死하고 부녀자가 살림을 꾸려나가나 命이 길지 못하고, 가출자가 생기고, 小兒는 기르기 어렵다. 또한 부녀자의 성질이 사나워지니 온 가족에게 폐가 되는 것이다.

◆ 세월이 오래 흐르면 心疼(심동), 頭昏(두혼), 癱瘓(탄탄), 眼疾(안질), 변비, 痴(치), 聾啞(농아) 등의 질환자가 발생한다.

◆ 또한 이러한 가옥은 자손을 기르기 어렵고, 식구가 손상되니 고아나 과부가 생기는 것이다.

艮門. 坤主. 坤廚(곤방에 주방이 있는 경우)

◆ 艮門에서 坤廚는 生氣方이다.
◆ 坤主에서 坤廚는 比和되어 伏位方이다.
◆ 艮門, 坤廚는 二土比和되고 一陰一陽이며 生氣方이니 人丁이 旺하고 부귀할 수 있으나 장구하지 못하다.
◆ 坤主, 坤廚는 역시 二土比和로 伏位方이니 財를 發하고 吉하다.
◆ 二土가 쌓였으니 초년에는 어머니가 자식 잘되기를 가르치는 象이고, 재물과 전답이 늘고 현모양처에 자식은 효순하다. 2년~7년 사이에 발복한다.
◆ 자식들이 국가고시에 합격하여 家門이 명성을 떨치고 현달한다.
◆ 그러나 세월이 흐르면 黃腫(황종)과 心腹痛(심복통)으로 고생하게 되고, 모친은 어린 자식을 살피다 병고로 죽게 된다.

艮門. 坤主. 兌廚(태방에 주방이 있는 경우)

◆ 艮門에서 兌廚는 延年方이다.
◆ 坤主에서 兌廚는 天醫方이다.
◆ 艮門, 兌廚는 상생되고 음양이 正配合이고 延年方이니 吉하다. 가정이 화목하고, 가업이 흥왕하다.
◆ 坤主, 兌廚는 역시 상생되고 天醫方이라 吉하다.
◆ 艮門, 坤主, 兌廚의 구조는 人丁이 旺하고, 건강장수하며, 부귀하며 자손들이 현량하다.
◆ 이러한 가옥은 초년에는 夫婦正配合에 해당하니 재물과 전답이 늘고 가업이 흥창한다.

◆ 여자는 현모양처요 남자는 공손하고 예의범절이 뛰어나다.
◆ 세월이 오래 흐르면 가족에게 각종 질병이 발생하고, 모친이 어린 아들을 살피다 끝내 숨지고 만다.

艮門. 坤主. 乾廚(건방에 주방이 있는 경우)

- ◆ 艮門에서 乾廚는 天醫方이다.
- ◆ 坤主에서 乾廚는 延年方이다.
- ◆ 艮門, 乾廚는 상생되고 天醫方이라, 가정이 화목하고, 가업이 흥성하다.
- ◆ 坤主, 乾廚는 역시 부부정배합되고 延年方이라 吉하다. 부자가 화목하고, 자손들이 공명을 얻고, 가업도 흥왕해지는데 막내아들에게 洪福(홍복)이 많다.
- ◆ 이러한 가옥은 초년에는 집안의 모든 식구가 화목하고 효순하다. 財帛(재백)이 날로 늘고, 가족은 건강하며, 육축은 잘되고, 공명현달하는 자손이 많이 나온다.
- ◆ 그러나 세월이 흐르면 부녀자가 단명하던지, 젊은 여자를 맞아들이는데, 집주인이 그 여자를 편애하므로, 젊은 여자가 교만하여져서 남편을 속이고 재산을 빼돌릴 것이다.
- ◆ 또한 黃腫(황종), 心腹痛(심복통)으로 고생하고 모친이 어린 아들을 살피다가 끝내 숨지고 만다.

(6) 艮門과 兌主의 길흉

◎ 아래도표의 집의 중심에서 나경을 보아 출입문이 丑.艮.寅方에 있으면 艮門이라 하고, 주인방이 庚.酉.辛方에 있으면 兌主라 한다.

◎ 艮門과 兌主는 家門이 창성해지고 부귀를 누리는 가옥의 구조이다.

◎ 艮門과 兌主는 상생되고 延年方이며 夫婦正配合이 되므로 길하다.

◎ 이러한 형태의 집을 西四宅이라 하고, 最吉한데, 命宮과 합치되면 宰相(재상)이 나오는 집이라 한다.

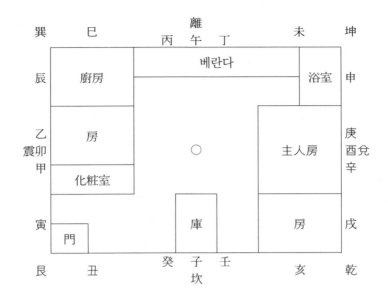

巽 巳 離 未 坤
丙 午 丁

辰 | 廚房 | 베란다 | 浴室 | 申

乙
震卯 | 房 | ○ | 主人房 | 庚
甲 | | | | 酉兌
 | 化粧室 | | | 辛

寅 | 門 | 庫 | 房 | 戌

艮 丑 癸 子 壬 亥 乾
坎

艮門. 兌主. 八廚

艮門과 兌主의 길흉

◆ 艮門에서 兌主는 延年方이니 일명 延年宅이라 한다.

◆ 부부정배합이고, 延年方이라 吉하니 中富정도의 財를 得하고, 人丁이 旺하고,
  우수한 자손이 출하여 家門의 영달을 기약할 수 있다. 이는 주로 少男에 해당되는
  데, 應期는 庚.辛이나 巳.酉.丑에 해당하는 年이나 月이다.

◆ 자손들이 국가고시에 합격하고, 육축이 번창하고 전답은 증가하고, 부부는 화목하
  고, 자손은 효현하고, 가업이 발달한다. 아들은 넷인데 대체로 末子가 발복한다.

艮門. 兌主. 坎廚(감방에 주방이 있는 경우)

◆ 艮門에서 坎廚는 五鬼方이다.

◆ 兌主에서 坎廚는 禍害方이다.

◆ 艮門, 坎廚는 坎廚가 受剋되며 五鬼方이니 凶한데 仲男에게 흉화가 있다.

◆ 兌主, 坎廚는 상생되나 禍害方이니 大凶하다.

◆ 이러한 가옥은 土生金으로 陰陽正配合이 되므로 초년에는 가정이 화목하고 재산
  이 늘어나며 부모는 현명하고 자식은 어질다. 따라서 부귀를 얻을 수 있다.

◆ 그러나 세월이 오래 흐르면 가족 중에 질병자가 다수 발생한다.

◆ 형제간에 불화하고 부부이별수가 있으며, 부녀자는 아이를 낳아 기르기가 어렵
  고, 自縊刀傷者(자액도상자)가 발생하던지, 관재구설, 화재, 도난 등의 흉액이

발생한다.

艮門. 兌主. 艮廚(간방에 주방이 있는 경우)

* 艮門에서 艮廚는 比和되어 伏位方이 된다.
* 兌主에서 艮廚는 延年方이다.
* 艮門, 艮廚는 二土比和되어 吉하나 복록이 장구하지 못하다.
* 兌主, 艮廚는 상생되고 음양의 正配合이고 延年方이니 吉하다.
* 이러한 가옥은 초년에는 돈과 재물이 넉넉하나, 모친은 막내만을 아끼니 형제간에 불목한다.
* 세월이 오래 흐르면 부녀자가 단명하게 되고, 어린이를 키우기 어려우며, 食疾膨悶(식질팽민), 腹痛(복통), 腫脹(황종) 등이 발생할 것이다. 결국은 재물이 흩어지고 부녀자가 질병을 앓게 되므로 他姓의 자식으로 代를 잇는다.

艮門. 兌主. 震廚(진방에 주방이 있는 경우)

* 艮門에서 震廚는 六殺方이다.
* 兌主에서 震廚는 絶命方이다.
* 艮門, 震廚는 艮門이 受剋되니 少男에게 흉화가 있고, 어린아이들을 키우기 어렵다.
* 兌主, 震廚는 震廚가 受剋되고 絶命方이니 長男에게 단명수가 따른다.
* 초년에는 재산이 일어나 살림이 풍족하다. 六畜이 무성하고 금전과 재물이 쌓이나 중년에는 쇠약해지고 오랜 세월이 지나면 黃腫(황종)과 복통으로 고생한다.
* 그러나 세월이 오래 흐르면, 형제간에는 불화하고, 소화불량, 面黃(면황), 風狂(풍광), 치매, 부녀자의 難産 등의 흉액이 발생한다. 또한 부녀자의 바람기로 인한 醜聞(추문)으로 家門이 피폐된다.
* 사람과 육축이 모두 손상되고 8년 내에 家破人亡한다.

艮門. 兌主. 巽廚(손방에 주방이 있는 경우)

* 艮門에서 巽廚는 絶命方이다.
* 兌主에서 巽廚는 六殺方이다.
* 艮門, 巽廚는 艮門이 受剋되니 少男에게 흉화가 있고, 어린아이들을 키우기 어렵다.
* 兌主, 巽廚는 巽廚가 受剋되며 六殺方이니 長女나 큰며느리에게 흉화가 발생한다, 또한 여타의 부녀자들에게도 夭死함이 따르니 어린아이들을 키우기 어렵고 중국에는 절손되게 된다.
* 이러한 가옥은 초년에는 재물과 금전이 풍족해진다. 부녀자는 정절과 예의범절이 뛰어나고, 남자는 효현하고 부귀를 누린다.

- 그러나 세월이 흐르면 질병이 발생하게 되고, 長女나 큰며느리는 아이를 낳다가 죽게 되거나, 부녀자가 살림을 꾸려나간다.
- 面黃(면황), 餓死(아사), 風狂(풍광), 噎隔(일격), 發癌者(발암자)가 있던지, 가출자가 나온다.
- 어린아이는 기르기 어렵고, 재물은 흩어지고, 사람의 손상이 있다.
- 화재, 관재구설, 도난 등의 흉화가 있을 것이다. 아무리 노력해도 세번 거꾸러지고 네번 넘어지는 凶殺宅이다.

艮門. 兌主. 離廚(이방에 주방이 있는 경우)

- 艮門에서 離廚는 禍害方이다.
- 兌主에서 離廚는 五鬼方이 된다.
- 艮門, 離廚는 離火가 艮土를 生하는데 禍害方이라, 남자들이 소심하고 겁이 많으니 부녀자가 家權을 장악한다. 그러나 부녀자의 命이 길지 못하니 孤寡之人(고과지인)이 속출하고 종국에는 절손된다.
- 兌主, 離廚는 兌主가 受剋되니 막내딸과 막내며느리에게 흉화가 발생하며 凶하다.
- 이러한 가옥은 초년에는 돈과 재물이 넉넉하고, 부귀를 누리게 되나, 각종 질환이 다발하고, 부녀자가 살림을 꾸려나가나 命이 길지 못하고, 가출자가 생기고, 小兒는 기르기 어렵다. 또한 부녀자의 성질이 사나워지니 온 가족에게 폐가 되는 것이다.
- 세월이 오래 흐르면 心疼(심동), 頭昏(두혼), 癱瘓(탄탄), 眼疾(안질), 변비, 痴(치), 聾啞(농아) 등의 질환자가 발생한다.
- 이러한 가옥은 자손을 기르기 어렵고, 부녀자에게 불리하며, 식구가 손상되니 고아나 과부가 생기는 것이다.

艮門. 兌主. 坤廚(곤방에 주방이 있는 경우)

- 艮門에서 坤廚는 生氣方이다.
- 兌主에서 坤廚는 天醫方이다.
- 艮門, 坤廚는 二土比和되고, 음양배합되고 生氣方이니 吉하다. 부귀를 득하게 되며, 복록이 장구하다.
- 兌主, 坤廚는 상생되고 天醫方이니 吉한데, 복록과 수명이 장구하며 매사에 大吉하다.
- 이러한 가옥은 초년에는 二土가 쌓였으니 어머니가 자식 잘되기를 가르치는 象이고, 재물과 전답이 늘고 현모양처에 자식은 효순하다. 2년~7년 사이에 발복한다.
- 자식들이 국가고시에 합격하여 가문이 명성을 떨치고 현달한다.
- 세월이 흐르면 黃腫(황종)과 심복통으로 고생하게 되고, 모친은 어린 자식을 살펴

다 병고로 죽게 된다.

艮門. 兌主. 兌廚(태방에 주방이 있는 경우)

◆ 艮門에서 兌廚는 延年方이다.

◆ 兌主에서 兌廚는 比和되어 伏位方이다.

◆ 艮門, 兌廚는 상생되고 음양의 正配合이며 延年方이니 吉하다.

◆ 兌主, 兌廚는 二金比和되고 伏位方이니 吉하여, 富貴를 發하게 되고, 兌金이 득위한 형국이니 현모양처가 집안을 이끌고, 자질이 우수한 여자손들이 多出한다.

◆ 이러한 가옥은 초년에는 夫婦正配合에 해당하니 부부는 화순하고, 재물과 전답이 늘고 가업이 흥창한다. 여자는 현모양처요 남자는 공손하고 재주가 있으며 예의범절이 뛰어나다.

◆ 세월이 오래 흐르면 가족에게 각종 질병이 발생하고, 부녀자가 집안을 시끄럽게 하여 가정불화가 있으며, 부녀자가 家權을 휘두르는 형국이니 집안이 항시 불안하다.

艮門. 兌主. 乾廚(건방에 주방이 있는 경우)

◆ 艮門에서 乾廚는 天醫方이다.

◆ 兌主에서 乾廚는 生氣方이다.

◆ 艮門, 乾廚는 상생되고 天醫方이니 吉하다.

◆ 兌主, 乾廚는 二金比和되고, 음양이 조화되고, 生氣方이니 吉하다.

◆ 艮門, 兌廚, 乾廚는 이른바 三吉宅이다. 부귀를 發하고 장구하며, 건강 장수하고, 家門이 영달하는 大吉宅이다.

◆ 이러한 가옥은 초년에는 집안의 모든 식구가 화목하고 효순하다. 재백이 날로 늘고, 가족은 건강하며, 육축은 잘되고, 공명현달하는 자손이 많이 나온다.

◆ 그러나 세월이 흐르면 부녀자가 단명하던지, 젊은 여자를 맞아들이는데, 집주인이 그 여자를 편애하므로, 젊은 여자가 교만하여져서 남편을 속이고 재산을 빼돌릴 것이다.

◆ 家率들은 黃腫(황종), 心腹痛(심복통) 등으로 고생하고, 모친이 어린 아들을 살피다 끝내 숨지고 만다.

(7) 艮門과 乾主의 길흉

◎ 아래의 가옥도에서 집의 중심에서 나경을 보아 丑.艮.寅方에 출입문이 있으면 艮門이라 하고, 주인방이 戌.乾.亥方에 있으면 乾主라 한다.

◎ 艮門과 乾主는 주역의 卦에서 山天大畜卦이다. 또한 九星이 天醫宅에 속한다.

土生金하니 집안이 발복되어 부귀영화를 누리고, 수복강녕하며, 자손이 귀현한다.
⊙ 그러나 세월이 오래 흐르면 傷子剋妻하니 이는 純陽의 配合이기 때문이다. 과부
와 홀아비가 많이 나오나 次男과 次孫은 발복하는 가택이다.

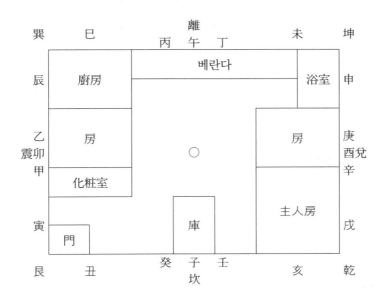

艮門. 乾主. 八廚

艮門과 乾主의 길흉
◆ 艮門에서 乾主는 天醫方이니 일명 天醫宅이라 한다.
◆ 상호 상생되니 財를 發하고, 人丁이 旺하고, 현달하게 된다. 자손 중에서 총명한 神童(신동)이 나오게 되고, 건강장수하며, 공직에 들어 높은 지위에 오르고, 공명을 얻는다.
◆ 이는 주로 仲男에게 해당되고 應期는 戊.己나 辰.未,戌,丑에 해당되는 年이나 月이다.
◆ 艮門, 乾主는 純陽之宅이니 자연 陰을 傷하게 하여 부녀자의 단명수가 따르고, 어린아이들을 키우기 어려우니 자식이 적게 되고 종국에는 절손되게 된다.

艮門, 乾主. 坎廚(감방에 주방이 있는 경우)
◆ 艮門에서 坎廚는 五鬼方이다.
◆ 乾主에서 坎廚는 六殺方이다.
◆ 艮門, 坎廚는 상호 상극이고 坎廚가 受剋되니 仲男에게 夭死가 따르고 또한 少男

- 에게도 흉화가 따른다.
- 乾主, 坎廚는 상생되나 六殺方이니 凶하다.
- 艮門, 乾主, 坎廚는 三男이 한 집에 거주하는 純陽之宅이다. 따라서 자연 陰을 傷하게 하니 부녀자가 夭死하고, 退財되며, 절손되게 된다.
- 이러한 초년에는 가정이 화목하고 재산이 늘어나며 부모는 현명하고 자식은 어질 다. 따라서 부귀를 얻을 수 있다. 長男 보다는 次子나 末子가 주로 발복된다.
- 그러나 세월이 오래 흐르면 부녀자는 단명하고 가족 중에 질병자가 다수 발생한다.
- 형제간에 불화하고 부부이별수가 있으며, 부녀자는 이이를 낳아 기르기가 어렵 고, 自縊刀傷者(자액도상자)가 발생하던지, 관재구설, 화재, 도난 등의 흉액이 발생한다.

艮門, 乾主. 艮廚(간방에 주방이 있는 경우)

- 艮門에서 艮廚는 比和되어 伏位方이 된다.
- 乾主에서 艮廚는 天醫方이다.
- 艮門, 艮廚는 二土比和되고 伏位方이니 초년에는 전답이 늘어나나 복록이 장구 하지 못하다.
- 乾主, 艮廚는 상생되고 天醫方이니 吉하여 초년에는 財利가 있으나, 純陽之宅이 니 나중에는 退財되고, 剋妻하게 되어 종국에는 절손되게 된다.
- 이러한 가옥은 초년에는 돈과 재물이 넉넉하다. 남에게 베풀기를 좋아하고, 부녀 자는 현모양처요 남자는 지혜롭고 부귀를 누린다.
- 세월이 오래 흐르면 부녀자가 단명하게 되고, 어린이를 키우기 어려우며, 食疾膨 悶(식질팽민), 복통, 腫脹(종창) 등이 발생할 것이다.
- 종국에는 재물이 흩어지고 부녀자가 질병을 앓게 되므로 他姓의 자식으로 代를 잇는다.

艮門, 乾主. 震廚(진방에 주방이 있는 경우)

- 艮門에서 震廚는 六殺方이다.
- 乾主에서 震廚는 五鬼方이다.
- 艮門, 震廚는 艮門이 受剋되니 막내아들에게 災禍가 따르며, 어린아이들을 키우 기 어렵고 대흉하다.
- 乾主, 震廚는 震廚가 受剋되니 長男에게 불리하며, 끝내는 절손되게 된다.
- 이러한 가옥은 초년에는 재산이 일어나 살림이 풍족하다. 육축이 무성하고 금전과 재물이 쌓이며, 입신출세하는 자식이 있는데, 주로 次子나 末子가 이에 해당된다.
- 오랜 세월이 지나면 黃腫(황종)과 腹痛(복통)으로 고생한다. 소화불량, 面黃(면

황), 風狂(풍광), 치매, 부녀자의 난산 등의 흉액이 발생한다. 또한 부녀자의 바람
기로 인한 醜聞(추문)으로 家門이 피폐된다.
- 사람과 육축이 모두 손상되고 종국에는 家破人亡한다.

艮門, 乾主. 巽廚(손방에 주방이 있는 경우)

- 艮門에서 巽廚는 絶命方이다.
- 乾主에서 巽廚는 禍害方이다.
- 艮門, 巽廚는 艮門이 受剋되며 絶命方이니 막내아들에게 흉화가 따르고, 어린아이들을 키우기 어렵다. 大凶하다.
- 乾主, 巽廚는 巽廚가 受剋되니, 長女나 큰며느리의 夭死가 따르고, 이는 가택의 모든 부녀자들에게 해당되며, 아이들을 키우기 어려우니 종국에는 절손된다. 대흉하다.
- 이러한 가옥은 초년에는 재물과 금전이 풍족해진다. 부녀자는 정절과 예의범절이 뛰어나고, 남자는 효현하고 부귀를 누린다.
- 그러나 세월이 흐르면 질병이 발생하게 되고, 長女나 큰며느리는 아이를 낳다가 죽게 되거나, 부녀자가 살림을 꾸려나간다.
- 面黃(면황), 餓死(아사), 風狂(풍광), 噎隔(일격), 發癌者(발암자)가 있던지, 가출자가 나온다.
- 어린아이는 기르기 어렵고, 재물은 흩어지고, 사람의 손상이 있다.
- 화재, 관재구설, 도난 등의 흉화가 있을 것이다. 아무리 노력해도 풀려나가지 못하는 凶殺宅이다.

艮門, 乾主. 離廚(이방에 주방이 있는 경우)

- 艮門에서 離廚는 禍害方이다.
- 乾主에서 離廚는 絶命方이 된다.
- 艮門, 離廚는 火生土하여 艮門을 생하는데 禍害方이니 凶하다. 남자들이 소심하고 겁이 많아 부녀자가 家權을 장악하게 된다. 종국에는 절손되고 破財하게 된다.
- 乾主, 離廚는 상호 상극되니 老父와 仲女에게 불리함이 있다.
- 이러한 가옥은 초년에는 돈과 재물이 넉넉하고, 부귀를 누리게 되며, 아버지는 인자하고 자식들은 효도를 한다. 長子보다는 次子가 출세하게 된다.
- 세월이 오래 흐르면 부녀자는 성질이 거칠어져서 식구들을 불안하게 하고, 가족들 중 眼紅(안홍), 心疼(심동), 心焦(심초), 頭昏(두혼), 癱瘓(탄탄), 眼疾(아질), 변비, 聾啞(농아), 面黃(면황), 餓死(아사), 風狂(풍광), 噎隔(일격), 발암자, 사지가 뒤틀리는 병 등의 질환자가 발생한다.

- 이러한 가옥은 자손을 기르기 어렵고, 부녀자에게 불리하며, 관재구설, 화재, 도난 등이 발생하며. 식구가 손상되니 고아나 과부가 생기는 것이다.

艮門, 乾主. 坤廚(곤방에 주방이 있는 경우)

- 艮門에서 坤廚는 生氣方이다.
- 乾主에서 坤廚는 延年方이다.
- 艮門, 坤廚는 二土比和되고 一陰一陽이며 生氣方이니 吉하다. 財를 發하고 가업이 번창한다.
- 乾主, 坤廚는 음양의 正配合이고 延年方이니 大吉하고 財利가 있다.
- 이러한 가옥은 二土比和되니 어머니가 자식 잘되기를 가르치는 象이고, 재물과 전답이 늘고 현모양처에 자식은 효순하다. 2년~7년 사이에 발복한다.
- 자식들이 국가고시에 합격하여 家門이 명성을 떨치고 현달한다.
- 세월이 흐르면 黃腫과 심복통으로 고생하게 되고, 모친은 어린 자식을 살피다 病苦(병고)로 죽게 된다.

艮門, 乾主. 兌廚(태방에 주방이 있는 경우)

- 艮門에서 兌廚는 延年方이다.
- 乾主에서 兌廚는 生氣方이다.
- 艮門, 兌廚는 음양이 정배합이고 延年方이니 吉하다. 人丁이 旺하고 복록이 장구하다.
- 乾主, 兌廚는 二金比和되고 음양이 조화를 이루니 大吉하고 財利가 있다.
- 이러한 가옥은 초년에는 夫婦正配合에 해당하니 부부는 화순하고, 재물과 전답이 늘고 가업이 흥왕한다. 여자는 현모양처요 남자는 공손하고 재주가 있으며 예의범절이 뛰어나다.
- 세월이 오래 흐르면 가족에게 각종 질병이 발생하고, 부녀자가 집안을 시끄럽게 하여 가정불화가 있으며, 부녀자가 家權을 휘두르는 형국이니 집안이 항시 불안하다.

艮門, 乾主. 乾廚(건방에 주방이 있는 경우)

- 艮門에서 乾廚는 天醫方이다.
- 乾主에서 乾廚는 比和되어 伏位方이다.
- 艮門, 乾廚는 상생되고 天醫方이니 吉하다.
- 乾主, 乾廚는 二金比和되고 伏位方이라 吉하나, 세월이 흐르면 純陽이니 剋妻하게 되고, 散財되며, 종국에는 절손되게 된다.
- 이러한 가옥은 초년에는 집안의 모든 식구가 화목하고 효순하다. 財帛(재백)이

날로 늘고, 가족은 건강하며, 육축은 잘되고, 공명현달하는 자손이 많이 나온다.
- ◆ 그러나 세월이 흐르면 부녀자가 단명하던지, 長子孫이 손상된다.
- ◆ 형제가 함께 거주하면 그 형제에게도 자손이 없을 것이다. 이는 純陽이기 때문이
  므로 결국에는 절손되게 된다.

(8) 艮門과 坎主의 길흉

◎ 아래 가옥도에서 집의 중심에서 나경을 보아 출입문이 丑.艮.寅方에 있으면 艮門
   이라 하고, 주인방이 壬.子.癸方에 있으면 坎主라 한다.

◎ 艮門과 坎主는 五鬼가 사나운 물을 만났으니 물에 빠지는 형태. 이를 五鬼宅이
   라 하는데, 自縊刀傷(자액도상)이나, 관재구설, 화재, 도난 등의 흉화가 잇따른다.

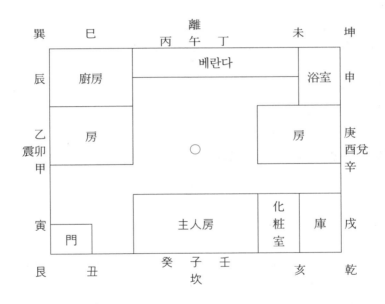

艮門. 坎主. 八廚

艮門과 坎主의 길흉

- ◆ 艮門에서 坎主는 五鬼方이니 일명 五鬼宅이라 한다.
- ◆ 이러한 가옥은 人丁이 衰하고, 폭력성향의 자손이 출하고, 血光, 관재구설, 意外
  之災(의외지재) 등의 흉화가 발생한다.
- ◆ 또한 破財, 破家의 災厄이 발생하는데, 이는 長男에게 해당되며 應期는 丙.丁이

- 나 寅.午.戌에 해당하는 年이나 月이다.
- 艮門, 坎主는 상호 상극관계인데, 질병으로는 土, 水에 해당하는 소화기계통, 피부, 黃腫(황종), 생식계통, 척추 등에 질환이 발생한다.
- 형제간에 불목하고, 부녀자나 仲男이 단명하게 되며, 그 외의 자식은 悖逆(패역) 하고, 가족들은 각종 질병으로 고생할 것이다.

艮門. 坎主. 坎廚(감방에 주방이 있는 경우)

- 艮門에서 坎廚는 五鬼方이다.
- 坎主에서 坎廚는 比和되어 伏位方이다.
- 艮門, 坎廚는 坎廚가 受剋되고 五鬼方이니 仲男에게 불리하다.
- 坎主, 坎廚는 二水比和되고 純陽으로 財利가 있으나 장구하지 못하다.
- 이러한 가옥은 초년에는 재산이 늘어나고, 만사 순조롭게 풀려나가서, 9년간은 순탄하다.
- 그러나 세월이 오래 흐르면 형제간에 불화하고, 소화불량 증세, 부녀자는 아이를 낳기 어렵거나, 생이별, 사별 등의 흉화가 발생할 것이며, 부녀자는 단명하게 된다.
- 黃腫(황종), 聾啞(농아), 癡呆(치매) 등의 질환자가 발생하고, 自縊刀傷者(자액 도상자), 관재구설, 화재, 도난 등의 흉액이 발생한다.
- 종국에는 가족과 재산이 뿔뿔이 흩어질 것이다.

艮門. 坎主. 艮廚(간방에 주방이 있는 경우)

- 艮門에서 艮廚는 比和되어 伏位方이 된다.
- 坎主에서 艮廚는 五鬼方이다.
- 艮門, 艮廚는 二土比和되고 伏位方이니 吉하여 財利가 있다.
- 坎主, 艮廚는 坎主가 受剋되니 仲男에게 불리하다.
- 이러한 가옥은 二土가 比和되니, 초년에는 돈과 재물이 넉넉하다. 남에게 베풀기를 좋아하고, 부녀자는 현모양처요 남자는 지혜롭고 부귀를 누린다.
- 세월이 오래 흐르면 심복통, 부녀자가 단명하게 되고, 어린이를 키우기 어려우며, 黃腫(황종), 咽喉痛(인후통), 聾啞(농아), 치매 등이 발생할 것이다.
- 종국에는 재물이 흩어지고 自縊刀傷者(자액도상자), 화재, 관재구설, 도난 등의 흉액이 닥쳐올 것이다.

艮門. 坎主. 震廚(진방에 주방이 있는 경우)

- 艮門에서 震廚는 六殺方이다.
- 坎主에서 震廚는 天醫方이다.

- 艮門, 震廚는 艮門이 受剋되니 少男에게 흉화가 따르나 어린아이들을 키우기가 어렵다.
- 坎主, 震廚는 상생되고 天醫方이니 吉하다.
- 艮門, 坎主, 震廚는 純陽之宅이다. 자연 妻子를 剋하게 되니 종국에는 절손되게 된다.
- 초년에는 재산이 일어나 살림이 풍족하다. 육축이 무성하고 금전과 재물이 쌓이며, 입신출세하는 자식이 나온다.
- 오랜 세월이 지나면 형제간에 불화하고, 어리석고, 聾啞者(농아자) 등이 나올 것이며, 自縊刀傷者(자액도상), 화재, 도난, 관재구설 등의 흉액이 다발할 것이다.
- 또한 黃腫(황종), 소화불량, 부녀자는 難産(난산)이거나, 바람나서 도망하는 등의 흉화가 발생한다.
- 사람과 육축이 모두 손상되고 종국에는 家破人亡한다.

艮門. 坎主. 巽廚(손방에 주방이 있는 경우)

- 艮門에서 巽廚는 絶命方이다.
- 坎主에서 巽廚는 生氣方이다.
- 艮門, 巽廚는 艮門이 受剋되니 少男에게 흉화가 따르며 어린아이들을 키우기가 어렵다.
- 질병으로는 黃腫(황종), 風病(풍병) 등의 질환이 발생한다.
- 坎主, 巽廚는 상생되고 生氣方이니 吉하다.
- 이러한 가옥은 초년에는 재물과 금전이 풍족해진다. 부녀자는 정절과 예의범절이 뛰어나고, 남자는 효현하고 부귀를 누린다.
- 그러나 세월이 흐르면 형제간에 不睦(불목)하고, 질병이 발생하게 되고, 長女나 큰며느리는 아이를 낳다가 죽게 되거나, 부녀자가 살림을 꾸려 나간다.
- 질병으로는 面黃(면황), 餓死(아사), 風狂(풍광), 噎隔(일격), 발암자가 생기며, 부녀자의 가출이 발생한다.
- 어린아이는 기르기 어렵고, 재물은 흩어지고, 사람의 손상이 있다. 自縊刀傷(자액도상), 화재, 관재구설, 도난 등의 흉화가 있을 것이다.
- 아무리 노력해도 풀려나가지 않는 凶殺宅이다.

艮門. 坎主. 離廚(이방에 주방이 있는 경우)

- 艮門에서 離廚는 禍害方이다.
- 坎主에서 離廚는 延年方이 된다.
- 艮門, 離廚는 火生土하여 艮門을 生하는데, 陰旺陽衰하니 부녀자가 家權을 장악

하고, 집안 살림을 꾸려나간다. 또한 火炎土燥(화염토조)하니 부녀자의 성격이
사나워 남자들이 겁을 내고, 부부불화하게 되며, 자손은 적게 된다.

- 坎主, 離廚는 상극되나 음양의 正配合이고 延年方이니 吉하다.
- 이러한 가옥은 초년에는 돈과 재물이 넉넉하고, 부귀를 누리게 되며, 명성을 떨치
  는 자손이 나온다.
- 세월이 오래 흐르면 형제간에 不和하고, 부녀자는 성질이 거칠어져서 식구들을
  불안하게 하고, 眼紅(안홍), 心疼(심동), 心焦(심초), 頭昏(두혼), 癱瘓(탄탄), 眼
  疾(안질), 변비, 聾啞(농아) 등의 질환이 발생할 것이다.
- 이러한 가옥은 자손을 기르기 어렵고, 부녀자에게 불리하며, 관재구설, 화재,
  도난 등이 발생하며. 식구가 손상되니 고아나 과부가 생기는 것이다.

艮門. 坎主. 坤廚(곤방에 주방이 있는 경우)

- 艮門에서 坤廚는 生氣方이다.
- 坎主에서 坤廚는 絶命方이다.
- 艮門, 坤廚는 二土比和되고 一陰一陽이니 吉하여 財利가 있다.
- 坎主, 坤廚는 坎主가 受剋되니 仲男의 단명수가 따른다.
- 二土가 중첩되니 어머니가 자식 잘되기를 가르치는 象이고, 재물과 전답이 늘고
  현모양처에 자식은 효순하다. 2년~7년 사이에 발복한다.
- 자식들이 국가고시에 합격하여 가문이 명성을 떨치고 현달한다.
- 세월이 흐르면 聾啞者(농아자), 黃腫(황종), 自縊刀傷者(자액도상자), 화재, 관
  재, 도난 등의 흉화가 잇따르고, 家破人亡한다.

艮門. 坎主. 兌廚(태방에 주방이 있는 경우)

- 艮門에서 兌廚는 延年方이다.
- 坎主에서 兌廚는 禍害方이다.
- 艮門, 兌廚는 음양의 정배합이고 상생되며 延年方이니 吉하다.
- 坎主, 兌廚는 상생되나 禍害方이니 凶하다.
- 艮門과 坎主는 본시 土剋水하여 상극관계이나, 兌廚를 놓게 되면 順生되어 흉변
  길이 된다.
- 이러한 가옥은 초년에는 夫婦正配合에 해당하니 부부는 和順하고, 재물과 전답이
  늘고 가업이 흥왕한다. 여자는 현모양처요 남자는 공손하고 재주가 있으며 예의범
  절이 뛰어나다.
- 세월이 오래 흐르면 형제간에 불화하고, 가족에게 각종 질병이 발생하고, 부녀자
  가 집안을 시끄럽게 하여 가정불화가 있으며, 부녀자가 가권을 휘두르는 형국이니

집안이 항시 불안하다.

◆ 聾啞(농아), 癡呆(치매), 官災口舌, 盜難(도난), 火災 등의 흉액이 닥칠 것이다.

艮門. 坎主. 乾廚(건방에 주방이 있는 경우)

◆ 艮門에서 乾廚는 天醫方이다.

◆ 坎主에서 乾廚는 六殺方이다.

◆ 艮門, 乾廚는 상생되고 天醫方이니 吉하다.

◆ 坎主, 乾廚는 상생되나 六殺方이니 처자를 극하게 되고 破財하게 된다.

◆ 艮門, 坎主는 본시 상극관계로 凶하나, 乾廚를 놓아 가택의 三要素가 順生되게
되니 凶變吉이 되는 것이다.

◆ 이러한 가옥은 집안의 모든 식구가 화목하고 효순하다.

◆ 재백이 날로 늘고, 가족은 건강하며, 육축은 잘되고, 공명현달하는 자손이 많이
나온다.

◆ 그러나 세월이 흐르면 부녀자가 단명하던지, 형제간에 불화하고, 부자간에 女色
을 밝히고, 부녀자는 面黃(면황), 咽喉痛(인후통) 등의 질환을 앓게 될 것이다.
또한 聾啞者(농아자)가 태어날 것이고, 관재구설, 화재, 도난, 自縊刀傷(자액도
상) 등의 흉한 일이 발생할 것이다.

1) 艮命과 九星/廚房 落宮處의 吉凶 分析

艮命之宅

1. 子息(자식)		
落宮處	落宮 事案 (九星. 廚房)	吉凶 解說
坤方 (未.坤.申)	生氣(木) 廚房	五子를 得한다.
坎方 (壬.子.癸)	五鬼(火) 廚房	二子를 得한다.
兌方 (庚.酉.辛)	延年(金) 廚房	四子를 得한다.
震方 (甲.卯.乙)	六殺(水) 廚房	先傷長子 後 一子를 得한다

離方 (丙.午.丁)	禍害(土) 廚房	先傷仲子 後 絶孫된다.
乾方 (戌.乾.亥)	天醫(土) 廚房	三子를 得한다.
巽方 (辰.巽.巳)	絶命(金) 廚房	先傷長女 後傷長子이고 각종질병이 발생하며 종국에 는 絶孫된다.
艮方 (丑.艮.寅)	伏位(木) 廚房	딸만 낳는다.

2. 婚姻(혼인)

- 艮命人이 坤命人 여자와의 혼인은 生氣에 해당하니 吉하다.
- 坎命人과의 혼인은 오귀에 해당하니 凶하다.
- 兌命人과의 혼인은 연년에 해당하니 吉하다.
- 震命人과의 혼인은 육살에 해당하니 凶하다.
- 離命人과의 혼인은 화해에 해당하니 凶하다.
- 乾命人과의 혼인은 천의에 해당하니 吉하다.
- 巽命人과의 혼인은 절명에 해당하니 凶하다.
- 艮命人과의 혼인은 복위에 해당하니 吉하다.
- 艮命人은 生氣方인 坤方에서 求財, 求職을 하거나, 坤命人을 만나면 大吉하고, 다음은 兌方이나 兌命人과 혼인은 延年에 해당하니 좋고, 乾方이나 乾命人과의 혼인은 天醫에 해당하니 次吉이다.
- 또한 沈床을 延年方인 兌方에 놓거나 兌方을 향하여 자면 求職, 求婚, 求財가 쉽게 이루어진다.

3. 疾病(질병)

- 어느 艮命人 과부가 딸만 있었는데, 그 집의 솥을 巽方에다 改修(개수)하고 3년이 지나서, 결혼한 딸이 瘋癆病(풍로병)으로 위독했는데, 天醫方에다 火爐(화로)를 놓고 혼자 음식을 해먹으면 병세가 호전되고 명도 보존할 수 있을 것이라 했다. 그리고 巽方의 음식은 먹지 말라 했는데 과연 그 말대로 해서 질병이 완치됐다 한다.
- 가족의 질병관계는 먼저 부모에게 吉方으로 주방을 설치하고, 다음은 자식의 본명도 살펴서 길흉방을 논하고, 또한 가족 중에 질환자가 있을 경우에는 그의 本命을 기준하여 天醫方에다 주방을 설치하고 음식을 해먹으면 완쾌된다.

- 부모와 자식 간에도 서로 길흉의 영향을 주고받게 된다. 이는 자식의 본명 정국 기준하여 주방이 吉方에 있어야 부모가 장수한다는 뜻이다.
- 艮命의 男女가 禍害方인 離方을 犯하면 남자는 癡呆(치매), 咳嗽病(해수병), 痰火症(담화증), 癰瘡(옹창) 등의 질병을 앓고, 부녀자는 吐血, 黃瘦(황수) 등의 질환이 있다.
- 艮命의 남녀가 六殺方인 震方을 犯하면 이질, 학질, 傷水足, 風狂 등의 질병에 걸리고, 3년 후에는 극심한 痲瘋(마풍)으로 인해 사망하게 된다.
- 어린아이가 絶命方인 巽方을 犯하여 巽方의 廚房의 음식을 먹거나, 침실을 쓰면, 慢性驚氣(만성경기), 臍風(제풍), 殘疾(잔질)에 시달릴 것이다.
- 艮命의 男女가 五鬼方인 坎方을 犯하면 남자는 傷寒症(상한증), 腎虛(신허), 流濁(유탁) 등의 증세가 발생하고, 부녀자는 월경불순, 유산 등의 질병이 발생한다. 이런 경우 天醫方에다 주방을 설치하고 음식을 해먹으면 완쾌된다. 또는 延年方인 兌方에 출입문을 내거나 兌方에 分房하여 기거하면 완쾌된다.

4. 災禍(재화)

- 艮命人이 六殺方인 震方을 犯하여 震方에 廚房을 내는 경우에는, 동쪽에 居하게 되면 啞喉(아후)의 질병과 木形의 長身人이 나오고, 소송으로 인한 破財 건이 발생하며, 大子孫이 불효하고, 부모와 장자가 손상되거나, 手足을 다치게 된다. 만약 아버지가 자식의 패역함을 고발하면 소송은 면할 수 있다.
- 艮命人이 絶命方인 巽方을 犯하면 傷母하고, 剋 妻子 하고, 絶孫되고, 본인도 手足을 傷하게 되거나 단명한다. 또한 부부간에 불목하고 자식이 패역한다.
- 艮命人이 禍害方인 離方을 犯하면 처에 대한 추문이 발생하고, 관재구설이 생기고, 부인이 家權을 움켜지려하여 풍파가 발생하고, 처가 남편을 속이고, 이로 인해 남편은 火病에 걸린다.
- 어떤 艮命人의 富者가 있었는데, 큰 솥이 7개가 있는 큰 주방을 禍害方인 離方에 설치하였다. 家率 중 艮命의 妻가 五鬼方인 坎方을 犯하게 되니, 다섯 차례의 도적의 침탈과, 火災, 그리고 처첩이 재물을 빼돌리고, 老僕(노복)이 달아나고, 仲男이 손상되고, 水災도 발생하고, 傷寒症(상한증)이나, 腎虛(신허), 流濁(유탁) 등의 질환자가 다발하게 된 것이다.

4. 태문兌門. 태주兌主. 팔주八廚

(1) 兌門과 兌主의 길흉

◎ 아래도표에서 집의 중심에서 나경을 보아 庚.酉.辛方에 출입문이 있으면 兌門이라 하고, 주인방이 庚.酉.辛方에 있으면 兌主라 한다.

◎ 兌門과 兌主는 純陰이니 부녀자가 家權을 장악한다. 兌門과 兌主는 伏位宅이다. 二金이 比和되니 초년에는 발복되어 재산과 전답이 늘어나나, 純陰이니 남자는 단명하고, 자손이 적다.

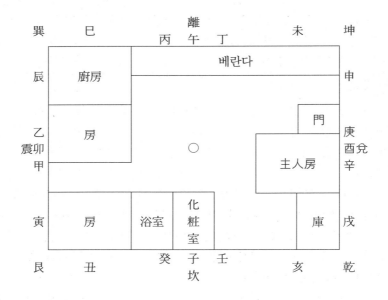

兌門. 兌主. 八廚

兌門과 兌主의 길흉
◆兌門에서 兌主는 伏位方이니 일명 伏位宅이라 한다.
◆二金比和되고 伏位方이니 吉하여 財를 發하게 된다.
◆純陰之宅이니 女兒를 많이 낳게 되고, 가정은 화목하고, 건강장수하며 재물은 小富정도이고, 남자는 공직에 들어 현달한다.
◆應期는 甲.乙이나 亥.卯.未에 해당하는 年이나 月이다.
◆陰旺陽衰하니 남자들의 夭死가 따르고, 부녀자가 家權을 장악하며, 종국에는 절

손되게 된다.

兌門, 兌主. 坎廚(감방에 주방이 있는 경우)

◆ 兌門에서 坎廚는 禍害方이다.

◆ 兌主에서 坎廚는 禍害方이다.

◆ 兌門, 坎廚는 상생되어 초년에 財利가 있으나 복록이 장구하지 못하다.

◆ 兌主, 坎廚 역시 상생되나 禍害方이니 凶함이 많다.

◆ 이러한 가옥은 二金比和되므로 초년에는 재산이 늘어나고, 만사 순조롭게 풀리는데 자식은 적거나 늦게 두게 된다. 젊은 부녀자가 가권을 휘두르니 집안이 불안하다.

◆ 오래 세월이 흐르면 부녀자는 낙태 등의 증세가 있고, 發癌患者(발암환자)가 발생하거나, 남자는 遺精(유정), 吐血 등의 질환이 있고, 仲男은 好色하여 재물이 흩어지고, 관재구설, 도난, 화재 등의 흉화가 발생할 것이며, 六畜이 모두 손상되니 가업이 피폐된다.

兌門, 兌主. 艮廚(간방에 주방이 있는 경우)

◆ 兌門에서 艮廚는 延年方이 된다.

◆ 兌主에서 艮廚는 延年方이다.

◆ 兌門, 艮廚는 상생되고 延年方이니 吉하여 財利가 있다.

◆ 兌主, 艮廚는 음양의 正配合이고 延年方이니 吉함이 많다.

◆ 이러한 가옥은 陰陽이 附合되므로 막내아들과 막내딸에게 발복된다. 초년에는 돈과 재물이 넉넉하다.

◆ 남에게 베풀기를 좋아하고, 부녀자는 현모양처요 남자는 지혜롭고 부귀를 누린다.

◆ 국가고시에 합격자가 나오고 武官으로 용맹을 떨치는 인물이 나온다.

◆ 세월이 오래 흐르면 자손이 적어지거나 절손되니, 부녀자가 家權을 장악하여 집안이 어지럽고, 소화불량환자나 發癌患者(발암환자)가 나올 것이다.

兌門, 兌主. 震廚(진방에 주방이 있는 경우)

◆ 兌門에서 震廚는 絕命方이다.

◆ 兌主에서 震廚는 絕命方이다.

◆ 兌門, 震廚는 震廚가 受剋되니 長男에게 불리하며 大凶하다.

◆ 兌主, 震廚 역시 상극의 관계로 絕命方이니 大凶한 것이다.

◆ 이러한 가옥은 초년에는 재산이 일어나 살림이 풍족하다.

◆ 육축이 번성하고 금전과 재물이 쌓이며, 입신출세하는 자식이 나오나, 자식은 적거나 늦게 두게 된다.

◆ 그러나 오랜 세월이 지나면 부녀자가 집안 살림을 꾸려나가고, 心腹痛(심복통)이

나 위장질환으로 고생한다.

- 또한 수족마비 증세가 발생하는데, 이는 震命이나 巽命人에게 발생할 것이다. 自縊刀傷者(자액도상자)나 물에 빠져 죽거나, 각종 질병으로 고생하는 자가 속출 하나, 타향으로 이사가서 살면 면할 수 있다.

兌門. 兌主. 巽廚(손방에 주방이 있는 경우)

- 兌門에서 巽廚는 六殺方이다.
- 兌主에서 巽廚는 六殺方이다.
- 兌門, 巽廚는 상극의 관계이고 陰剋陰이며 純陰之宅이니 부녀자들의 作亂이 있 다. 長女가 그 중심이다.
- 兌主, 巽廚 역시 상극관계이고, 六殺方이니 凶한데, 남자들이 夭死가 따르고 代 를 잇기가 어렵다.
- 이러한 가옥은 초년에는 재물과 금전이 풍족해진다. 자식은 적거나 늦다. 젊은 부녀자가 家權을 휘두르니 집안이 불안하다.
- 그러나 세월이 흐르면 長子는 자식두기가 어렵고, 단명하거나, 手足痛症(수족통 증)과, 癡呆症(치매증), 약물중독으로 사망하는 사람이 발생한다.
- 心腹痛(심복통), 盲人(맹인), 聾啞者(농아자) 등의 흉화가 발생하고, 好色으로 인해 家産이 탕진되고, 가족이 뿔뿔이 흩어지게 된다.

兌門. 兌主. 離廚(이방에 주방이 있는 경우)

- 兌門에서 離廚는 五鬼方이다.
- 兌主에서 離廚는 五鬼方이 된다.
- 兌門, 離廚는 兌門이 受剋되니 막내딸에게 불리함이 있다. 純陰之宅으로 자연 陽을 傷하게 하니 남자들에게도 흉화가 多發한다.
- 兌主, 離廚 역시 상극관계이고 五鬼方이니 凶한데, 이런 가옥은 凶鬼의 난동으로 가정에 災厄이 多發한다.
- 초년에는 돈과 재물이 넉넉하고, 부귀를 누리게 되며, 명성을 떨치는 자손이 나오 나 자식은 적거나 늦게 있다.
- 세월이 오래 흐르면 부녀자는 성질이 거칠어져서 식구들을 불안하게 하고, 젊은 남녀의 단명수가 있고, 面黃, 咳嗽(해수), 痰火(담화), 임신곤란, 自縊刀傷(자액 도상), 관재구설, 약물중독, 화재, 도난 등의 흉화가 다발한다.
- 이러한 가옥은 자손을 기르기 어렵고, 부녀자에게 불리하며, 식구가 손상되니 고아나 과부가 생기는 것이다.

兌門. 兌主. 坤廚(곤방에 주방이 있는 경우)

- 兌門에서 坤廚는 天醫方이다.
- 兌主에서 坤廚는 天醫方이다.
- 兌門, 坤廚는 상생되고 天醫方이니 吉하여 초년에 財利가 있다.
- 兌主, 坤廚 역시 상생되고 天醫方이니 吉하다.
- 兌門, 兌主, 坤廚의 형태는 三女同居格이다. 純陰之宅으로 陰이 太旺하니 남자들의 夭死가 따르고 종국에는 절손되게 된다.
- 二土比和되니 어머니가 자식 잘되기를 가르치는 象이고, 재물과 전답이 늘고 현모양처에 자식은 효순하다. 2년~7년 사이에 발복한다.
- 자식들이 국가고시에 합격하여 家門이 명성을 떨치고 현달한다.
- 세월이 흐르면 聾啞者(농아자), 黃腫(황종), 自縊刀傷(자액도상), 화재, 官災, 도난 등의 흉화가 잇따르고, 家破人亡한다.

兌門, 兌主. 兌廚(태방에 주방이 있는 경우)

- 兌門에서 兌廚는 比和되어 伏位方이다.
- 兌主에서 兌廚는 比和되어 伏位方이다.
- 兌門, 兌廚는 二金比和되고 伏位方이니 財利가 있다.
- 兌主, 兌廚 역시 伏位方이니 吉하다.
- 兌門, 兌主, 兌廚의 형태는 純陰之宅으로 자연 陽을 傷하게 하니, 남자들의 단명수가 따르고 종국에는 절손되게 된다. 재물은 있으나 人丁은 衰하는 것이다.
- 이러한 가옥의 형태는 초년에는 부부는 화순하고, 재물과 전답이 늘고 가업이 흥창한다. 여자는 현모양처요 남자는 공손하고 재주가 있으며 예의범절이 뛰어나다.
- 세월이 오래 흐르면 형제간에 불화하고, 가족에게 각종 질병이 발생하고, 부녀자가 집안을 시끄럽게 하여 가정불화가 있으며, 부녀자가 家權을 휘두르는 형국이니 집안이 항시 불안하다.
- 聾啞(농아), 癡呆(치매), 관재구설, 도난, 화재 등의 흉액이 닥칠 것이다.

兌門, 兌主. 乾廚(건방에 주방이 있는 경우)

- 兌門에서 乾廚는 生氣方이다.
- 兌主에서 乾廚는 生氣方이다.
- 兌門, 乾廚는 二金比和되고 生氣方이라 吉하며 財를 發하고 貴도 얻게 된다.
- 兌主, 乾廚 역시 상생되고 生氣方이니 吉하다.
- 兌門, 兌主, 乾廚의 형태는 人丁이 旺하고, 걸출한 인물이 나오며, 長壽하고, 財는 大富이고, 貴도 높다. 二陰一陽의 형태로 복록이 장구하다.
- 이러한 가옥은 초년에는 집안의 모든 식구가 화목하고 효순하다. 財帛이 날로

늘고, 가족은 건강하며, 육축은 잘되고, 공명현달하는 자손이 많이 나온다.
- ◆ 그러나 세월이 흐르면 부녀자가 단명하던지, 형제간에 不和하고, 父子 間에 女色을 밝히고, 부녀자는 面黃(면황), 咽喉痛(인후통) 등의 질환을 앓게 될 것이다. 또한 聾啞者(농아자)가 태어날 것이고, 관재구설, 화재, 도난, 自縊刀傷(자액도상) 등의 凶한 일이 발생할 것이다.

(2) 兌門과 乾主의 길흉

◎ 아래도표에서 집의 중심에서 나경을 보아 출입문이 庚.酉.辛方에 있으면 兌門이라 하고, 주인방이 戌.乾.亥方에 있으면 乾主라 한다.

◎ 兌門과 乾主는 집안의 과부가 家權을 행사하는 가택이다.

◎ 兌門과 乾主는 生氣宅이다. 二金이 比和되니 전답과 재산이 늘고 남자는 번창하고 부녀자는 夭死하는 형태이니, 첩을 많이 두게 된다.

◎ 그러나 세월이 지나면 母女가 한 집에 동거하는 형태니 남자는 夭死하고 부녀자가 家權을 장악하게 된다.

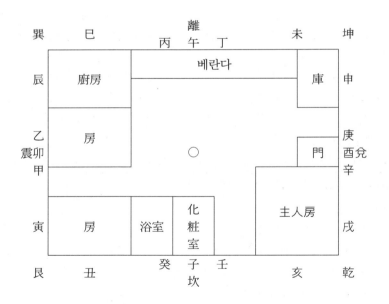

兌門. 乾主. 八廚

兌門과 乾主의 길흉

- 兌門에서 乾主는 生氣方이니 일명 生氣宅이라 한다.
- 二金比和되니 財를 發하고, 人丁이 旺하고, 자손들이 貴顯(귀현)한다.
- 건강장수하고, 현달하고, 높은 관직에 오름은 長子에 해당되는데, 應期는 甲.乙 이나 亥.卯.未에 해당하는 年이나 月이다.
- 生氣는 貪狼星에 해당하며 陽木의 성질인데, 乾, 兌의 金宮에 들면 남자와 부녀자 를 손상케 하는 것이다. 남자들이 점점 쇠락해지고, 부녀자가 家權을 장악하게 된다.

兌門. 乾主. 坎廚(감방에 주방이 있는 경우)

- 兌門에서 坎廚는 禍害方이다.
- 乾主에서 坎廚는 六殺方이다.
- 兌門, 坎廚는 兌門의 氣가 洩(설)되니 막내딸에게 불리하다.
- 乾主, 坎廚는 乾主의 氣가 洩되니 老父에게 불리하다.
- 兌門, 乾主, 坎廚의 가옥 구조는 兌, 乾의 金氣가 坎廚를 생하여 金氣가 洩(설)되 니 남녀 공히 단명수가 따르는 것이다.
- 이러한 가옥은 二金이 比和되므로 초년에는 재산이 늘어나고, 만사 순조롭게 풀 리는데 자식은 적거나 늦게 두게 된다. 본부인이 먼저 죽고 젊은 여자를 얻어 자식을 많이 둔다.
- 오래 세월이 흐르면 부녀자는 낙태 등의 증세가 있고, 發癌患者(발암환자)가 발생 하거나, 남자는 遺精(유정), 토혈 등의 질환이 있고, 仲男은 好色하여 재물이 흩어지고, 관재구설, 도난, 화재 등의 흉화가 발생할 것이다.
- 육축이 모두 손상되니 가업이 피폐된다.

兌門. 乾主. 艮廚(간방에 주방이 있는 경우)

- 兌門에서 艮廚는 延年方이 된다.
- 乾主에서 艮廚는 天醫方이다.
- 兌門, 艮廚는 상생되고 음양이 正配合되고 延年方이니 人丁이 旺하고 가정이 화목하고 家産이 늘게 된다.
- 乾主, 艮廚는 상생되고 天醫方이니 吉하다.
- 이러한 가옥은 음양이 부합되므로 막내아들과 막내딸에게 발복된다.
- 초년에는 돈과 재물이 넉넉하다. 남에게 베풀기를 좋아하고, 부녀자는 현모양처 요 남자는 지혜롭고 부귀를 누린다.

- 국가고시에 합격자가 나오고 武官으로 용맹을 떨치는 인물이 나온다.
- 그러나 세월이 오래 흐르면 본부인이 먼저 죽고 젊은 부인을 얻는데 이 여자에게서 많은 자식을 둔다.

兌門. 乾主. 震廚(진방에 주방이 있는 경우)

- 兌門에서 震廚는 絶命方이다.
- 乾主에서 震廚는 五鬼方이다.
- 兌門, 震廚는 상극되고 絶命方이라 凶하다. 가족간 불목하고, 家産이 줄고 退財된다.
- 乾主, 震廚는 震廚가 受剋되고 絶命方이라 凶한데, 長男에게 불리하며, 代를 잇기 어려우니 他姓이 香火(향화)를 이어가게 된다.
- 兌門, 乾主, 震廚는 상호 상극되니 오행상 金과 木에 해당되는 질병이 多發하게 된다.
- 이러한 가옥은 초년에는 재산이 일어나 살림이 풍족하다.
- 육축이 번성하고 금전과 재물이 쌓이며, 입신출세하는 자식이 나오나, 본부인을 먼저 보내고 나중 부인에게서 많은 자식을 두게 된다.
- 오랜 세월이 지나면 長女나 큰며느리가 夭死하게 되어 종국에는 후사를 잇기 어렵다.
- 心痛(심동), 腰痛(요통), 수족마비 등의 질환자가 나오는데, 이는 震命人과 巽命人에 해당된다.
- 재물이 흩어지고, 自縊刀傷者(자액도상자)가 발생하고, 자살하는 사람이 나오는데 고향을 떠나 살면 면할 수 있다.

兌門. 乾主. 巽廚(손방에 주방이 있는 경우)

- 兌門에서 巽廚는 六殺方이다.
- 乾主에서 巽廚는 禍害方이다.
- 兌門, 巽廚는 상극되고 六殺方이라 凶한데, 가족간 불화하고, 家産이 줄게 되며, 막내딸에게 흉화가 발생한다.
- 乾主, 巽廚는 상극되고 禍害方이라 凶하다. 먼저는 부녀자들에게 흉화가 닥쳐오고 다음엔 남자들에게도 災厄이 발생한다.
- 이러한 가옥은 초년에는 재물과 금전이 풍족해진다. 本婦人을 먼저 보내고 나중 부인에게서 많은 자식을 둔다.
- 그러나 세월이 흐르면 長子는 자식두기가 어렵고, 단명하거나, 手足痛症(수족통증)과, 癡呆症(치매증), 약물중독으로 사망하는 사람이 발생한다.

- 心腹痛(심복통), 盲人(맹인), 聾啞者(농아자) 등의 흉화가 발생하고, 好色으로 인해 家産이 탕진되고, 가족이 뿔뿔이 흩어지게 된다.

兌門. 乾主. 離廚(이방에 주방이 있는 경우)

- 兌門에서 離廚는 五鬼方이다.
- 乾主에서 離廚는 絶命方이 된다.
- 兌門, 離廚는 火金相爭이고 五鬼方이니 大凶하다. 仲女와 少女에게 흉화가 발생하고 다시 상호간 불화하며, 가족간에도 불화가 심하고, 부녀자들이 家權을 장악하여 집안에 불협화음이 끊이지 않는다. 또한 純陰之局이라 자연 陽을 傷하게 하여 남자들에게 단명수가 따르고 종국에는 절손되게 된다.
- 乾主, 離廚는 乾廚가 受剋되고 絶命方이라 凶하니 老父에게 재액이 발생한다.
- 이러한 가옥은 초년에는 돈과 재물이 넉넉하고, 부귀를 누리게 되며, 명성을 떨치는 자손이 나오나 본부인을 먼저 보내고 나중 부인에게서 많은 자식을 얻는다.
- 그러나 세월이 오래 흐르면 젊은 남녀의 단명수가 있고, 오행상 火, 金에 해당하는 질환인 血光(혈광), 便血(변혈), 頭疼(두동), 眼紅(안홍), 面黃(면황), 咳嗽(해수), 痰火(담화), 消渴(소갈), 噎食(열식), 體瘦(체수), 임신곤란, 自縊刀傷(자액도상), 관재구설, 약물중독, 화재, 도난 등의 흉화가 다발한다.
- 이러한 가옥은 자손을 기르기 어렵고, 부녀자에게 불리하며, 식구가 손상되니 고아나 과부가 생기는 것이다.

兌門. 乾主. 坤廚(곤방에 주방이 있는 경우)

- 兌門에서 坤廚는 天醫方이다.
- 乾主에서 坤廚는 延年方이다.
- 兌門, 坤廚는 상생되고 天醫方이니 吉하다. 가정이 평안하고, 가산이 늘게 된다. 다만 純陰之局이니 老母가 가권을 장악하게 되고, 남편과 자식을 剋하게 된다.
- 乾主, 坤廚는 부부정배합이고 延年方이니 吉하다.
- 이러한 가옥은 초년에는 돈과 재물이 넉넉하고, 부귀를 누리게 되며, 명성을 떨치는 자손이 나오나, 본부인을 먼저 보내고 나중 부인에게서 많은 자식을 얻는다.
- 그러나 세월이 오래 흐르면 자식이 적거나 절손되게 되고, 부녀자가 가정을 꾸려 나간다.

兌門. 乾主. 兌廚(태방에 주방이 있는 경우)

- 兌門에서 兌廚는 伏位方이다.
- 乾主에서 兌廚는 生氣方이다.
- 兌門, 兌廚는 二金比和되고 伏位方이니 吉하여, 가업이 흥왕하다. 다만 純陰之局

이니 陽을 傷하게 하여 남자들의 단명수가 따르고, 부녀자가 家權을 장악하게 된다.

◆ 乾主, 兌廚는 二金比和되고 生氣方이다. 一陰一陽으로 음양이 配合되고, 人丁이 旺하고 자손이 총명하고, 여자는 미인이고, 자손들은 財와 官을 득하게 된다.

◆ 이러한 가옥은 초년에는 二金이 比和되므로 부부는 화순하고, 재물과 전답이 늘고 가업이 흥창한다. 그러나 본부인을 먼저 보내고 나중 부인에게서 자식을 많이 두게 된다.

◆ 세월이 오래 흐르면 長子는 망하고 次子孫이 暢達(창달)하는데, 자식은 적거나 늦게 두게 된다. 그리고 젊은 부인이 家權을 장악하여 마음대로하니 집안이 불안하다.

◆ 위장병과, 心腹痛(심복통) 등의 질환자가 많이 발생한다.

兌門. 乾主. 乾廚(건방에 주방이 있는 경우)

◆ 兌門에서 乾廚는 生氣方이다.
◆ 乾主에서 乾廚는 比和되어 伏位方이다.
◆ 兌門, 乾廚는 二金比和하고 음양이 配合되고 生氣方이니 吉하여 財를 發하게 된다.
◆ 乾主, 乾廚는 二金比和하고 伏位方이니, 人丁이 旺하고 家産이 늘고 자손들이 현달한다.
◆ 이러한 가옥은 집안의 모든 식구가 화목하고 효순하다. 財帛(재백)이 날로 늘고, 가족은 건강하며, 육축은 잘되고, 공명현달하는 자손이 많이 나온다.
◆ 그러나 세월이 오래 흐르면 이러한 配合은, 老翁(노옹)과 젊은 여자의 배합이니 본부인을 먼저 보내고 나중 부인에게서 많은 자식을 두게 된다.
◆ 그러나 세월이 흐르면 젊은 부인이 가권을 휘두르니 집안이 불화하고, 심장병과 위장병 환자가 속출하게 된다.

(3) 兌門과 坎主의 길흉

◎ 아래도표에서 집의 중심에서 나경을 보아 출입문이 庚.酉.辛方에 있으면 兌門이라 하고, 주인방이 壬.子.癸方에 있으면 坎主라 한다.

◎ 兌門과 坎主는 兌가 白虎에 속하고 坎은 水가 되므로 白虎投江格이고 육축의 손상이 따른다. 金生水로 서로 상생은 되나, 禍害宅이고 기운이 설기되니 "禍害洩氣宅(화해설기택)"이다. 이러한 가옥은 가업이 피폐되는데, 도박과 주색으로 세월을 보내게 되고, 젊은 부녀자는 단명하게 된다.

⊙ 兌門과 坎主의 가옥구조는 가업이 흥왕하고 재물이 넉넉하나 본부인이 먼저 죽는다.

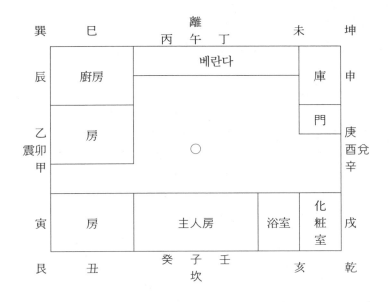

兌門. 坎主. 八廚

兌門과 坎廚의 길흉
◆ 兌門에서 坎主는 禍害方이니 일명 禍害宅이라 한다.
◆ 이런 구조는 남자들이 남과 다투기를 좋아하고, 고생이 많고, 人丁이 衰하고, 孤寡之人(고과지인)이 多出하며, 종국에는 절손되게 된다.
◆ 또한 잔질이 많이 발생하고, 血光之災(혈광지재) 및 관재구설이 多發하게 되고, 자살하는 사람도 있고, 가업이 피폐되어 破家하게 된다.
◆ 이는 주로 少男에게 발생하며, 應期는 戊.己나 辰.未.戌.丑, 혹은 寅. 午.戌에 해당하는 年이나 月이다.

兌門. 坎主. 坎廚(감방에 주방이 있는 경우)
◆ 兌門에서 坎廚는 禍害方이다.
◆ 坎主에서 坎廚는 比和되어 伏位方이다.
◆ 兌門, 坎廚는 兌門이 洩氣되니 막내딸 및 부녀자들의 단명수가 따른다.
◆ 坎主, 坎廚는 二陽으로 二水比和되고 伏位方이니 吉하여 財를 發하게 된다.
◆ 이러한 가옥은 초년에는 9년간 재산이 늘어나고, 萬事 순조롭게 풀리는데 仲男이 溺死(익사)하지 않으면 女色으로 재산을 탕진하게 될 것이다.

- 그러나 오래 세월이 흐르면 부녀자는 流産 등의 증세로 자손을 얻기 어렵고, 發癌患者(발암환자)가 발생하거나, 관재구설, 도난, 화재 등의 흉화가 발생할 것이다.
- 六畜이 모두 손상되니 가업이 피폐된다.

兌門. 坎主. 艮廚(간방에 주방이 있는 경우)

- 兌門에서 艮廚는 延年方이 된다.
- 坎主에서 艮廚는 五鬼方이다.
- 兌門, 艮廚는 음양의 正配合이고 延年方이니 吉하다.
- 坎主, 艮廚는 坎主가 受剋되니 막내아들에게 흉화가 닥치고, 어린아이들을 양육하기가 어렵게 되어, 종국에는 절손되게 된다.
- 이러한 가옥은 초년에는 음양이 부합되므로 막내아들과 막내딸에게 발복이 있으며, 가업이 흥왕하고 家産이 넉넉하다. 남에게 베풀기를 좋아하고, 부녀자는 현모양처요 남자는 지혜롭고 富貴를 누린다.
- 국가고시에 합격자가 나오고 무관으로 용맹을 떨치는 인물이 나온다.
- 그러나 세월이 오래 흐르면 부녀자는 流産 등의 증세가 있고, 발암자가 발생할 것이며, 약물중독자, 관재구설, 화재, 도난 등의 흉화가 발생할 것이고, 仲男은 女色을 즐겨 재산을 탕진하거나, 물에 빠져 죽을 것이다.

兌門. 坎主. 震廚(진방에 주방이 있는 경우)

- 兌門에서 震廚는 絕命方이다.
- 坎主에서 震廚는 天醫方이다.
- 兌門, 震廚는 震廚가 受剋되니 仲男 및 남자들에게 흉화가 발생한다.
- 坎主, 震廚는 상생되고 天醫方이니 吉하다.
- 초년에는 재산이 일어나 살림이 풍족하고, 육축이 잘되고 금전과 재물이 쌓이며, 입신출세하는 자식이 나오게 된다.
- 그런 세월이 오래 흐르면 長子孫은 적거나 없을 것이고, 仲男은 女色으로 재산을 탕진하거나, 물에 빠져 죽게 될 것이다.
- 부녀자는 流産 등의 災厄이 있고, 發癌者(발암자), 약물중독자, 관재구설, 화재, 도난, 腰痛(요통)과 수족마비 등의 질환자가 속출할 것이다. 이러한 증세는 震命이나 巽命에게 해당된다
- 또한 재물이 흩어지고, 自縊刀傷者(자액도상자)가 발생하고, 자살하는 사람이 나오는데 고향을 떠나 살면 면할 수 있다.

兌門. 坎主. 巽廚(손방에 주방이 있는 경우)

- 兌門에서 巽廚는 六殺方이다.

- 坎主에서 巽廚는 生氣方이다.
- 兌門, 巽廚는 巽廚가 受剋되고 六殺方이니, 長女와 큰며느리, 그리고 부녀자들에게 흉화가 발생한다.
- 坎主, 巽廚는 상생되고 음양이 配合되고 生氣方이니 吉하다.
- 이러한 가옥은 초년에는 재물이 늘고, 현처에 자손이 모두 효현하고, 국가고시합격자가 多出한다.
- 부녀자는 流産 등의 위험이 있고, 發癌의 위험도 있으며, 관재구설, 화재, 도난 등의 흉화가 예상된다.
- 오랜 세월이 흐르면 큰며느리는 자식이 없어 식구가 흩어지고, 남자는 단명하게 되므로 절손되게 된다.
- 그리고 근육통, 약물중독, 치매, 盲人, 聾啞(농아) 등의 질환자가 발생할 것이고, 女色을 즐기는 者가 생겨 가업을 탕진하고, 결국 가업이 피폐된다.

兌門. 坎主. 離廚(이방에 주방이 있는 경우)

- 兌門에서 離廚는 五鬼方이다.
- 坎方의 주인방에서 離方의 廚房은 延年方이 된다.
- 兌門, 離廚는 兌門이 受剋되니 막내딸과 기타 부녀자들에게 불리함이 있다.
- 坎主, 離廚는 음양의 정배합이고 延年方이니 吉하다.
- 이러한 가옥은 초년에는 돈과 재물이 넉넉하고, 부귀를 누리게 되며, 명성을 떨치는 자손이 나오나 본부인을 먼저 보내게 된다.
- 세월이 오래 흐르면 젊은 남녀의 단명수가 있고, 心疼(심동), 眼疾(안질), 面黃(면황), 咳嗽(해수), 痰火(담화), 임신곤란, 自縊刀傷(자액도상), 관재구설, 약물중독, 화재, 도난 등의 흉화가 다발한다. 仲男은 女色을 밝혀 재산을 탕진한다.
- 이러한 가옥은 자손을 기르기 어렵고, 육축도 不可하며, 부녀자에게 불리하며, 식구가 손상되니 고아나 과부가 생기는 것이다.

兌門. 坎主. 坤廚(곤방에 주방이 있는 경우)

- 兌門에서 坤廚는 天醫方이다.
- 坎主에서 坤廚는 絶命方이다.
- 兌門, 坤廚는 상생되고 天醫方이니 吉하다.
- 坎主, 坤廚는 坎主가 受剋되니 仲男에게 불리하고 기타 남자들에게도 흉화가 따른다.
- 이러한 가옥은 초년에는 돈과 재물이 넉넉하고, 부귀를 누리게 되며, 명성을 떨치는 자손이 나오나, 부녀자가 집안을 꾸려나간다.

- 오랜 세월이 흐르면 부녀자는 流産 등의 위험이 있고, 發癌(발암)의 위험도 있으며, 관재구설, 화재, 도난 등의 흉화가 예상되며, 자식이 없어 식구가 흩어지고, 남자는 단명하게 되므로 절손되게 된다. 그리고 근육통, 악물중독, 치매, 盲人, 聾啞(농아) 등의 질환자가 발생할 것이고, 女色을 즐기는 자가 생겨 家産을 탕진하고, 결국 가업이 피폐된다.
- 남자들의 명이 짧으니 부녀자가 가정을 꾸려나가고 결국 他姓이 代를 잇게 된다.

兌門. 坎主. 兌廚(태방에 주방이 있는 경우)

- 兌門에서 兌廚는 比和되어 伏位方이다.
- 坎主에서 兌廚는 禍害方이다.
- 兌門, 兌廚는 二金比和되고 伏位方이니 吉하여 초년에 財를 發하게 된다.
- 坎主, 兌廚는 兌廚의 金氣가 洩(설)되니 막내딸과 부녀자들의 氣가 洩됨이 있어 단명수가 따르게 된다.
- 초년에는 二金이 比和되므로 부부는 화순하고, 재물과 전답이 늘고 가업이 흥창한다. 자식은 적거나 늦게 둘 것이다.
- 그러나 세월이 오래 흐르면 부녀자가 家權을 휘두르게 되니 집안이 불안하고 不睦(불목)하니, 心疼(심동), 위장병 등의 질환자가 발생한다.
- 부녀자는 유산 등의 災厄이 있고, 發癌者(발암자), 약물중독자, 관재구설, 화재, 도난, 腰痛(요통)과 수족마비 등의 질환자가 속출할 것이다.
- 재물이 흩어지고, 仲男이 女色 등으로 家産을 탕진한다.

兌門. 坎主. 乾廚(건방에 주방이 있는 경우)

- 兌門에서 乾廚는 生氣方이다.
- 坎主에서 乾廚는 六殺方이다.
- 兌門, 乾廚는 二金比和되고 一陰一陽으로 초년에 發財됨이 있다.
- 坎主, 乾廚는 金生水하여 乾廚의 氣가 洩되니 老父에게 불리함이 있고, 人丁이 衰하게 되고, 불길함이 많다.
- 이러한 가옥은 초년에는 집안의 모든 식구가 화목하고 효순하다. 재백이 날로 늘고, 가족은 건강하며, 육축은 잘되고, 공명현달하는 자손이 많이 나온다. 이러한 配合은 老翁과 젊은 여자의 배합이니 본부인을 먼저 보내고 나중 부인에게서 많은 자식을 두게 된다.
- 그러나 세월이 흐르면 젊은 부인이 家權을 휘두르니 집안이 불화하고, 심장병과 위장병 환자가 속출하게 된다.
- 仲男은 好色으로 家産을 탕진하거나, 溺死(익사)하게 된다.

(4) 兌門과 艮主의 길흉

◉ 아래도표에서 집의 중심에서 나경을 보아 출입문이 庚.酉.辛方에 있으면 兌門이
라 하고, 주인방이 丑.艮.寅方에 있으면 艮主라 한다.

◉ 兌門과 艮主는 발복되고 末子가 영달한다. 그리고 延年宅에 해당되며 부부정배
합이다. 남자는 총명하고 여자는 미모가 있고, 집안이 번창하며, 자식 중 국가고
시합격자가 나오고, 부귀창달한다.

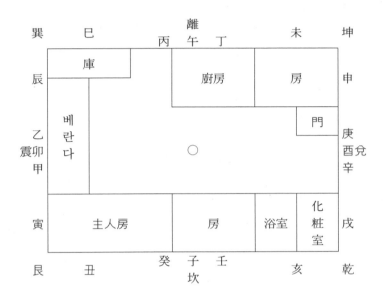

兌門. 艮主. 八廚

兌門과 艮主의 길흉
◆ 兌門에서 艮主는 延年方이니 일명 延年宅이라 한다.
◆ 상생되고 부부정배합이니 吉하여, 부부화목하고, 人丁이 旺하고, 財는 中富정도 이고, 국가고시에 합격하여 높은 관직에 오르는 자손이 多出한다.
◆ 이는 少男에 해당되고, 應期는 4년~9년 사이에 있던지, 庚.辛이나 巳.酉.丑에 해당하는 年이나 月이다.

兌門. 艮主. 坎廚(감방에 주방이 있는 경우)
◆ 兌門에서 坎廚는 禍害方이다.
◆ 艮主에서 坎廚는 五鬼方이다.

- 兌門, 坎廚는 상생되나 禍害方이니 凶하다.
- 艮主, 坎廚는 坎廚가 受剋되니 仲男에게 불리함이 있다.
- 이러한 가옥은 陰陽과 夫婦正配合이다. 초년에는 가업이 흥왕하고, 자손이 부귀 영달하는데, 특히 末子와 末女가 잘 풀린다. 돈과 재물이 넉넉하고, 남에게 베풀 기를 좋아하고, 부녀자는 현모양처요 남자는 지혜롭고 부귀를 누린다.
- 고시에 합격자가 나오고 武官으로 용맹을 떨치는 인물이 나온다.
- 그러나 세월이 오래 흐르면 부녀자는 流産 등의 증세가 있고, 發癌者(발암자)가 발생할 것이며, 약물중독자, 관재구설, 화재, 도난 등의 凶禍가 발생할 것이고, 仲男은 女色을 즐겨 재산을 탕진하거나, 물에 빠져 죽을 것이다.

兌門. 艮主. 艮廚(간방에 주방이 있는 경우)

- 兌門에서 艮廚는 延年方이 된다.
- 艮主에서 艮廚는 比和되어 伏位方이다.
- 兌門, 艮廚는 상생되고 음양이 配合되고 延年方이라 吉하다.
- 艮主, 艮廚는 二土比和되고 伏位方이라 吉하여 財를 發하게 된다.
- 이러한 가옥은 陰陽이 附合되므로 막내아들과 막내딸에게 발복된다.
- 초년에는 돈과 재물이 넉넉하다. 남에게 베풀기를 좋아하고, 부녀자는 현모양처 요 남자는 지혜롭고 부귀를 누린다.
- 고시에 합격자가 나오고 武官으로 용맹을 떨치는 인물이 나온다.
- 세월이 오래 흐르면 질병이 발생하고, 부녀자는 단명하지 않으면 어린아이 기르기 가 힘들다.
- 食疾膨悶(식질팽민), 黃腫(황종), 복통 등의 질환자가 발생할 것이다.

兌門. 艮主. 震廚(진방에 주방이 있는 경우)

- 兌門에서 震廚는 絶命方이다.
- 艮主에서 震廚는 六殺方이다.
- 兌門, 震廚는 상극되고 絶命方이니 대흉하다.
- 艮主, 震廚는 艮主가 受剋되니 막내아들과 어린아이들에게 흉화가 따른다.
- 이러한 가옥은 음양이 부합되므로 막내아들과 막내딸에게 발복되며, 초년에는 돈과 재물이 넉넉하다.
- 남에게 베풀기를 좋아하고, 부녀자는 현모양처요 남자는 지혜롭고 부귀를 누린다.
- 국가고시에 합격자가 나오고 武官으로 용맹을 떨치는 인물이 나온다.
- 세월이 오래 흐르면 心疼(심동), 腰痛(요통), 수족마비 등의 증세가 震命人이나 巽命人에게 발생한다. 점차 재물이 빠져나가고, 自縊刀傷者(자액도상자)나, 관

재, 화재, 도난 등의 흉화가 잇따르고, 자살하는 사람도 생기는데, 고향을 떠나 타향에서 살면 면할 수 있다.

兌門. 艮主. 巽廚(손방에 주방이 있는 경우)

- 兌門에서 巽廚는 六殺方이다.
- 艮主에서 巽廚는 絕命方이다.
- 兌門, 巽廚는 巽廚가 受剋되고 六殺方이니 長女와 큰며느리에게 흉액이 있다.
- 艮主, 巽廚는 艮主가 受剋되고 絕命方이니 막내아들과 어린아이들에게 흉함이 있다.
- 이러한 가옥은 초년에는 돈과 재물이 넉넉하여, 남에게 베풀기를 좋아하고, 부녀자는 현모양처요 남자는 지혜롭고 부귀를 누린다.
- 국가고시에 합격자가 나오고 무관으로 용맹을 떨치는 인물이 나온다.
- 오랜 세월이 흐르면 큰며느리는 자식이 없어 식구가 흩어지고, 남자는 단명하게 되므로 절손되게 된다.
- 그리고 근육통, 악물중독, 癡呆(치매), 盲人(맹인), 聾啞(농아) 등의 질환자가 발생할 것이고, 女色을 즐기는 者가 생겨 가업을 탕진하고, 결국 가업이 피폐된다.

兌門. 艮主. 離廚(이방에 주방이 있는 경우)

- 兌門에서 離廚는 五鬼方이다.
- 艮主에서 離廚는 禍害方이 된다.
- 兌門, 離廚는 兌門이 受剋되고 五鬼方이니 凶한데, 막내딸에게 흉화가 발생한다.
- 艮主, 離廚는 상생되나 禍害方이니 大凶하다.
- 이러한 가옥은 초년에는 가업이 흥왕하고, 오곡과 재물이 창고에 가득 쌓인다.
- 남에게 베풀기를 좋아하고, 부녀자는 현모양처요 남자는 지혜롭고 부귀를 누린다.
- 국가고시에 합격자가 나오고 武官으로 용맹을 떨치는 인물이 나온다.
- 세월이 오래 흐르면 젊은 부녀자나 남자는 단명하던지, 咳嗽(해수), 허약, 面黃(면황), 임신 중 곤란함, 自縊刀傷(자액도상), 관재구설, 화재, 도난, 악물중독 등의 흉화가 발생하고, 육축도 손상되고, 부녀자가 집안을 꾸려나간다.

兌門. 艮主. 坤廚(곤방에 주방이 있는 경우)

- 兌門에서 坤廚는 天醫方이다.
- 艮主에서 坤廚는 生氣方이다.
- 兌門, 坤廚는 상생되고 天醫方이라 吉하다.
- 艮主, 坤廚는 二土比和되고 生氣方이니 財를 發하고 大吉하다.
- 이러한 가옥은 음양이 부합되므로 막내아들과 막내딸에게 발복된다. 초년에는

家産이 풍족하고, 남에게 베풀기를 좋아하고, 부녀자는 현모양처요 남자는 지혜롭고 부귀를 누린다. 고시에 합격자가 나오고 무관으로 용맹을 떨치는 인물이 나온다.

- 그러나 세월이 오래 흐르면 자식이 적거나 생기지 않고, 부녀자가 家權을 장악하여 집안을 마음대로 휘두르니 집안이 불안하고, 위장병, 發癌患者(발암환자) 등이 발생할 것이다.

兌門. 艮主. 兌廚(태방에 주방이 있는 경우)

- 兌門에서 兌廚는 比和되어 伏位方이다.
- 艮主에서 兌廚는 延年方이다.
- 兌門, 兌廚는 二金比和되고 伏位方이니 財를 發하게 되고 현달한다.
- 艮主, 兌廚는 상생되고 生氣方이니 매우 吉하다.
- 이러한 가옥은 음양과 夫婦正配合이다. 초년에는 집안에 영화로움이 만당하고, 자손이 부귀영달하고 家産이 넉넉하다.
- 남에게 베풀기를 좋아하고, 부녀자는 현모양처요 남자는 지혜롭고 부귀를 누린다. 국가고시에 합격자가 나오고 武官으로 용맹을 떨치는 인물이 나온다.
- 그러나 세월이 오래 흐르면 자식이 적거나 생기지 않고, 부녀자가 家權을 장악하여 집안을 마음대로 휘두르니 집안이 불안하고, 위장병, 發癌者(발암자) 등이 발생할 것이다.

兌門. 艮主. 乾廚(건방에 주방이 있는 경우)

- 兌門에서 乾廚는 生氣方이다.
- 艮主에서 乾廚는 天醫方이다.
- 兌門, 乾廚는 二金比和되고 生氣方이니 富貴가 기약된다.
- 艮主, 乾廚는 상생되고 天醫方이니 大吉하다.
- 이러한 가옥은 초년에는 집안의 모든 식구가 화목하고 효순하며, 재백이 날로 늘고, 가족은 건강하며, 육축은 잘되고, 공명현달하는 자손이 많이 나온다.
- 그러나 이러한 배합은 老翁(노옹)과 젊은 여자의 配合이니 본부인을 먼저 보내고 나중 부인에게서 많은 자식을 두게 된다.
- 그러나 세월이 흐르면 젊은 부인이 家權을 휘두르니 집안이 不和하고, 심장병과 위장병 환자가 속출하게 된다.

(5) 兌門과 震主의 길흉

◉ 아래의 도표에서 집의 중심에서 나경을 보아 庚.酉.辛方에 출입문이 있으면 兌門
  이라 하고, 주인방이 甲.卯.乙方에 있으면 震主라 한다.

◉ 兌門과 震主는 白虎가 龍의 굴에 든 격이라 온갖 곤욕이 발생한다는 것이다. 이
  는 絶命宅이다. 金剋木이 되므로 震命人에게는 재물이 흩어지고, 다치게 되며,
  身病으로 고생하다 목을 매고 자살하거나, 타인에 의해 傷害가 있을 것이다. 죽
  음을 면하려면 고향을 떠나 살아야 한다.

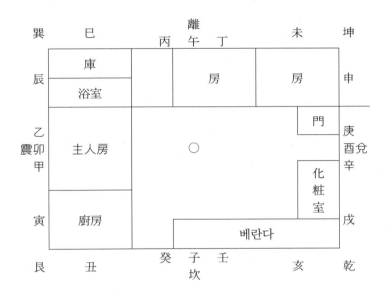

兌門. 震主. 八廚

兌門과 震主의 길흉

- 兌門에서 震主는 絶命方이니 일명 絶命宅이라 한다.
- 간교한 꾀를 부리는 자가 다출하고, 重病으로 인해 수명이 짧고, 잔질과 의외의
  흉화로 인해 사망하게 되고, 破財, 破家하게 된다.
- 이는 주로 長男에게 해당되고, 應期는 庚.辛이나 巳.酉.丑에 해당하는 年이나
  月이다.
- 兌門, 震主는 상극되고 震主가 受剋되는데, 長男의 단명수가 따르고, 부녀자가
  가권을 장악하게 된다. 二男과 三男이 長男의 역할을 하나 역시 夭死가 따르니,
  종국에는 절손되게 된다.

- 질병으로는 金, 木이 상호 상쟁하니 肝腸(간장), 筋骨腰腿(근골요퇴) 등의 질병과, 咽喉(인후), 폐, 피부, 호흡기계통의 질병이 多發하게 된다.

兌門. 震主. 坎廚(감방에 주방이 있는 경우)

- 兌門에서 坎廚는 禍害方이다.
- 震主에서 坎廚는 天醫方이다.
- 兌門, 坎廚는 金生水로 兌門이 洩氣 당하고 禍害方이니 부녀자들에게 불리하고, 아울러 남자들에게도 흉화가 따른다.
- 震主, 坎廚는 상생되고 天醫方이니 吉하다.
- 이러한 가옥은 초년에는 재물과 전답이 늘고 번창하나, 長子나 震命人에게는 재물이 흩어지고 사람이 손상된다.
- 위장질환, 心腹痛(심복통), 근육마비 등의 질환과 身病을 비관하여 자살하는 경우가 발생할 것이다.
- 그러나 세월이 오래 흐르면 부녀자는 流産 등의 증세가 있고, 發癌者(발암자)가 발생할 것이며, 약물중독자, 관재구설, 화재, 도난 등의 흉화가 발생할 것이고, 仲男은 女色을 즐겨 재산을 탕진하거나, 물에 빠져 죽을 것이다.

兌門. 震主. 艮廚(간방에 주방이 있는 경우)

- 兌門에서 艮廚는 延年方이 된다.
- 震主에서 艮廚는 六殺方이다.
- 兌門, 艮廚는 상생되고 음양의 正配合이고 延年方이니 吉하다.
- 震主, 艮廚는 艮廚가 受剋되니 막내아들에게 흉화가 따르고, 어린아이들에게도 재액이 있다.
- 이러한 가옥은 陰陽이 附合되므로 막내아들과 막내딸에게 발복된다.
- 초년에는 가업이 흥왕하고 家産이 넉넉하다. 남에게 베풀기를 좋아하고, 부녀자는 현모양처요 남자는 지혜롭고 부귀를 누린다. 국가고시에 합격자가 나오고 武官으로 용맹을 떨치는 인물이 나온다.
- 세월이 오래 흐르면 질병이 발생하고, 부녀자는 단명하지 않으면 어린아이 기르기가 힘들다.
- 食疾膨悶(식질팽민), 黃腫(황종), 腹痛(복통) 근육마비, 心疼(심동) 등의 질환자가 발생할 것이다.
- 또한 震命人의 경우는 身病을 비관하여 자살하거나, 타인에 의해 죽음을 당하는 경우가 발생한다. 그러나 고향을 떠나 살면 면할 수 있다.

兌門. 震主. 震廚(진방에 주방이 있는 경우)

◆ 兌門에서 震廚는 絶命方이다.

◆ 震主에서 震廚는 比和되어 伏位方이다.

◆ 兌門, 震廚는 震主가 受剋되니 長男과 남자들에게 불리하다.

◆ 震主, 震廚는 二陽으로 二木比和되고 伏位方이니 초년에 富貴를 득할 수 있으나 복록이 장구하지 못하다.

◆ 이러한 가옥은 초년에는 용모와 재주가 뛰어난 사람이 나오고, 震命人은 사업에 성공하여 재물을 축적하고 명성을 얻는다.

◆ 그러나 세월이 오래 흐르면 부녀자는 단명하거나, 자식을 얻기가 힘들고, 癡者(치자), 聾啞(농아), 守錢奴(수전노), 어리석은 사람이 생길 것이다.

◆ 또한 위장질환, 咽喉痛(인후통), 腰痛(요통), 수족마비 등의 증세가 震命人이나 長子에게 발생할 것이고, 재물이 흩어지고 身病을 비관하여 목매달아 자살하는 사람, 혹은 남에게 타살당하는 사람이 생길 것이다.

◆ 고향을 떠나 살면 면할 수 있다.

兌門. 震主. 巽廚(손방에 주방이 있는 경우)

◆ 兌門에서 巽廚는 六殺方이다

◆ 震主에서 巽廚는 延年方이다.

◆ 兌門, 巽廚는 巽廚가 受剋되니 長女나 큰며느리에게 흉화가 따르고 단명수도 있다.

◆ 震主, 巽廚는 二木이 比和되어 成林하니 富貴를 發한다.

◆ 초년에는 돈과 재물이 넉넉하다. 집안에 영화가 가득하고, 亥.卯.未年에 태어난 자손은 부귀를 누릴 것이다. 그러나 震命人과 巽命人에게는 재물이 흩어지고, 다치게 되며, 위장질환, 心疼(심동), 咽喉痛(인후통) 등으로 고생할 것이다.

◆ 오랜 세월이 흐르면 큰며느리는 자식이 없어 식구가 흩어지고, 남자는 단명하게 되므로 절손되게 된다.

◆ 그리고 근육통, 악물중독, 癡呆(치매), 盲人(맹인), 聾啞(농아) 등의 질환자가 발생할 것이고, 女色을 즐기는 자가 생겨 가산을 탕진하고, 결국 가업이 피폐된다.

兌門. 震主. 離廚(이방에 주방이 있는 경우)

◆ 兌門에서 離廚는 五鬼方이다.

◆ 震主에서 離廚는 生氣方이 된다.

◆ 兌門, 離廚는 兌門이 受剋되고 五鬼方이니 부녀자들에게 불리하다.

◆ 震主, 離廚는 상생되고 生氣方이니 吉하고 이롭다.

◆ 초년에는 돈과 재물이 넉넉하다. 오곡과 재물이 창고에 가득 쌓인다.

- 남에게 베풀기를 좋아하고, 국가고시에 합격자가 나오고, 武官으로 용맹을 떨치는 인물이 나온다.

  그러나 震命人에게는 위장질환, 咽喉痛(인후통), 心疼(심동), 腰痛(요통), 수족마비 등의 증세가 나오고 身病을 비관하여 자살하거나, 타인에게 살해당하는 사람이 나올 것이다.
- 세월이 오래 흐르면 젊은 부녀자나 남자는 단명하던지, 허약, 근육통, 面黃(면황), 임신 중 곤란함, 自縊刀傷(자액도상), 관재구설, 화재, 도난, 약물중독 등의 흉화가 발생하고, 재산이 탕진되며, 육축도 손상되고, 부녀자가 집안을 꾸려나간다.

兌門. 震主. 坤廚(곤방에 주방이 있는 경우)

- 兌門에서 坤廚는 天醫方이다.
- 震主에서 坤廚는 禍害方이다.
- 兌門, 坤廚는 상생되고 天醫方이니 吉하다.
- 震主, 坤廚는 坤廚가 受剋되니 老母에게 夭死함이 있다.
- 이러한 가옥은 초년에는 재산이 쌓이고 형제간에 우애 있고, 남녀가 효도하나, 남자들이 단명하고, 자식이 적으니 부녀자가 집안을 꾸려나간다.
- 그러나 세월이 흐르면 震命人에게는 재물이 손실되고, 傷害를 입으며, 위장질환, 咽喉痛(인후통), 腰痛(요통), 수족마비 등의 질환자가 발생할 것이다.
- 어린아이나 육축이 손상되고, 身病으로 자살하거나, 타인에게 살해당하는 일이 발생할 것이다.
- 고향을 떠나 살면 면할 수 있으나 조상 墓가 잘못되어 있으면 소용없다.

兌門. 震主. 兌廚(태방에 주방이 있는 경우)

- 兌門에서 兌廚는 比和되어 伏位方이다.
- 震主에서 兌廚는 絕命方이다.
- 兌門, 兌廚는 二金比和되고 伏位方이니 吉하여 초년에 財利가 있으나 복록이 장구하지 못하다.
- 震主, 兌廚는 震主가 受剋되고 絕命方이니 長男에게 불리하다.
- 이러한 가옥은 초년에는 돈과 재물이 넉넉하다. 남에게 베풀기를 좋아하고, 부녀자는 현모양처요 남자는 지혜롭고 부귀를 누린다.
- 고시에 합격자가 나오고 武官으로 용맹을 떨치는 인물이 나온다.
- 위장질환, 咽喉痛, 腰痛, 수족마비 등의 증세가 震命人에게 발생할 것이다.
- 그러나 세월이 오래 흐르면 자식이 적거나 생기지 않고, 부녀자가 가권을 장악하여 집안을 마음대로 휘두르니 心疼(심동), 咽喉痛(인후통), 요통, 수족마비 등의

질환과, 집안이 불안하고, 위장병, 發癌者(발암자) 등이 발생할 것이다. 身病을 비관하여 자살하거나 타인에게 살해당하는 사람도 생길 것이다. 그러나 고향을 떠나 살면 면할 수 있다.

兌門. 震主. 乾廚(건방에 주방이 있는 경우)

◆ 兌門에서 乾廚는 生氣方이다.

◆ 震主에서 乾廚는 五鬼方이다.

◆ 兌門, 乾廚는 二金比和되고 一陰一陽이며 生氣方이니 吉하여 富貴를 득할 수 있다.

◆ 震主, 乾廚는 震主가 受剋되고 五鬼方이니 凶한데, 長男과 다른 남자들에게 凶함이 있다.

◆ 초년에는 돈과 재물이 넉넉하다. 남에게 베풀기를 좋아하고, 부녀자는 현모양처요 남자는 지혜롭고 부귀를 누린다.

◆ 국가고시에 합격자가 나오고 武官으로 용맹을 떨치는 인물이 나온다. 그러나 이러한 配合은 老翁(노옹)과 젊은 여자의 配合이니 본부인을 먼저 보내고 나중 부인에게서 많은 자식을 두게 된다.

◆ 그러나 세월이 흐르면 젊은 부인이 家權을 휘두르니 집안이 불화하고, 심장병과 위장병 환자가 속출하게 된다.

◆ 震命人에게는 재물의 손실이 있겠고, 상해를 입을 것이며, 가족 중에 身病을 비관하여 자살하거나 타인에게 살해당하는 사람도 생길 것인데, 타향으로 이주하여 살면 면할 수 있다.

(6) 兌門과 巽主의 길흉

◎ 아래도표에서 집의 중심에서 나경을 보아 庚.酉.辛方에 출입문이 있으면 兌門이라 하고, 주인방이 辰.巽.巳方에 있으면 巽主라 한다.

◎ 兌門과 巽主의 관계는 金剋木하여 태금이 손목을 극하니 부녀자가 손상된다는 것이다. 이는 六殺宅이다. 두 여자가 同居하는 象이다. 陰이 성하고 陽이 쇠하니 剋夫하고, 長子가 손상되고, 남자는 단명한다. 또한 불치의 병자가 나온다.

◎ 출입문과 주인방과 주방의 위치가 서로 相排된다면 裨補策(비보책)을 강구하여 흉함을 제거해야 할 것이다.

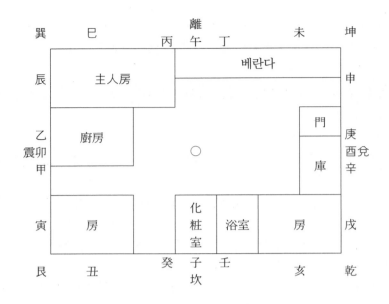

兌門. 巽主. 八廚

兌門과 巽主의 길흉

- 兌門에서 巽主는 六殺方이니 일명 六殺宅이라 한다.
- 주색과 도박, 방탕한 자손들이 出하고, 人丁은 旺하지 못하여 종국에는 절손되게 된다.
- 가솔들에게 단명과 癲狂(전광), 자살자 등이 多出하고, 이는 주로 仲男에게 발생하는데, 應期는 壬.癸나 申.子.辰에 해당하는 年이나 月이다.
- 兌門, 巽主는 상극관계로 부녀자들에게도 흉화가 따르는데 특히 長女나 큰며느리에게 災厄이 닥쳐오며, 부녀자들간 불목이 심하다.
- 질병으로는 오행상 木과 金에 해당하는 肝膽(간담), 筋骨腰腿(근골요퇴), 호흡계통, 피부, 大腸 등의 질환이 발생한다.
- 兌門, 巽主는 二陰으로 자연 陽을 傷하게 하여 남자들의 단명수가 있으며, 부녀자들이 집안 살림을 꾸려가게 되고, 家權을 장악하게 되는데, 종국에는 자손이 적어지며 종국에는 절손되게 된다.

兌門. 巽主. 坎廚(감방에 주방이 있는 경우)

- 兌門에서 坎廚는 禍害方이다.
- 巽主에서 坎廚는 生氣方이다.
- 兌門, 坎廚는 金生水하여 金氣가 洩되고 禍害方이니 막내딸과 어린여자아이들에

게 흉함이 있다.

◆ 巽主, 坎廚는 상생되고 生氣方이니 吉하다.

◆ 이러한 가옥은 초년에는 재물과 전답이 늘고 번창하며, 국가고시합격자가 나온다. 그러나 큰며느리에게 손상이 오거나, 자식이 없거나 가족이 뿔뿔이 흩어진다.

◆ 巽命人에게는 산후질병, 치매, 바람기 등이 발생하고, 근육통, 약물중독, 聾啞(농아), 盲人(맹인) 등의 질환이 발생할 수 있다.

◆ 그러나 세월이 오래 흐르면 부녀자는 流産 등의 증세가 있고, 發癌者(발암자)가 발생할 것이며, 관재구설, 화재, 도난 등의 흉화가 발생할 것이고, 仲男은 女色을 즐겨 재산을 탕진하거나, 물에 빠져 죽을 것이다.

兌門. 巽主. 艮廚(간방에 주방이 있는 경우)

◆ 兌門에서 艮廚는 延年方이 된다.

◆ 巽主에서 艮廚는 絶命方이다.

◆ 兌門, 艮廚는 음양의 正配合이고 延年方이니 吉하다.

◆ 巽主, 艮廚는 艮廚가 受剋되니 막내아들과 어린아이들에게 災厄이 발생한다.

◆ 이러한 가옥은 陰陽이 附合되므로 막내아들과 막내딸에게 발복된다.

◆ 초년에는 돈과 재물이 넉넉하고, 남에게 베풀기를 좋아하고, 부녀자는 현모양처요 남자는 지혜롭고 부귀를 누리며, 국가고시에 합격자가 나오고 武官으로 용맹을 떨치는 인물이 나온다.

◆ 그러나 세월이 오래 흐르면 질병이 발생하고, 부녀자는 단명하지 않으면 어린아이 기르기가 힘들다.

◆ 근육마비, 치매, 정신질환, 心疼 등의 질환자가 발생할 것이며, 또한 巽命人의 경우는 산후질병으로 고생하거나, 음란한 생활로 醜聞(추문)이 발생하고, 家産에 피해가 있을 것이다.

兌門. 巽主. 震廚(진방에 주방이 있는 경우)

◆ 兌門에서 震廚는 絶命方이다.

◆ 巽主에서 震廚는 延年方이다.

◆ 兌門, 震廚는 震廚가 受剋되니 長男에게 불리하며 기타 남자들도 흉화가 따른다.

◆ 巽主, 震廚는 二木比和하고 一陰一陽이고 延年方이니 吉하다.

◆ 이러한 가옥은 초년에는 용모와 재주가 뛰어난 사람이 나오고, 국가고시 합격자가 나온다.

◆ 그러나 세월이 흐르면 長男이나 큰며느리가 손상되지 않으면 자식이 없을 것이고, 가족이 뿔뿔이 흩어져 살게 될 것이다.

- 또한 震命人과 巽命人에게는 근육통, 치매, 정신질환, 위장질환, 咽喉痛(인후통), 腰痛(요통), 수족마비 등의 증세가 있을 것이고, 재물이 탕진되고, 身病으로 자살하는 사람이 나온다.
- 그러나 고향을 떠나 살면 면할 수 있다.

兌門. 巽主. 巽廚(손방에 주방이 있는 경우)

- 兌門에서 巽廚는 六殺方이다.
- 巽主에서 巽廚는 比和되어 伏位方이다.
- 兌門, 巽廚는 巽廚가 受剋되니, 長女와 큰며느리에게 불리하며, 기타 부녀자들에게도 흉함이 있다.
- 巽主, 巽廚는 二木比和하고 伏位方이니 吉하여 財利가 있으나 장구하지 못하다.
- 兌門, 巽主, 巽廚는 純陰之宅으로 자연 陽을 傷하게 하여 남자들의 손상이 따르고 종국에는 절손되게 된다.
- 초년에는 가업이 흥왕하고, 家産이 늘어나나 純陰之宅이니 남자는 단명하게 되고, 癡呆(치매), 癱瘓(탄탄) 등이 질병이 발생할 것이다. 巽命人에게는 산후질병이나 치매, 바람기 등이 발생된다.
- 그러나 오랜 세월이 흐르면, 큰며느리는 자식이 없어 식구가 흩어지고, 남자는 단명하게 되므로 절손되게 된다.
- 그리고 근육통, 약물중독, 치매, 腰痛(요통), 정신질환 등의 질환자가 발생할 것이고, 女色을 즐기는 者가 생겨 家産을 탕진하고, 결국 가업이 피폐된다.

兌門. 巽主. 離廚(이방에 주방이 있는 경우)

- 兌門에서 離廚는 五鬼方이다.
- 巽主에서 離廚는 天醫方이 된다.
- 兌門, 離廚는 兌門이 受剋되며 五鬼方이니 막내딸에게 凶함이 있고 기타 여자아이들에게도 災厄이 있다.
- 巽主, 離廚는 상생되고 天醫方이니 吉하다.
- 초년에는 돈과 재물이 넉넉하며, 오곡과 재물이 창고에 가득 쌓인다. 그러나 이런 구조는 三女가 同居하는 형국으로 陽을 傷하게 하여, 남자는 단명하므로 아이 기르기가 어렵고, 근육통, 치매, 약물중독, 盲兒(맹아), 聾啞(농아) 등의 증세가 나올 것이다.
- 부녀자는 산후질환, 중풍, 정신질환, 바람기 등으로 재산의 손실이 발생할 것이다.
- 남자는 咳嗽(해수), 약물중독, 面黃(면황), 허약체질 등의 질환이 발생할 것이고, 부녀자는 임신곤란 등의 증세가 나온다.

◆ 세월이 오래 흐르면 自縊刀傷者(자액도상자), 관재구설, 화재, 도난 등의 흉화가 발생할 것이며, 종국에는 부녀자가 살림을 꾸려나간다.

兌門. 巽主. 坤廚(곤방에 주방이 있는 경우)

◆ 兌門에서 坤廚는 天醫方이다.
◆ 巽主에서 坤廚는 五鬼方이다.
◆ 兌門, 坤廚는 상생되고 天醫方이니 吉하다.
◆ 巽主, 坤廚는 坤廚가 受剋되고 五鬼方이니 老母에게 凶하다.
◆ 兌門, 巽主, 坤廚는 純陰之宅으로 자연 陽을 傷하게 하니, 남자들의 단명수가 따르고 자손을 키우기가 어렵게 된다.
◆ 초년에는 재산이 쌓이고 형제간에 우애 있고, 남녀가 효도하나, 남자들이 단명하고, 자식이 적으니 부녀자가 집안을 꾸려나간다.
◆ 세월이 흐르면 巽命人에게는 재물이 손실되고, 상해를 입으며, 근육통, 중풍, 약물중독, 盲人(맹인), 聾啞(농아) 등의 질환자가 발생할 것이고, 남자들의 바람기로 인해 家産이 탕진될 것이다.
◆ 寅.午.戌年에는 화재로 인명이 손상되든지, 東南方에서 도적으로 인해 재산상의 손실이 발생할 것이다.
◆ 집주인은 공직에 근무하면서 재물을 탐하여 파직당하는 등 각종 흉화를 연이어 겪게 될 것이다.

兌門. 巽主. 兌廚(태방에 주방이 있는 경우)

◆ 兌門에서 兌廚는 比和되어 伏位方이다.
◆ 巽主에서 兌廚는 六殺方이다.
◆ 兌門, 兌廚는 二金比和되고 伏位方이니 吉하여 財를 發하는데, 純陰이니 복록이 장구하지 못하다.
◆ 巽主, 兌廚는 巽主가 受剋되고 六殺方이니 凶하다. 長女나 큰며느리에게 흉화가 발생하고 기타 부녀자들에게도 災厄이 따른다.
◆ 兌門, 巽主, 兌廚는 純陰之宅이니 陽을 傷하게 하여 남자들이 夭死하게 되고 종국에는 절손되게 된다.
◆ 초년에는 재산이 쌓이고 형제간에 우애 있고, 남녀가 효도하나, 남자들이 단명하고, 자식이 적으니 부녀자가 집안을 꾸려나간다.
◆ 세월이 흐르면 巽命人은 위장질환, 發癌(발암) 등의 흉액이 있고, 부녀자가 家權을 장악한다.
◆ 근육통, 치매, 약물중독, 聾啞(농아), 盲人(맹인) 등의 질환자가 나오고, 부녀자는

산후질병, 중풍, 정신질환, 바람기 등으로 재산을 탕진하게 될 것이다.

兌門. 巽主. 乾廚(건방에 주방이 있는 경우)

- ◆ 兌門에서 乾廚는 生氣方이다.
- ◆ 巽主에서 乾廚는 禍害方이다.
- ◆ 兌門, 乾廚는 二金比和하고 一陰一陽이며 生氣方이니 吉하여 富貴를 득하게 되며 복록이 장구하다.
- ◆ 巽主, 乾廚는 巽主가 受剋되고 禍害方이라 凶한데, 먼저는 長女나 큰며느리에게 災厄이 발생하고, 점차 기타 부녀자들에게도 흉함이 있게 된다.
- ◆ 초년에는 돈과 재물이 넉넉하다. 남에게 베풀기를 좋아하고, 부녀자는 현모양처요 남자는 지혜롭고 부귀를 누린다.
- ◆ 고시에 합격자가 나오고 무관으로 용맹을 떨치는 인물이 나온다. 그러나 이러한 배합은 老翁과 젊은 여자의 배합이니 본부인을 먼저 보내고 나중 부인에게서 많은 자식을 두게 된다.
- ◆ 그러나 세월이 흐르면 젊은 부인이 家權을 휘두르니 집안이 불화하고, 심장병과 위장병 환자가 속출하게 된다. 巽命人에게는 재산의 손실과 傷害가 잇따를 것이다.
- ◆ 근육통, 중풍, 약물중독, 聾啞(농아), 盲人(맹인) 등의 질환자가 나오고, 부녀자는 산후질병, 중풍, 정신질환, 바람기로 인한 재산탕진 등의 흉화가 발생할 것이다.

(7) 兌門과 離主의 길흉

⊙ 아래도표에서 집의 중심에서 나경을 보아 출입문이 庚.酉.申方에 있으면 兌門이라 하고, 주인방이 丙.午.丁方에 있으면 離主라 한다.

⊙ 兌門과 離主는 五鬼宅이다. 이는 火剋金이므로 젊은 부녀자나 少女가 손상된 다는 것이다. 허약하고, 咳嗽(해수), 痰火(담화), 黃疸(황달) 증세가 나온다.

⊙ 부녀자는 임신 중 곤란함을 겪거나, 약물중독자, 自縊刀傷(자액도상), 관재구설, 화재, 도난 등의 흉화가 발생할 것이다. 그리고 끝내는 남자는 단면하며 고생하고, 부녀자가 집안 살림을 꾸려나간다.

⊙ 주방의 위치와 각자의 本命에 따라서 길흉이 바뀔 수 있다.

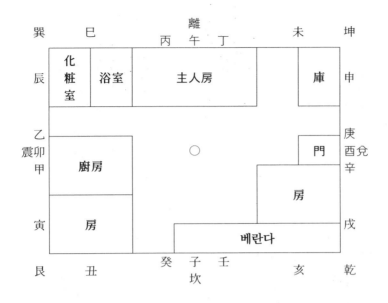

兌門. 離主. 八廚

兌門과 離主의 길흉

◆ 兌門에서 離主는 五鬼方이니 일명 五鬼宅이라 한다.
◆ 이러한 가옥은 폭력성향의 자손이 多出하고, 人丁이 衰하며, 血光, 화재, 意外之
災, 관재구설 등의 흉화가 多發하며, 破財, 破家하게 된다.
◆ 이는 주로 長男에게 해당되며, 應期는 丙.丁이나 寅.午.戌에 해당하는 年이나
月이다.
◆ 兌門, 離主는 상극관계로 먼저는 오행상 金에 해당하는 폐, 호흡기계통, 대장계
통, 피부 등의 질환이 발생하고, 아울러 火에 해당하는 심혈관계질환, 小腸, 眼疾
(안질) 등의 질환이 발생한다.
◆ 兌門이 受剋되니 막내딸에게 흉화가 먼저 닥쳐오고, 이어서 여타 부녀자들에게도
災厄이 발생하게 된다. 또한 자매간 불화하고, 夭折이 따르며 흉하다.
◆ 五鬼宅은 廉貞火星(염정화성)에 속하므로, 오행상 火와 연관된, 頭疼(두통), 腦
熱(뇌열), 三焦口渴(삼초구갈), 妄想(망상), 燥鬱症(우울증), 陽症傷寒(양증상
한), 心腹疼痛(심복동통), 惡瘡眼疾(악창안질) 등의 질환이 발생하게 된다.
◆ 純陰之宅이니 자연 陽을 傷하게 하여 남자들의 夭折이 따르고, 어린아이들을
키우기 어려우니 종국에는 절손되게 된다.

兌門. 離主. 坎廚(감방에 주방이 있는 경우)

- ◆兌門에서 坎廚는 禍害方이다.
- ◆離主에서 坎廚는 延年方이다.
- ◆兌門, 坎廚는 金氣가 洩되니 막내딸과 부녀자들에게 불리하다.
- ◆離主, 坎廚는 음양정배합이고 延年方이니 吉하다.
- ◆이러한 가옥은 초년에는 재물과 전답이 늘고 번창하며, 국가고시에 합격자가 나온다.
- ◆그러나 세월이 지나면 심장병이나 眼疾患者(안질환자)가 나온다. 또한 산후질병, 치매, 바람기 등이 발생하고, 근육통, 약물중독, 聾啞(농아), 盲人 등의 질환이 발생할 수 있다.
- ◆부녀자는 流産 등의 증세가 있고, 發癌者(발암자)가 발생할 것이며, 관재구설, 화재, 도난 등의 흉화가 발생할 것이고, 仲男은 女色을 즐겨 재산을 탕진하거나, 물에 빠져 죽을 것이다.

兌門. 離主. 艮廚(간방에 주방이 있는 경우)

- ◆兌門에서 艮廚는 延年方이 된다.
- ◆離主에서 艮廚는 禍害方이다.
- ◆兌門, 艮廚는 상생되고 延年方이니 吉하다.
- ◆離主, 艮廚는 상생되나 禍害方으로 凶한데, 남자들은 겁이 많고 유약하며, 부녀자의 성격은 강하여 부녀자가 家權을 장악한다.
- ◆이러한 가옥은 초년에는 陰陽이 附合되므로 막내아들과 막내딸에게 발복된다. 돈과 재물이 넉넉하다.
- ◆남에게 베풀기를 좋아하고, 부녀자는 현모양처요 남자는 지혜롭고 부귀를 누린다.
- ◆국가고시에 합격자가 나오고 武官으로 용맹을 떨치는 인물이 나온다.
- ◆그러나 세월이 오래 흐르면 질병이 발생하고, 부녀자나 막내딸이 단명하지 않으면 어린아이 기르기가 힘들다.
- ◆面黃(면황), 自縊刀傷(자액도상), 정신질환, 약물질환 등의 질환자가 발생할 것이다. 또한 산후질병으로 고생하거나 음란한 생활로 家産이 탕진될 것이다.

兌門. 離主. 震廚(진방에 주방이 있는 경우)

- ◆兌門에서 震廚는 絶命方이다.
- ◆離主에서 震廚는 生氣方이다.
- ◆兌門, 震廚는 震廚가 受剋되고 絶命方이라 凶한데, 먼저는 長男에게 흉액이 따르고, 나중에는 次男과 三男에게도 災厄이 발생하고 단명수가 따르며, 종국에는 절손되게 된다.

- 離主, 震廚는 상생되고 生氣方이니 吉하다.
- 이러한 가옥은 초년에는 부녀자가 살림을 크게 일으켜 용모와 재주가 뛰어난 사람이 나오고, 국가고시 합격자가 나오고 家門이 영달한다.
- 그러나 세월이 흐르면 젊은 부녀자나 작은딸이 손상되지 않으면 자식이 적을 것이고, 가족이 뿔뿔이 흩어져 살게 될 것이다.
- 面黃(면황), 당뇨병, 임신질환, 정신질환, 自縊刀傷(자액도상), 약물중독, 관재구설, 화재, 도난 등의 증세가 있을 것이고, 震命人에게 불리하다. 재물이 탕진되고, 위장병, 發癌(발암) 등의 身病으로 자살하는 사람이 나오거나, 타인에게 살해당하는 사람이 나온다.

兌門. 離主. 巽廚(손방에 주방이 있는 경우)

- 兌門에서 巽廚는 六殺方이다.
- 離主에서 巽廚는 天醫方이다.
- 兌門, 巽廚는 巽廚가 受剋되니 長女와 큰며느리에게 먼저 흉화가 닥치고 아울러 기타의 부녀자들에게도 災厄과 단명수가 따른다.
- 離主, 巽廚는 상생되고 天醫方이니 吉하다.
- 초년에는 돈과 재물이 넉넉하다. 집안에 영화가 가득하나, 남자는 단명하게 되고, 치매, 癱瘓(탄탄) 등이 질병이 발생할 것이다.
- 巽命人에게는 산후질병이나 치매, 바람기 등이 발생된다.
- 오랜 세월이 흐르면 젊은 부녀자나 작은딸이 손상될 것이다.
- 또한 面黃(면황), 임신곤란, 自縊刀傷(자액도상), 관재구설, 화재, 도난, 약물중독 등의 흉화가 발생할 것이고, 남자는 命이 짧으니 종국에는 절손되게 되고, 부녀자가 살림을 꾸려나간다.

兌門. 離主. 離廚(이방에 주방이 있는 경우)

- 兌門에서 離廚는 五鬼方이다.
- 離主에서 離廚는 比和되어 伏位方이 된다.
- 兌門, 離廚는 兌門이 受剋되고 五鬼方이니 막내딸의 夭死함이 있겠고 大凶하다.
- 離主, 離廚는 二火比和되고 伏位方이니 吉하여 財利가 있으나 장구하지 못하다.
- 兌門, 離主, 離廚는 純陰之宅이다. 陽을 傷하게 하니 남자들에게 夭死함이 발생하고 종국에는 절손되게 된다.
- 이러한 가옥은 초년에는 기업이 흥왕하고 家産이 넉넉하다. 오곡과 재물이 창고에 가득 쌓인다.
- 남자는 단명하므로 아이 기르기가 어렵고, 근육통, 眼紅(안홍), 치매, 心疼(심동),

약물중독 등의 증세에 시달리는 사람이 나올 것이다.

◆ 그러나 세월이 오래 흐르면 부녀자는 咳嗽(해수), 面黃(면황), 산후질환, 중풍, 정신질환, 임신곤란, 바람기 등으로 재산의 손실이 발생할 것이다. 남자는 咳嗽(해수), 약물중독, 面黃(면황), 허약체질 등의 질환이 발생할 것이다.

◆ 딸은 많고 아들은 적으니 데릴사위를 들이거나 양자를 들이게 된다.

◆ 또한 自縊刀傷(자액도상), 관재구설, 화재, 도난 등의 흉화가 발생할 것이다. 종국에는 부녀자가 살림을 꾸려나간다.

兌門. 離主. 坤廚(곤방에 주방이 있는 경우)

◆ 兌門에서 坤廚는 天醫方이다.

◆ 離主에서 坤廚는 六殺方이다.

◆ 兌門, 坤廚는 상생되고 天醫方이니 吉하다.

◆ 離主, 坤廚는 火生土하니 離主의 氣가 洩되며 六殺方이니 凶하여 仲女에게 불리함이 있다.

◆ 초년에는 재산이 쌓이고 형제간에 우애있고, 남녀가 효도하나, 남자들이 단명하고, 자식이 적으니 부녀자가 집안을 꾸려나간다.

◆ 세월이 흐르면 젊은 부녀자나 작은딸이 손상되고, 재물이 손실되고, 상해를 입으며, 咳嗽(해수), 痰火(담화), 面黃(면황), 임신곤란, 치매, 약물중독, 가출, 眼疾, 心疼(심동) 등의 질환자가 발생할 것이고, 남자는 가출자가 나오고 부녀자는 바람기로 인해 가산이 탕진될 것이다. 이러한 이유는 火方에 門이나 主人房이 있기 때문이다.

兌門. 離主. 兌廚(태방에 주방이 있는 경우)

◆ 兌門에서 兌廚는 比和되어 伏位方이다.

◆ 離主에서 兌廚는 五鬼方이다.

◆ 兌門, 兌廚는 二金比和되고 伏位方이니 吉하여 財를 發하나 장구하지 못다.

◆ 離主, 兌廚는 兌廚가 受剋되고 五鬼方이니 凶하다. 막내딸과 기타 부녀자들에게 흉화가 있다.

◆ 兌門, 離主, 離廚는 純陰之宅이다. 陽을 傷하여 남자들이 손상되고 절손되게 된다.

◆ 이러한 가옥은 초년에는 재산이 쌓이고 형제간에 우애 있고, 남녀가 효도하나, 남자들이 단명하고, 자식이 적으니 부녀자가 집안을 꾸려나간다.

◆ 그러나 세월이 흐르면 젊은 부녀자는 위장질환, 발암 등의 흉액이 있고, 부녀자가 家權을 장악한다.

◆ 또한 咳嗽(해수), 痰火(담화), 面黃(면황), 임신곤란, 약물중독 등의 질환자가 나
  오고, 남자들은 행세를 못하고 부녀자가 전권을 휘두른다.

兌門. 離主. 乾廚(건방에 주방이 있는 경우)

◆ 兌門에서 乾廚는 生氣方이다.

◆ 離主에서 乾廚는 絶命方이다.

◆ 兌門, 乾廚는 二金比和되고 一陰一陽이며 生氣方이니 吉하여 富貴를 득하게 된다.

◆ 離主, 乾廚는 乾廚가 受剋되고 絶命方이니 凶한데 老父의 단명수가 따르고 흉화
  가 발생하게 된다.

◆ 초년에는 돈과 재물이 넉넉하다. 남에게 베풀기를 좋아하고, 부녀자는 현모양처
  요 남자는 지혜롭고 부귀를 누린다.

◆ 국가고시에 합격자가 나오고 무관으로 용맹을 떨치는 인물이 나온다.

◆ 그러나 세월이 흐르면 본부인을 먼저 보내고 다음 부인에게서 많은 자식을 둔다.
  그리고 젊은 부녀자나 작은딸이 손상된다.

◆ 面黃(면황), 임신곤란, 自縊刀傷(자액도상), 관재구설, 화재, 도난, 眼疾, 心疼(심
  동), 약물중독 등의 질환자가 나오고, 家産이 점차 탕진될 것이며, 부녀자가 살림
  을 꾸려나간다.

(8) 兌門과 坤主의 길흉

◎ 아래도표에서 집의 중심에서 나경을 보아 庚.酉.辛方에 출입문이 있으면 兌門이
  라 하고, 주인방이 未.坤.申方에 있으면 坤主라 한다.

◎ 兌門과 坤主의 형태는 땅위에 연못이 있는 형국이라 재물이 풍족하나 다른 성씨
  와 한집에 동거하게 된다. 이는 天醫宅이다. 따라서 집안이 풍족하고 안녕하다.

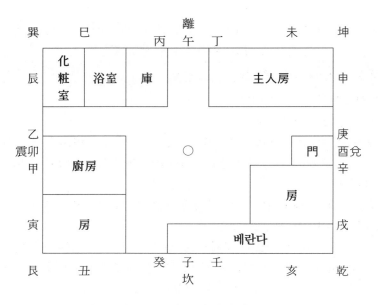

兌門. 坤主. 八廚

兌門과 坤主의 길흉

- 兌門에서 坤主는 天醫方이니 일명 天醫宅이라 한다.
- 人丁이 旺하고 총명한 자손들이 출현하고, 富와 貴를 得할 수 있으며, 건강장수하고, 家門이 영달함을 기약할 수 있다.
- 이는 仲男에게 해당되며 應期는 戊.己나 辰.未.戌.丑에 해당하는 年이나 月이다.
- 가솔들이 자선하기를 좋아하고, 예불을 숭상하며, 여자가 많고 아들은 적다.
- 兌門에 廚房이 艮方에 있으면 자손이 영달하고 재산이 늘어나며 부귀공명을 누린다.

兌門. 坤主. 坎廚(감방에 주방이 있는 경우)

- 兌門에서 坎廚는 禍害方이다.
- 坤主에서 坎廚는 絕命方이다.
- 兌門, 坎廚는 상생되나 禍害方이라 凶하다.
- 坤主, 坎廚는 坎廚가 受剋되고 絕命方이라 凶한데, 남녀 가솔들에게 단명수가 따른다.
- 이러한 가옥은 초년에는 재물과 전답이 늘고 번창하며, 남녀가 효도하고, 형제간에 우애가 있다.
- 그러나 세월이 오래 흐르면 남자는 단명수가 있고, 자식이 적거나 생기지 않는다.
- 부녀자는 산후질병, 發癌(발암), 吐血 등의 증세가 있고, 약물중독, 육축의 손상,

聾啞(농아), 面黃(면황), 澁便(삽변), 심신허약 등의 흉화가 있다.
- ◆ 또한 관재구설, 화재, 도난 등의 흉화가 발생할 것이고, 仲男은 女色을 즐겨 재산을 탕진하거나, 家出하거나 물에 빠져 죽을 것이다.

兌門. 坤主. 艮廚(간방에 주방이 있는 경우)

- ◆ 兌門에서 艮廚는 延年方이 된다.
- ◆ 坤主에서 艮廚는 生氣方이다.
- ◆ 兌門, 艮廚는 상생되며, 음양의 正配合이고 延年方이니 吉하다.
- ◆ 坤主, 艮廚는 二土比和되고 一陰一陽이며 生氣方이라 吉하다. 人丁이 旺하고 富貴가 長久하며 家門이 영달하며, 萬事가 순탄하다.
- ◆ 이러한 가옥은 陰陽이 附合되므로 막내아들과 막내딸에게 발복된다. 초년에는 돈과 재물이 넉넉하다. 남에게 베풀기를 좋아하고, 부녀자는 현모양처요 남자는 지혜롭고 부귀를 누린다. 국가고시에 합격자가 나오고 武官으로 용맹을 떨치는 인물이 나온다.
- ◆ 세월이 오래 흐르면 질병이 발생하고, 부녀자나 막내딸이 단명하지 않으면 어린아이 기르기가 힘들다.
- ◆ 黃腫(면황), 心疼(심동) 등의 질환자가 발생하고, 자식이 적거나 낳기 어려우며, 남자가 단명하고 家産이 탕진되며 부녀자가 가정을 꾸려나갈 것이다.

兌門. 坤主. 震廚(진방에 주방이 있는 경우)

- ◆ 兌門에서 震廚는 絶命方이다.
- ◆ 坤主에서 震廚는 禍害方이다.
- ◆ 兌門, 震廚는 震廚가 受剋되고 絶命方이니 長男에게 불리한데 점차 집안의 다른 남자들에게도 흉화가 따른다.
- ◆ 坤主, 震廚는 坤主가 受剋되고 禍害方이다. 老母에게 불리함이 있고 점차 집안의 다른 부녀자들에게도 흉화가 당도한다.
- ◆ 이러한 가옥은 초년에는 전답과 재물이 쌓이고, 남녀가 효도하며, 형제간에 우애가 있지만 자손이 적고 남자는 단명할 것이다.
- ◆ 그리고 震.巽命人은 재물이 빠져나가고, 傷害를 입으며, 위장질환, 咽喉痛(인후통), 腰痛(요통), 수족마비 등의 증세가 나타날 것이다.
- ◆ 오래 세월이 흐르면 身病으로 고생하다 자살하거나, 타인에게 살해당하는 일이 발생한다.
- ◆ 고향을 떠나 吉한 곳에 기거하면 면할 수 있다.

兌門. 坤主. 巽廚(손방에 주방이 있는 경우)

- 兌門에서 巽廚는 六殺方이다.
- 坤主에서 巽廚는 五鬼方이다.
- 兌門, 巽廚는 巽廚가 受剋되고 六殺方이니 凶한데 長女나 큰며느리에게 흉화가 닥친다.
- 坤主, 巽廚는 坤主가 受剋되고 五鬼方이라 凶한데 老母에게 흉화가 닥치고 점차 다른 부녀자들에게도 災厄이 당도하게 된다.
- 兌門, 坤主, 巽廚는 三女同室이니 純陰之宅이다. 陰旺陽衰하니 남자들의 손상이 따르고, 어린아이들을 키우기 어렵고, 부녀자들이 살림을 꾸려나가나 종국에는 절손되게 된다.
- 이러한 가옥은 초년에는 돈과 재물이 넉넉하다. 집안에 영화가 가득하나, 남자는 단명하게 되고, 치매, 癱瘓(탄탄) 등이 질병이 발생할 것이다.
- 巽命人에게는 산후질병이나 치매, 바람기 등이 발생된다.
- 그러나 세월이 오래 흐르면 聾啞(농아), 盲人, 근육통, 약물중독, 染病(염병=장티푸스), 위장병, 황달 등의 질환이 발생하고, 남자는 命이 짧으니 종국에는 절손되게 되고, 부녀자가 살림을 꾸려나간다.

兌門. 坤主. 離廚(이방에 주방이 있는 경우)

- 兌門에서 離廚는 五鬼方이다.
- 坤主에서 離廚는 六殺方이 된다.
- 兌門, 離廚는 兌門이 受剋되고 五鬼方이니 凶한데, 막내딸과 어린여자 아이들에게 흉함이 발생한다.
- 坤主, 離廚는 상생되나 六殺方이니 역시 凶함이 있다.
- 兌門, 坤主, 離廚는 三女同室이니 純陰之宅이다. 陰旺陽衰하니 남자들의 손상이 따르고, 어린아이들을 키우기 어렵고, 부녀자들이 살림을 꾸려나가나 종국에는 절손되게 된다. 매우 凶하다.
- 이러한 가옥은 초년에는 돈과 재물이 넉넉하다. 남녀가 효도하고, 형제간에 우애가 있고, 오곡과 재물이 창고에 가득 쌓인다.
- 그러나 세월이 오래 흐르면 남자는 단명하므로 아이 기르기가 어렵고, 젊은 부녀자나 막내딸이 손상되게 된다.
- 黃疸(황달), 당뇨병, 임신곤란, 咳嗽(해수), 痰火(담화), 自縊刀傷(자액도상), 약물중독 등의 흉화가 발생하고 家産이 탕진되며, 후사를 잇기 어려우니 부녀자가 살림을 꾸려 나간다.

兌門. 坤主. 坤廚(곤방에 주방이 있는 경우)

◆ 兌門에서 坤廚는 天醫方이다.

◆ 坤主에서 坤廚는 比和되어 伏位方이다.

◆ 兌門, 坤廚는 상생되고 天醫方이니 財利가 있다.

◆ 坤主, 坤廚는 二土比和되고 伏位方이라 吉하여 財를 發하게 된다.

◆ 초년에는 재산이 쌓이고 형제간에 우애 있고, 남녀가 효도한다.

◆ 세월이 흐르면 純陰之宅이니 陰旺陽衰하여 남자들이 단명하고, 자식이 적으니 부녀자가 집안을 꾸려나간다.

兌門. 坤主. 兌廚(태방에 주방이 있는 경우)

◆ 兌門에서 兌廚는 比和되어 伏位方이다.

◆ 坤主에서 兌廚는 天醫方이다.

◆ 兌門, 兌廚는 二金比和되고 伏位方이라 吉하여 財를 發하나 복록이 장구하지 못하다.

◆ 坤主, 兌廚는 상생되고 天醫方이니 吉하다.

◆ 兌門, 坤主, 兌廚는 純陰之宅이다. 자연 陽을 傷하게 하니, 남자들의 단명수가 따르고 종국에는 절손되게 된다.

◆ 초년에는 재산이 쌓이고 형제간에 우애 있고, 남녀가 효도하나, 남자들이 단명하고, 자식이 적거나 없으니 부녀자가 집안을 꾸려나간다.

◆ 세월이 흐르면 積塊攻心(적괴공심), 위장질환 등의 질환이 생기고, 부녀자가 家權을 장악한다.

兌門. 坤主. 乾廚(건방에 주방이 있는 경우)

◆ 兌門에서 乾廚는 生氣方이다.

◆ 坤主에서 乾廚는 延年方이다.

◆ 兌門, 乾廚는 二金比和되고 生氣方이니 富貴가 기약되고 大吉하다.

◆ 坤主, 乾廚는 음양의 正配合이고, 延年方이니 吉하여, 부귀가 장구하고 人丁이 旺하다.

◆ 초년에는 돈과 재물이 넉넉하다. 남에게 베풀기를 좋아하고, 부녀자는 현모양처요 남자는 지혜롭고 부귀를 누린다.

◆ 국가고시에 합격자가 나오고 武官으로 용맹을 떨치는 인물이 나온다.

◆ 그러나 세월이 오래 흐르면 본부인을 먼저 보내고 다음 부인에게서 많은 자식을 둔다. 질환은 크게 발생하지는 않으나, 남자가 단명하고, 자식이 없거나 적으니 부녀자가 살림을 꾸려나간다.

1) 兌命과 九星/廚房 落宮處의 吉凶 分析

兌命之宅

1. 人丁(인정)		
落宮處	落宮 事案 (九星. 廚房)	吉凶 解說
乾方 (戌.乾.亥)	生氣(木) 廚房	五子를 得한다.
離方 (丙.午.丁)	五鬼(火) 廚房	傷仲男 후 二子를 得한다.
艮方 (丑.艮.寅)	延年(金) 廚房	四子를 得한다.
巽方 (辰.巽.巳)	六殺(水) 廚房	先傷長男, 長女 후 二子를 得한다
坎方 (壬.子.癸)	禍害(土) 廚房	傷 仲男, 仲女 後 無子이다.
坤方 (未,坤,申)	天醫(土) 廚房	三子를 得한다.
震方 (甲.卯.乙)	絕命(金) 廚房	子의 질병으로 인해 絕孫된다.
兌方 (庚.酉.辛)	伏位(木) 廚房	딸만 낳는다.
◆ 兌命人이 주방의 위치나 배합이 吉하지 못한 경우는 그 주방에서 조리하는 음식을 먹지 않는 것이 좋다. ◆ 兌命人의 경우 吉한 방위에 주방을 설치함이 여의치 못할 경우에는, 길한 방위에 간단한 취사도구를 이동하여 음식을 만들어 먹으면 좋다.		
2. 婚姻(혼인)		
◆ 兌命人이 乾命의 여자와의 혼인은 생기이니 吉하다. ◆ 離命의 여자와는 오귀이니 凶하다. ◆ 艮命의 여자와는 연년이니 吉하다. ◆ 巽命의 여자와는 육살이니 凶하다.		

- ◆ 坎命의 여자와는 화해이니 凶하다.
- ◆ 坤命의 여자와는 천의이니 吉하다.
- ◆ 震命의 여자와는 절명이니 凶하다.
- ◆ 兌命의 여자와는 복위이니 吉하다.
- ◆ 兌命人은 生氣方인 乾方에서 구혼하거나 乾命人을 만나면 大吉하고, 다음은 延年方인 艮方에서 求婚하거나 艮命人을 만나면 좋다. 다음은 天醫方인 坤方에서 求婚하거나 坤命人을 만나면 次吉이다.
- ◆ 혼인이 빨리 성사되려면 延年方인 艮方으로 求婚하던지 沈床을 艮方에 설치하고 기거하면 좋다.

3. 疾病(질병)

- ◆ 兌命人이 五鬼方인 離方을 犯하여, 離方에 주방이나, 출입문, 주인방 등을 배치하면 痰火症이나, 血光 등의 흉화가 있게 된다.
- ◆ 兌命人이 絶命方인 震方을 犯하면 目疾(목질), 瘧疾(학질), 痢疾(이질), 腰背水足(요배수족)을 傷하게 하는 등의 흉액이 있다.
- ◆ 兌命人이 六殺方인 巽方을 犯하면 憂怒(우노), 目疾, 傷寒, 허약, 부녀자는 자궁질환, 流産 등의 질병이 발생하는데 天醫方인 坤方이나 延年方인 艮方으로 주방을 改修(개수)하면 질환이 완쾌된다.

4. 災禍(재화)

- ◆ 兌命人이 絶命方인 震方을 犯하고 長子와 老僕이 손상되고, 手足傷跌(수족상질)과 腰背痛(요배통) 등의 흉액이 발생하게 된다.
- ◆ 兌命人의 富翁이 절명방인 震方에 여러 칸의 大屋을 증축하고 나서 3년 후에, 자손들 중 두 자손이 절손되고, 이후 자신도 죽었다고 한다.
- ◆ 兌命人이 六殺方인 巽方을 犯하게 되면, 長身의 啞喉人(아후인)이 나오고, 訟事로 인해 재물을 날리는 문제가 발생하고, 모친은 口舌에 휘말리고, 부녀자는 음란해진다. 그리고 長子孫이나 長女나 큰며느리는 眼疾(안질)을 앓거나 넘어져 手足을 다치게 된다.
- ◆ 兌命人이 五鬼方인 離方을 犯하면 도난, 화재, 등의 문제가 발생하고, 처첩이 재물을 탐하고, 奴僕이 도망가고, 부모와 仲女가 傷하게 되고, 부인은 성질이 강폭해서 집안에 불화가 잦다.
- ◆ 兌命人이 禍害方인 坎方을 犯하면 남과 다투기를 좋아하고, 관재구설로 인해 破財되고, 仲子女를 傷하게 되거나, 血崩(혈붕)이 생기게 된다. 만약 仲男이 吉方에 居하게 되면 대신 末子가 흉액을 겪는다.

제5편

응용應用

제1장
동東·서사택西四宅 길흉吉凶 배치도配置圖

東四宅 吉凶 配置圖

巽 (生氣)	離 (延年)	坤 (絕命)
震 (天醫)	坎方의 門.命	兌 (禍害)
艮 (五鬼)	坎 (伏位)	乾 (六殺)

巽 (天醫)	離 (伏位)	坤 (六殺)
震 (生氣)	離方의 門.命	兌 (五鬼)
艮 (禍害)	坎 (延年)	乾 (絕命)

巽 (延年)	離 (生氣)	坤 (禍害)
震 (伏位)	震方의 門.命	兌 (絕命)
艮 (六殺)	坎 (天醫)	乾 (五鬼)

巽 (伏位)	離 (天醫)	坤 (五鬼)
震 (延年)	巽方의 門.命	兌 (六殺)
艮 (絕命)	坎 (生氣)	乾 (禍害)

西四宅 吉凶 配置圖

巽 (禍害)	離 (絕命)	坤 (延年)
震 (五鬼)	乾方의 門.命	兌 (生氣)
艮 (天醫)	坎 (六殺)	乾 (伏位)

巽 (五鬼)	離 (六殺)	坤 (伏位)
震 (禍害)	坤方의 門.命	兌 (天醫)
艮 (生氣)	坎 (絕命)	乾 (延年)

巽 (絕命)	離 (禍害)	坤 (生氣)
震 (六殺)	艮方의 門.命	兌 (延年)
艮 (伏位)	坎 (五鬼)	乾 (天醫)

巽 (六殺)	離 (五鬼)	坤 (天醫)
震 (絕命)	兌方의 門.命	兌 (伏位)
艮 (延年)	坎 (禍害)	乾 (生氣)

◆ 상기의 東·西四宅 길흉 배치도는 출입문에서 주인방과 주방을 파악하여 양택구성법에 따라 九星을 九宮에 부법하고 그 생극관계를 살펴보아 길흉을 판단한다. 다음은 本命과 九星 落宮處 五行과의 생극관계를 살펴보아 길흉을 판단한다.

◆ 중요한 것은 東·西四宅에 합치되고 吉方에 門과, 主人房, 廚房이 배치되었다 하더라도, 거주자의 本命의 五行이 출입문, 혹은 家坐와 상극되거나, 宮의 剋을 받거나 九星五行의 剋을 받으면 절대 吉할 수 없는 것이다.

◆ 예로 어느 乾命人 부인이 震方의 出入門, 乾方(五鬼方=火)의 침실, 坎方의 廚房으로 배치되어 있는 집에 살았는데, 5년을 넘기지 못하고 고혈압으로 갑자기 죽었다.

이는 乾命의 本人은 五行이 金인데, 震方의 출입문은 震門으로 五行이 木이며 本命 金과는 상극되어 凶하고, 乾方(五鬼方)의 침실은 火星인 五鬼火의 剋을 받아 凶하고, 또한 坎方(水)의 廚房은 九星이 天醫方이라 吉하지만, 침실이 있는 乾方의 五鬼方에서 坎方의 廚房은 六殺方에 해당하니 凶하여 命이 온전히 보존되지 못한 결과이다. 아래 圖의 배치와 같다.

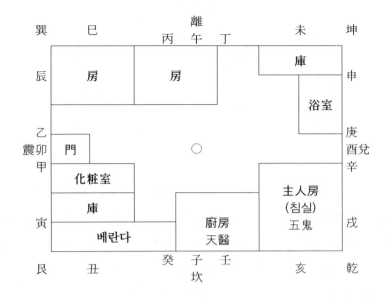

제2장
방수법放水法

放水法은 汚水(오수)를 흘려보내는 방향을 논한 법이다. 현대식 가옥은 대체로 多層(다층)의 다세대가 살기 때문에, 汚水를 보내는 곳을 개인적으로 임의로 정할 수 없지만, 구가옥이나 단독주택은 길흉방을 따져 汚水를 흘려보내는 방향을 잡아야 한다. 이것은 양택풍수에서 논하는 24坐 放水法이다.

단층집(靜宅)의 경우는 집(가옥)의 둘레를 기준하여 看法한다.

2층 이상의 집(動宅)의 경우는 마당까지를 포함하여 看法한다.

壬坐 丙向 - 丁 方
子坐 午向 - 丁 方
癸坐 丁向 - 坤 方
丑坐 未向 - 庚.丙.壬 方
艮坐 坤向 - 丙.丁 方
寅坐 申向 - 乙.巽 方
甲坐 庚向 - 辛 方
卯坐 酉向 - 辛 方
乙坐 辛向 - 壬 方
辰坐 戌向 - 乾 方
巽坐 乾向 - 辛 方
巳坐 亥向 - 辛.庚 方

丙坐 壬向 - 癸.乾 方
午坐 子向 - 癸.甲 方

丁坐 癸向 - 艮 方

未坐 丑向 - 艮.壬 方

坤坐 艮向 - 壬 方

申坐 寅向 - 壬.癸 方

庚坐 甲向 - 乙.巽 方

酉坐 卯向 - 乙.巽 方

辛坐 乙向 - 甲.巽 方

戌座 辰向 - 甲.乙 方

乾坐 巽向 - 甲.乙 方

亥坐 巳向 - 甲.乙 方

제3장
개문단결開門斷訣

1. 구궁정위도九宮定位圖

4 巽宮 木 −	9 離宮 火 −	2 坤宮 土 −
3 震宮 木 +	5 中宮 土	7 兌宮 金 −
8 艮宮 土 +	1 坎宮 水 +	6 乾宮 金 +

開門하고자 하는 방향의 길흉 관계는, 거주자의 本命과 주인방과 주방과의 상호 관계를 살펴 논하는 것이다.

① 家坐(가좌)와 開門方向(개문방향)과의 吉凶
② 거주자 本命(본명)과 개문방향과의 길흉
③ 주인방과 개문방향과의 길흉
④ 주방과 개문방향과의 길흉

상기 4가지 모두를 看法하여 길흉을 논하는 것이다.

2. 개문흉방開門凶方 요약要約

開門 方位	3要方位 門.主.廚	해설
乾	坎	◆ 開門方位로는 凶方이다. ◆ 坎에서 乾은 六殺方이다. ◆ 남녀가 음란하며, 수치를 모르고, 家聲(가성)이 불결하며 仲男에게 손상이 많다. ◆ 乾과 坎의 관계는 비록 相生의 관계이나 양택구성을 적용하면 六殺에 해당되어 도난, 부녀자의 유산, 낙태, 남자들의 주색, 도박, 가산의 退財, 생식계통의 질환 등이 유발된다.
乾	震	◆ 開門方位로는 凶方이다. ◆ 震에서 乾은 五鬼方이다. ◆ 辰은 木이고 乾은 土다. 木剋土하여 乾土를 剋하니 老父가 傷하고, 長男에게도 흉화가 발생하며, 화재, 도난, 官災, 각종질환이 발생하고 父子간에 不和한다.
乾	巽	◆ 開門方位로는 凶方이다. ◆ 巽에서 乾은 禍害方이다. ◆ 金剋木하여 巽에 해당하는 長女, 큰며느리를 剋하니, 큰며느리가 死産, 낙태, 산후질환 등이 나타난다. ◆ 부인의 自縊(자액) 위험성이 있다. ◆ 남자는 중풍으로 고생하고, 禍害는 오행이 土에 해당하고, 土生金하니 비록 재산은 있으나 각종 질환을 면할 수 없다.
乾	離	◆ 開門方位로는 凶方이다. ◆ 離에서 乾은 絕命方이다. 乾金이 受剋되니 老翁(노옹)이 咳嗽病(해수병)으로 고생하고, 부녀자에게도 여러 질병이 발생한다. ◆ 집안에 온갖 잡귀와 질병이 난무하니 도난, 火災가 연달아 발생하고, 가파인망한다. 종국에는 절손된다.
坎	艮	◆ 開門方位로는 凶方이다. ◆ 艮에서 坎은 五鬼方이다. ◆ 艮(土)이 坎(水)를 剋하므로, 八卦上 坎에 해당하는 仲男이

		손상당하며, 艮에 해당하는 少男에게도 흉화가 있다. ◆ 집안에 온갖 邪氣(사기)가 들끓고, 自縊投河(자액투하), 화재, 도난, 官災 등의 흉화가 발생한다. ◆ 남자들의 命이 짧으니 과부가 속출한다.
坎	坤	◆ 開門方位로는 凶方이다. ◆ 坤에서 坎은 絶命方이다. ◆ 坤(老母)이 坎(仲男)을 剋하니 母子간에 不和한다. ◆ 부녀자는 낙태나 死産하고, 家産이 疏散(소산)된다. ◆ 위장질환, 생식계통 등의 질병이 발생하고, 陰이 盛하고 陽이 衰하므로 부녀자가 家權을 장악하고, 비록 재산은 있으나 흉화를 면할 수 없다.
坎	兌	◆ 開門方位로는 凶方이다. ◆ 兌에서 坎은 禍害方이다. ◆ 비록 相生은 되나 禍害의 凶方이니 八卦上 兌에 해당하는 少女(末女)에게 불리하다. ◆ 火災, 도난, 官災 등이 발생한다. 남자는 官災이고, 여자는 早産이나 難産이다. ◆ 비록 재산은 있으나 殘疾(잔질)을 막기 어렵다.
艮	震	◆ 開門方位로는 凶方이다. ◆ 震에서 艮은 六殺方이다. ◆ 음식을 먹지 못하고, 화재, 도난 등이 발생하며 남자는 官災口舌, 여자는 産厄을 겪고, 長女와 少男이 손상된다. 染病(염병=장티푸스)을 막기 어렵다.
艮	離	◆ 開門方位로는 凶方이다. ◆ 離에서 艮은 禍害方이다. 少男에게 질병이 발생하고, 부녀자의 바람기로 인해 醜聞(추문)이 돈다. ◆ 離方의 火氣가 洩되니 仲女와 부녀자들에게 각종 질병이 발생하게 된다.
震	坤	◆ 開門方位로는 凶方이다. ◆ 坤에서 震은 禍害方이다. ◆ 老母가 먼저 죽고, 부녀자는 流産, 落胎 및 산후질환이 발생하고, 집안이 음란하여 재물이 먼저 빠져 나가고 長男이 손

		상된다.
震	兌	◆ 開門方位로는 凶方이다. ◆ 兌에서 震은 絕命方이다. ◆ 먼저 長男과 少女가 손상되고, 화재, 도난, 官災, 위장병, 眼疾 등의 흉화가 발생한다.
巽	坤	◆ 開門方位로는 凶方이다. ◆ 坤에서 巽은 五鬼方이다. ◆ 老母에게 흉화가 있고, 화재, 도난, 難産 등이 발생하고, 長男이 손상되고 命이 짧은데, 이는 陰이 盛하고 陽이 衰한 까닭이며, 상호 상극되니 長女에게도 흉함이 있고, 부녀자가 家權을 장악한다.
巽	兌	◆ 開門方位로는 凶方이다. ◆ 兌에서 巽은 六殺方이다. ◆ 長女와 큰며느리가 손상되며, 어린아이를 양육하기 어렵고, 長子孫에게 간질병이 발생하며, 화재, 도난 등의 흉액이 있고, 집안에 음란한 문제로 인한 醜聞(추문)이 돈다.
離	坤	◆ 開門方位로는 凶方이다. ◆ 坤에서 離는 六殺方이다. ◆ 부녀자가 손상되고, 六畜과 재산의 손실이 있다. ◆ 부녀자의 낙태 및 부녀자의 바람기로 인해 가정불화가 빈발한다.
離	兌	◆ 開門方位로는 凶方이다. ◆ 兌에서 離는 五鬼方이다. ◆ 火剋金하니 末女가 손상되고, 화재, 도난 등이 자주 발생하며, 집안에 邪氣(사기)가 창궐하니 부녀자는 死産, 낙태 등의 위험이 있고, 老母는 생이별이나 청상과부가 되고, 종국에는 破財되고 家破人亡한다.

제4장

압살법壓殺法

⊙ 압살법이란 五鬼, 六殺, 禍害, 絶命의 흉살을 눌러서 凶運을 吉運으로 바꾸는
  방법이다.

⊙ 가옥에서 화장실은 냄새나는 흉물이다 따라서 이러한 흉물을 凶殺方에 두면 殺
  이 제거된다는 것이다. 현대식건물에서는 화장실에 변기와 욕조가 같이 있는데
  이런 경우 변기의 坐向이 욕조를 향하게 해서는 좋지 않다.

⊙ 또한 화장실 출입문과 변기의 坐向이 마주보게 하여서도 좋지 않다. 집의 중심에
  서 화장실은 흉물이니 凶殺方에 두는 것이 당연하지만, 이것도 역시 화장실의
  門을 기준하여 변기의 坐向이 凶殺方을 향하도록 해야 압살이 되는 것이다.

제5장

문_門과 화장실의 길흉 관계

門에서 화장실을 볼 때 해당 방위의 양택구성을 적용 吉凶을 논한 것이다.

伏位方 : 매사 不成하고, 빈곤을 면키 어렵다.

禍害方 : 재산이 증가하고 만사 순탄하다.

天醫方 : 질병이 多發하고 百藥이 무효하다.

延年方 : 혼인은 不成하고, 재산을 모으기 힘들고, 단명한다.

六殺方 : 자손과 재산이 늘어나고 무병장수한다.

絶命方 : 자손과 재산이 증가하고 무병장수한다.

五鬼方 : 전답, 재산, 식구가 늘고 무병장수한다.

生氣方 : 夭死하고, 破財하고, 자식이 있더라도 온전치 못하거나, 비정상인이
태어난다.

양택의 길흉을 논할 경우 출입문에서 주인방과 주방은 生氣, 延年, 天醫, 伏位의 4吉方으로 함이 좋고, 흉물에 해당하는 화장실 등은 六殺, 五鬼, 禍害, 絶命의 4凶方으로 두어 制殺을 하는 것이 좋다. 이를 어길 시에는 갖가지 災禍가 닥쳐옴을 명심해야 한다.

제6장

비보책禪補策

전통가옥이나 전원주택과 달리 현대인들이 많이 주거하고 있는 다층의 빌라형이나 아파트형, 주상복합형 등의 가택들은, 입주시에 이미 가택의 구조가 정해져 있으므로, 가택의 내부 구조의 길흉관계에서 출입문을 기준하여 양택구성법을 적용시 주인방, 주방 등의 주요 구조가 凶方에 해당하는 경우 吉方으로 改修(개수)하기가 난이하다.

이런 경우에는 부득이하게 凶함을 최소화하거나 혹은 凶함을 吉하게 바꾸기 위해 양택풍수상 전통적으로 사용해왔던 여러 방편들을 사용해야 하는데 이를 "風水禪補策(풍수비보책)"이라 하는 것이다. 이에는 주로 後天洛書九宮의 卦宮數理에 연관한 五行의 事物들을 주로 활용하는 것이다.

1. 낙서구궁洛書九宮 정위도定位圖

洛書九宮 定位圖

❹ 巽 木-	❾ 離 火-	❷ 坤 土-
❸ 震 木+	❺ 中 土	❼ 兌 金-
❽ 艮 土+	❶ 坎 水+	❻ 乾 金+

2. 양택구성陽宅九星 정위도定位圖

巽 東南	離 南	西南 坤
❹ 伏位 (복위)	❾ 五鬼 (오귀)	❷ 禍害 (화해)
❸ 生氣 (생기)	❺⑩	❼ 絶命 (절명)
❽ 天醫 (천의)	❶ 六殺 (육살)	❻ 延年 (연년)

震東 (왼쪽 중앙) / 兌西 (오른쪽 중앙)

艮 東北 / 坎 北 / 西北 乾

3. 궁성宮星의 오행배속五行配屬

九宮	五行
坎 1宮	水 +
坤 2宮	土 −
震 3宮	木 +
巽 4宮	木 +
中 5宮	土 +−
乾 6宮	金 +
兌 7宮	金 −
艮 8宮	土 +
離 9宮	火 −

九星	五行	吉凶
六殺	水 +	凶
禍害	土 −	凶
生氣	木 +	吉
伏位	木 −	吉
延年	金 +	吉
絶命	金 −	凶
天醫	土 +	吉
五鬼	火 −	凶

4. 궁宮·성星의 생극生剋관계

四吉星 : 生氣. 延年. 天醫. 伏位

四凶星 : 絶命. 五鬼. 六殺. 禍害

- 九星이 落宮處 五行의 生을 받으면 九星의 吉凶 간에 勢(세)가 倍加된다.
- 九星이 落宮處 五行의 剋을 받으면 九星의 吉凶 간에 勢가 半減된다.
- 九星이 落宮處 五行과 比和되면 길흉 간의 勢가 절반정도 증가한다.
- 九星이 落宮處 五行을 剋하면 應期는 길흉 간에 다소 늦어지나 勢에 큰 변화는 없다. 4凶星이라면 凶함의 勢가 그대로이고, 4吉星이라면 吉함의 勢도 그대로이다.

5. 괘궁卦宮과 연관한 비보사물

九宮	五行	裨補 事物
坎 1宮	水 +	어항. 실내장식용 인공폭포. 물 흘러가는 소리 가택평안부적(안택부)
坤 2宮	土 −	전통 질그릇. 수석. 도자기. 흙으로 만든 조형물 종류. 흙으로 만든 실내 장식품 종류. 가택평안부적(안택부)
震 3宮	木 +	화분. 푸른색이 많이 그려진 그림 종류. 대나무로 만든 발 종류. 나무 조각품 종류. 나무로 만든 장식품 종류. 나무로 만든 타악기 종류. 가택평안부적(안택부)
巽 4宮	木 −	
中 5궁	土 +−	
乾 6宮	金 +	종(풍경). 금속제 조각품. 금속제 운동기구. 클래식 음악소리. 수정구슬. 가택평안부적(안택부)
兌 7宮	金 −	
艮 8宮	土 +	전통 질그릇. 수석. 도자기. 흙으로 만든 조형물 종류. 흙으로 만든 실내 장식품 종류. 가택평안부적(안택부)
離 9宮	火 −	거울. 난로. 붉은색 장식용 전등. 붉은색이 많이 그려진 그림. 채광이 있는 곳. 가택평안부적(안택부)

- 九星 中 4凶星이 落宮處의 生을 받거나 比和되어 旺해지면 大凶해지는 데 이런 경우에는, 凶星의 五行을 洩氣(설기)시키는 裨補物(비보물)을 활용하거나 剋하는 비보물을 활용한다.
- 예로, 九星 中 六殺(육살)이 兌7方에 落宮한 경우라면, 六殺은 水星이며 대표적으로 色情과 시비다툼, 질병과 연관된 凶星으로, 金宮인 兌7方에 落宮時는 낙궁처의 生을 받아 凶함이 더욱 가중되는 것이다. 이런 경우의 비보책으로는

六殺의 水氣를 洩氣(설기)시키는 木을 활용해야 하는데, 六殺 낙궁처인 兌7方에 관상용 花盆(화분)을 배치하거나, 나무로 만든 조각품 등을 배치하여 六殺의 凶한 水氣를 완화시키거나 혹은 土에 해당하는 전통 질그릇이나 도자기, 수석 등을 배치하여 土剋水로 旺한 水氣를 제압하는 방법을 쓰는 것이다.

◆ 예로, 九星 中 金星인 絶命이 坤2方에 落宮하여 坤方 土氣의 生을 받아 凶禍가 가중된 경우라면, 絶命의 旺해진 金氣를 洩氣(설기)시키는 水를 활용하는 방법으로 어항 등을 坤方에 배치하는 비보책을 쓰는 것이다.

◆ 양택구성에서 4凶星에 대한 비보책은, 凶星을 剋하거나 凶星의 氣를 洩氣(설기)시키는 방법을 활용하는데. 剋보다는 洩氣의 방법을 택하는 것이 한 수 위다.

◆ 아파트에서 兌7方에 출입문이 있고 또한 화장실과 대칭방이라면, 출입문으로 引入되는 生氣가 집안을 골고루 순환하여 먼저 있던 묵은 氣를 몰아내야 하는데, 대칭방에 화장실이 있는 경우라면 화장실 문을 열고 닫는 과정에서 출입문을 통해 引入된 生氣가 화장실의 배수구를 통해 곧장 빠져나가는 형국이라 凶하다. 이런 경우에는 출입문 옆에 반신거울을 달아 門을 통해 인입되는 生氣를 반사시켜 生氣를 집안에 골고루 순환시키게 하는 방법도 하나의 비보책이다.

6. 태문兌門. 손주巽主 진주震廚의 예

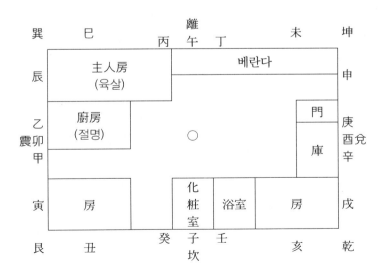

◆ 상기의 圖는 출입문이 兌方에 있으니 西四宅에 해당한다. 兌門을 기준하여 양택구성을 부법하면 巽方의 주인방은 六殺方이고 震方의 주방은 絶命方이 며, 출입문은 兌方에 있어 絶命星의 本家이니 역시 凶하다.

◆ 주인방이 六殺方이니 凶한데, 巽4方은 오행이 木이라 六殺의 水氣를 洩시키니 다행히 六殺의 凶氣가 太旺해지지는 않는다. 이 방위에 花盆(화분)을 배치하는 비보책을 쓰면 좋다.

◆ 주방은 絶命方이니 凶한데 震3方은 오행이 木이며 본시 生氣方인데 星剋宮이 되니 吉하지 못하다. 이 방위에 魚缸(어항)을 배치하여 絶命의 凶氣를 洩시키는 비보책을 쓰면 좋다.

◆ 兌方은 九星定位에서 絶命方인데, 이 곳에 출입문이 있으면 본시 吉하지 못한 것이다. 이 곳에 반신거울을 배치하여 문을 통해 引入되는 氣를 반사시켜 집안을 골고루 순환시키게 하는 비보책을 활용하면 좋다.

제7장
피흉추길법避凶趨吉法

　가택의 3요소인 ①出入門, ②主人房, ③廚房의 위치가 生氣, 延年, 天醫, 伏位 등의 吉方이면 복록이 무궁하지만, 부득이 凶方에 위치하더라도 凶殺을 제압하는 吉星이 있으니 이를 활용하면 凶變吉의 妙를 얻을 수 있는 것이다.

1. 흉살제복凶殺制伏

⊙ 3吉星인 生氣, 延年, 天醫는 凶星인 五鬼, 六殺, 禍害, 絕命 등을 制禍하는 능력이 있다.
⊙ 직접적인 작용 관계는 生氣는 五鬼를 무력화시키고, 延年은 六殺과 禍害를 무력화시키고, 天醫는 絕命을 무력화시킨다.

2. 길주방吉廚房 활용법活用法

⊙ 가택에 재물이 풍족하고 사업이 번창해도 자손 중에 끊임없이 질병에 시달리고, 발육상태가 좋지 않고, 자폐증을 앓거나, 혹은 유아기 때 驚氣(경기)를 자주했거나, 소년기에 凶夢(흉몽)을 자주 꾸거나, 정신질환 증세가 있는 경우라면, 廚房을 天醫方으로 바꾸어야 한다. 廚房은 養生之所(양생지소)이니 攝生(섭생)에 매우 중요한 위치이기 때문이다.
⊙ 자손 중에 국가고시에 자꾸 불합격하거나, 각종 승진시험에 탈락되거나, 경제적

인 어려움으로 핍박을 자주 받는 경우는, 출입문을 生氣方으로 내야 한다. 3년 내에 좋은 효과를 볼 수 있다.

◉ 가족의 壽命(수명)이 짧고, 예기치 않은 각종 사고와 凶禍가 자주 발생하면, 廚房을 건강과 수명과 연관되는 延年方으로 내면 좋은 효과를 볼 수 있다. 특히 세대주의 本命星과 吉星이 臨한 九宮이 相生되면 더 큰 효과를 볼 수 있는 것이다.

3. 주방廚房의 흉살凶殺을 제압制壓하는 법法

◉ 廚房은 가족의 섭생을 책임지는 장소이니 무척 중요하다. 生氣方이나, 延年方이나, 天醫方을 得하면 좋지만 그렇지 못한 경우는 다음과 같이 制殺하는 방법이 있다.

◉ 전통가옥인 경우 주방바닥의 흙을 전부 긁어모은 후 맑은 우물물로 깨끗이 청소한다. 긁어모은 흙은 한 쪽에 두었다가 일주일 후 가까운 냇물이나, 강물 등에 버려야 하는데, 이런 곳이 없을 경우는 차량이 다니는 도로나, 가까운 야산에 묻는 것도 무방하다. 이렇게 한 후 家宅을 改修(개수)하는데 출입문과 주인방은 生氣方과 延年方에 자리 잡고, 廚房은 天醫方에 위치하도록 하면 집안이 흥성해지기 시작한다.

生氣方을 得하면 30일 후, 天醫方을 得하면 60일 후, 延年方을 得하면 40일 후, 伏位方을 得하면 60일 후에 發福되기 시작한다.

◉ 凶方의 주방에서 활용하던 수저, 숟가락, 밥그릇 등의 금속제품을 맑은 물로 깨끗이 씻은 후 통풍이 잘되는 곳에 100일간 두었다가 사용하면 흉함이 적다. 그러나 사기그릇 제품은 잘 씻어서 바로 사용해도 무방하다.

　◆ 상기의 방법은 재래식 가옥구조의 주방에 적용하는 것이니 현대의 경우는 현대의 가옥구조에 맞게 비보책을 세워 활용하면 吉하다.

제8장
주방廚房의 좌坐의 길흉吉凶

1. 주좌廚坐(주방廚房의 좌坐)에
화문火門(아궁이. 현대식 주택은 가스대)

⊙ 本命卦가 生氣方의 火門을 剋하면 鬼胎(귀태) 또는 落胎(낙태)되고, 자식이 頑愚
　(완우)하고, 자손이 늘지 않으며, 재물과 육축의 손실이 있게 된다.

⊙ 本命卦가 天醫方의 火門을 剋하면 신체가 몹시 허약하고, 殘疾(잔질)에 시달리
　고, 약을 먹어도 효험이 적다.

⊙ 本命卦가 延年方의 火門을 剋하면 가족들이 短命하고, 자식들의 혼사가 이루어
　지지 않고, 부부간 不和한다. 자손이 늘지 못하고 점차 家産이 피폐된다.

⊙ 本命卦가 伏位方의 火門을 剋하면 재물복이 없고 短命한다.

⊙ 本命卦가 絶命方의 火門을 剋하면 무병장수하고 자손이 昌盛(창성)한다. 家産이
　점차 창성한다.

⊙ 本命卦가 六殺方의 火門을 剋하면 자손이 왕성하고 재물이 늘고, 凶禍(흉화)가
　적으며, 安宅하다.

⊙ 本命卦가 五鬼方의 火門을 剋하면 火災와 盜難(도난)이 없고, 가업이 번창하고
　자손이 창달한다.

⊙ 本命卦가 禍害方의 火門을 剋하면 재물이 증가하고 가정이 평안하며, 질병이 적
　고 凶禍(흉화)가 적다.

2. 주방廚房 증增·개축改築 기피일忌避日

廚房을 증·개축하는데 기피해야 하는 日辰이다.

月(음력)	忌避日(기피일)
1월. 5월. 9월	丁卯日
2월. 6월. 10월	甲子日
3월. 7월. 11월	癸酉日
4월. 8월. 12월	戊己日
的命殺(적명살)	丙丁日
土黃殺(토황살)	戊己日

3. 분거分居 기피일忌避日

가족이 따로 살림을 내는 것을 기피하는 日辰이다.

月(음력)	忌避日(기피일)
1월. 7월	辰戌日
2월. 8월	巳亥日
3월. 9월	子午日
4월. 10월	丑未日
5월. 11월	寅申日
6월. 12월	卯酉日

4. 득자법得子法

열 가지 동물들의 배설물을 모아서 本命 기준하여 凶殺方에다 만들고, 廚房을 本命 기준하여 生氣方으로 낸다면 수년 안에 복록 있는 아들을 둘 것이다. 상기법은 전통의 주택에서나 가능한 것이니 참고하기 바란다.

5. 득재법得財法

열 가지 동물들의 배설물을 모아서 본명 기준하여 凶殺方에 만들고, 廚房이 길方에 위치해야 되는데, 本命에 부합되며 延年方이 된다면 수개월 내로 재물이 모아지기 시작한다. 상기는 전통가옥인 경우에 활용하는 방법이다.

제9장

묘墓와 택宅

1. 묘墓·택宅관계

◆ 絕孫地에 묘를 써서 자손이 없더라도, 陽宅九星法에 합당하게 집을 지어 거주한다면 자손을 둘 수가 있다.

◆ 墓와 가택이 모두 吉하면 자손이 富貴 昌盛한다.

◆ 墓가 불길하더라도 가택이 吉하면 家率은 보존할 수 있다.

◆ 墓와 가택이 모두 不吉하면 破財, 破家하게 된다.

2. 아들과 딸

◆ 乾主에   巽門이면 5女를 둔다.

◆ 乾主에   丙門이면 7女를 둔다.

              午門이면 9女를 둔다.

              丁門이면 6女를 둔다.

◆ 坎主에   未坤門이면 8女를 둔다.

              申門이면 7女를 둔다.

◆ 震主에   庚門이면 8女를 둔다.

              酉門이면 6女를 둔다.

              辛門이면 7女를 둔다.

제10장

금경도金鏡圖(축사 길흉방)

畜舍(축사)를 짓는데 吉凶方을 보는 법을 金鏡圖(금경도)라 한다. 이는 건물 내의 24방위에 神殺을 附記하여 길흉을 판단하는 것이다.

靜陽(乾甲 坎癸申辰 坤乙 離壬寅戌)을 陽坐, 靜陰(艮丙 震庚亥未 巽辛 兌丁巳丑)을 陰坐로 하여 神殺을 적용하여 길흉을 참고하는 방법이다.

1. 신살神殺의 길흉吉凶

一德(일덕) : 이 방위는 馬枋(마방)을 지으면 吉하다.

三台(삼태) : 이 방위는 豚舍(돈사)를 지으면 吉하다.

綺羅(기라) : 이 방위는 牛枋(우방)이 吉하다.

紫氣(자기) : 이 방위는 羊 우리를 지으면 吉하다.

貪狼(탐랑) : 이 방위는 닭과 오리를 기르면 吉하다.

太陽(태양) : 이 방위는 六畜(육축=소. 말. 양. 돼지. 닭. 개)에 모두 吉하다.

虎豹(호표) : 이 방위는 어느 六畜을 길러도 凶하다.

狐狸(호리) : 이 방위는 어느 六畜을 길러도 凶하다.

血忌(혈기) : 이 방위는 六畜이 잘 되지 않고 질병에 잘 걸린다.

刀兵(도병) : 모든 畜舍(축사)에 不可하다.

刀砧(도침) : 모든 畜舍에 不可하다.

豹狼(표랑) : 모든 畜舍에 不可하다.

2. 금경도金鏡圖 정양정국靜陽定局

巽	離	坤
辰 : 一德 - 마굿간 巽 : 虎豹 - 범.표범 巳 : 狐狸 - 여우. 삵	丙 : 貪狼 - 닭. 오리 午 : 太陽 - 육축 丁 : 豹狼 - 표범.이리	未 : 三台 - 猪房 坤 : 綺羅 - 외양간 申 : 血忌 - 육축불가
震	中宮	兌
甲 : 刀兵 - 축사조 卯 : 刀砧 - 축사불가 乙 : 紫氣 - 양 우리	乾　　　甲　坐 坎 癸 申 辰 坐 坤　　　乙　坐 離 壬 寅 戌 坐	庚 : 刀兵 - 축사조 酉 : 刀砧 - 축사불가 辛 : 紫氣 - 양 우리
艮	坎	乾
丑 : 三台 - 저방 艮 : 綺羅 - 외양간 寅 : 血忌 - 육축불가	壬 : 貪狼 - 닭. 오리 子 : 太陽 - 육축가능 癸 : 豹狼 - 표범.이리	戌 : 一德 - 마굿간 乾 : 虎豹 - 범. 표범 亥 : 狐狸 - 여우. 삵

3. 금경도金鏡圖 정음정국靜陰定局

巽	離	坤
辰 : 三台 - 저방 巽 : 綺羅 - 외양간 巳 : 血忌 - 육축불가	丙 : 刀兵 - 축사조 午 : 刀砧 - 축사불가 丁 : 紫氣 - 양 우리	未 : 一德 - 마굿간 坤 : 虎豹 - 육축불가 申 : 狐狸 - 여우. 삵
震	中宮	兌
甲 : 貪狼 - 닭. 오리 卯 : 太陽 - 육축가능 乙 : 虎豹 - 육축불가	巽　　　辛　坐 兌 丁 巳 丑 坐 艮　　　丙　坐 震 庚 亥 未 坐	庚 : 貪狼 - 닭. 오리 酉 : 太陽 - 육축가능 辛 : 虎豹 - 육축불가
艮	坎	乾
丑 : 一德 - 마굿간 艮 : 虎豹 - 육축불가 寅 : 狐狸 - 여우. 삵	壬 : 刀兵 - 축사불가 子 : 刀砧 - 축사가능 癸 : 紫氣 - 양 우리	戌 : 三台 - 猪房 乾 : 綺羅 - 외양간 亥 : 血忌 - 육축불가

제11장

명전오위택신론命前五位宅神論

本命과 流年을 대조하여 오행의 旺相休囚死로 길흉을 논하는 방법이다.

命前 五位는 宅神(택신)이고, 命前 七位를 墓神(묘신)이라 하여 吉하다고 판단한다. 命後 一位를 破宅(파택)이라 하고, 命前 一位를 破墓(파묘)라 하여 흉하다고 판단한다.

宅神＼本命	子	丑	寅	卯	辰	巳	午	未	申	酉	戌	亥
宅神(택신)	巳	午	未	申	酉	戌	亥	子	丑	寅	卯	辰
破宅(파택)	亥	子	丑	寅	卯	辰	巳	午	未	申	酉	戌
墓神(묘신)	未	申	酉	戌	亥	子	丑	寅	卯	辰	巳	午
破墓(파묘)	丑	寅	卯	辰	巳	午	未	申	酉	戌	亥	子

本命＼流年	甲己年	乙庚年	丙申年	丁壬年	戊癸年
亥子 生	倉庫 창고	白衣 백의	盜賊 도적	靑龍 청룡	明喜 명희
丑寅 生	白衣	盜賊	靑龍	明喜	倉庫
卯辰 生	盜賊	靑龍	明喜	倉庫	白衣
巳午 生	靑龍	明喜	倉庫	白衣	盜賊
未申 生	靑龍	明喜	倉庫	白衣	盜賊
酉戌 生	明喜	倉庫	白衣	盜賊	靑龍

제12장

팔좌대통법八坐大通法(건택사정팔좌建宅四正八坐)

집을 짓는 해의 吉月을 판단하는데 활용하는 방법이다.

◆ 子年에 건택한다면, 壬子坐는 戌月이 좋고, 甲卯坐는 丑月, 丙午坐는 辰月, 庚酉坐는 未月이 좋다는 것이다.

◆ 丑年에 건택한다면, 壬子坐는 亥月, 甲卯坐는 寅月, 丙午坐는 巳月, 庚酉坐는 申月에 건택하면 길하다는 것이다.

◆ 寅年에 건택한다면, 壬子坐는 子月, 甲卯坐는 卯月, 丙午坐는 午月, 庚酉坐는 酉月에 건택하면 길하다는 것이다.

아래 도표를 참고한다.

1. 건택년좌建宅年坐 길월吉月 조견표早見表

建宅年坐 吉月 早見表

年＼坐	壬子	癸丑	艮寅	甲卯	乙辰	巽巳	丙午	丁未	坤申	庚酉	辛戌	乾亥
子年	戌月	亥月	子月	丑月	寅月	卯月	辰月	巳月	午月	未月	申月	酉月
丑年	亥	子	丑	寅	卯	辰	巳	午	未	申	酉	戌
寅年	子	丑	寅	卯	辰	巳	午	未	申	酉	戌	亥
卯年	丑	寅	卯	辰	巳	午	未	申	有	戌	亥	子

辰年	**寅**	卯	辰	**巳**	午	未	**申**	酉	戌	**亥**	子	축
巳年	**卯**	辰	巳	**午**	未	申	**酉**	戌	亥	**子**	丑	寅
午年	**辰**	巳	午	**未**	申	酉	**戌**	亥	子	**丑**	寅	卯
未年	**巳**	午	未	**申**	酉	戌	**亥**	子	丑	**寅**	卯	辰
申年	**午**	未	申	**酉**	戌	亥	**子**	丑	寅	**卯**	辰	巳
酉年	**未**	申	酉	**戌**	亥	子	**丑**	寅	卯	**辰**	巳	午
戌年	**申**	酉	戌	**亥**	子	丑	**寅**	卯	辰	**巳**	午	未
亥年	**酉**	戌	亥	**子**	丑	寅	**卯**	辰	巳	**午**	未	申

2. 좌坐의 길흉吉凶 해설解說

建宅時의 年과 家坐가 同宮인 경우의 길흉을 논하는 것이다.

年.坐	吉凶	應期年
壬子 年.坐	◆吉하다. ◆재물과 전답 등 家産이 늘고 축적된다. ◆가문이 창달하고 부귀영화를 누릴 자손을 두게 된다.	6년 내
癸丑 年.坐	◆凶하다. ◆家長이 사망하게 되고 가솔들에게 단명수가 따른다. ◆전답과 재물 줄고, 어린아이 양육이 어려우니 종국에는 절 손되게 된다.	13년 내
艮寅 年.坐	◆凶하다. ◆3년 후 長子孫이나 家長이 사망한다. ◆재물과 육축의 손실이 있게 된다.	巳.酉.丑 年 寅.午.戌 年
甲卯 年.坐	◆吉하다. ◆전답과 재물 증가하고 자손들에게 관운이 있고 승진하게 된다. ◆家門이 창달하고 영화를 누리게 된다.	申.子.辰 年 亥.卯.未 年

乙 辰 年.坐	◆凶하다 ◆각종 우환과 질병이 발생하게 된다. ◆百事가 不成이고, 家率 중에 夭死하는 자가 나오며 破家하게 된다.	亥.卯.未 年
巽 巳 年.坐	◆凶하다 ◆매년 흉함이 크고, 전답과 육축의 손실이 따르고 家業이 쇠퇴해진다.	申.子.辰 年 亥.卯.未 年
丙 午 年.坐	◆吉하다. ◆財帛과 家産이 늘고 자손이 창성하며 부귀영화를 누리게 된다.	申.子.辰 年 亥.卯.未 年
丁 未 年.坐	◆凶하다. ◆전답과 재물이 감쇠하고, 육축의 손실이 따르고 부모나 자손 중에 상해를 당함이 많다.	亥.卯.未 年
坤 申 年.坐	◆凶하다 ◆재물이 감소하고 매사 불성이며 흉함이 많다.	巳.酉.丑 年 寅.午.戌 年
庚 酉 年.坐	◆吉하다. ◆가업이 흥왕하고 家産이 증가한다. ◆巳酉丑, 寅午戌 年에는 百事가 大吉하다.	申.子.辰 年 巳.酉.丑 年 국가고시합격
辛 戌 年.坐	◆凶하다. ◆妻子가 손상당하고 家率 중에 夭死하는 자가 多出한다. ◆가업이 쇠퇴하고 결국 破財, 破家하게 된다.	巳.酉.丑 年
乾 亥 年.坐	◆凶하다. ◆예기치 않은 사고, 질병과 시비다툼, 관재구설이 발생한다. ◆재물과 육축의 손실이 따르고 破財하게 된다.	申.子.辰 年 亥.卯.未 年

3. 팔좌대통법八坐大通法 길일吉日 방위方位

1) 五庫(오고)

天庫星이라고도 하며 재물이 늘고, 부귀영화가 따른다.

卯年에 乾方을 수리하면 당년에 벼슬에 오르고, 辰年에 丙午方을 수리하면 貴하고 현달한다.

2) 五龍(오룡)

天星 또는 帝星君이라고도 하고, 이날에 成造, 葬事, 移葬하면 창고에 재물이 넘치고, 부귀하고 벼슬이 公卿(공경)에 이른다.

3) 貴人(귀인)

貴人方이면 貴子를 얻고, 횡재로 전답이 생기고, 60일이나 100일 내에 고시 합격하여 貴하게 된다.

4) 武庫(무고)

자손이 孝를 하며, 현명하고, 未年 甲日에 修理(수리)하면 당년에 승진수가 있다.

八坐大通法 吉日 方位

年 星	子年	丑年	寅年	卯年	辰年	巳年	午年	未年	申年	酉年	戌年	亥年
五庫	乾亥 日方	壬子 日方	癸丑 日方	艮寅 日方	甲卯 日方	乙辰 日方	巽巳 日方	丙午 日方	丁未 日方	坤申 日方	庚酉 日方	辛戌 日方
五龍	巽巳 日方	丙午 日方	丁未 日方	坤申 日方	庚酉 日方	辛戌 日方	乾亥 日方	壬子 日方	癸丑 日方	艮寅 日方	甲卯 日方	乙辰 日方
貴人	艮寅 日方	甲卯 日方	乙辰 日方	巽巳 日方	丙午 日方	丁未 日方	坤申 日方	庚酉 日方	辛戌 日方	乾亥 日方	壬子 日方	癸丑 日方
武庫	坤申 日方	庚酉 日方	辛戌 日方	乾亥 日方	壬子 日方	癸丑 日方	艮寅 日方	甲卯 日方	乙辰 日方	巽巳 日方	丙午 日方	丁未 日方

◆ 상기 조견표에서 子年에 집을 짓거나, 葬事, 移徙 등을 擇日 하려면 巳日에 해당하면 五龍, 亥日이면 五庫, 寅日이면 貴人, 申日이면 武庫에 해당하여 길하다.

◆ 또한 방위로는 子年에는 巽巳方이 五龍에 해당하고, 乾亥方은 五庫, 艮寅方이 貴人, 坤申方은 武庫에 해당된다.

제13장

건택建宅 태세太歲 길흉운吉凶運

建宅運을 太歲로 보는 데는 두 가지 방법이 있다. 金樓死角法(금루사각법)과 蠶死角法(잠사각법)이다. 두 가지 중 蠶死角을 많이 활용하고 있다. 아래 도표 1.2를 참조한다.

◆ 坎.離.震.巽宮에 太歲가 해당되면 吉하다.

乾宮 : 父母死角이므로 부모에게 불리하나, 안 계시면 무탈하다.
巽宮 : 牛馬死角으로 무관하다 하나, 牛馬의 손실이 있을 수 있고, 또한 牛馬 畜舍(축사)를 짓는 것은 凶하다.
艮宮 : 본인과 자식에게 불리하다.
坤宮 : 부인에게 불리하다.
中宮 : 蠶死角으로 대흉하니 成造에 불리하다.

1. 金樓死角表

巽 8. 18. 28 38	離 9. 19. 29 39	坤 10. 20. 30 40
震 7. 17. 27 37	中宮 4. 5. 14. 15. 24. 25	兌 1. 11. 21. 31. 41
艮 6. 16. 26 36	坎 3. 13. 23. 33. 43	乾 2. 12. 22 32. 42

2. 蠶死角表

巽 8. 17. 26 34. 43. 53	離 9. 18. 27 36. 44. 54	坤 1. 10. 19 28. 37. 46
震 7. 16. 24 33. 42. 52	中宮 5. 15. 25 35. 45. 50	兌 2. 11. 20 29. 38. 47
艮 6. 14. 23 32. 41. 51	坎 4. 13. 22 31. 40. 49	乾 3. 12. 21 30. 39. 48

◆ 金樓死角은 兌宮에서 1세를 시작하여 순행시키되, 중궁에 4.5세, 14.15세, 24.25세, 34.35세, 44.45세 등으로 2세씩을 머물다 간다.

◆ 蠶死角은 坤宮에서 1세를 시작하여 순행시키되, 5세, 15세, 25세, 35세, 45세, 50세 등으로 끝수가 5만 中宮 잠사각에 해당한다.

제14장

건택建宅 길吉·흉년凶年 및
길좌吉坐 응용應用

建宅시 吉·凶年 및 吉坐에 대한 槪略(개략)을 논한 것이다. 아래와 같이 예를 들어 설명해본다.

〈예제〉

금년 44세의 丁酉生이 집을 짓고자 한다면, 어느 해에 建宅(건택)하고, 어느 坐를 적용해야 하겠는가?

1) 建宅年度(鼈死角 表 활용)

10세를 坤宮에서 기하여, 20세에 兌宮, 30세에 乾宮, 40세에 坎宮, 41세 艮宮, 42세 震宮, 43세 巽宮, 44세 離宮에 떨어진다. 太歲가 坎.離.震.巽에 해당되면 吉하니 建宅運에 大吉하다.

2) 庚辰年 建宅時 吉凶坐法(제3편 7장 - 吉凶坐法의 建宅運坐) 참고

丁酉生이므로 生年干 丁의 아래 年干에서 庚金을 찾으면 偏食이 되므로 흉하다.

이번에는 生年支 酉의 아래를 찾아 辰을 살피면 官印이므로 吉年에 해당된다.

다음은 坐를 살피는데 辰年 아래를 보면 酉에 天財坐가 되므로 酉坐가 可하다고 판단한다.

3) 命前五位宅神論(명전오위택신론) 참고

辰年에 建宅한다면 宅神은 酉坐, 墓神은 亥坐이다. 丁酉生이 庚辰年에 建宅한다면 倉庫에 해당하니 吉하다.

4) 八坐大通法(팔좌대통법) 참고

辰年 建宅시 庚酉坐는 亥月에 해당하니 음력 10월에 착공하고, 또한 辰年에 건택시 四星 중 五龍이 酉日이니 酉日에 착공하면 吉하다.

5) 來龍(내룡) 확인(九星과 得破 참조)

庚辰年에 建宅하는데 天財인 酉坐를 택한다면, 丁酉生의 경유 酉와 酉坐를 연결하면 正命에 해당하고, 命前五位宅神論에서는 宅申이 되고, 八坐大通法에는 酉坐에 해당한다. 六壬坐法에서는 丁酉生이 勝光(승광)이 되므로 最吉한 것이다.

6) 家坐가 當年에 미치는 吉凶坐는 酉辛戌乾坐는 庚辰年이 官印이 되므로 吉하다. 국가고시나 각종 자격시험에 길하다.

7) 건축착공 吉日은 辰年에 四星 소재처의 五龍인 酉日에 착공하면 大吉하다.

8) 상기의 모든 여건이 충족되더라도 건물의 배치가 陽宅의 3요소에 한치도 어긋남이 없어야 복록을 누릴 수가 있다.

참고문헌

陳雪濤 著, 『陽宅必要』, 대만 : 武陵出版有限公社, 2002.

蔡承樺 著, 『易經陽宅要訣析義』, 대만 : 武陵出版有限公社, 1998.

玉龍居士 著, 『陽宅斷驗日記1』, 대만 : 武陵出版有限公社, 2006.

玉龍居士 著, 『陽宅斷驗日記2』, 대만 : 武陵出版有限公社, 2007.

蔡承樺 著, 『陽宅風水圖解錄驗1』, 대만 : 武陵出版有限公社, 2001.

蔡承樺 著, 『陽宅風水圖解錄驗2』, 대만 : 武陵出版有限公社, 2001.

陳繁夫 著, 『陽宅挨星眞訣』, 대만 : 武陵出版有限公社, 1998.

李科儒 著, 『李氏陽宅學』, 대만 : 武陵出版有限公社, 1998.

王松寒 著, 『王氏陽宅學』, 대만 : 武陵出版有限公社, 1997.

胡肇台 編著, 『2013陽宅風水指南』, 대만 : 武陵出版有限公社, 2012.

劉貢編 著, 『陽宅三要透析』, 대만 : 進源書局, 2009.

姚廷鑾 著, 『陽宅集成』, 대만 : 武陵出版有限公社, 2015.

陳澤眞 著, 『八宅明鏡詳解』, 대만 ; 武陵出版社, 2013.

玉龍居士 著, 『陽宅風水秘笈』, 대만 : 武陵出版有限公社, 2007.

邱于展 著, 『實證三元陽宅秘訣』, 대만 : 武陵出版有限公社, 1997.

자명. 낭월 공저, 『놀라운 현공풍수』, 삼명, 2009.

崔明宇 著, 『현공풍수』, 도서출판 답게, 1996.

金甲千 編著, 『陽宅秘訣』, 明文堂, 2002.

편저자 **김갑진**

- 단국대학교 졸업
- 역술학 강의 이력(단국대학교 평생교육원 2007~2018년)
  - 기문둔갑 ◆ 육임
  - 주역 ◆ 사주초급
  - 사주고급 ◆ 실전사주
  - 사주통변술 ◆ 관상학
- 역술학 강의 이력(중앙대학교 안성 평생교육원 2017~)
  - 사주(초급·중급)
  - 풍수지리
- 역술학 강의 이력(나사렛대학교 평생교육원 2018~)
  - 생활속의 명리학(초급)
  - 생활속의 명리학(중급)
  - 기문둔갑

- (현)구궁연구회 회장
- (현)구궁연구회 상담실 운영(1991~)
- 연락처 041-552-8777
       010-5015-9156
- 홈페이지 : www.gugung.kr

실전 풍수지리 [양택편]

2020년 4월 11일 초판 1쇄 펴냄
2024년 9월 30일 초판 2쇄 펴냄

편저자 김갑진
펴낸이 김흥국
펴낸곳 도서출판 보고사

등록 1990년 12월 13일 제6-0429호
주소 경기도 파주시 회동길 337-15 2층
전화 031-955-9797(대표)
　　　 02-922-5120~1(편집), 02-922-2246(영업)
팩스 02-922-6990
메일 kanapub3@naver.com
http://www.bogosabooks.co.kr

ISBN 979-11-5516-988-9　93180
ⓒ 김갑진, 2020

정가 40,000원